朝鮮初期 言論史研究

朝鮮初期 言論史研究

초판 1쇄 발행 2004. 9. 15.
초판 2쇄 발행 2006. 10. 15.

지은이   최 승 희
펴낸이   김 경 희
펴낸곳   (주)지식산업사
　　　　서울시 종로구 통의동 35-18
　　　　전화 (02)734-1978(대) 팩스 (02)720-7900
　　　　한글문패 지식산업사
　　　　영문문패 www.jisik.co.kr
　　　　전자우편 jsp@jisik.co.kr
　　　　등록번호 1-363
　　　　등록날짜 1969. 5. 8

© 최승희, 2004
ISBN 89-423-1081-8   93910

책값 28,000원

이 책을 읽고 지은이에게 문의하고자 하는 이는
지식산업사 전자우편으로 연락 바랍니다.

朝鮮初期 言論史研究

崔承熙

지식산업사

책을 내면서

　조선시대 言論의 방법은 오늘날 매스컴과는 크게 달랐으나 언론의 목적은 같은 것이었다. 즉, 그 시대의 정치와 사회의 여러 가지 부조리를 바로잡고 이상적인 정치·사회를 구현하도록 하는 데 언론의 목적이 있었다. 따라서 그런 언론은 정치에 반영되어야만 그 목적을 이룰 수 있는 것이다.

　언론의 방법은 옛날과 오늘날이 다르다. 오늘날의 언론은 주로 매스컴을 통하여 여론을 일으켜 정치나 정책에 반영시킴으로써 그 목적을 이룰 수 있는 것이지만, 조선시대의 언론의 통로는 오로지 왕에게 올리는 길뿐이었다. 왕에게 올라간 언론은 朝臣들의 의견이 참고가 되어 정치나 정책으로 구현될 수도 있었던 것이다. 물론 조선시대에는 관료층과 유생층이 상소로 언론을 할 길이 있었으나, 상소의 방법과 절차가 까다롭고 기성의 관료집단이나 정치권력으로부터 제재를 받았기 때문에 자유롭게 언론을 펼 수 없었다. 새로운 왕이 즉위할 때나 천재지변 또는 정치적으로 어려운 일이 있을 때, 求言의 방식으로 조정 안팎의 大小官僚에서 백성에 이르기까지 언론할 기회를 광범위하게 주었으나, 그것도 형식적이고 미봉적인 것에 지나지 않았으며, 실제로 모든 층이 자유롭게 언론을 할 수 있었던 것은 아니었다. 조선 초기에 신문고 제도가 있었지만 그것은 대개 개인적으로 원통하고 억울한 일을 풀기 위한 것이었지, 넓은 의미의 언론이라고 부르기에는 문제가 있었으며 또한 큰 효과를 거둘 수 없었던 것이다. 결국 조선 초기의 언론은 이를 직무로 삼는 言官이 중심이 될 수밖에 없었다.

조선 초기 언관의 사명은 정치적 안정 위에 유교정치와 유교사회를 유지할 수 있도록 정치의 방향을 유도하는 데 있었다. 그러나 언관의 언론은 어느 시기나 똑같은 권위로 정치에 영향을 끼칠 수 있었던 것은 아니었다. 즉, 그 시대의 정치사회적 분위기, 왕권의 강약, 군주의 인품과 자질, 군주의 언관에 대한 자세, 강력한 정치세력의 유무, 언관의 자질과 사명감의 충실 여하 등에 따라서 언관의 언론 활동과 그 성과는 크게 다를 수밖에 없다.

조선시대 언관의 중심은 司憲府와 司諫院이었다. 두 기관을 합하여 臺諫이라고도 하고 言論 兩司라고도 하였다. 사헌부는 唐·宋의 御史臺와 고려의 어사대·사헌부 제도를 조선 개국.초(태조 원년, 1392)에 이어받은 것이었다. 사간원은 당·송의 門下省과 中書省의 郎舍 제도와 고려의 中書門下省의 낭사 제도를 조선 개국 초에 이어받아 門下府 낭사를 두었다가 태종 원년에 사간원으로 독립시킨 것이었다. 조선 개국 초 사헌부의 직무의 중심은, 정치의 잘잘못을 논하고〔論執時政得失〕, 표창할 만한 사람을 추천하고, 법을 어긴 관원을 탄핵〔褒擧彈劾〕하는 것이었다. 문하부 낭사(사간원)의 중심되는 직무는, 왕의 말씀이나 정치를 바로잡기 위한 간쟁〔獻納諫諍〕과 人事를 바로잡는 언론〔駁正差除〕이 그 중심이 되었다.

集賢殿은 세종 2년(1420) '학술의 진흥과 인재의 양성'을 목적으로 설치한 학술 기관으로서 세종시대 문화의 수준을 높이는 데 이바지했다. 세종은 집현전의 관원은 학술로써 終身할 것을 바랐기 때문에, 세종 20년(1438) 이전의 집현전 관원은 의정부나 6조〔政曹〕나 대간과 같은 정치기관으로 전직하는 것도 허락되지 않았다. 그러나 세종 20년대부터 집현전은 차츰 정치기관화, 言官化되었으므로 대간과 함께 언론 기관의 하나로 되어 갔던 것이다.

집현전은 세조 2년(1456)의 '死六臣 사건'을 계기로 혁파되었고, 세조 9년 弘文館을 설치했으나 그것은 藏書기관에 지나지 않았다. 성종이 즉위하면서 옛 집현전 직제(副提學~副修撰)를 藝文館에 덧붙이게 되면서 예문관은 차츰 집현전의 중요한 직무(경연관·古制연구·편찬사업 등)를 수행하게 되었고, 성종 9년(1478) 3월 예문관에 덧붙였던 집현전 직제를 홍문관으로 옮김으로써, 홍문관은 옛 집현전의 직제를 이어받은 기관이 되었다. 집현전의 직제를 이어받은 홍문관은 집현전이 그러했듯이 차츰 언관화되어 갔다. 그리하여 흔히 대간(사헌부·사간원)과 홍문관을 합쳐서 언론 3사라고 일컫게 되었다.

결국 ① 대간 ② 세종 중반 이후의 집현전, ③ 성종 초(원년 4월~성종 9년 3월)의 예문관, ④ 성종 9년 3월 이후의 弘文館을 조선 초기의 言官으로 일컬을 수 있다. 따라서 이 책에서는 먼저 조선 초기의 언관인 대간(사헌부·사간원)과 집현전·홍문관에 관하여 밝히고, 이 기관들의 언론 활동의 내용과 그 의의를 분석하였다.

이 책은 필자가 1976년에 발표한 《朝鮮初期 言官·言論研究》에 〈集賢殿研究〉, 〈集賢殿官의 言官化〉, 〈弘文館의 成立經緯〉, 〈弘文館의 言官化〉, 〈弘文錄考〉를 더하여 묶은 것이다.

끝으로 이 책의 간행을 쾌히 승낙해 주신 지식산업사 金京熙 사장님께 감사를 드리며, 묵은 논문들을 새로 입력하는 데 수고해 준 서울대학교 국사학과 대학원의 유현재 군 그리고 교정과 색인작업을 해준 규장각의 양진석 군, 이재희 군, 김경숙 양, 노영구 군에게도 고마운 마음을 표한다. 또한 이 책을 품위 있게 꾸며 주신 지식산업사 편집부 여러분께도 감사를 드린다.

차　례

Ⅰ. 臺諫制度의 성립과 그 기능 분석

머리말

司憲府와 司諫院의 官員을 통칭하여 臺諫 또는 言官이라 부르는 것은 잘 알려진 사실이다. 대간을 언관이라 하는 것은 대간의 직무가 言論에 국한된 것이기 때문이 아니라, 제도나 실제적인 면에서 언관으로서의 기능을 가장 중요하게 인식했기 때문이라 하겠다. 따라서 이 장에서는 언관으로서 대간의 기능을 밝히는 작업이 중심이 되겠다.

조선시대의 대간제도에 관한 연구로는 李洪烈 씨의 〈臺諫制度의 法制史的 硏究〉《史叢》5)와 李載浩 씨의 〈李朝臺諫의 機能의 變遷〉《釜山大論文集》4)이 있다. 그러나 전자는 법제적 측면에 치중한 것이고, 후자는 疏略하여 조선시대의 대간제도의 실상을 파악하기에는 미흡한 것으로 보인다. 그러므로 이 장에서는 위에 든 논문들에서 論及 여부에 구애되지 않고 조선 초기(개국~《經國大典》 완성)의 대간제도의 실제를 새로 구명하고 논술하기로 한다.

조선시대의 언관제도는 고려시대의 그것을 이어받은 것이었고, 또 그 연원을 거슬러 올라가면 중국의 제도에서 찾을 수 있겠다. 그러나 중국에서도 처음부터 언관과 대관을 두어 언론을 행하게 한 것은 아니었다.

唐虞三代에는 언관을 두어 언론을 따로 설치하지 않았으나 언론은 막히지 않았다. 그것은 위로 公·卿·大夫로부터 아래로 士·庶·상인[商賈]·장인[百工]에 이르기까지 모든 사람들이 여러 방법으로 諫諍을 할 수 있었기 때문에, 간관의 직을 따로 두지 않았으나 언론은 자유로웠던 것이다.[1] 《周禮》地官에 '司諫'의 직이 있으나 그것은 諫官이 아니라 백성의 德을 살피고, 道德과 學藝를 일으키기 위한 것이었고,[2] 《주례》지관에 '保氏'가 있어서 왕의 그름[非違]을 諫하는 일을 맡으면서 또한 공경대부의 자제[國子]를 교육하는 일을 맡고 있어[3] 간쟁을 전임으로 하는 간관이라고 보기 어렵다.[4] 秦代에 이르러 '散騎'를 두어 간쟁[獻可替否]을 맡게 하였으나, 常職은 없었고 諫議大夫를 두어 논의를 관장하게 하였으나 常員은 없었다.[5] 秦의 散騎나 諫議大夫가 제도상으로는 간관의 시초라고 할 수 있겠으나 언론은 오히려 막혔다.[6] 漢代에도 秦의 제도를 따라 散騎와 諫議大夫를 두어 간쟁을 맡게 하였으나, 常員은 없고 모두 兼官[加官]이었다. 後漢, 後魏, 北齊에도 간관제도는 계속되었고, 唐·宋代에 이르러 정비되었다. 즉, 左右散騎常侍, 左右諫議大夫, 左右補闕(左右司諫), 左右拾遺(左右正言) 등의 간관을 두었다.[7] 그러나 간관제도는 고정된 것이 아니라 때에 따라서 간관의 左右

---

1) 《三峰集》卷6, 經濟文鑑下, 諫官條에, "三代之時 官師相規 工執藝事以諫 上自百官 下至百工 無不諫者 其有不諫 則有常刑焉 云云" 하였고, 또 "古者諫官無定員 而言路益廣……上而公卿大夫 下而至於士庶商賈百工之賤 莫不得以諫 是擧天下 皆諫諍者也"라 하였다. 또 《經世遺表》卷1, 春官禮曹 第3, 司諫院條에, "三公諫官也 三孤諫官也 六官之卿大夫皆諫官也 其別設一官 使之專掌諫議者 自漢而始"라 하였다.

2) 《周禮》(附釋音周禮注疏本) 卷14, 司諫條, "司諫 掌糾萬民之德 而勸之朋友 正其行而强之道藝 巡問而觀察之 以時書其德行道藝 辨其能而可任於國事者"

3) 《周禮》(附釋音注禮注疏本) 卷14, 保氏條에, "保氏掌諫王惡(諫者 以禮義正之 文王母子曰 保也者 愼其身 以保翼之 而歸諸道者也云云) 而養國子以道 乃教之六藝 一曰五禮 二曰六樂 三曰五射 四曰五馭 五曰六書 六曰九數 乃教之六儀 一曰祭祀之容 云云"이라 하였다.

4) 《經世遺表》卷1, 春官禮曹 第3, 司諫院條, "又有保氏之職 掌諫王惡 然是亦教國子之職 非諫官也"

5) 《通志》卷52, 職官2, 門下府 第3, 散騎常侍條와 諫議大夫條 참조.

6) 《三峰集》卷6, 經濟文鑑下, 諫官條에, "秦人惡天下之議己 有誹謗妖言之禁 趙高壅蔽而莫有言者 以至於亡"이라 하였다.

를 나누어 좌는 門下省에, 우는 中書省에 속하였으며, 宋代(明道 초)에는 한때 문하성을 諫院으로 삼은 일도 있다.[8]

중국의 제도에 많은 영향을 받은 고려의 관제에는 門下府 郎舍의 職掌이 諫諍과 封駁(上書하여 왕에게 잘못을 논박하는 일)으로써 간관의 任을 담당하게 되었고,[9] 常侍(左右常侍・左右散騎常侍), 直門下, 司議大夫(諫議大夫), 給事中(中事), 舍人(內議舍人・內史舍人・中書舍人・內書舍人), 起居注, 起居郎, 起居舍人, 獻納(補闕・司諫), 正言(拾遺・思補) 등이 낭사였고[10] 이 職名은 여러 차례 바뀌었다.[11] 이와 같이 문하성 낭사는 唐과 宋代의 문하성과 중서성의 散騎常侍, 諫議大夫, 補闕(司諫), 拾遺(正言), 給事中, 中書舍人, 起居郎(中書省에는 起居舍人) 등의 직제에서[12] 영향을 받았음을 알 수 있다.

신라시대에도 司正府나 內司正典 등의 기록이 있는 것으로 보아 대관제도와 비슷한 것이 있었던 것으로 볼 수 있다.[13] 그러나 고려나 조선시대의 대관제도의 연원은 오히려 중국의 제도에서 찾는 것이 타당한 것 같다.

周代의 관직에 '御史'라는 직함이 있었으나 그 직무는 국토와 백성을 다스리는 법령을 장악하고 冢宰(이조판서)를 도와주며, 詔辭를 짓는 일을 하였으므로[14] 대관이라 할 수 없다.[15] 周末 戰國時代에도 어사는 있었으나 모두

---

7) 《文獻通考》卷50, 職官4, 門下省條의 '散騎常侍', '諫議大夫', '拾遺', '補闕' 참조 ; 《唐六典》門下省 卷8과 中書省 卷9 참조.

8) 《文獻通考》卷50, 職官4, 門下省條의 '諫議大夫' 참조.

9) 《高麗史》卷76, 志30, 百官1, 門下府條 참조.

10) 고려시대의 문하부 낭사의 범위에 대해 견해가 서로 다르다. 李洪烈 씨는 散騎常侍, 直門下, 諫議大夫, 補闕, 拾遺를 諫官으로 보았고《史叢》第5輯, 〈臺諫制度의 法制史的 考察〉), 金龍德 교수는 常侍・諫議大夫・補闕・拾遺를 간관으로 보았다《李丙燾博士華甲紀念論叢》〈高麗時代 署經에 대하여〉). 이러한 견해는 唐・宋代의 諫官이 散騎常侍・諫議大夫・補闕・拾遺였다는 것에 영향을 받은 것이 아닌가 한다.

11) 《高麗史》卷76, 志30, 百官1, 門下府條 참조.

12) 《高麗史》卷43, 志23, 職官2, 門下省・中書省條 ; 《宋史》卷161, 志114, 職官1, 門下省・中書省條 참조.

13) 《三國史記》卷38, 雜志7, 職官上, 司正府條 ; 《宋史》, 卷39, 雜志8, 職官 가운데 內司正典條 ; 《增補文獻備考》卷219, 職官考6, 臺省, 司憲府條 첫 행 참조.

14) 《周禮》(附釋音周禮注疏本) 卷27, 御史條, "御史掌邦國都鄙及萬民之治令 而贊冢宰凡治者受法令焉 掌贊書 凡數從政者"

'記事之職'이었고 秦·漢代에 와서 비로소 '糾察之任'을 갖게 되었다. 漢에 서는 그 官署를 御史府 또는 御史大夫寺라 하였고, 後漢에서는 御史臺 또는 蘭臺寺라 하였다. 이 제도는 그뒤로도 계속되었고 唐代에 와서 정비되었 다.16)

唐의 어사대에는 大夫, 中丞, 侍御史, 殿中侍御史, 監察御史 등의 관직이 있었고, 그 職品에 따라 관장하는 일이 나뉘어져 있었다. 즉, 대부와 중승은 국가의 刑憲과 典章을 장악하고 조정을 엄격히 단속하여 바로잡으며, 決訟 과 彈劾을 맡았고, 시어사는 탄핵과 推鞫·獄訟을, 전중시어사는 殿庭에서 따르는 儀式을 관장하고 잘못을 糾察하는 일을, 감찰어사는 조정 안팎의 여 러 감찰업무를 관장하였다.17)

宋代의 어사대 직제는 唐代의 제도를 거의 똑같이 이어받았고, 職掌도 百 官의 잘못을 규찰하고 綱紀를 엄격히 단속하여 바로잡는 일을 맡았다. 관직 은 御史大夫·중승·시어사·전중시어사·감찰어사 등이 있어 唐의 어사 대와 같으나, 서로 다른 점은 어사대부가 宋代에 兼官으로 있다가 없어졌고, 관원의 수에서도 唐代에는 23명이던 것이 宋代는 10명으로 크게 줄어들었 다는 것이다. 특히 唐代의 推鞫·獄訟 등의 職掌이 宋代에는 나타나지 않는 점18) 등을 감안할 때, 宋代는 唐代보다 그 구조나 권위가 축소된 것으로 여 겨진다.

고려시대의 어사대는 司憲臺·御史臺·監察司·司憲府 등 官府의 명칭 이 여러 차례 바뀌었고, 따라서 그 직함도 변화가 많았다.19) 그러나 성종 14 년(995)의 어사대에는 大夫·中丞·侍御史·殿中侍御史·監察御使 등의 관직을 두고 있는 것을 보면, 唐·宋代의 어사대의 직제를 그대로 쓰고 있는

---

15) 《通志》卷54, 職官略 第4, 御史臺 第6에, "御史之名 周官有之 蓋掌贊書而授 法令 非今任也"라 하 였다.
16) 위와 같은 곳 참조.
17) 《唐書》卷44, 志24, 職官3, 御史臺條 참조.
18) 위와 같은 곳 ; 《宋史》卷164, 職官志117, 職官4, 御史臺條.
19) 《高麗史》卷76, 志30, 百官1, 司憲府條.

것을 알 수 있다. 元의 지배 이후에 두어진 大司憲·執義·掌令·持平·糾正 등의 직함은 다만 명칭의 변화일 뿐, 唐·宋代와 똑같은 직제였다. 직무에서는 唐·宋代는 직품에 따라서 직장이 분화되어 있었으나 고려에서는 그러한 구분이 없고 '論執時政', '矯正風俗', '糾察彈劾'의 직임을 함께 장악하고 있다.[20]

이처럼 대간제도의 연원은 중국에서 찾을 수 있고 그것은 唐·宋代에서 정비되는데, 고려시대는 당·송대의 제도가 거의 그대로 받아들여졌음을 볼 수 있겠다.

이 장에서는 이러한 臺諫制度가 어떤 과정을 거쳐서 조선적인 제도로 확립되었고, 또 대간의 실제 기능은 어떠한 것이었는지 규명하려는 것이다

一. 臺諫制度의 성립

태조는 즉위 敎書에서 국가의 儀章과 법제를 고려조의 故事에 따른다[21]고 선언했듯이 臺諫制度도 고려조의 그것을 거의 그대로 이어받았으나 그 제도는 시간이 지나면서 조선의 정치적 현실에 적응한 조선적인 대간제도로 발전하게 된 것이었다. 대관과 간관은 분리하여 논급하기 어려운 점이 없지 않으나 법제적으로는 엄연히 별개의 기관이므로 따로 기술한다.

1. 司憲府 職制의 성립

태조 원년(1392) 7월에 文武百官의 제도를 정할 때, 司憲府를 두어 時政의

---

20) 《高麗史》卷76, 志30, 百官1, 司憲府條.
21) 《太祖實錄》卷1, 태조 원년 7월 丁未條, "敎中外大小臣僚閑良耆老軍民王若曰……國號仍舊爲高麗 儀章法制一依前朝故事云云"

득실을 論執하는 일, 풍속을 교정하는 일, 백관의 공과를 고찰하여 褒擧彈劾하는 일 등을 장악하게 하였다. 그 관직과 관원으로 大司憲(1명, 종2품), 中丞(1명, 종3품), 兼中丞(1명, 종3품), 侍史(2명, 정4품), 雜端(2명, 정5품), 監察(20명, 정6품) 등을 두었다.[22] 이 관직명은 고려 말 사헌부의 직함을 그대로 쓴 것은 아니었다. 《高麗史》의 〈百官志〉에 따르면 고려시대의 사헌부 관제는 10여 차례나 개혁한 바 있는데, 태조 원년 7월의 관제에는 그 가운데서 적절히 편집·조정한 것으로 보인다. 이해를 돕기 위해 당·송·고려·조선 초의 대관제도를 표로 보이면 〔표 1〕, 〔표 2〕, 〔표 3〕, 〔표 4〕와 같다.

〔표 1〕　　　　당. 御史臺《唐書》〈職官志〉）

官　職	職　掌
大夫(1명, 정3품) 中丞(2명, 정4품下)	掌持邦國刑憲典章 以肅朝廷 推鞫·彈劾
侍御史(4명, 종6품下)	糾擧百僚·推鞫·獄訟
殿中侍御史(6명, 종7품下)	殿廷供俸之儀式, 糾察非違
監察御使(10명, 정8품上)	監察百僚, 巡按郡縣, 監決囚徒 監祭祀 등

〔표 2〕　　　　송. 어사대《宋史》〈職官志〉）

官　職	職　掌
御史大夫(宋初 兼官 後廢)	臺長
中丞(1명)	掌貳臺政
侍御史(1명)	掌以儀法, 糾百官之失,彈其失儀者
監察侍御史(2명)	掌分察百司之事, 糾其謬誤
監察御史(6명)	

이들 표에 따르면 송은 당의 관직명을 그대로 이어받은 것이었고, 고려도 당·송의 관직명을 그대로 받아들여 10여 차례의 개혁을 하였으나 그것은 명칭에서 일어난 개변이었고, 근본적인 개혁은 아니었다. 그러한 고려의 대

---

22) 《太祖實錄》卷1, 태조 원년 7월 丁未條.

〔표 3〕 고려, 어사대《高麗史》〈百官志〉)

官 職		職 掌
성종 14년(995)	충렬왕 34년(1308)	
大夫	大司憲(正2品)	
中丞	執義(正3品)	論執時政
侍御史	掌令(從4品)	矯正風俗
殿中侍御史	持平(正5品)	糾察彈劾
監察御史	糾正(從6品)	

〔표 4〕 조선, 司憲府〔《太祖實錄》太祖 원년(1392) 7月 丁未條)〕

官 職	職 掌
大司憲(1명, 종2품)	論執時政得失
中丞·兼中丞(각1명, 종3품)	矯正風俗
侍史(3명, 정5품)	考察功過
雜端(2명, 정5품)	褒擧彈劾
監察(20명, 정6품)	

관제도를 태조 원년 7월의 관제에서는 적절히 편집·조정하여 사용한 것이 분명하다. 어사대(사헌부)의 직임은 당·송과 우리나라가 차이가 보인다. 직명에 따라서 그 직임이 구분되어 있었던 것은 당·송이 똑같지만, 직무의 범위와 권위는 당대가 더욱 컸던 것으로 보인다.

고려 때와 조선 태조 원년의 사헌부는 당·송대와는 달리 직품에 따라 그 직임이 분화되어 있지 않았고, 그 직무도 대관이 공동으로 수행하였으며 그 직장의 내용도 똑같은 것이었다. '論執時政'과 '論執時政得失', '糾察彈劾'과 '考察功過', '褒擧彈劾'은 내용으로는 같은 것이고, '矯正風俗'은 글자까지 같다.

우리나라 대관제도의 '論執時政(得失)'과 '矯正風俗'은 당·송대의 제도에서는 보이지 않는다. 특히 '論執時政'은 우리 나라 대관제도의 특성으로 나타나는 것이니, 우리나라의 대관은 風憲官인 동시에 정치의 시비를 언론하는 언관적 성격이 중국의 어사대보다 강하게 나타난다. 따라서 우리 나라에서는 사헌부의 관원과 사간원의 관원을 함께 언관이라고 하지만, 중국에서는 언관이라 하면 대개 간관을 뜻한다.[23] 이와 같이 대관이 언관이라는 점이 우리나라 언관제도의 특성이라 하겠다.

태조 원년 7월에 제정된 사헌부의 관제는 태종 원년 7월의 관제개혁 때 관직의 명칭이 바뀌었다. 즉, 司憲中丞은 執義로, 侍史는 掌令으로, 雜端은 持平으로 개칭하였다.[24] 그뒤 사헌부의 직함은 大司憲·執義·掌令·持平·監察로 고정되어 《經國大典》의 사헌부 관제에 그대로 오르게 되었다. 사헌부 관직의 확립 과정을 표로 보이면 다음과 같다.

〔표 5〕 　　　　　　　　　　　 사헌부 관직 변천

태조 원년 7월	태종 원년 7월	《經國大典》
大司憲(1명, 종2품)	大司憲	大司憲(1명, 종2품)
中丞·兼中丞(각 1명, 종3품)	執義	執義(1명, 종3품)
侍史(2명, 정4품)	掌令	掌令(2명, 정4품)
雜端(2명, 정5품)	持平	持平(2명, 정5품)
監察(20명, 정6품)	監察(25명)	監察(24명, 정6품)

위에서 사헌부의 관직을 보았지만, 대사헌에서 감찰에 이르는 30명의 관원이 모두 같은 일을 맡은 것은 아니었다. 대사헌·집의·장령·지평은 臺長이라 하여 감찰과 구별된다.[25] 지평 이상은 聽에 齊坐하여 署經과 彈劾에 관한 일 등의 廳事(公事)를 집행하나, 감찰은 이에 참여할 수 없었다.[26] 감찰은 직함 그대로 內外官의 잘못을 감찰하는 것이 그 임무였다. 감찰은 지방관

---

23) 《大漢和辭典》(諸橋轍次)에도 言官은 諫官으로 되어 있고, 《正字通》에는 諫官曰言官으로 되어 있다.
24) 《太宗實錄》卷2, 태종 원년 7월 庚子條.
25) 《成宗實錄》卷20, 성종 4년 7월 壬寅條, "司憲府 自大司憲至持平 稱臺長 而監察不與焉"
26) 《慵齋叢話》卷1 참조.

의 非法을 없애기 위하여 行臺·分臺라 하여 지방에 파견되었던 것이다.[27] 이처럼 감찰은 사헌부의 別廳적인 성격이 강하여 언관으로서의 대관과는 구별되는 것이었다.

태조 원년 7월의 사헌부의 직장은, 실제로 운영하는 가운데 필요에 따라 수정·첨삭되어 《經國大典》에서 굳어졌다. 그 변동을 표로 보이면 〔표 6〕과 같다.

〔표 6〕 사헌부 직장 변동

태조 원년 7월	《經國大典》
論執時政得失	論執時政
矯正風俗	正風俗
考察功過	糾察百官
襃擧彈劾	
	伸冤抑
	禁濫僞

〔표 6〕에 따르면, '論執時政得失'과 '論執時政', '矯正風俗'과 '正風俗'은 같은 뜻이고, '考察功過'·'襃擧彈劾'과 '糾察百官'도 같은 뜻으로 볼 수 있다. 즉, 백관을 규찰한다는 내용에는 백관의 공과를 고찰하여 공이 있는 자는 襃擧하고 허물이 있는 자는 탄핵한다는 내용이 함축되어 있는 것으로 볼 수 있는 것이다. 《經國大典》의 職掌이 태조 원년의 그것과 다른 것은 '伸冤抑'·'禁濫僞'의 두 직무가 추가된 사실이다.

그 밖에 《經國大典》에 보이는 사헌부의 직무로는 署經을 들 수 있다. 서

---

27) 태조 4년(1395) 8월 丙子條《太祖實錄》卷8)에는 경기지방의 豪强의 민폐를 금하기 위하여 감찰을 行臺로 삼아 파견한 일이 있고, 세조 원년(1455) 12월 戊辰《世祖實錄》卷2)에는 諸道分司憲府事目을 발표하고 세조 2년 2월 乙巳條《世祖實錄》卷3)에는 각 도에 分臺를 파견하고 있는 것을 볼 수 있다. 그런데 태조 때는 行臺라 하던 것을 후대에는 分臺라 한 것이 아닌가 한다.

경에는 告身署經과 依牒署經이 있다. 고신서경이란 5품 이하의 受職者의 告身(職牒)을 사헌부와 사간원에서 서경을 하는 것이니, 서경의 참고 사항은 수직자의 內外4祖와 수직자에게 허물[痕咎]이 있는가의 여부다.28) 의첩서경은 새로운 법을 만들 때나 옛 법을 개정할 때, 喪中에 있는 관원을 起復할 때 그 가부를 서경하는 것이니, 해당사항이 있을 때 의정부에서 논의하여 啓聞한 의안을 禮曹에서는 사헌부와 사간원의 서경을 詳考한 뒤에 依牒을 관계관청에 내주게 되는 것이다.29) 또한 軍士 5품 이하로 遞兒職을 받은 자의 告身을 檢覈하는 일도 사헌부와 사간원의 몫이었다.30) 고신의 서경권은 인사의 적부심사권이라 할 수 있는 중요한 것이었다. 이러한 인사 관계의 중요한 직무를 맡았기 때문에 士人으로서 敗常者와 犯贓者, 士族婦女로서 失行한 자의 錄案은 吏·兵曹와 함께 사헌부와 사간원에 移文되었고,31) 관원으로 除授된 뒤 3품 이하와 無祿官의 이력서는 吏曹에서 의정부·사헌부·사간원에 보냈다.32) 이처럼 사헌부는 인사 관계 자료를 갖추고 있으면서 항상 관원을 糾察하였으므로, 백관의 인물 如何를 어느 관서보다도 자세히 알고 있는 관계로 사헌부와 사간원의 관원에게는 의정부·6조의 당상관과 같이 觀察使와 節度使를 천거하는 자격을 부여하기도 하였다.33)

사헌부의 직임을 원만히 수행하기 위해서는 대관으로서 자격[品格]을 갖춘 사람이 필요했다. 時政의 득실을 論難하고 백관의 잘못과 부정을 준열히 탄핵할 수 있으려면 높은 정치적 식견과 불의·불정과 타협하지 않고, 강개한 언론을 펼 수 있는 인물을 요청하는 것은 물론, 이에 앞서 감히 접하기 어려운 威望이 있어야 했다.34) 그리하여 대간의 채용에는 久任員 여부를 논

---

28) 《經國大典》卷1, 吏典 告身條 참조.
29) 《經國大典》卷3, 禮典 依牒條 참조.
30) 《經國大典》卷4, 兵典 告身條 참조.
31) 《經國大典》卷5, 刑典 禁制條 참조.
32) 《經國大典》卷1, 吏典 京官職條 참조.
33) 《經國大典》卷1, 吏典 薦擧條 참조.
34) 《三峰集》經濟文鑑下, 臺官條 '先威望後搏擊'項

하지 않고 언론이 강개한 자를 널리 뽑아서 薦望을 하였던 것이고,35) 다른 중요한 관서와 마찬가지로 內外4祖와 당사자의 허물〔痕咎〕여부를 詳考한 뒤에 대간에 채용되었다.36) 또한 贓吏의 자손도 사헌부 관원으로 제수되지 못하였다.37) 이처럼 대관은 누구 앞에서도 떳떳하게 직무를 수행할 수 있도록 제도적으로 엄격하게 규정하였던 것이다.

대관에게는 그 직무를 충실히 수행할 수 있도록 특별한 대우를 하였으나, 필요하면 특별한 대우를 해 줄 것을 요구하기도 했다. 대간에 대한 考功法의 중지를 요구한 것도 그 하나의 예다.

吏曹에서 대간을 考功하는 법은 태조 원년부터 있었다. 그러나 실제로는 태종 15년까지 이조에서 대간의 公事를 고공한 일이 없다가 태종 15년 8월에 이조로 하여금 대간을 고공할 것을 명하자, 사간원에서는 '吏曹考功臺諫之法'을 정지해 줄 것을 상소하였다. 태종도 사간원의 請을 수긍하였으나38) 대간에 대한 考功法이 없어진 것은 아니었다.39) 세종 11년(1429) 8월에도 사헌부에서 啓하기를,

---

35) 《經國大典》卷1, 吏與, 京官職條에 보면, 議政府·六曹·漢城府·承政院·掌隷院·弘文館·成均館·世子侍講院의 堂下官과 여러 道의 都事와 守令이 缺員이 있으면 久任員을 제외하고 비록 임기가 차지 않은 자라도 擇用한다고 하여, 久任員은 그 채용에서 제외되었으나 대간의 경우는 久任員까지도 薦望의 대상에 넣었다.

36) 《經國大典》卷1, 吏典, 告身條, 狹註에, "議政府 吏兵曹 司憲府 司諫院 掌隷院 弘文館 春秋館 知製敎 宗簿寺 侍講院 都事 守令 考內外四祖及己身有痕咎與否 署經"

37) 《經國大典》卷1, 吏典, 京官職條 참조.

38) 《太宗實錄》卷30, 태종 15년 8월 戊辰條에, "初命吏曹 考功臺諫 上曰 吏曹考功臺諫 載在六典云云"이라 하였고, 戊寅條에도 "司諫院上疏請停吏曹考功臺諫之法 疏曰 考功臺諫之法 雖立於太祖之元年 迄今二十四年之久 未聞有所擧行也 其未擧行 豈無謂歟 以其任之專而寵之異也 今吏曹 不稽古法 但以六衙日臺諫考功之法 載諸六典 欲以擧行…… 上覽之曰 此公座簿考察耳 所司之言 然矣"라 하였다.

39) 李洪烈 씨는 《史叢》5집 〈臺諫制度의 法制史的 研究〉에서, "考功法이 있었으되 臺諫에 대하여는 이를 적용할 수조차 없었다"(20쪽)고 하였으나 《太宗實錄》태종 15년 8월 戊辰·戊寅條에 따르면, 태조 원년부터 臺諫에 대한 考功法은 있었으나 제대로 시행되지 못하였다. 그 내용도 公座簿를 조사하는 정도에 지나지 않았고, 대간의 公事를 考功하는 것은 아니었다. 그런 상황에서 태종 15년 8월에 臺諫考功의 명이 내려지자 이를 정지할 것을 사간원에서 상소하였던 것이고 태종도 사간원의 상소를 이유 있다고 봤으나 대간에 대한 고공법을 폐지한 것은 아니었다.

臺諫은 人主의 耳目이요 그 職任은 規諫과 百官을 糾察하는 것이니 다른 모든 官署와 비길 수 없습니다. 六典에 따라 考功하지 않기를 청합니다[不允].[40)]

고 하였으나 대간에 대한 고공은 계속되었다. 대간에 대한 고공은 그들의 직권남용을 견제하기 위해서도 필요한 제도였기 때문이다.

대간은 직책상 被罪될 위험성이 많기 때문에 공무상의 과실이 있을 때 좌천은 되지만 지방관으로 전출당하는 일은 없었다.[41)] 그것은 대간에 대한 신분보장이라 하겠다. 만약 대간을 지방으로 전출시키는 것이 상례가 된다면, 그것을 구실로 삼아 집권자에게 미움을 산 대간은 모두 지방관으로 좌천시킬 염려도 없지 않았다.[42)] 실제 대간을 계속하여 지방관으로 전출시키는 것은 대간을 배척한다는 혐의를 받을 수 있는 것이었다.[43)] 그리하여 대간들은 그들의 지방 전보를 반대하였고[44)] 부득이 전출을 시킬 경우라도 일단 다른 京官職으로 改差한 다음에 지방관으로 전출시킬 것을 요청하였던 것이다.[45)] 이와 같은 요청이 모두 허락되지는 않았으나[46)] 대간은 그들의 신분보장을 위하여 계속 노력하였고, 또 그들의 주장은 관철되기도 하였다.[47)]

대간에 대한 특별한 대우는 褒貶에서도 볼 수 있다. 관원의 근무성적은 京

---

40) 《世宗實錄》卷11, 세종 11년 8월 癸未條 참조.

41) 《世宗實錄》卷86, 세종 22년 7월 戊午條, "左正言朴積善啓曰……然前此 臺諫雖有過 但左遷而已 未常外補 今以言官補外 其流之弊 不可勝言 有違大體 臣等以爲不可"

42) 《世宗實錄》卷91, 세종 22년 12월 己丑條, "司諫院右正言 元自敦啓 今以司憲執義趙瑞安爲永興大都護府使 臣等以謂 是乃重守令之美法 在盛期 固無可慮 然臺諫乃彈糾是非者 慮恐後日以此爲籍口 見忤執政者 皆除外寄"

43) 《世宗實錄》卷87, 세종 21년 11월 辛亥條, "右正言鄭次恭啓 頃者皇甫恭以獻納 出爲邊鎭幕僚 今又遣掌令鄭之澹爲海道察訪 臺諫相繼而出 臣等恐疏斥臺諫之漸 因此而起"

44) 《世宗實錄》卷87, 세종 21년 11월 辛亥條 ; 卷90, 세종 22년 7월 戊午條 ; 卷101, 세종 25년 9월 己卯條 참조.

45) 《世宗實錄》卷90, 세종 22년 8월 丁丑條, "大司憲尹璠啓曰 自古言官若有所失 則但左遷而已 不除外寄 今掌令禹孝剛 旣無所失 而除楊根郡 有違古例 請除京官 然後乃補外"

46) 《世宗實錄》卷90, 세종 22년 8월 丁丑條, "上曰 內外一體 如卿之言 則是內重而外輕也 況今立法之初乎"

47) 《世宗實錄》卷87, 세종 21년 11월 辛亥條에 보면, 세종은 掌令 鄭之澹을 海道察訪으로 命하였던 것을 철회하고 그대로 掌令으로 임명하고 있다.

官에 대해서는 그 官司의 堂上官·提調와 屬曹堂上官이, 外官에서는 관찰사가 해마다 6월 15일과 12월 15일 두 차례 성적 등급을 啓聞하도록 되어 있으나, 사헌부·사간원·世子侍講院에 대해서는 등급을 매기지 않았다.[48] 이는 그들이 勤務成績評價에 구애되지 않고 자유로운 활동을 보장하기 위한 우대조항이라 하겠다.

대간에 대한 우대는 다른 관원들의 대간에 대한 禮에도 나타난다. 관원이 서로 만날 경우 上官은 下官의 禮를 받고도 답례를 하지 않도록 되어 있다(隔等者일 경우, 예를 들면 3품과 5품). 그러나 대간에 대하여는 堂上官도 정중히 답례를 하도록 규정하였다.[49] 이는 대간의 직무가 백관을 규찰·탄핵하고 간쟁을 하는 특별한 것이므로, 그들의 권위를 존중하기 위하여 마련한 우대조항이었다.

대관이 그들의 직무를 원만히 수행하기 위해서는 권위와 위신이 있어야 했다. 정도전도 대관의 威望을 최우선 조건으로 보았다. 즉, 대관이 위망이 있으면 비록 종일 말을 하지 않아도 사람들이 스스로 두려워하여 복종하나, 위망이 없으면 비록 날마다 백 번을 언론[上疏]하나 사람들은 두려워하지 않는다는 것이다.[50] 그리하여 漢·唐代에도 대간은 백관과도 자리를 따로 하게 하였고, 백관이 길을 피하도록 한 것은 그들의 권위를 무겁게 하고 사람들이 두려워하게 하기 위한 것이었다.[51]

조선에서도 朝會 뒤 退班時에 백관과 구별하기 위하여 백관이 모두 퇴출한 다음에 대관을 나가게 하였으니,[52] 이것도 대간의 권위를 높이기 위한 것이라 하겠다. 특히 대관은 그들의 권위와 위신을 지키기 위하여 府內의 上下官 사이에 엄격한 禮儀와 儀式이 지켜졌던 것이다. 즉, 대관은 상하관계가

---

48) 《經國大典》卷1, 吏典 褒貶條 참조.
49) 《世宗實錄》卷13, 세종 3년 9월 庚午條에서, "元六典內 凡大小官拜授之禮 臺諫員則從優答禮 已有定例"라 하였고, 또 《經國大典》卷3, 禮典 京外官相見條 참조.
50) 《三峯集》經國文鑑下, 臺諫條, 先威望後搏擊項 참조.
51) 《三峯集》經國文鑑下, 諫官條, 重臺諫項 참조.
52) 《筆苑雜記》卷2, "舊例凡大小朝會……" 이하 참조

대단히 엄격하여 持平(정 5)은 계단 아래로 내려가서 掌令(정 4)을 맞이하고, 장령은 執義(종3)를 맞이하고 執義 이하는 大司憲을 맞이하는 것이 禮로 되어 있다. 茶時廳이나 齊坐廳에 上下官이 출입하는 의식, 上下官이 행하는 예의, 執務하는 절차, 退廳·行路하는 規式에 이르기까지 엄숙·준엄하여 다른 官司와 같지 않았다.53)

대관은 위망을 중히 여기는 관계로 府 안의 상하관 사이의 기강이 매우 엄하였다. 그리하여 하관의 상관에 대한 불경한 태도는 언제나 문제 삼아졌다. 정종 2년에 대사헌 權近은 監察이 그를 공경히 맞이하지 않았다고 公事를 거부한 일이 있었고,54) 세종 7년 2월에는 대사헌으로부터 持平에 이르는 모든 관원이 감찰로부터 辱을 당하였다 하여 上書辭職한 일 등55)은 사헌부 안의 기강과 위신을 세우기 위한 것이었다. 府 안의 기강과 위신을 잃고는 대관의 직무를 수행할 수 없는 것이었다. 상관이라도 非行이 있을 때는 하관들이 상관을 상관으로 대접하지 않기 때문에 도저히 사헌부에 재직할 수 없었던 것이다. 그리하여 태종도 '憲府 乃險地也'56)라고 하고 있다. 대관은 기강과 위망을 중히 여겼고, 그것을 지킴으로써 대관으로서의 직분을 수행할 수 있었던 것이다.

---

53) 《筆苑雜記》卷2, "憲府 糾察百官 公務繁劇 凡事務皆嚴正愼肅 然臺中禮度 頗有殊異 與他司不同 曰茶時 曰齊坐 禮度名異……" 이하 ; 《慵齋叢話》卷1, "臺官一位嚴於一位 持平下階迎掌令 掌令迎執義 執義以下迎大憲 例也 常時 坐茶是聽 齊坐之日 坐齊坐廳 其日早晨 四臺長先入其廳 執義別入其廳 若下官未至 則雖上官先至 而寓諸依幕 待下官然後乃入 大憲入門 四臺長祇迎中門外 執義祇迎中門外 還就其廳 大憲坐大廳 都吏詣臺長廳 高唱齊坐四聲 詣執義廳 唱齊坐一聲 又詣大憲前 唱齊坐一聲而退 執義從大廳北牖 捲簾而入 行再拜 禮訖 四臺長從庭下北門而入 列立階上 然後升廳上 再拜 禮訖 諸監察入庭詣謁…… 又一吏唱曰 正坐正公事 諸位起揖還坐, 遂舖圓議席於堂上 皆下坐 有拜職者則署而經之 有彈覈之事 論駁之 是日廳事畢 執義以下 還就其廳 皂隷在中門內 唱申時者三 又有一吏在門內 唱曰公廳封匱 臺長可出 於是各以次祇送 其行路時 亦以次各行 此其臺例也" 참조.
54) 《定宗實錄》卷5, 정종 2년 7월條, "命大司憲權近等視事 初近等 以監察不祇迎 故 不視事"
55) 《世宗實錄》卷27, 세종 7년 2월 壬子·庚戌·壬戌·丁卯條 참조.
56) 《太宗實錄》卷22, 태종 11년 12월 乙巳條.

2. 司諫院 職制의 성립

　태조 원년 7월의 관제에서 간관의 職은 唐·宋代나 고려시대와 같이 문하부의 낭사가 담당하였다. 머리말에서 보았듯이 당·송대에는 문하성과 중서성의 散騎常侍·諫議大夫·補闕(司諫)·拾遺(正言)를 諫官이라 하였지만, 고려시대에는 문하부의 명칭도 자주 바뀌었고 따라서 그 관직명도 변천이 잦았으며 또 낭사에 해당하는 관직도 散騎常侍 이하 正言에 이르기까지 많았다.

　당·송대와 고려시대 관제의 영향을 크게 받은 것으로 보이는 태조 원년 7월의 관제에 따르면, 문하부의 宰臣은 百揆·庶務를 관장하고 낭사는 獻納諫諍·駁正差除·受發敎旨·通進啓牋 등의 일을 관장한다고 하였고, 그 관원으로는 領府事(1명, 정1품), 左右侍中(각 1명, 정1품), 侍郎贊成事(2명, 종1품), 參贊府事(4명, 정2품), 知府事(1명, 정2품). 正堂文學(1명, 정2품), 商議府事(2명, 정2품), 左右散騎常侍(각 1명, 정3품), 左右諫議大夫(각 1명, 종3품), 直門下(1명, 종3품), 內史舍人(1명, 정4품), 起居注(1명, 정5품), 左右補闕(각 1명, 정5품), 左右拾遺(각 1명, 정6품), 注書·都事(각 1명, 정7품) 등이 있다. 그런데 고려시대와 마찬가지로 낭사의 구분이 명확히 드러나 있지 않아 어느 官에서 어느 官까지가 낭사이고 간관인지 그 여부가 분명하지 않으나, 당·송대나 고려시대에서와 같이 散騎常侍 이하 拾遺까지가 낭사일 것이라고 짐작을 할 수 있다. 그러나 태조 원년 7월의 관제에서는 당·송대나 고려시대와는 달리 낭사의 職掌에 '受發敎旨'와 '通進啓牋' 등 承旨의 職掌이 포함되어 있어 낭사 가운데 일부는 그와 같은 일을 관장한 것이 아닌가 하는 의심이 가나 起居注도 분명히 간관이었다.[57]

---

57) 《定宗實錄》卷1, 정종 원년 5월(10～12丁)에, "門下府上疏 陳時務十事……上讀至擊毬之事 怒甚 召左諫議安魯生 詰之曰 言官之職 直言可也 予之所爲 歸咎父王可乎 命掌務起居注朴堅基 勿視事 云云"이라 하였다.

또 徐居正은 司諫院題名記에서,

> 我朝는 개국 초에 고려의 舊制를 이어받아 諫官은 모두 門下府에 속하였고,
> 이를 郎舍라 하였다. 그 官員에는 左右散騎·左右諫議·直門下府·起居注·
> 內史舍人·左右補闕·左右拾遺가 있었다.[58]

고 하였다. 이에 따르면, 태조 원년 7월의 문하부 관제에서 左右散騎常侍에
서 左右拾遺에 이르는 관원이 모두 간관이었음을 알 수 있다. 이제 이해를
돕기 위하여 당·송·고려·조선 태조의 간관제도를 표로 보이면 〔표 7〕,
〔표 8〕, 〔표 9〕, 〔표 10〕과 같다.

〔표 7〕　　　　　　　唐, 門下省·中書省 諫官 (《唐書》〈職官志〉)

官　　職		掌　　務
門下省	中書省	
左散騎常侍(2명, 종3품)	右散騎常侍(2명, 종3품)	侍奉規諷·備顧問應對
諫議大夫(4명, 정5품上)		侍從贊相 規諫諷論
左補闕(2명, 종7품上)	右補闕(2명, 종7품上)	供奉諷諫 扈從乘輿
左拾遺(2명, 종8품上)	右拾遺(2명, 종8품上)	薦賢良忠孝

〔표 8〕　　　　　　　宋, 門下省·中書省 諫官 (《宋史》〈職官志〉)

官　　職		掌　　務
門下省	中書省	
左散騎常侍(1명)	右散騎常侍(1명)	規諫諷諭
左諫議大夫(1명)	右諫議大夫(1명)	
左司諫(1명)	右司諫(1명)	諫正(朝廷闕失,大臣至百官任非)
左正言(1명)	右正言(1명)	其人 三省至百司事有違失

---

58) 徐居正, 《四佳集》卷9, 記, '司諫院題名記', "我朝開國之初 仍高麗之舊 諫官皆屬門下府謂之郎舍
　　其員有左右散騎·左右諫議·直門下府·起居注·內史舍人·左右補闕·左右拾遺 云云"

〔표 9〕　　　　　　　고려, 中書門下省 郎舍《高麗史》〈百官志〉

官　職			掌務
中書門下省(문종)	中書門下省(공민왕 5년)	門下府(공민왕 18년)	
左右常侍(각 1명, 정3)	左右散騎常侍	左右散騎常侍	
直門下(1명, 종3)	直門下	直門下	
左右諫議大夫(각 1명, 정4)	諫議大夫(종3)	左右諫議大夫	
給事中(1명, 종4)			
中書舍人(1명, 종4)	中書舍人	門下舍人	諫諍
起居注(1명, 종5)	起居注(정5)		封駁
起居郎(1명, 종5)	起居郎(정5)		
起居舍人(1명, 종5)	起居舍人(정5)		
左右補闕(목종 때)	左右司諫(종5)	左右司諫(獻納)	
左右拾遺(목종 때)	左右正言(종6)		

〔표 10〕　　　　　　　조선, 門下府 郎舍(태조 원년 7월)

官　職	掌　務
左右散騎常侍	
直門下	獻納諫諍
左右諫議大夫	駁正差除
內史舍人	受發敎旨
起居注	通進啓牋
左右補闕	
左右拾遺	

　　이들 표에 따르면, 태조 원년 7월의 문하부 낭사의 관직명은 고려시대의 것을 적당히 필요한 것만 뽑아서 사용한 것임을 알 수 있고, 고려시대에는 당·송대의 간관의 관직과 문하성의 給事中·起居郎, 中書省의 中書舍人·通事舍人 등의 관제를 더하여 간관의 범위를 더 넓힌 것으로 볼 수 있다. 掌務에서는 당·송·고려·조선 태조의 간관이 거의 같으나, 조선 태조 때의 간관〔郎舍〕의 掌務가 그 이전의 것과 구별되는 것은 '受發敎旨'와 '通進啓

賤'이 추가되었다는 사실이다. 조선 태조 원년의 문하부 낭사, 즉 간관은 왕명과 문서 출납 등 承旨의 일을 함께 한 것이 아닌가 한다. 그리하여 개국 초에 사간원이 승정원에 隷屬되었다고 하였으나 그것은 착오로 보인다.[59]

태종 원년 7월에 문하부를 혁파하고 의정부를 설치할 때 문하부 낭사는 독립하여 사간원이 되었다. 이때 낭사 가운데 散騎常侍는 혁파되었고 諫議大夫(종3)는 左右司諫大夫로 고쳐 정3품 당상관으로 올렸고, 直門下는 知諫院事로, 補闕은 獻納으로, 拾遺는 正言으로 개칭하였다.[60] 그뒤 세조 12년 정월에 관제를 개정할 때, 司諫大夫를 大司諫(정3품, 堂上)으로, 知司諫院事를 司諫으로 개정하게 되었다.[61] 이리하여 사간원은 大司諫·司諫·獻納·正言 등의 관직을 두게 되었고, 그것은 《經國大典》의 사간원 관직으로 고정되었다. 사간원 관직명의 확립 과정을 표로 보이면 〔표 11〕과 같다.

태조 원년 7월의 관제에서 문하부 낭사의 직무는 이미 언급한 것과 같이 간쟁과 駁正 외에도 왕명과 문서의 출납 등의 일을 하였으나, 태종 원년 사간원으로 독립하면서 출납 업무는 승정원 承旨에게로 이관된 것으로 보는 것이 타당하다. 그리하여 《經國大典》에서는 그 직장이 간쟁·논박으로 집약되어 있다. 이제 간관의 법제적 직무의 변천을 정리하면 〔표 12〕와 같다.

여기서 '獻納諫諍'과 '諫諍'은 같은 내용이다. 다만 후자는 전자를 간결하게 표현한 데 지나지 않는다. 그러나 '駁正差除'와 '論駁'은 차이가 있다. 즉,

---

59) "司諫院 國初隷于承政院 有左右司諫 左右司議 而堂上則加大夫二字 而獻納正言 亦各二員 分六房 更日入番 凡諸事 各道公事之降 必歸諫院 未有便者 駁還之事 無不擧行《增補文獻備考》卷219, 職官考, 臺省, 司諫院條)"라 하였는데, 이 기록은 사간원의 직함도 당시와는 다르고, 司諫院事와 承政院事를 혼동하여 기록한 것 같다. 태조 원년 7월의 관제에 따르면, 中樞院에서 啓復의 출납을 관장하였고, 그 官員으로 都承旨(1명), 左右承旨(각1명), 左右副承旨(각1명) 등 5명(모두 정3품)이 있었다《太祖實錄》卷1, 태조 원년 7월 丁未條). 그뒤 정종 2년 관제를 개정할 때 중추원을 고쳐 三軍府로 삼고 중추원 承旨는 승정원 승지로 삼음으로써 승정원이 독립된 관청으로 처음 시작되었다《定宗實錄》卷4, 정종 2년 4월 辛丑條). 5승지는 吏·戶·禮·兵·工의 五曹에 관한 일을 맡아 오다가 태종 5년 정월에 同副代言을 增置하여 刑曹에 관한 일을 맡게 함으로써 6房승지가 이루어졌다《太宗實錄》태종 5년 정월 壬子條). 사간원은 승정원보다 먼저 설치되었고, 사간원이 승정원에 예속된 예는 볼 수 없다.

60) 《太宗實錄》卷2, 태종 원년 7월 庚子條.

61) 《世祖實錄》卷38, 세조 12년 정월 戊午條.

〔표 11〕　　　　　　　　　　　司諫院 官職 변동

태조 원년(1392) 7월	태종 원년(1401) 7월	세조 12년(1430) 정월	《經國大典》
左右散騎常侍(正3)			
左右諫議大夫(從3)	左右司諫大夫(正3)	大司諫	大司諫(正3, 堂上 1명)
直門下(從3)	知司諫院事(從3)	司 諫	司諫(從3, 1명)
內史舍人(正4)			
起居注(正5)			
左右補闕(正5)	獻納(正5)	獻 納	獻納(正5, 1명)
左右拾遺(正6)	正言(正6)	正 言	正言(正6, 2명)

〔표 12〕　　　　　　　　　　　司諫院 職掌 변동

태조 원년 7월(門下府 郞舍)	《經國大典》
獻納諫諍	諫諍
駁正差除	論駁
受發敎旨	
通進啓牋	

‘駁正差除’가 인사의 적부를 논박하여 바로잡는 것이라면, ‘논박’은 인사의 적부를 논박할 뿐 아니라 時政 관계에도 논박을 한다는 뜻이 함축되어 있다고 볼 수 있겠다.62)

그 밖에 간관의 직장은 이미 사헌부 직제에서 말한 바와 같이 告身과 依牒의 署經을 담당하였고, 軍士 5품 이하로 遞兒職을 받은 자의 告身〔職牒〕을 檢覈하는 일을 맡았다.

간관은 임금의 언행의 득실을 간쟁·보도하고 범 國家事의 시비를 논박하며, 인물의 賢否를 언론하는 중요한 직책을 맡은 관원이므로, 그 관원으로 진출할 수 있으려면 이에 합당한 자격을 갖추어야만 했다. 그 자격은 앞에서 말한 대관과 공통되는 점이 많았고, 따라서 대관을 언급할 때 이미 언급된 것을 생략한다. 군주의 과실을 간쟁하거나 時政의 득실을 論難하려면 높은

____

62) 《太宗實錄》卷2, 태종 원년 7월 癸卯條.

학문과 식견이 있어야 함은 물론이나, 그보다 먼저 갖추어야 할 것은 그 자신이 바르지 않으면 안 되었다. 자신이 바르지 못하고서 군주의 마음을 바로잡거나 백관을 규찰할 수는 없는 것이었다.63) 따라서 대간의 자격을 갖춘 사람을 구하는 것은 쉬운 일이 아니어서 적임자라면 散官·高下를 논하지 않고 임명하였던 것이다.64) 그러나 조그만 과실이나 허물[痕咎]도 없는 全人은 있을 수 없으므로, 대간 인사의 이상과 실제는 일치될 수만은 없는 것이었다.65)

간관에게는 그 직무를 충실히 수행할 수 있도록 특별한 대우를 하였다. 그 가운데 대간에 공통적인 것은 이미 臺官의 대우에 관한 것에서 언급하였으므로 생략하고, 간관에 관한 것만 언급하겠다.

대관과 간관에 대한 대우는 모두 특별하였는데, 그 가운데 간관에 대한 대우는 더욱 특별하였다. 태종 원년 8월에 사간원에서 院中의 諸事를 문하부 때의 사례에 바탕할 것을 청하였는데, 태종은 이를 허락하면서 이르기를,

> 사간원은 나의 過失을 숨기지 아니하고 모두 言論하니 다른 官司와 비교가 아니 된다. 마땅히 우대하여야 한다.66)

고 하였다. 사간원은 왕의 과실을 간쟁하는 무거운 책임을 맡았으므로 다른 관서보다 특별한 대우를 안 할 수 없었다. 간관의 우대는 사헌부의 監察과 사간원의 正言에 대한 대우의 차이에서도 찾아볼 수 있다. 즉, 사헌부는 大

---

63)《世宗實錄》卷64, 세종 16년 5월 庚辰條, "司諫院上疏曰 臺諫人主之耳目 庶司之儀表 厥職非輕, 故居是官者 必先正其身 然後可以格君心 可以紏百官 苟有一失 安能正人"
64)《世宗實錄》卷54, 세종 13년 10월 甲辰條, "知申事安崇善啓 臺諫人主之耳目 不可不擇 近來拘於 階品 階非正品者 不拜掌令 才雖未協衆議 徒以正品散官除授 甚爲不可 且宰相臺諫 非他除授之比 階雖非正品 才合臺諫者 當隨才敍用 上曰 卿言甚是 任人須用稱職者 宜勿論散官高下"
65)《世宗實錄》卷64, 세종 16년 5월 庚辰條, "司諫院上疏……且自今臺諫如有所失 毋令復職 以重耳 目之官 不勝幸甚 上曰 自非聖人 誰無小失 遽改除授 豈有全人"
66)《太宗實錄》卷2, 태종 원년 8월 乙亥條, "上曰 司諫院 予之過失 盡言不諱 非他司之比也 宜優待之"

司憲(종2품)에서 持平(정5품)까지를 臺長이라 하고 監察(정6품)은 여기서 제외되었고, 사간원은 大司諫(정3품)에서 正言(정6품)까지를 모두 臺長이라 했다. 그 職次에서는, 사헌부는 2품 衙門이고, 사간원은 3품 衙門으로서 監察이 正言의 상위에 있다. 그러나 인사[除授]의 次序에서는 監察로서 정언에 제수된 자는 있으나 正言으로서 監察에 배수된 자는 없어서, 정언과 감찰이 相會하면 坐次의 고하를 정하기 매우 곤란한 바 있었다. 이에 이러한 불편을 바르잡기 위하여 大司諫 成俊이 啓請하였다.[67] 성종은 이를 院相에게 咨問하니 鄭麟趾는,

> 正言은 人主의 左右에 있으면서 是非를 爭論하니 그 職任을 중히 여기지 않을 수 없습니다.[68]

고 말하고 있다. 감찰과 정언은 같은 정6품이지만, 조정 안팎의 관리를 규찰하는 감찰보다 군주의 과실을 간쟁하는 정언의 직책을 더 중요하게 삼은 것임을 알 수 있다.

院 안의 상하관 사이의 분위기도 대관과는 크게 달랐다. 앞에서 말했듯이 대관은 風憲官으로서의 권위와 위신을 지키기 위해 府 안의 상하관 사이에도 엄격한 예의와 의식이 지켜졌으나 간관은 그렇지 않았다. 간관 사이에는 尊卑의 禮가 없었고, 完議席에서 設酌하여 취하도록 마실 수 있었고, 행동에도 구애를 받지 않았다.[69] 徐居正은 《筆苑雜記》에서 간관을 평하여,

---

67) 《成宗實錄》卷20, 성종 4년 7월 壬寅條, "大司諫成俊啓曰 司憲府 自大司憲至持平稱臺長 而監察不與焉 司諫院 自大司諫至正言 皆稱臺長 而其職次 則以司憲府爲二品衙門 而監察在正言之上 以司諫院爲三品衙門 而正言在監察之下 至於除授之次 則以監察拜正言者有矣 以正言拜監察者未之有也 正言監察相會 則坐次高下 實爲未便 請改之"
68) 《成宗實錄》卷20, 성종 4년 7월 壬寅條, "上問諸院相 鄭麟趾啓曰 正言在人主左右 爭是非者 不可不重其瞳"
69) 《慵齋叢話》卷1, "諫官則不然 無尊卑之禮 上下不待而入 若上官先至 而下官後至 則雖上官 亦北面而立 立待下官 相揖就坐 齊坐之日 飮藥行公 一如臺府 鋪完議席設酌 以鵝卵盃相酬酢 酣醉乃已 又就後苑茅亭 脫衣偃臥 院中淸冷無物 或用先生案 或用豹鹿皮 或摘苑中梨棗 循還賣於各司 如得

> 諫官은 諫諍을 職으로 하고 聽訟과 折獄의 일이 없어 날마다 飮酒로써 일을
> 삼았다. 趙碩磵이 詩에 ‘一杯一杯復一杯 大諫醉倒春風前’이라 한 것은 바로
> 이를 말하는 것이다.70)

고 하고 있다. 간관은 대관이 누릴 수 있는 법적인 대우를 享受하는 것밖에
대관에 견주어 업무량도 적었고 院 안의 상하관 사이에도 존비의 禮도 없이
최대의 대우를 받았다. 심지어는 공무 가운데도 음주를 허용받는 특별 대우
관원으로서 모든 儒士들의 흠모의 대상이었다.71) 제도적이든 관행적이든
간관에게 그러한 대우와 기풍을 허용한 뒤에는 간관이란 군주의 痕咎를 간
쟁하는 어려운 직임을 맡고 있고, 그러한 직임은 자기의 직위와 생명을 걸고
해야 하는 것이므로, 다른 관료와 달리 기개를 살릴 필요가 있었기 때문으로
보는 것이 좋을 듯하다.

二. 臺諫의 실제 기능

《經國大典》에서 굳혀진 대간의 직제는 대간의 실제 기능과 반드시 일치
하는 것은 아니다. 법제라는 것은 그 법제화 과정에서 오랜 경험을 바탕으로
이루어지는 것이긴 하지만, 그 안에는 실제와 일치되지 않는 이상형에 대한
지향성이 있을 수 있고, 또 그 내용을 집약하여 간결하게 표현해야 하는 약
점이 있다. 그러므로 법제의 분석만으로는 실상을 파악하기 어려운 것이다.
어떤 특정 제도에 역사성을 부여하려면 그 실제의 기능을 추출하여 분석하
는 작업이 필요한 것이다.

　布物 必充酒食費……”
70) 《筆苑雜記》卷2, “諫院職諫諍 無他聽訟折獄之事 日以飮酒爲事 趙碩磵詩曰 一杯一杯復一杯 大
　諫醉倒春風前 正謂此也”
71) 《筆苑雜記》卷2, 諫院관계 기록 참조.

앞에서 보았듯이 사헌부의 법제에서 職掌은 '論執時政', '正風俗', '糾察百官', '申冤抑', '禁濫僞'와 '署經'이었고, 사간원은 '諫諍'과 '論駁'에 '署經'을 관장하는 것으로, 두 기관은 확연히 구별된다. 실제에서도 두 기관의 업무는 구별되었다. 태종 원년 7월 사간원에서 상소하는 가운데,

> 司諫院의 職責은 得失을 諫諍하고 侍從하여 왕을 보필하는 것입니다. 무릇 社稷의 大計와 인물의 賢否에 대하여 왕과 더불어 옳고 그름을 가리는 것은 宰相이요, 왕과 더불어 是非를 爭論하는 것은 諫臣입니다.[72]

고 하였다. 즉, 왕에 대한 간쟁과 정치에 대한 시비를 논하는 것이 간관의 직책임을 밝히고 있다.[73] 그리하여 간관이 제도에서 규정한 직무 밖의 일을 했을 때 비판과 공격을 받았다. 태종 3년 간관이 州·府·郡·縣의 呼稱을 정할 것을 청하였다가 간관의 직분에서 벗어난 행위라고 사헌부의 탄핵을 받은 일이나,[74] 세종 9년에 사간원에서 侍衛에 빠진 侍臣 20여 명의 罪를 청하였을 때 세종이 말하기를,

> 이것은 憲府의 職任인데 어찌하여 諫院이 말하는가?[75]

라면서 사간원에서 推劾하는 것은 옳지 않다고 詰責한 일이나,[76] 세종 24년,

---

72) 《太宗實錄》卷2, 태종 원년 7월 癸卯條, "本院之職 專掌諫諍得失 侍從贊相 凡社稷之計 人物賢否 與人主相可否者宰相 與人主爭是非者諫臣也"
73) 《太宗實錄》卷6, 태종 3년 11월 壬戌條에도, "諫官於君上過失 時政得失 規諫考覈職也"라고 하고 있다.
74) 《太宗實錄》卷6, 태종 3년 11월 壬戌條.
75) 《世宗實錄》卷35, 세종 9년 정월 丁酉條, "上曰此憲府之任也 何諫院言之"
76) 《世宗實錄》卷119, 세종 30년 2월 壬申條에 보면, 巨濟縣令 成小積이 國喪初에 妓生과 酒宴을 베풀어 犯法하였다고 사간원에서 감사에게 移文하여 推劾하게 하였는데, 이 일은 사헌부의 직책으로서 사간원은 越職(越權)을 하였다 하여 사헌부에 傳旨하여 사간원을 劾問하게 하였다. 이것을 보면 세종도 推劾은 사헌부의 직임으로 보고 있다.

추핵은 諫院의 직임이 아닌데 간원에서 柳孝班을 擅劾한 것은 옳지 않다고 掌令 鄭而漢이 간원을 탄핵한 일[77] 등은 사간원의 직무와 사헌부의 직무는 엄연히 구별되어 있음을 보여 주고 있다.

직무 량에서도 사헌부와 사간원은 전연 다르다. 사간원은 일반적으로 閑官으로 생각하고 있으나[78] 사헌부는 공무가 매우 많다고 보고 있다.[79] 뒤에서 말할 것이지만 실제로 사헌부의 공무는 사간원보다 많았다. 그러나 앞에서 본 사례에서나 법제에서와 같이 사헌부와 사간원의 직무는 완전히 구별되거나 관계가 없는 것은 아니었다. 司內의 분위기나 공무의 양과 내용에서는 서로 다른 것이 많았지만, 兩司의 직무에는 상보적인 면이 많았다.[80] 특히 양사의 언론 활동에서는 더욱 그러하였다. 그러므로 여기서는 사헌부와 사간원이 실제 어떤 직무를 수행하였으며, 서로 어떤 관계를 가졌는가를 밝히려 한다.

1. 臺諫의 언론 활동 : 臺諫言論 활동의 의의와 방법

대간의 직무에서 중심이 되는 것은 언론 활동이다. 대간을 言官이라 하는 것은 그 때문이다. 머리말에서 말한 바와 같이 唐·虞·三代에는 언관이 따로 없었으나 百官과 百工이 모두 언론을 펼 수 있었고, 또 그것이 반영되어 隆平한 정치를 이룰 수 있었으나, 秦代부터 간관을 제도적으로 설치하여 그들로 하여금 언론을 전담하게 하면서부터 言路는 좁아졌다. 그런데 간관을

---

77) 《世宗實錄》 卷98, 세종 24년 10월 辛亥條.
78) 《世宗實錄》 卷19, 세종 5년 정월 庚戌條에, "知申事趙瑞老啓曰 諫院閑官無事 故陳此可無之言"이라 하였고, 《世宗實錄》 卷99, 세종 25년 2월 戊申條에, "議政府議啓 司諫院雖是閑官 本以諫諍爲任 宜勿兼宗學"이라 하여 諫官을 閑官으로 보고 있다.
79) 《睿宗實錄》 卷3, 예종 원년 정월 戊辰條에, "臣等謂 憲府則公務甚劇 諫院閑官"이라 하였고, 《筆苑雜記》 卷2에도 "諫院職諫諍 無他聽訟折獄之事 日以飮酒爲事⋯⋯ 憲府糾察百官 公務繁劇"이라 하였다.
80) 《太宗實錄》 卷34 태종 17년 7월 癸未條, "上曰 卿言是也 憲司雖有故 諫院亦在 且刑曹推劾亦可也"라 하였다.

두어 언론을 전담하게 하는 제도를 마련하게 된 것은, 국가의 규모가 커지고 정치구조와 사회가 복잡해지면서 많은 관원과 민중에게 언로를 무한정 개방하기 어렵게 되었다는 점과, 전제적 군주의 왕권강화의 목적에서였다고 보겠다. 따라서 패도정치에서 벗어나 왕도정치의 실현을 이상으로 삼는 儒者들은 항상 唐·虞·三代의 백관과 백공의 의사가 상달되고 반영되던 정치를 이상으로 여겼으나, 그 실현은 불가능한 것이기 때문에 결국 언관을 통한 언론의 길이나마 열어 놓아, 군주의 과실이나 정치적인 병폐를 비판·교정할 수 있는 최소한의 방법을 찾게 된 것이다.

조선왕조를 개창하는 데 큰 구실을 한 중요한 인물들 가운데 유자들이 많았기 때문에 조선왕조의 정치이상은 유교정치를 실현하는 데 있었다. 이상적인 유교정치는 德治·仁政의 실현, 즉 왕도정치의 실현이었고, 이의 실현은 언론의 길을 넓혀 주지 않고서는 불가능한 것이었다. 신문고 제도도 민의를 알기 위한 언론의 한 방법이었으나 일반 민중이 언제든지 원하는 때 이용할 수 있는 것이 못 되었고, 또 글로써 올리는 것이기 때문에 글을 모르는 민중은 이용할 수 없었다. 지식층이면서 지배층에 속하는 유생들은 상소로 정치나 사회에 대한 그들의 소견을 올릴 기회가 부여되긴 했으나, 그 방법과 절차가 매우 까다롭고 기성 정치인이나 권력으로부터 제재되어 수의·수시로 할 수 있는 것이 못 되었다. 유교정치라는 미명 아래에 새로운 왕이 즉위하거나, 천재지변이나 정치사회적으로 어려운 일이 있을 때면 求言의 방식으로 조정 안팎의 대소 관료와 閑良·耆老·軍民 들에게 所懷를 상소할 기회를 허락하였으나,[81] 구언의 성격은 새로운 왕이 즉위할 때의 의례적인 것이거나 당면한 위기에서 벗어나기 위한 미봉책으로 이용된 것이었지, 진정한 언론의 개방을 뜻하지는 않았다. 조선시대의 언론은 결국 언관의 그것이 중심이 될 수밖에 없는 것이었다.

---

81) 求言의 예를 한둘 들어 보면, 《定宗實錄》卷6, 정종 2년 12월 말에도 下敎求言하였고, 《太宗實錄》卷36, 태종 18년 7월 己酉條에도 가뭄이 심하여 정부·6조·대간 및 각 司에 求言하였다.

언관이 언론하는 방법은 크게 두 가지로 볼 수 있으니, 하나는 글로써 올리는 것이요, 다른 하나는 말로써 아뢰는 것이었다. 태종은 대간에게 大事는 글[狀申]로, 小事는 말[直啓親稟]로 할 것을 명한 바 있고,[82] 小事로 封章[상소]을 올리는 것을 금한 바 있다.[83] 일반적으로 대수롭지 않은 일은 直請·面陳하고, 기밀에 관한 것은 封章을 하도록 한 것으로 볼 수 있다.[84] 때로는 작은 일이나 可言之事는 모두 승정원에 나아가 직접 전달하게도 하였으나,[85] 승정원을 거쳐서 進達하는 방법은 直啓(면진)보다 효과가 떨어지는 방법이라 하겠다.

태종 때는 언관에 대한 왕의 태도가 자주 강경해졌고 언론 방법도 일관성이 없이 자주 변하였다. 태종 말년에 가면 대간의 언론에 章疏의 사용을 금하였고,[86] 언관이 立庭 上書하여야만 언관의 직책을 다하는 것은 아니라고 강조하면서 언관의 모든 언론은 말로써 할 것을 명하기도 하였다.[87] 그러나 언관언론 활동의 전반적인 경향은 태종 때에도 면진(말)과 상소(글)로써 언론을 행사하여 왔으며 그뒤에도 그 방법은 계속되었다.[88] 즉, 조선 초기의 언관의 언론 방법은 말(면진)과 글(上疏·上書·箚子·封章)로 하였으며, 시대에 따라서 글로 하는 것이 주가 되는 때도 있었고, 말로 하는 것이 장려되는 때도 있었다. 기밀한 일은 대개 글로써 올렸고 같은 사건에 대해서도 글

---

82) 《太宗實錄》卷1, 태종 원년 3월 壬午條.
83) 《太宗實錄》卷10, 태종 5년 10월 甲戌條.
84) 《太宗實錄》卷17, 태종 9년 2월 壬午條, “立臺諫上疏規諫彈劾之法 召持平李倣 獻納盧仁矩 使知申事黃喜 傳曰 自今臺諫官 如欲規諫寡人闕失 若係服玩宮室膳羞等事 直請面陳 凡大小機密 題以上前開坼 封章 掌務親自賚進 以待裁決 毋令書吏遙呈 其他細務條陳 不宜密封”
85) 《太宗實錄》卷22, 태종 11년 10월 壬辰條에, “上覽疏 召諫官曰……大事具疏以聞 小事言於承政院以達”이라 하였다. 그리고 卷29, 태종 15년 정월 丁巳條에, “乃命倣司曰 諫諍彈劾 務得其當 近來臺諫封章論事 未能悉知其由 言或失中 今後人君過失 所當隱諱之事 大小員人關係宗社不忠不孝汚染風俗等事 實封啓聞 其他大小可言之事 皆進承政院直達”이라 하였다.
86) 《太宗實錄》卷31, 태종 16년 3월 壬子條.
87) 위와 같은 곳.
88) 《朝鮮王朝實錄》에서 언론 활동에 관한 수많은 자료에 따르면 啓와 上疏의 방법으로 言論한 것을 볼 수 있다.

과 말로써 동시에 언론하는 경우도 있었다. 글로 할 경우는 승정원을 거쳐서 왕에게 전달하였고, 말로 할 경우에도 직접 하는 경우(面啓)와 승정원을 거쳐 전달되는 방법이 있었다.

대관과 간관은 언론을 행하기 앞서 圓議(完議)席에서 諫諍·時務·彈劾·署經에 관해서 문제를 제기하여 논의하고, 결정한 내용을 行首 또는 掌務가 啓 또는 상소를 하게 된다.[89] 圓議에서 전원의 의견이 일치하면 司名으로 언론하고, 일부만이 찬성하면 찬성자의 이름으로 언론하고, 때로는 언관한 사람이 단독으로 언론을 행할 수도 있다.[90] 圓議에 참석한 전원이 찬성하여야만 언론(上聞)을 할 수 있고, 한 사람이라도 반대하면 언론을 할 수 없도록 한 때도 있었으나,[91] 이는 좋은 방법은 아니었다. 즉, 만약 언론하고자 하면 반드시 반대자(동료)를 먼저 탄핵하여 제거해야 되므로 司內에 분위기가 어지럽게 되고, 언관의 자기보전책도 없게 되어 언론 활동은 자연히 움츠려질 수밖에 없는 것이었다.[92] 그런 상황에서는 그릇된 衆議에 따라서 올바른 소수(개인)의 의지가 꺾일 수밖에 없었다. 그러므로 언관의 활발한 언론 활동을 위해서는 중의의 同異에 구애되지 않고 언론하고자 하는 바를 각자가 자유롭게 할 수 있어야 하는 것이다.[93] 조선 초기에는 일반적으로 언관은 자유로운 언론의 방법을 계속해 왔는데, 간관 또는 대관 전원이 동의하여 司名으로 하는 경우, 司의 長의 명의로 하는 경우, 2~3명의 관원이 연명으

---

89) 《太宗實錄》卷16, 태종 8년 12월 己丑條에, "吉昌君權近上書言臺諫之事"; 《備齋叢話》卷1, 臺諫 관계 기록 참조.

90) 《太宗實錄》卷17, 태종 9년 3월 己巳條, "願自今臺諫論事之際 詢謀僉同 則合辭敷奏 其或三四人 可之 而一二人不可 則三四人奏其事 而不必去其不可者 一二人可之 而三四人不可 則一二人奏其 事 而不必嫌其不可者 定爲恒式(從之)"

91) 《世宗實錄》卷112, 세종 28년 5월 庚午條, "然觀臺省言論 頗有不快物議者 臣等嘗求其故矣 當今 臺省言事之法 必擧席同諾然後 乃敢上聞 一口不可 則衆不能奪"

92) 《世宗實錄》卷112, 세종 28년 5월 庚午條, "如欲必言必劾 去其不肯者 夫劾去同僚 非事之平常 而 不得已所爲也 每進所言 必去同列 非惟不勝其紛紛 而自己保全之計 實爲無策 所以依違相持 悠悠 待代 而莫敢先發 以試危機也"

93) 《世宗實錄》卷112, 세종 28년 5월 庚午條에, "伏望特著爲令 許臺省官言事 不拘衆議同異 隨所欲 言 各自條陳 使不言者 亦不避嫌 庶有志之士 得自進言 言路益開矣"라 하였다.

로 하는 경우, 단독으로 하는 경우 등이 있었다.

사헌부와 사간원은 합동으로 언론을 행사하기도 하였다. 즉, 兩司가 합사하여 交章(合辭)하기도 하였고, 대사헌과 대사간이 공동명의로 언론을 펴기도 하였으며, 양사의 2~3명씩이 함께 하기도 하였고, 양사에서 1명씩 나와서 언론을 펴기도 하였다. 대간은 필요에 따라서 合司·合員하여 그들의 언론을 행사하였던 것이다.

1) 諫諍에 관한 言論

전제적인 군주국가에서 군주의 정치적 영향력은 지극히 큰 것이다. 그러나 군주 가운데는 賢良·英明한 사람도 있을 수 있고 柔弱·昏迷한 이도 있을 수 있다. 어떤 군주라도 알게 모르게 과실을 저지를 수 있고, 그 과실은 국가정치에 큰 영향을 끼칠 수 있다. 그러므로 올바른 정치를 위해서는 군주의 곁에서 군주의 과실을 바로잡아 고쳐 주는 일이 필요하게 되고 이 목적을 위하여 펴는 언론을 諫諍이라 한다.

이미 살핀 바와 같이 법제적으로 간쟁은 사간원(간관)의 掌務이다. 三峯 鄭道傳도,

> 諫官과 御史는 비록 모두 言論의 책임을 가진 신하이나 그 職은 각각 다르다. 간관은 獻替(獻可替否)를 관장하여 왕을 바르게 하고, 어사는 糾察을 관장하여 百僚를 바로잡는다. 그러므로 왕이 過失이 있으면 간관이 奏牘하고 신하가 법을 어기면 어사가 封章한다.[94]

고 하여 왕에 대한 간쟁은 간관(사간원)이, 百官에 대한 탄핵은 어사(사헌부)가 담당한다고 하였고, 세종 25년 左獻納 尹士昀의 啓에,

---

94) 《三峯集》經濟文鑑下, 諫官御史 其職略異條, "諫官御史 雖俱爲言責之臣 然其職略異 諫官掌獻替以正人主 御史掌糾察以繩百僚 故君有過擧則諫官奏牘 臣有違法則御使封章"

국가에서 司諫院을 設置한 뜻은 오로지 諫諍으로 職任을 삼은 것으로 생각
합니다.[95]

고 하였다. 간쟁이란 간관(사간원)의 직무임에 틀림없다.

그러나 실제로 간관만이 간쟁을 한 것은 아니었다. 그 실례를 《朝鮮王朝
實錄》에서 몇 개만을 뽑아 내용을 간단히 소개하면,

① 태조 원년 3월, 大司憲 南在 등 상언 :
　왕의 動靜은 萬民이 우러러보고 후세의 법으로 삼으니 創業之主는
　행동을 삼가지 않을 수 없다고 전제하고, 태조가 溫井行幸에 번거로
　움을 피하여 親軍衛만 侍從케 하는 것은 후세에 輕擧의 폐단을 낳게
　되니 臺諫・重房・通禮門・史官 각 1명의 扈從을 허락할 것을 청하
　다(윤허함).[96]

② 태조 원년 10월, 臺諫 交章 상소 :
　태조는 즉위하여 功臣을 3등으로 논공행상한 것이 오래지 않았는데
　지금 또 右承旨 韓尙敬 등 7명을 공신으로 칭하는 것은 옳지 않으니 7
　명을 功臣號에서 제거할 것을 청하다.[97]

③ 태종 원년 3월, 門下府 郎舍 상소 :
　사냥〔田獵〕과 잔치〔遊宴〕를 정지할 것을 청하다.[98]

④ 세종 6년 2월, 大司憲 河演 등 상소, 左司諫 朴冠 등 상소, 臺省 咸進
　殿 庭啓 :
　불충・불효의 죄를 짓고 청주에 移置한 讓寧을 利川으로 소환한 왕
　명을 취소할 것을 청하다.[99]

---

95) 《世宗實錄》卷99, 세종 25년 2월 戊申條.
96) 《太祖實錄》卷1, 태조 원년 8월 戊辰條.
97) 《太祖實錄》卷2, 태조 원년 10월 辛亥條.
98) 《太宗實錄》卷1, 태조 원년 3월 壬午條.

⑤ 세종 16년 2월, 掌令 曹沅·左正言 南陽德 등 詣帳殿啓 :
　講武를 한 이래로 雨雪이 없으니 원래 계획한 날짜에 구애되지 말고
　속히 還宮하기를 청하다.100)

위의 사례를 보면 大司憲, 臺諫, 門下府 郎舍(諫官), 左司諫 등 臺省이 上言·上疏·啓의 방법을 통하여 간쟁을 하고 있다. 그 내용은 扈從, 論功, 讓寧事, 講武(田獵), 遊宴 등에 관해서이다. 즉, 간관만이 간쟁을 한 것이 아니라 대관도 간쟁을 하고 있다. 때로는 개별적으로, 때로는 兩司가 합사하여 간쟁하였던 것이다. 언관이 간쟁한 내용을 구체적으로 분석하는 문제는 뒤로 미루고, 다음 장《Ⅲ. 集賢殿官의 言官化》에 따르면101) 집현전이 설치되었다가 폐지된 38년〔세종 2년(1420)~세조 2년(1456)〕 동안에 사헌부에서는 1백23회, 사간원에서는 1백18회, 양사(대간) 합사는 1백15회의 간쟁에 해당하는 언론을 행한 것을 볼 수 있다. 즉, 사헌부와 사간원은 법제적으로는 별개의 기관이었지만 이 둘은 개별적으로 또는 합사하여 간쟁한 것을 볼 수 있다.

《朝鮮王朝實錄》을 통하여 자주 볼 수 있는 간쟁의 내용은, 朝會나 聽政을 게을리했을 때, 상벌과 인사가 정당치 않을 때, 언로가 막혔을 때, 經筵과 書筵을 게을리할 때, 行幸·講武·田獵·遊戲(擊毬 등)·服玩·觀射 등의 횟수가 많거나 지나쳤을 때, 入侍나 扈從을 거절할 때, 宗親과 世子에 대한 대우나 배려가 지나쳤을 때, 內禪을 표했을 때 등의 경우에 이의 시정을 청하는 것이었다. 군주가 사적인 安逸·耆好나 私情에 흐르는 것을 막고 군주로서 바른 자세로 바른 정치를 하도록 하려면 간쟁이란 필요한 것이었고, 그것은 왕권에 대한 일종의 견제 기능을 갖는 것이었다.

---

99) 《世宗實錄》 卷23, 세종 6년 2월 庚申條.
100) 《世宗實錄》 卷63, 세종 16년 2월 甲子條.
101) 이 책 〈Ⅲ. 集賢殿官의 言官化〉 끝부분의 〔표 2〕 참조.

2) 彈劾에 관한 言論

군주국가에는 반드시 군주와 신하(관료)가 있게 마련이다. 이들은 국가의 지배자[治者]로서 이들의 정치에 대한 자세에 따라서 정치의 성패가 크게 판가름난다. 군주의 과오에 대해서는 간쟁을 통해 匡正하게 되나, 관료들의 기강 확립 없이는 올바른 정치란 이루어질 수 없다. 이에 관료의 기강 확립과 이들의 불정·불의·과실을 고치려고 하는 언론이 탄핵인 것이다.

이미 살핀 바와 같이 법제적으로 탄핵은 사헌부의 掌務로 되어 있다. 또 세종 9년(1427) 사간원에서, 廣孝殿에 祭祀하고 回駕할 때 侍衛에 빠진 侍臣 20여 명의 罪를 청하였을 때 세종이 말하기를,

이는 司憲府의 職任인데 어찌하여 司諫院이 말하는가?102)

고 하였고, 세종 24년 10월에 柳孝班이 사간원을 능욕하고 悖慢無禮하다 하여 사간원에서 류효반을 탄핵한 데 대하여 掌令 鄭而漢이 啓하기를,

推劾은 諫院의 職任이 아닌데 孝班을 함부로 탄핵한 것은 옳지 않습니다.103)

고 하고 있고, 세종 30년 거제 현령 成小積이 國喪 초에 기생과 주연을 베푼 사간원에서 監司에게 추핵할 것을 移文한 사실에 대하여, 사간원의 越職이라 하여 사헌부로 하여금 劾問하여 啓하라고 傳旨한 일이 있다.104) 이러한 사례들은 사간원에서 탄핵 활동을 할 때 이의 부당함을 지적하고 있는 것이다. 즉, 탄핵 활동은 사간원의 소관이 아님을 말하는 것이다.

그러나 실제는 이와 다르다. 사간원에서 탄핵을 하는 경우를 얼마든지 볼

---

102) 《世宗實錄》卷35, 세종 9년 정월 丁酉條, "上曰此憲府之任也 何諫院言之"
103) 《世宗實錄》卷98, 세종 24년 10월 辛亥條.
104) 《世宗實錄》卷119, 세종 30년 2월 壬申條.

수 있는데 여기서 몇 개의 예를《朝鮮王朝實錄》에서 뽑아서 소개하면,

① 태종 15년 5월 사간원 右司諫大夫 李孟畇 등 상소 :

罪人 廉致庸·閔無悔·尹興阜 등에 대하여 6조·승정원·의금부
는 모두 請罪하였는데 의정부만이 戚臣과 부동하여 청죄하지 않았다
고 의정부 대신을 탄핵하였다.105)

② 세종 15년 2월, 司諫院劾 :

우의정 權軫과 병조참판 鄭淵이 (이조의 전임관으로 있을 때) 朴礎를
잘못 추천한 罪를 탄핵하다.106)

③ 세조 5년 12월, 司諫院啓 :

지방관의 정치 부실로 京畿民이 流離하는 자가 많다 하여 守令과 方
伯을 彈劾·罷職할 것을 청하다.107)

④ 세종 8년 9월 :

韓有紋를 特旨로 吏曹參議를 除授하였는데 이 인사가 잘못되었다
하여 사간원에서 이조 文選司郎을 탄핵하자 왕명으로 간관을 하옥시
키다.108)

⑤ 단종 즉위년 7월, 사간원 左獻納 宋仁昌將本院議啓 :

監察 李掄을 이유 없이 作散하였다 하여 이조 관원을 탄핵하다.109)

위의 사례에 따르면 사간원에서 의정부 대신·참판·이조 관원·수영·
방백 등을 탄핵하고 있는 것을 볼 수 있다. 이처럼 대관과 간관은 각자 탄핵
할 수 있을 뿐 아니라 대간이 합동으로 탄핵하고 있다. 그러한 예는《朝鮮王

---

105)《太宗實錄》卷29, 태종 15년 5월 乙巳條
106)《世宗實錄》卷59, 세종 15년 5월 辛亥條
107)《世宗實錄》卷18, 세조 5년 12월 丙辰條
108)《世宗實錄》卷33, 세종 8년 9월 戊戌條
109)《魯山君日記》卷2, 단종 즉위년 7월 戊申條.

朝實錄》에서 셀 수 없을 정도로 볼 수 있다.[110)

　태조 때는 대간 합사는 없었고 대개 사헌부 또는 간관이 별개로 간쟁 또는 탄핵 등의 언론을 폈다. 그러나 국가의 안위와 관련된 중대한 일, 즉 역모라든지 王氏(고려왕조)를 제거하는 일 등에는 3省(臺諫·刑曹)이 합사[同章]하여 탄핵 언론을 펴고 있다.[111) 초창기의 언론의 방향은 왕실의 안정을 위협하는 세력에 대하여 강력한 징계를 가하는 것이었다. 초창기의 언관의 탄핵에는 請罪할 때 반드시 '請罷職不叙'[112) '削職流外'[113) '收奪職牒 籍沒財産'[114) 등 처치 조목을 들어 가혹하게 탄핵하였으나, 언관이 처벌 조목까지 들어서 청죄하는 것은 옳지 않은 것으로 여겨져, 태종 3년 4월 이후로는 '依律論罪'라는 말만을 붙이도록 하였다.[115) 이와 같은 처사는 언관의 탄핵 언론의 가혹성을 상당히 완화시키는 것이기도 하며, 조선왕조와 정치적 질서가 차츰 안정되어 가는 것을 뜻하기도 하는 것이다.

　언관 탄핵은 부정과 범법을 들추어내는 데 있는 것이고, 법률을 적용하여 벌을 가하는 것은 형조나 의금부 등의 기관이 맡았다. 이러한 언관·언론의 질서는 태종 7년 三省交章을 금지시키면서 이루어진다고 하겠다. 이미 보았듯이 초창기에는 중대한 일에 대해서는 3성(臺諫·刑曹)이 同章·交章하여 강력한 탄핵을 펴 왔다. 그런데 그 탄핵이 과격하거나 부당할 경우 3성의 관원 모두가 파면당하는 사태가 일어나게 되고, 따라서 사헌부·사간원·형

---

110) 조종 2년 2월 庚申條에, 臺諫交章請誅朴苞(윤허함)를 비롯하여, 태종 7년 10월 癸卯條(卷14), 세종 12년 5월 壬寅條(卷48) 등은 그 한 예이다.

111) 태조 3년에 盲人 李興茂의 獄事에 관련되었다고 朴蔵를 彈劾할 때(태조 3년 2월 乙未·己亥條와 3월 庚子條), 恭讓王 3父子와 여러 王氏의 除去를 請할 때(태조 3년 2월 辛卯·壬辰條와 4월 庚午·己卯·癸未條), 王子의 亂이 있은 뒤 朴苞 등의 罪를 청할 대 등등 사직의 안위와 관련되는 사건에는 3省(臺諫·刑曹)이 同狀(章) 또는 交章하여 탄핵 언론을 펴고 있다.

112) 《太祖實錄》卷13, 태조 7년 2월 癸未條.

113) 《太祖實錄》卷8, 태조 4년 7월 辛酉條.

114) 《太祖實錄》卷11, 태조 6년 6월 壬午條.

115) 《太祖實錄》卷5, 태종 3년 4월 乙丑條, "御經筵 上曰 臺諫請人之罪 必有停職屬散 遠方流配等語 只稱依律論罪 不亦宜乎……乃召司憲府司諫院刑曹掌務命曰 今後請罪之疏 毋擧處置條目 但曾依律論罪"

조의 기능이 완전히 마비되었고 그 때문에 형조는 대간의 탄핵의 대열에 참
여치 못하게 한 것이었다.116) 대간이 범죄인을 탄핵하면 형조에서는 가형자
를 법률에 따라 형벌을 내리게 되는 것이었다.117)

대간은 모든 관료에 대해 탄핵 언론을 폈을 뿐 아니라 대간들 사이에서도
서로 탄핵하였다. 사헌부에서는 사간원의 불법이나 위반사항이 있으면 강
력히 탄핵을 하였고,118) 사간원에서도 사헌부의 공무 불충실 또는 위반사항
이 있을 때면 탄핵을 하였다.119) 이와 같은 대간의 상호탄핵은 태종 초부터
극심하여 상호보복의 형태로 나타났다. 즉, 태종 원년 11월에 의정부의 상
소에 따라 대간의 상호보복을 금지하였는데, 그 疏에서 이르기를,

> 近年 이래 臺諫院이 혹시 公罪가 있어 그 가운데 一員이 탄핵을 받으면 그 餘
> 員들은 반드시 救疵하고자 하여 도리어 劾問을 가하여 보복을 하였습니다. 그
> 리하여 한번 과오가 있으면 경중을 논하지 않고 아울러 劾責을 가하는 것으로
> 得計로 삼았으니, 士習이 떳떳지 못할 뿐 아니라 이로 말미암아 職을 廢하고 臺
> 諫을 중히 여기는 뜻을 저버리게 되었습니다. 지금부터 대간이 公罪를 저지르
> 면 해당 一員만 조사·탄핵하여 신문케 하고, 자기의 잘못을 돌아보지 않고 다
> 투어 서로 보복하는 자는 過名을 標에 붙여 終身토록 叙用치 마십시오(上允).120)

---

116) 《太宗實錄》 卷14, 태종 7년 10월 癸卯條, "上謂代言尹思修曰 刑曹與臺諫號爲三省 交章論事 屢
至罷免 以致廢事 自今刑曹不與也 思修啓曰 上敎誠然 臺諫彈劾犯罪之人 刑曹但刑其可刑者耳 上
曰更與政丞議問施行 議者皆以爲然 自是刑曹始不參臺諫彈劾之例"

117) 《太宗實錄》 卷14, 태종 7년 10월 癸卯條에, "臺諫彈劾犯罪之人 刑曹但刑其可刑者耳"라 하였다.

118) 《太宗實錄》 卷10, 태종 5년 12월 癸亥條 ; 《世宗實錄》 卷75, 세종 18년 10월 戊辰·辛未條 ; 《文宗
實錄》 卷5, 문종 즉위년 12월 戊寅條 참조.

119) 정종 원년 9월(卷2)에, "門下府劾司憲雜端閔公生 初張思靖殺南宮恕妻 其子訴冤于憲府 公生托以
各位不齊 而不受理 故郞舍劾之"라 하였고, 태종 즉위년 12월(定宗實錄 卷6, 8張)에 郞舍 徐愈 등은
大司憲 鄭矩 등이 奔競을 즉시 금지하지 못하였다 하여 罪를 請하였고, 태종 6년 6월 甲申(太宗實錄 卷
11)에는 사간원에서 대관들의 근무 태만을 탄핵하였고, 세종 6년 6월 庚申(世宗實錄 卷24)에는 右司諫
李蟠 등이 대사헌 柳穎 등의 공무상의 과실을 탄핵하는 등 간관의 대관에 대한 탄핵은 자주 있었다.

120) 《太宗實錄》 卷2, 태종 원년 11월 辛亥條.

라고 하였다. 대간의 탄핵권을 상호보복의 수단으로 악용함으로써 대간의 올바른 기능을 발휘하지 못하게 되어 그 대비책으로 대간 상호보복을 금지하기에 이른 것이다. 그러나 태종 때는 대간 相劾이 자주 있었고,[121] 세종 때도 대간들 사이에 오고간 挾私報復의 예를 볼 수 있다.[122]

그 뿐만 아니라 대사헌이 執義나 待平 등 하관을 탄핵하기도 하였고,[123] 집의 등 하관이 대사헌을 탄핵하기도 하였다.[124] 대간이 과실이 있으면 비록 동료라도 탄핵하는 것은 예로부터 있었던 일이다.[125]

탄핵 언론은 사헌부와 사간원의 상보적 활동이기도 하였다. 대간은 언론을 하다가 파면·사직·피혐되는 경우가 많았다. 따라서 사헌부가 有故하면 사간원에서 언론하였고,[126] 형조나 사헌부가 避謙 중이면 사간원에서 탄핵을 하였다.[127]

대간의 중요한 언론 활동인 탄핵은 대신을 비롯한 모든 관원이 대상이 되었고, 대간들 사이에도, 동료 상하관 사이에도 탄핵을 하였다. 대간의 탄핵 활동이 정상적으로 운영될 때 관료체제는 안정을 가져오게 되고, 그렇지 못할 때 관기의 문란, 관료체제의 혼란을 일으키게 되는 것이다. 언관이 왕의 走狗로서 왕이 꺼리는 세력을 肅淸하는 先驅가 된다든지, 權臣이나 朋黨의 앞잡이가 되어 탄핵을 담당할 때 정치 질서는 혼란에 빠지지 않을 수 없는

---

121) 《太宗實錄》卷6, 태종 3년 7월 乙酉條에, 司諫院에서 大司憲 朴信, 掌令 尹向과 安從約 등을 탄핵하는 바람에, 같은 날 執義 宋愚, 持平 李悌가 사간원의 行首掌務를 탄핵하고 있고, 《太宗實錄》卷22, 태종 11년 12월 丁亥·己丑條에도 相劾하고 있고, 《太宗實錄》卷26, 태종 13년 10월 壬戌條에도 臺諫이 相劾하다가 巡禁司에 下獄된 일이 있다.

122) 《世宗實錄》卷75, 세종 18년 10월 庚辰條.

123) 《太宗實錄》卷4, 태종 2년 7월 戊子條.

124) 《太宗實錄》卷16, 태종 8년 11월 乙巳條 ; 《太祖實錄》卷9, 태조 5년 5월 甲戌條 참조.

125) 《太宗實錄》卷1, 태종 원년 정월 乙巳條에서, 태종은 "又古法臺省員有失 則雖同僚輒劾之"라 하였다.

126) 《太宗實錄》卷34, 태종 17년 7월 癸未條에, "上曰 卿言是矣 憲司雖有故 諫院亦有 且刑曹推劾亦可也"라고 하였다.

127) 《魯山君日記》卷7, 단종 원년 7월 丙辰條, "議政府啓曰 姑許刑曹司憲府避嫌 命司諫院速劾以聞 從之"

것이다. 왕권이나 權臣, 權黨의 언관에 대한 압력 여하에 따라 언관의 언론 활동은 크게 영향을 받았던 것이니 그 실제는 뒤에서 상세히 논하려 한다.

3) 時政에 관한 言論

時政이라는 것은 당시 행하고 있는 정치 또는 그 시책을 뜻하는 것이다. 언관의 언론의 중요한 것은 시정의 득실을 논하여 바로잡는 일이다. 간쟁은 군주를 바르게 하기 위한 언론이요, 탄핵은 백관을 바로잡기 위한 것이라 하면, '論執時政'은 만민의 이해와 직결되는 여러 정치나 시책을 바로잡기 위한 언론이다. 즉, 간쟁과 탄핵은 정치인에 대한 언론이요, '논집시정'은 현실 정치와 시책에 대한 언론이다. 간쟁과 탄핵은 '논집시정'과 상호 관계가 있는 것이지만 백성에게 직접 미치는 점에서 보면, 후자가 더 중요한 언론이라고 볼 수 있다.

이미 언급한 바와 같이 태조 원년에 백관의 관제를 제정할 때 사헌부의 職掌 가운데 하나가 '論執時政得失'이었고, 《經國大典》에 '논집시정'으로 고정된 것이다. 태조 원년에 문하부 낭사(간관)의 직장 가운데 하나가 '駁正差除'였고 《經國大典》에서 '駁正差除'는 '논박'으로 고정되었다. 그러므로 사간원 職掌으로서의 '논박'이라는 어휘만을 두고 보면 인사에 대한 논박일 수도 있고, 정치와 시책에 대한 논박일 수도 있겠다. 그러나 이는 '논집시정'과는 구분되는 것으로 볼 수 있고, 따라서 법제적으로 보면 '논집시정'은 사헌부의 소관으로 보겠다.

사헌부가 시정의 득실을 논집한 것은 사실이지만 사간원도 그 언론을 행하였다. 여기서 몇 개의 사례를 들어 보면,

> ① 司憲府啓(태조 원년 8월 乙巳) :
> 고려 왕실의 宗親과 巨室들이 소유하던 수많은 노비의 처분에 대하여, 소수만을 남기고 모두 屬公할 것을 청하자, 이에 태조는 敎書하여

前朝 종친과 兩府 이상은 20口를, 그 이하는 10口의 노비를 주고 나머지는 屬公케 하였다.128)

② 諫官 柳觀 등 상서(태조 7년 2월) :

국가에 하루도 없을 수 없는 重臣·將相밖에는 起復을 허락하지 말며, 위반자는 엄중히 단속하여 人倫을 후하게 할 것을 청하였다(윤허함).129)

③ 司諫院請(태종 2년 8월) :

국초부터 있던 直宿의 법을 다시 申飭할 것을 청하였다(윤허함).130)

④ 左司諫 金孝貞 등 상소(세종 10년 9월) :

水旱이 심하여 농민이 고생을 하니 금년의 量田을 停止할 것을 請함.131)

위의 사례를 보면 사헌부는 물론이고, 사간원과 간관이 시정의 득실에 관하여 언론을 하고 있고 또 대부분 윤허를 받고 있다. 그런데 이 경우는 한 가지 문제를 잡아서 언론을 하고 있으나, 경우에 따라서는 是正·救弊 해야 될 시정에 관해서 여러 개의 조목을 들어서 언론하고 있다.132)

대간의 시정에 관한 언론의 성격을 자세히 분석하는 것은 다음으로 미루고 《朝鮮王朝實錄》에서 자주 거론되는 문제들을 들어 보면, 官制·法制·田制·稅制·儀禮·科擧·敎育·軍事·軍役·赴役·奴婢·土木·營繕·救荒·獄訟·燔鹽·貨幣 등이다. 시정에 관한 언론에서 자주 거론되는 문제라면 그 시대에 중요한 문제인 것은 물론이다. 이러한 시정에 관한 언론이

---

128) 《太祖實錄》卷1, 태조 원년 8월 乙巳條.
129) 《太祖實錄》卷13, 태조 7년 2월 戊寅條.
130) 《太祖實錄》卷4, 태종 2년 8월 己巳條.
131) 《世宗實錄》卷41, 세종 10년 9월 癸丑條.
132) 《朝鮮王朝實錄》에서 그 예를 무수히 볼 수 있는데 몇 개의 예를 들면, 《太祖實錄》卷2, 태조 원년 9월 戊戌條 ; 《定宗實錄》卷2, 정종 원년 8월 丙辰條 ; 《世宗實錄》卷77, 세종 19년 5월 己酉條 등이 있다.

얼마나 정치에 반영되었는지는 치밀한 자료의 분석에서 밝혀질 것이지만, 그러한 문제들을 거론할 수 있었다고 하는 것만으로도 언관의 존재를 높이 평가해도 좋을 것이다.

4) 人事에 관한 言論

법제적으로 대간은 告身署經을 하게 되어 있음을 이미 보았다. 고신서경은 인사 적부 심사라 할 수 있는데, 이를 행사하기 위하여 대간은 백관의 인사관계자료(이력서)를 갖추고 있으면서 관료 개개인의 문벌·능력·품행·경력을 파악하고 있었던 것이다. 그리하여 대간에게 중앙과 外方의 관리로서 불법자를 모두 기록하여 啓하라는 傳旨도 내렸고,[133] 이에 따라 사헌부와 사간원에서는 관리로서 그 직임을 감당할 수 없는 자를 보고하고 있는 것이다.[134]

이처럼 대간은 관원 개개인을 파악하고 있고, 고신서경을 하였으며, 또 언관이기 때문에 부적합한 인사가 있을 때는 이의 시정을 위한 언론을 하였던 것이다.

인사에 관한 언론으로서 먼저 생각할 수 있는 것은 受職者에게 결격사항이 있어 서경을 할 수 없을 때이다. 그 예를 보면 세종 7년 4월에 사간원 左正言 趙遂良이 啓하기를,

> 전날 臣이 받은 바 孟孝曾의 告身署經에 관한 敎旨를 本院에서 擬議하였습니다. 효증은 李茂(죄인)의 외손자로 受職이 마땅치 않으므로 감히 敎旨를 받들지 못하겠습니다.[135]

---

133) 《成宗實錄》卷5, 성종 5년 甲辰條에, "傳于司憲府司諫院曰 中外官吏不法者 其悉錄啓"라 하였다.
134) 《成宗實錄》卷5, 성종 5년 6월 乙巳·丙午條.
135) 《世宗實錄》卷28, 세종 7년 4월 辛酉條.

라고 하고 있다. 또 문종 원년 8월에 持平 文汝良을 불러 傳敎하기를, "監察 李承胤의 告身을 어찌 서경하지 않는가?"라고 하니, 문여량이 말하기를,

> 李穰의 妹夫 安玖·李補丁은 모두 監察에 拜授를 얻지 못하였고, 안구의 아들인 知歸와 사위 許認은 비록 감찰에 배수되었으나 告身은 아직 阻滯되었는데 항차 承胤은 穰의 아들인데 署經할 수 있겠습니까?136)

라고 하고 있다. 위의 두 예는 서경할 때 참고 사항인 內外4祖와 受職者에 허물[痕咎], 즉 外祖와 父의 허물[被罪人]로 말미암아 서경할 수 없다고 주장하고 있는 것이다. 그러나 서경할 때마다 대간의 언론이 따르는 것이 아니라 앞의 예에서와 같이 수직자에게 결격사유가 있어 대간이 서경을 거부하고 있는데, 군주가 서경을 독촉하게 되면 대간은 부득이 불서경의 사유를 논하지 않을 수 없는 것이다.

인사 문제에는 항상 부당성이 끼어들 가능성이 있어서 대개 인사 뒤에는 잡음이 있게 마련이다. 그리하여 대간은 매우 잦게 잘못된[錯誤] 인사라고 언론을 하게 되는데,137) 그 가운데 한 가지가 超授(超陞)로 말미암은 것이다. 사람의 됨됨이가 특출할 경우는 부득이하지만, 閑職에 있던 자가 자급이 뛰어올라 도리어 부지런히 근무한 자보다 위에 있게 된다든지138) 부당하게 超授한다든지 할 때는 대간의 언론이 행해지게 된다. 그 한 예로 세종 23년 7월에 사간원에서 啓하기를,

> 前藝文奉敎 金季友와 前承文院博士 權需 등은 지금 成均注簿에 授되었습니다. …… 만약 부득이 陞品除授하려면 啓達하여 叙用한다고 이미 傳旨가 있었

---

136) 《文宗實錄》卷9, 문종 원년 8월 丙寅條.
137) 《世宗實錄》卷47, 세종 12년 정월 乙丑條에, "上謂知申事許誠曰 近臺諫屢以除授錯誤爲言 云云" 하고 있다.
138) 《世宗實錄》卷47, 세종 12년 정월 乙丑條 참조.

습니다. 지금 季友와 需 등은 승품제수이니 舊例와 어긋납니다. 吏曹堂上과 郎廳을 有司로 하여금 推劾케 함이 마땅합니다.[139]

라고 하였으니 이것은 陞品除授를 바로잡기 위한 언론이었다.

예종 즉위년 10월에 사간원에서 啓하기를,

咸興判官 金孟節은 일찍이 義盈庫直長으로 坐贓되어 叙用되지 못하다가 恩宥를 입어 仕路에 나감을 얻었으니 隨品隨職하면 이미 족합니다. 지금 5품을 超授하는 것은 옳지 않다고 생각합니다.[140]

라고 했다. 直長(종7품)으로 있던 사람을 종5품으로 초수한 데 대한 부당성을 논하고 있다. 즉, 입사규칙에 어긋나는 처사가 있을 때 언관의 언론이 있게 된다.

태종 15년 張晋이 獻納으로 제수되었을 때 사헌부에서는 장진의 心行이 청렴하지 못하다며 서경할 수 없다고 啓한 것과,[141] 세종 23년에 高得宗이 의금부 提調로 임명되었을 때, 掌令 洪深은 고득종이 일찍이 貪汚로써 得罪한 것을 들어 임용의 불가함을 啓한[142] 예는 前罪로 말미암아 새로 임명된 직임이 합당하지 못함을 언론하고 있는 것이다. 獻納은 간관으로서 심행이 청렴하지 못한 자는 적격자가 될 수 없는 것이었고, 의금부 제조는 治獄을 맡는 것인데 과거 탐오의 죄를 지은 사람이 형률을 맡는다는 것은 합당하지 않다는 것이다.

---

139) 《世宗實錄》卷93, 세종 23년 7월 戊戌條, "司諫院啓 前藝文奉敎金季友 前承文院博士權需等 今授成均注簿……如不得已陞品除授 則啓達叙用 已有傳旨 今季友·需等 陞品除授 有違舊例 吏曹堂上郎廳 宜令有司推劾"
140) 《睿宗實錄》卷1, 예종 즉위년 10월 庚戌條.
141) 《太宗實錄》卷30, 태종 15년 7월 辛酉條, "司憲府啓 獻納張晋 厭貧求富 棄糟糠之妻 改娶判原州牧事鄭南晋之病女 心行不廉 臣等不敢署出告身 於是改除禮曹正郎"
142) 《世宗實錄》卷93, 세종 23년 7월 辛亥條.

대간은 인품이나 능력에 비추어 알맞지 않은 인사에 대하여, 또 武班職者에 대한 文班職 인사에 대하여 이의 부당성을 언론하게 된다.143) 이처럼 언관은 알맞지 않은 부당한 인사에 대해 시정을 위한 언론을 펴게 되는 것이다.

인사에 대한 언론은 탄핵 언론과는 다른 것으로 위의 예에서 보았듯이, 祖上이나 당사자의 痕咎 또는 超授 등의 사유를 들어 인사의 시정을 촉구하는 것이다. 《朝鮮王朝實錄》에서 흔히 볼 수 있는 예에 따르면, 超授·西班職의 東班職 陞授·未滿秩而遞·限品叙用·相避 등 인사 규칙에 어긋남이 있을 때, 祖上에 허물[痕咎]이 있을 때, 전과가 있는 자를 叙用할 때, 능력이나 인품이 그 직임을 감당할 수 없거나[不堪任] 적당하지 않을 때[不宜此任] 이를 바로잡기 위하여 언론을 행사하고 있다.

인사에 관한 언론을 세밀히 분석하는 작업은 다음에 미루고, 다음 장〈Ⅱ. 集賢殿研究〉)에 따르면,144) 세종 2년(1420)부터 세조 2년(1456)까지 37년 동안 대간의 인사에 관한 언론(人事異議)은 사헌부에서 1백46회, 사간원에서 1백28회, 대간 합사가 8회로 총 2백82회로 되어 있다. 그 기간의 탄핵 언론(사헌부 7백26회, 사간원 2백41회, 합사 98회)에 비추어 봤을 때, 사간원의 인사에 관한 언론은 사헌부에 견주어 상대적으로 높아진 것을 볼 수 있다.

이러한 인사에 관한 언론은 왕권이나 정권의 일방적인 인사를 견제하고 관료 질서 확립에 이바지할 수 있는 것이지만, 이 언론이 왕권이나 權臣, 權黨에 의하여 조종될 때 정치 질서는 문란을 피할 수 없게 된다.

---

143) 《世宗實錄》卷84, 세종 21년 3월 辛未條.
144) 이 책 〈Ⅱ. 集賢殿官의 言官化〉 뒷부분 [표 2] 참조.

2. 臺諫의 言論活動 이외의 기능

1) 參政機關의 기능

(1) 朝啓·常參에 참여

朝啓라는 것은 왕이 大臣이나 近臣들을 접견하여 정치에 대한 신하들의 의견을 듣고 또 자문하기 위한 것이다.[145] 그러므로 朝啓라는 것은 당시의 정치에 절대적인 영향을 줄 수 있는 제도로서 조계에 참여할 수 있는가의 여부는 參政機關인가의 여부를 가늠하는 기준이 될 수 있는 것이다. 그런데 대간은 여러 차례의 어려움을 거쳐 조계에 참여하게 되었다.

태종 초까지도 대간은 조계에 참여하지 못한 듯하다. 그리하여 태종 5년 (1405)에 사헌부에서 대간의 조계 참여를 청하였다. 즉, 의정부와 6조의 대신들을 날마다 접견하여 정치를 의논하는 것은 좋은 일이나 대간은 왕의 耳目之官으로서 마땅히 이에 참여해야 됨에도 탈락되었다 하여 3품 이상 대간의 朝啓入參을 청하였던 것이다.[146] 그러나 이때는 이루지 못하고 다시 태종 6년 8월에 사헌부와 사간원에서 조계의 입참을 청한 것이 윤허를 얻게됨으로써[147] 대간의 조계에 참여가 이루어졌다. 그러나 왕의 의사나 사정에 따라 조계입참을 얼마 동안 정지시키기도 하였다.[148]

허용되었던 대간의 조계입참은 태종 14년 3월에 시련을 겪게 되었다. 당시 태종은 대간에게 명하기를, "나에게 啓할 일이 있으면 조계에서 말로 하

---

145) 《太宗實錄》卷10, 태종 5년 12월 庚辰條에, "司憲府請令臺諫與朝啓 疏略日 殿下日見政府六曹 咨訪治道 誠美意也 本府與諫院 以殿下耳目之官 宜在左右 獨無進見之時 願令臺諫三品以上 與於 朝啓(不報)"라 하였고, 《世祖實錄》卷5, 세조 2년 8월 癸丑條에도, "一日萬機 常欲接見大臣 都兪咨 訪 共成治道 我朝朝參朝啓 卽其制也"라 하였다.

146) 《太宗實錄》卷10, 태종 5년 12월 庚辰條 참조.

147) 《太宗實錄》卷12, 태종 6년 8월 丁酉條.

148) 《太宗實錄》에 따르면, 태종 11년 5월 辛巳條에는 가뭄을 근심하여 議政府·6曹·臺諫의 入參을 1개 월 기한부로 정지시킨 일이 있고, 태종 13년 6월 癸丑條에는 대간의 告身署經이 끝날 때까지 朝啓入參 을 중지하라고 명령한 것들이 그 예이다.

고, 不聽하면 上疏로 請하는 것이 可하다"고 하였는데, 왕이 廣州와 楊根 등
지에 行幸하고자 할 때 사헌부에서는 조계에서 말로 하지 않고 상소로써 이
를 반대(저지)하여 태종의 분노를 사게 되었다. 따라서 대간의 조계입참이
거절되었던 것이다.[149] 그 8일 뒤 대간은 조계입참을 청하였으나, 다시 명
령하기를,

　　　지금부터 大小事를 막론하고 모두 疏狀으로 올리고, 朝啓에는 들어올 수 없
　　　다.[150]

고 하면서 "이는 너희가 자초한 것이니 다시 감히 말하지 말라"고 강경히 말
하였던 것이다.

　1년 뒤인 태종 15년 3월에 대사헌 李根이 대간의 조계입참을 청하였으나
태종의 태도는 변함이 없었다.[151] 태종 15년 11월에 태종이 대간의 언론이
자질구레하다고 말하자 형조판서 鄭易이 말하기를, "近者에 대간이 조계에
참석하지 아니하여 政令을 아직 못 하고 말할 바를 아직 못 하니 청컨대 조
계입참을 명하십시오"라고 하였으나, 태종은 대간의 조계입참의 필요성을
부정하였던 것이다.[152] 그러나 그뒤 처음으로 의정부의 贊成 이하도 번갈아
조계에 참석할 것을 명하였고,[153] 그 16일 뒤에 사간원의 啓를 좇아 대간의
조계입참을 허락하였다.[154] 그뒤 세자도 조계에 참석하게 되었다.[155]

---

149) 《太宗實錄》 卷27, 태종 14년 3월 丙申條, "上如楊根 次于龍律 減省隨駕各品 初上欲幸廣州楊根
　　等處 司憲府上疏止之 上召臺諫掌務 命李灌責之曰 予嘗命曰凡有告我之事 於朝啓言之 不聽然後
　　疏請可也 今憲司遽然上疏 自今於朝啓 毋得參焉"
150) 《太宗實錄》 卷27, 태종 14년 3월 丙申條, "臺諫請與朝啓 不聽……故今復召命之 自今事無大小
　　皆上疏状 毋得入朝啓"
151) 《太宗實錄》 卷29, 태종 15년 3월 乙巳條.
152) 《太宗實錄》 卷30, 태종 15년 11월 丙申條, "上語及臺諫言事鎖碎曰……(刑曹判書) 鄭易曰 近者
　　臺諫 未參朝啓 不知政令 未知所言 請命入參朝啓 上曰 昔令入參 入參則不言 退而具疏論列 故惡之
　　而令不入參……何賴臺諫入參而論事乎"
153) 《太宗實錄》 卷30, 태종 15년 11월 甲辰條.
154) 《太宗實錄》 卷30, 태종 15년 11월 庚申條 ; 卷31, 태종 16년 정월 庚戌條 참조.

세종 초에 세종은 조계를 계속하였고,[156] 세종 11년 4월에 예조에서 常參儀를 啓함으로써 조계는 常參할 때의 중요한 행사로 발전하였다. 즉, 상참에서는 왕이 날마다 첫 새벽에 대신과 근신을 접견하고 그들의 啓事를 듣는 것인데 여기서 의정부·6조·三軍府·대간이 啓事에 응하게 되어 있는 것이다.[157] 예조에서 상참의를 啓한 3일 뒤에 세종은 상참을 받았고,[158] 세종 때에는 상참이 계속되었던 것이다.[159] 그런데 여기서 중요하게 여겨야 할 것은 의정부·6조·삼군부의 대신이 참여하는 조계 또는 상참에서의 啓事에 대간이 함께 할 수 있었다는 사실이다. 대간은 論事 기관에 그치는 것이 아니라 직접 정사를 논의하는 참정기관으로서 실제 정치에 크게 영향을 끼칠 수 있었던 것이다. 그런데 조계라든가 상참에서 하는 啓事는, 왕이 조계나 상참을 받지 않으면 할 수 없는 것이었다. 그러한 경우는 宮中이나 국가에 有故할 경우에도 있을 수 있고,[160] 왕의 태만이나 자의에 따라서도 생길 수도 있었다.[161] 그러므로 조계나 상참이라는 것은 정치에서 중요한 제도이긴 하지만, 대간의 정치적 영향력은 이 제도에만 의지한 것은 아니었다.

(2) 輪對에 참여

위에서 朝啓나 常參을 보았으나 이에 참여하는 신하의 수가 너무 많고[162], 또 번거로워 조용히 詳密하게 啓事할 수 없어 수많은 신하들의 情을

---

155) 《太宗實錄》卷31, 태종 16년 5월 辛亥條에, "命世子參朝啓"라 하였고, 같은 해 6월 甲子·丙子條 등에, "世子出內朝啓聽參啓事"라 하였고, 18년 6월 庚子條 등에도 "王世子參朝啓" 등의 기록이 보인다.

156) 《世宗實錄》卷31, 세종 16년 5월 辛亥條 ; 卷29, 세종 7년 7월 辛未條, 그리고 세종 8년 8월 癸未條에 따르면, 朝啓를 계속한 것을 알 수 있다.

157) 《世祖實錄》卷49, 세종 11년 4월 庚子條, "禮曹啓常參儀" 이하 참조.

158) 《世宗實錄》卷44, 세종 11년 4월 庚子條.

159) 《世宗實錄》卷81, 세종 20년 4월 壬申條 ; 卷93, 세종 23년 8월 壬午條 ; 《魯山君日記》卷10, 단종 2년 3월 癸丑·癸巳條 참조.

160) 《魯山君日記》卷9, 단종 원년 12월 癸巳條에, "傳旨 今後齋戒日 停朝啓朝參"라 하였다

161) 《世祖實錄》卷5, 세조 2년 8월 癸丑條, 의정부 右議政 李思哲 등의 상류 안에, "然近年朝啓之日稍稀 臺諫大臣 豈無親對龍顔 欲陳懷抱者乎"라 하였다.

162) 《世宗實錄》卷44, 세종 11년 4월 丁酉條.

다 아뢸 수 없는 폐단이 있었다. 그리하여 세종 7년(1425) 6월에 예문관 대제학 卞季良 등 10명은 唐·宋의 古制를 따라서 4품 이상을 날마다 輪對하여 언로를 더욱 넓혀 줄 것을 陳言하였다.[163] 이 진언이 윤허되어 그 전에 조계에 참여하지 못하던 서울 안의 중요 官署의 4품 以上官의 윤대가 허락됨으로써 각 司는 衙門의 차례로 날마다 1명씩 입궐하여 조계한 뒤에 入對하도록 되었다.[164] 윤대는 獨對로서[165] 왕은 각 司의 사정과 문제점을 그때그때 파악할 수 있어서 정치에 효과적으로 활용할 수 있는 제도지만, 때로는 왕에 대한 아부와 다른 관원에 대한 모함이 따를 수 있는 것이었다. 어쨌든 대간은 수대관으로서 윤대에 참여하였던 것이며[166], 정치에 영향력을 끼칠 수 있었던 것이다.

(3) 政治論議에 參與

대간은 정치·시책·입법에 관한 논의에 참여하였다. 태종 때의 예를 《朝鮮王朝實錄》에 따라 몇 개만 들어 보면,

① 태종 7년 정월 戊寅 :

　의정부·6조·대간에게 명하여 각기 屯田의 가부를 의논하여 올리게 하다.

② 태종 14년 8월 辛酉 :

　의정부·6조·대간이 함께 의논한 '備糧餉條件'을 戶曹에서 올리다.

③ 태종 14년 8월 丙寅 :

　6조판서·대간·參贊 李叔蕃 등을 불러 講武할 장소를 논의하다.

---

163) 《世宗實錄》 卷25, 세종 7년 6월 辛酉條.
164) 《世宗實錄》 卷29, 세종 7년 7월 辛未條.
165) 《世宗實錄》 卷29, 세종 7년 8월 丁亥條.
166) 《世祖實錄》 卷18, 세조 5년 11월 壬辰條에, "傳旨禮曹曰 輪對官 勿拘定數 臺諫及諸各司 各以衙門次第進對"라 하였다.

④ 태종 15년 6월 癸酉 :

의정부·6조·대간이 朝啓廳에 모여 함께 재해를 막을 방도를 의논
하여 아뢰도록 명하다.

⑤ 태종 17년 閏5월 甲戌 :

의정부·6조·功臣·摠制·대간에게 명하여 倭人에게 재목을 급여
함이 옳은지 여부를 합의하게 하다.

위에서 보듯이 대간은 의정부·6조와 함께 국가의 중요한 시책(정책)에
관한 논의에 참여하고 있다. 세종 즉위 초에 明에 奏聞使를 보내는 일을 의
논하기 위하여 領敦寧 柳廷顯·領議政 韓尙敬 등과 대간 각 1명을 불렀
고,[167] 세종은 입법에서도 대간·집현전에 반드시 보이고 시행하였던 것이
다.[168]

이처럼 대간은 국가의 중대한 일과 시책(정책)이나 입법을 논의하는 데
참여하는 중요한 참의기관이 되었던 것이다.

2) 侍臣의 기능

(1) 侍 講

대간은 經筵과 書筵에도 入侍를 하였다. 태조는 재위 동안 河崙·趙璞 등
과 여러 차례 경연을 가졌을 뿐 거의 廢筵하다시피 하였으나, 정종은 즉위
초부터 경연에 나갔다.[169] 그러나 정종 때는 경연에 대간의 入侍가 없다가
태종 즉위년 12월에 태종이 경연에 나아가 강론하는 가운데 간관 入侍의 필
요성을 느껴, 경연 때마다 간관 1명의 입시를 傳旨하게 되었고,[170] 이어서

---

167) 《世宗實錄》卷1, 세종 즉위년 8월 辛卯條.
168) 《世宗實錄》卷109, 세종 27년 9월 壬申條에, "俄而首陽大君持內書 傳旨曰 予之意此書盡之 今立
  大法 必示臺諫 集賢殿之行之"라 하였다.
169) 崔承熙, 〈集賢殿硏究〉, 《歷史學報》32, 21쪽 참조.
170) 《定宗實錄》卷6, 정종 2년 12월, "……召內史李擔 傳曰 每當經筵 諫官一人入侍 如有過失 直言

左散騎 李復이 처음으로 경연에 입시하게 되었다.[171] 그러나 태종은 처음에는 金科 등과 경연을 가졌으나[172] 차츰 '老而有疾'이라 하여 나가지 않았다.[173]

세종은 즉위하자 곧 경연관을 加設하고 경연제도를 강화하여 경연을 열었을 때[174] 간관의 입시를 포함시키지 않았으나, 사간원의 啓請에 따라 간관의 輪日 입시가 허락되었다.[175] 그러나 실제로 세종 때는 간관의 경연입시는 이루어지지 못하였고, 집현전관만의 侍講이 이루어졌던 것이다.[176] 문종 즉위년에는 경연에 다시 집현전관 2명, 承旨 1명, 史官 1명은 날마다 시강하고 간관 1명과 同知經筵 이상 1명은 3일에 한 번씩 시강하게 되었다.[177] 단종 즉위년에는 날마다 朝講에는 대간과 사관 각 1명씩, 畫講과 夕講에는 사관 1명이 入參하도록 되었고,[178] 세조 원년에는 집현전관 2명과 간관으로 시강케 하였다. 위의 사실에 따르면 경연의 입시는 대간 가운데 간관이 담당하게 되었음을 알 수 있다.

대간의 서연입참은 태종 때 볼 수 있다.[179] 또 《續六典》에는 대간 각 1명이 서연에 參侍하는 것으로 되어 있으나, 때에 따라서 간관만 입참하고 대관은 입참하지 못하는 경우도 있었다.[180] 일반적으로 서연입참에서도 간관이 대관보다 우위에 있었던 것으로 볼 수 있다.[181] 즉, 경연과 서연에의 입시는 대간 가운데 주로 간관이 맡은 것임을 알 수 있다. 侍講의 중요성은 여기서

不諱 以輔台德"
171) 《丁種實錄》卷6, 정종 2년 12월 戊申條
172) 《太宗實錄》卷5, 태종 3년 정월 乙酉條와 卷6, 태종 3년 9월 丁酉條 참조.
173) 崔承熙. 앞의 논문, 21쪽.
174) 崔承熙. 위와 같은 곳 참조.
175) 《世宗實錄》卷2, 세종 즉위년 11월 癸丑條.
176) 崔承熙. 앞의 논문, 22쪽 참조.
177) 崔承熙. 같은 논문, 23쪽 참조.
178) 《魯山君日記》卷3, 단종 즉위년 9월 丁未條.
179) 《太宗實錄》卷12, 태종 7년 4월 丙午條.
180) 《世宗實錄》卷39, 세종 10년 정월 己亥條.
181) 《世宗實錄》卷39, 세종 10년 정월 丙午條에 보면, 대관은 1명씩 輪次로 書筵에 참여하는 것에 지나지 않으나 諫官은 書筵官職을 겸한 것으로 되어 있다.

다시 강조할 필요는 없을 것이다.

(2) 扈從

대간은 侍臣으로서 왕의 行幸에 호종하였다. 몇 개의 예를 《朝鮮王朝實錄》에서 들어 보면,

> ① 태조 2년 정월 甲子條 :
>
> 태조가 南巡에 三軍만 거느리고 百官은 참여하지 못하게 하자, 諫官 安景儉 등은 각 司에서 1명씩 隨駕하게 할 것을 上言하니 왕은 刑曹 1명과 대간을 함께 수가하게 하다.
>
> ② 태종 6년 2월 丁亥條 :
>
> 태종은 대간이 종행하면 번거로운 것을 꺼리어 講武에 軍官·甲士와 內侍만을 거느리고 가려 하니, 대간들이 대간은 耳目之官(耳目近臣)으로 종행하지 않을 수 없다고 再請하자 이를 허락하다.
>
> ③ 태종 11년 2월 丙辰條 :
>
> 廣州에서 강무할 것을 명하고 대간·형조로 하여금 扈駕하게 하다.
>
> ④ 세종 5년 7월 乙酉條 :
>
> 잠시 行幸을 명하고 의정부와 6조의 각 1명으로 하여금 扈從하게 하였으나 대간은 제외되자, 사간원에서 대간은 耳目之官이니 侍從에 참여하지 못함은 불편하다 하여 대간 각 1명도 扈駕할 것을 청하므로 이를 허락하다.

왕이 行幸할 때는 반드시 侍臣과 軍士의 扈從이 따르게 되어 있으나, 왕은 때로 번잡한 것을 피하여 軍士 몇 명이나 侍臣 몇 명을 거느리고 간단히 行幸하려 하였다. 특히 대간이 따라나서게 되면 말이 많고 일이 생기므로 거느리고 가기를 꺼리는 경우도 있다.182) 그러한 경우 대간은 그들이 왕의 눈과

귀가 되는 近臣이라는 것을 들어 반드시 扈從할 것을 청하게 되고 그 청은 대개 받아들여졌던 것이다.

3) 署經機關의 기능

대간의 署經權은 왕권이나 權黨·權臣 또는 이·병조의 인사 전횡을 견제할 수 있고, 관료체제를 바로잡을 수 있는 제도이다. 서경제도의 이상은 바로 거기에 있었으나 실제로 그렇게 될 수만은 없었던 것이다.

대간의 서경권의 법제적 측면에 관해서 이미 몇 편의 논문183)이 있고, 또 《經國大典》을 통해서도 그 법제적 윤곽을 찾아볼 수 있는 것이다. 그러므로 여기서는 서경제도의 법제적 내용에 관해서는 생략하기로 하고, 서경에서 가장 중요시되었던 告身署經이 어떤 과정을 거쳐서 《經國大典》에서 정해졌는지 살펴보고 대간의 서경권의 한계를 실례를 들어 밝혀 보려 한다.

태조 원년(1401) 8월에 정한 '入官補吏法'을 보면 모든 관리는 文蔭·文科·吏科·譯科·陰陽科·醫科·武科의 7科를 통해야만 될 수 있고, 그 出身文字(人事記錄簿)는 고려시대와 같이 연령·본관·三代를 쓴 것을 대간이 서경하게 되어 있으며, 항상 除拜〔인사〕에는 대간이 그 출신문자를 상고한 뒤 임명장〔謝〕에 着署하게 되어 있다.184) 이 법에 따르면 태조 원년 8월에 과거합격증과 관리임명장에는 대간의 서경을 필요로 하였음을 알 수 있고, 이러한 제도는 이때의 다른 제도에서와 같이 고려 때의 것을 대개 그대로 이어받은 것이라 하겠다. 그러나 개국 초에 일일이 대간의 서경을 받는다는 것은 어려운 일이었다. 다사다난했던 그 당시 勳勞之士나 태조의 意中人

---

182) 《太宗實錄》卷11, 태종 6년 2월 丁亥條에, "上曰 近來臺諫從行則必生事 故予不欲率行矣"라 하였다.

183) 李洪烈, 〈臺諫制度의 法制史的 研究〉, 《史叢》(5) ; 李載浩, 〈李朝 臺諫의 機能의 變遷〉, 《釜山大學校論文集》(4)에서 조선시대 대간의 署經에 관한 것을 볼 수 있다.

184) 《太祖實錄》卷1, 태조 원년 8월 辛亥條, "定入官補吏法 凡初入流品 作七科 曰文蔭 曰文科 曰吏科 曰譯科 曰陰陽科 曰醫科 吏曹主之 曰武科 兵曹主之 其出身文字 如前朝初入仕例 明寫年甲本貫 三代 署經臺諫 不由七科出者 不許入流品 每除拜 所司考其出身文字 方許署謝"

物이나 인재를 등용하는 데 반드시 대간의 서경을 받는다는 것은 불편한 점
이 많았다.[185] 그리하여 태조 원년 10월에는 告身式(임명장의 서식)을 개정
하여,

> 1품에서 4품까지는 王旨를 내리니 官敎라 하고, 5품에서 9품까지는 門下府
> 에서 王命을 받들어 職牒을 發給하니 敎牒이라 한다.[186]

라고 하였다. 이는 관리 임명에서 4품 이상은 왕의 직접 발령이고, 5품 이하
는 문하부를 통한 발령이라는 의미를 갖는 것이면서, 4품 이상에는 대간의
서경권이 미치지 못한다는 것을 뜻한다. 4품 이상에 대하여 왕이 官敎〔임명
장〕를 몸소 내리는 告身法에 대하여 간관들은 수정을 요구하였다. 즉, 태조
7년 9월에 간관의 上言에,

> 告身法이 반드시 臺省을 다시 거치는 것은 才行을 살피고 貴賤을 분별하기
> 위함입니다. 지금 4품 이상은 官敎를 直授하니 賢·不肖가 혹 섞이게 되고 賤
> 隸가 朝班에 들게 됩니다. 원컨대 지금부터 兩府 이상은 官敎가 마땅하나 嘉善
> (종2품) 이하는 臺省으로 하여금 告身을 署出하게 하십시오[187]

라고 하였다. 4품 이상에게 官敎를 直授하는 데서 오는 폐단을 줄이기 위하
여 종2품 이하부터는 대간의 서경을 받게 하자는 수정안이었으나 이는 거
절되었다.[188]

---

185) 《太祖實錄》卷2, 태조 원년 12월 戊辰條, "上覽之曰 其在前朝告身署經之法 有未便者 是以革之"
186) 《太祖實錄》卷2, 태조 원년 10월 癸酉條, "改告身式 一品至四品 賜王旨 曰官敎 五品至九品 門下
　　府奉敎給牒 曰敎牒"
187) 《太祖實錄》卷15, 태조 7년 9월 庚寅條, "諫官上言…… 一, 告身之法 必更歷臺省 所以考才行分
　　貴賤也 今也四品以上 直授官敎 賢不肖或至於混淆 賤隸得側於朝班 願自今兩府以上 宜舊官敎 嘉
　　善已下 令臺省署出告身"
188) 《太祖實錄》卷15, 태조 7년 9월 庚寅條에, "上曰 四品以上 姑以前例行之"라 하였다.

정종 2년 정월에 대간은 官敎法을 없애고 1품 이하 백관에 대하여 대간의 서경을 받을 것을 청하게 된다. 정월 乙酉에 문하부에서는 관교법은 처음에 用人에 급하여 시작한 일시적인 것이라는 점과, 관교법에서 오는 여러 폐단(官이 4품에 이르러 관교를 받게 되면 略無勤愼하고 癏官廢職하고 廉恥不興하고 士風不美한 것이 모두 여기서 말미암는다)을 들어 1품 이하의 告身을 모두 대간이 서경할 것을 청하였다.189) 그 4일 뒤 문하부에서는 다시 官敎之法이 불가함을 네 개의 조목을 들어 반대하고, 관교법을 혁파하고 대간으로 하여금 1품 이하 백관의 告身을 서경하게 할 것을 청하였으며, 사헌부에서도 관교법의 폐단을 들어 관교법을 폐지하고 고려시대의 告身法을 취하여 모두 대간의 서경을 받게 할 것을 청하였다.190) 이에 정종은 대간의 상소를 都評議使司에 내려 논의하게 하였고 使司에서는 모두 대간의 상소가 이치에 합당하다고 보고하자 정종은 관교법의 혁파와 백관에 대한 대간 서경을 허락하게 되었다.191)

태종이 즉위하면서 고신법을 개정하여 3품 이상에는 관교법을 쓰고 4품 이하는 모두 대간이 署出하도록 고쳤다.192) 그 동기는 趙浚을 政丞으로 임명하였는데 대간이 그 告身을 不署함으로써 태종의 미움을 샀기 때문이었다.193) 태종의 그와 같은 고신법에 대하여 사간원에서 수정안을 제시하였으

---

189) 《定宗實錄》 卷3, 정종 2년 정월 乙酉條.
190) 《定宗實錄》 卷3, 정종 2년 정월 己丑條에, 門下府에서는 첫째로 4품 이상이 되어 官敎를 直授하게 되면 公論이 미치지 못한다 하여 職事에 태만한 者가 많아지고, 둘째로 僥倖을 바라는 무리가 守令이 되고 4품이 넘으면 條令을 지키지 않고 貪汚를 恣行할 가능성이 있으며, 셋째로 工商賤隷가 冒進하여 朝廷이 혼잡해지고, 넷째로 대간이 署經하는 것은 사람으로 하여금 謹愼하게 하는 방법인데, 이것이 없으면 犯意할 가능성이 많다는 점을 들어 官敎法의 불가함을 상소하였고, 사헌부에서도 서경의 필요성을 강조하고 관교법은 초창기의 편의를 위한 일시적인 것이지 萬世에 내려 줄 법은 아니라 하고, 관교의 폐단을 강조하면서 百官에 대한 대간의 서경을 주장하였다.
191) 《定宗實錄》 卷3, 정종 2년 정월 己丑條 끝부분에, "上乃下二章于都評議使司 擬議以聞 使司皆曰 臺諫狀申於理允當 上許之"라 하였다.
192) 《太宗實錄》 卷23, 태종 12년 정월 甲寅條에, "及予卽位 四品 以下 皆令臺諫署出"이라 하였고, 卷5, 태종 3년 2월 己未條에 보면, 사간원에게 護軍 趙珠의 告身을 署出할 것을 命하였는데, 호군은 정4품계이므로 4품 이하를 臺諫이 서출했음을 방증하고 있다.
193) 《太宗實錄》 卷23, 태종 12년 정월 甲寅條에, "平壤伯趙浚爲政丞 臺諫不署 予甚惡之 卽改之以官

니, 태종 4년(1404) 12월에 사간원에서 時務數條를 올리는 가운데,

> 원컨대 지금부터 兩府外에 嘉善(종2) 이하의 告身은 반드시 臺諫으로 하여
> 금 署出하게 하여 百官을 바르게 하고 士風을 장려하게 하십시오.[194]

라고 하였다. 이 건의는 官敎法(3품 이상)에 대한 부분적 수정을 청한 것이라 할 수 있는데 태종은 이를 거절하였다. 뿐만 아니라 태종은 대간의 告身署經을 못마땅하게 생각하여 고신법을 의논하는 가운데,

> 臺諫이 告身을 署出할 때 혹은 痕咎〔허물〕로써 1백 일이 지나도 署出을 아
> 니 하고 심한 것은 다시 1백 일이 지나게 되어 드디어 그 職을 파하게 되니 寡人
> 이 除授한 本意가 아니다. 人君이 신하의 職을 제수하나 대간이 命을 행하지
> 않으니 이런 이치는 없다. 나는 이를 심히 싫어한다. 이제부터 1품에서 9품에
> 이르기까지 모두 官敎를 내리는 것이 어떠하겠는가?[195]

라고 하고 있다. 강력한 왕권을 가진 태종의 처지에서 볼 때 대간의 서경이라는 것은 인사행정을 지체시키는 불필요한 제도로 여겨, 서경제도를 폐지하고 백관의 발령을 모두 왕명으로 직접 발령〔官敎〕하려 하였던 것이나, 신하들의 논의가 분분하여 결정은 하지 못하였다. 다음 해인 태종 재위 12년(1412) 정월에 태종은 다시 대간에게 4품 이하의 告身署經權을 주는 것은 불가하며, 人君이 신하에게 관직을 주는데 人臣(대간)이 告身을 멋대로 지체시키는 것은 불편하다는 이유로 예조와 의정부에 고신법의 개정을 논의하게 하였으나, 의정부의 '不可輕改'라는 상언에 따라 개정 문제는 좌절되었

敎"라 하였고, 태종 13년 3월 辛卯條에도, "所司將政丞趙浚告身 堅執不署 尋卽罷之"라 하였다.
194) 《太宗實錄》 卷8, 태종 4년 12월 乙亥條.
195) 《太宗實錄》 卷21, 태종 11년 4월 甲辰條.

다.196)

　태종 13년 3월에 대간은 告身署經 문제를 다시 제기하여 1품에서 9품에
이르기까지 직품의 고하를 따질 것 없이 대간의 서경을 받을 것을 상소하였
고, 그 상소는 의정부에 내려져 공신과 兩府 이상으로 하여금 논의하여 보고
하게 하였다.197) 그러나 회답이 없자 사헌부에서는 다시 약간 수정하여 2품
이하에 대한 대간의 서경을 청하기도 하였으나, 의정부에서 논의한 결과는
대간의 疏請에 찬성하는 대신이 많았으므로 태종도 재고하지 않을 수 없었
다.198) 그리하여 결국 동년 4월에는 1품 이하 9품에 이르는 모든 관원의 고
신을 대간이 서경하는 것을 허락하기에 이르렀다.199)

　그러나 고신서경을 둘러싸고 대간은 태종의 감정을 상하게 하였다. 즉,
태종 13년 4월에 사간원은 이조판서 李天祐와 判恭安府事 李之崇, 參贊議政
府事 柳廷顯의 告身을 不署하고, 그 이유를 이천우와 이지숭은 桓王(桓祖)의
첩의 소생이고, 유정현은 이천우의 매부로서 모두 조정의 현직에 있을 수 없
다고 상소하였는데, 태종은 노하여 상소문을 불태워 버리고 속히 署出할 것
을 명하였다.200) 사헌부도 사간원과 같은 상소를 하고 서경하지 않으려 했
는데, 태종은 사헌부에 강압하여 이천우의 고신을 署出케 하였다.201) 그러
나 유정현의 고신은 2개월이 지난 6월에도 서출을 보지 못하자 태종은 속히
서경할 것을 독촉하였고, 朴子靑과 安省 등의 고신도 署出을 재촉하는 등202)
대간의 서경권에 대한 태종의 감정은 악화되었다. 그리하여 마침내 태종 13
년 10월에 4품 이상은 관교법으로 복귀할 것을 명하였으니, 그 이유는 앞서

---

196)《太宗實錄》卷23, 태종 12년 정월 甲寅條.
197)《太宗實錄》卷25, 태종 13년 3월 甲申條.
198)《太宗實錄》卷25, 태종 13년 3월 辛卯條.
199)《太宗實錄》卷25, 태종 13년 4월 癸丑條, "復告身之法 司諫玄孟仁 執義金孝孫等詣闕上言 頃者
　　臣等疏請自一品至九品告身 署經臺省之事 已下政府擬議 而政府僉議已合矣 乞允許 從之"
200)《太宗實錄》卷25, 태종 13년 4월 甲子條.
201)《太宗實錄》卷25, 태종 13년 4월 甲子條 참조.
202)《太宗實錄》卷25, 태종 13년 6월 癸亥條.

본 바와 같이 이천우·이지숭·유정현·안성의 고신을 대간이 署出하지 않은 데 있었던 것이다.203) 그뒤 대간은 1품 이하에 대한 서경권을 소청하였으나 허락하지 않았고204) 3품 이하에 대한 대간의 서경을 청했으나 윤허되지 않았다.205) 그리하여 태종 13년 이후에는 대간의 서경은 5품 이하에 한하게 되었다.

세종 5년(1423) 5월에 다시 사헌부에서 관교법의 폐단을 들어 1품 이하 모든 관원의 고신에 대한 대간의 서경을 啓請하였으나206) 이루어지지 않았다. 그뒤 세종 8년 정월에 좌사간 許誠 등은 4품 이상에 대하여 대간의 서경권이 미치지 못하는 데서 비롯된 폐단을 들어, 1품에서 9품에 이르는 모든 관원에 대하여 대간의 서경을 받게 할 것을 상소한 것이 허락되었고207) 또 실행되었다.208) 그러나 태종 때의 이천우 등의 경우와 같은 경우가 생겼다. 세종 8년 3월 左司諫 許誠 등은 병조판서 李潑의 고신을 서경할 수 없다고 고집함으로써 세종의 마음을 번거롭게 하였다.209) 그리하여 세종은 이조에 傳旨하기를,

> 일찍이 사간원의 상소에 따라서 문무 4품 이상의 官敎도 대간의 서경을 받도록 명하였으나, 조종의 成憲을 다시 개정하는 것은 未便하니 지금부터는 대간의 서경을 없애고 전례에 따라 시행한다.210)

---

203) 《太宗實錄》卷26, 태종 13년 10월 戊辰條, "命復四品以上官教法 命曰 朝謝之法 古史無之 宜復四品以上官教法 初安省·李天祐·李之崇·柳廷顯告身 爲臺省所不署 故有是命"
204) 《太宗實錄》卷26, 태종 13년 11월 庚辰條.
205) 《太宗實錄》卷26, 태종 13년 11월 丁亥條.
206) 《世宗實錄》卷20, 세종 5년 5월 丙申條.
207) 《世宗實錄》卷31, 세종 8년 정월 辛酉條, "伏望殿下 依舊章 自一品至九品 皆令署經臺省 以勵人心 以正士風 上從之"
208) 《世宗實錄》卷31, 세종 8년 2월 乙亥條와 3월 庚子條 참조.
209) 《世宗實錄》卷31, 세종 8년 3월 己酉條와 庚戌條.
210) 《世宗實錄》卷33, 세종 8년 9월 甲午條.

고 하였다. 그 구실은 조종의 成憲을 내세웠으나, 실제로는 대간의 서경권으로 말미암은 왕의 인사권의 위축을 막으려는 데 목적이 있다 하겠다. 물론 5품 이하에 대한 대간의 서경권은 계속된 것이었다. 이와 같은 세종의 고신서경법에 대하여 대간의 여러 차례에 걸친 개정 또는 수정 요청이 있었으나 관철시키지 못하였다.211)

5품 이하에 대한 대간의 서경권도 세조 때는 완전히 박탈되었다. 세조 12년(1466) 7월에 傳旨에 이르기를,

> 이제부터 官員의 除授는 下批 뒤 5일 안에 告身을 주고 祿을 내린다. 司諫院은 그뒤에 조사·확인하여 보고하라.

고 하였고, 이와 같은 명령을 내린 까닭은 옛 법에는 東·西班 5품 이하 고신은 대간의 서경을 받고 成給하였는데 이로 말미암아 군사들의 고신이 많이 지체되어 제때 녹을 받지 못하였기 때문이라 하였다.212) 결국 軍士告身에 대한 서경에서 빚어지는 폐단을 구실로 대간의 고신서경권을 완전히 없애고, 사간원이 사후에 조사해서 보고하게 했으니, 인사에서 대간의 견제력은 매우 약해진 것이라 하겠다. 이에 대사헌 梁誠之 등은 고신서경의 중요성을 강조하고 서경법을 폐지함으로써 일어날 폐단을 들어 옛 제도(5품 이하의 고신서경)로 돌아갈 것을 상소하였으나 거절당하였다.213)

---

211) 《世宗實錄》卷33, 세종 8년 9월 丁酉條 ; 卷57, 세종 14년 8월 戊子·辛卯·丁未·戊申條 참조.

212) 《世祖實錄》卷39, 세조 12년 7월 戊寅條, "傳曰 自今除官者 下批後五日內 給告身頒祿 司諫院隨後考准 啓聞擧覈 舊法 東西班五品以下告身 待臺諫署經 方許成給 以此軍士告身 率多淹滯 不得以時受祿 故有是命"

213) 《世祖實錄》卷39, 세조 12년 8월 壬子條에서 署經法의 중요성을 들었고, 계속해서, "今若廢舊制 是銓曹除授 銓曹給牒 雖有遠誤 已自不知 就或知之 又無自貶之理 雖使諫院考覈 牒已給矣 祿已頒矣 日月已久矣 自非關係重大 恐遂事不諫 覈之不力矣 何以示勸懲 而勵士風乎 吏曹所選猶可言 西班之職 厥數千萬 除授之際 考覈尤難 雖當署經之時 尙有姦僞 況今纔得除拜 施已受祿 外居軍士 散而之四方 雖欲考覈 其道無由 漸至數年之後 則姦僞益甚矣 自今遲滯署經 失時受祿 則當治臣等之罪 其署經之法 一仍舊制 以示勸懲 以防姦僞(御筆批之曰 何不知大義之甚)"라고 하였다.

예종이 즉위하고 고신서경의 문제는 다시 제기되었다. 예종 원년(1469) 정월에 승정원에서 啓하는 가운데,

> 臣 등은 사헌부는 公務가 매우 바쁘고 사간원은 한가하다고 말합니다. 청컨 대 지금부터 軍士告身은 除授 뒤 50일을 기한으로 하여 前級의 考覈을 마치고 署經하며, 사헌부에 移文하지 않고 병조에 直報하면 병조에서 告身을 卽給하 고 頒祿케 하십시오 …… 또 東·西班 朝士의 告身은 구례에 따라서 대간의 서 경을 기다려 出給케 하십시오.[214]

라고 하였다. 軍士의 고신은 제수 뒤에 사간원에서 前級을 서경하면 병조에 서 고신을 곧 발급하도록 했고, 東·西班 朝士의 고신은 대간의 서경을 받도 록 고신서경의 제도가 부활된 것이다. 이에 따라 서경법을 폐지했기 때문에 일어났던 여러 폐단들(발령장의 위조 및 인사에서 빚어진 혼란)을 없애기 위한 작업이 뒤따랐다.[215] 그러나 예종은 단명하여 즉위한 지 1년 2개월 만 에 승하하였고, 고신서경도 실제로는 시행되지 못한 듯하다.

그리하여 성종 즉위년(1470) 12월에 이조에 傳旨하기를,

> 京外의 朝官의 告身은 법에 따라서 기한 안에 考准하고 軍士告身은 각각 그 番 안에 고준을 마친다. 兩界軍士와 土官의 告身은 下批 뒤에 本道에 보내어 觀察使가 몸소 前 告身을 상고하고 위반이 없는 자에게 發給한다. 위반이 있는 자는 사유를 갖추어 該曹에 보고하여 개정한다.[216]

고 하였다. 이것은 이미 발급한 고신에 대한 고준에 관한 傳旨로서, 고신서

---

214) 《睿宗實錄》 卷3, 예종 원년 정월 戊辰條.
215) 《睿宗實錄》 卷5, 예종 원년 4월 乙丑條.
216) 《成宗實錄》 卷1, 성종 즉위년 12월 壬戌條.

경이 시행되지 않고 있음을 전하여 주고 있다.[217) 성종 원년 2월에 대사간 金壽寧 등은 서경법을 폐함으로써 잘못된 인사가 있어도 바로잡기 어렵고, 고신을 冒受하는 자가 때때로 있다는 이유로 서경법의 복구를 상소하였고,[218) 3월에는 軍士告身은 제외하고 朝士의 고신서경법이 다시 윤허되었고,[219) 또 시행되었다.[220) 이때 복구된 고신서경법이 《經國大典》에 정착된 것이라 하겠다.

위에서 보았듯이 대간의 고신서경권은 消長과 廢復이 무상하였고, 그것은 왕권의 강약과 반비례의 관계가 성립되는 것 같다.

고신서경권은 인재를 알맞은 곳에 배치하고 부적격자(가문 또는 當者에 痕咎[허믈]가 있는 자, 무자격·무능력자 등)를 배제하고 관료정치를 할 수 있는 바탕을 이루기 위하여 대간에 부여한 권한이다. 그리하여 대간은 왕명에 굴하지 않고 서경을 거절하여 왕의 인사 擅斷을 견제하였고 또 그들의 주장을 관철하기도 하였다.[221)

대간은 서경을 거절하고 왕은 서경을 독촉하여 서로 대립하는 경우는, 대개 공신의 자손, 종실, 죄를 지은 외척의 인척, 전과가 있는 공신·대신의 자손 등의 인사가 있을 때였다. 공신 자제인 護軍 趙珠,[222) 李茂(罪人)의 외손 孟孝曾,[223) 讓寧의 사위인 敦寧主簿 李孜,[224) 閔無疾(外戚罪人)의 사위인 右軍副司正 李緊,[225) 趙末生(犯贓)의 아들 監察 趙瓚,[226) 李穰의 아들 監察 李

---

217) 《成宗實錄》卷1, 성종 즉위년 12월 甲子條에 보면, 署經을 기다리지 않고 告身을 發給하고 頒祿한 뒤에 곧 前告身을 納入하며 臺諫이 이를 檢覈하도록 되어 있다.
218) 《成宗實錄》卷3, 성종 원년 2월 癸亥條.
219) 《成宗實錄》卷4, 성종 원년 3월 癸未條에, 吏曹에서 陳言可行條를 의논하여 啓한 가운데 "告身署經之法"을 참조.
220) 《成宗實錄》卷4, 성종 원년 3월 辛丑條 참조.
221) 《世宗實錄》卷91, 세종 22년 10월 癸未條, "初司憲府啓曰 奉常副錄事趙得仁 今以本職兼成均學正 學正之職與臺省無異 得仁之祖瑁 坐贓抵罪 得仁不宜拜學正 未敢署經 請改差 上命署經 憲府猶不署 下議政府議之 議政府議曰 學正學錄告身 並皆署合 詼如憲府所啓 得仁不宜兼此職"
222) 《太宗實錄》卷5, 태종 3년 2월 己未條.
223) 《世宗實錄》卷28, 세종 7년 4월 辛酉條.
224) 《世宗實錄》卷28, 세종 7년 5월 乙亥條.
225) 《世宗實錄》卷43, 세종 11년 정월 戊午條.

承胤[227] 등의 고신서경을 둘러싸고 대간은 서경을 거절하였고, 왕은 일면 설득, 일면 위엄으로써 속히 서경할 것을 명령하고 있다. 왕도 때로 그의 주장을 수정하지 않으면 안 될 정도로 대간의 고신서경을 둘러싼 주장은 강력하고 집요한 면이 있기는 하였지만, 무단적인 왕권 아래서는 대간의 고집도 굴복하지 않을 수 없었다. 그 한 예는 이미 언급했듯이 태종 13년 4월에 태종은 이조판서 이천우와 判恭安府事 이지숭, 參贊議政府事 유정현 등의 고신서경을 거절하는 사간원의 상소를 태워 버리고 '勿復多言 速署告身'이라고 강압하였고, 사간원과 같은 태도를 견지하는 사헌부에 강력하게 압력을 넣어 결국 그의 주장을 관철했던 것이다.[228]

그러나 일반적인 경우 대간의 고신서경권은 대단히 중요한 기능으로, 여기에 부정이 개입될 경우 관료체제와 인사제도의 문란을 빚을 수밖에 없는 것이었다. 그러므로 대간에게 서경권이란 중요한 직책을 맡기는 동시에, 만약 서경을 소홀히 한다든지 서경에 착오가 있을 경우 대간은 책임을 져야 했던 것이다.[229]

4) 法司의 기능

조선시대에 3法司라면 刑曹·漢城府와 함께 사헌부가 들어가는 것은 이미 알고 있는 바이다. 그러므로 여기서 논급되는 것은 사헌부가 중심이 되지만 조선 초기에는 사간원도 법사로서 그 기능을 한 것을 볼 수 있다.

---

226) 《世宗實錄》 卷94, 세종 23년 10월 癸未條.
227) 《文宗實錄》 卷9, 문종 원년 8월 丙寅條.
228) 《太宗實錄》 卷25, 태종 13년 4월 甲子條.
229) 《世宗實錄》 卷103, 세종 26년 정월 丙辰條에 보면, 兵曹가 錯誤로 副司直 李甫欽을 司直으로 陞授하였을 때, 대간은 모두 檢覈을 하지 않고 告身을 서출함으로써 대간이 모두 좌천되었다. 단종 원년 5월 戊午(卷6)에도 司諫院의 관원이 告身署經을 잘못한 죄로 탄핵을 받아 약 1개월 동안 사간원이 비어 있었다.

(1) 法令의 집행

대간은 왕명(敎·王旨)을 받아 법영을 집행하게 된다.[230] 법령의 집행은
주로 사헌부에서 관장하게 되고, 그 내용은 주로 禁令의 집행에 관한 것이었
다. 그 한 예를 들어 보면 태조 3년 정월에,

> 사헌부에 명하여 다시 禁酒令을 시행하다[231]

라고 하였고, 그 6일 뒤의 기록에는 사헌부가 금주를 지나치게 엄히 하는 까
닭에 태조는 掌務인 雜端 金九德을 불러 말하기를,

> 무릇 疾病이 있는 사람은 혹 술을 약으로 가시는데 모두 犯令으로 罪를 가하
> 는 것이 옳겠는가. 무릇 禁酒는 宴會에서 음주하여 沈醉하는 것을 못하게 할
> 뿐이다.[232]

고 하였다. 사헌부에서 금령을 지나치게 엄히 단속하는 데서 오는 폐단을 완
화하기 위한 조치였다. 대개 금령이 발하면 사헌부는 엄히 집행하려는 것이
상례였다. 금령집행을 명한 또 하나의 예를 보면 태종 13년 12월에 號牌法을
申飭하면서 사헌부에 명하기를,

> 大小人員으로 號牌가 없는 자는 啓開하지 않고 앞의 受敎에 따라서 '制書有

---

230) 대간이 왕명을 받는 방법은 坐殿 때는 직접 殿庭에서 받고 坐殿 때가 아니면 대간은 代言司(승정원)에
    가서 承傳하도록 정하였다(《太宗實錄》卷6, 태종 3년 11월 甲寅條). 또한 대간이 受敎하거나 王旨를 받
    아 시행할 때는 議政府에만 보고하고 6曹에는 移文하지 않았으나, 국가의 號令을 6曹가 알지 않으면 안
    된다는 禮曹의 請에 따라서 세종 4년부터 6曹에 通報하게 되었다(《世宗實錄》卷18, 세종 4년 윤12월 乙
    亥條).
231) 《太祖實錄》卷5, 태조 3년 정월 丁未條, "命司憲府 復行禁酒之令"
232) 《太祖實錄》卷5, 태조 3년 정월 癸丑條에, "憲司禁酒過嚴 上召掌務雜端金九德 敎曰 凡人有疾者
    或以酒飮藥 槩以犯令可罪可乎 大抵禁酒 母得宴飮沈醉而已"라 하였다.

違'의 罪目으로 論罪하라.233)

고 하였다. 이처럼 사헌부에서는 법령 또는 금령을 받아 이를 집행하였던 것을 볼 수 있다.

《朝鮮王朝實錄》에서 흔히 볼 수 있는 금령은, 禁酒·禁獵·禁漆扇·禁淫祀·禁奔競·禁使行謀利·禁奢侈·禁僞造印信·禁金銀彩緞·禁金銀首飾·禁黃色衣·禁動樂神祀·禁松·禁賤隷騎馬 등이었다. 《經國大典》의 사헌부 직장 가운데 '禁濫僞'는 바로 이 기능을 뜻한다고 보겠다.

(2) 百官에 대한 糾察

'糾察百官'은 《經國大典》에서 사헌부의 직장 가운데 중요한 것으로 나타나고 있다. 규찰의 대상은 백관으로, 때로는 사간원도 사헌부의 규찰을 받아야 했지만,234) 백관 가운데는 때로 규찰에서 제외되는 우대를 받는 경우도 있었다. 세종 12년에 사헌부에서 6조 당상과 常參·朝啓에 참석하는 당상들의 有故 여부와, 집현전관이 상참에서 하는 勤慢을 고찰할 것을 청하였을 때, 세종은 6조당상과 집현전관에 대한 규찰을 하지 않도록 한 것은235) 그 한 예이다. 관리의 근무 상황이 규찰의 대상이 되는 것은 물론이고, 朝會 때의 백관의 행동도 사헌부의 규찰의 대상이 되었던 것이다.236) 특히 科擧에서는 사헌부와 사간원의 관원은 부정을 방지하기 위하여 함께 규찰에 임하였던 것이다.237)

사헌부의 규찰 가운데 중요한 것은 지방의 세력가나 지방관에 대한 것이다. 이와 같은 목적으로 지방에 파견하는 것을 行臺 또는 分臺라고 하였다.

---

233) 《太宗實錄》卷26, 태종 13년 12월 癸丑條.
234) 《太宗實錄》卷3, 태종 2년 3월 丙申條.
235) 《世宗實錄》卷49, 세종 12년 8월 己丑條.
236) 《世宗實錄》卷89, 세종 22년 4월 甲申條, "召司憲掌令禹孝剛謂曰 受朝時 東班宰輔則皆鞠躬趨進 西班則直身出入 近於無禮 憲司常加糾察"
237) 《世宗實錄》卷50, 세종 12년 10월 壬辰條 ; 卷68, 세종 17년 4월 甲辰條 참조.

태조 4년 3월에 경기지방의 세력자[豪强]의 행패를 막기 위하여 監察 金晊과 金鏞을 左右道 行臺로 삼아서 파견한 것이라든가,[238] 세종 12년 12월에 사헌부에 傳旨하여 守令들이 衙前과 官奴로 하여금 공물을 방납하고 두 배나 징수하는 폐단을 엄히 규찰하게 한 일이라든가,[239] 세조 2년 2월에 지방관의 부정과 잘못을 彈劾·匡正하기 위하여 전국 각 도에 분대를 파견한 일[240] 등은 모두 그러한 예에 속하는 것이다.

분대의 파견을 위하여 세조 때부터는 다른 직에 있는 관원을 사헌직을 겸하게 하였으니, 세조 2년 12월의 경기·경상·함길도의 분대가 그러하였고,[241] 세조 8년 4월에 監司와 守令의 非法과 作弊를 규찰하기 위하여 藝文直提學 安寬厚, 判宗簿寺事 李塒, 行成均司藝 金瑞陣, 右翊衛 李垤 등을 司憲執義를 겸하게 하였고, 漢城少尹 鄭從詔, 司宰副正 閔奎, 濟用副正 宋春琳을 司憲掌令을 겸하게 하여 8도의 분대로 파견하였던 것이다.[242] 이처럼 사헌부는 중앙과 지방의 모든 관원의 잘못을 규찰하여 관기를 확립시키는 중요한 구실을 하였던 것이다.

(3) 鞫問

刑曹·司憲府·漢城府는 3法司라 하여 대표적인 사법기관이었음은 널리 알려진 바이나 법제상으로는 法司로서 나타나 있지 않은 사간원도 실제로는 중요한 법사 가운데 하나였던 것이다. 조선 초기에 죄를 저지른 관원을 推鞫할 때 중심이 된 것은 대간과 형조였다. 이제 그 몇 개의 실례를 《朝鮮王朝實錄》에서 필요한 것만 골라서 뽑으면 다음과 같다.

---

238) 《太祖實錄》 卷8, 태조 4년 8월 丙子條.
239) 《世宗實錄》 卷50, 세종 12년 12월 己丑條.
240) 《世祖實錄》 卷3, 세조 2년 2월 乙巳條.
241) 《世祖實錄》 卷5, 세조 2년 12월 丙申條.
242) 《世祖實錄》 卷28, 세조 8년 4월 辛巳條.

① 태종 원년 2월 己亥條:

　　初臺諫刑曹 交坐巡軍 鞫問南龍 以律當處斬啓聞

② 태조 원년 9월 甲午條:

　　李扶·許晐等 宜令臺省法官 同巡軍 鞫問坐罪

③ 태종 2년 11월 戊申條:

　　下朴蔓·朴文崇·許衡·朴貫·黃吉至于巡衛府　命臺諫·刑曹雜

　　治之……命大司憲朴信·左司諫趙庸·刑曹典書金謙 交坐于巡衛府

　　鞫問

④ 태종 3년 정월 辛巳條:

　　放朴英文于其鄕 英文上王殿內官也 臺諫·刑曹雜坐巡衛府 鞫問 連

　　辭上王故也

⑤ 태종 10년 3월 戊子條:

　　命臺諫·刑曹行首·同巡禁司 鞫趙瑚

⑥ 태종 16년 11월 戊子條:

　　命臺諫·刑曹·義禁府 鞫問王上尤逃隱之處 與容隱之人以聞

⑦ 세종 원년 5월 辛酉條:

　　命臺諫·刑曹 鞫問朴蔓于義禁府

⑧ 세종 원년 11월 辛丑條:

　　下李從茂·李迹·安省于義禁府 命三省雜治之

⑨ 세종 25년 12월 甲午條:

　　命臺諫·刑曹 參鞫李正寧鄭秩等獄

⑩ 세종 26년 윤7월 丙戌條:

　　傳旨刑曹·司憲府·司諫院 椒水行還宮間 京外大小官吏 所犯私罪

　　外公罪 悉皆行公推覈

조선 초기에는 대간과 형조를 3省이라 하였고, 탄핵 언론은 3성이 습司하는 일이 많았으나, 3성의 합사 탄핵은 태종 7년에 끝을 보았다.[243] 그러나 위의 자료에 따르면 무거운 죄를 지은 관원에 대한 국문은 3성이 여전히 계속하고 있고, 국문하는 장소는 의금부(巡軍·巡衛府·巡禁司는 의금부의 전신)였던 것을 알 수 있다. 이러한 사실에 따를 때 조선 초기에는 사간원도 법사의 하나로 보는 것이 타당할 것 같다.

대간은 반드시 국문 때 함께 참석한 것은 아니었다. 사헌부에만 국문을 명할 때도 있었고[244] 사간원만 국문에 참여케 하기도 하였고,[245] 때로는 양사에 추국을 명하기도 하였다.[246] 법을 어긴 지방관의 추국을 사간원에서는 참여하지 않았고, 사헌부나 監司가 이를 담당하였다.[247]

국문에 참여하는 것은 대간과 형조만이 아니라 의금부도 이에 참여하는 기관[248]이었고, 때로는 6조의 당상급과 승지 등도 참여했던 것이다.[249] 그러나 6조나 승정원에서 참여하는 것은 필요에서 왕의 특명에 따른 것으로 국문에 항상 참여하게 되는 법사와는 구별되는 것이었다. 어쨌든 사헌부와

---

243) 《太宗實錄》卷14, 태종 7년 10월 癸卯條에, "上謂代言尹思修曰 刑曹與臺諫 號爲三省 交章論事 屢至罷免 以致廢事 自今刑曹宜不與也……自是刑曹始不參臺諫彈劾之例"라 하여, 태종 7년까지는 刑曹를 대간과 함께 3省이라 하여 탄핵에 함께 하였던 것을 알 수 있다. 3省의 合司彈劾의 예는 《실록》에서 얼마든지 찾을 수 있다.

244) 《世祖實錄》卷12, 세조 4년 3월 戊戌條에, "傳旨司憲府曰 宗廟世宗文宗大王兩室紅盖有火燒處 且不啓達 其鞫各等官吏以啓"라 하였고, 세조 10년 3월 壬申條에, "傳旨司憲府曰 今兵曹抄定軍士 曾不啓稟 一聽承政院帖字 且凡帖字 啓聞後用之之法已立 政院擅便施行 俱爲不當 其鞫之"라 하였고, 세조 10년 7월 丙辰條에, "上覽義禁府囚徒錄曰 僧尙惠致死事 何久未決乎 卽召義禁府提調郞官 親問 遂命司憲府 令囚鄭沃 並鞫義禁府提調以啓"라 하였다.

245) 《魯山君日記》卷6, 단종 원년 6월 辛亥條와 卷7, 단종 원년 7월 辛未條에, "司諫院鞫典獄署及司憲府刑曹官吏 照律以啓曰 云云"이라 하여 사간원이 단독으로 鞫問을 하였음을 보여 준다.

246) 《世祖實錄》卷26, 세조 7년 10월 戊寅條, "召臺諫曰 諸司官員 隱漏在京 不詣行在者必多 其推鞫以啓"

247) 《太宗實錄》卷4, 태종 2년 10워 丁丑條 ; 《魯山君日記》卷5, 단종 원년 정월 甲戌條 참조.

248) 《太宗實錄》卷19, 태종 10년 3월 戊子條 ; 卷32, 태종 16년 11월 戊子條 참조 ; 《世宗實錄》卷13, 세종 3년 1C월 丁未條에는, "太上王命兵曹參議尹淮 上命代言郭存中 同臺諫刑曹義禁府 鞫問金田諫李希幹等"이라 하였다.

249) 《世宗實錄》세종 3년 10월 丁未條에서도 볼 수 있고, 세종 3년 11월 癸酉條에, "命臺諫刑曹及戶曹參判崔士康左代言鄭招 同義禁府 鞫張允和……等"이라 하였고, 《文宗實錄》문종 원년 8월 戊子條에서도 承旨가 臺諫과 함께 鞫問에 참여하고 있다.

사간원은 형조·의금부와 함께 국문에 참여하는 기관이었음을 알 수 있다.

(4) 決訟

조선 초기의 決訟 기관으로는 刑曹·漢城府·掌隸院·地方官(方伯·守令)과 司憲府를 들 수 있다. 《經國大典》의 사헌부의 職掌 가운데 '伸寃抑'은 바로 決訟에 해당되는 기능이라 하겠다. 사간원은 법제적으로는 決訟에 관계 없는 것으로 되어 있으나, 실제로는 때로 관여하였던 것이다. 그러면 조선 초기에서 사헌부와 사간원은 어떠한 성질의 송사를 處決하였는가 살펴보기로 한다.

재위 2년 4월에 정종은 奴婢辨正都監의 誤決을 염려하여 문하부(간관)·사헌부·형조에 奴婢爭訟을 변정하도록 명하였을 때, 문하부에서는 奴婢詞訟은 대간과 형조의 임무가 아니라면서 면제를 청하였고, 이에 따라 정종은 간관의 결송을 면제해 준 사실이 있다.[250]

그러나 태종 4년 정월의 기록에 따르면 대간은 노비쟁송에 참여하고 있다.[251] 또 태종 14년 5월에 변정도감이 올린 '奴婢事目'에도 대간과 형조에서 각각 1명이 차출되어 도감의 결송에 관여하는 것으로 되어 있고,[252] 곧이어 대사헌 柳觀은 辨正都監提調를, 左司諫 尹會宗은 都監使를 겸하도록 하였다. 이처럼 노비변정을 위한 결송에는 대간이 참여하고 있음을 볼 수 있다.

노비변정 이외의 결송에는 형조·한성부·장예원과 함께 사헌부에서 관

---

250) 《定宗實錄》卷4, 정종 2년 4월 辛丑條, "門下府上疏請除臺諫刑曹決訟……上只令憲司刑曹決正 門下府則如其所啓"

251) 《太宗實錄》卷7, 태종 4년 정월 庚申條, "初臺諫辨金漢齊許惰等奴婢事以聞……權遇等忌其言 而不應 恐諫官將劾己 先劾諫官等 上疏曰 近來京外決事官或循面請 或因賄賂 不公決折 故殿下命 臺諫 從正決折 公道天開 實國家之福"

252) 《太宗實錄》卷27, 태종 14년 5월 己未條에, "臺諫刑曹各一員 以日差來坐 都監決訟得失 未能精 察 乞依戊寅辨正之例 以使副使判官 口傳差定"이라 하였다. 그리고 같은 條, "朴信啓曰 今以臺省員 爲都監使副使判官 則與常員無異……" 이하 참조.

장하였고,253) 사간원은 이에 관여하지 않았다.

사헌부는 雜訟이 많아서 맡은 일을 잘 처리하기 어려워 세종 9년에는 그 가운데 일부를 덜어서 다른 官司에 넘겨 줄 정도였다.254) 그런데 사헌부는 風憲을 맡는 관아이므로 綱常에 관계되는 일을 專掌하는 것이었으나, 결송 관리가 권세가를 두려워하고 결송을 기피하여 형조·한성부·장예원에서 관장할 송사가 모두 사헌부로 몰려드는 경향까지 있었다.255) 결송기관으로 서 사헌부의 몫은 중요한 것이었음을 알 수 있다.

맺음말

대간제도의 연원은 唐·宋代의 어사대와 간관제도에서 찾을 수 있으나 우리나라의 대간제도와 내용이 일치되는 것은 아니었다. 조선 초기의 대간 은 언관으로 통용되었으나 중국에서는 간관을 언관이라 하였다. 제도적으 로는 당·송과 고려의 제도에서 영향을 받은 조선 태조 원년의 대간제도는 시간이 지나면서 조선의 정치적 현실에 적용한 조선적인 대간제도로 발전 하게 되었다.

조선 초기의 대간제도는 태조 원년의 제도에서 여러 차례의 제도개혁을

---

253) 《太宗實錄》卷13, 태종 7년 3월 乙亥條에, "命司憲府·刑曹·義勇巡禁司 審理獄訟 毋得留滯"라 하였고, 《成宗實綠》卷29, 성종 4년 4월 庚辰條의 司憲府啓 안에, "刑曹漢城府掌隷院各掌之事 叢集 一府(司憲府) 不勝紛紜……"이라 하고 있다.

254) 《世宗實錄》卷37, 세종 9년 9월 丁酉條, "傳旨日 刑曹司憲府 因雜訟煩劇 所掌之事 未能專治 或 致差誤 其中省事條件 議政府諸曹 同議以啓 僉議啓…… 一, 司憲府所掌 年壯未嫁女成婚 過限不 葬 各司齡欠米豆 及雜物推徵 京中還上推徵等事 移於漢域府 避役人吏還本事 移於刑曹 到宿考察 事 移於吏兵曹 關門擅入人推考事 移於兵曹 從之"

255) 《成宗實錄》卷29, 성종 4년 4월 庚辰條, "司憲府啓 本府職掌風憲 凡關係綱常等事 則專掌聽理 其 他奴婢日宅爭鬪等事 則諸司各有職掌 而比年以來 決訟官吏 或怯於權勢 或憚於聽斷 其所爭訟 若 干於收養侍養 則必欲先移本府辨正 而後聽理 爭相效尤 僥倖巧避 刑曹漢城府掌隷院各掌之事 叢 集一府 不勝紛紜"

거쳐서 《經國大典》의 사헌부와 사간원의 제도로서 굳어졌다. 그러나 法典이라는 것은 실제와 반드시 일치되는 것은 아니므로 법전의 분석만으로는 그 제도가 실제 정치에서 어떠한 구실을 했는지 알 수 없다. 그 제도에 역사성을 부여하려면 그 제도가 운영된 실제의 모습을 분석하는 일이 필요하다.

법제상으로는 사헌부와 사간원은 별개의 기관이었다. 그러나 실제의 기능에서는 따로 떼어서 생각할 수 없는 점이 많았고, 특히 언론 활동에서는 더욱 그러하였다.

대간을 언관이라고 하는 것은 그 기능에서 언론 활동이 차지하는 비중이 가장 큰 것이기 때문이라고 생각할 때, 대간의 활동에서 가장 주목해야 되는 것은 언론 활동일 수밖에 없다.

조선왕조를 개창한 지적 중심 세력은 사대부와 유자 계층으로서 그들의 이상은 유교국가의 건설이었다. 그러므로 그들은 중국의 唐·虞·三代와 같은 사회의 건설을 이상으로 하였고, 또 그 시대의 隆平한 정치를 가져온 중요한 요소였던 언론의 개방을 재실현하는 것을 이상으로 하였다. 그러나 실제로 그것은 불가능한 것이었고 결국 언관을 통한 언론이라도 廣開하는 것을 희망하였던 것이다.

조선시대에는 신문고 제도라든가, 왕의 求言이라든가, 유생들의 상소가 허용되었다는 점을 들어 언론의 길이 개방되어 있는 것으로 생각하기 쉬우나, 실제로 언론의 길은 좁고도 어려운 것이었다. 그러므로 언관을 통한 언론의 필요성과 중요성이 있었던 것이다.

대간의 언론 활동은 대개 '諫諍', '彈劾', '時政', '人事'에 관한 것으로 나누어 볼 수 있겠다. '간쟁'은 법제상 사간원의 소관이지만 실제로 사간원과 사헌부는 개별적으로 또는 합사하여 간쟁을 폈던 것이며, 그것은 왕권의 전제에 대하여 견제 구실을 했던 것이다. '탄핵'은 제도상으로는 사헌부의 소관이지만, 실제로 간쟁의 경우와 같이 사헌부와 사간원은 각각 또는 합사하여 탄핵 언론을 하였다. 이 언론은 관기를 肅正하는 데 필요한 것이었지만,

이것이 악용될 때 정치 질서의 혼란을 불러오게 되는 것이다. '시정'에 관한 언론도 대간이 모두 참여하여 당시의 정치·시책에 큰 영향을 주었던 것이다. '인사'에 관한 언론은, 관원을 알맞은 곳에 就用하고 무자격자를 제거하여 양반관료체제를 확고히 하는 데 큰 몫을 할 수 있었고, 왕권이나 權臣·銓曹에 의한 인사의 전횡을 견제할 수 있는 중요한 언론이었으나, 반대로 권력에게 위축당하거나 악용될 수도 있는 것이었다. 언관의 언론은 때로는 왕권의 압력으로 위축을 면치 못하기도 하였고, 때로는 권력에 이용되어 그 앞잡이가 되기도 하였지만, 조선 초기의 언관은 권력에 굴하지 않고 그 본연의 자세를 우지하려고 노력하였고, 또한 상당한 성과를 거두었다고 하겠다.

왕권과 언관 사이의 관계, 권신과 언관 사이의 관계, 언관언론의 내용 분석 등에 관해서는 다음에서 상세히 다룰 것이다.

대간은 언론 활동 이외에도 중요한 기능을 가졌다. 즉, 대간은 참정기관으로서 朝啓나 常參에 참여하여 의정부와 6조의 대신과 함께 政事를 啓聞할 수 있었고, 輪對에도 참여하였으며, 정치·시책·입법에 관한 중요한 논의에 政曹와 함께 참여하였다. 또한 侍官으로서 경연과 서연에 입참하였으며 行幸에 扈從하였다. 대간은 왕의 눈과 귀[耳目]가 되는 언론 기관의 몫을 했을 뿐 아니라 의정부·6조와 함께 중요한 정치 기관이었던 것은 여기에 바탕을 두었기 때문이다.

대간은 서경권의 신장을 위하여 계속 왕권과 싸워 왔고 결국 《經國大典》에서 5품 이하에 대한 서경권을 얻게 되었다. 서경권이 정상적으로 운영되면 '인사'에 관한 언론에서와 같이, 집권자가 인사를 전횡하는 것을 견제할 수 있는 것이었다.

대간은 법사의 기능도 가졌다. 사헌부는 3법사의 하나이므로 재론할 필요도 없으나, 조선 초기에는 사간원도 法司의 하나로 편입시키는 것이 타당한 것 같다. 법령의 집행이나 백관에 대한 규찰은 사헌부의 전담이지만, 중대한 죄를 저지른 관원에 대한 '국문'은 대간과 형조, 즉 3省에서 주로 맡았던 것이다. '결송'은 사헌부와 형조·한성부·장예원 등에서 맡은 것으로 알고 있으나, 조선 초기에는 사간원도 당시 중요한 송사의 하나인 노비변정에 참여하고 있다. 이처럼 사헌부와 함께 국문과 노비변정 등에 참여했던 조선 초기의 사간원을 법사의 하나로 보는 것이 마땅할 것 같다.

* 이 장은 《朝鮮初期 言官·言論研究》(1976)에 〈臺諫制度의 成立과 그 機能分析〉이라는 제목으로 실렸다.

Ⅱ. 集賢殿研究

머리말

集賢殿은 조선 초기의 官署 가운데 너무도 유명하고 또한 중요한 구실을 담당한 기관이었다. 그러나 아직 이 기관에 대한 올바른 이해는 부족하다. 조선 초기의 제도에 관한 연구는 대부분 안 되어 있지만, 집현전에 관한 연구가 부진한 것은, 관계 사료가 거의 《朝鮮王朝實錄》에 국한되어 있는 까닭에, 기존의 연구나 이미 밝혀진 사실 이상의 특출한 성과를 기대하기 어렵지 않을까 하는 조심성 때문이라 여겨진다.

집현전에 관한 연구로는 이광린 교수의 〈世宗朝의 集賢殿〉[1]이라는 논문이 있으나 간략해서 집현전의 전모를 파악하기에는 미흡한 것으로 생각한다. 그러므로 이 장에서는 앞의 논문에서 논급한 것에 구애받지 않고 새로 규명·논술하기로 하였다.

집현전 제도는 중국에서 시작하였다. 《文獻通考》나 《通典》 등의 문헌에 따르면, 중국에서는 漢·魏 이래 梁·北齊·後周·隋 등에 이미 있었음을

---

1) 崔鉉培先生還甲記念論文集刊行會, 《崔鉉培先生還甲記念論文集》, 사상계사, 1954.

볼 수 있다. 그러나 '집현전'이란 이름이 나타나게 된 것은 唐(開元 12년, 724)에서 비롯하였고, 그 직제도 唐 때에 정비되었음을 볼 수 있다. 宋 때에도 당의 제도를 이어받아 '集賢殿', '集賢院', '右文殿' 등의 이름으로 존속하였다. 그 기능을 보면, 唐 때에는 侍講·藏書·寫書·修書·知製誥 등을 담당하였고, 宋 때에는 古今經籍圖書, 國史實錄, 天文曆數 등을 담당하였음을 알 수 있다.

우리나라에도 이미 삼국시대에 이와 비슷한 제도가 있었던 듯하나,2) 내용은 상세히 살필 길이 없다.

고려시대에는 집현전과 비슷한 기관이 여럿 있었으니 寶文閣·修文殿·集賢殿 등이 그것이다. 《高麗史》〈百官志〉에 따르면, 寶文閣은 睿宗 12년(1117)에 설치되었고, 修文殿과 集賢殿은 인종 14년(1136)에 文德殿을 修文殿으로, 延英殿을 集賢殿으로 개칭함으로써 비롯되었다. 보문각은 그 명칭이 변하지 않았지만, 수문전과 집현전은 각기 右文館과 進賢館으로 개칭·환원되는 조처를 세 번이나 겪었다. 이 세 기관은 직제나 그 기능에서 거의 일치하였으니, 각기 大提學(大學士)·提學(學士)·直提學(直學士)을 두었고, 모두 侍從(侍講)機關이었던 것이다. 그러나 이 기관들은 충렬왕 이후로 차츰 유명무실한 기관으로 되어, 충목왕 이래 따로 시강기관(書筵, 뒤에 經筵이라 개칭됨)을 두게 되었다.3)

조선 태조 원년 7월에 제정된 관제는 대개 고려의 관제를 그대로 이어받은 것이었으나, 寶文閣·修文殿·集賢殿 등 殿閣制度는 설정되지 않았다.

---

2) 《三國史記》卷24, 〈百濟本記〉 第2, 近肖古王 30년條에, "…… 至是 得博士高興 始有書記"라 하였고, 같은 책 卷39, 〈雜志〉 제8, 職官 가운데 "詳文師 聖德王十三年 改爲通文博士 景德王 又改爲翰林 復置學士"라 하였고, 같은 책 卷26, 〈列傳〉 제6, 崔彦撝條에, "…… 爲執事侍郎瑞書院學士"라 하였는 바, 백제의 博士, 신라의 詳文師·通文博士·瑞書院學士 등은 그 내용은 未詳이지만 集賢殿制度와 비슷한 제도가 아니었나 생각된다.

3) 《高麗史》卷76, 志30 百官1, 寶文閣條, "忠烈王後 寶文閣徒有其名 忠穆王初立 大臣請置書筵官 分四番 更日侍讀 恭愍王元年 開書筵 亦分番入侍 辛禑元年 令五品以下四人爲侍學 分兩番進講 及遞官陞四品 恭讓王二年 改稱經筵 置領經筵事 知經筵事 講讀官"

그러나 충렬왕 이후 전각제도가 유명무실하게 됨으로써 충목왕 때 새로이 설치된 侍講制度〔經筵制度〕는 태조 원년 7월의 관제에 그대로 설치되었다.4)

태조는 經筵官의 제도를 두었지만, 나이가 많다는 이유로 경연을 열고자 하지 않았다.5) 태조는 간관의 상소로 마지못해 경연에 나아갈 것을 약속하였으나,6) 실제로는 태조 6년 11월에야 始講하였고,7) 그것도 《太祖實錄》에 따르면 몇 번에 지나지 않았던 것이다. 이처럼 경연의 제도를 두고도 활용하고자 하지 않은 태조에게 경연을 주요 기능으로 하는 집현전 제도를 따로 설치할 필요는 없었을 것이다.

조선왕조에서 집현전이 처음 설치된 것은 정종 원년 3월이었다. 즉, 정종 원년 3월에 문신을 집현전에 모이게 했는데, 대사헌 趙璞이 上言하기를,

집현전은 다만 그 이름만 있고 실속이 없습니다. 청컨대 옛 제도를 복구하여 서적을 많이 비치하고 藝文과 校書로 하여금 주관하게 하고, 館·閣職에 있는 4품 이상 문신들이 모여 經籍을 강론하고, 古文에 대비하십시오.8)

라고 하자 왕은 이를 허락하고, 좌정승 趙浚·權仲和, 대사헌 조박, 중추 權近, 李詹을 提調官으로 삼았고, 문신 5품 이하를 校理에, 7품 이하를 說書와 正字에 충당한 것으로 되어 있다. 즉, 정종이 조박의 上言을 받아들임으로써 설치하게 되었음을 알 수 있다. 그런데 정종 원년 3월에 '문신들을 집현전에 모이게 했다', '집현전은 이름만 있고 실속이 없다'고 했을 때, 집현전은 당시 제도적으로 존재하던 집현전이 아니고 고려 때에 있던 집현전 殿舍였던

---

4) 《太祖實錄》卷1, 태조 원년 7월 丁未條, "經筵官 皆兼進講經史 領事一侍中以上 知事二正二品 同知事從二品 參贊官五正三品 講讀官四從三品 檢討官二正四品 副檢討官正五品 書吏七品去官"
5) 《太祖實錄》卷2, 태조 원년 11월 己丑條, "諫官請日開經筵 上曰 鬚髮旣白 不必會諸儒聽講"
6) 《太祖實錄》卷2, 태조 원년 11월 辛卯條.
7) 《太祖實錄》卷15, 태조 6년 11월 癸未條.
8) 《定宗實錄》卷1, 정종 원년 3월 甲申條.

것으로 추측된다. 그 근거는 정종 원년 3월 戊寅에 漢城에서 開京(留後司)으로 還都하였는데,9) '3월 戊寅'은 위의 기록이 있는 '3월 甲申'보다 7일이 앞서 있기 때문이다. 즉, 환도한 뒤 7일 만에 정종과 문신이 壽昌宮 안에 있던 집현전 전사에 모였을 때, 전사가 비어 있는 것을 보고 고려시대의 제도를 다시 설치할 것을 상언함으로써 설치하게 된 것으로 보겠다.

설치된 뒤로 집현전에서 과거시험을 보는 등10) 약간의 움직임이 있었으나 활발하지는 못했던 듯하다. 그뒤 정종 2년 정월의 기록에는 "집현전을 寶文閣으로 고쳤다"11)고 한 것을 보면, 집현전을 보문각으로 개칭한 것을 알 수 있다. 그런데 이와 같이 명칭을 고친 뒷면에는 어떤 의미를 내포하고 있는 것으로 생각한다. 즉, 侍講(講論經籍)과 藏書(多置書籍)를 목적으로 설치된 집현전이 차츰 시강기관으로서의 의미가 없어지고, 장서기관으로서의 의미만을 갖게 됨으로써 명칭을 고치게 된 것이 아닌가 한다. 이와 같은 추측을 가능케 하는 것은 宋代의 보문각이 御書와 御集 등을 보관하는 기관이었다는 사실이다.12) 집현전이 보문각으로 개칭한 뒤로 보문각 또는 집현전에 관한 기록은 전혀 볼 수 없다.13) 추측컨대 보문각으로 개칭한 뒤 오래지 않아 실속 없는 기관으로 되었거나 폐지되지 않았나 한다.

태종은 경연에 나아가는 것을 즐기지 않아 경연을 거의 폐지하다시피 하였다. 그리하여 사간원에서 여러 번에 걸쳐 경연을 권하는 상소를 올리기까지 하였으니,14) 그러한 태종에게 侍講〔경연〕을 담당하는 집현전 제도는 긴

---

9) 《定宗實錄》卷1, 정종 원년 3월 戊寅條, "還于留後司 公侯皆從之 各司伴焉"
10) 《定宗實錄》卷1, 정종 원년 4월 乙巳條, "試知貢擧驪興伯閔霽·同知貢擧淸城君鄭擢等所取金泮等三十三人于集賢殿 云云"
11) 《定宗實錄》卷3, 정종 2년 1월 乙亥條.
12) 《文獻通考》卷54, 職官8, 寶文閣條.
13) 정종 2년 4월의 更定官制(《定宗實錄》卷4, 정종 2년 4월 辛丑條)에도, 태종 원년 7월의 관제개혁(《太宗實錄》卷2, 태종 원년 7월 庚子條)에도, 태종 5년 정월의 관제개혁(《太宗實錄》卷9, 태종 5년 정월 壬子條)에도, 寶文閣 또는 집현전에 관한 기록을 볼 수 없으며, 태종 5년 3월에 禮曹에서 "六曹分職及所屬"을 상정하여 아뢰는 기록(《太宗實錄》卷9, 태종 5년 3월 丙申條)에도 예조 소속으로 예문관·춘추관·경연·서연·성균관 등(전 35官衙)이 보일 뿐 집현전, 보문각 등은 없다.
14) 《太宗實錄》卷5, 태종 3년 3월 庚辰條 ; 《太宗實錄》卷20, 태종 10년 10월 壬戌條.

요하지 않았을 것이다. 그래서인지 태종 10년 11월에 사간원에서 상소하기를,

> 청컨대 집현전을 여시고 儒士를 선발하여 그 수효를 채우시고 經史를 강론하십시오.[15)

라 하여 집현전을 개설할 것을 청하였으나, 그뒤 이에 관한 기록이 전혀 없는 것을 보면, 시행되지 못했던 것으로 보인다. 그뒤 태종 17년 정월에 사간원에서 올린 '治道數條' 가운데,

> 인재는 국가의 器用이므로 미리 양성하지 않으면 안 됩니다. 지금 이른바 修文·集賢·寶文閣 등은 다만 그 이름만 있고 실속이 없습니다. 나라에 집현전을 창립하시어 館閣提學 가운데 文을 주관할 만한 사람 몇 명을 택하여 提調로 삼고, 3품 이하 時·散 文臣으로서 나이와 자질이 마땅한 사람을 택하여 그 관원으로 정하게 하고, 모두 口傳으로 임명하시고, 제조들은 항상 여기에 모여 혹 經史를 강독하고 혹 제목을 내 시나 글을 짓도록 하여 文風을 진작하십시오.[16)

라고 하였다. 즉, 집현전을 창립하고 유능한 文臣을 뽑아 文風을 진작시킬 것을 청했으나 결국 태종 때에서는 그 설치를 보지 못하였다.

위에서 개관한 바와 같이, 집현전 제도는 중국에서 연원하여 고려 때에도 설치되었으나, 고려의 제도를 거의 그대로 이어받은 조선 태조 때의 관제에는 들지 못하였고, 정종 원년에 잠시 설치되었다가 곧 사라졌다. 이 장에서는 첫째로, 어떤 이유로 조선 건국 뒤 확고하게 제도화되지 못했던 집현전 제도가 세종 때에 이르러 설치·정비되었는가를 규명해야 하겠고, 또한 당

---

15) 《太宗實錄》卷20, 태종 10년 11월 癸未條.
16) 《太宗實錄》卷33, 태종 17년 정월 丙午條.

시의 정치·제도·문화·시대적인 특수성으로 말미암아 어떤 구실(기능)을 맡게 되었으며, 그 존속하는 동안 어떠한 기능 변화가 있었고, 집현전의 제반 활동은 어떠한 성향을 띠고 있었는가를 분석·검토하고, 또한 세조 2년에 이르러 집현전이 혁파된 까닭을 밝히고자 하는 것이다. 이와 같은 문제를 정리함으로써, 유교국가의 확립을 이상으로 세운 조선왕조가 정치·제도·문화·사상적으로 유교적인 밑바탕을 닦아 가던 세종 때 설치되어 37년 동안 존속하다가 세조 초에 혁파된 집현전이 조선 초기의 정치·제도·문화·사상에 미친 영향을 이해하는 데 도움을 줄 것으로 생각한다.

一. 集賢殿의 설치

1. 설치의 계기

조선 건국 직후에는 정도전이나 권근과 같은 큰 학자들이 있었으므로 인물이 적음을 심각하게 느끼지 못하였다. 그러나 태종 10년 이후에는 사정이 달라졌다. 즉, 고려에서 넘어온 큰 학자들이 태종 10년 이전에 거의 모두 죽었기 때문에 학문적으로 큰 위기에 부닥치게 되었다. 그리하여 태종은 인재가 전과 같지 못함을 한탄하였으며, 학문을 진흥시키기 위한 시책의 하나로 成均館 學官들에게 연구와 강의에 힘쓸 것을 명하였던 것이다.[17] 이때 집현전 설치 문제가 다시 대두되었다. 즉, 태종 10년 11월에 사헌부에서 올린 상소 가운데 "청컨대 집현전을 개설하시고 儒士를 선발하여 액수를 채우시고 經史를 강론하게 하십시오"[18]라고 하여 집현전의 개설을 청하고 있다. 그러

---

17) 《太宗實錄》卷18, 태종 9년 12월 甲辰條, "命成均學官 精加考講……上嘆人材不古若欲振起斯文 乃有是命"
18) 《太宗實錄》卷20, 태종 10년 11월 癸未條.

나 그 제도가 시행되지 못하였다는 것은 기술한 바 있다. '인재의 고갈', '학문의 부진' 상태는 일조일석에 개선할 수 없는 것이다. 태종 17년 정월에 사간원에서 올린 '治道數條'를 보면, 인재를 미리 양성하기 위해서 집현전을 설치할 것을 청하고 있으니, 그 궁극적인 목적은 '인재 양성'과 '학문의 진흥'에 있었던 것이다.[19]

세종은 즉위년(1418) 8월 그가 세자로 있었을 때의 書筵官을 모두 經筵官으로 고쳐 임명[20]하고, 이어 같은 해 10월에는 경연을 열었고,[21] 원년 2월에는 繕工監에 명하여 새로이 經筵廳을 건설하였던 것이다.[22] 이처럼 경연관과 經筵할 장소를 확보한 세종에게는 侍講기관으로서의 집현전 제도는 거의 필요치 않았을 것임에도 집현전의 설치 문제가 대두되었다. 즉, 세종 원년 2월어 左議政 朴블은 啓하기를,

> 청컨대 집현전에 文臣들을 선발하여 모아 文風을 진작하십시오(이를 받아들임).[23]

라고 하였다. 즉, 집현전에 문신들을 選聚하여 문풍을 진작시킬 것을 청했다. 집현전의 설치를 건의하는 목적이 侍講[경연]을 위한 것이 아니라 문풍을 진작시키기 위한 것이었다. 위의 몇 가지 사실에 따르면, 세종 때 와서 집현전을 설치하게 된 중요한 목적은 '인재의 양성'과 '학문의 진흥'이라는 시대적인 과제가 아니었나 여겨진다.

'인재 양성'과 '학문 진흥'은 국내적으로도 큰 과제가 아닐 수 없었다. 즉, 당시는 유교국가 확립을 이상으로 세운 조선왕조가 아직 여러 부문에 걸친

---

19) 《太宗實錄》卷33, 태종 17년 정월 丙午條.
20) 《世宗實錄》卷1, 세종 즉위년 8월 戊子條.
21) 《世宗實錄》卷1, 세종 즉위년 10월 癸未條.
22) 《世宗實錄》卷3, 세종 원년 2월 丁亥條.
23) 《世宗實錄》卷3, 세종 원년 2월 辛卯條.

유교적 정리를 이루지 못한 때여서, 이와 같은 과제를 이루기 위해서는 많은 인재가 필요한 중요한 시기였기 때문이다. 그러므로 집현전을 설치하면서 학문의 진흥이나 인재의 양성과 같은 것을 큰 목표로 삼은 것은 정치·제도·문화·사상 등 여러 부문의 유교화를 추진할 수 있는 精粹分子를 양성하기 위한 큰 목적이 있었던 것으로 보인다. 뒤에 살펴보겠지만 집현전이 어느 정도 자리를 잡은 세종 10년대부터 집현전관의 중요한 활동 가운데서 古制연구와 편찬사업이 큰 비중을 차지하고 있었다는 사실은 그것을 방증하는 것이라 하겠다.

'인재의 감축'과 '학문의 부진'은 국내적으로도 큰 문제였지만, 대외관계에서는 더욱 문제가 된 것으로 보인다. 조선의 國是 가운데 하나가 事大였다. 사대사상은 慕華사상에 바탕을 둔다고 하지만, 조선 초의 사대는 이성계 일파의 정치적 밑바탕이 확고하지 못하였기 때문에, 인접 강대국에게 인정을 받음으로써 왕권의 권위를 세우기 위하여 취해진 것으로 이해한다. 그리하여 태조 원년 11월에는 예문관학사 韓尙質을 明에 보내어 국호를 청하기까지 하였다. 당시의 사대는 모화에서가 아니라 明과 틈을 내지 않기 위한 것이었다. 오만한 明에 대하여 눈치를 보지 않을 수 없었던 조선으로서는 어쩔 수 없는 사대였다. 태조 5~6년 동안의 表箋 문제는 그 대표적인 예라 하겠다. 明에서는 표전문 가운데 경박하고 모욕하는 문구가 있다 하여 표전문을 지은 사람을 압송하라 하고, 조선에서는 변명하기에 급급하였던 것이다.[24] 이처럼 사대에는 事大文書가 불가피하게 따르게 되었고, 까다로운 사대문서의 작성을 위하여 수준 높은 학자가 절대적으로 필요했던 것이다.

태종은 재위 7년 4월에 사헌부로 하여금 重試에 응하지 않은 문신들을 탄

---

24) 《太祖實錄》卷9, 태종 5년 2월 癸卯條에, "遣郭海隆 押送撰文者金若恒 如京師 移咨禮部曰……小邦僻居海外 聲音言語 不類中華 必憑通譯 僅習文意 所學粗淺 措辭鄙陋 且不能盡悉表箋體制 以致言詞輕薄 何敢故爲戲侮以生釁端 天日照臨 實非誣妄 云云"이라 하였고, 《太祖實錄》卷9, 태조 5년 6월 庚子條 등도 같은 내용이다. 그런데 같은 表箋文의 撰者는 바로 그 무렵의 학자요 문장가였던 鄭道傳과 鄭擢이었던 바 表箋에 대한 트집은 明의 고의적 횡포였다.

핵하라 하고 이르기를,

> 儒者가 학문을 하고 안 하고는 나와는 관계가 없다. 다만 事大하는 나라에서
> 는 염려하지 않을 수 없다. 그러므로 이 일을 하는 것이다.[25]

고 하여 사대하는 나라의 학자[儒者]는 반드시 학문을 해야 한다고 말하고 있다.

 학문의 진흥과 학자의 양성은 사대문서의 작성뿐만 아니라 使行과 明의 사신접대에도 꼭 필요하였다. 조선의 사신이 使行했을 때, 만일 학문과 문장이 비천하면 그 사신이 받을 멸시는 물론이고 그 영향은 본국에까지 미치게 되는 것이다. 또한 明使가 왔을 때, 그들의 학문과 문장이 학자들의 그것보다 월등할 경우에, 그들이 조선 학자를 오만·불손한 태도로 대할 것은 명백한 사실이었다. 明使의 오만함은 흔히 볼 수 있는 것이다. 성종 때에도,

> 또한 詞章은 비록 末技이나 중국의 文士가 사신으로 와서 우리나라의 학자
> 들과 함께 賦·詩를 짓고 이어서 화답하는데 만약 압도할 수 없고, 그 위에 있
> 지 못하면 우리를 가벼이 여기는 마음이 없겠는가.[26]

라고 하였다. 明使를 詞章으로 아예 압도하여 감히 조선을 가벼이 보지 못하도록 할 필요가 있는 것으로 인식하고 있었던 것이다. 이처럼 사대관계를 원만히 유지하기 위해서도 '文風의 진작'과 '학자의 양성'은 절대로 필요하였던 것이니, 이와 같은 시대적 요청이 집현전 설치의 중요한 機緣이 되지 않았나 생각한다. 이와 같은 추론을 가능하게 하는 것은 成均大司成 李承召의 書啓에,

---

25)《太宗實錄》卷13, 태종 7년 4월 丙午條.
26)《成宗實錄》卷67, 성종 7년 5월 丁巳條.

事大交隣에는 辭命이 막중합니다. 우리나라가 상국에 중히 보이는 까닭은 예의를 숭상하고 述職을 부지런하며 고금에 통하고 辭命을 잘하는 데 있습니다. 그러므로 조정(중국)에서 사신을 명할 때 반드시 박학하고 문장이 있는 자를 택하여 보내며, 또한 우리나라 사람은 문학을 좋아합니다. 이로써 보건대 문장은 비록 末技이나 진실로 폐할 수 없습니다. 세종께서 일찍이 젊고 영민한 文臣을 선발하여 山房에 가서 독서하게 한 것은 대개 이를 위한 것입니다.[27]

고 하였다. 세종이 젊고 영민한 집현전관에게 산방독서(賜暇讀書)의 은전을 베푼 까닭이 사대문서를 능히 작성할 수 있고, 사신에 적합한 박학하고 문장에 능한 학자를 양성하는 데 있었다는 것을 말하고 있다. 또한 뒤에서 언급될 테지만 집현전관이 사대문서 작성에 관계하였고, 明使 접대에 대비하기 위하여 假成均館職을 겸하게 하였던 사실은 이의 한 방증이 될 수 있을 것이다.

위에서 세종 때에 이르러 집현전을 설치하게 된 안팎의 계기들을 살펴보았지만, 이와 같은 추세에 따라서 세종 원년 2월에 좌의정 朴訔이 집현전에 文臣들을 뽑아 모아 문풍을 진작시킬 것을 啓請하니, 세종이 이를 기꺼이 받아들였다.[28] 그러나 얼마 동안 이에 관한 논의나 啓請이 없으므로 세종 원년 12월에 세종이 이르기를,

일찍이 집현전을 설치하자는 논의가 있었는데 어찌 다시 계하지 아니하는가? 儒士 10여 명을 택하여 날마다 모여 강론하는 것이 옳겠다.[29]

---

27) 《世祖實錄》 卷12, 세조 4년 4월 辛巳條.
28) 《世宗實錄》 卷3, 세종 원년 3월 辛卯條에서, "左議政朴訔啓 請選聚文臣於集賢殿 以振文風(上嘉納之)"라 하였다. 그런데 《春亭集》(卞季良文集)의 行狀을 보면, "庚子春 兼集賢殿大提學 前此公上言 請置集賢殿 選揀文臣年少聰敏者 講習經書 以備顧問 上嘉納之 云云"이라 하여 卞季良이 上言하여 집현전을 설치하게 되었다고 기록되어 있다.
29) 《世宗實錄》 卷6, 세종 원년 12월 壬午條.

라고 하였다. 그뒤 세종 2년 3월에 吏曹에서 여러 관서의 冗官을 혁파하고 集賢殿祿官을 둘 것을 啓請한 것이 허락되었다.[30] 이 결정은 집현전을 확고한 바탕 위에 올려놓은 중요한 사실이었다. 녹관은 전임관을 의미하는 것으로 이는 역대 집현전 제도에서 찾아볼 수 없던 일로서, 특수한 필요에 따라서 설치되는 세종 때의 집현전의 특수성이 여기서 나타나는 것이다. 그리하여 마침내 세종 2년 3월 16일에 집현전이 새로 설치되고 직제가 정해졌다.[31]

2. 집현전의 직제

세종 2년 3월에 새로이 설치된 집현전의 직제를 보면,

> 領殿事 2(정1품), 大提學 2(정2품), 提學 2(종2품) 이상 겸관, 副提學(정3품), 直提學(종3품), 直殿(정4품), 應敎(종4품), 校理(정5품), 副校理(종5품), 修撰(정6품), 副修撰(종6품), 博士(정7품), 著作(정8품), 正字(정9품) 이상 祿官[32]

이라 하였다. 이것을 정리하면 〔표 1〕과 같다. 이와 같이 정리를 본 직제는 어느 관제를 그대로 사용한 것이 아니고, 역대의 여러 관제의 관직명을 차용·편집하고 창안하여 이루어진 것으로 보인다. 여기서 그 연원을 찾는 의미에서 중국의 집현전 제도와 고려의 여러 館閣제도, 조선 정종 때의 집현전의 관직명 가운데서 세종의 집현전 관직명 제정에 참고가 되었을 것으로 생각되는 것을 표시하면 〔표 2〕와 같다(당·송대의 것은 《文獻通考》와 《通典》에, 고려시대의 것은 《高麗史》 〈百官志〉에 바탕을 둠).

〔표 2〕를 보면, 세종 때 집현전의 관직명은 대개 당·송대의 집현전과

---

30) 《世宗實錄》 卷7, 세종 2년 3월 辛巳條.
31) 《世宗實錄》 卷7, 세종 2년 3월 甲申條.
32) 《世宗實錄》 卷7, 세종 2년 3월 甲申條.

〔표 1〕 集賢殿의 職制(※ ( )는 兼官)

(領殿事)2 정1품	
(大提學)2 정2품	(提學)2 종2품
副提學1 정3품	直提學1 종3품
直殿1 정4품	應敎1 종4품
校理1 정5품	副校理1 종5품
修撰1 정6품	副修撰1 종6품
博士1 정7품	
著作1 정8품	
正字1 정9품	

〔표 2〕 중국·고려·조선의 館閣제도의 직제의 비교

중국		고려			조선	
唐	宋	諸館殿	藝文館	成均館	定宗	世宗
						領殿事
大學士	大學士	大提學(大學士)	大提學			大提學
學士	學士	提學(學士)	提學			提學(學士)
直學士	直學士	直學士(直學士)	直提學			直提學
	直院	直閣				直殿
		應敎	應敎			應敎
校理	校理				校理	校理(副校理)
修撰	修撰		修撰			修撰(副修撰)
				博士		博士
						著作
正字					正字	正字

고려대의 여러 館閣제도의 관직명에서 차용한 것임을 알 수 있다. 그 가운데 '領殿事'와 '著作'은 태조 원년 7월의 관제의 經筵官의 '領事', 校書監의 '著作郎' 등에서 차용한 것으로 보이고, 副提學·副校理·副修撰 등 '副'의 직제는 역대 殿閣제도에서 볼 수 없었던 것으로, 이것도 태조 원년 7월의 관제

에서 경연관[副檢討官]의 직제에서 비롯된 것이 아닌가 한다.33)

위의 인용문에 따르면, 提學 이상은 兼官이고 副提學 이하는 祿官이다. 즉, 제학 이상은 名譽職이라면, 부제학 이하는 실무관이요, 전임관인 것이다. 그러므로 집현전의 실무 책임자는 부제학이니 '行首副提學'이라고도 하였다.34)

집현전관의 자격은 文士라야 했다는 것은 널리 알려진 사실이다. 특히 문사 가운데서도 才行이 있는 연소한 사람을 適材로 삼았으니,35) 이는 세종 때 집현전의 특성인 것이다. 세종이 연소한 집현전관들을 불러 賜暇 독서를 허락하는 기록에도,

> 내가 너희들을 집현전관에 임명한 것은 젊고 장래가 있고, 그 독서(학문)의
> 실효를 기대하기 때문이다.36)

고 하여, 젊은이들을 집현전관으로 임명한 것은 그들을 길러 실효를 거두기 위함이었다. 여기서 '실효'라 함은 매우 함축적인 표현으로, 안팎으로 요긴하게 쓴다는 뜻이라 하겠다. 이처럼 젊고 재주와 행실이 훌륭한 문신을 선발하여 이들의 그릇을 크게 한 뒤에 적절히 활용하려는 것이 세종의 의도였으므로, 집현전관의 선발에는 치밀한 배려가 있었다. 즉, 집현전관에 결원이 있을 때는 집현전 당상, 이조 당상과 의정부가 의논하여 薦望하게 하였던 것이다.37)

승진의 규칙은 차례로 승진[以次遷轉]한다38)는 것이다. 순서대로 승진

---

33) 《太祖實錄》卷1, 태조 원년 7월 丁未條, "經筵官皆兼掌進講經史 領事一侍中以上……檢討官二
   正四品 副檢討官正五品"
34) 《世宗實錄》卷26, 세종 6년 1월 乙酉條.
35) 《世宗實錄》卷7, 세종 2년 3월 甲申條.
36) 《世宗實錄》卷34, 세종 8년 12월 庚午條.
37) 《世宗實錄》卷102, 세종 25년 10월 甲申條, "傳旨吏曹 集賢殿官員有闕 本殿堂上及 吏曹堂上與議
   政府 擬議薦望 已曾傳教"

〔循序遷轉〕하는 것은 3館이 모두 같으니, 이는 예부터 선비들은 선후를 중히 여기고 겸손과 사양을 禮로 생각했기 때문이다. 그러므로 이와 같은 규칙을 무시하고 超授가 있을 때는 이를 사양하는 데 망설이지 않았다.[39]

직제에서 집현전이 다른 관서와 구별되는 뚜렷한 점은 임기에서이다. 다른 관서에서는 인사이동이 빈번하였지만 집현전에서는, 적어도 세종 때에는 다른 관직으로 전임되는 일은 거의 없고 순서대로 승진만이 있었던 것이다.[40] 그리하여,

> 세종조 집현전의 예에 따라서 그 직에 오래 있게 하고 다른 관직에는 임명하지 마시고 차례대로 승진·임용하십시오[41]
>
> 세종조에는 집현전에 博士·著作·正字의 직을 두고, 젊고 학문할 만한 자들을 택하여 채웠고, 차례대로 승진시켜 直提學·副提學에 이르렀다. 또한 한 곳에 오래 있는 것을 염려하여 혹 대간으로는 나갔으나 다른 관직으로는 임명하지 않았다.[42]

고 하였다. 즉, 집현전관은 博士·著作·正字 등 하위 관직으로 보임되면 다른 관서로 전출되는 일이 없이 직제학·부제학에 이르렀던 것이다. 위에서

---

38) 《世宗實錄》卷7, 세종 2년 3월 甲申條.

39) 《世宗實錄》卷98, 세종 24년 10월 庚戌條에, 柳義孫과 李先濟의 경우와 李季甸과 金汶의 경우가 그 것이다. 그러나 重試에 合格되었을 때는 超授된 것이 일반이다.

40) 李崇寧 박사는 〈崔萬理硏究〉《李相伯博士回甲記念論叢》, 을유문화사, 1964)에서 崔萬理의 인품을 剛直·淸白으로 집약하고 있는데, 그 근거를 그가 他官으로 전직됨이 없이 20여 넌이란 오랜 기간을 집현전에 職을 두고 있었다는 사실과 승진이 늦었다는 사실에 두고 있다. 그리하여 "崔萬理는 淸白吏요 重試에 등榜되어 集賢殿을 20餘年 지켜온 剛直한 人物임을 알 때"(4쪽), "崔萬理의 剛直한 性格과 오직 職場에 忠實함 뿐인 그의 態度에서 政府의 他職으로의 轉任이나 外職으로 나갈 機會도 없는 양 보인다"(9쪽), "過去 同僚의 豪華로운 履歷에 比하여 꾸준히 集賢殿만 死守해 온 셈이다"(11쪽)고 하였다. 그러나 久任 여부와 승진 속도로써 한 인물의 품성을 추출하는 데 임기와 승진규칙에 관한 연구가 되어있지 않았기 때문에, 집현전관의 보편적인 상황을 최만리만의 특징으로 파악하는 오류를 면치 못하였다.

41) 《成宗實錄》卷41, 성종 5년 4월 壬戌條.

42) 《成宗實錄》卷60, 성종 6년 10월 戊子條.

'혹 대간으로 나갔으나(或出爲臺諫之任)'라고 했으나, 다음(대간으로의 진출)에서 고찰할 것이지만, 그와 같은 상태는 문종 이후에 볼 수 있는 것이고 '학술에 오로지하여 종신 하도록 하라(專業學術 期以終身)'고 한 세종의 집현전 학자에 대한 자세로 말미암아 세종 때는 대간으로 진출하는 것이 거의 허용되지 않았던 것이다.

집현전관으로 일단 부임하게 되면 他官으로 전직됨이 없이 직제학·부제학에까지 이르렀다는 사실은 부표에서 실증된다. 즉, 직제학에 이른 학자가 16명, 부제학까지 이른 학자가 30명으로 합계 46명이 직제학·부제학을 거쳐 6조나 승정원 등으로 진출하였던 것이다. 勤職 상황을 보면 〔표 3〕과 같다.

〔표 3〕　　　　　　集賢殿官의 勤職 기간 (단. 부록 부표에 따름)

임직 연수	10년~14년	15년~19년	20년~24년	25년 이상
인원수	15명	10명	5명	1명

그 가운데 辛石堅(碩祖)의 27년 동안 근무가 가장 久任인 것이다. 그러나 해당 부표는 완전한 것이 아니므로 만일 완전한 자료를 얻는다면, 해당 부표의 10년 미만의 것으로 10년 이상이 될 것이 상당수에 이를 것이며, 따라서 〔표 3〕의 근무 연수도 증가하게 될 것이다. 그러므로 20여 년 동안 久任하였다고 하면 그것은 오히려 정상적이고 보편적인 현상이라 하겠다.

집현전관의 久任은 학자 집합소의 성격을 유지하려는 세종의 노력의 결과였다. 그리하여 久任의 규정이 깨어진 때 집현전의 성격도 아주 달라졌던 것이다.

집현전의 여러 職品은 다른 관서의 동등한 직품에 견주어 우위를 차지하였다. 이는,

> 새로 집현전을 설치했다. …… 집현전의 각 품은 本品의 앞머리〔班頭〕에 세
> 웠다. 부제학은 司諫 위에 班列한다.[43]
>
> 예조에서 啓하기를, 처음 집현전을 설치하고, 집현전의 관원은 모두 각 품의
> 반두에 서열하였다.[44]

고 한 기록으로 알 수 있거니와, 구체적인 기록으로는 세종 11년 4월에 예조
에서 常參儀를 啓하는 가운데, 문무백관이 殿庭에서 하는 拜位가 있는데 이
에 따르면,

> 정3품 吏戶禮 3曹參議・集賢殿副提學・左右司諫, 정4품 直集賢殿・議政
> 府舍人・司憲掌令, 종4품 集賢殿應敎, 정5품 集賢殿校理・吏・戶・禮 3曹正
> 郎・左右獻納・司憲持平, 종5품 集賢殿副校理, 정6품 集賢殿修撰・吏・
> 戶・禮 3曹佐郎, 종6품 集賢殿副修撰 모두 北向한다.[45]

고 하였다. 이것을 보면 세종이 집현전을 얼마나 중시하였는지를 짐작할 수
있다.

집현전관 사이에는 직품의 위아래를 막론하고 직책에서는 융통성이 있
는 것으로 보인다. 그것은 다른 관서의 관료적인 성격에 견주어 집현전은 문
자 그대로 학자의 전당과 같은 성격을 가졌기 때문이라 하겠다. 집현전관은
직함은 서로 달랐어도 모두 경연관으로서 자격을 가졌다.[46] 또한 직품의 높
고 낮음에 관계없이 고제연구와 편찬사업 등 같은 일을 하기도 하였다.[47]

끝으로 관원 수에 관해서 살펴보려 한다. 여기서 관원 수라 하면, 祿官의

---

43) 《世宗實錄》卷7, 세종 2년 3월 甲申條.
44) 《世宗實錄》卷26, 세종 6년 11월 乙酉條.
45) 《世宗實錄》卷44, 세종 11년 4월 丁酉條.
46) 《世宗實錄》卷7, 세종 2년 3월 甲申條.
47) 한 예로 《資治通鑑訓義》를 찬수할 때《世宗實錄》卷64, 세종 16년 6월 辛未條) 集賢殿應敎 金末, 校
理 柳義孫, 修撰 李季甸, 副修撰 崔恒 등이 參校하였다.

수효만을 뜻한다. 관원 수의 많고 적음은 그리 긴요한 문제처럼 보이지 않으나, 그 수의 증감에는 중요한 의미가 있다고 할 수 있다. 즉, 집현전의 기능이나 성격의 변화를 뜻할 수도 있다. 그런데 관원 수에 관해서는 두 가지 설이 있다.[48] 다소 번거롭지마는 《世宗實錄》을 위주로 고증해 보기로 한다.

세종 2년 3월에 집현전을 신설할 때는, ① 副提學以下郎廳 置10員[49]이라 하여, 祿官으로 10명을 둔 것을 알겠다. 그리고 세종 4년 10월에 ② 加置集賢殿官 5員[50]이라 하였으므로, 세종 4년 10월에는 관원 수가 15명이 된 것을 알 수 있다. 그리고 세종 17년 7월의 吏曺의 啓請을 보면, ③ "원컨대 書筵 祿官을 혁파하여 집현전에 합하시고 직제학 이하 품마다 각각 1명을 가설하여 총 32명으로 하고 그 22명은 경연을 겸하게 하고 10명은 서연을 겸하게 하면 편하겠습니다(이를 따랐다)"[51]고 하였으니, 세종 17년 7월 이전 얼마 동안은 관원 수가 22명이었고,[52] 같은 해 7월부터는 서연 녹관 10명을 혁파하여 집현전에 加設함으로써 32명이 되었음을 알 수 있다. 그런데 32명은 너무 많아 폐단이 있다 하여 집현전에서 세종 18년 6월에 12명을 혁파할 것을 계청하고 있다.[53] 이어 같은 해 윤6월에 의정부에서 啓하기를,

④ 庚子年에 처음 집현전을 설치하여 10명을 두었고, 丙午年에 6명을 더 두

---

48) 《筆苑雜記》卷4, 〈集賢殿條〉, 《海東野言》; 《朝野僉載》卷4, 〈世宗朝〉등 野史類에서는 史員이 '10·30·20'으로 기록되어 있고, 《龍飛御天歌》卷8; 《弘文館志》〈職官〉2, 差除; 《增補文獻備考》卷221, 〈職官考〉8, 館閣 2, 弘文館條 등에서는 史員이 '10·16·32·20'으로 기록되어 있다. 李光麟 교수의 앞 논문에서는 《筆苑雜記》등의 '10·30·20'의 說에 《實錄》의 일부 기록에서 얻은 '15'라는 數를 補添한 '10·15·30·20'을 타당한 듯하다고 하였다.

49) 《世宗實錄》卷7, 세종 2년 3월 甲申條.

50) 《世宗實錄》卷18, 세종 4년 10월 壬子條.

51) 《世宗實錄》卷69, 세종 17년 7월 庚辰條.

52) 直提學 이하 품마다 1명씩 加設하였다 하니 10명을 加設했음을 알 수 있고(直提學에서 正字까지는 10품職이 있다), 또한 書筵祿官이 10명이었다는 기록이 있다(《世宗實錄》卷73, 세종 18년 윤6월 乙亥條). 서연 녹관 10명을 가설하여 32명이 되었으므로 그 이전에는 22명이 있었던 것을 알 수 있다.

53) 《世宗實錄》卷72, 세종 18년 6월 丁酉條, "集賢殿啓 本殿官員三十二人 厥數猥多 不無冗員之弊 且今訓義已畢 宜當汰去 乞革十二人"

었고, 乙卯年에 訓義 修撰을 위하여 또 6명을 더하였고, 또 혁파한 서연 녹관 10명을 합하여 32명이 되었습니다. 그 수효가 너무 많아 冗員의 폐가 없지 않습니다. 청컨대 12명을 줄이고 다만 20명만 두십시오. 서연관은 이미 녹관이 아니므로 집현전관과 다른 관원으로서 적절히 겸하게 하십시오(이를 따름).[54]

라고 한 것에 따르면, 세종 2년(庚子)에 10명을 두었고, 8년(丙午)에 6명을 增置하여 16명이 되었고, 17년(乙卯)에 《資治通鑑訓義》의 修撰을 위하여 또 6명을 增置하여 22명이 되었고, 17년에 서연 녹관 10명을 파하고 집현전에 합하여 32명이 되었는데, 32명은 너무 많다고 생각되어 18년(丙辰) 윤6월에 이르러 12명을 줄일 것을 청함으로써 20명만을 두게 되었음을 알 수 있다.

위에서 밝혀진 것 가운데서 석연치 않은 점은 세종 4년 10월의 기록에는 5명을 加置하였다고 하였는데, 세종 18년 윤6월의 기록에서는 4년에 加置하였다는 기록은 없고, 8년에 6명을 增置하였다고 한 것이다. 그런데 이것은 4년에 5명을 增置하고 8년에 또 加置하여 增置 모두 6명이 된 것을, 4년의 加置는 언급하지 않고 8년 현재의 增置 수 6명이었음을 표시한 기록이 아닌가 여겨진다.

이상을 종합·정리하면 〔표 4〕와 같다. 집현전의 관원 수는 세종 18년 이후 20명으로 고정되었다.[55]

3. 집현전의 기능

세종 2년에 집현전을 설치할 때는,

새로 집현전을 설치했다. …… 모두 경연관을 겸했다. …… 다만 집현전은 궁

---

54) 《世宗實錄》 卷73, 세종 18년 윤6월 乙亥條.
55) 《世宗實錄》 卷111, 세종 28년 3월 乙亥條.

[표 4] 집현전의 관원 수

기록 \ 연대	세종 2년	세종 4년	세종 8년	세종 17년 초	세종 17년 7월	세종 18년 윤6월
①	10명					
②		15명				
③				22명	32명	
④	10명		16명	22명	32명	20명
종 합	10명	15명	16명	22명	32명	20명

중에 관부를 설치하고 재주와 행실이 있는 문신을 택하여 채웠고 經史를 강론하는 데 오로지하게 하고 顧問에 대비하게 했다.[56]

고 하여 실제로 經筵官으로서의 기능밖에는 규정되어 있지 않았다. 그러나 그것은 집현전의 기능을 경연에 국한하려는 의도에서는 아니었을 것이며, 다만 그 대표되는 기능을 표시한 것으로 보는 것이 타당할 것이다[經筵(侍講)은 唐과 고려의 집현전 제도에서 가장 중요한 기능이었다].

그런데 어떤 제도를 두었느냐 하는 문제보다 그것을 어떻게 운영했느냐 하는 것이 더욱 중요하듯이, 집현전에 어떤 기능을 부여했느냐 하는 사실보다 그러한 기능을 원만히 발휘할 수 있도록 어떻게 뒷받침해 주었느냐 하는 것이 중요한 것으로 생각한다.

이미 언급한 바 있지만, 세종은 집현전관을 각 품의 班頭에 두었고, 신분에서 특전을 베풀어 사헌부의 규찰을 받지 않게 하였으니,[57] 이는 집현전의 중요성을 인식하고 있었기 때문이다. 그리고 中外에서 서적을 印出하여 올리면 집현전관에게 내려 주었으며,[58] 젊은 집현전관에게 '賜暇讀書'를 허락

---

56) 《世宗實錄》卷7, 세종 2년 3월 甲申條.
57) 《世宗實錄》卷49, 세종 12년 8월 己丑條, "司憲府啓 六曹堂上及應常參朝啓堂上有故與否 必令告于本府 集賢殿官員常參勤慢 亦幷考察……上曰 然集賢殿在闕內 其仕不仕 悉啓于予 亦勿糾察"
58) 《世宗實錄》卷40, 세종 10년 윤4월 壬午條 ;《世宗實錄》卷43, 세종 11년 3월 甲子條 ;《世宗實錄》卷44, 세종 11년 4월 丁酉條 ;《世宗實錄》卷61, 세종 15년 8월 乙巳條.

하였으니,

> 集賢殿副校理 權採·著作郞 辛石堅·正子 南秀文 등을 불러 명하기를 "내
> 가 너희를 집현전관으로 임명한 것은 젊고 장래가 있어 그 독서(학문)가 실효가
> 있기를 기대함이다. 그러나 각기 직무에 매이고 아침부터 저녁까지 마음을 다
> 하여 독서할 겨를이 없다. 이제부터 本殿에는 근무하지 말고 집에서 마음을 다
> 해 독서하여 성과를 드러내 내 뜻에 부응하라."59)

고 하였다. 학문에 정진하여 앞으로 크게 쓰여야 할 학자들이 職事에 얽매어
'專心讀書'할 겨를이 없었기 때문이었다. 여기서 세종의 인재 양성의 원대
한 계획의 한 끝을 볼 수 있거니와 그가 얼마나 집현전관에 대하여 관심을
갖고 있었는지 알 수 있다. 뒤의 讀書堂의 제도는 세종의 '賜暇讀書'에서 비
롯한 것이었다.60)
　세종의 집현전관에 대한 기대와 관심은 그들의 사생활에까지도 은총을
베풀었으니,61) 이는 집현전관이 그 직분에 전념할 수 있도록 환경을 만들어
주기 위해서였다. 그리하여,

> 集賢殿 儒士는 하루 걸러 숙직을 했으며, 왕이 융숭하게 대접하여 모두 瀛洲
> 에 오른 것에 비유했다.62)
>
> 집현전이 성한 때, 은전이 매우 융성했다. 나라에 大事가 있을 때, 顧問을 내

---

59)《世宗實錄》卷34, 세종 8년 12월 庚午條.
60) 金庠基,〈讀書堂考〉,《震檀學報》17, 1955.
61)《世宗實錄》卷13, 세종 3년 8월 戊申條에, "上嘗以律呂新書顧問 無有知者左右以庸對 乃命集賢殿
　　校理兪尙智就學之 至是聞其家貧 且以其子聊爲義盈庫使"라 하였고, 卷63, 세종 16년 2월 甲寅條에,
　　"賜米豆各十石·鹽醬各一瓮于集賢殿直提學金墩之母 墩曾入集賢殿 久侍經筵 以老母居全羅康津
　　縣乞郡歸養 授長興郡都護府使 未滿其期 以本殿直提學召還 仍命率母來京 故乃有是賜焉 其兄墳
　　爲靈巖守 亦未滿箇月 超拜禮曹正郞"이라 하여 가정생활에까지도 유의하였던 것이다.
62)《筆苑雜記》참조.

리시고 御膳이 끊이지 않았으며, 상으로 내리는 것이 수가 없었다. 하루에 세 번이나 만나는 은총이 있었으니 당시 사람들은(집현전 학사를) 바라보기를 神仙같이 했다.[63]

고까지 하였으니 당시 집현전관에 대한 대우가 얼마나 극진했는지 짐작하기 어렵지 않다. 이와 같이 세종의 집현전관에 대한 우대와 권려는 그의 집현전에 대한 관심과 기대에서 말미암은 것으로, 이것은 집현전이 활동하는 기관으로 발전할 수 있는 밑바탕이 되었다. 또한 집현전은 시대적인 필요에 따라서 그 기능도 차츰 확대되어 갔던 것이다.

다시 말해, 경연으로만 규정되어 있던 집현전의 기능은 세종의 집현전에 대한 관심과 시대적인 필요에 따라서 '事大文書 作成', '假成均館職', '書筵官', '史官', '使臣', '試官', '知製敎', '古制硏究', '編纂製述', '風水學官', '宗學敎官' 등의 순으로 확대되어 갔다. 경연을 비롯하여 넓혀진 집현전의 전반적인 기능은 다음 항에서 분석·검토하기로 한다.

二. 集賢殿의 기능 분석과 검토

집현전이 존속한 37년이 그리 긴 기간은 아니지만, 이 기간을 통시적으로 볼 수는 없다. 왜냐하면 집현전은 이 기간에 기능적으로나 활동적으로나 성격적으로 많은 변화를 겪었기 때문이다. 그러므로 필자는 이 기간을 기능·활동·성격적으로 크게 3기간으로 나누어 고찰하려 한다. 즉, 제1기는 세종 2년(1420)부터 9년까지, 제2기는 세종 10년부터 18년까지, 제3기는 세종 19년부터 세조 2년(1456)까지로 본다. 제1기는 활발한 활동은 없었으나 여러

---

63) 《靑坡劇談》 참조.

기능이 마련된 시기였고, 제2기는 집현전의 관원 수가 16명에서 32명으로 늘었고, 또한 집현전의 고제연구와 편찬사업이 시작되어 가장 활기를 띤 시기로 집현전 설치 이념에 부합되는 범위 안에서 발전한 시기였다고 하겠으며, 제3기는 집현전의 관원 수가 20명으로 고정되었고, 집현전이 정치에서 지위가 상승하여 차츰 정치성을 띠어 가는 전환기라 하겠다. 그러나 제1기와 제2기에서 마련·확대된 기능은 그 시기에서 그친 것이 아니고 대개 제3기까지 계속되었다.

1. 초기 집현전의 기능(세종 2년~세종 9년)

집현전 기능의 형성은 대개 세종 9년(1427) 무렵 일단락되었다. 즉, 세종 9년에 이르러 집현전의 전반기를 이끌어 나갈 대부분의 기능이 이루어진 것이다. 물론 그뒤에도 필요에 따라서 새로운 기능을 갖게 된다. 여기서는 편의에 따라 '宗學官'이나 '風水學官' 등 시기적으로 뒤에 나타나는 기능도 함께 검토하기로 한다.

1) 侍講과 왕실교육 담당

왕의 修學 여부는 그 시대의 정치나 문화의 모습을 좌우하게 하는 요인이 될 수도 있다. 그러므로 경연과 서연은 중대한 의미가 있는 것이다. '宗學'과 '講書院'은 후기에 설치된 것이지만 성격상 함께 취급하기로 한다.

(1) 經筵官의 기능

조선시대의 經筵官 제도는 고려 말의 제도를 이어받은 것이었음은 이미 언급한 바 있다. 태조 원년 7월의 관제에 따르면,[64] 거의 완비된 경연관제를

---

64) 《太祖實錄》卷1, 태조 원년 7월 丁未條, "經筵官 皆兼掌進講經史 領事一侍中以上 知事二正二品 同知事二從二品 參贊官五正三品 講讀官四從三品 檢討官二正四品 副檢討官正五品 書吏七品

두었던 것을 알 수 있다. 그러나 태조는 거의 廢筵하다시피 하였고, 말년에서야 知經筵事 河崙·趙璞 등과 여러 번 경연을 가졌을 뿐이다. 이에 견주면 정종은 즉위 초부터 知經筵事 李舒·趙璞, 同知事 李詹 등과 경연을 가졌던 것이다.[65] 태종도 초년에는 權近·金科 등과 더불어 경연을 열었으나 차츰 나아가지 않았으니 그 구실은 '老而有疾'이었다.[66] 그러나 세종은 즉위한 뒤 곧 경연관을 정하였고 그 다음날에는 태조의 경연관제에다 知經筵·同知經筵·侍講官 각 1명씩을 加設하였고,[67] 즉위년 10월에는 경연을 열었다. 이처럼 세종은 경연 태세에 만전을 기하였던 것이다.

세종 2년 3월에 집현전이 설치되자 집현전관은 모두 경연관을 겸하게 되었다.[68] 그뒤 집현전관의 인원수 증감에 따라 그 수도 증감이 있었으니 세종 17년 7월 집현전의 관원 수가 32명이 되었을 때는 그 가운데 22명이 경연을 겸하였고 나머지 10명은 서연을 겸하였던 것이다.[69] 그러나 관원 수가 20명으로 고정된 뒤에는 경연과 서연에 각각 10명씩 나누어 임명하였다.[70]

세종은 經筵入侍를 거의 집현전 祿官으로 하여금 전담케 하였다. 즉, 세종 20년 11월에 사간원에서 상소하는 가운데,

領經筵·知經筵의 職과 諫官이 入侍하는 법은 6典에 실려 있습니다. 그러나 근년 이래로 혹 參贊官 이하가 입시하고 지경연이나 간관은 절대로 시강하는 때가 없었습니다. …… 원컨대 오늘 경연부터는 領經筵 이하와 간관이 윤번으로 입시하여 6典에 실린 바와 같이 하고 道義를 講明하십시오[71]

去官"
65) 《定宗實錄》卷1, 정종 원년 정월 甲戌·戊寅條 ; 《定宗實錄》卷5, 정종 2년 8월 丙申條.
66) 《太宗實錄》卷20, 태종 10년 10월 壬戌條.
67) 《世宗實錄》卷1, 세종 즉위년 8월 己丑條.
68) 《世宗實錄》卷7, 세종 2년 3월 甲申條.
69) 《世宗實錄》卷69, 세종 17년 7월 庚辰條.
70) 《世宗實錄》卷83, 세종 20년 11월 丁亥條.
71) 《世宗實錄》卷83, 세종 20년 11월 癸卯條.

라고 한 것을 보면, 2품 이상의 중신과 간관의 입시를 불허하고 거의 집현전 관만을 허락한 것 같다. 세종은 위의 상소를 보고 승정원에 이르기를,

> 나는 즉위 초에 2품 이상과 간관으로 하여금 경연에 모두 입시하게 했다. 뒤에 風疾을 앓아 獻議하는 사람이 '다만 날마다 경연에 나가시는 것이 귀한 것이지 2품 이상이 侍講할 필요는 없습니다'라고 했다. 그러므로 지금 參贊官 이하가 시강하고 2품 이상이 시강하는 제도는 정지시켰다. …… 나 또한 생각하기를 2품 이상으로 權近이나 卞季良과 같은 名儒가 있으면 반드시 더불어 강론하는 것이 옳으나, 만약 이와 같은 사람이 없다면 어찌 2품 이상이 시강할 필요가 있는가? 또한 집현전은 오로지 경연을 위하여 설치했으니 이 조목은 따를 필요가 없다.

고 하였다. 즉, 權近이나 卞季良과 같은 대학자가 없는 바에야 2품 이상이 반드시 侍講해야 할 필요는 없는 것으로 생각하였으니, 이는 집현전관이 당시 학문적으로 최고의 수준에 있었으므로 집현전관의 시강으로 족하였기 때문이었다.

경연에 시강하는 인원을 살펴보면, 세종 12년 11월 이전에는 進講할 때마다 집현전관 2명이 진강하였는데, 그뒤에는 3명으로 하였다.[72] 세종 19년 9월에는 다시 2명으로 줄였고,[73] 문종 때는 집현전관 2명, 承旨 1명, 史官 1명은 날마다 시강하였고, 간관 1명과 同知經筵 이상 1명은 3일에 한 번씩 시강하였다.[74] 그러나 세조 원년 윤6월에는 집현전관 2명과 간관으로 시강케 하였던 것이다.[75]

이상에서 살핀 바에 따르면, 경연은 거의 집현전 녹관이 전담하였으며,

---

72) 《世宗實錄》 卷50, 세종 12년 11월 戊申條.
73) 《世宗實錄》 卷78, 세종 19년 9월 庚寅條.
74) 《文宗實錄》 卷3, 문종 즉위년 8월 己亥條.
75) 《世祖實錄》 卷1, 세조 원년 윤6월 辛酉條.

세종 이후에도 집현전의 중요한 임무였던 것이다.

(2) 書筵官의 기능

태조 원년의 관제에서 世子官屬을 보면, 師·賓客·輔德·弼善·文學·司經·正字·侍直 등 거의 갖추어진 직제가 있었음[76]을 알 수 있다.《朝鮮經國典》에도 "전하께서 즉위 초에 먼저 德音[왕명]을 내리시어 東宮의 자리를 정하시고 書筵官을 두었다"고 하였고, 정도전 자신도 貳師로 시강하였음을 기록하고 있다.[77] 또한 태종도 일찍이 서연관을 두어 세자를 시강케 하였던 것이니, 간관과 의정부·6조의 관원이 그 반 이상을 차지하였던 것이다.[78]

세종 2년 3월에 집현전을 설치할 때는 세자의 나이가 어렸기 때문에 집현전관이 서연을 겸한다는 기록은 없다. 그러나 세종 3년 정월 세자가 여덟 살[歲]이 되자, 집현전 직제학 申檣과 金赭로 하여금 元子에게《小學》을 가르치게 하였고,[79] 그해 10월에는 집현전관 4명에게 左輔德·右輔德·左文學·左司經 등 서연직을 내리고,[80] 그해 11월에는 서연을 열었던 것이다.[81] 이처럼 서연을 처음 열 때부터 서연관은 거의 집현전관으로 전담·겸임케 하였던 것이다. 員數는 세종 6년 9월에 6명을 加設하였다.[82] 그러나 모두 兼官을 둠으로써 세자와 서연관 사이의 친밀한 관계가 이루어지지 못하여 시강의 분위기가 좋지 못하므로, 겸관을 없애고 녹관을 설치하여 그 직을 오래

---

76)《太祖實錄》卷1, 태조 원년 7월 丁未條, "世子官屬 皆兼掌講學侍衛等事 左右師各一正二品 左右賓客各一從二品 左右輔德各一從三品 左右弼善各一正四品 左右文學各一正五品 左右司經各一正六品 左右正字各一正七品 左右侍直各一正八品 書吏四八品去官"
77) 鄭道傳,《三峯集》卷7;《朝鮮經國典》上 定國本條.
78)《太宗實錄》卷10, 태종 5년 10월 癸未條;《太宗實錄》卷13, 태종 7년 3월 辛酉條;《太宗實錄》卷19, 태종 10년 4월 乙巳條.
79)《世宗實錄》卷11, 세종 3년 정월 乙亥條.
80)《世宗實錄》卷13, 세종 3년 10월 乙卯條.
81)《世宗實錄》卷14, 세종 3년 11월 戊辰條.
82)《世宗實錄》卷25, 세종 6년 9월 己卯條, "吏曹啓 世子左右正字各一 左右副正字各二 加設 左侍直之上 從之"

맡도록 하자는 의견이 나오게 되어,83) 마침내 세종 13년 11월에는 서연에 左·右輔德, 左·右弼善, 左·右文學, 左·右司經, 左·右正字 등 모두 10명의 녹관을 두게 되었다.84)

세종 17년 7월에 이르러 禮曹에서 啓하기를,

臣 등이 살피건대 集賢殿과 書筵官은 모두 직무가 進講하는 데 있으므로 그 임무는 다르지 않습니다. 원컨대 書筵祿官을 혁파하여 집현전에 합하여 직제학 이하 品마다 1명씩 더 두어 (집현전 관원 수를) 총 32명으로 하고 그 22명은 經筵을 겸하게 하고 10명은 서연을 겸하게 하면 편하고 유익하겠습니다.

고 하자, 세종은 이를 수락하였다.85) 이리하여 서연 녹관은 집현전에 병합하고 서연은 집현전관 10명이 전담·겸임하게 되었다. 세종 18년 윤6월에 이르러 의정부에서 啓하기를, "서연관은 이미 녹관이 아닙니다. 집현전이나 다른 관원으로 적절히 겸하여 임명하십시오(從之)"86)라고 하였다. 그리하여 집현전과 다른 관원으로 적절히 겸하여 임명[隨宜兼差]하게 되었으나, 이에 따른 폐단이 적지 않으므로 세종 20년 11월에 의정부는 다시 啓하기를,

처음 書筵官 10명은 모두 集賢殿官이 겸임하는 것으로 이미 立法하였습니다. 뒤에 고쳐서 집현전과 각 司의 관리가 적절히 겸하여 임명되어 날을 바꿔 들어가 근무하게 했습니다. 각 司의 관리들은 각기 관장하는 일이 있는 바 혹 그 직무를 소홀히 하고 또한 자주 교체되어 書筵의 직임을 오래할 수 없습니다. 지금부터는 다른 관원은 제외하시고 집현전 관원 20명이 經筵과 서연에 각 10명을 나누어 임명하여 그 임무를 오래하도록 하십시오(윤허함).87)

---

83) 《世宗實錄》卷54, 세종 13년 10월 庚申條.
84) 《世宗實錄》卷54, 세종 13년 11월 戊辰條 ; 《世宗實錄》卷54, 세종 13년 11월 壬申條.
85) 《世宗實錄》卷69, 세종 17년 7월 庚辰條.
86) 《世宗實錄》卷73, 세종 18년 윤6월 乙亥條.

라고 하여, 다른 관원은 겸임하지 못하게 하고 집현전관 10명만이 서연을 겸임하게 되었다. 이와 같은 제도는 문종 때에도 계속되어 輔德 이하 正字까지 10명이 모두 집현전관으로 구성되었다.[88] 그러나 세조 2년 6월 집현전이 혁파된 뒤로 서연은 녹관 6명 兼官 4명으로 되었다.[89]

위에서 살핀 바에 따르면, 서연은 거의 집현전관이 전담하였음을 알 수 있다. 특히 세종 24년에 詹事院을 설치하고 世子로 하여금 庶務를 결재하게 한 뒤로는 서연관의 위치는 정치적으로 중요하게 되었으니 서연에서 집현전관(서연관)은 중요 시책에 그들의 의견을 올릴 수도 있었던 것이다.[90] 《太虛亭集》에 보면,

> 丁亥年 가을 覆試 제5인에 합격하여 奉正大夫守直提學 겸 世子輔德에 超授되었다. 이때 문종이 庶事를 監撫[섭정]하여 書筵官이 기밀을 관장하였다. 公(崔恒)이 獻議한 것은 精當하지 않은 것이 없었다.[91]

고 하여, 서연을 담당한 집현전관이 국가의 기밀을 잡고 있었음을 전하여 준다. 세종 25년 이후 집현전이 차츰 국가 중대 시책에 참여하게 되고 언관화해 간 요인이 당시 서무를 재결하던 세자의 서연을 담당한 데 있었던 것으로 보인다.

(3) 宗學敎官의 기능

宗學은 大君 이하 宗室 자제의 교육을 맡은 기관이다. 이 제도도 중국에서 비롯된 것으로 보이나,[92] 여기서는 따로 고증하지 않겠다. 조선시대의 종학

---

87) 《世宗實錄》卷83, 세종 20년 11월 丁亥條.
88) 《文宗實錄》卷3, 문종 즉위년 9월 戊午條.
89) 《世祖實錄》卷4, 세조 2년 7월 己卯條.
90) 《世宗實錄》卷103, 세종 26년 정월 己卯條.
91) 姜希孟 撰, 〈太虛亭墓誌文〉, 《太虛亭集》(崔恒文集) 참조.
92) 《世宗實錄》卷37, 세종 9년 9월 己丑條 ; 卷47, 세종 12년 3월 丙午條.

은 세종 9년 9월에 禮曹에서 종학 설치를 계청한 것이 계기가 되었다.93) 즉, 여러 교육기관은 갖추었으나 오직 종친 자제의 교육기관만이 없으니 學舍를 세우고 敎官을 두어 여덟 살 이상의 종친 자제의 교육을 맡도록 하자는 요지의 계청을 세종이 윤허함으로써 비롯되었던 것이다. 그리하여 세종 10년 7월에 비로소 종학을 세워 대군 이하 종실 자제로 하여금 就學케 하였고,94) 세종 11년 2월에는 종학 교수관의 인원수(4명)와 班次가 정하여졌고,95) 같은 해 10월에는 경복궁 建春門 밖에 새로이 종학 學舍가 세워졌다.96) 여기에 晋平大君, 安平大君 등 대군이 종학에 취학하면서 종친들이 잇따라 입학하게 되었다.97)

종학 초기에 學官은 博士라 하였고, 모두 성균관원이 겸하였다고 한다.98) 그러나 세종 15년 6월에는 성균관 直講 金末과 집현전 副修撰 南秀文으로 하여금 여러 大君에게 글을 가르치게 하였다고99) 한 것을 보면, 늦어도 이때부터는 집현전관도 종학에서 敎授하게 되었음을 알 수 있다. 그뒤 취학하는 종친이 늘어나 종학 박사 2명을 加設하였지만,100) 학생들이 학업에 힘쓰지 않으므로, 이의 대책을 승정원에서 啓하기를, "덕행이 있는 집현전관 4명을 택하여 양처(宗學·友善堂)에 나누어 보내서 가르치면 자연히 성과를 이루고 聖上의 권학하시는 뜻에 부응할 것입니다"고 하니, 세종은 이를 좇아〔從之〕모든 대군으로 하여금 종학에 나가게 하였다.101) 이에 따르면, 세종 18년대 이후 얼마 동안은 집현전관이 성균관원보다 宗學敎誨에 큰 비중을 차지한 것으로 생각한다.

---

93)《世宗實錄》卷37, 세종 9년 9월 己丑條.
94)《世宗實錄》卷41, 세종 10년 7월 壬戌條, "始建宗學 令大君以下 宗室子弟就學"
95)《世宗實錄》卷43, 세종 11년 2월 己卯條.
96)《世宗實錄》卷46, 세종 11년 10월 癸巳條.
97)《世宗實錄》卷48, 세종 12년 5월 丙辰條.
98)《世宗實錄》卷47, 세종 12년 3월 丙午條.
99)《世宗實錄》卷60, 세종 15년 6월 庚寅條.
100)《世宗實錄》卷61, 세종 15년 8월 甲辰條.
101)《世宗實錄》卷72, 세종 18년 5월 壬申條.

집현전의 宗學敎誨가 그뒤에도 계속되었던 것은, 세종 23년 정월의 傳旨에, "이후 진평대군과 안평대군은 모두 궐 안[禁中]에서 강독하고 집현전관으로 하여금 가르치게 한다"[102]고 한 것으로 알 수 있다. 그러나 집현전의 종학 겸임은 오래 가지는 못한 듯하다. 그 이유는 집현전의 직무가 너무 많아 종학까지 겸임할 여유가 없기 때문이었다.[103] 그 연대는 확실히 알 수 없으나 집현전관이 종학 겸임을 정지한 뒤(세종 25년 앞뒤)로는 종학 박사의 질이 떨어져 그 직을 달갑게 여기지 않는 풍조가 생기자, 이런 풍조를 말끔히 없애고 종학의 권위를 회복하기 위하여 집현전관을 종학에 겸임케 할 것을 成均司成 金鉤가 상서하고 있는데 그 가운데서,

> 처음(宗學을) 설립했을 때 金墩과 같이 경연에 侍講하는 관원들을 먼저(宗學)博士로 삼았고, 그 下僚들은 모두 성균관과 집현전 祿官을 겸하게 하였으므로, 그 선발된 자를 사람들은 신선처럼 바라보았으니 師道가 존중되었음을 말하지 않아도 알 수 있다.[104]

고 하였으니, 집현전이 宗學敎誨를 겸하고 있던 때가 종학에서는 한창 때였음을 알 수 있다. 그러나 집현전관의 종학 겸임을 청한 위의 상서는 그 뜻을 이루지 못하였다.[105]

(4) 講書院官의 기능

講書院은 王世孫 官屬으로서 취학할 왕세손이 있을 때만 설치되는 기관이다. 이는 세종 30년 3월에 설치되었으니,

---

102) 《世宗實錄》卷92, 세종 23년 정월 戊申條.
103) 《世宗實錄》卷111, 세종 28년 3월 乙亥條, "議政府據吏曹呈啓……集賢殿祿官二十 旣分任經筵·書筵 而又兼宗學 則其數不足云云"
104) 《世宗實錄》卷111, 세종 28년 정월 壬午條.
105) 《世宗實錄》卷111, 세종 28년 3월 乙亥條.

> 王世孫 官屬 講書院을 설치했다. 左·右翊善 각1 종4품, 左·右贊讀 각1 종6
> 품, …… 강서원은 집현전관으로서 겸하게 했다.[106]

고 한 것을 보면 알 수 있다. 집현전관이 임명된 예를 보면, 申叔舟도 세종 30
년에 강서원 右翊善을 겸하였고,[107] 朴彭年도 세종 30년 9월에 左翊善이었
다.[108] 물론 이 기관은 세종이 승하하고 문종이 즉위함과 동시에 없어졌다.

2) 事大관계에서의 기능

조선의 건국과 함께 대두된 對明 事大 문제가 조선 초기의 한 난제였음은
널리 알려진 바이다. 그런데 사대관계에서 중요한 과업인 事大文書의 작성
이나 使行과 使臣 접대를 원만히 수행하려면 이를 감당할 만한 대학자나 문
장가가 필요했던 것이다. 필자는 집현전 설치의 중요한 목적 가운데 하나를
사대관계를 원만히 수행할 수 있는 인재를 키우는 것으로 보고 있지만, 집현
전 설치 뒤 집현전은 사대관계를 수행하면서 그 한 몫을 맡았던 것이다.

(1) 事大文書의 작성

事大文書를 위한 기관으로 承文院이 있었다.[109] 그러나 세종 2년 3월에,

> 奏本에 날짜를 쓰지 않은 일로 집현전 직제학 申檣과 僉知承文院司 金聽
> …… 등을 義禁府에 하옥했다. 승문원 提調 許稠는 연계되어 아울러 하옥되었
> 다.[110]

---

106) 《世宗實錄》 卷119, 세종 30년 3월 丙午條.
107) 姜希孟 撰, 〈文忠公行狀〉, 《保閑齋集》(申叔舟 文集) 附錄, 문종 원년. "戊寅夏 兼講書院右翊善
云云"
108) 《世宗實錄》 卷121, 세종 30년 9월 丙申條에, "王世孫出時御所幕次 始講小學 左翊善朴彭年等 以
國韻進講"이라 하였는데, 朴彭年은 당시 집현전 直提學이었다.
109) 《太宗實錄》 卷21, 태종 11년 6월 戊申條.
110) 《世宗實錄》 卷7, 세종 2년 3월 戊子條.

고 하여 奏本에 날짜를 적어 넣지 않았다는 죄로 이에 관련된 관리를 의금부에 내렸는데, 집현전 직제학의 이름을 맨 먼저 들고 있는 것을 보면, 집현전관이 사대문서 작성에도 관여하였음을 알 수 있다. 또한 세종 20년 12월에 "형조참판 鄭麟趾에게 명하여 중추원사 權蹈·부제학 安止와 함께 사대문서를 맡게 했다"[111]고 한 기록과, 세종 28년에 집현전 직제학 등에게 世子의 冕服을 청하는 表를 뽑도록 명한 일,[112] 그리고 문종 원년에 집현전 직제학 신숙주에게 승문원사를 겸하게 한 일[113] 등을 보면 집현전은 승문원과 더불어 사대문서 작성에 참여하였음을 알 수 있다.

(2) 假成均館職

明나라 사신의 접대를 위해서 假成均館職을 제수하였다. 세종 2년 4월에,

> 使臣이 成均館에 가서 文廟를 배알했다. 상께서 성균관직을 겸한 자들에게 명하여 모두 본관에 모이게 했다. 5部 학생 또한 모이게 했다. 또한 집현전 직제학 申檣과 金赭를 假司藝로, 응교 金尙直을 假直講으로 임명했다.[114]

고 한 기록에 따르면, 사신이 성균관에 나아가 文廟를 배알할 때 사신 접대에 대비하려고 집현전관에게 성균관의 假職을 내렸음을 알 수 있다. 또한 세종 17년 3월의 기록에,

> 예문관 제학 鄭麟趾를 假大司成으로, 집현전 부제학 金墩과 安止 등은 假司

---

111) 《世宗實錄》 卷83, 세종 20년 12월 甲戌條.
112) 《世宗實錄》 卷113, 세종 28년 8월 壬戌條.
113) 姜希孟 撰, 〈文忠公行狀〉, 《保閑齋集》(申叔舟文集) 附錄, 문종 원년에서 "辛未夏 階加中訓 授集賢殿直提學知製敎世子右輔德兼春秋館記注官 時議欲以主文儒臣兼拿事大文書 秋特除公承文院事 皆加中直"이라 하였고, 《世宗實錄》, 末尾附, 纂修官名 가운데, "記注官通訓大夫行集賢殿直提學知製敎經筵侍講官兼知承文院事臣申叔舟"라 하였다.
114) 《世宗實錄》 卷8, 세종 2년 4월 己酉條.

> 成으로, 修撰 金汶은 주부로 삼았으니 대개 사신과 講論이나 製述에 대비한 것
> 이다.115)

고 하여, 明使와 講論이나 製述에 대비하기 위해 집현전관들이 성균관의 假
職으로 뽑혔음을 알 수 있고, 세종 32년 윤정월에도 副提學 鄭昌孫이 假司成
으로 뽑혀 사신 응대에 참여하였던 것이다.116) 사대관계에서 사신접대는 어
려운 일이었다. 물론 경제적으로도 큰 부담이 있었지만 오만 무례한 明使의
학식과 문장을 압도할 만한 대학자나 문장가가 필요했던 것이다. 물론 성균
관 假職의 제수는 明使가 올 때만 있었던 잠정적인 것이었다.

3) 史官의 기능

조선시대에 國史 편찬을 담당하는 제도는 태조 원년의 관제에서 설정된
藝文春秋館에서 유래한다.117) 그뒤 태종 원년 7월의 관제개혁에서 예문춘
추관은 藝文館과 春秋館으로 분리되어118) 춘추관이 국사 편찬을 담당하게
되었다.

집현전이 史職을 겸한 것은 세종 5년 6월부터였다. 즉, 세종 5년 6월에 왕
이 경연에서 이르기를, "지금 오직 史官 1명이 朝啓나 輪參을 기록하는 일과
국가의 일에 이르기까지 어찌 모두 알아서 기록하겠는가"라고 하였고, 또
"집현전관은 항상 궐 안에서 근무하므로 일을 기록하기에 족하다"고 이르
면서 곧 申檣 · 金尙直 · 魚變甲 · 鄭麟趾 · 兪尙智를 모두 史官(兼 春秋)으로
명하였다.119) 즉, 記事할 史官이 부족하므로 집현전관 5명에게 史職을 겸하
게 하였음을 알 수 있다. 이는 집현전관은 항상 궐 안에서 근무하므로 朝廷

---

115)《世宗實錄》卷67, 세종 17년 3월 癸巳條.
116)《世宗實錄》卷127, 세종 32년 윤정월 戊申條.
117)《太祖實錄》卷1, 태조 원년 7월 丁未條, "藝文春秋館 掌論議敎命國史等事 云云"
118)《太宗實錄》卷2, 태종 원년 7월 庚子條, "分藝文春秋館爲二館 藝文館爲祿官 春秋館爲兼官"
119)《世宗實錄》卷20, 세종 5년 6월 癸酉條. 또한《國朝寶鑑》卷5, 세종 5년 癸卯條에도《實錄》과
　　같은 내용의 기록이 있다.

事와 國事에 밝았고 또한 文翰을 직무로 하는 기관[120]이었으므로 능히 記事할 수 있기 때문이었다. 그러나 집현전관이 모두 史官職을 겸한 것은 아니었고, 세종 10년대에도 고작 2~3명이었던 듯하다.[121] 물론 집현전 이외에 다른 官衙에서 사관직을 겸한 수효는 《經國大典》 이후보다 훨씬 적었다.[122]

세종 30년 이후는 史職을 겸한 집현전관의 수효가 급증하고 있다. 즉, 金宗瑞와 鄭麟趾 등이 주관하여 改撰한 《高麗史》의 撰修官의 대부분이 집현전관으로 충당되었고,[123] 《世宗實錄》을 편찬할 때는 編修官 3명 가운데 2명, 記注官 22명 가운데 8명이 집현전관이었고, 《文宗實錄》 편찬에는 편수관 2명 가운데 2명, 기주관 21명 가운데 10명이 집현전관이었고, 領館事·監館事·知館事·同知館事는 모두 집현전 출신이었다.[124] 이처럼 기주관 이상은 태반이 집현전관으로 이루어졌던 것이다. 그러므로 세종 말년부터는 집현전관이 兼春秋官의 주도적인 구실을 하게 되었다고 할 수 있겠다.

4) 試官의 기능

태조 원년 7월의 官制에서 보면, 科擧는 禮曹가 관장하는 것으로 되어 있다.[125] 그러나 예조가 맡은 掌務는 매우 浩繁한 데 견주어 그 官은 堂上 3명, 正郞 3명, 佐郞 3명 등 모두 9명에 지나지 않으므로,[126] 그 맡은 장무를 수행하려면 소속 衙門과 기타 官衙의 도움이 불가피했다. 조선 초기(세종 초까지)의 과거에 試官이 차출되는 관아는 정해져 있지 않았고 대개 문신 가운데

---

120) 《世宗實錄》 卷63, 세종 16년 3월 丁酉條, "設集賢殿 專事文翰也 昔丁未親試 集賢殿多中之 予竊喜焉 以爲此必常事文翰之故也"

121) 세종 13년 3월에 畢한 《太宗實錄》 纂修에 참여한 集賢殿官은 直殿 安止와 副校理 李先齊 등 2명에 지나지 않았다.

122) 《太祖實錄》의 撰修官의 수는 17명에 지나지 않았고, 세종 16년 11월 戊寅 《世宗實錄》 卷66)에도 史官兼帶를 크게 확장하여 記事를 충실히 할 것을 春秋館에서 啓하고 있다.

123) 《世宗實錄》 卷123, 세종 31년 2월 丙辰條 ; 《文宗實錄》 卷12, 문종 2년 2월 甲申條 참조.

124) 《世宗實錄》 끝부분, 《世宗實錄》 編修者 名單 ; 《文宗實錄》 끝부분, 《文宗實錄》 編修者 명단 참조.

125) 《太祖實錄》 卷1, 태조 원년 7월 丁未條.

126) 《太宗實錄》 卷9, 태종 5년 3월 丙申條.

서 적당히 차출한 것 같다.[127]

집현전이 과거의 시관으로 참여하기는 세종 8년 무렵부터로 여겨진다. 즉, 세종 8년 4월의 會試에 집현전 부제학 金尙直이 對讀官으로 차출된 것[128]이 그 처음으로 보인다. 그뒤 세종 11년 5월의 謁聖試에도 집현전 부제학 鄭麟趾, 직제학 偰循이 대독관으로 임명되었다.[129] 그리고 세종 17년 2월에 예조에 傳旨한 기록을 보면,

> 《六典》에 文科는 예조가 주관하고 예문관과 집현전이 함께 하며, 生員試는 또한 예조가 주관하고 성균관이 함께 한다.[130]

고 하여, 文科는 예조가 주관하고 예문관과 집현전이 이에 참여하였고, 生員試는 예조가 주관하고 성균관이 이에 참여하였음을 전해주고, 또한 세종 17년 6월에 집현전 대제학 李孟畇 등이 '詩學興行條件'을 啓하는 가운데 "進士試는 예조와 집현전에서 주관하고 錄名은 3館에서 주관하게 하십시오(윤허

---

127) 조선 초기에 試官이 차출된 官衙를 《實錄》에서 뽑아내면 다음과 같다.

연 대	試 種	試官이 차출된 官衙
태조 2년 5월	監 試	成均館
태조 5년 3월	成 均 試	承文院·成均館
태종 5년 3월	〃	承政院·成均館
태종 7년 4월	親 試	議政府·藝文館·吏曹·承政院
태종 8년 정월	生 員 試	禮曹·成均館
태종 14년 2월	會 試	春秋館·藝文館
〃	生 員 試	禮曹·成均館
태종 17년 2월	覆 試	禮曹·藝文館·承政院
세종 원년(1419) 2월	生 員 試	議政府·禮曹
세종 2년 윤정월	〃	議政府·禮曹·成均館
세종 2년 3월	覆 試	議政府·禮曹·藝文館
세종 5년 3월	會 試	禮曹·春秋館·藝文館

128) 《世宗實錄》 卷32, 세종 8년 4월 甲戌條.
129) 《世宗實錄》 卷44, 세종 11년 5월 辛未條.
130) 《世宗實錄》 卷67, 세종 17년 2월 壬子條.

함)"131)라고 하였으니, 집현전은 진사시도 예조와 함께 주관하게 되었음을
알 수 있다. 그뒤 집현전관은 試官으로서 큰 비중을 차지하였으니, 세종 18
년 4월의 重試에는 5명의 대독관 가운데 4명이 집현전관이었고,132) 단종 원
년 11월의 文科에는 讀卷官 모두(5명)가 집현전 출신이었으며, 대독관 4명
가운데 3명이 집현전관이었던 것이다.133) 단종 원년 정월에 이르러 예조의
보고에 바탕을 둬 의정부에서 啓하기를,

> 전에 進士·生員會試는 동시에 하지 않았습니다. 그러므로 進士試는 예조와
> 집현전에서, 生員試는 예조와 성균관에서 주관하였습니다. …… 청컨대 예조
> 와 집현전·성균관이 함께 관장하고 하루 걸러 試取하고 같은 날 放榜하게 하
> 십시오(윤허함).134)

라고 하여, 생원·진사시를 예조·집현전·성균관이 함께 관장하게 되었다.
이리하여 집현전은 예조와 더불어 과거를 주관하는 관아의 하나로 되었던
것이다. 위의 掌試 관계를 정리하면 〔표 5〕와 같다.

〔표 5〕 　　　　　　　　　文科와 生·進科 掌試 官署

연대 ＼ 試種	文 科	生員試	進士試
《六典》(세종 13년)	예조·예문관·집현전	예조·성균관	
세종 17년 5월	예조·예문관·집현전	예조·성균관	예조·집현전
단종 원년 정월	예조·예문관·집현전	예조·집현전·성균관	예조·집현전·성균관

단, 《六典》은 세종 13년의 《新撰六典》인 듯함. 《世宗實錄》 卷54, 세종 13년 10월 己未條 참고)

---

131) 《世宗實錄》 卷68, 세종 17년 6월 丙寅條.
132) 《世宗實錄》 卷72, 세종 18년 4월 乙巳條.
133) 《端宗實錄》 卷9, 단종 원년 11월 癸丑條.
134) 《端宗實錄》 卷5, 단종 원년 정월 壬午條.

5) 知製敎의 기능

辭命[敎命]의 制撰을 담당하는 관원을 '知製敎'라 한다. 조선시대에 사명의 제찬을 담당하는 기관은 태조 원년 7월의 官制에 설정되어 있는 藝文春秋館에서 비롯한다. 그뒤 태종 원년 7월의 관제 개정으로 예문춘추관이 예문관과 춘추관으로 분리됨으로써 敎命의 제찬은 예문관의 掌務로 되었다. 즉, 예문관의 중요한 장무는 知製敎로서였다. 한 예를 보면, 태종 16년 4월에 朴熙中은 直藝文館으로 지제교였던 것이다.[135) 예문관원 가운데서도 지제교는 直提學·直館·應敎가 맡았으며 參下官인 奉敎·待敎·檢閱 등은 이에 참여하지 못했다.[136)

그런데 예문관에서는 응교도 실제로는 집현전관이 겸하고 있었으니, 《筆苑雜記》에서는 "개국 이래 文士로서 앞으로 文衡[대제학]을 맡을 사람을 택하여 藝文應敎를 삼고 다른 관원으로 겸하게 하여 文翰에 오로지하게 했다. 집현전을 설치한 뒤로 집현전의 일원으로 겸하게 했다"[137)고 했고, 崔恒도 집현전 校理 겸 예문응교였음을 보아 알 수 있다.[138) 그리고 藝文直提學과 直館은 閑職이라고 했고,[139) 예문관을 閑官이라고도 하였다.[140) 그러므로 예문관의 가장 중요한 직무라고 보여지는 지제교로서의 소임도 거의 집현전관이 수행하였다고 해도 무방할 것이다.

세종 11년 4월에,

얼마 전 대신이 건의하여 다만 집현전의 정원을 15명으로 하고 外知製敎를

---

135) 《太宗實錄》 卷31, 태종 16년 4월 己卯條.
136) 《世宗實錄》 卷101, 세종 25년 7월 庚午條 ; 《增補文獻備考》 卷221, 〈職官考〉 8, 館閣 2 藝文館
    條 참조.
137) 《筆苑雜記》 卷2, 藝文條.
138) 《太虛亭集》과 《太虛亭墓誌文》 참조.
139) 《世宗實錄》 卷66. 세종 16년 11월 戊寅條, "且藝文直提學·直殿二員 別無職事 云云"
140) 藝文館大提學 趙末生이 연로하고 병이 있다는 이유로 辭職하려 하니 세종이 이르기를, "藝文館
    閑官 卿雖有疾 可以調理 毋有辭職之意"라 하였다.

겸하게 하여 그 임무에 오로지하고 일의 성과를 이루게 했다.141)

고 한 것을 보면, 집현전이 지제교의 소임을 맡게 된 시기는 늦어도 세종 10년 이전이었던 것을 알 수 있다. 지제교는 文翰을 업으로 하는 집현전관에게 적임이었기 때문인지 副修撰(종6품) 이상은 모두 지제교가 되었던 것이다.142)

6) 使臣(使星)의 기능

집현전의 중요한 업무 가운데 하나가 經筵이었으므로 집현전관은 왕과 가까이할 기회가 많았다. 그러한 까닭에서인지 세종은 예조나 승정원에서 담당할 雜事를 집현전관에게 시켰던 것이다. 즉, 致祭·辭狀還給·使臣問安·頒敎 따위의 일이 있을 때 使者로서 행하였던 것이다. 致祭官은 禮官이 행하는 것이 상례이나 세종 6년에 직제학 魚變甲을 치제관으로 파견한 일이 있다.143) 세종 7년 6월부터는 가뭄이 매우 심하여 領敦寧 柳廷顯, 左議政 李原, 右議政 柳觀 등이 잇따라 上書辭職할 때, 집현전관을 시켜서 辭狀을 還給하였던 것이다.144) 이와 같은 임무는 세종 7년 이후 대신이 상서사직할 때마다 거의 전담하였던 것이다. 또한 왜구를 격퇴시킨 무공자에게 상을 내릴 때도 집현전관을 보냈고,145) 사신이 병이 났을 때도 의원과 함께 문안하게 하였다.146) 또한 세종 15년 3월에 "집현전 부제학 李宣을 보내 北征 장졸에게

---

141) 《世宗實錄》 卷44, 세종 11년 4월 壬寅條.
142) 《世宗實錄》과 《文宗實錄》의 纂修官 가운데 集賢殿官(모두 校理 이상임)의 聯銜을 보면 반드시 知製敎가 따르고, 《太虛亭集》(崔恒文集) 안의 〈太虛亭墓誌文〉(姜希孟 撰)을 보면, 세종 16년에 최환의 직함이 '集賢殿副修撰知製敎世子司經'이라 하였다. 이것으로 미루어 볼 때, 副修撰 이상은 모두 지제교가 되었던 것으로 보인다.
143) 《世宗實錄》 卷26, 세종 6년 12월 戊申條.
144) 《世宗實錄》 卷28, 세종 7년 6월 壬戌條 ; 卷28, 세종 7년 6월 甲子條 ; 卷29, 세종 7년 7月 丙子條.
145) 《世宗實錄》 卷22, 세종 5년 10월 庚戌條 ; 卷25, 세종 6년 9월 壬辰條.
146) 《世宗實錄》 卷26, 세종 6년 10월 壬子條 ; 卷53, 세종 13년 8월 乙未條 ; 卷56, 세종 14년 5월 甲申條.

교서를 반포했다"147)고 한 것에 따르면, 頒敎使로서 그 구실을 맡았음을 알 수 있다.

한편 日本國使 宣慰使도 되었다. 즉, 세종 25년 10월에는 집현전 직제학 辛碩祖를 선위사로 경상도에 파견하였고,148) 세종 32년 정월에는 직제학 崔恒을,149) 문종 원년 10월에는 직제학 河緯地를 선위사로 삼았다.150) 일본국사 선위사는 교린을 위한 것으로 '癸亥約條'(세종 25년) 이후부터 생긴 것으로 보인다.

또한 훈민정음 창제를 전후해서 韻書를 질문하기 위하여 10여 차례나 遼東을 오가게 한 것이나, 明의 사신이 왔을 때 音韻을 질문케 한 것은 잘 알려진 사실이다. 이처럼 집현전은 사신〔使星〕의 기능도 하였던 것이다.

7) 風水學官의 기능

조선의 한양 천도 뒷면에는 풍수지리 사상의 영향이 컸던 것으로 보고 있다. 고려시대를 풍미하던 풍수지리〔圖讖〕 사상은 조선 초기에서도 奠都, 王室의 建宮·營陵과 臣民의 親葬을 위한 擇地에서 절대적인 영향을 끼쳤다.151) 社稷을 영원히 보호하고 자손의 번영을 바라는 마음이 풍수학에 관심을 갖게 하였던 것이다.

세종도 '國都主山是非'에 관한 風水學人들의 쟁론을 계기로 풍수학에 큰 관심을 갖게 되어 풍수학관을 두게 되었다. 즉, 세종 15년 7월의 기록에 따르면, 세종은 풍수학에 관심이 있어서 집현전 儒臣과 풍수학에 능한 자들과 함께 경연에서 풍수학을 날마다 강습하려 하였으나 이는 이루지 못하고, 다만 집현전 副敎理 李鳴謙·柳義孫, 博士 李思哲, 著作郎 金禮蒙을 學官으로,

---

147) 《世宗實錄》卷59, 세종 15년 3월 乙亥條.
148) 《世宗實錄》卷102, 세종 25년 10월 丁酉條.
149) 《世宗實錄》卷127, 세종 32년 정월 壬午條.
150) 《文宗實錄》卷10, 문종 원년 10월 庚辰條.
151) 李丙燾, 〈朝鮮初期의 圖讖〉 부록, 《高麗時代의 硏究》, 서울대박사학위논문, 1948.

예문관 提學 鄭麟趾를 提調로 삼아 풍수학을 강습하게 하였던 것이다.[152]

　이처럼 집현전관은 풍수학관으로 등장하였던 것이다. 그 3일 뒤에는 영의정 黃喜, 예조판서 申商, 知申事 安崇善 등으로 하여금 木覓에 올라가 山水地脈을 살펴보게 하고, 그 지리에 관해서 서로 변론케 하였다. 그리고 그들로 하여금 각기 그들의 소견을 기록하여 올리게 하였는데, 이 자료를 검토케 하기 위하여 이를 집현전에 내렸던 것이다.[153] 그리고 며칠 뒤에 安崇善이 啓하기를,

　　지금 제학 鄭麟趾와 부교리 柳義孫 등이 집현전에 근무하며 地理를 강습합니다. 신은 이는 전하의 私事가 아니라고 생각합니다. 이들을 풍수학 提調나 別坐로 삼고, 영의정 황희를 都提調로 삼고, 전 대제학 河演을 제조로 삼아 專心 강습하면 진실로 국가에 도움이 있고 풍수학 또한 밝아질 것입니다(윤허함).[154]

고 하여, 집현전은 더욱 확고한 기구로 되어 갔다. 그리하여 풍수지리에 관한 시비가 있을 때는 집현전으로 하여금 여러 地理書를 참고케 하여 顧問에 대비하게 하였던 것이다.[155] 물론 집현전의 풍수학 강습을 반대하는 소리도 없지 않았다.[156] 그뒤의 상황은 자료의 미비로 알 수 없으나 세종 25년 정월에,

　　여조참의 朴墺, 直集賢殿 南秀文, 應敎 鄭昌孫에게 명하여 崔揚善이 말한 풍수설의 本文을 참고하여 의논하여 보고하게 했다.[157]

　왕세자가 도승지 趙瑞康, 우부승지 姜碩德, 예조참의 朴墺, 直集賢殿 南秀文,

---

152) 《世宗實錄》卷61, 세종 15년 7월 戊午條.
153) 《世宗實錄》卷61, 세종 15년 7월 庚申條.
154) 《世宗實錄》卷61, 세종 15년 7월 癸亥條.
155) 《世宗實錄》卷61, 세종 15년 7월 癸酉條.
156) 《世宗實錄》卷61, 세종 15년 7월 丙寅條.
157) 《世宗實錄》卷99, 세종 25년 정월 庚辰條.

응교 鄭昌孫와 여러 術者(風水家)를 인견하고 壽陵山穴의 길흉을 물었다.[158]

고 한 기록을 보면, 집현전관에게 풍수학을 강습시킨 뒤에 이들을 적절히 활용하고 있음을 알 수 있으며, 그뒤에도 풍수학에 관한 문제가 있을 때 집현전관은 그들의 의견을 개진하였던 것이다.[159]

2. 집현전 기능의 확대(세종 10년~세종 18년)

위에서 집현전의 여러 기능이 형성된 상황을 보았지만, 세종 9년까지는 실제로 활발한 활동은 없었고 학문을 수련함으로써 충실을 기한 시기였다. 그러나 세종 10년대에 이르면 집현전관은 顧問에 대비할 만한 학자로 자라났고, 정치·제도·문화의 정리라는 시대적인 요청과, 장년기에 이른 세종의 이 방면에 대한 관심과 의욕적인 태도로, 집현전은 차츰 활발한 활동을 시작하게 되었다. 그 가운데서 가장 뚜렷한 것이 고제연구와 편찬사업인데, 이 두 사업이 모두 세종 10년에 시작되어 이 시기에 가장 활기를 띠게 된다. 여기서는 이 시기의 대표적인 활동이었던 고제연구와 편찬사업을 분석·검토하려고 한다. 이 두 사업은 집현전이 조선의 문화와 제도에 끼친 가장 큰 업적으로 여겨지고 있는 것이다.

1) 古制研究

불교를 國是로 삼은 고려시대에도 그 제도는 중국에서 유래하지 않은 것이 거의 없음을 알고 있다. 그러므로 고려 사회의 특성이라 할 수 있는 불교를 부정하고 유교적 국가건설을 이상으로 삼고 세운 조선왕조는, 고려의 정

---

158) 《世宗實錄》 卷99, 세종 25년 정월 壬午條.
159) 《世宗實錄》 卷105, 세종 26년 윤7월 壬辰條 ; 卷106, 세종 26년 11월 甲午條 ; 卷106 세종 26년 12월 丁巳條 참조.

치기구·제도를 이어받는 데 만족하지 않고 그것의 완전한 유교화를 위해 노력을 기울이지 않을 수 없었다. 여기에 제기되는 것이 중국 고제의 연구인 것이다.

조선 초기 유자적 정치가들은 자신들이 이상으로 삼은 고제가 3대(夏·殷·周)의 제도였을 것으로 믿는다. 정도전이 《經濟文鑑》에서 《周官》을 가장 자세하게 기록하고 있는 것은 그 무렵의 소식을 전해 주는 것이다. 그러나 《經濟文鑑》에서 또한 큰 비중을 차지하고 있는 것은 漢·唐·宋의 제도이다. 그것은 당·송대의 제도는 거의 갖추어진 상태에 이르렀기 때문이다. 그리하여 이상적인 유교국가를 지향하던 조선으로서는 3대의 제도를 이상으로 여겼지만, 당·송대의 제도도 큰 비중을 갖고 있었던 것이다. 그러므로 《朝鮮王朝實錄》에서 자주 볼 수 있는 '고제'는 3대·한·당·송 등의 광범위한 옛 제도를 뜻하지만 그 가운데 횟수가 가장 잦은 것은 당·송의 제도로 보인다.

집현전은 고제연구에 이바지하였다. 그것은 세종 12년 12월에 考功法에 관한 논의가 떠올랐을 때, 세종은 "집현전으로 하여금 考功法을 詳考하여 아뢰라"[160]고 명했고, 세종 15년 5월에 勝捷을 宗廟에 고하는 고제를 考究할 것을 명하였으며,[161] 세종 16년 정월에는 良·姜子의 忠義衛許入 여부에 관한 논의가 있을 때 세종이 이르기를,

집현전으로 하여금 古制를 상고하게 한 뒤에 결정한다.[162]

고 한 몇 가지 사례만 보아도 집현전이 고제연구에 관여하였다는 사실을 알 수 있다.

---

160) 《世宗實錄》卷50, 세종 12년 12월 癸巳條.
161) 《世宗實錄》卷60, 세종 15년 5월 己未條.
162) 《世宗實錄》卷63, 세종 16년 정월 戊戌條.

집현전의 가장 중요한 업적을 고제연구에 두고 있는 說이 있다.163) 그러나 이와 같이 단정하려면, 언제부터 어느 기관이 고제연구를 했는가? 집현전은 언제부터 어떤 동기로 고제연구에 종사하게 되었나? 집현전이 고제연구에 참여한 뒤로, 집현전과 그 밖의 다른 고제연구 기관의 고제연구의 대상은 종류·질·양적으로 어떤 차이가 있었는가? 집현전의 고제연구의 특성은 무엇이었나 따위의 의문을 밝히는 것이 필요하다.

정도전이 지은 《經濟文鑑》(태조 5년 製進)이나 《朝鮮經國典》(태조 3년에 지음)은 중국 고제연구의 결과라 하겠지만, 개국 초에는 겨를이 없었기 때문인지 태조와 정종 때는 고제를 연구하게 하였다든지 고제를 연구하여 올렸다든지 하는 기록은 거의 볼 수 없다. 그러나 태종 때부터는 차츰 고제의 연구가 나타나게 된다. 그 중심 기관은 예조였지만 때로는 의정부와 이조·병조 등에서도 행하였던 것이다.164) 그리고 조선 초기에 어느 관아를 막론하고 의례나 제도에 관한 啓에 고제를 인용하지 않은 경우는 거의 없다. 더구나 예조의 의례나 제도에 관한 啓는 거의 모두가 예조의 고제연구의 결과라고 할 수 있겠다. 뒤에서 살펴보기 위해서 태종 때 예조에게 고제를 연구 조사케 한 기록을 《朝鮮王朝實錄》에서 필요한 부분만 뽑아서 정리하면 〔부록 1〕과 같다.

세종은 그의 치세 원년에 정종의 喪을, 2년에는 母后의 상을, 4년에는 父王인 태종의 상을 당하여 치세 초에 궁중의 상장의례를 거의 정비하게 되었다. 물론 이때의 모든 의례는 예조에서 정하여 啓하고 있다. 여기서는 번잡

---

163) 李光麟, 〈世宗朝의 集賢殿〉, "結局 儒敎를 이 社會의 政敎의 指針으로 삼기 위해서는 먼저 儒敎的인 制度 혹은 儀式의 面 다시 말하면 儒敎的인 테두리가 만들어져야만 하였다. 그리하여 集賢殿은 마치 이와 같은 테두리를 만들기 위한 古制硏究를 위해서 設置된 機關인 것처럼 古制硏究에 集中되었으니"(166쪽), "그래서 集賢殿學士의 業績中 가장 比重이 무거운 것은 古制及古典硏究였다고 斷定할 수 없을까"(169쪽), "集賢殿의 古制硏究야말로 儒敎國家로서의 가장 基本的인 事業이었다"(173쪽), "그러나 이와 같이 成宗代에와서 儒敎가 得勢하기까지는 世宗代 集賢殿의 古制硏究가 있었기 때문이었다."(173쪽)

164) 《太宗實錄》卷21, 태종 11년 3월 庚午條 ; 卷28, 태종 14년 8월 丁巳條 ; 卷21, 태종 11년 3월 庚午條 ; 卷23, 태종 12년 6월 壬午條.

을 덜기 위하여 세종 초의 궁중의 凶禮에 관한 것은 빼고 기타 의례와 제도에 관한 예조의 啓를 필요한 것만 뽑아서 정리하면 [부록 2]와 같다.

의례·제도를 상정하던 儀禮詳定所[165)도 예조와 집현전과 더불어 고제연구의 중심 기구였으니, 의례상정소의 議啓의 내용을 《朝鮮王朝實錄》에서 필요한 것들을 뽑아 정리하면 [부록 3]과 같다.

예조와 의례상정소가 개별적으로 고제연구에 관여하였을 뿐 아니라 두 기관이 공동으로 이에 참여하기도 하였다. 즉, '禮曹與詳定所'가 함께 의논하여 啓하였던 것이니, 그 예들을 《朝鮮王朝實錄》에서 필요한 것들을 뽑아 정리하면 [부록 4]와 같다.

또한 의례·제도 등에 관한 啓에서 보면, 의정부·이조·승정원 등에서도 고제를 조사·연구하였던 것이다.[166) 이처럼 조선 초기에 이뤄진 고제연구는 예조와 의례상정소가 주도적인 구실을 하였지만, 반드시 이들 기관의 전유는 아니었다.

그러면 집현전은 언제부터 고제연구에 참여하게 되었는가? 집현전이 이에 참여한 것은 세종 10년 9월부터였다. 즉, 세종 10년 9월에 의례상정소와

---

165) 儀禮詳定所는 나라의 의례와 제도를 정하기 위하여 설치된 임시기관으로 고려 때도 있었고, 조선에서는 태종 때 설치된 기관이었다(李光麟, 〈鮮初의 四部學堂〉, 《歷史學報》 16, 35쪽). 《世宗實錄》의 기록을 통하여 보건대, 세종 때의 의례상정소는 고제와 의례예 밝은 重臣의 모임으로, 그 구성은 일정치 않았지만 3정승과 吏·禮曹의 判書·參判 등이다.

166) **議政府의 경우**
　　세종 19년 6월 辛酉　立後奉祀法
　　세종 21년 7월 己酉　世子講武之制
　　세종 23년 7월 丙子　行守之法
　　吏曹의 경우
　　세종 즉위년 12월 庚辰　六曹의 次序
　　세종 4년 2월 癸卯　王女의 稱號
　　세종 13년 10월 戊申　宗室之女의 稱號
　　세종 26년 7월 戊申　駙馬稱號
　　承政院의 경우
　　세종 12년 8월 癸巳　釋奠(犧牲數·致幅處)
　　세종 13년 정월 丙寅　原廟之制
　　세종 14년 3월 戊寅　道家祭星之由

집현전으로 하여금 '士大夫兩妻附廟'의 고제를 상고케 한 것이 집현전으로
서는 처음인 것이었다.167) 그것도 집현전에게만 명한 것이 아니었고, 의례
상정소에게 함께 명하였으니, 이는 고제의 연구는 주로 예조와 상정소에서
담당하던 것을 이에 이르러 집현전도 그 한 부분을 맡게 되었음을 말해 주는
것이다. 즉, 세종 초에는 예조와 상정소가 전담하다시피 하였던 고제의 考究
는 이에 이르러 예조·의례상정소·집현전에서 맡게 되었다고 하겠다.

집현전은이 고제연구에 참여하게 된 까닭은, 단적으로 말하면, 집현전관
의 학문이 당시의 최고의 수준에 있었기 때문이라 하겠다. 즉, 세종 2년 집
현전을 설치한 뒤로, 집현전 육성책이 주효하여, 8·9년이 지나자 집현전관
은 顧問에 대비할 만한 학자로 성장해 있었기 때문이다. 이때(세종 10년) 校
理 이상의 집현전관들로는 權採·金墩·金尙直·偰循·安止·兪尙智·鄭
麟趾·崔萬理 등 유망한 소장학자들이 진을 치고 있었다.

그러면 집현전의 고제연구의 내용은 어떠하였으며 그 특징은 무엇인가?
먼저 그 내용을 《朝鮮王朝實錄》에서 필요한 것들을 뽑아 정리하면 [부록
5]와 같다.

집현전의 고제연구의 특징을 밝히려면 집현전의 고제연구와 그것을 맡
은 다른 기관과 견주어 검토해야 할 것이다. 그리하여 번거로움을 무릅쓰고
태종 때부터 세종 때에 이르기까지 예조와 의례상정소가 고제를 연구하여
啓한 내용을 필요한 것들만 뽑아 부록에 정리하였고, 집현전의 고제연구의
내용을 열거하였다. 집현전의 경우는 충실을 기하였으나 예조와 의례상정
소의 것에는 빠뜨린 것들이 꽤 있을 것이다. 그러나 여기서는 그 성격의 추
이만을 포착하는 것으로 족한 것이므로, 얼마쯤 빠진 것이 있다 해도 그리
문제 되지 않을 것으로 생각한다.

분석방법은 고제의 내용을 '五禮', '四禮', '制度', '施政', '기타' 등 5개 항

---

167) 《世宗實錄》卷41, 세종 10년 9월 癸卯條.

목으로 분류168)하여 각 기관의 고제연구의 성격을 뽑아내고자 한다. 먼저 〔부록〕과 위에 열거한 집현전의 고제연구의 내용에 바탕을 두어 예조, 의례상정소, 집현전의 전반적인 움직임을 표시하면 〔표 6〕과 같다.

〔표 6〕 **古制 연구기관의 연구 개황**

분류 \ 기관	예조		의례상정소		예조·상정소		집현전	
	횟수	백분율	횟수	백분율	횟수	백분율	횟수	백분율
㉮ 五禮	61	73%	18	36%	12	63%	28	42%
㉯ 四禮	12	14%	9	18%	2	11%	8	12%
㉰ 制度	10	12%	11	22%	5	26%	11	16%
㉱ 施政	0	0%	12	24%	0	0%	17	25%
㉲ 其他	1	1%	0	0%	0	0%	3	5%
계	84	100%	50	100%	19	100%	67	100%

〔표 6〕에 따르면, 위의 세 기관에서는 五禮·四禮·制度 등 유교국가 확립을 위히 여러 의례와 제도의 마련에 주력하였음을 볼 수 있다. 특히 예조는 거의 오례와 사례 등 의례 제정에 모든 힘을 쏟고 있었으며, 예조와 의례상정소의 공동 담당도 그 전부가 의례·제도의 제정에 집중되어 있다. 또한 여기서 지나칠 수 없는 것은 의례상정소와 집현전의 연구대상의 분류별 비율이 거의 같다는 사실이다. 특히 예조와 대조되는 것은, '施政'에 관한 것을 예조는 거의 담당하지 않았는 데 견주어 상정소와 집현전에서는 상당한 수를 차지하고 있다는 점이다. 더욱이 집현전의 '시정'에 관한 고제연구는 그 밖의 다른 것보다 비율에서나 횟수에서 우위를 차지하고 있음을 알 수 있다.

---

168) '五禮'는 《世宗實錄》의 五禮(吉·嘉·賓·軍·凶)가 해당하는 것으로 주로 국가〔宮中〕의 의례라 하겠고, '四禮'는 冠婚喪祭를 뜻하며 주로 士大夫 이하의 의려를, '制度'는 官制를 비롯하여 국가 존립에 필요한 여러 가지 제도를, '施政'은 시정을 전제로 또는 시정에 참고키 위한 것을, '其他'는 上項에 해당되지 않는 것을 뜻한다. 물론 이 분류에는 여러 가지 난점이 있다. 특히 '시정'과 '제도'의 분류는 애매한 것이 많아서, '施政'에 관계되는 것이 '제도'에, '제도'에 관계되는 것이 '시정'에 들어간 것이 적지 않을 것이다.

　다음으로 집현전이 처음으로 고제연구에 참여하게 된 세종 10년부터 의례상정소가 혁파된 세종 17년까지 8년 동안의 예조, 의례상정소, 집현전의 고제연구 상황을 표시하면 [표 7]과 같다.

[표 7] 　　　　　　　세종 10년~17년대 고제연구 개황

분류 \ 기관	禮 曹	儀禮詳定所	禮曹・詳定所	集賢殿
㉮五禮	20회	15회	6회	16회
㉯四禮	2회	7회	1회	3회
㉰制度	4회	12회	1회	8회
㉱施政	0회	12회	0회	9회
㉲其他	0회	0회	0회	1회
계	26회	46회	8회	37회

　[표 7]에 따르면, 이 시기에서도 위의 세 기관은 모두 오례와 사례 등 의례와 제도의 제정을 위한 활동을 하였음을 볼 수 있다. 이 시기는 집현전에서도 고제연구가 가장 활발한 시기였지만 상정소에서도 가장 왕성한 시기였다. 오례 상정에 관한 것은 예조가 절대 우위를 유지하고 있지만, 전체 횟수로 보면 예조는 상정소와 집현전에 미치지 못하고 있다. 이 시기는 상정소와 집현전의 고제연구의 극성기였던 것이다. 이에 이르러 상정소의 의례・제도의 상정의 임무는 거의 끝나게 되어 세종 17년 11월에 상정소는 혁파되었다.169) 이 시기(세종 10년~17년)의 집현전과 상정소의 고제연구의 상황을 연도별로 고찰하는 것은 두 기관의 고제연구의 성격을 밝히는 데 도움을 줄 것이다. 이를 표로 제시하면 [표 8], [표 9]와 같다.

　[표 8]과 [표 9]에 따르면, 두 기관의 연도별・분류별 분포 비율이 비슷

---

169) 《世宗實錄》卷70, 세종 17년 11월 丙戌條, "視事 上曰 詳定所可久置否 判院事許稠對曰 昔太宗立法定制之時 因時特設之官也 事畢則當革 不宜久置 若仍置不革 則多有紛更之弊 上曰 國家議事有政府六曹 事大之事則有承文院 且詳定所提調 亦政府六曹之人也 何必各設 遂命革之"

[표 8]　　**의례상정소**(세종 10년~17년)**의 고제연구 개황**

분류 ＼ 연도	10년	11년	12년	13년	14년	15년	16년	17년	계
㉮ 五禮		2	2	3	1	2			10
㉯ 四禮	2		2	2	1				7
㉰ 制度			3	4	3	1	1		12
㉱ 施政			4	1	3	1	1	2	12
㉲ 其他									0
계	2	2	11	10	8	4	2	2	41

[표 9]　　**집현전**(세종 10년~17년)**의 고제연구 개황**

분류 ＼ 연도	10년	11년	12년	13년	14년	15년	16년	17년	계
㉮ 五禮		1	2	3	3	4	1	2	16
㉯ 四禮	1		1			1			3
㉰ 制度			2	3	2	1			8
㉱ 施政			2	1	3		1	2	9
㉲ 其他						1			1
계	1	1	7	7	8	7	2	4	37

하다는 것을 알 수 있다. 즉, 두 기관이 고제를 연구하여 의례·제도의 제정과 시책에 도움을 주었다는 점에서 거의 같은 성격과 실적을 낸 것으로 유추된다. 그리고 두 기관의 고제연구의 극성기는 모두 세종 12년부터 15년까지였음을 알 수 있다. 그러면 집현전의 고제연구의 전반적인 상황은 어떠하였나? 이를 표시하면 [표 10]과 같다.

[표 10]에 따르면, 집현전은 고제연구에 참여한 뒤로 꾸준히 이를 수행하여 왔음을 알 수 있다. 특히 오례(궁중의례)의 상정과 시정(시책)에 참고하기 위한 고제연구는 비록 단속적이긴 하지만 집현전의 고제연구의 주류를 이루고 있는 것으로 보인다.

〔표 10〕 **집현전의 고제연구 개황**(세종 10년~문종 2년)

분류	세종 10년	11년	12년	13년	14년	15년	16년	17년	18년	19년	20년	21년	22년	23년	24년	25년	26년	27년	28년	29년	30년	31년	32년	문종 1년	2년	계
㉮ 五禮		1	2	3	3	4	1	2				3				1	1	1	2			1	2	1		28
㉯ 四禮	1		1			1				2				1							1			1		8
㉰ 制度		1	2	3	2	1				1					1									1		12
㉱ 施政			2	1	3		1	2				1						1	3	1	1			1		17
㉲ 其他						1							0			1									1	3
계	1	2	7	7	8	7	2	4	0	3	0	4	0	1	1	2	1	2	5	1	2	1	2	4	1	68

앞에서 몇 개의 표를 통해서 집현전의 고제연구의 성격과 비중을 예조, 의례상정소와 견주어서 살펴보았다. 이에 따르면 집현전의 고제연구는 예조나 상정소의 그것과 대등한 위치에 둘 수 있지 않을까 하는 느낌을 갖게 한다. 즉, 유교국가 확립을 위한 여러 의례와 제도를 제정하는 데 집현전의 고제연구는 큰 업적을 쌓은 것으로 생각케 한다. 또한 집현전의 고제연구가 유교국가 확립에 절대적인 역할을 한 것으로 보는 說170)도 있다. 그러나 그것은 집현전의 고제연구의 특성을 철저히 밝히지 못함으로써 불러온 속단으로 보인다. 고제연구의 횟수나 통계적인 내용 분류에서 나타나는 현상에 따르면 집현전의 고제연구의 업적을 예조나 의례상정소의 그것과 동등한 위치에 둘 수 있는 것 같이 보이나, 같은 종류(내용)에 속하는 고제연구라도 그것이 질(연구대상의 규모)적으로도 같은 것이었는지를 확인하지 않으면 속단이 될 것이다.

그러면 고제연구의 질적인 면에 차이가 있었는가? 이 의문을 해결하기 위하여 세 기관이 함께 문제 삼아야 될 것은 유교적인 의례나 제도의 상정이라는 관점에서이다. 그러므로 ① 예조[부록 2], ② 의례상정소[부록 3], ③ 집

---

170) 앞의 주163) 참조.

현전의 고제연구에서 '五禮'와 '四禮'에 관한 것을 표본으로 그 연구가 그 의례와 저도의 상정을 위한 전체적이고 근본적인 문제 해결을 위한 것이었나? 또는 부분적이고 지엽적인 문제의 해결을 위한 것이었나를 검토[171]하려 한다. 먼저 그 상황을 표시하면 〔표 11〕, 〔표 12〕와 같다.[172]

〔표 11〕, 〔표 12〕에 따르면, '五禮'와 '四禮'에서 근본적인 것은 그 비율이 예조, 의례상정소, 집현전의 순으로 급감하고 있고, 따라서 지엽적인 것은 같은 순으로 급증하고 있다. 이와 같은 현상으로 미루어 볼 때, 집현전도 유교국가 건설을 위한 유교적인 의례·제도의 상정을 위해 이바지하였음은

---

[171] 어떤 것이 전체적이고 근본적인 것이며, 어떤 것이 부분적이고 지엽적인 것인가를 명확히 구분할 기준은 세우기 어렵다. 그러므로 때로는 주관적인 판단도 개입할 것으로 생각되지만, 해당 문제의 전체적인 해결을 위한 것인가, 또는 세부적이고 국부적인 해결을 위한 것인가에 따라 구분할 수밖에 없다.

[172] ① 禮曹(부록 2 참조)

五禮 ┌ 근본적: ① ② ③ ④ ⑤ ⑥ ⑦ ⑫ ⑬ ⑭ ⑮ ⑯ ⑰ ⑱ ⑲ ⑳ ㉑ ㉒ ㉓ ㉔ ㉕ ㉖ ㉗ ㉘ ㉙ ㉚ ㉛ ㉜ ㉝ ㉞ ㉟ ㊱ ㊲ ㊳ ㊴ ㊵ ㊶ ㊷ ㊸ ㊺ ㊻ ㊼ ㊽ ㊾ ㊿ 51 52
　　 └ 지엽적: ⑤ ⑨ ⑩ ⑪ ㊹ 53

四禮 ┌ 근본적: 54 55 56 58 59 60 61 62 63 65
　　 └ 지엽적: 57 64

② 儀禮詳定所(부록 3 참조)

五禮 ┌ 근본적: ② ④ ⑤ ⑦ ⑧ ⑨ ⑩ ⑪ ⑬ ⑮ ⑯ ⑰
　　 └ 지엽적: ① ③ ⑥ ⑦ ⑫ ⑭

四禮 ┌ 근본적: ⑲ ㉒ ㉕ ㉖ ㉗
　　 └ 지엽적: ⑳ ㉑ ㉓ ㉔

③ 集賢殿

五禮 ┌ 근본적: ① ⑥ ⑦ ⑧ ⑨ ⑩ ⑮ ⑯ ⑰ ⑱ ⑳ ㉑ ㉓ ㉔
　　 └ 지엽적: ② ③ ④ ⑤ ⑨ ⑫ ⑬ ⑭ ⑲ ⑳ ㉒ ㉕ ㉖ ㉗ ㉘

四禮 ┌ 근본적: ㉚ ㉜ ㉟
　　 └ 지엽적: ㉙ ㉛ ㉝ ㉞ ㊱

〔표 11〕 **五禮 연구의 기관별 개황**

구분 기 관	근본적	지엽적	계
예조	88%(48회)	12%(6회)	100%(54회)
의례상정소	72%(13회)	28%(5회)	100%(18회)
집현전	46%(13회)	54%(15회)	100%(28회)

〔표 12〕 **四禮 연구의 기관별 개황**

區分 機 關	근본적	지엽적	계
예조	83%(10회)	17%(2회)	100%(12회)
의례상정소	56%(5회)	44%(4회)	100%(9회)
집현전	37%(3회)	63%(5회)	100%(8회)

부인할 수 없으나, 그 근본적인 의례·제도의 상정에서는 예조와 의례상정소에 약간 뒤지고 있음을 알 수 있다.

그러면 집현전의 고제연구의 특징은 무엇이었을까?

첫째는, 유교적 의례와 제도의 근본적인 테두리를 상정하기 위한 것이기보다는 그것들의 지엽적이고 부분적인 문제의 해결을 위한 것이 많았다는 사실이다.

둘째는, 아무 때나 늘 당면하는 정치(施政)·제도적인 문제의 해결에 참고하기 위한 것이었다. 시정에 참고하기 위한 고제연구가 집현전 고제연구의 특징이었음은 위에서 언급하였지만, 다음 몇몇 기록으로도 입증된다. 즉, 세종 13년 8월, 당시에 守令을 辭避하려는 자가 많으므로 이를 징계키 위한 법을 만들 때도 세종이 이르기를,

그러나 집현전으로 하여금 古制를 상고하게 한 다음에 吏曹로 하여금 입법하게 하여 규면하고자 하는 폐단을 막겠다.173)

고 하였고, 세종 16년 정월에, 嫡子가 없을 경우 良·孼子의 '忠義衛許入與否'를 결정함에서도 "집현전으로 하여금 古制를 상고하게 한 다음에 결정한다"[174]고 하였고, 세종 23년 윤11월에 대간이 慶讚會를 停罷할 것을 상소하는 가운데,

> 전하께서 집현전을 설치하시고 학자〔文學之士〕를 모아 날마다 경연을 여시고 道義를 강론하십니다. 무릇 모든 시행·조치하심은 모두 (집현전으로) 하여금 古制를 상고하게 한 뒤에 행하십니다.[175]

고 하였다. 이 몇 가지 사례만 보아도, 당시 정치·제도적인 문제가 제기되면 일단 집현전으로 하여금 그에 관한 고제를 상고케 한 다음에 이를 참고해서 문제를 해결하였음을 알 수 있다.

셋째는, 세종의 독단적인 시책 강행에 도구가 되었다. 즉, 중신의 반대에 부닥쳤을 때, 이를 물리치고 자기의 소신을 관철시키고 명분을 세우는 수단이 되었다. 세종은 일찍이 身病으로 세자에게 서무를 처결케 하려 하였다. 그런데 '世子裁決庶務'와 관련해서, 세종의 독단적인 시책 강행의 수단으로써 집현전과 고제연구가 이용된다. 그 예를 보면, 세종 21년 6월에 春秋講武를 세자에게 행하게 하기 위하여 여러 신하들의 반대에도 세자 강무에 관한 고제를 考究케 하였고,[176] 詹事院의 고제를 연구케 하고 중신의 반대에도 첨사원을 설치했다. 세종이 그의 독단적인 시책에 집현전의 고제연구를 이용하였음을 단적으로 보여 주는 기록으로는 세종 24년 8월에 사헌부에서 첨사원 설치를 반대하는 啓를 볼 수 있는데 여기서는,

---

173) 《世宗實錄》卷53, 세종 13년 8월 戊戌條.
174) 《世宗實錄》卷63, 세종 16년 정월 戊戌條.
175) 《世宗實錄》卷94, 세종 23년 윤11월 甲申條.
176) 《世宗實錄》卷85, 세종 21년 6월 丁酉條.

전하께서는 크고 작은 일들을 반드시 대신들에게 자문하십니다. 새로 관직을 설치하는 것은 나라의 큰 일인데 대신들과 그 便否를 논의하지 않으시고 단지 집현전으로 하여금 오늘에는 맞지 않는 古制를 상고하게 하여 큰 일을 결정하시니 臣 등은 憤惋함을 이길 수 없습니다.[177]

고 하였던 것이다. 한편 고제를 상고하게 했으나 그것이 왕의 의도와 서로 다른 경우에는 고제를 무시하고 소신대로 단행하였으니 세종은,

예와 지금은 다르다. 마땅히 때에 따라서 적절히 할 뿐이다. 어찌 옛사람이 한 바에 얽매이겠는가.[178]

라고 하였던 것이다. 위의 몇 가지 사례를 보아도 집현전의 고제연구는 세종의 독자적인 시책에 명분을 세우기 위한 수단으로도 활용되었음을 알 수 있다. 끝으로 덧붙이자면, 집현전의 고제연구가 조선의 유교화에 절대적인 구실을 하였다고 보기는 어렵지만, 그 바탕 작업으로서 의례와 제도의 상정에 예조, 의례상정소와 더불어 이바지하였다는 사실은 인정하지 않을 수 없다.

2) 編纂·製述

집현전이 편찬사업을 통하여 조선 초기 문화에 크게 이바지하였음은 널리 알고 있는 바이다. 그러나 집현전의 업적으로 알려져 있는 편찬사업에서 집현전의 힘이 과연 어느 만큼 필요하였으며, 해당 편찬사업의 성향은 어떠하였는지는 실제로 밝히지 못하였다. 그러므로 마땅히 모든 편찬·제술을 일일이 검토해야 할 것이나 여기서는 그러할 여유를 같지 못하고 다만 그 추이를 살피는 것으로 그치려 한다. 그러면 먼저 《朝鮮王朝實錄》을 중심으로

---

177) 《世宗實錄》 卷97, 세종 24년 8월 庚寅條.
178) 《世宗實錄》 卷86, 세종 21년 7월 己酉條.

볼 수 있는 것을 연대순으로 열거하면 다음과 같다.179)

　　먼저 위의 자료에 바탕을 둬 종류별로 분류하면 다음과 같다.

①	세종 2년 8월	丁未	金寫法華經	(3 : 2)
②	〃 3년 3월	丙戌	資治通鑑綱目校正	(集賢殿)
③	〃 4년 7월	丙午	金寫法華經	(3 : 1)
④	〃 5년 3월	甲辰	范祖禹唐鑑(筆寫)	(5 : 3)
⑤	〃 9월	己亥	金寫佛經	(5 : 1)
⑥	〃 6년 1월	癸巳	額子及道號(寫)	(1 : 1)
⑦	〃 10년 5월	壬申	西漢以下歷代譜系圖	(1 : 1)
⑧	〃 10월	辛巳	孝行錄	(集賢殿)
⑨	〃 13년 3월		太宗實錄編纂	(17 : 2)
⑩	〃 14년 6월	丙申	三綱行實	(集賢殿)
⑪	〃 9월	庚辰	四品以下致祭文	(1 : 1)
⑫	〃 15년 6월	壬辰	鄕藥集成	(3 : 1)
⑬	〃 16년 6월	辛未	資治通鑑訓義(修撰)	(53 : 22)
⑭	〃 19년 7월	丁未	將鑑博義所載諸將事實(撰集)	(集賢殿)
⑮	〃 20년 11월	庚戌	韓柳文註釋(撰集)	(4 : 3)
⑯	〃 22년 6월	丙申	國語補正	(集賢殿)
⑰	〃 23년 9월	壬戌	明皇誡鑑	(3 : 2)
⑱	〃 24년 3월	戊寅	興天寺舍利閣慶讚疏文	(1 : 1)
⑲	〃 9월	丁亥	絲綸全集	(集賢殿)
⑳	〃 25년 4월	丙午	杜詩諸家註釋(參校)	(集賢殿)
㉑	〃 26년 2월	丙申	韻會諺譯	(9 : 5)
㉒	〃 10월	丙辰	五禮儀注詳定	(7 : 2)
㉓	〃 27년 2월	丙寅	三韓國大夫人安氏墓誌	(1 : 1)
㉔	〃 3월		治平要覽	(集賢殿)
㉕	〃 4월	戊申	龍飛御天歌註解	(8 : 6)
㉖	〃 10월	戊辰	醫方類聚	(10 : 5)
㉗	〃 28년 3월	乙未	金書佛經	(2 : 1)
㉘	〃 8월	壬戌	撰請世子冕服表	(1 : 1)
㉙	〃 9월		訓民正音創制	(8 : 6)

---

179) 자료를 열거하는 가운데 '(a : b)'의 표시는 編纂·製述에 참여한 인원을 뜻한다. 즉, a는 참여한 모든 인원을, b는 집현전관으로 이에 참여한 인원을 표시한다. '(集賢殿)'의 표시는 集賢殿이 주관하였거나 전담한 것을 뜻한다.

㉚	〃 9월		訓民正音解例	(8 : 6)
㉛	〃 29년 9월		東國正韻	(9 : 5)
㉜	〃 30년 3월		四書諺譯	(集賢殿)
㉝	문종 원년4월	癸未	製抑佛敎書	(集賢殿)
㉞	〃 6월	壬午	大學衍義中論宦官忠勸之條(校正)	(1 : 1)
㉟	〃 7월		大學衍義註釋	(集賢殿)
㊱	〃 8월	庚寅	高麗史	(28 : 12)
㊲	〃 9월	乙卯	製祭文(弭病)	(集賢殿)
㊳	〃 2년2월	甲申	高麗史節要	(18 : 8)
㊴	단종 원년4월		歷代兵要(修撰)	(集賢殿)
㊵	〃 10월	庚子	地圖(全圖, 道圖, 郡縣圖)	(1 : 1)
㊶	〃 2년 정월	己卯	皇極治平圖	(1 : 1)
㊷	〃 2년3월		世宗實錄編纂	(57 : 11)
㊸	세조 원년 윤6월	乙卯	禪位卽位敎書	(1 : 1)
㊹	〃	癸亥	貞觀政要註	(2 : 2)
㊺	〃 원년8월	乙卯	地理誌	(1 : 1)
㊻	〃 원년11월		文宗寶錄編纂	(48 : 9)
㊼	〃 2년5월	甲午	世宗朝詳定儀注撰錄	(1 : 1)

制 撰 　： ⑪ ⑱ ㉓ ㉘ ㉝ ㊲ ㊸

編 纂 　： ⑦ ⑧ ⑨ ⑩ ⑫ ⑭ ⑮ ⑰ ⑲ ㉒ ㉓ ㉔ ㉛ ㊱ ㊳ ㊴ ㊵ ㊶ ㊷ ㊺ ㊻ ㊼

註解譯 　： ⑫ ㉑ ㉕ ㉚ ㉜ ㉟ ㊹

校正(補正)： ② ⑯ ⑳ ㉞

謄 書 　： ① ② ③ ④ ⑤ ⑥ ㉗

創 制 　： ㉙

　‘制撰’은 왕명을 받들어 敎旨·祭文·表 따위의 내외 문서를 제작한 것이었고, ‘編纂’과 ‘註·解·譯’ 사업은 집현전이 조선 초기의 문화에 이바지한 가장 큰 업적이라 하겠다. ‘校正(補正)’도 학자 집합소의 성격을 가진 집현전이었기 맡았던 사업이었고, ‘謄書’는 주로 佛經의 金寫로 각각 세종의 母后·父王·王妃가 昇遐하였을 때 願을 이루기 위해 벌인 사업으로, 불경 간행을 적극적인 사업으로 펼칠 수 없었던 당시의 斥佛的인 정치사상의 상황에서, 이의 전단계적인 소극적인 사업이었다. '創制'는 훈민정음의 창제를 뜻하며 敷衍을 필요로 하지 않을 것이다.

다음으로 위에 열거한 집현전의 편찬·제술 업적을 그 내용에 따라서 분류해 보면 다음과 같다.

불교·불경관계 : ① ③ ⑤ ⑩ ⑱ ㉗ ㉝
중국역사관계　: ② ④ ⑦ ⑩ ⑬ ⑯ ⑰ ㉔ ㊴ ㊵ ㊶ ㊷ ㊸ ㊹
중국율령관계　: ⑲
유교경전관계　: ㉜ ㉞ ㉟
중국문학관계　: ⑮ ⑳ ㉒
유교윤리·의례 : ① ⑩ ㊼
사서편찬관계　: ⑨ ⑭ ㉔ ㊱ ㊳ ㊴ ㊷ ㊻
훈민정음관계　: ㉑ ㉕ ㉙ ㉚ ㉛ ㉜
辭命(內外文書) : ⑪ ㉓ ㉘ ㉝ ㊲ ㊸
지리관계　　　: ㊵ ㊺
의약관계　　　: ⑫ ㉖
기 타　　　　: ⑥

위의 분류에 따라 집현전의 편찬·제술·사업의 성향을 간단히 살펴보려 한다.

불교·불경에 관한 집현전의 활동은 어떤 뚜렷한 목표에 따른 것이 아니었고, 왕실의 필요에 따라 아무 때나 사역을 강한 것으로, 다른 의미는 없는 것으로 보인다. 즉, 유학자의 집합소인 집현전은 당연히 척불적인 성격을 띠고 있었음에도 왕실의 필요에 따라 집현전관을 차출하여 불경을 金寫하게 한 일이나 舍利閣慶讚疏文을 짓게 한 사실은 집현전의 성격과는 상반되는 활동이었던 것이다.

집현전의 찬술 제작의 대부분이 고전연구에 집중되고 있다고 보는 說[180] 이 있다. 고전의 범위를 어떻게 정하느냐 하는 문제도 따르지만, 중국의 史書나 어떤 일관된 목적을 위해서 拔萃·編輯한 역사적인 기록을 고전의 범주에 넣지 않는다면, 위의 분류에서는 '中國律令', '儒敎經典', '中國文學' 등을 고전이라 할 수 있겠다. 그러나 '중국율령'에 관한 것은 《絲綸全集》뿐으로, 이는 秦·漢 이래 明에 이르는 동안의 制誥·詔勅을 集錄한 것이었고, '유교경전'에 관한 것은 《四書諺譯》과 《大學衍義註譯》에 지나지 않았으며, '중국문학'에 관한 것은 《韓柳文註釋》의 撰集과 《杜詩諸家註釋》의 參校뿐이었다. 그러므로 이것으로 집현전의 찬술 제작의 대부분이 고전연구에 집중되었다고 보기는 어렵다.

집현전의 편찬제술 사업은 중국의 史書와 史實을 편찬·주해하는 사업이었다. 이 노력은 중국의 의례·제도를 받아들이기 위한 것이었다기보다는 중국 역대의 治亂之迹을 博覽하여 정치에 본보기로 삼고 나아가 후세에 영원히 본으로 삼도록 하기 위한 것으로 생각한다. 《范祖禹唐鑑》의 필사, 《資治通鑑訓義》의 修撰, 《明皇誡鑑》, 《治平要覽》, 《皇極治平圖》, 《貞觀政要註》 등의 편찬사업은 모두 그와 같은 목적에서 이루어진 것이라 하겠다. 특히 《資治通鑑訓義》와 《治平要覽》은 세종 때의 편찬사업 가운데 그 규모에서 대표적인 것이었다. 《資治通鑑訓義》의 경우, 집현전관은 모두 동원되었고 이를 위해서 집현전에 6명을 增置하였으며[181] 다른 관아에서도 유명한 학자들을 총동원한[182] 3년이나 걸린 대사업이었던 것이다. 세종은 이를 위

---

180) 李光麟(1954), 앞의 논문, 169쪽. "以上의 條目을 볼때 訓民正音 高麗史 諺解等 몇가지 外에는 硏究調査와 纂述製作의 大部分이 古制及古典硏究에 集中하고 있음을 알 것이다"라고 하였다.
181) 《世宗實錄》 卷73, 세종 18년 윤6월 乙亥條, "乙卯年(세종 17년)因訓義修撰 又增六人"
182) 《資治通鑑訓義》 修撰에 동원된 文臣의 수가 《國朝寶鑑》, 《朝野僉載》, 《增補文獻備考》 등에는 모두 40여 명이라 기록되어 있다. 그러나 《世宗實錄》 卷68, 세종 17년 6월 戊申條에는 《通鑑訓義》 撰集官이 53명으로 되어 있고, 그 가운데 集賢殿官이 22명으로 되어 있다.

해서 경연까지도 정지하였고,183) 날마다 밤이 깊도록 몸소 교정을 보았다.184) 《治平要覽》도 학자 수십 명을 뽑아 집현전에 모아 5년이나 걸려 완성한 대사업이었던 것이다.185)

《孝行錄》, 《三綱行實》, 《五禮儀注詳定》, 《世宗朝詳定儀注撰錄》 등 유교윤리와 의례에 관한 편찬사업은 유교사회로 지향하는 조선으로서는 당연한 사업이었다. 《孝行錄》과 《三綱行實》은 유교적인 사유나 생활에 익지 못한 백성들에게 유교 윤리를 깨우쳐 주기 위한 목적에서 펴낸 것이었고, 《五禮儀注詳定》과 《世宗朝詳定儀注撰錄》은 국가의 유교적인 의례 제도의 정리 사업이었던 것이다. 유교국가를 세우기 위하여 전자는 백성을 위한, 후자는 朝廷[국가]을 위한 노력이었다. 그런데 후자 《五禮儀注詳定》은 전적으로 집현전을 통해서 이루어진 것은 아니었다. 즉, 이를 주관한 사람은 鄭陟과 卞孝文이었고, 참가인원 7명 가운데 2명만이 집현전관이었으며,186) 거의 예조·의례상정소·집현전 특히 예조와 의례상정소에서 이미 마련했던 의례 제도를 정리하는 사업이었던 것이다.187) 그러나 집현전의 유교윤리와 의례에 관한 편찬사업은 조선의 유교화에 이바지한 것이었음은 인정하지 않을 수 없다.

앞에서 집현전관의 史官으로서의 기능을 고찰하는 가운데 그들의 史官으로서의 비중을 살핀 바 있으나, 사서를 편찬하는 데 집현전의 이바지는 매우 큰 것이었다. 《太宗實錄》, 《世宗實錄》, 《文宗實錄》, 《治平要覽》, 《歷代兵要》, 《高麗史》, 《高麗史節要》 등은 집현전관이 참여하여 편찬한 사서들이다.

---

183) 《世宗實錄》 卷65, 세종 16년 9월 丙申條, "停經筵 自此以後 上以資治通鑑訓義修撰 停之"

184) 《世宗實錄》 卷66, 세종 16년 12월 甲寅條 ; 《增補文獻備考》 卷243, 〈藝文考〉 2, 歷代著述 참조.

185) 《世宗實錄》 卷93, 세종 23년 6월 癸巳條 ; 卷107, 세종 27년 3월 癸卯條 ; 《國朝寶鑑》 卷7, 세종 27년條 ; 《增補文獻備考》 卷243, 〈藝文考〉 2, 歷代著述條 참조.

186) 《世宗實錄》 卷106, 세종 26년 10월 丙辰條, "命僉知中樞院事卞孝文·鄭陟·成均司藝閔瑗·集賢殿校理河緯地·博士徐居正·校書校勘朴元貞·承文院副正字尹恕 詳定五禮儀注于集賢殿"

187) 《世宗實錄》 卷128, 〈五禮〉 참조.

훈민정음이 창제되기까지에는 집현전 학자들의 노력이 컸음은 널리 알려진 사실이다. 《韻會諺譯》, 《龍飛御天歌註解》, 《訓民正音解例》, 《東國正韻》, 《四書諺譯》 등의 編纂·註解·飜譯 사업은 모두 훈민정음 창제와 관련된 사업으로, 거의 집현전 학자들이 이루어 낸 것이었다. 물론 집현전 학자 모두가 이에 참여한 것은 아니었고,[188] 崔萬理와 같이 훈민정음 창제를 반대한 학자가 오히려 많았던 것이다.[189] 특기할 일은 세종 26년 2월에 校理 崔恒, 副校理 朴彭年, 副修撰 申叔舟·李善老·李塏 등에게 《韻會》를 諺譯하게 한 사실과[190], 그 4일 뒤에 副提學 崔萬理, 直提學 辛碩祖, 直殿 金汶, 應敎 鄭昌孫, 副校理 河緯地 등이 훈민정음 제정을 반대하는 상소를 올린 사실이다. 소장학자들은 훈민정음 제정에 참여하였으나 반면에 관직과 연령이 높은 중견 학자들은 이에 반대하고 있다. 이와 같은 현상은 정치에 관심이 많은 중견 학자들보다 소장학자들을 활용하는 것이 특수한 이 사업을 성취하는 데 유리하였기 때문이 아니었나 생각한다. 어쨌든 훈민정음 제정과 이와 관련된 여러 편찬·주해 사업은 집현전의 소장학자들이 이룬 사업으로 집현전이 한국 역사에 이바지한 가장 빛나는 업적임에 틀림없다.

그 밖에 辭命의 制撰은 知製敎의 임무를 띤 집현전으로서 당연한 업무였고, 지리·의약 관계의 편찬사업도 집현전이 조선 초기 문화에 이바지한 훌륭한 업적이었던 것이다.

끝으로 위에 열거한 자료에 따라 집현전관이 編纂·製述에 참여한 상황을 살펴보면, 47건 가운데 ① 집현전에서 전담한 것이 10건, ② '聚文學之士于集賢殿', '집현전' 등으로 기록되어 있어서 참가인원을 알 수 없는 것이 3

---

188) 《韻會諺譯》, 《龍飛御天歌註解》, 《訓民正音解例》, 《東國正韻》, 《四書諺譯》 등에서 《四書諺譯》 참가자 가운데 未詳을 제외한 4개 사업에 종사한 총 인원은 34명이고 그 가운데 집현전 학자가 22명이다. 그러나 중복으로 종사하여 集賢殿官으로 참가한 학자는 崔恒, 朴彭年, 申叔舟, 成三問, 李塏, 李善老 등 6명에 지나지 않는다.

189) 《世宗實錄》 卷103, 세종 26년 2월 庚子條에 보면, 훈민정음 제작을 반대한 집현전 학자는 崔萬理를 비롯하여 辛碩祖·金汶·鄭昌孫·河緯地·宋處儉·趙瑾 등 7명으로 되어있다.

190) 《世宗實錄》 卷103, 세종 26년 2월 丙申條.

건, ③ 참여인원을 알 수 있는 것이 34건이다. ①은 집현전관만으로 행한 것이고, ②는 참가인원은 알 수 없으나 하여간 집현전이 그 주동이 된 사업이었다. 참가인원을 알 수 있는 ③의 34건에 참가한 총 인원은 2백97명이고 그 가운데 집현전관이 1백19명이어서 참가 비율은 5 : 2, 즉 5명 가운데 2명이 집현전관인 셈이다. 그러나 모든 건을 검토해 보면 집현전의 구실이 매우 큰 것이었음을 쉽게 알 수 있다. 집현전이 참여한 편전·제술 사업은 모두 집현전의 업적이라 해도 지나치지 않을 정도로 그 비중은 컸다.

3. 집현전 기능의 전환(세종 19년~세조 2년)

집현전은 설치된 뒤로 학문적 기능을 유지해 왔다. 즉, 고제연구와 편찬 사업 등 의례·제도와 문화의 정리를 목표로 하는 학문적 활동에 참여하였을 뿐 정치적인 활동에는 개입하지 못하였다. 그것은 다음에서 언급할 것이지만, 집현전관은 '學術로써 終身'해야 한다는 세종의 의지에서 말미암은 것이었다. 그러나 세종 19년 무렵에 이르면 세종은 여러 가지 신병으로 서무를 세자에게 맡기려고 한다. 이를 계기로 세자는 차츰 정치적으로 중요한 자리를 차지하게 되는데, 이때 집현전관이 세자를 보좌하는 직임을 맡게 됨으로써 집현전은 차츰 학문적 기관에서 정치적 기관으로 바뀌게 된다.

1) 詹事院의 설치와 集賢殿官

詹事院은 世子가 庶務를 裁決하도록 하기 위하여 설치된 기관이다. 세종은 일찍이 여러 질환이 있어서[191] 재위 19년에 벌써 세자에게 細事를 처결케 하려 했으나[192] 이루지 못하였다. 그러나 '世子處決庶務'의 집념은 확고

---

191) 《世宗實錄》卷35, 세종 21년 6월 丁酉條에 보면, 세종은 '一脚偏痛', '背浮腫', '消渴', '淋疾', '眼疾' 등 여러 질환이 있었던 것을 알 수 있다.

192) 《世宗實錄》卷76, 세종 19년 정월 癸巳條에 보면, "議于承政院曰 予今年 氣體多不平 將不能親斷 萬機 吏兵曹除授及軍國重事 予親聽斷 其餘細碎之事 令王世子處決何如"라 하였다.

한 신념으로 되어193) 마침내 세종 24년 7월에는 첨사원을 설치하게 되었으니, 그 명분은 "唐制에 皇太子(唐太子)는 講官을 두었으나 또한 첨사부를 세워 서무를 재결케 하였으므로 我國(조선)도 東宮僚屬으로 고제에 부합하도록 進講을 맡는 서연관 외에도 따로 서무를 맡는 (唐制의 詹事府에 해당하는) '治事之官'을 두어야 한다"는 것이다.194)

첨사원 설치에 대해서는 의정부, 사헌부, 사간원, 집현전 등에서 맹렬한 반대가 있었다.195) 반대 요지는,

① 東宮僚屬으로는 개국 이래로 書筵官만을 두었어도 부족함이 없었는데 갑자기 新官을 설치하는 것은 옳지 않다.

② 첨사원제가 중국 고제에 따른 것이라 하나, 고제라고 하여도 모두 그대로 받아들일 수는 없다.

③ 첨사원의 설치는 명령의 출납을 위한 것인 바, 이는 승정원과 같은 성질의 기관이므로 承旨의 代行으로 족하다.

④ 첨사원을 설치하여 서무를 分委하면 二政 분권의 의혹을 주게 된다.

는 것이다. 이와 같은 반대가 있었음에도 세종 24년 9월에는 첨사원 제도가 개정되었고196) 곧이어 詹事와 同詹事가 임명되었다. 즉, 柳義孫은 行集賢殿直提學 겸 詹事院 詹事, 李先齊는 行集賢殿直提學 겸 詹事院 同詹事, 李思哲은 藝文直提學 겸 詹事院 同詹事로 임명되었다.197) 이것을 보면, 집현전관이 첨사원 직을 오로지하다시피 하였다. 이는 의정부에서 啓한 '改定詹事院

---

193) 《世宗實錄》卷96, 세종 24년 6월 乙巳條, "上謂都承旨曰……令世子裁決庶事 何不可之有 予意已定矣 予之發此言者 非與爾等議其可否也 但使爾等悉知此意耳"
194) 《世宗實錄》卷97, 세종 24년 7월 丙戌條.
195) 《世宗實錄》卷17, 세종 24년 8월 己丑・庚寅・壬辰~癸丑條 참조.
196) 《世宗實錄》卷97, 세종 24년 9월 庚申條, "議政府改定詹事院之制 啓曰 詹事一人 從三品 同詹事 二人正四品 以書筵官及 東西班閑良 擇其人器相當者兼差 班在輔德弼善之上 從之"
197) 《世宗實錄》卷97, 세종 24년 9월 己亥條.

制'에,

> 詹事 1명 종3품, 同詹事 2명 정4품, 書筵官 및 東·西班 閑良으로서 그 그릇이 합당한 자를 택하여 겸임하게 하며, 班列은 輔德·弼善 위에 둔다(윤허함).[198]

고 하였으므로, 첨사의 자격으로는 서연관이 가장 유망하였음을 알 수 있는데, 당시 서연관 10명은 모두 집현전관이 겸하고 있었으므로 집현전관이 첨사를 겸하게 된 것은 자연스러운 추세라고 하겠다.

첨사원 문제에 이어 발생한 것은 '南面受朝', '稱臣'의 문제였다. 즉, 세종은 身病을 구실로 3大朝賀와 초1일·16일 朝參을 제외한 기타 조참을 세자에게 承華堂에서 남면수조케 하고, 1품 이하는 庭下에 拜하여 稱臣케 하고, 국가 중대사를 제외한 서무는 모두 세자의 재결을 받으라는 교지가 내린 것이다.[199] 물론 여러 신하들의 반대는 비슷하여, '남면수조'의 불가함을 간곡히 啓하였다.[200] 이 문제는 물론 세자로 하여금 서무를 재결케 한다는 세종의 신념에서 말미암은 것으로, 첨사원의 설치와는 밀접한 관련이 있는 사건이었다. 그리하여 세자의 '남면수조'의 불가함을 啓進하면서 또한 세자의 命令出納 기관인 첨사원의 필요성을 부정하고 있으니, 명령출납 기관인 승정원과 첨사원이 나란히 있음으로써 2政 분권의 의혹을 더욱 짙게 하였기 때문이다.[201] 그러나 세종은 신하들의 맹렬한 반대를 묵살하고 마침내 受朝堂을 構築하고[202] '世子攝政之制'를 정하고[203] '世子受朝參儀註'가 撰進되어[204] 세종 25년 6월에는 세자의 受朝態勢가 완비되었던 것이다. '世子受朝'

---

198) 《世宗實錄》卷97, 세종 24년 9월 庚申條.
199) 《世宗實錄》卷100, 세종 25년 4월 壬寅條.
200) 《世宗實錄》卷100, 세종 25년 4월 壬寅·癸卯·甲辰·乙巳條.
201) 《世宗實錄》卷97, 세종 24년 9월 庚申條 ; 卷100, 세종 25년 4월 甲辰條.
202) 《世宗實錄》卷97, 세종 24년 9월 庚申條 ; 卷100, 세종 25년 5월 丙寅條.
203) 《世宗實錄》卷97, 세종 24년 9월 庚申條 ; 卷100, 세종 25년 5월 庚午條.
204) 《世宗實錄》卷97, 세종 24년 9월 庚申條 ; 卷100, 세종 25년 6월 丙戌條.

는 곧 이행되지는 못했지만, 세종 25년 6월부터 세자로 하여금 書筵進講 때
4품 이상의 文·武官을 날마다 輪參케 하기에 이르렀다.205)

세종 27년 정월 세종이 內禪의 뜻을 나타낸 뒤로206) 세자의 적극적인 섭
정이 시작되었다. 즉, 그해 2월부터는 繼照堂에서 朝參을 받았고,207) 5월부
터는 세자가 서무를 재결하게 되었고208) 세종 29년 9월 이후로는 視事하게
되었고,209) 3품 이하의 제수에는 東宮[세자]의 허락을 받아야 했다.210) 이
처럼 첨사원을 설치한 뒤 특히 세종 27년부터 세자의 위치는 왕의 그것을
방불케 하는 데 이르렀던 것이다. 그런데 이와 같은 위치에 있었던 세자와
가장 긴밀한 관계를 맺고 중요한 행사에 참여하였던 것이 '첨사'와 '서연관'
이었으므로, 첨사와 서연관의 터전이라 할 수 있는 집현전은 자연히 정치적
으로 중요한 위치를 차지하게 되었던 것이다. 집현전관이 세종 25년 이후로
정치적으로나 국가 시책에 크게 영향을 미쳤던 것은 여기에서 크게 말미암
았기 때문이라 하겠다. 첨사원은 세자(문종)의 즉위와 함께 혁파되었다.211)

2) 言論·政治에서 활동

(1) 言論 활동

집현전의 언론(上疏·上書·啓) 활동은 이전에도 없지 않았지만, 이 시기
에 이르러 더욱 활기와 적극성을 띠게 된다. 조선왕조는 사대부와 유생에게

---

205) 《世宗實錄》卷97, 세종 24년 9월 庚申條 ; 卷100, 세종 25년 6월 丙午條.
206) 《世宗實錄》卷97, 세종 24년 9월 庚申條 ; 卷107, 세종 27년 정월 壬辰條. 內禪의 뜻을 표했으나 重
　　臣들의 懇請으로 飜意하였다.
207) 《世宗實錄》卷97, 세종 24년 9월 庚申條 ; 卷107, 세종 27년 2월 庚午條 ; 卷108, 세종 27년 4월 己未
　　條 ; 卷110, 세종 27년 11월 乙亥條 ; 卷120, 세종 30년 4월 丙午條 등 참조.
208) 《世宗實錄》卷97, 세종 24년 9월 庚申條 ; 卷108, 세종 27년 5월 庚寅條 ; 卷108, 세종 27년 5월 巳亥
　　條 ; 卷113, 세종 28년 8월 丁未條 등 참조.
209) 《世宗實錄》卷97, 세종 24년 9월 庚申條 ; 卷117, 세종 29년 9월 戊申條 ; 卷118, 세종 29년 12월 癸
　　亥條 ; 卷120, 세종 30년 4월 丙午條.
210) 《世宗實錄》卷97, 세종 24년 9월 庚申條 ; 卷118, 세종 29년 10월 壬午條, "前此 前銜及有蔭子弟 皆
　　受落點·受圈而後叙用……時三品以下除授 受東宮之圈 故曰受圈"
211) 《文宗實錄》卷1, 문종 즉위년 3월 癸丑條.

상소를 통한 언론의 기회가 허용된 왕조였으므로, 집현전이 언론 활동을 폈다고 해서 특기할 문제는 되지 못하나, 집현전의 활동의 성향과 이의 정치적 영향을 살피려면 언론 활동의 상황을 분석하는 작업도 필요하다. 이 작업을 위하여 집현전의 언론 활동(上疏·上書·啓)의 내용을 《朝鮮王朝實錄》에서 뽑아 분류하면 [부록 5]와 같다.212)

[부록 5]에 열거한 자료에 따르면, 의례의 제정 또는 시정을 위한 집현전의 言論은 주목할 만한 것은 아니었다. 그러나 앞에서 언급한 것과 같이 집현전의 고제연구에서는 의례의 상정은 큰 비중을 차지하고 있는 것이다.

집현전의 활동 가운데 법제의 제정 또는 시정을 위한 활동이 가장 뚜렷한 것으로 보인다. '守令의 任期問題', '文武考課之法', '進士試取法', '致仕之法', '恩賜科設置의 建議' 등을 보면, 법제적인 문제에서 집현전의 언론 활동의 성향은 관료체제의 확립에 있었음을 추측할 수 있다. 관료의 인선과 그의 효율적인 활용을 위한 법제, 즉 관료체제의 확립을 위한 법제는 국가백년대계를 위한 밑바탕 작업으로, 법제적으로 아직 정비하지 못한 당시에 마땅히 다루어져야 할 중요한 문제였던 것이다.

법제를 제정할 때 집현전의 비중은 세조 초기에 이르러 더욱 커졌다. 세조는 즉위한 뒤 經國의 大典을 편찬하려는 뜻을 갖고 그 첫 단계 사업으로 재위 원년(1455) 9월에 관제를 撰하게 하였다. 이때 命을 받은 학자가 李季甸과 鄭昌孫 등 모두 14명이었는데, 그 가운데 4명은 집현전 출신 학자였고 나머지 10명은 모두 현직 집현전관이었다.213) 그뒤 오래 지나지 않아 집현전은 혁파되어 집현전관의 자격으로 《經國大典》(六典) 修撰에 참여하지는 못하였지만, 《經國大典》의 찬수자의 과반수가 집현전 출신자였다는 사실을

---

212) 儀禮의 制定 또는 是正에 관한 것은 ㉮ '儀禮'로, 法制의 지정 또는 시정에 관한 것은 ㉯ '制度'로, 施政의 是非에 관한 것은 ㉰ '施政'으로, 佛敎와 佛事를 斥論하는 것은 ㉱ '斥佛'로, 臺諫이 諫諍으로 말미암아 被禍됐을 때 대간의 언론을 優容하라고 대간의 처지를 변호하는 것은 ㉲ '辨臺諫'으로, 그 밖의 것은 ㉳ '기타'로 분류하였다.

213) 《世祖實錄》 卷2, 세조 원년 9월 丙戌條.

보면214) 집현전이 조선 초기의 제도 확립에 크게 이바지를 하였음을 인정하지 않을 수 없다.

'施政'에 관한 집현전의 언론 활동은 세종 20년대 이후부터 이루어졌다. 20년대는 세종의 집현전 육성책의 효력으로 많은 집현전 학자들이 학문적으로 성숙하게 되었고, 동시에 정치적으로도 일가견을 갖게 되었기 때문이라고도 하겠지만, 더 근본적인 이유는 앞에서 말한 바와 같이, 세종이 身病으로 세자에게 庶政을 재결시킨 데 있는 것으로 보인다. 즉, 섭정을 하게 된 세자와 더불어 학문과 정사를 논의할 수 있는 가장 가까운 직임인 서연과 첨사원의 직을 거의 집현전관이 전담하고 있었다는 사실이 집현전으로 하여금 국가의 중대한 시책에 관한 그의 의견을 개진할 수 있는 기회를 준 것으로 보인다. 세종 27년 세종이 內禪의 뜻을 나타낸 뒤로 세자의 섭정은 적극성을 띠게 되었음은 앞서 서술한 바 있지만, '社倉·義倉便否', '燔鹽便否', '楮貨便否', '貢法', '備邊十策' 등 국가중대시책에 집현전이 그의 의견을 개진한 것이 재위 세종 27년 이후였다는 사실은 그 무렵의 사정을 전하는 것이 아닌가 한다.

'척불'에 관한 집현전의 언론은 시종일관된 것이었다. 세종 6년 3월 집현전 提學 尹淮 등의 상소와 세종 7년 6월 부제학 申檣 등 14명의 陳言으로 비롯한 집현전의 척불 언론은 造佛·建寺·水陸齋 등 佛事가 있을 때마다 나타났다. 척불 언론 가운데 집중적이었던 것은 ① 세종 23년, ② 세종 30년 ③ 문종 즉위년, ④ 단종 2년의 것이었다. ①은 興天寺舍利閣慶讚會의 停罷를 위한 집현전 부제학 최만리 등의 활동이었고, ②는 內佛堂 건조의 정지를 위한 직제학 辛碩祖와 부제학 鄭昌孫 등의 활동이었고, ③은 세종이 昇遐한 뒤에 일어난 造佛·寫經·造寺 등의 停罷와 세종 後宮의 삭발을 금지시키기

---

214) 《經國大典》序. "……仍命寧城府院君臣崔恒·右議政臣金國光·西平君臣韓繼禧·右贊成臣盧思愼·刑曹判書臣姜希孟·左參贊臣任元濬·右參贊臣洪應·同知中樞院事臣成任·暨臣居正　裒集諸條 詳加採擇 撰次爲書"

위한 부제학 정창손 등의 활동이었고, ④는 불당을 헐도록 청하는 부제학 金鉤·河緯地 등과 직제학 李石亨 등의 활동이었다. 물론 집현전말고도 의정부·6조·대간·성균관 등에서도 모두 척불을 하였지만, 세종이 자기의 손발이 되도록 육성한 집현전도 세종의 容佛的인 태도와는 달리 강력한 척불 기관이 되었던 것이니, 이는 유학자의 집합소 성격을 띤 집현전의 자연스러운 추세라 하겠다. 세종의 사신으로서의 성격을 띤 집현전이었기 때문에 때로는 따로 뽑아 불경을 金寫케도 하였고, 〈舍利閣慶讚會疏文〉을 편찬하게도 하였지만, 집현전의 성격은 척불로 일관하였음은 뚜렷한 사실이며, 척불 학자를 다수 배출한 집현전은 유교국가 확립에 박차를 가한 기관이었다고 하겠다.

대간을 변호하기 위한 집현전의 언론은 비록 그 횟수는 적었지만, 중요한 의의가 있다. 대간언론의 과도한 탄압은 대가 왕권의 강대 또는 독단의 결과지만, 왕의 독단과 非政을 억제하는 수단으로 대간의 언론은 불가결한 것이다. 그런데 대간의 諫諍이 왕의 노여움을 사서 대간이 징계되면 정규적인 언론은 실제로 봉쇄된다. 이처럼 대간의 언론 활동이 정지될 경우에 대간의 처지를 변호하고, 대간언론의 보장을 勸請하고, 그들을 대신하여 언론을 행사할 수 있는 제3의 언론 기관이 필요했다. 대간언론의 위축을 막기 위하여 대간의 언론을 너그러이 용서하고 대간의 인사를 신중히 할 것을 간청하는 집현전의 태도는 제3의 언론 기관의 그것을 연상케 한다. 뒷날 집현전의 후속 기관으로 보는 홍문관이 대간과 더불어 언톤의 3司로 성립하게 되는 실마리가 여기에도 있는 것이 아닌가 여겨진다.

(2) 政治 활동

위에서 말한 언론 활동도 간접적인 정치 활동으로 여겨진다. 특히 '施政'에 관한 것은 더욱 그러하다. 그러나 상소 등을 통한 의사 상달은 조선시대에서는 광범위한 부류에게 허용되었으므로 집현전의 언론 활동 그 자체는 그리 큰 의의가 있는 것은 아니다. 그러나 세종 20년대에서 뚜렷하게 되는 것은 국가시책에 관한 논의에 직접 참여하게 되었다는 사실이다. 세종 25년 10월에 세종은 황희·하연·황보인·권제·정인지 등의 대신과, 대간·집현전관을 불러 貢法의 便否를 의논하였는데, 이때 집현전관으로 부제학 최만리, 직전 李季甸·金汶, 응교 鄭昌孫·盧叔仝, 교리 魚孝瞻, 수찬 河緯地·梁誠之·宋處儉, 박사 李塏·李芮 등이 참여하여 그들의 의견을 펴나갔다.215) 또한 세종 26년 7월에,

> 집현전의 모든 관원이 정부에서 올린 社倉法을 의논하고, 모두가 '행할 수 없습니다'라고 했다.216)

고 한 기록이 그 한 예이다. 이처럼 집현전이 국가시책에 관한 논의에 직접 참여하게 된 요인도 이미 언급한 바와 같이 정치에서 세자의 지위 상승에 따른 집현전관의 정치적인 지위 향상에 있는 것으로 보인다. 그러면 그 내용은 어떠한 것이었는지를 《朝鮮王朝實錄》에서 필요한 것들을 뽑아 분류하면 〔부록 6〕과 같다.

〔부록 6〕에 따르면, 喪服制度에 관한 것은 상복제도의 원칙을 정하기 위한 것이 아니고, 어떤 특수한 경우의 지엽적(세부적)인 문제의 해결을 위한 것이었으므로 그리 중요시되지 않는다. 그 내용의 중요성으로 본다면 과거제도에 관한 것과 경제시책에 관한 것이라 하겠다. 과거에서 '講經·製述의 是非', '科擧科目'과 '試取節目' 등에 관한 논의는 과거제도의 원칙적인 문제였고, '貢法便否', '社倉法', '楮貨便否' 등에 관한 논의는 국가의 재정·경제적인 면의 기본적인 해결의 관건이었던 까닭이다. 물론 '文敎施策', '服色制度'에 관한 것은 교육의 정상화와 관료체제의 확립을 위해 중요한 문제

---

215) 《世宗實錄》卷102, 세종 25년 10월 戊申條.
216) 《世宗實錄》卷105, 세종 26년 7월 辛酉條.

였다.

집현전이 국가시책에 관한 논의에 참여한 중요한 의의는, 때로는 집현전으로 하여금 단독으로 議啓하도록 했지만,[217] 의정부·육조·대간 등과 더불어 참여하게 하였다는 사실이다.[218] 중요한 시책의 해결을 위해 의정부·육조·대간 등과 같은 정치 기관과 함께 논의에 참여할 수 있게 되었다는 사실은 집현전도 그와 같은 정치 기관으로 바뀌었음을 뜻하는 것이라 하겠다. 이와 같은 현상은 집현전이 학술적 기관에서 정치적인 기관으로 변질된 것을 뜻한다.

3) 集賢殿官의 言官化

士大夫·儒生 등에게 상소(상서)를 통한 언론의 기회가 부여된 조선시대였으므로, 어떤 기관에서 상소 등의 수단으로 간쟁하였다고 해도 그 기관이 언관적인 기능을 가졌다고 단정짓기는 어렵다. 적어도 어떤 기관의 기능의 하나가 언관적인 것이었다고 단정지으려면, 그 기관의 간쟁 또는 탄핵의 횟수와 권위가 언론(간쟁·탄핵)을 주무로 하는 대간의 그것과 비슷해야 할 것이다.

앞에서 집현전의 언론 활동을 분석해 보았지만, 그 가운데는 다분히 언관적인 성격을 띤 것이 많았다. 집현전이 언관적인 면을 갖고 있었음을 수긍하게 해 주는 예를 보면, 內佛堂의 停罷를 위하여 呈辭한 집현전 부제학 정창손 등이 세종에게 말하기를,

> 臣 등의 職은 전곡을 출납하는 직임이 아니고 분주히 服役하는 일도 아닙니다. 다만 좌우에서 顧問에 대비하여 진실로 말씀드릴 일이 있으면 숨김없이 아

---

217) 《世宗實錄》 卷92, 세종 23년 2월 丁酉條 ; 卷105, 세종 26년 7월 己未條 ; 卷112, 세종 28년 5월 壬辰條 등 참조.

218) 《世宗實錄》 卷102, 세종 25년 10월 戊申條 ; 卷116, 세종 29년 5월 乙未條 ; 《文宗實錄》 卷2, 문종 즉위년 6월 丁丑條 ; 《端宗實錄》 卷4, 단종 즉위년 11월 癸亥條 등 참조.

뢰어 성덕을 돕는 것입니다.[219)

고 하였고, 또 報供齋의 停罷를 상소한 집현전에 대하여 불만을 나타내는 세종에게 左議政 河演 등이 말하기를, "집현전관의 뜻은 정도(유교)를 지키는 데 있습니다. 말이 비록 지나쳐도 책하는 것은 옳지 않습니다"[220)고 하였고, 또 문종이 집현전의 언론을 환영하여 이르기를,

> 나라에 집현전을 설치한 것은 조석으로 論思하고자 함이다. 너희들이 무릇 국가의 일을 숨김없이 모두 아뢰니 나는 매우 기쁘다.[221)

고 하였다. 즉, 집현전관 자신들도, 大臣들도, 왕도 집현전관의 언관적인 성격을 인정하고 있었다.

또한 세종 31년 6월에 집현전 직제학 辛碩祖 등은 興天寺祈雨에 監察 河淳敬이 僧徒와 함께 禮佛을 함으로써 憲官의 체면을 크게 손상시켰다는 이유로 하순경의 파직을 啓請[222)하고 있는데, 이에 하순경은 上書辭職하는 가운데 "지금 집현전과 사간원이 신의 罪를 갖추어 서로 간쟁(탄핵)을 하고 있습니다"[223)고 한 것과, 報供齋를 반대하여 여러 차례 간쟁한 것이 세종의 마음을 상하게 하여 세종이 內禪의 뜻을 나타냈을 때, 이와 같은 사태를 일으킨 요인을 세자(문종)가 지적하기를,

> 상감의 이와 같은 일〔內禪〕은 반드시 집현전에서 심하게 간쟁했기 때문이 아닐 수 없다.[224)

---

219) 《世宗實錄》卷121, 세종 30년 7월 戊申條.
220) 《世宗實錄》卷124, 세종 31년 6월 戊申條.
221) 《文宗實錄》卷10, 문종 원년 11월 己未條.
222) 《世宗實錄》卷124, 세종 31년 6월 甲子條.
223) 《世宗實錄》卷124, 세종 31년 6월 己巳條.
224) 《世宗實錄》卷125, 세종 31년 7월 己丑條.

고 한 것 등을 보면, 집현전은 대간 이상의 권위를 가진 언관의 소임을 하고 있었음을 알 수 있다.

집현전이 언관화하였다면 그렇게 되게 한 정치·제도적인 어떤 요인을 가상하지 않을 수 없다. 당시는 제도적으로 아직 미비한 시대였다는 것을 전제로, 먼저 대간제도의 모순이나 미비가 그 요인이 되지 않았는지 검토할 필요가 있다고 본다.

대간제도는 개국 초부터 시행되었다. 즉, 태조 원년 7월 문무백관의 제도를 정할 때, 문하부 낭사에 '간쟁'과 '논박'을 맡은 간관이 있었고, '時政의 得失', '風俗의 矯正', '彈劾' 등을 맡는 사헌부가 있었다.[225] 문하부 낭사에 속하였던 간관은 태종 원년에 사간원으로 독립하였다.[226] 그러나 개국 초에 대간제도는 그 기능을 다하지 못하였다. 특히 태종은 대간의 존재를 달갑지 않게 여긴 것이 완연하니, "지금부터 대간의 직을 없애는 것이 마땅하다. 내가 전날 대간의 자리를 모두 임명하지 않은 것은 이와 같이 번거로운 것을 싫어했기 때문이다"[227]라고 극언까지 했다.

사헌부와 사간원의 기능은 법제상 엄연히 구분되어 있었지만, 세종 초기까지도 두 기관의 기능은 뚜렷한 구분이 없이 혼동된 점이 많았다. 세종 9년 정월에 사간원에서 廣孝殿祭 回駕 때 侍衛하지 않은 侍臣을 論罪할 것을 啓請하자 세종이 이르기를, "이는 憲府의 임무인데 무엇 때문에 諫院에서 말하는가"[228]라고 하였다. 마땅히 사헌부에서 다루어야 될 탄핵 언론을 사간원에서 행한 데 대한 詰問이었다.

[표 13], [표 14], [표 15]는 사헌부와 사간원의 상소와 啓의 내용을 대개 '彈劾', '諫諍', '時務'로 분류하고, ① 태종 10년~11년, ② 세종 즉위년~

---

225) 《太祖實錄》 卷1, 태종 원년 7월 庚子條.
226) 《太宗實錄》 卷2, 태종 원년 7월 更子條 ; 震檀學會 刊, 《韓國史》(近世前期篇), 을유문화사, 1959, 154쪽, 168쪽 ; 《文獻備考》 卷219, 〈職官考〉 6, 臺雀 司諫院條 참조.
227) 《太宗實錄》 卷23, 태종 12년 3월 庚子條.
228) 《世宗實錄》 卷35, 세종 9년 정월 丁酉條.

〔표 13〕 사헌부의 언론 활동 내용

활동내용 \ 시기	태종 10년~11년	세종 즉위년~9년	세종 14년~23년
彈　劾	28회(82%)	101회(81%)	106회(62%)
諫　諍	0회(0%)	6회(5%)	42회(24%)
時　務	5회(18%)	18회(14%)	24회(14%)
계	34회(100%)	125회(100%)	172회(100%)

〔표 14〕 사간원의 언론 활동 내용

활동내용 \ 시기	태종 10년~11년	세종 즉위년~9년	세종 14년~23년
彈　劾	15회(54%)	46회(69%)	27회(29%)
諫　諍	3회(10%)	11회(16%)	54회(59%)
時　務	10회(36%)	10회(15%)	11회(12%)
계	28회(100%)	67회(100%)	92회(100%)

〔표 15〕 대간(사헌부와 사간원)의 언론 활동 내용

활동내용 \ 시기	태종 10년~11년	세종 즉위년~9년	세종 14년~23년
彈　劾	13회(93%)	41회(95%)	5회(24%)
諫　諍	1회(7%)	2회(5%)	16회(76%)
時　務	0회(0%)	0회(0%)	0회(0%)
계	14회(100%)	43회(100%)	21회(100%)

9년, ⑧ 세종 14년~23년의 세 기간을 통해 사헌부와 사간원의 기능이 어떻게 정비되어 갔는가를 개관하기 위한 표229)이다.

---

229) '彈劾'은 官吏의 罪狀을 들어 論罪하는 것을, '諫諍'은 王의 言動이나 施策에 잘못이 있을 경우에 이의 是正을 청하는 것을, '時務'는 時務策의 建議, 時政의 是非를 論하는 것을 뜻한다. ①, ②, ③의 時期 選擇은 臺諫의 활동이 억제를 당하던 태종 때의 일부와 세종 초기와 중기에 어떠한 변화가 있었는가를 보기 위함이다. 대간활동의 모든 자료를 다 아우른 것은 아니고, 같은 사건에 관한 많은 자료는 그 일부만을 썼다. 그러므로 횟수는 減縮이 있으나 臺諫活動의 대개를 살피기에는 족할 것이다. 여기서 자료를 제

이들 표에 따르면, ① 태종 10년~태종 11년, ② 세종 즉위년~세종 9년에는, 사헌부와 사간원의 활동의 대부분이 '彈劾'에 집중되어 있음을 쉽게 알 수 있다. 이것은 사헌부와 사간원의 職掌에 분화가 이루어져 있지 않아 마치 '異官同職'의 모습을 나타내고 있다 하겠다. 이와 같은 현상은 대간제도가 제대로 갖춰지지 않은 탓이라 하겠다. 그러나 사간원의 경우 탄핵은 ② 46회(69%)에서 ③ 27회(29%)로 떨어졌으나, 반면 諫諍은 ① 3회(10%) ② 11회(16%) ③ 54회(59%)로 점증하고 있다. 즉, 세종 중기에 이르러 사간원은 차츰 정비 단계에 이른 것으로 보인다. 사헌부의 경우 탄핵은 ① 28회(82%) ② 1백1회(81%) ③ 1백6회(62%)로 그 비율이 차츰 줄어들고 있으며, 간쟁은 ① 0회(0%) ② 6회(5%) ③ 42회(24%)로 차츰 늘어났으며, 時務에 관한 것은 거의 변동이 없다. 사헌부의 전체 활동에 대한 탄핵 활동의 비율이 떨어지는 것은 마치 사헌부의 활동이 정비되지 못함으로써 나타나는 현상처럼 보인다. 그러나 탄핵 활동이 비율에서 ② 81%에서 ③ 62%로 떨어졌지만, 그 횟수는 ② 1백1회에서 ③ 1백6회로 증가한 것을 보면, 사헌부의 탄핵 활동이 감축된 것이 아니라, 간쟁과 시무에 관한 활동이 상대적으로 증가하였기 때문이 아닌가 한다. 이와 같은 현상은 사헌부의 위치가 정치적으로나 법제적으로 확고하게 되어감을 뜻하는 것이라 하겠다.

대간의 공동 활동에 탄핵 활동은 격감하였고, 간쟁 활동은 격증하고 있다. 즉, 두 司의 合司는 대간제도가 정비되어감에 따라서, 탄핵을 위해서보다는 간쟁을 위해서 이루어졌음을 알 수 있다.

위의 통계적인 분석에 따르면, 집현전이 언관화하게 된 요인을 대간제도의 미비에서 찾기는 어려울 것이다. 왜냐하면, 대간제도가 아직 미비한 세종 초에 언관화되어 간 것이 아니라, 대간제도가 거의 정비된 세종 20년대 이후부터 언관화했기 때문이다.

시하지 못하는 것은 그 건수(횟수)가 6백 회에 이를 정도로 너무 많기 때문이다.

그러면 집현전의 언관화의 요인은 어디 있을까?

첫째는, 집현전이 경연을 맡고 있었다는 사실이다. 경연에 入參하여 經史를 강론하고 顧問에 대비한 집현전관은 일반 國事에도 그들의 의견을 개진할 기회를 가질 수 있었다.230) 그러나 언관화의 시기는 세종 25년 앞뒤부터였다고 보여지는데, 세종 16년에 《資治通監訓義》의 편찬을 위해 경연을 정지한231) 뒤로 세종은 거의 廢筵하다시피 했다는 사실을 참작한다면, 집현전의 경연입참은 언관화의 소질을 길러 주었지만 그것이 언관화의 근본 원인은 아니었을 것이다.

둘째는, 집현전이 정치적으로 지위가 향상되었다는 점이다. 이미 언급한 바 있지만 세종은 일찍이 여러 身病이 있어 세종 19년에는 벌써 서무를 세자에게 처결케 하려 하였던 바, 그의 고집은 첨사원의 설치를 불러왔다. 그런데 첨사원의 관원은 실제로 집현전관 가운데서 兼帶하게 되어 있어서 집현전관이 정치에 참여할 수 있는 기회를 갖게 되었다. 바로 이러한 이 사실이 집현전이 언관화하는 중요한 계기가 된 것으로 본다. 아울러 집현전관이 서연을 전담하였다는 사실이다. 즉, 세종 25년 이후 세자(문종)의 정치적 위치가 차츰 높아져 세종 27년 이후로는 거의 왕의 자리를 대행하기에 이르렀는데, 이때 서연관이 모두 집현전관이었다는 사실은 집현전이 경연을 전담하였다는 사실 이상의 의의가 있는 것이다. 앞서 인용한 바 있지만, 《大虛亭集》에 "時 文宗監撫庶事 書筵官掌機密"이라고 한 기록으로도 당시에 서연관인 집현전관이 정치적으로 중요한 위치를 차지하고 있었음을 쉽게 알 수 있다.

위에서 살핀 바에 따라 언관화의 요인을 정리하면 다음과 같이 말할 수 있을 것이다. 즉, 집현전관은 경연을 담당함으로써 언관화할 소질을 갖고

---

230) 《世祖實錄》卷3, 세조 2년 정월 乙未條, "御經筵 講罷……上又曰經筵所以接賢士大夫 講論治道 非但講讀而已"
231) 《世宗實錄》卷65, 세종 16년 9월 丙申條.

있었고, 세자 섭정 때 세자와 가장 긴밀한 첨사와 서연관을 兼帶하게 됨으로써 집현전관은 정치적으로 중요한 위치를 차지하게 되었다. 바로 이러한 사정이 언관화의 요인이 된 것으로 생각한다. 아울러 세종이 큰 기대와 관심을 갖고 키운 집현전이 설치된 지 20여 년이 지난 그 무렵 집현전은 학문과 정치에 일가견이 있는 훌륭한 학자군을 형성하고 있었다는 사실도 중시하지 않을 수 없으며, 세종 말년에 계속된 佛事는 儒者 집단의 성격을 띤 집현전이 더더욱 언관적 기관으로 바뀌는 데 박차를 가하도록 한 요인으로 보인다.

이와 같이 하여 형성된 집현전의 언관적 성향은 뒷날 집현전의 후속기관으로 보는 홍문관을 兩司(사헌부·사간원)와 더불어 언관의 하나로 발전케 한 요인이 되지 않았나 여겨진다.

4) 臺諫으로 진출

집현전 설치 무렵에는 경연에 侍講하고 대내적(유교화를 위한 여러 가지 정리) 과제와 대외적(사대관계적) 과제를 감당할 만한 학자의 양성을 목표로 하였기 때문에 집현전관은 학문의 수련과 학술적 직무에만 종사해 왔다. 그러나 차츰 집현전관은 학문적으로 일가견을 지닌 학자로 자라면서, 당시 학문과 정치는 體와 用의 관계에 있었으므로, 그들의 학문(이상)을 정치에 구현해 보려는 의욕이 일게 되었다. 즉, 학문만을 위한 집현전보다 이를 정치에 활용할 수 있는 政曹와 臺諫 등으로 진출하려는 경향이 차츰 나타나게 되었다. 이와 같은 경향은 세종 16년 앞뒤로 차츰 움튼 듯한데, 세종 16년 3월에 세종이 경연에서 경연관에게 이르기를,

집현전을 설치하여 文翰을 오로지하게 하였다. 지난 丁未年 親試에 집현전이 많이 합격하여 나는 마음으로 기뻐하였다. 이는 반드시 항상 文翰을 오로지한 때문으로 생각한다. 근래 듣건대 집현전 관원이 모두 이를 싫어하여 臺諫이나 政曹를 희망하는 자가 자못 많다고 한다. 나는 집현전을 중히 선발하여 특별

히 禮待한 것이 대간과 다름이 없는데 일을 싫어하여 옮기기를 바라는 것이 이와 같으니 항차 뭇 관원들에게서랴? 신하의 봉직하는 뜻이 과연 이러한 것인가. 너희는 태만한 마음을 갖지 말고 학술에 전업하여 終身하도록 기약하라.232)

고 한 것에서 추측할 수 있다. 즉, 집현전관을 우대하였음에도, 文翰에 오로지하는 것을 싫어하여, 대간이나 정조로 진출하기를 희망하는 자가 많으므로, 그러한 마음을 품지 말고 종신토록 학문에 전심할 것을 勸勵하고 있는 것이다. 집현전관은 집현전을 지켜야 한다는 세종의 신념에 의함인지 오랫동안 집현전관이 정계로 진출한 예를 볼 수 없다.

집현전관의 정계 진출에서 문제가 되는 것은 종3품 이하인 執義 · 掌令 · 持平 · 司諫 · 獻納 · 正言 등 대간으로의 진출이다. 왜냐하면 大司憲 · 6曹 參判(이상 종2품), 承旨 · 大司諫 · 6曹 參議(이상 정3품) 등은 집현전관이 그 품과 직을 다한 직제학(종3품), 부제학(정3품)에 이른 뒤 어쩔 수 없이 집현전관직을 떠나게 되면, 마땅히 부임하게 되는 직품233)이기 때문이다. 그러나 종3품 이하에서 대간으로 진출하게 된다면 집현전관은 집현전에서 종신(결국 직제학이나 부제학에 이르는 것을 뜻함)해야 함을 신조로 삼은 세종의 집현전관과는 상반되는 것이다.

집현전관의 대간으로의 진출 의욕은 당시 사회풍조의 자극도 한몫한 것 같다. 세종 21년 2월에 의정부에서 啓進한 것에 따르면 당시의 사회기풍이 國家師表之任(各級官學의 敎授官)을 모두 천시하여 부귀한 집안의 자제나 권력자는 비록 經學이 精明하여도 모두 臺閣으로 진출234)하려는 경향이었

---

232) 《世宗實錄》卷63, 세종 16년 3월 丁酉條.
233) [부표 2]에 따르면 세종 4년에 直提學 金赭는 同副代言(承旨)으로, 세종 8년에 副提學 權蹈는 禮曹 參判으로, 세종 13년 부제학 金尙直은 戶曹參議로, 세종 13년 직제학 兪尙智는 同副代言으로, 세종 15년 부제학 金孝貞은 戶曹參議로, 세종 16년 부제학 偰循은 吏曹參議로, 세종 17년 부제학 李宣은 吏曹參議로, 세종 18년에 부제학 金墩은 右副承旨로 임명되었다. 즉, 직제학과 부제학을 지낸 뒤에는 六曹와 承政院으로 진출하였다.
234) 《世宗實錄》卷84, 세종 21년 2월 辛亥條.

음을 알 수 있다. 이와 같이 대간의 직을 선망하는 사회풍조가 文翰[학문]을 전업으로 하는 집현전관에게도 영향을 끼쳤을 것으로 보지 않을 수 없다.

집현전관의 신분으로 대간으로 처음 진출한 이는 李思哲인데, 그는 세종 24년 2월(甲寅)에 掌令을, 그해 4월(丙辰)에 執義를 지냈다. 그러나 같은 해 9월에 첨사원이 설치될 때 藝文直提學 겸 同詹事로 제수되었으므로 대관으로서 재직한 지 몇 달 되지 않았다. 그뒤 세종 27년 8월에 應敎 鄭昌孫에게 執義를 제수하였는데, 이것을 빙자하여 집현전의 여러 유자들이 다른 官으로 遷職하고자 하는 기운이 있으므로, 이를 우려하여 정창손의 환직 여부를 의정부로 하여금 논의하게 하였으나 결론을 얻지 못하자, 세종은 정창손의 환직을 명하였다. 그러나 이 명은 大司憲 姜碩德의 請으로 飜意되어 결국 정창손은 司憲執義로 있게 되었다.235) 이 한 사례만 보아도 집현전관이 대간으로 전직하는 일은 세종 때 거의 불가능한 것이었음을 알 수 있다. 그리하여 세종 때 대간의 직을 역임한 집현전관은 위의 두 예와 세종 30년 10월에 盧叔同이 知司諫院事로, 세종 31년 12월에 金新民이 右司諫으로 임명된 것 등 몇 건에 지나지 않았던 것이다.

그러나 문종이 즉위하자 사태는 일변하여 집현전관은 대거 대간으로 진출하게 되었으니,

> 상감께서 즉위하시어 集賢儒士를 다수 품계를 올려 臺諫에 배열하니 朝野에서 기대가 많았다.236)
>
> 상감께서 즉위 초에 대간을 선발하시면서 魚孝瞻·申叔舟·河緯地를 뽑아 臺官으로 삼으니 사림들은 모두 기대를 했다.237)

---

235) 《世宗實錄》卷109, 세종 27년 8월 甲辰條.
236) 《文宗實錄》卷3, 문종 즉위년 9월 甲寅條.
237) 《文宗實錄》卷3, 문종 즉위년 9월 癸亥條.

고 한 기록으로도 분명하다. 즉, 문종 즉위년 5월에 魚孝瞻은 執義로, 河緯地는 掌令으로, 그해 6월에 申叔舟는 장령으로, 같은 해 9월에 崔恒은 右司諫大夫로 임명되었고, 문종 원년에 朴彭年은 執義로, 宋處儉은 右獻納으로 임명되었다.238) 이처럼 집현전관이 대간으로 진출하게 된 요인은 세종 말기 세자(문종) 섭정 때 집현전관이 서연관과 첨사 등 중요한 직책을 겸임함으로써 당시 정치적으로 중요한 위치를 갖게 되었다는 사실, 즉 세자와 집현전관이 긴밀한 관계로 맺어져 있었다는 사실과, 집현전관이 언관적인 성격을 띠고 있었다는 사실 때문인 듯하다.

문종 즉위와 더불어 열린 대간으로 진출하는 문은 단종 때 그 극에 이르렀다. 단종 원년에 집현전 경력이 있던 대간은 金禮蒙, 成三問, 申叔舟, 柳誠源, 尹起畎, 李塏, 李克堪, 趙晤, 河緯地 등 9명에 이르렀던 것이다.239) 이와 같은 경향은 심하지는 않았지만 세조 때(집현전 혁파 전)도 계속되었던 것이다.

언관적인 소질과 성격을 갖고 있던 집현전관이 문종의 즉위와 함께 대거 대간으로 진출한 현상은, 세종 때의 학술적인 집현전에서 이질적인 집현전으로 뚜렷하게 바뀌었음을 뜻하는 것이다. 세종 때의 집현전이 이상적인 것이었다고 하면 세종의 昇遐와 더불어 그것도 끝났다고 하겠다.

참고로 집현전 기능의 확대 상황을 표시하면 [부표 1]과 같다.

---

238) [부표 2] 참조.
239) [부표 2] 참조.

三. 集賢殿의 혁파

1. 혁파의 배경과 원인

세종 재위 32년 동안은 문화적으로도 황금시대였을 뿐만 아니라 정치적으로도 매우 안정된 시기였다. 그러나 세종의 뒤를 이은 문종이 재위 2년 9개월 만에 昇遐함으로써 정치적인 불안 상태가 싹트게 되었다. 즉, 문종의 뒤를 이어 단종이 12세의 어린 나이로 즉위하게 되자, 단종의 여러 숙부들이 왕위의 야심을 갖게 되었다. 특히 수양대군과 안평대군의 경합이 심했지만 야심과 수완이 비범한 수양대군이 먼저 수를 썼다. 수양은 단종의 보필을 遺命받은 영의정 皇甫仁과 우의정 金宗瑞를 椎殺하고 그 밖의 반대세력을 살해 또는 유배하고 軍國의 대권을 장악하였으니 이른바 癸酉靖難이다. 계유정난이 있은 뒤 단종은 수양의 위권에 눌려 讓位하고 수양대군이 즉위하니 곧 세조이다.

단종은 어린 나이로 즉위하여 親政하기 어려웠으므로 '卽位之敎'에서 6曹直啓制를 폐하고 議政府署事制를 실시할 것을 정하였다.[240] 물론 이 제도는 周制의 冢宰의 制와 비슷한 것으로 유자가 이상으로 하는 제도였지만, 단종이 어렸기 때문에 결국 정권이 의정부의 손아귀에 들어가게 되어 그 폐단이 적지 않았던 것이다.[241] 그리하여 세조가 즉위하자 왕권강화를 위해 의정부서사제를 6조직계제로 개혁하였던 것이다.[242] 이에 병조판서 李季甸, 禮曹參判 河緯地 등이 곧바로 6조직계제를 반대하고 周制(冢宰의 制, 즉 의

---

240) 《端宗實錄》卷1, 단종 즉위년 5월 庚戌條.

241) 《世祖實錄》卷2, 세조 원년 8월 壬子條, "史官李承召曰……當魯山之時 倒持太阿 授諸姦臣 人主不得而搖手 百官不假於承命 頤指氣使 莫敢誰何 知有政府 而不知有君之日久矣 世祖卽位 深懲其弊 首罷政府署事之法"; 《端宗實錄》卷6, 단종 원년 5월 甲辰條 참조.

242) 末松保和, 〈朝鮮議政府考〉, 《朝鮮學報》9집; 《世祖實錄》卷2, 세조 원년 8월 甲辰·庚戌·壬子條 참조.

정부서사의 제도를 뜻함)를 따를 것을 啓請하였으나, 세조의 분노를 사서 하위지는 杖辱을 당하였다.243) 이처럼 세조는 강력하게 왕권강화를 위한 밑바탕을 다졌던 것이다.

단종의 왕위를 찬탈한 세조에 대한 반감과 禪位한 단종에 대한 동정은 당시 사람들의 보편적인 감정이었을 것이다. 더구나 고제와 유학에 조예가 깊고 세종과 문종의 은총을 입은 집현전관과 그 출신에게, 세조의 찬탈은 유학의 명분론에서 보거나 군신의 도리로 볼 때 도저히 용납할 수 없는 처사였을 것이다. 더욱이 세조가 즉위하자 유자가 이상으로 하는 제도를 폐하고 왕권강화를 위하여 6조직계제를 시행하니 이에 반감이 없을 수 없었다. 이와 같은 정치적 불안정 상태는 마침내 단종의 복위를 도모하다가 실패로 돌아간 이른바 사육신 사건을 불러왔던 것이다.

종래는 집현전의 혁파 원인을 세조의 반대세력의 중심이 집현전이었기 때문이라는 점에 두고 있다. 즉, 수양대군이 야심을 실현하는 데 걸림돌이 되는 당시 정권을 장악하고 있던 영의정 皇甫仁, 우의정 金宗瑞 등 세조(수양)의 반대세력이 집현전 출신이었고, 세조가 왕권강화를 위해 6조직계제를 만들 때 반대한 이들이 하위지 등 집현전 출신이었으며, 집현전 출신들이 단종의 복위를 꾀한 사육신 사건을 일으켰고, 사육신 사건이 있은 지 4일 만에 집현전을 罷하라는 命이 있었으며,244) 이어서 집현전 부제학 이하 祿官을 혁파하라는 吏曹에 傳旨가 있었고,245) '丙子之亂唱議者 皆出於集賢殿'246)이라는 기록도 있다. 잇따른 사건과 기록을 통해서 세조의 반대세력이 집현전을 중심으로 하고 있고, 특히 사육신 사건의 주동이 모두 집현전 출신이었기 때문에 집현전을 혁파하게 되었다는 것이 종래의 說인 것이

---

243) 《世祖實錄》卷2, 세조 원년 8월 壬子條.
244) 《世祖實錄》卷4, 세조 2년 6월 甲辰條, "命罷集賢殿 停經筵 其所藏書冊 竝付藝文館掌之"
245) 《世祖實錄》卷4, 세조 2년 6월 癸亥條, "傳旨吏曹曰 集賢殿副提學以下祿官革罷 直提學二員·直
　　殿二員 依館閣例 以他官兼差 書筵祿官六員·兼官四員定額"
246) 《世祖實錄》卷46, 세조 14년 6월 庚寅條.

다.247)

2. 집현전 혁파 원인에 대한 새로운 고찰

종래의 혁파 원인설에는 몇 가지 석연치 않은 점이 있다. 첫째, 만일 집현전관 또는 그 출신이 세조의 반대세력이었다면 그 인적 요소를 제거하는 것으로 족하였을 것인데 어찌하여 그 제도, 그 관청 자체를 혁파하였느냐 하는 점이다. 반대세력 또는 반역이 나온 관청을 모두 혁파한다면 관아[官制]의 置廢가 덧없게 될 것이다. 그러나 일찍이 우리 역사에서 어느 관청에서 반역이 나왔다고 하여 그 관청을 혁파하였다는 기록은 보고 듣지 못하였다. 만일 집현전이 당시에 필요한 관아(제도)였다면 집현전관 또는 그 출신의 일부가 세조의 반대세력이었다고 하여 그 제도 자체를 혁파할 수 있었을까? 그렇다고 당시 세조의 반대세력이 집현전에만 있었던 것도 아니었다.

둘째, 사육신 사건의 주동 또는 그와 관련된 집현전관과 그 출신의 수는 집현전관과 그 출신의 총 수효에 견주면 소수에 지나지 않는다는 점이다. 주동자의 구성은 朴彭年(형조참판)·成三問(承旨)·李塏(집현전 부제학)·河緯地(예조 참판)·柳誠源(司藝)·兪應孚(武人)로 집현전관이 1명, 집현전 출신이 4명, 武人이 1명으로 되어 있다. 그 밖에 朴仲林·金文起·沈愼·朴耆年·許慥·朴大年·成勝·朴崝·宋右司·崔得池·成三顧·權自愼 등 많은 사람이 연루되어 被罪되었지만, 집현전관 또는 그 출신자는 沈愼·朴耆年·許慥 등 몇 명뿐이다. 즉, 사육신 사건을 주동 또는 그에 연루된 집현전관과 그 출신은 모두 10명을 넘지 않는다. 그러나 [부표 2]에 따라서 집현전관과 그 출신의 총수는 90명 남짓이다. 그런데 총수효와 견줄 때 그 1할에 지나지 않는 수가 모반에 관련되었다고 해서 정치적으로나 문화적으로 큰

---

247) 李光麟, 앞의 논문, 震檀學會刊, 170쪽.

업적을 쌓은 기관(제도)을 혁파해야만 했을까?

셋째, 세조의 반대세력이 모두 집현전 출신이었다는 점이다. 그러나 癸酉靖難에 椎殺된 皇甫仁과 金宗瑞는 집현전 출신이 아니었고,[248) 도리어 계유정난의 謀士 權擥은 집현전 校理였으며 많은 집현전 출신이 癸酉靖難 논공 지열에 참여하였다. 즉, 단종 원년 10월 戊戌條에 보면,

> 靖難의 공을 논하였다. 世祖 및 鄭麟趾·韓確·朴從愚·金孝誠·李思哲·李季甸·朴仲孫·崔恒·洪達孫·權擥·韓明澮를 1등으로 삼고, 權蹲·申叔舟·尹士昀·楊汀·柳洙·柳河·奉石柱·洪允成·郭連城·嚴自治·田昀을 2등으로 삼고, 李興商·李禮長·成三問·金處義……를 3등으로 삼았다. 3품이하는 3품계를 올렸다.[249)

고 하였다. 즉, 鄭麟趾(判中樞院事), 李思哲(右參贊), 李季甸(兵曹參判), 崔恒(左副承旨) 등 집현전 출신과 權擥(집현전 교리)이 論功 1등의 열에, 신숙주(집현전 출신, 副承旨)는 2등의 열에, 성삼문(집현전 직제학)은 3등의 열에 참여하였던 것이다. 1등공신의 거의 반이 집현전관과 그 출신이었음을 볼

---

248) 李光麟 교수의 앞의 논문에서는 皇甫仁과 金宗瑞가 집현전 출신으로 되어 있으나 필자가 조사한 자료에 따르면 두 사람은 집현전에 임직한 적이 없다. 《朝鮮王朝實錄》에서 그 임직 상황을 필요한 것들만 뽑아 정리하면 다음과 같다.

	金 宗 瑞	皇 甫 仁
세 종 4년		掌 令
〃 5년	持 平	〃
〃 7년	吏曹正郎	〃
〃 9년	舍人→執義	
〃 10년	典農尹	執義
〃 11년	右副代言	同副代言
〃 12년	右代言	右代言
〃 13년	左代言	刑曹參議
〃 14년		刑曹左參議
〃 15년	兵曹參判	左承旨

249) 《端宗實錄》卷8, 단종 원년 10월 戊戌條 ; 卷9, 단종 원년 11월 丙辰條 참조.

때 계유정난에는 집현전관과 그 출신이 세조(수양대군)에게 큰 공이 있었음
을 부인할 수 없다.250) 또한 집현전 출신들은 세조의 찬탈에도 공이 있었다.
세조 원년 9월 丁丑條를 보면,

> 상께서 佐翼功臣을 정하였다. 桂陽君 瑠・翼峴君璵・韓確・尹師路・權
> 擥・申叔舟・韓明澮를 1등으로 삼고 輸忠衛社同德佐翼功臣이라 하였고, 鄭
> 麟趾・李思哲・尹巖・李季疄・李季甸・姜孟卿・尹炯・崔恒・田畇・洪達
> 孫・楊汀・權擥을 2등으로 삼고 輸忠勁節佐翼功臣이라 했으며, 權恭……鄭
> 昌孫・黃守身・成三問・曹錫文……尹子雲・李克培・李克堪……趙得琳은
> 3등으로 삼고 推忠佐翼功臣이라 하였다.251)

고 하였다. 즉, 권람・신숙주(이상 1등), 정인지・이사철・이계전・崔恒(이
상 2등), 정창손・성삼문・조석문・윤자운・이극감(이상 3등) 등 집현전관
과 그 출신이 佐翼功臣의 대열에 올랐던 것이다. 또한 세조 원년 12월 戊辰
에 原從功臣을 錄하고 상을 내릴 때도 金墩・安止・金鉤・金汶・金淡・徐
岡・韓繼禧・崔善復(이상 1등), 金銚・盧叔仝・金淳・偰循・兪孝通・柳義
孫・李鳴謙・辛碩祖・魚孝瞻・金禮蒙・宋處寬・李石亨・金新民・梁誠
之・李芮・姜希顔・李承召・金之慶・尹起畎・趙謹・徐居正・洪應・南秀
文・趙悟・李坡・金壽寧・盧思愼・成侃・鄭孝常・宋處儉・權節(이상 2등)
등 많은 집현전관과 그 출신들이 참여하고 있다.252) 또한 사육신 사건 앞뒤
로 政府와 6曹의 요직을 집현전관 출신이 차지하고 있었다. 몇 개의 예를 보
면, 정인지(영의정)・이사철(우의정)・정창손(우찬성)・안지(찬성)・이계
전(호조판서)・신숙주(병조판서)・어효섬(이조참판)・신석조(대사헌)・하

---

250) 《端宗實錄》卷9, 단종 원년 11월 己卯條에 보면, 靖難三等功臣 成三問은 左司諫으로 승진하여 金
　　宗瑞, 皇甫仁 일파를 철저히 肅淸할 것을 上疏하고 있다.
251) 《世祖實錄》卷2, 세조 원년 9월 丁丑條.
252) 《世祖實錄》卷2, 세조 원년 12월 戊辰條.

위지(예조참판)·노숙동(형조참판)·성삼문(좌부승지)·윤자운(동부승지)
등이 모두 顯要에 있었던 것이다(이른바 훈구파의 주류도 거의 집현전 출신
으로 구성되었다). 또한 사육신 사건에서도 金礩과 함께 密啓(密告)한 정창
손도 집현전 출신이었던 것이다.[253] 위의 몇 가지 사실로 미루어 보건대 집
현전관 또는 그 출신이 세조에게 功이 있는 것도 부인할 수 없기에 집현전관
또는 그 출신이 모두 세조의 반대세력이었다고 보는 것은 부당하다고 하겠
다. 그러므로 세조의 반대세력이 모두 집현전 출신이었기 때문에 집현전을
혁파하였다는 설을 그대로 인정할 수 없다.

그러면 많은 학자와 정치가를 배출했고 정치적으로나 문화적으로 지대
한 공적을 쌓은 집현전을 혁파하게 된 근본적인 원인은 어디에 있을까? 첫
째의 가설은 세조의 경연에 대한 가치관의 변화에서 말미암았다는 것이다.

직제 면에서 집현전의 주무가 경연이었으므로 만약 경연이 필요 없는 시
기는 집현전 제도의 존재 가치도 그만큼 줄어들게 된다고 하겠다. 그런데 세
조는 집현전을 혁파하라는 命을 내림과 동시에 경연을 정지하였다.[254] 물론
경연을 거의 전담하던 집현전을 혁파하였으므로 경연의 정지는 불가피한
사태라고도 생각할 수 있지만, 만약 세조가 경연에 뜻이 있고 그 필요성을
인식하고 있었다면, 學德이 있는 학자들을 동원함으로써 開筵이 가능하였
을 것이다. 그런데 세조는 아예 經筵之號를 삭제하고 廢筵을 하였던 것이
다.[255] 그러므로 세조에게 경연이 필요치 않게 된 어떤 사정이 생겨서 집현
전을 혁파하였다는 가설이 가능하다고 생각된다.

그런데 세조 2년 9월에 승정원에 傳旨하기를,

경연을 파한 뒤로부터 오래 講說을 하지 않았다. 文臣과 강설을 하고자 하니

---

253) 《世祖實錄》卷4, 세조 2년 6월 庚子條, "成均司藝金礩與其妻父議政府右贊成鄭昌孫 請有密啓"
254) 《世祖實錄》卷4, 세조 2년 6월 甲辰條, "命罷集賢殿 停經筵"
255) 《世祖實錄》卷20, 세조 6년 5월 戊戌條, "左司諫崔漢卿等上疏曰……且削經筵之號 減書筵之員
臣等竊惑焉"

　　예조로 하여금 講經할 문신을 기록하여 보고하라.256)

고 하였고, 그 6일 뒤에는 문신 가운데서 問難官과 講說官을 정하여 親講257)
하고 있는 것을 보면, 문신과의 講經의 필요성을 전혀 무시한 것으로는 보이
지 않는다. 그러나 문난관과 강설관이 이전의 경연관을 그대로 차출하지 않
고 많은 새로운 인물을 차출하고 있는 것을 보면, 종전의 경연관이 세조의
마음에 들지 않았던 것만은 추측할 수 있다.

　　또한 경연을 정지한 뒤로는 文臣을 親講하는 일은 있어도 경연을 개설하
지 않은 것을 보면, 경연제도라는 것이 왕이 의무적으로 經史를 수학하도록
할 목적으로 설치된 제도이므로 이러한 굴레를 없애기 위해 親講을 행한 것
같다.

　　세조가 親講할 때 入參한 文臣들이 집현전 혁파 이전에 경연관으로 있던
그 인물들이 아니고 거의 새로운 사람들이었다는 사실이 집현전관으로 이
루어진 경연관을 싫어하였거나 경연을 불필요한 것으로 인식했기 때문이었
다면, 그것은 전제적인 당시의 상황에서는 경연 담당 기관인 집현전을 혁파
하는 충분한 원인이 될 수 있었을 것이다. 더구나 집현전관과 그 출신의 일
부가 집현전에 모여서258) 모반한 사실은 집현전을 혁파할 좋은 기회와 구실
이 될 수도 있었을 것이다.

　　둘째는 집현전 자체의 어떤 모순 혹은 변화로 말미암은 것이 아니었나 한
다. 처음 설치될 때는 경연으로만 규정되어 있던 집현전의 기능이 차츰 사대
문서의　작성,　假成均珆職 · 書筵官 · 史官 · 使臣 · 試官 · 知製敎 · 編纂事

---

256) 《世祖實錄》 卷5, 세조 2년 9월 壬申條.
257) 《世祖實錄》 卷5, 세조 2년 9월 戊寅條, "御思政殿 親講文臣 以兼成均司成金新民 · 成均大司成李
　　孫禮爲問難宮　以藝文直提學安知歸 · 成均司成鄭守忠 · 直集賢殿李繼善 · 李夏成 · 司成李承召 · 藝
　　文應敎徐巨正 · 直藝文館柳子滉 · 直寶文閣李孝長 · 直修文殿金瑾 · 司藝金守溫爲講說官"
258) 《世祖實錄》 卷4, 세조 2년 6월 丙辰條. 사육신 사건에 연루된 朴耆年을 문초하는 가운데, "耆年曰 妹
　　夫奉汝諧亦知之 金礩又知此謀 初一日 亦往昌德宮集賢殿會處 云云"라 하였다.

業·古制硏究·風水學官·宗學官·詹事院官·言官的인 소임, 정치 참여 등으로 확대·변화되어 갔다. 위에서 열거한 것의 대부분은 집현전관이 문신이나 학자로 이루어졌으므로 무난히 담당할 수 있는 것들이다. 그러나 세종 20년대 후반부터 뚜렷해진 정치 참여나 언관화, 대간으로의 진출 등의 경향은 분명히 집현전의 변질을 뜻하는 것이다. 즉, 집현전이 정치적으로 지위가 상승하게 됨으로써 점차 국가시책 논의에 참여하게 되었고, 강력한 언론 기관으로서의 성격을 띠어 갔고, 마침내 문종의 즉위를 계기로 대간으로 출입이 빈번해졌다. 그리하여 학문과 고제·고전에 밝은 집현전관과 그 출신 가운데는 간쟁을 좋아하는 학자가 많았으니 그 대표적인 예는, 세조가 왕권강화를 위해 6조직계제의 실시를 강행했을 때, 이를 막기 위해 죽음을 두려워하지 않고 간쟁한 하위지 등이다.

또한 여기서 지나칠 수 없는 것은 집현전의 高論性이다. 세조도 집현전의 고론성을 너무나 잘 알고 있다. 그리하여 사육신 사건과 관련 있는 기록에서 세조가 傳旨하기를,

> (鄭)孝常은 또한 더불어 모반하지 않았다. 다만 高論을 했다. 나는 일찍이 儒者와 더불어 집현전에 함께 있었다. 그 유자들이 고론을 좋아하는 것이 이와 같으니 다시 말하지 말라.259)

고 하여 집현전 유자의 특성이 고론을 잘하는 것임을 지적하고 있다.

세조도 집현전 제도의 필요성을 부인하지는 않은 듯하다. 즉, 국가의 장래를 위해 학자의 양성을 목적으로 하는 집현전 제도는 세조도 무시하지 않은 것으로 보인다. 사육신 사건이 있기 두 달 전인 세조 2년 4월에 집현전관에게 말하기를,

---

259) 《世祖實錄》 卷4, 세조 2년 7월 戊辰條.

　　사람은 만물의 영장이다. 儒者는 학문을 하고 義理를 아니, 그 마음은 사람 가운데서 가장 영스럽다. …… 사람은 마땅히 實學에 힘 써야 한다. 실학은 근본이다. 국가에서는 詞章이 실용에 절실하므로 부득이 이를 써서 인재를 취한다. …… 실학을 버리는 것은 옳지 않다. 오늘 너희들의 經書講論은 유창한 자가 없으니 또한 스스로 부끄러운 일이다. 나는 너희들로 하여금 곳에 따라서 4書5經 가운데 1書를 취하여 읽게 하고자 한다. 내가 때로 親講하겠다.[260]

고 한 것을 보면, 유자 양성과 경서 강론의 필요성은 인식하고 있었던 것으로 보인다. 그리하여 집현전을 혁파한 뒤에도 유자 양성을 위하여 고심하였으니 세조 3년부터는 유생을 親講[261]하였고 세조 5년 6월에는 李永垠·鄭孝常·金宗直 등 문신 10명을 택하여 閑官으로 제수하여 독서케 하였던 것이다.[262] 그래도 미흡하여 세조 8년 6월에는 문관 7명을 뽑아 예문관직을 겸하게 하고 서로 토론·강습하게 하였다.[263] 그러나 인재 배양의 길은 아직도 만족할 만한 것이 못 되어 세조 10년 7월에는,

　　집현전을 혁파하면서부터 文士는 격려할 방법이 없어 인재가 드물게 되었다. 그러므로 젊은 문사를 선발하여 예문관직을 겸하게 해서 학업을 익히게 하고 兼藝文이라 불렀다. 이에 이르러 李淑堿·李陸 …… (18명) 등으로써 모두 兼藝文으로 加設하였다.[264]

고 하여 인재 배양을 위해 兼藝文을 한꺼번에 많이 가설하였던 것이니, 세조

---

260)《世祖實錄》卷3, 세조 2년 4월 甲寅條.
261)《世祖實錄》卷9, 세조 3년 9월 己卯條에, "予承大亂之後 庶務紛紜 未暇興學育材 然而學官無一陳者 甚非國家建學委任之意 今後每月季 錄書生所讀書以聞 予將親講"이라 하였고, 세조 3년 11월 壬戌條에는 "親講儒生"이라 하였다.
262)《世祖實錄》卷16, 세조 5년 6월 己卯條.
263)《世祖實錄》卷28, 세조 8년 6월 癸酉條.
264)《世祖實錄》卷33, 세조 10년 7월 丁巳條.

가 얼마나 유자의 양성에 고심하였는가를 짐작할 수 있다. 위의 몇 가지 사례에 따르면 세조는 인재(학자) 양성을 위한 집현전 제도의 필요성은 인식하고 있었던 것으로 보인다.

그러나 세조가 당시 집현전에 대해서 증오한 것이 있었다면 集賢殿官의 好諫性과 高論性이 아니었나 생각한다. 즉, 세조 14년 6월에 신숙주와 최항 등은 문장을 잘 쓰는 사람[能文者] 20여 명을 선발하여 "무릇 국가의 製述을 이들에게 맡기십시오"라고 啓하였다. 이에 왕이 말하기를, "藝文·弘文 館員은 모두 文學者를 선발하여 있게 한 것이다. 가령 이들에게 맡기면 다시 다른 사람들을 선발한 것과 같으니 어찌 집현전과 다르겠는가"라고 하였다.265) 즉, 신숙주와 최항이 能文者 20여 명을 골라서 이들에게 국가 제술을 맡길 것을 啓請하였으나 세조는 이를 불허했다. 아마도 能文者 20여 명 가운데는 好諫·高論的인 집현전 출신이 많이 끼어 있었기에, 혁파 직전의 집현전이 다시 살아나지 않을까 하는 우려˙때문인 듯하다. 세조가 신숙주 등의 啓請을 수락하지 않은 동기를 史官은 '① 丙子之亂唱議者 皆出於集賢殿, ② 故上惡其群居高論 不欲復立'이라고 기록하고 있다. ①은 사육신 사건의 주모자들이 모두 집현전에서 나왔는데, 그들(집현전관)은 모두 好諫·高論的이었다. ②는 그러므로 만일 好諫·高論的인 집현전 출신이 대부분인 能文者 20여 명에게 국가제술을 맡긴다면 집현전 출신을 다시 고론할 수 있는 위치에 두는 결과가 되므로, 세조는 이를 싫어하여 다시 세우고자 하지 않았다고 해석하는 것이 타당한 것으로 보인다. 이처럼 세조가 미워하고 두려워한 것이 집현전의 호간·고론성인 듯하니, 이는 다시 말할 필요도 없이 그의 왕권강화에 걸림돌이 되는 것이기 때문이라고 하겠다. 그런데 집현전의 호간·고론성과 세조의 왕권강화책이 충돌을 면하기 어렵게 된 상황에서 일부 호간·고론적인 집현전관과 그 출신이266) 주동하여 집현전에 모여서 단

---

265) 《世祖實錄》卷46, 세조 14년 6월 庚寅條.
266) 사육신 가운데 成三問, 河緯地, 柳誠源, 朴彭年, 李塏 등 집현전 출신들은 모두 문종·단종 연간에 臺

종의 복위를 도모하다가 실패한 이른바 사육신 사건이 일어났으므로, 이를
계기로 호간·고론적인 집단인 집현전을 혁파한 것이 아닌가 한다. 즉, 집
현전관 또는 그 출신이 모두 세조의 반대세력이었기 때문에 집현전을 혁파
한 것이 아니라 집현전 자체의 호간·고론성이 요인이었고 사육신 사건은
혁파의 시기를 빠르게 한 사건으로 생각된다. 이와 같은 추론이 가능한 것은
사육신 사건의 주동자가 모두 집현전에서 나왔기 때문이라거나, 또는 집현
전이 반역적인 기관이었기 때문에 집현전을 혁파했다는 기록은 찾아 볼 수
없다는 점이다. 그리고 세조 2년 7월에 領議政 府事 鄭麟趾가 '날마다 經史
를 열람할 것'(日覽經史)을 上言했을 때, 세조가 答書하기를, '내가 비록 일
시의 폐단으로 말미암아 집현전을 혁파하였다'(予雖因一時之弊 革罷集賢
殿)267)고 했는데, 여기서 '일시의 폐'라는 표현은 반역적인 기관이었음을 뜻
하지는 않는 것 같다. 또한 재위 2년 10월에 세조가 가까운 신하에게 타이르
기를,

> 儒者가 귀한 것은 '治國平天下'의 道를 알기 때문이다. 만약 다스리고자 하
> 면 유자를 버리고 어찌하겠는가? 너희들이 조금이라도 교만한 마음이 있어 무
> 관으로 품계가 높은 자를 보고 이르기를, '네가 비록 반열은 내 위에 있으나 어
> 찌 나의 寵榮함과 같을 수 있겠는가'라고 한다면 매우 옳지 않다. 근일 집현전
> 儒士가 자못 '驕心'이 있어 내가 명하여 혁파하였는데 지나쳤던 것 같다. 또한
> 곧고 지나치게 강직한 것을 교정하는 뜻이다 너희는 이를 경계하라.268)

고 한 것을 보면, 집현전을 혁파하게 된 원인이 집현전관의 '驕心'이었음을

諫職에 출입이 있던 好諫的인 인물들이었다. 특히 하위지는 이미 말한 바와 같이 세조의 6曹直啓 제도의
실시를 죽음을 무릅쓰고 반대하였다. 그리하여 이들의 好諫·高論性은 세조의 환심을 사지 못한 듯하니
靖難功臣, 佐翼功臣, 原從功臣의 列에 참여한 사람은 오직 성삼문뿐이었던 것이다.
267) 《世祖實錄》 卷4, 세조 2년 7월 庚午條.
268) 《世祖實錄》 卷5, 세조 2년 10월 乙丑條.

넌지시 말하고 있다. 그런데 '교심'은 집현전관이 모두 세조의 반역세력이었음을 뜻하기보다는 집현전관의 호간·고론성을 뜻하는 것이 아닌가 한다. 만약 집현전이 완전히 반역적인 기관이었고 전혀 불필요한 제도였다면, 반년이 지나기도 전에 '지나쳤던 것 같다'(似若過焉)고 하여 그 혁파가 지나쳤음을 후회하지는 않았을 것이다.

위에서 살핀 바에 따라 집현전 혁파의 원인을 한마디로 정리한다면 다음과 같이 볼 수 있을 것이다. 즉, 세종 20년대 이후부터 뚜렷해진 집현전의 정치에서 지위 향상(정치 참여와 언관화)과 학술적 기관인 집현전의 질적인 변화를 뜻하는 대간으로의 진출[出入]에 뒤따른 집현전의 호간·고론화가 무단적인 세조의 왕권강화책과 충돌하게 됨으로써 불러온 것이라 하겠다.

맺음말

고려에서 조선으로 交替되면서 안으로는 儒佛의 교체라는 종교적·사상적 격동기를 가져왔고, 밖으로는 對明 사대관계를 초래하였다. 유교국가를 내세운 조선왕조의 건국이었으나, 유교적 의례와 제도의 확립은 오랜 기간을 요하는 과제였고, 對明 사대관계는 건국 이래로 신경 써 온 난제였던 까닭에, 두 큰 과제를 원만히 수행하려면 반드시 이를 감당할 만한 인재(학자)를 양성해야만 했다. 이와 같은 나라 안팎의 특수한 상황에서 시대적인 요청에 따라서 출현한 기관이 세종 2년 3월에 설치된 집현전이었다.

집현전이 처음 설치될 때는 경연관으로서의 기능밖에는 규정되어 있지 않았다. 그러나 이 기관에 대한 세종의 관심과 勸勵라는 뒷받침과 시대적인 요청에 따라서 차츰 '事大文書作成', '假成均館職', '書筵官', '史官', '使臣', '知製敎', '試官', '編纂事業', '古制研究', '風水學官', '宗學官', '詹事院官', '言官的인 구실', '政治參與' 등으로 그 기능이 확대·변천되어 갔다. 이처럼 집현전의 기능과 성격은 처음과 끝이 똑같은 것이 아니었으므로, 기능에서나 성격에서 크게 나눌 수 있는 요소만 있다면 그것을 구분하여 고찰하는 것이 집현전을 이해하는 데 도움을 줄 것이다. 그리하여 필자는 ① 세종 2년~9년, ② 서종 10년~18년, ③ 세종 19년~세조 2년 등 세 시기로 나누어 보았다. 제1기는 집현전이 비록 활발하게 활동은 못 하였으나 집현전의 전반기를 이끌어나갈 대부분의 기능이 마련되었고, 학문적 수련을 쌓아 자기 충실을 기한 시기였고, 제2기는 집현전의 인원이 16명(10년)에서 32명(17년)으로 늘어났고, 유교적 의례·제도·문화의 정리 사업이라 할 수 있는 고제연구와 편찬사업이 시작되어 가장 활기를 띤 시기였고, 제3기는 집현전의 정치에서 ㅈ 위상승으로 차츰 언관화하고 정치기관화하여, 문종의 즉위를 계기로 한꺼번에 많이 대간으로 진출[出入]하게 됨으로써 好諫·高論的인 집단으로 바뀌어 간 시기였다.

집현전 안팎의 여러 과제를 수행할 사명을 띠고 설치된 기관이었기 때문에 설치 뒤에 그 구실(기능)을 보면, 문신·학자로서 행할 수 있는 중요한 일은 거의 모두 맡고 있다. 경연을 거의 전담하게 되었다는 사실 하나만으로도 집현전의 중요성을 인정하지 않을 수 없다. 그런데 초기부터 사대관계의 수행에 필수적인 절차인 사대문서의 작성과 사신의 접대 등에 참여하였을 뿐 아니라, 나라 안으로도 辭命의 制撰과 사신[使星]으로서 소임을 맡았다. 史官으로서 실록을 비롯한 각종 사서의 편수를 담당하였을 뿐 아니라, 과거에서도 예조와 더불어 그것을 관장하는 자리에 있었다. 또한 조선사회의 유교화와 문화의 정리를 위한 각종 편찬사업에도 주도적인 구실을 하였다. 그래서 이른바 세종 때의 황금시대를 이루는 데 큰 원동력이 되었던 것이다.

집현전의 가장 큰 업적을 유교적 의례·제도의 상정을 위한 고제연구로 보고, 조선의 유교화에 절대적인 몫을 한 것이 집현전의 고제연구였다고 하는 설이 있으나, 그것은 의례·제도의 상정을 담당한 다른 기관(예조·의례상정소)의 실적과 집현전의 그것을 서로 견주어서 검토하는 작업을 거치지 않음으로써 불러온 속단으로 여겨진다. 물론 집현전의 고제연구가 왕조의 유교화에 미친 영향을 무시할 수는 없지만 절대적인 것이었다고 하기는 곤란하다. 집현전의 고제연구의 특징은 ① 의례·제도의 근본적인 것의 상정을 위한 것이라기보다는 오히려 의례·제도의 실제에서 생기는 지엽적(세부적)인 문제의 해결을 위한 것이 많았다는 사실과, ② 수시로 당면하는 정치·제도적인 문제를 해결하는 데 참고하기 위한 것이었다는 점과, ③ 세종의 독단적인 시책 강행에 도구로 사용되었다는 점이다. 집현전의 고제연구의 성격을 뽑아내는 작업을 통해 부수적으로 밝혀진 사실은, 조선의 유교화를 위한 유교적 의례·제도의 상정을 담당한 기관은 예조와 의례상정소였으며 아울러 집현전도 상당한 비중으로 그 한 몫을 담당했다는 것이다.

집현전의 업적을 논한다면, 편찬사업을 빼놓을 수 없다. 그러나 지금까지 보아 오듯이 유교적 의례·제도의 확립을 위한 중국 고전연구에 집중되었다고 하기에는 곤란하며, 오히려 정치에 본받고 후세에 永鑑하기 위한 우리나라와 중국의 각종 史書의 편찬·주해가 큰 비중을 차지하고 있는 것으로 보이며, 아울러 유교사회를 향한 노력(《孝行錄》, 《三綱行實》의 편찬)과 의례의 정리 사업(《五禮儀注詳定》, 《世宗朝詳定儀注撰錄》)도 조선의 유교화에 중요한 의의가 있는 것으로 본다. 그러나 우리나라의 역사와 문화에 이바지한 점으로 친다면 훈민정음 창제와 이에 관련된 편찬사업을 능가하는 것은 없을 것이다. 어쨌든 집현전의 여러 편찬사업은 당시를 황금시대로 만든 근원적인 것이었다고 하겠다.

집현전을 설치하게 된 가장 중요한 동기가 文風의 진작과 학자의 양성에 있었고, 세종은 그와 같은 원칙에 따라서 집현전을 키웠기 때문에 집현전의 특성은 학술적인 데 있었다. 그리하여 일단 집현전 직을 갖게 되면 거의 다른 직으로 전출됨이 없이 그 품직이 다한 부제학(또는 직제학)이 될 때까지 오로지 학술적인 직무에만 종사했다. 그러나 이 같은 성격이 한결같지는 않았다. 즉, 집현전은 제3기에 이르러 차츰 언관화되어 갔고, 국가시책의 논의에 참여하게 되었다. 학술적이던 집현전은 차츰 정치기관화 되어 갔다. 이와 같이 집현전이 변모하게 된 요인은 세종이 身病을 빌미로 政事(庶務)를 세자로 하여금 재결케 한 데 있다. 즉, 첨사원을 설치하고 세자에게 庶政을 처결하게 하였을 때, 세자와 가장 가까이할 수 있는 직임인 첨사원 직과 서연 직을 집현전관이 거의 전담하게 됨으로써 이들이 정치에 큰 영향을 끼칠 수 있는 중요한 위치를 차지하게 되었기 때문이다(아울러 당시는 집현전이 설치된 뒤 20여 년이 지났기 때문에 많은 집현전관〔觀〕이 학문적으로나 정치적으로 일가견이 있는 중견 학자로 자라나 있었다는 점도 중요하다). 더욱이 집현전의 성격을 싹 바뀌게 한 것은 대간으로 진출하는 것이었다. 집현전관은 집현전을 지켜야 한다는 신념을 가진 세종이 재위한 동안에는, 비록 그가 말년에는 정사에 전념할 수 없었다 할지라도, 집현전관이 대간으로 전직하는 일은 거의 있을 수 없었다.

그러나 세종이 승하하고 문종이 즉위하면서부터 대간의 직은 거의 집현전관으로 채워졌다. 이와 같은 현상은 학술적인 것을 집현전의 특성으로 지속시키려던 세종의 집현전관의 종언을 뜻하는 것이다. 이리하여 고제와 학문에 조예가 깊은 학자 집단인 집현전은 언관화하고 정치기관화하여 대간 차출의 밑바탕이 됨으로써 好諫·高論的인 집단으로 바뀌었던 것이다.

지금까지 집현전의 혁파 원인을 세조의 반대세력이 집현전을 중심으로 하고 있고, 사육신 사건의 주동이 모두 집현전 출신이었기 때문이라고 보고 있다. 그러나 필자는 사육신 사건은 집현전 혁파의 시기를 정하여 준 突發事件으로 보며, 오히려 근본 원인은 집현전의 호간·고론화가 아니었나 여겨진다. 즉, 집현전의 호간·고론화가 세조의 무단적인 왕권강화책과 맞부딪치게 됨으로써 혁파된 것이 아닌가 한다(세조 2년 6월 혁파).

집현전 설치의 역사적인 의의는 혁파로써 종언을 고한 것은 아니다. 이미 언급한 바 있지만, 세조~성종 시기의 제도확립(《經國大典》편찬 등)에 이바지한 학자의 과반이 집현전 출신이었고, 집현전은 많은 유학자를 배출하여 조선의 유교화에 크게 이바지하였으며, 세조~성종 시기에 顯要의 직을 차지하고 정치적으로 크게 활약한 이들도 집현전 출신이었다. 즉, 조선 초기의 정치·제도·문화 등 상부구조를 이끌어 온 정수분자가 거의 집현전 출신이었던 것이다. 그리하여 현상적으로는 이른바 훈구파라고 하는 조선 초기의 관학자군의 주류는 거의 집현전 출신으로 이루어졌던 것이다.

집현전에 관한 연구는 당시의 정치·제도에 관한 여러 가지 연구가 되어 있지 않으므로 많은 난관이 있다. 또한 집현전은 당시의 정치·제도·문화·사상적인 면에 지대한 영향을 끼친 기관이었기 때문에 규명해야 될 많은 문제가 남아 있다. 그리하여 어떤 문제는 疏略함을 면치 못하였으며, 근거 없음과 오류를 저지른 것이 적지 않으리라 생각한다. 先學諸賢의 꾸짖음을 바라마지 않는다.

부 록

⑦	〃	12월	乙未	朝壽康宮儀及上壽儀	
⑧	〃 원년	8월	庚辰	太祖聖眞奉安儀	
⑨	〃 2년	9월	甲午	期喪之內用樂與否	
⑩	〃	11월	庚寅	原廟進肉膳與否	
⑪	〃 3년	정월	丙子	宗廟銀瓚用盤與否	
⑫	〃	8월	乙未	祔廟儀	
⑬	〃	10월	己未	祭禮	
⑭	〃	11월	丙寅	〃	
⑮	〃	12월	壬子	王世子入學儀及束脩儀	
⑯	〃 6년	6월	丁巳	太宗廟儀	
⑰	〃	9월	甲午	禡祭儀	
⑱	〃	9월	乙未	原廟之制	
⑲	〃 7년	윤7월	庚子	國朝祈雨圓壇儀	
⑳	〃	9월	丁未	王女喪葬制度	
㉑	〃	11월	丁酉	迎賜藥材勅書儀	
㉒	〃 8년	2월	丁卯	東宮贊相之任	
㉓	〃 9년	8월	丙子	檀君・箕子廟制及三國始祖立廟致祭之古制	
㉔	〃 10년	3월	辛丑	迎詔儀・賚來勅書儀	
㉕	〃	5월	庚午	祈雨	
㉖	〃	8월	丙戌	殿・陵四時大享及名日別祭	
㉗	〃 11년	1월	辛未	文科殿試儀	
㉘	〃 12년	1월	丁未	宗親入學儀(宗學)	
㉙	〃	3월	丙午	王子謁聖儀	
㉚	〃	11월	己酉	蠟祭	
㉛	〃 13년	1월	辛未	朝會樂	
㉜	〃	6월	丙申	群臣朝賀儀, 書筵進講儀, 師傅賓客相見儀	
㉝	〃	6월	甲午	禮儀	
㉞	〃 14년	1월	丁卯	養老宴儀	
㉟	〃	5월	戊辰	王妃冊封儀	
㊱	〃	5월	庚午	王世子嬪冊封儀	
㊲	〃	7월	己酉	社稷攝事儀	
㊳	〃	8월	丁未	王妃養老宴儀	
㊴	〃 15년	3월	戊辰	文昭殿行祭時節次	
㊵	〃	12월	庚午	樂	
㊶	〃 16년	3월	壬午	拜謁先師儀, 視學儀	
㊷	〃 17년	2월	辛未	王子婚禮儀, 一品至庶人婚禮儀	
㊸	〃	12월	丙辰	文廟奠謁儀	
㊹	〃 23년	8월	壬申	王世子嬪喪主除服之節	

㊺ 〃 9월 甲辰 顯德嬪賜諡及喪葬儀
㊻ 〃 24년 7월 丙子 御容奉迎儀
㊼ 〃 10월 辛卯 本國使臣齎來勅書迎接王世子代行儀
㊽ 〃 11월 庚辰 宗廟四時及臘享王世子代行儀
㊾ 〃 25년 8월 乙未 文昭殿秋夕祭王世子代行儀
㊿ 〃 9월 壬戌 王世子拜陵儀
(51) 〃 11월 辛未 正至群官賀王世子儀
(52) 〃 28년 3월 甲午 王妃喪制
(53) 〃 4월 癸丑 皇后諡號之制

㉯ 四禮에 관한 것
(54) 세종 3년 3월 乙酉 喪制(大臣之卒)
(55) 〃 4월 甲辰 大臣致祭儀及策贈儀
(56) 〃 7월 庚辰 賜祭(大臣之卒)
(57) 〃 4년 윤12월 壬戌 致祭(大臣之卒)
(58) 〃 5년 10월 乙卯 致祭文
(59) 〃 11월 甲午 祭禮
(60) 〃 6년 3월 庚寅 宗親及大臣喪葬儀
(61) 〃 3월 丁丑 祭禮
(62) 〃 3월 庚寅 宗親及大臣喪葬儀
(63) 〃 14년 4월 己亥 服制(喪制)
(64) 〃 22년 8월 壬午 起復者之衣服問題
(65) 〃 8월 丙申 喪服制度

㉰ 制度에 관한 것
(66) 세종 2년 윤1월 戊寅 奉常寺官制
(67) 〃 9년 11월 丁酉 文武科會試, 臺諫出入行禮之節
(68) 〃 12년 3월 丁未 宗學式略
(69) 〃 13년 1월 己巳 廟門之制
(70) 〃 14년 1월 戊寅 妃嬪稱號
(71) 〃 15년 10월 庚午 衣服制度
(72) 〃 23년 1월 癸丑 乘制度

〔부록 3〕 儀禮詳定所의 古制硏究

㉮ 五禮에 관한 것
① 세종 5년 11월 壬辰 喪制(太宗襲衣)

②　〃　6년　2월　丁巳　　山神封爵立廟古制
③　〃　7년　12월　庚寅　　朝會時服飾古制
④　〃　11년　3월　丙寅　　祭儀(享廟儀)
⑤　〃　　　7월　己巳　　新及第恩榮宴禮
⑥　〃　12년　11월　丙寅　　大小朝賀叩頭古制
⑦　〃　　　12월　戊辰　　朝儀
⑧　〃　13년　5월　乙酉　　廟號之制
⑨　〃　　　6월　庚子　　薦新古制(宗廟及兩殿)
⑩　〃　　　9월　乙酉　　王世子參會禮宴儀
⑪　〃　14년　정월　戊寅　　原廟
⑫　〃　　　2월　癸巳　　使臣與外方守令相接禮
⑬　〃　　　3월　辛未　　禮樂
⑭　〃　　　4월　壬子　　樂工衣服制
⑮　〃　　　9월　丙辰　　宗廟禮樂
⑯　〃　　　9월　甲戌　　會禮樂
⑰　〃　15년　5월　己卯　　儀禮樂
⑱　〃　　　6월　己酉　　　　〃

　ⓝ四禮에 관한 것
⑲ 세종　7년　7월　丙子　　喪服
⑳　〃　10년 윤4월　甲午　　喪制
㉑　〃　　　11월　己酉　　祭禮(大小人員行祭時着紗帽可否)
㉒　〃　12년　6월　庚午　　喪服制度(外祖父母·妻父母之服)
㉓　〃　　　10월　丙申　　祭禮(當祭給暇)
㉔　〃　13년　1월　壬申　　二品以上訃告儀
㉕　〃　　　5월　戊辰　　喪制(父母喪)
㉖　〃　14년　1월　丁卯　　家廟之制
㉗　〃　　　4월　丙午　　喪制(五服)

　ⓓ制度에 관한 것
㉘ 세종　12년　3월　戊午　　諸學取才經書諸藝數目
㉙　〃　　　4월　辛巳　　大小命婦封爵制
㉚　〃　　　10월　壬辰　　科擧制度(講經製述問題)
㉛　〃　13년　1월　癸巳　　服飾制度(三品以下服綾羅與否)
㉜　〃　　　2월　庚申　　科擧制度(文科初試出題關係)
㉝　〃　　　5월　戊辰　　品階稱號(大夫·士의 制)
㉞　〃　　　10월　辛酉　　服飾制
㉟　〃　14년　1월　丙子　　外命婦稱號

㊱　　　〃　　　1월　　甲戌　　科擧時用印信之制
㊲　〃 15년　1월　　辛未　　鎭撫所之制
㊳　〃 16년　9월　　乙酉　　公服制度

　　㉲施政에 관한 것
㊴　〃 12년　4월　　己亥　　奴婢請給制
㊵　　　〃　　9월　　己丑　　給田之制
㊶　　　〃　　12월　　壬申　　大小人員起復之法
㊷　　　〃　　12월　　癸巳　　西班四品以下論罪
㊸　〃 13년　5월　　庚辰　　外官六期實仕之法
㊹　〃 14년　3월　　乙酉　　奴婢問題
㊺　　　〃　　4월　　癸丑　　各品祿牌
㊻　　　〃　　9월　　癸酉　　公賤侍丁之法及私賤復戶之法
㊼　〃 15년　1월　　壬申　　復戶之制
㊽　〃 16년　2월　　戊辰　　公私婢子定役
㊾　〃 17년　5월　　丁亥　　奴婢分給制(相續)
㊿　　　〃　　7월　　戊戌　　告身署經之法

[부록 4] 禮曹·儀禮詳定所의 古制硏究

　　㉮五禮에 관한 것
① 태종　2년　6월　　丁巳　　樂調
② 〃 15년　3월　　辛丑　　諸祀儀
③ 세종　1년　7월　　庚午　　拜陵攝行儀
④ 　〃　　9월　　己巳　　大行大王喪制
⑤ 　〃　3년　7월　　戊寅　　奉祀之制
⑥ 　〃　8년　8월　　丁丑　　王世子親迎儀
⑦ 　〃 10년　6월　　乙酉　　殿陵別祭儀
⑧ 　〃 11년　4월　　乙酉　　受朝之禮
⑨ 　〃 12년　9월　　己未　　朝會用樂
⑩ 　〃 14년　8월　　壬寅　　原廟之制
⑪ 　〃 15년　3월　　戊辰　　文昭殿行祭時節次
⑫ 　〃 16년　7월　　壬寅　　祈告社稷儀

　　㉯四禮에 관한 것
⑬ 세종　6년　3월　　庚寅　　宗親及大臣之卒 禮喪時祭奠
⑭ 　〃 11년　4월　　丁酉　　大小人員家廟祭禮

㉺ 制度에 관한 것

⑮ 태종 15년　4월　庚辰　鄕吏笠制
⑯ 세종　1년　5월　壬申　生員漢城試鄕試定額
⑰ 〃　8년　2월　庚寅　朝廷冠服之制
⑱ 〃　9년　1월　戊戌　廟制
⑲ 〃　13년　4월　丙午　科擧科目

〔부록 5〕 集賢殿의 古制研究 내용

㉮ 五禮에 관한 것

① 세종 11년　4월　丁亥　親臨學宮時儀禮에 관한 古制
② 〃　12년　2월　庚寅　祭樂工人服飾에 관한 古制
③ 〃　　9월　乙丑　朝會樂에 관한 古制
④ 〃　13년　3월　壬辰　廟號封崇之事
⑤ 〃　　7월　辛巳　儀仗에 관한 古制
⑥ 〃　　12월　辛亥　原廟에 관한 古制
⑦ 〃　14년　6월　壬辰　原廟의 古制
⑧ 〃　　9월　丙辰　壇壝之制
⑨ 〃　　11월　丙辰　齋沐與祭의 古制
⑩ 〃　15년　2월　戊申　出征時告社稷宗廟禡祭及山川祭
⑪ 〃　　5월　己未　接告于宗廟의 古制
⑫ 〃　　9월　丙申　大小朝會時 儀仗序立之制
⑬ 〃　　10월　乙亥　大小行幸時 告于宗廟之制
⑭ 〃　16년　10월　辛亥　大閱時 用人數
⑮ 〃　17년　정월　壬午　致齋儀(幸昌德宮時)
⑯ 〃　　6월　辛酉　敬老之禮
⑰ 〃　21년　6월　丁酉　世子講武之法
⑱ 〃　　7월　丁未　太子帥師之古制
⑲ 〃　　8월　辛巳　朝會所
⑳ 〃　25년　4월　乙巳　世子受朝時 儀禮
㉑ 〃　26년　11월　辛卯　皇后行喪古制
㉒ 〃　27년　2월　辛亥　致齋時飲酒可否
㉓ 〃　　癸巳　喪制(王妃薨)
㉔ 〃　28년　3월　甲午　喪制
㉕ 〃　31년　11월　庚辰　爲世子禱祀之法
㉖ 문종 즉위년　6월　丁丑　迎誥命服色

㉗ 〃　원년 5월　丁卯　　祭享所供酒醋醬의 先嘗味與否
㉘ 〃　　8월　乙亥　　歷代功臣配享故事

　㈏四禮에 관한 것
㉙ 세종　10년 9월　癸卯　　士大夫之兩妻祔廟의 古制
㉚ 〃　12년 12월　甲申　　婚禮에 관한 古制
㉛ 〃　15년 5월　壬申　　當大臣之卒停朝停市之法
㉜ 〃　19년 3월　己未　　期喪之制
㉝ 〃　5월　庚戌　　喪服制(當亡女壻死服與否)
㉞ 〃　23년 정월　丁巳　　外官赴任時奉往神主可否
㉟ 〃　30년 5월　癸巳　　喪服制
㊱ 문종 즉위년 5월　辛酉　　路祭

　㈐制度에 관한 것
㊲ 세종　12년　8월　丁卯　　考正周尺
㊳ 〃　윤12월　壬辰　　大小人員 家舍의 制
㊴ 〃　13년 3월　辛巳　　武廟의 古制
㊵ 〃　10월　乙巳　　宗室之女의 稱號에 관한 制
㊶ 〃　10월　辛酉　　典農寺의 古制
㊷ 〃　14년 2월　辛丑　　三軍摠制의 古制
㊸ 〃　10월　戊戌　　文武官 佩劍의 古制
㊹ 〃　15년 3월　乙卯　　御室之制
㊺ 〃　19년 정월　己亥　　王世子攝政時 官制及稱號
㊻ 〃　24년 8월　庚寅　　詹事院의 古制
㊼ 문종 원년　2월　辛未　　懸門之制

　㈑
㊽ 세종 12년　3월　壬寅　　死囚處刑時期에 관한 古制
㊾ 〃　12월　癸巳　　考功之法
㊿ 〃　13년 8월　戊戌　　辭避守令者 處罰에 관한 古制
○51 〃　14년 3월　甲申　　相避之法
○52 〃　9월　癸酉　　各品官敎式體
○53 〃　11월　壬戌　　使民習法之事
○54 〃　16년 정월　戊戌　　良妾子 許入忠義衛與否
○55 〃　17년 6월　己酉　　功臣子孫立嫡之法
○56 〃　9월　甲申　　觀察使 遞代之期
○57 〃　21년 윤2월　丙午　　犯罪宗親子孫死 吊恤之制
○58 〃　27년 10월　壬子　　貨幣制度(錢幣)

(59) 〃 28년 5월 丁亥 宮人有罪者 措處之法
(60) 〃 6월 甲寅 犯罪收贖의 古制
(61) 〃 10월 癸丑 前代待踈屬故事
(62) 〃 29년 2월 癸巳 古人用人之法
(63) 〃 30년 7월 丙戌 罪囚避暑氣之法
(64) 문종 원년 4월 壬辰 守令遞還者引見之法

㈐其他
(65) 세종 15년 2월 庚戌 趁時擧行之事(逐日可行之事)
(66) 〃 25년 11월 戊辰 歷代算學之法
(67) 문종 2년 2월 丙寅 實錄監修의 古制

〔부록 6〕儀禮에 관한 것

㈎儀禮에 관한 것
① 세종 12년 10월 辛未 儀禮宋方服圖의 錯誤 (啓)
② 〃 13년 8월 庚戌 世子受朋寶·受群臣朝賀儀 (〃)
③ 〃 20년 12월 辛亥 祭禮(大臣之卒) (〃)
④ 문종 1년 11월 乙巳 詳定冠禮 (〃)

㈏制度에 관한 것
⑤ 세종 7년 6월 乙丑 請罷守令六期之法 (上書)
⑥ 〃 12년 12월 乙未 文武考課之法 (啓)
⑦ 〃 13년 7월 丙寅 告訴節次 (〃)
⑧ 〃 18년 6월 丁酉 請革本殿冗員 (〃)
⑨ 〃 20년 6월 癸亥 進士試取之法 (上疏)
⑩ 〃 9월 甲午 用信寶可否(於致祭文) (啓)
⑪ 〃 22년 8월 甲戌 致仕之法 (上疏)
⑫ 〃 28년 3월 癸巳 喪服制度 (上書)
⑬ 〃 8월 丙午 喪服制度 (啓)
⑭ 문종 1년 2월 戊子 請設恩賜科 (〃)
⑮ 〃 11월 癸巳 論對에 관한 件 (〃)

㈐施政에 관한 것
⑯ 세종 20년 11월 壬午 請愼刑 (上疏)
⑰ 〃 21년 윤2월 乙未 督納稅之法 (啓)
⑱ 〃 24년 8월 壬辰 請許得罪儒生赴試 (〃)

⑲	〃	8월	癸丑	請停詹事院	(上疏)
⑳	〃 25년	4월	甲辰	請停世子南面受朝之命	(〃)
㉑	〃 27년	7월	乙未	論社倉·義倉便否	(上書)
㉒	〃	8월	戊辰	論燔鹽便否	(〃)
㉓	〃	9월	乙亥	義鹽法便否	(〃)
㉔	〃	11월	庚寅	論楮貨便否	(〃)
㉕	〃 28년	4월	庚午	時務策(義鹽貢法等)	(〃)
㉖	〃	6월	甲寅	論貢法之弊	(〃)
㉗	〃 28년	12월	庚子	請減刑(禮曹郞官等罪)	(〃)
㉘	〃 32년	1월	辛卯	備邊十策	(〃)
㉙	문종 즉위년	10월	庚辰	備邊糧餉策	(〃)
㉚	〃 1년	11월	己未	民瘼(講武場擴大로 인한)	(啓)
㉛	단종 1년	1월	乙丑	君臣交修之道	(上書)
㉜	〃 2년	1월	戊午	請選士大夫輪日 入侍	(〃)
㉝	〃	9월	庚申	請停報漏閣之改構	(啓)
㉞	세조 1년	7월	戊寅	論君道十二事	(上疏)
㉟	〃 2년	3월	丁酉	便宜二十四事	(〃)

⑭ 斥佛에 관한 것

㊱	세종 6년	3월	甲申	論斥佛法	(上疏)
㊲	〃 7년	6월	辛酉	請罷水陸齋等佛事	(陳言)
㊳	〃 14년	3월	甲子	斥佛(論佛氏之害 禁斷水陸齋)	(上書)
㊴	〃 16년	4월	己未	斥佛(論佛氏之害 請停檜巖重創)	(〃)
㊵	〃 17년	4월	辛酉	斥佛(論佛氏之害)	(〃)
㊶	〃 18년	6월	乙巳	斥佛(請停興天寺舍利閣重修)	(上言)
㊷	〃 21년	4월	丙申	斥佛(論佛氏之害)	(上疏)
㊸	〃 23년 윤11월		癸酉~乙酉	請罷興天舍利塔慶讚會	(〃)
㊹	〃 28년	3월	乙未	請停爲王妃成佛經之命	(啓)
㊺	〃 30년	7월	壬寅~癸丑	請停建佛堂	(上疏)
㊻	〃	8월	乙卯	請停建佛堂	(〃)
㊼	〃 31년	6월	甲子	請停報供齋	(上書)
㊽	문종 즉위년	3월	乙巳~丁未	請停造佛寫經造寺等事	(上疏)
㊾	〃	7월	丁巳	請僧信眉斥置遠方	(上書)
㊿	단종 2년	정월	乙卯~癸亥	請罷內佛堂	(〃)

⑮ 臺諫을 辨護하기 위한 것

51	세종 22년	9월	丙辰	請開言路(陳諫得罪한 討臣을 辨護)	(上疏)
52	〃 28년	10월	甲辰	請開言路(請赦臺諫陳諫之罪)	(啓)

(53) 〃 30년 1월 己酉 請愼憲官之人事 (〃)
(54) 단종 2년 1월 丙午 請優容臺諫之言事 (〃)

㉳ 其他
(55) 세종 19년 7월 丁未 辨正倭人所進硫黃價錯給 (上疏)
(56) 〃 21년 5월 甲寅 勸學成材之方 (〃)
(57) 〃 26년 12월 丙寅 駁論風水地理之說 (〃)
(58) 단종 즉위년 6월 壬午 條陳興學之事 (上書)
(59) 〃 2년 1월 乙亥 請納妃 (啓)

〔부록 7〕 집현전의 정치활동(參議)

㉮ 喪服制度關係
① 세종 19년 5월 癸卯 祭禮(奉祀)
② 〃 5월 己酉 喪服制度
③ 〃 30년 5월 癸巳 喪服制度

㉯ 科擧制度關係
④ 세종 23년 2월 丁酉 親喪三年內赴試可否
⑤ 문종 즉위년 9월 戊申 文科科目數及試取節目
⑥ 세조 2년 2월 戊辰 講經·製述의 是非(科擧)

㉰ 經濟施策關係
⑦ 세종 25년 10월 戊申 貢法便否
⑧ 〃 26년 7월 己未 社倉法
⑨ 〃 27년 11월 庚寅 楮貨便否
⑩ 〃 29년 5월 乙未 驛吏位土處理問題
⑪ 〃 30년 5월 己巳 社倉法

㉱ 文敎施策關係
⑫ 세종 21년 9월 甲戌 各官學校學令確立問題
⑬ 세조 2년 3월 丁亥 經學勸學之方

㉲ 服色關係
⑭ 세종 28년 5월 壬辰 服色詳定條件
⑮ 문종 즉위년 6월 壬午 迎詔命服色

㉺ 其他
⑯ 세종 26년 6월   乙巳   壽陵吉凶與否(風水)
⑰ 〃 28년 5월   甲申   三韓國大夫人安氏奉祀祭田官給與否
⑱ 〃 29년 2월   戊申   新君卽位之儀及冠服吉凶之制
⑲ 〃 29년 10월   壬午   前銜及有蔭子弟叔用時受落點受圈與否
⑳ 단종 즉위년 11월   癸亥   財産相續問題

* 이 장은 《歷史學報(32・33)》(1966・1967)에 〈集賢殿硏究〉라는 제목으로 실렸다.

〔**부표 1**〕 **집현전의 기능**

비고 : ——————은 지속적인 기능, ·················은 잠정적인 기능, 선 앞뒤의 점선은 始廢 시기가 분명하지 못한 것

기능 \ 연도	세종 2	3	4	5	6	7	8	9	10	11	12	13	14	15	16	17	18	19	20	21	22	23	24	25	26	27	28	29	30	31	32	문종 1	2	단종 1	2	세조 1	2
經筵官																																					
事大文書作成																																					
假成均館職																																					
書筵官																																					
史官																																					
使臣																																					
知製教																																					
試官																																					
編纂事業																																					
古制研究																																					
風水學官																																					
宗學官																																					
政治參與																																					
言 官(化)																																					
詹事院官																																					
宣慰使																																					
講書院官																																					

〔부표 2〕

역대 集賢殿官 성명과 직함 일람표

비고
① 이 부표는 《朝鮮王朝實錄》과 文集 등을 참고하여 작성한 것임 ② 集賢殿官의 성명은 가나다 순으로 배열함. ③ 집현전의 직함은 한자로, 他官으로 轉職된 직함은 한글로 함.
④ '〃'은 그 앞의 직함과 같은 경우로 '·'은 직위는 알 수 없으나 집현전직에 있은 경우임.

성명	세종2	3	4	5	6	7	8	9	10	11	12	13	14	15	16	17	18	19	20
姜希顔																			
權蹈						副提學	예조참판												
權摯																			
權節				副提學															
權採				修撰	〃	〃	副校理	〃	校理	〃	〃	直提學	〃	대사성		부승지			卒
金鉤																			
金淡																	正字		
金墩	博士	〃	〃	修撰	·	·	·	應教	直殿	·	·				直提學	副提學	우부승지		
金禮蒙															著作	〃	·	·	·
金末															應教	直殿			
金汶																修撰	副校理	·	·
金銚					修撰		·	·	·	校理	〃			應教	直殿	直提學	〃	〃	副提學
金尙直	應教	直殿	〃	〃	直提學	·	副提學	〃	〃	〃	〃	호조참의							
金壽寧																			
金淳															博士	副修撰	修撰		
金新民															應教	·	·	·	·
金赭	直提學	〃	동부대언		대언														
金之慶																			
金孝貞								副提學	〃	〃	〃	호조참의							
南秀文						正字	·	·	·	·	·		副修撰	〃	副校理	應教	〃	·
盧思愼																			
盧叔仝																			
朴彭年																			

성명	21	22	23	24	25	26	27	28	29	30	31	32	문종1	2	단종1	2	세조1	2	3
姜希顔															直提學	〃			
權蹈																			
權摯															校理	우부승지	이조참판	이조판서	
權節																			
權採																			
金鉤															副提學	예문제학			
金淡																			
金墩	도승지																		
金禮蒙	·	·	·	·	副校理	〃	〃	〃	〃	校理	〃	應教	〃	直殿	집의	副提學	〃	〃	호조참의
金末																		예문제학	
金汶	應教	〃	〃	〃	直殿	〃	副提學	〃	〃	卒									
金銚	〃	좌부승지																	
金尙直																			
金壽寧																	修撰	〃	
金淳																			
金新民	·	·	·	·	·	·	直提學		우사간							副提學	〃	〃	
金赭																			
金之慶																			直提學
金孝貞																			
南秀文	·	·	·	直殿	卒														
盧思愼																		博士	副修撰
盧叔仝										應教	〃	지사간원사	副提學	동부승지	좌승지	호조참의	대사헌		형조참판
朴彭年																		博士	修撰

Columns 1–10:

姓名										
朴瑞生										
朴仲孫										
朴彭年										
裵閏			直殿							
徐岡										
徐居正										
傉循	校理	〃	·	·	·	應教	〃	〃	直提學	〃
成三問										
成侃										
宋處儉										
宋處寬										
辛石祖	(碩祖)				著作	·	·	·	·	
申檣	直提學	副提學	〃	〃	〃	〃	좌군동지총제			
申叔舟										
沈愼										
安完慶										
安止	修撰	〃	·	副校理	〃	·	·	·	·	直殿
梁誠之										
魚變甲	應教	〃	〃	〃	直殿	直提學				
魚孝瞻										
元昊										
兪尙智	校理	〃	·	應教	直殿	〃	直提學	〃	〃	〃
柳誠源										

Columns 11–20:

姓名										
朴瑞生			副提學							
朴仲孫				博士						
朴彭年				正字	副修撰	〃	〃	副校理	〃	校理
裵閏										
徐岡										
徐居正									博士	〃
傉循	副校理	〃	〃	〃	이조참의					
成三問										
成侃										
宋處儉				正字	·	·	·	·	·	·
宋處寬										
辛石祖	·	·	修撰	·	·	·	·	·	應教	直提學
申檣	공조참판									
申叔舟							副修撰	〃	〃	〃
沈愼										
安完慶				直提學						
安止	·	·	副提學	〃	〃	〃	〃	이조참판	예문제학	
梁誠之							副修撰	〃	修撰	〃
魚變甲										
魚孝瞻								校理	〃	·
元昊										
兪尙智	〃	동부대언								
柳誠源										

Columns 21–30:

姓名										
朴瑞生										
朴仲孫										
朴彭年	直殿	副提學	〃	〃	집의	直提學	副提學	좌승지	예문제학	형조참판
裵閏										
徐岡					博士	〃	副修撰	修撰	副校理	應教
徐居正	〃	〃	副修撰	〃	修撰	副校理	·	·	·	應教
傉循										
成三問	修撰	直殿	〃	〃	〃	直提學	좌사간	副提學	우부승지	좌부승지
成侃									博士	副修撰
宋處儉	·	修撰	·			우헌납				
宋處寬								副提學	이조참의	
辛石祖	〃	〃	〃	〃	·	副提學	이조참의	副提學	이조참판	大司憲
申檣										
申叔舟	〃	修撰	校理	應教	〃	장령	直提學	우승지	도승지	병조판서
沈愼									修撰	〃
安完慶										
安止										
梁誠之	〃	〃	副校理	校理	〃	應教	直殿	〃	〃	直提學
魚變甲										
魚孝瞻	應教	〃	〃	집의			예조참의	이조참의	〃	이조참판
元昊								直提學		
兪尙智										
柳誠源	著作	博士	〃	修撰	〃	〃	·	副校理	지평	直殿

세종2 ~ 세종14

성명	세종2	3	4	5	6	7	8	9	10	11	12	13	14
柳義孫													
兪孝通	修撰	·	·	·	校理	應敎	〃	·	·	直提學	〃	·	·
尹起畎													
尹子雲													
尹淮			副提學	총제									
李塏													
李季甸													
李克堪													
李鳴謙								博士	·	·	·	·	·
李思哲													
李石亨													
李宣													副提學
李先齊								修撰	·	·	副校理	〃	〃
李純之													
李承召													
李永瑞													
李芮													
李宗睦													
李坡													
李賢老													
鄭麟趾					應敎	〃	直殿	〃	直提學	副提學	〃	〃	
鄭子英													
鄭昌孫												·	
鄭昌													
鄭孝常													
趙瑾													
趙峿													

세종15 ~ 세종27

성명	15	16	17	18	19	20	21	22	23	24	25	26	27
柳義孫	副校理	校理	〃	·	·	直殿	·	·	直提學	〃	동부승지		도승지
兪孝通	·	副提學	副提學	·	·	관찰사							
尹起畎													
尹子雲													
尹淮													
李塏									著作	·	博士	副修撰	〃
李季甸	修撰	副校理	〃	·	·	·	·	·	·	直殿	〃	〃	直提學
李克堪										著作	博士	修撰	〃
李鳴謙	副校理	·	應敎										
李思哲	博士	副修撰	修撰	副校理	·	·	應敎	·	·	장령			우부승지
李石亨									정언	副校理	·	·	·
李宣	〃		이조참의	예조참판									
李先齊	〃	〃	〃	〃	〃	直提學							
李純之		校理											
李承召													
李永瑞			正字	·		博士	·	·	修撰	〃	〃	〃	〃
李芮										博士	〃	·	副修撰
李宗睦													
李坡													
李賢老										副修撰	修撰		副校理
鄭麟趾	예문제학	〃	〃	충청감사		형조참판		형조판서					
鄭子英			正字										
鄭昌孫		校理	〃	·	·	·	·	·	·	應敎	〃	집의	
鄭昌													
鄭孝常													
趙瑾										著作	·	·	·
趙峿													

세종28 ~ 세조3

성명	28	29	30	31	32	문종1	2	단종1	2	세조1	2	3
柳義孫	〃				卒							
兪孝通												
尹起畎					副修撰	〃		지평	副校理			
尹子雲					副修撰	·		우헌납		동부승지		
尹淮												
李塏	〃	校理	〃	〃	應敎	〃	〃	집의	直提學	〃	副提學	
李季甸	〃	동부승지	좌부승지	도승지				병조판서	〃	〃	〃	
李克堪	·				副校理	지평	校理	應敎	사인			
李鳴謙										형조참의		광주부윤
李思哲				도승지							우의정	좌의정
李石亨	·	校理	直殿	〃	〃				直提學	〃	〃	첨지중추원사
李宣												
李先齊												
李純之												
李承召	副修撰	·	副校理	·	校理	〃		장령	直殿			
李永瑞												
李芮	〃	〃	〃					副校理	〃	校理	應敎	直殿
李宗睦												副提學
李坡										修撰	〃	校理
李賢老												校理
鄭麟趾								공조판서		좌의정	〃	우의정
鄭子英												
鄭昌孫	副提學	〃	좌부승지							이조판서	우찬성	우의정
鄭昌	副修撰	修撰										
鄭孝常											副修撰	〃
趙瑾	·	·	·	·								應敎
趙峿											直提學	副提學

曹尚治																											사간대부	〃	副提學						
崔萬理	博士	·	·	·	·	·	校理	應教	·	·	·	·	·	·	·	直提學	〃	副提學	관찰사	副提學	〃	〃	〃	〃	卒										
崔善復																								博士	·	副修撰	·	修撰								
崔恒														副修撰	〃	修撰	·	·	·	·	副校理	·	·	校理	·	應教	直提學	〃	〃	사간대부	副提學	〃	도승지	이조참판	대사헌
河緯地																副修撰	〃	〃	·	·	修撰	副校理	〃	校理	〃	〃	〃	장령	直殿	·	집의	副提學	예조참의	예조참판	
韓繼禧																						正字	〃	博士	·	副修撰	修撰	·	校理	집의						
韓奕																								博士	〃											
許慥																													副修撰	修撰	〃	〃				
洪應																															정언	副校理	〃	校理		
姜希孟	《筆苑雜記》																																			
具仁文	《朝野錄》																																			
金孝文	《朝野錄》																																			
朴仲林	《筆苑雜記》																																			
朴揵	〃																																			
成任	〃																																			
孫肇瑞	《格齊集》																																			
尹泗	《朝野錄》																																			
曹錫文	《實錄》																																			
崔德之	《典故大方》																																			

Ⅲ. 集賢殿官의 言官化

머리말

조선 초기의 言官이라 하면 臺諫을 일컫는 것이다.1) 널리 알려진 바와 같이 대간은 臺官과 諫官, 즉 사헌부와 사간원의 관원을 함께 묶어서 일컫던 것이다. 대관과 간관의 직무는 직제에서 엄연히 구별되어 있으나2) 실제의 기능에는 같은 것이 많았다. 특히 언론 활동에서는 똑같은 목적을 이루기 위해 개별적인 활동도 하였고, 필요하면 대간이 合司하여 언론을 폈던 것이다. 그러므로 대관과 간관은 별개의 관원 같으면서도 떼어 놓을 수 없는 것이었기 때문에3) 대간으로 널리 불렸던 것이다. 이 대간이 조선 초기의 언관이었

---

1) 言論을 직무로 하는 관원을 言官이라 한다. 臺諫을 언관이라 한 것은 조선 초기의 《朝鮮王朝實錄》에서도 자주 볼 수 있다. 《太宗實錄》卷16 태종 8년 10월 辛卯條에, 左司諫大夫 柳伯淳 등이 被罪된 諫官을 용서해 줄 것을 청하는 상소에 "以言官而言事職也 其有不言 是不敬其職也云云"이라 하였고, 卷98 세종 24년 10월 辛亥條에도 세종이 이르기를, "予初 言官雖小過 必抵罪 以是臺諫率皆 不久而遞 是豈 可乎云云"이라 하고 있다.

2) 《經國大典》1, 吏典, 京官職을 보면, 司憲府는 論執時政·糾察百官·正風俗·伸冤抑·禁濫僞 등의 일을, 司諫院은 諫諍과 論駁을 관장한다고 되어 있다.

3) 《慵齋叢話》卷1에서는, "臺官諫官 雖云一體 其實不同 臺官糾察風敎 諫官正君過失"이라 하였다. 職務에서도 諫官은 한가한 편이었으나 臺官은 獄訟 등 그 직무가 많았다. 그러나 言論에서는 대관도 간쟁을 했고 간관도 탄핵을 했으며, 대간이 合司하여 행사하기도 하였으므로 언관으로서의 대관과 간관은 별개의 것이면서 또 일체이기도 했다.

고 兩司라고도 했다.

弘文館이 설치된 뒤 兩司(사헌부·사간원)에 홍문관을 더하여 언론 3司라고 하였다. 그러면 어찌하여 조선 초기의 언론 양사가 홍문관이 설치된 뒤에 홍문관을 더해 3사가 되었는가?

홍문관은 집현전의 직제를 그대로 이어받았다.[4] 그 직무는 내부의 經籍과 文翰을 다스리고 顧問에 응하며 모두 經筵官의 임무를 띠었다.[5] 집현전과 같은 직제와 기능을 가진 홍문관이 갑자기 언론 3사의 하나가 될 이유는 없다. 또한 고려와 조선 초에 3사가 있었으나 그것은 언론 3사와는 전혀 다른 것이었다.[6] 또한 홍문관이 그 職事가 전혀 다른 양사와 함께 3사로서 강력한 언론을 행사하는 것은 중국이나 조선 초기에 볼 수 없었던 현상[7]이다. 그리하여 柳壽垣도,

> 우리 나라는 館職(弘文館)·兩司를 三司라 칭하고 言論의 책임을 부여하였으나 三司의 명칭은 본래 근거한 바가 없다. 館職은 論談과 思慮를 하는 곳이고 임금의 잘못을 諫하여 바로잡는 것이 직책이다. 三司의 合辭陳啓라 하여 이들로 하여금 政事를 처리하게 하는 것은 前代에서 찾아보아도 이러한 例는 있지 않다. 그 폐단은 館職을 또한 兩司 모양으로 만드는 것이니 이는 設官分職의 뜻을 심히 잃은 것이다.[8]

---

4) 崔承熙, 〈弘文館의 成立經緯〉, 《韓國史硏究》5, 1970 참조.

5) 《經國大典》, 吏典, 京官職 弘文館條에는, "掌內府經籍·治文翰·備顧問 用文官 提學以上 以他官兼 皆帶經筵"이라 하였고, 《弘文館志》, 職官 第2, 差除條에 보면, 집현전과 같이 文翰·經筵·記注 등의 일을 맡은 것으로 되어 있다.

6) 고려시대의 三司는 錢穀의 出納과 會計를 맡은 官府였고, 조선 태조 때 둔 三司도 재정을 맡아보던 官署였다.

7) 漢은 三公(太尉·司空·司徒)을 三司라 하였고, 唐은 御史大夫·中書·門下 또는 尙書刑使·御史臺·大理寺 또는 鹽鐵使·度支使·戶部使를 三司라 하였으며, 明은 都指揮使·布政使·按察使를 三司라 하였다(《唐書》〈百官志〉, 《明史》〈職官志〉 등 참조).

8) 柳壽垣, 《迂書》卷4, 〈論三司責任事宜〉, "我國以館職兩司 稱爲三司 付以言議之責 而三司之稱 本無所據 館職自是論思之地 匡拂規諫 固是職責 至於稱以三司之合辭陳啓 使之處置立落 則求諸前代 未有此規 其流之弊 使令館職 亦作兩司貌樣 甚失設官分職之意"라 하였다.

고 하였다. 관직(홍문관)이 양사와 함께 언론 3사로서 강력한 언론 활동을 편 예는 앞 시대에서는 찾아볼 수 없었다는 사실과, 홍문관이 양사와 비슷한 언관이 되었다는 사실을 전해 준다.

그러면 앞 시대에는 볼 수 없었던 언론 3사가 왜 생긴 것인가. 홍문관이 어떻게 언론 3사의 하나로 될 수 있었던가. 그 답변은 집현전에서 찾지 않을 수 없다. 지금까지 집현전을 언론 기관이라고 일컫지는 않았다. 그러나 세종 20년대 이후의 집현전은 대간보다도 강력한 언론 기관으로 된 것으로 본다. 홍문관이 언론 3사의 하나가 된 것은 우연이 아니라, 세종 20년대 이후의 집현전의 언론 기관적인 성격을 이어받았다고 보는 것이 타당할 것이다.

필자는 이 장에서 집현전관이 언관이었음을 확인하고, 대간과 집현전관을 조선 초기의 언관으로서 함께 다루고자 하는 것이다. 그래야만 조선 초기의 언관에 관한 연구가 만족하게 이루어질 수 있는 것이며, 홍문관 설치 이후의 언론 3사에 관한 연구에도 올바른 방향을 제시해 줄 수 있을 것으로 생각한다.

一. 集賢殿의 言官的 바탕

세종 2년 집현전이 처음 설치되었을 때의 집현전관의 직무는 모두 經筵官을 겸하여 왕에게 經書와 史書를 講論하고 왕의 顧問에 응하는 것이었다.[9] 그뒤 집현전관은 경연관의 기능을 비롯하여 書筵官, 宗學敎授官, 事大文書의 작성과 使臣 迎接, 史官, 試官, 知製敎, 古制硏究, 編纂事業 등 그 기능이 확대되어 갔다.[10] 이러한 것은 모두 文臣·학자로서 집현전관이 맡을 수 있는 학술적인 직무였다. 그 가운데 언관화할 밑바탕을 마련해 준 것은 경연관

---

9) 崔承熙, 〈集賢殿硏究〉(상)·(하), 《歷史學報》 32·33, 1966·1967 참조.
10) 崔承熙(1966·1967), 위의 논문 참조.

으로서의 직무였던 것으로 볼 수 있겠다.

경연은 왕을 모시고 經史를 講論하는 자리이다. 왕의 교양 여부는 정치에서 아주 큰 뜻이 있는 것은 물론이다. 특히 유교정치를 하려면 왕의 유교적 교양은 없어서는 안 될 것이므로 경연은 중요한 것이었다. 그런데 집현전을 처음 설치할 때부터 집현전관은 모두 경연관을 겸한다고 하였고, 그 직무는 經史를 강론하고 왕의 顧問에 응한다고 하였다. 그러므로 그들은 왕과 한자리에서 경사를 강론하다가 때로는 時政에 관해서도 그들의 의견을 개진할 수 있었던 것이다. 그리하여 세조도 이르기를,

> 經筵은 어진 士大夫를 맞아 治道를 講論하는 것이지 다만 講讀으로 그치는 것은 아니다.[11]

고 하였다. 治道라고 하면 정치하는 방법이라 하겠으나 거기에는 반드시 時政에 관한 논의가 있게 마련이었다. 그런 뜻에서 경연관은 가장 가까운 언관이 될 밑바탕을 갖고 있었던 것이다.

집현전을 처음 설치했을 때는 그 官 모두가 경연관을 겸했으나, 세종 3년부터 서연이 시작되면서 서연관도 겸하였다. 그리하여 집현전관의 인원이 32명이었을 때는 그 가운데 22명은 경연관을, 나머지 10명은 서연관을 겸하였고 인원이 20명으로 고정된 뒤에는 서연과 경연에 각각 10명씩 배정하였다.[12]

세종은 경연에 2품 이상 중신의 入侍를 불허하고 거의 집현전관으로 전담케 하고 있다.[13] 집현전관은 당시 학문적으로 최고의 수준에 있었기 때문에 그들의 입시로 충분했던 것이다. 경연 때의 侍講員의 구성을 보면, 세종

---

11) 《世祖實錄》卷3, 세조 2년 정월 乙未條, "經筵所以接賢士大夫 講論治道 非但講讀而已"
12) 《世宗實錄》卷83, 세종 20년 11월 丁亥條 ; 崔承熙(1966·1967), 앞의 논문 참조.
13) 《世宗實錄》卷83, 세종 20년 11월 癸卯條 ; 崔承熙(1966·1967), 앞의 논문 참조.

때는 2~3명의 집현전관만이 進講하였고, 문종 때는 집현전관 2명, 承旨 1
명, 史官 1명은 날마다 시강하고, 간관 1명과 同知經筵 이상 1명은 3일에 한
번씩 시강하였으며, 세조 1년에는 집현전관 2명만 진강케 하라고 명했으나
사간원의 청을 따라 대간의 入參을 許하였다.[14]

이와 같은 사실에 따르면 경연은 집현전관이 전담하였다고 보는 것은 당
연하다. 經史와 治道를 강론하여 군주를 이끄는 중요한 직책인 경연관을 전
담했다는 사실은 언관 가운데서도 가장 효과적인 언관이 될 수 있는 밑바탕
이었다고 할 수 있겠다.

집현전관이 서연관을 겸하였음은 이미 언급하였다. 서연은 세자의 교양
을 위한 것으로 경연보다는 덜 중요하다 하겠으나 세종 20년대의 서연은 또
그렇지만도 않았다. 특히 세종은 세자로 하여금 서무를 재결케 하기 위하여
詹事院을 설치했고, 세자가 섭정함에 이르러서는[15] 서연관은 경연관 못지
않게 중요한 직책이 되었고, 서연관인 집현전관은 정치적으로도 중요한 구
실을 하게 되었다. 그리하여 《太虛亭集》에도,

丁卯秋(세종 29년)에 覆試 第5名에 합격하여 奉正大夫 守直提學 겸 世子輔
德으로 超授되었다. 그때 문종(세자)이 庶事를 監撫하여 書筵官이 機密을 장
악하였다. 公(崔恒)이 충성된 마음으로 아뢰고 보필함이 精當하지 않음이 없었
다.[16]

고 하였다. 崔恒은 세종 29년에 집현전 직제학 겸 서연관이 되었는데, 이때

---

14) 《世祖實錄》卷1, 세조 1년 윤6월 辛酉條, "經筵官啓 世宗朝 集賢殿三員進講 後除一員……命只集
　　賢殿二員進講 司諫院啓曰 經筵勿令諫官入參 不可 傳曰 世宗朝 臺諫不入經筵 故有是命 然數見臺
　　諫 甚爲美事 其令入參"
15) 崔承熙(1967), 앞의 논문(下), 40~43쪽 참조.
16) 崔恒, 〈太虛亭墓誌文〉, 《太虛亭集》(姜希孟 撰), "丁卯秋 中覆試第五名 超授奉正大夫守直提學
　　兼世子輔德 時文宗監撫庶事 書筵官掌機密 公啓沃獻替 靡不精當"이라 하였다.

는 세자(문종)가 섭정을 하고 있었으므로 서연관이 機密을 잡게 되었고, 따라서 최항은 세자를 훌륭히 보필하여 정치에 이바지하였던 것이다. 이보다 더 가까이서 언론을 펼 수 있는 언관도 있기 어려운 것이다. 이러한 세종 20년대 후반의 서연관을 집현전관이 전담하였던 사실은 집현전관의 언관으로서 그 밑바탕을 충분히 보인 것이라 하겠다.

二. 言官化의 계기

세종은 일찍이 여러 가지 질환으로 고생하였고, 세종 19년에 이미 *身病*으로 말미암아 세자가 서무를 처결케 하려 했으나 이루지 못하였다.[17] 그러나 세자로 하여금 서무를 처결케 하려는 세종의 집념은 세종 24년에 마침내 첨사원의 설치를 보게 되었다. 첨사원은 세자가 서무를 처리하는 데 필요한 기관으로 주로 명령의 출납을 위한 것이었다. 그런데 첨사원의 관원인 첨사는 주로 서연관이 겸하게 되었으므로, 자연히 서연관을 전담하는 집현전관이 첨사를 겸하게 되었고, 정치에 참여하는 기회를 얻게 된 것이었다.

한편 집현전관의 움직임을 보면, 집현전을 설치한 목적이 학자의 양성과 학문의 진흥에 있었기 때문에, 집현전관은 전직됨이 없이 오랫동안(25년 이상 집현전에만 근무한 경우도 있을 정도로) 학문의 수련과 학술적인 직무에만 종사하는 과정에서 학문적으로 높은 수준의 학자로 커나가게 되었다. 당시 학문과 정치는 體와 用의 관계에 있었으므로 학문만을 위한 집현전보다는 그들의 학문과 이상을 실제에 구현할 수 있는 政界(政·曹나 臺諫)에 진출하려는 움직임이 세종 15년 무렵에 나타나기 시작하였다. 그러나 세종의 태도는 집현전관은 집현전에서 종신토록 학술에만 전업할 것을 바라고 있

---

17) 崔承熙(1967), 앞의 논문, 39~57쪽 참조.

었기 때문에[18] 세종 재위 때는 집현전관으로서 직접 政·曹나 대간으로 전출되는 경우는 거의 없었다.[19] 이처럼 그들의 학문과 이상을 구현하기 위한 정계 진출의 길이 막힌 집현전관에게 突破口로 나타난 것이 세자의 섭정이라 하겠다. 특히 세종 25~27년 무렵에는 세자의 섭정이 본격적으로 시작되면서[20] 세자의 위치는 왕을 방불케 하는 상태에 이르렀던 것이다.

이때 고제에 밝고 높은 학문을 지닌 집현전관이 세자와 가장 긴밀한 관계를 가진 서연관과 첨사를 겸하였으므로 집현전관은 마땅히 정치적으로 중요한 위치를 차지하게 되었다. 최항이 집현전 직제학 겸 世子輔德(서연관)으로서 세자를 보필하고 정치에 간여할 수 있었던 것은 그 한 예라 하겠다. 따라서 집현전관은 政·曹나 대간으로 전출하지 않고도 활발한 정치 활동과 언론 활동을 할 수 있게 된 것이다.

三. 言官化의 필요성

대간이 언관으로 엄연히 있는데 또 집현전관이 언관화했다면 그 필요성은 무엇인가? 그것을 확인하기 위해서는 먼저 대간의 언론에 어떤 한계성이 있지 않았는가를 확인할 필요가 있겠다.

---

18) 《世宗實錄》卷63, 세종 16년 3월 丁酉條, "設集賢殿 專事文翰也 昔丁未親試 集賢殿多中之 予窃喜焉……近聞集賢殿官員 率皆厭之 希望臺諫政曹者多 予以集賢殿爲要選 而禮待異常 無異臺諫 厭事求遷 尙且如此 而況庶官乎 人臣奉職之意 果如是乎 爾等無有怠心 專事學術 期以終身"

19) 세종 때 집현전관으로 政曹나 臺諫으로 전출된 이들은, 李思晢이 세종 24년에 약 반년 동안 司憲掌令과 執義를 지낸 바 있고, 세종 27년에 鄭昌孫이 집의로, 세종 30년에 盧叔仝이 知司諫院事로, 세종 31년에 金新民이 右司諫으로 임명된 것 등 몇 건에 지나지 않는다.

20) 세종은 신하들의 맹렬한 반대를 묵살하고 재위 25년 5월에 세자의 受朝堂을 건축하고 세자의 섭정의 制를 정하고 '世子受朝參儀註'가 撰進되어 그해 6월에는 세자의 受朝態勢가 모두 갖추었고, 書筵 進講時의 4품 이상의 文·武官을 날마다 輪參케 하기에 이르렀다. 재위 27년 1월에 세종이 內禪의 뜻을 밝힌 뒤로는 세자가 繼照堂에서 朝參을 받았고 庶務를 裁決하는 등 세자의 섭정이 본격화되었다. 崔承熙(1970), 앞의 논문 참조.

《經國大典》에 따르면 사헌부는 論執時政·糾察百官·正風俗·伸冤抑·禁濫僞 등의 직무를, 사간원은 諫諍과 論駁을 관장한다고 하였다. 대간의 실제 기능이 무엇이었는가는 다음 기회에 논급되겠으나 대간의 언론 활동 가운데 중요한 것은 '諫諍'과 '彈劾', '時政'에 관한 것이었고, 인사에 대한 이의와 척불 관계의 언론도 적지 않았다. 태조부터 성종 9년에 이르는 동안, 대간은 약 5천5백여 건에 이르는 각종 언론을 폈던 것이다.[21] 그러나 대간의 언론에는 한계성과 약점이 있었다.

대간의 언론은 일반적으로 마구 행해지게 되었다. 태종 때 閔無咎과 閔無疾에 대한 탄핵은 20여 회에 이르렀고, 세종 때 李從茂에 대한 탄핵도 거의 20회에 이르렀다. 특히 양녕대군과 척불에 대한 언론은 그 수를 헤아릴 수 없을 정도로 많았으나 별로 받아들여진 적이 없었다.

대간의 언론은 횟수는 많았으나 판에 박은 듯한 것이 많았다. 세종 15년 12월에 양녕을 접견하지 말 것을 간쟁했을 때 세종이 이르기를,

> 지금 이후로부터 讓寧 入來 때 이와 같은 封章은 모두 받지 않는다. 또한 이 封章의 詞는 도무지 陳言이 전에 올린 것과 다른 것이 없으니 板에 찍어 온 것이 아닌가?[22]

라고 하였던 것이다. 문종도 臺省의 造佛·寫經 등을 정지할 것을 청하는 交章[상소]을 보고 이르기를,

> 너희가 陳言하는 바는 모두 전날 진언한 것이다. 나 또한 다시 答辭하지 않겠다.[23]

---

21) 이 책 마지막 부분의 〈부표 : 조선 초기 언관언론 내용 분석표〉 가운데 [표 1] 참조.
22) 《世宗實錄》卷62, 세종 15년 12월 丙子條, "上曰 自今以後 讓寧入來時 如此封章 皆勿受且此封章之詞 都是陳言與前所進無異 無乃刊板入來乎"
23) 《文宗實錄》卷1, 문종 즉위년 3월 戊申條, "上曰 若等之言 皆前日所言 予亦更無答辭'

고 하였다. 판에 박은 듯한 언론은 수없이 행사되는 것에 반해 그 만큼 권위
는 떨어지는 것이었다.

그 위에 대간의 언론은 자질구레한 것이 많았다. 문종이 즉위하고 집현전
관들이 대간으로 많이 전출되자 朝野에서는 기대가 컸다. 그러나 그들도 陳
言하는 바가 모두 자질구레하고 진언할 만한 것은 진언치 않아 士林들의 실
망을 산 일이 있었다.24) 성종 3년에는 대간이 大臣 韓明澮를 탄핵하다가 모
두 좌천당한 일이 있는데, 이때 大王大妃의 傳에,

> 憲府의 失策은 셋이 있으니, 隱微한 일로써 大臣의 罪를 청하였고, 主上께서
> 반복하여 開諭하였으나 계속 고집한 것이 실책의 하나요, 細碎한 일로써 재삼
> 强請한 것이 그 실책의 둘이요.25)

라고 하였다. 때로는 문제로 삼지 않아도 좋을 자질구레한 일을 계속 언론하
는 경향이 있었던 것이다.

또 확실한 근거도 없이 풍문에 따른 언론도 수없이 많았다. 그리하여 태
종 4년 10월에는 의정부에서 청하기를,

> 臺諫이 風聞의 일을 彈劾하는 일과, 私情을 두고 報復하는 일을 금하게 하여
> 주십시오(윤허함).26)

라고 하였다. 풍문으로 탄핵하는 일과 사사로운 일로 보복하는 것은 국초부
터 법으로 금지된 것이었지만 대간의 風聞公事는 계속되었다. 세종 20년 6

---

24)《文宗實錄》卷3, 문종 즉위년 9월 癸丑條, "上卽位 多用集賢殿儒士 陞資 布列臺諫 朝野將有望焉
　　然所諫皆細瑣 而所可陳者不言 士林罔不缺望焉"

25)《成宗實錄》卷25, 성종 3년 12월 辛未條, "大王大妃 傳曰 憲府之失有三 以隱微之事 諸罪大臣 主
　　上反覆開諭 彼乃固執 其失一也 以細碎之事 强請再三 其失二也 云云"

26)《太宗實錄》卷8, 태종 4년 10월 癸巳條, "議政府請 禁臺諫彈劾風聞之事 及挾私報復 允之 疏略曰
　　風聞之事 不得劾問 已有著令 今臺諫員等 因循不行 今後風聞之事 及挾私報復 腹誹心謗等事 一皆
　　禁止 臺諫員 如有不遵者 本府隨卽申聞論罪 永遵成憲"

월에 憲官의 風聞擧劾으로 헌관이 모두 좌천된 일이라든지[27], 예종 1년 윤2월에 風聞公事로 말미암아 대간이 좌천되거나 파직된 일 등은[28] 그 한 예인 것이다. 이처럼 대간은 확실치 못한 사실을 들어 언론을 하다가 좌천이나 파직을 당하는 경우가 많았던 것이다.

또한 대간은 그 직책의 중요한 것이 언론이기 때문에 언론할 만한 일이 없으면 언론을 위한 언론이라도 행하게 마련이었다. 태종 8년에 左司諫大夫 柳伯淳 등이 언론으로 被罪된 諫官 등을 용서할 것을 청하는 疏에,

> 言官은 言論하는 일이 직책입니다. 언론하지 않는 것이 있으면 이는 그 직책을 다하지 못하는 것입니다.[29]

고 한 것이라든지, 세종 5년 1월에 사간원 右司諫大夫 朴冠 등이 흉년을 이유로 兵船과 軍器의 點考를 위한 敬差官의 파견을 정지할 것을 상소하였을 때, 이에 대해 知申事 趙瑞老가 啓하기를,

> 諫院은 閑官으로 일이 없기 때문에 없어도 좋은 말을 陳言한다.[30]

고 한 것을 보면 대간은 때로는 언론을 위한 언론을 행하였던 것이다. 그리하여 언관의 언론은 으레 있는 것이려니 생각하였다. 재위 30년 8월에 內佛堂의 건축을 반대하는 언론이 극심하자 세종은 臨瀛大君의 第宅으로 移御하고 禪位의 뜻을 밝힌 일이 있지만, 세종이 처음 내불당을 지을 것을 명했을 때는 이를 반대하는 언론이 반드시 있을 것을 알고 있었으나, 으레 그러다가 그칠 것으로 생각하였던 것이다.[31] 대간의 언론은 으레 있는 것이고

---

27) 《世宗實錄》 卷36, 세종 26년 6월 乙巳條
28) 《睿宗實錄》 卷4, 예종 원년 윤2월 乙丑條
29) 《太宗實錄》 卷16, 태종 8년 10월 辛卯條, "以言官而言事職也 其有不言 是不敬其職也"
30) 《世宗實錄》 卷19, 세종 5년 정월 庚戌條, "知申事 趙瑞老啓曰 諫官閑無事 故陳此可無之言"

그러다가 멈추는 것으로 인식되었던 것이다.

이처럼 대간의 언론은 마구 행해질 정도로 횟수는 많으나 판에 박은 듯한 공식적인 언론, 자질구레한 언론, 풍문에 따른 언론, 언론을 위한 언론, 으레 있는 언론이 되어 버려 권위 없는 언론이 되는 경우가 많았다.

또 대간은 업무량이 너무 많았다. 대간은 諫諍·彈劾·時政·斥佛 등에 관한 언론 활동 이외에도 糾察·署經·推鞫·決訟·扈從·侍講 등 많은 직무가 있었다.32) 諫官은 더러 閑官이라 할 만큼 비교적 職事가 한가하였으나33) 대관은 推鞫이나 決訟 등으로 公務가 폭주하고 있다.34) 그런데도 이들 언론은 간쟁과 탄핵은 물론 國家事에 걸쳐 있다. 그런데 올바른 언론을 펴려면, 그 분야에 전문적인 지식이 필요한 것이다. 바른 간쟁을 하려면 학덕을 갖추어야 하겠고, 시정에 관한 시비를 가리려면 정치에 대한 높은 식견을, 의례·제도에 관한 언론을 하려면 중국 고제에 관한 조예가, 학문이나 학술에 관한 언론을 하려면 깊은 학문적 소양이 필요한 것이다. 사간원에서는 언론을 위한 자료로서 典籍을 내려 주기를 청한 일35)이 있지만 언론을 위해서는 그 분야에 대한 전문 지식이 필요한 것은 의심할 여지가 없다.

그런데 대간의 언론은 國家事 모두에 걸친 넓은 것이므로, 모든 분야에 전문적인 깊은 지식을 갖는 것은 거의 불가능한 일이었다. 대간의 업무나 능력으로 볼 때, 시정에 관한 것, 학술적인 면, 의례나 제도에 관한 분야까지 만족할 만한 언론을 행사하기는 어려운 것이었다. 특히 조선은 유교를 국시로 삼았으므로 유교적인 의례·제도의 상정, 학문(유학)의 진흥, 유교정치의

---

31) 《世宗實錄》卷121, 세종 30년 8월 丁巳條, "移御臨瀛大君第 初命佛堂之作也 上雖知必有言者 然 謂例爲之而止 及臺諫·集賢殿·政府·六曹·大小文臣·國學諸生 以至樞府武臣 亦皆極陳 期於得 請 上不怡 撤膳者屢矣 傳旨之時 微示禪位之意 又有移御之命"

32) 이 책의 〈Ⅰ. 臺諫制度의 성립과 그 기능의 분석〉에서 '二. 臺諫의 실제 기능' 참조.

33) 《世宗實錄》卷99, 세종 25년 2월 壬子條에, "議政府議啓 司諫院 雖是閑官 本以諫諍爲任 宜勿兼宗 學(윤허함)"이라 하였다.

34) 《睿宗實錄》卷3, 예종 1년 1월 戊辰條에, "臣等謂 憲府則公務甚劇 諫院官閑"이라 하였다.

35) 《世祖實錄》卷5, 세조 2년 11월 庚午條, "司諫院啓 本院職掌諫諍 兼察庶務 緣無圖籍 凡諸奏事 無 從考閱 請賜亂臣家籍沒四經·書·左傳·高麗史·三國史·東國史略·大明律……等書 從之"

구현에 관한 문제는 중요한 것이었기 때문에, 이 방면의 언론을 맡을 언론
기관이 필요했던 것은 물론이다.

그런데 집현전관은 이미 언급한 바와 같이 경연관, 서연관, 사대문서의
작성과 사신 영접, 史官, 試官, 知製敎, 고제연구, 편찬사업 등의 학술적인 직
무를 담당하였고, 세종 20년대부터는 실제 정치에도 참여할 기회가 생겼으
므로 이 방면의 전문적인 지식을 갖고 있다고 하겠다. 또한 그들은 유학자였
기 때문에 척불 언론은 이론적인 근거를 가질 수 있었고[36] 따라서 권위 있
는 언론이 될 수 있었다. 그리하여 집현전관은 그들이 맡은 직무와 관련된
것은 물론이고, 척불에 관한 것, 유교정치에 관한 것, 의례·제도에 관한 것,
학문과 교육의 진흥에 관한 것은 어느 관서보다도 전문적이고 깊은 언론을
펼 수 있는 조건을 갖추고 있었다고 하겠다. 집현전관의 언관화의 필요성은
여기에도 있는 것이다.

대간은 서로 탄핵을 하는 경우가 있다. 사간원이 사헌부의 공무에 따른
과실을 탄핵하는 경우가 있겠고, 사헌부가 사간원의 과실을 탄핵하는 경우
도 있겠다. 태종 8년 10월에 대간이 閔無咎와 閔無疾의 罪를 청할 때 대사헌
朴블과 掌令 辛儞이 함구하였다 하여 사간원에서 그들을 탄핵하다가 간관
전원이 오히려 유배를 당하는 사태가 일어나든가[37] 사헌부가 공무집행[推
問]을 지체하였다 하여 사간원의 탄핵을 받거나[38] 간관이 사헌부의 탄핵을
받게 되면[39] 辭職 또는 避嫌을 청하는 경우가 있게 된다.[40] 이처럼 대간은
서로 탄핵을 하다가 被罪되거나 전직(좌천) 또는 파직이 되는 경우가 때때
로 있었다.

---

36) 《文宗實錄》卷1, 문종 즉위년 3월 戊申條에, "(獻納)黃孝源等啓曰 臣等庸愚 未知佛法之是非 然古
之聖人 論佛氏之非 且集賢殿 皆博古之儒 以言以疏 諫之而不聽云云"이라 하여 집현전 儒臣은 이론
적인 斥佛을 할 수 있음을 말해 주고 있다.
37) 《太祖實錄》卷16, 태종 8년 10월 丙戌條.
38) 《世宗實錄》卷18, 세종 5년 11월 丁未條.
39) 《世宗實錄》卷91, 세종 22년 11월 己酉條.
40) 《世宗實錄》卷91, 세종 22년 11월 己酉條 ; 卷18, 세종 5년 11월 戊申條.

한편 간관이 대신을 탄핵하다가 오히려 被罪되는 경우와[41], 대관이 대신의 과실을 탄핵하다가 被罪되어 파직당하는 사례가[42] 자주 있게 된다. 또 대간은 언론으로 말미암아 被罪되어 유배되거나[43] 직무(署經 등)에서 과오로 말미암아 被罪·左遷되는 경우도[44] 흔히 볼 수 있다. 그리하여 대간의 인사이동은 자주 있게 되었고,[45] 대간의 의금부 옥문출입이 잦아, 관리로서 憲司에 除援되면 의금부 옥졸들이 말하기를,

> 오늘은 비록 憲司에 앉아 있으나 내일은 반드시 獄에 갇히어 나의 制御를 받을 것이다.[46]

고 할 정도였고, 族親들도 "자네 상서롭지 못한 職에 拜授되었네" 하고 서로 상심할 정도였다.[47]

이처럼 대간은 서로 탄핵하다가 한 편이나 양 편 모두 被罪·左遷되는 경우, 대신을 탄핵하다 被罪되는 경우, 언론으로 말미암은 또는 직무에서 과실로 말미암아 被罪·左遷되는 경우 등이 자주 일어나고 있음을 볼 수 있다. 그런데 대간의 일부가 직무(언론)에서 과실로 被罪되었을 경우, 사헌부와 사간원에서는 대간의 언론을 優容하여 被罪된 대간을 관대해 줄 것을 청하는 것이 일반적인 경향이었다.[48] 그러나 대간이 일시에 모두 被罪된다면,

---

41) 《世祖實錄》 卷43, 세조 13년 7월 甲戌條에 보면, 正言 金漬가 右參贊 金國光의 罪를 청하다가 被罪되어 사간원 관원이 義禁府獄에 갇힌 바 있다.
42) 《世宗實錄》 卷95, 세종 24년 정월 戊辰條와 2월 癸亥條에 臺官이 大臣을 탄핵하다가 罷職을 당하고 있음을 볼 수 있다.
43) 《太宗實錄》 卷17, 태종 9년 4월 甲戌條.
44) 《世宗實錄》 卷61, 세종 15년 윤8월 戊辰·庚午條 ; 卷103, 세종 26년 1월 丙辰條 참조.
45) 《太宗實錄》 卷17, 태종 9년 4월 甲戌條, "御廣延樓 謂南在曰…… 在對曰近日臺省無有保全 臣等惜之上曰…… 在曰 近日除拜臺諫屢矣"
46) 《世宗實錄》 卷61, 세종 15년 윤8월 己巳條, "今日雖坐憲司 明日必就獄 而爲我所制"
47) 《世宗實錄》 卷61, 세종 15년 윤8월 庚午條, "予聞臺諫之官 纔下除書 義禁府胥徒相謂曰 彼雖今日除官 明日必爲獄囚 至於親族 亦曰 汝拜不祥之職 相與吊之"
48) 《世宗實錄》 卷56, 세종 14년 4월 辛亥·壬子條 ; 卷79, 세종 19년 10월 甲戌條 참조.

때로 대신이 대간언론을 너그럽게 대해줄 것을 청하는 경우도 있겠으나[49] 그것마저 없게 되면 被罪된 대간을 위해 언론을 행할 기관은 없게 되는 것이고, 언관의 언론은 봉쇄될 수밖에 없는 것이었다. 이런 경우 대간 이외에 언론을 행사할 수 있는 언관이 필요한 것이었다. 집현전관의 언관화는 그런 의미에서도 필요한 것이었다고 생각되며, 또 실제 그 구실을 맡아서 했던 것이다. 세종 28년 10월에 대간은 王妃를 위한 佛事를 정지할 것을 청하다가 모두 의금부에서 被鞫되었다.[50] 이때 집현전 직제학 李季甸과 應教 崔恒 등 11명의 집현전관이 啓하기를,

> 대간은 耳目之官입니다. 지금 言事가 맞지 않는다고 罪를 내리면 言路가 막힐 것입니다. 청컨대 그 罪를 赦하십시오

라고 하였고, 또 啓하기를,

> 지금 만약 罪를 주면 비록 可言之事가 있어도 누가 감히 말하겠습니까? 言路의 通塞은 國家의 安危에 관계됩니다. 罪가 비록 이와 같으나 마땅히 優容해야 됩니다.[51]

고 하였다. 단종 2년 정월 대간이 언론으로 말미암아 의금부에서 被鞫되었을 때[52] 집현전 부제학 金鉤·河緯地 등이 啓하기를,

> 대간은 言事(言論)로써 自任하니 언론이 비록 맞지 아니하더라도 마땅히 優

---

49) 《太宗實錄》卷23, 태종 12년 3월 戊戌·庚子條 참조.
50) 《世宗實錄》卷114, 세종 28년 10월 癸卯條.
51) 《世宗實錄》卷114, 세종 28년 10월 甲辰條, "集賢殿直提學李季甸(외 10명)啓 臺諫耳目之官 今以 言事不中而罪之 則言路塞矣 請赦其罪……李季甸等啓曰 臺諫之罪 雖云如此 固非私事 豈容一毫 他念, 今若罪之 雖有可言之事 誰敢言之 言路通塞 係國家之危 罪雖如此 宜優容之"
52) 《端宗實錄》卷10, 단종 2년 1월 乙亥條.

容허야 합니다. 지금 언사로써 獄에 갇혀 있으니 言路가 막힐까 두렵습니다.[53]

고 하였다. 집현전관의 이와 같은 언론은 대간이 그들의 언론을 우용해 줄 것을 청하는 것과 같은 성격을 띠고 있다.[54]

위에서 보았듯이 대간언론에는 여러 약점들(한계성)이 있었던 것이고, 이를 보강하려면 제3의 언론 기관이 필요했던 것이다. 그 제3의 언론 기관의 구실을 집현전이 감당하였다고 하겠다.

四. 言官化의 증거

조선시대에는 관리나 유생에게 상소(상서)를 통한 언론의 기회를 허용하였다. 그러므로 어떤 관서에서 언론을 행하였다 하여 그 기관을 언론 기관이라고 한다거나 그 관원을 언관이라고 부를 수는 없다. 언관이라고 일컬을 수 있으려면 법제적으로나 실제로 언론의 행사가 그 직무의 일부로 인정되어 있어야 하겠고, 그 언론의 행사가 계속적인 것이어야 한다. 대간은 법제적으로 論執時政・諫諍・論駁 등이 그 직무의 중요한 것으로 되어 있고, 실제로 언론을 계속 행사하고 있었으므로 언론의 兩司로서 의심할 여지가 없다. 그러나 집현전은 제도적으로도 언론이 그 직무의 일부로 나타나 있지 않다. 앞에서 말한 바와 같이 經筵・書筵을 통하여 經史를 강론한다든가 시정에 관한 논의나 진언은 할 수 있었으므로 언관적인 소지는 충분하나, 그것은 侍講의 범위 안에서이지 본격적인 언관의 언론 활동이라 보기는 어려운 것이다. 또 세종 20년대 이후 집현전의 언론・정치 활동이 활발해졌다고 하여

---

53) 《端宗實錄》卷10, 단종 2년 1월 丙子條, "臺諫以言事自任 言雖不中 固宜優容 今以言事逮獄 恐塞言路"

54) 《世宗實錄》卷56, 세종 14년 4월 辛亥條 ; 《端宗實錄》卷12, 단종 2년 10월 乙未條, 司憲府의 啓에서 "今罪諫官 則恐塞言路"라 하였다.

언론 기관이라 단언하기도 어렵다. 집현전의 언론이 세종 20년대부터는 질과 양에서 꽤 증가했고 계속적인 것이었다고 하나, 대간의 폭주하는 언론의 횟수에는 도저히 미칠 수 없는 것이었다. 그러므로 집현전을 언관의 대열에 넣기 위해서는 다음과 같은 사실이 확인되어야 할 것이다. 경연에서 하는 진언이 아니라[55] 上疏·上書·啓·上言 등의 방법을 통한 집현전의 언론이 과연 대간의 언론에 못지않은 언론으로 인식되었는지의 여부가 확인되어야 하겠다.

집현전의 언론 가운데 가장 뚜렷한 것은 불교와 관련된 언론이었다. 조선왕조는 숭유억불을 국시의 중요한 것으로 내걸었고, 실제 이상적인 유교정치를 지향했기 때문에 불교에 대한 시책은 매우 중요한 것일 수밖에 없었으며, 불교에 대한 유신들의 태도는 항상 '억압·배척'으로 일관하였던 것이다. 따라서 척불 언론은 언론의 하나의 유형을 이루고 있다고 하겠다. 이제 집현전의 언관으로서의 모습을 살펴보고자 한다.

재위 30년 7월 세종이 내불당을 세우자, 대간과 집현전은 불당의 건축을 정파할 것을 여러 차례 간하였으나 윤허하지 않으므로 집현전관들은 모두 上書辭職하였다. 이와 같은 강력한 반대에 부딪힌 세종이 한탄하면서 말하기를,

> 지금 만약 集賢殿 學司가 罷去하고 儒生도 또한 散去하면 臺省도 또한 이를 따라 떠날 것이다. 나는 지금 이미 獨夫가 되었다. 人君이 과실이 있으면 신하된 자가 (왕을) 버리고 떠나는 것이 옳은가?[56]

---

55) 왕에 따라서 또는 사정에 따라서 經筵을 정지하거나 全廢하는 경우가 있다. 세종과 같이 經筵에 힘쓰던 왕도 세종 16년 《資治通鑑訓義》의 편찬을 위하여 停筵《世宗實錄》卷65, 세종 16년 9월 丙申條)한 뒤 거의 廢筵하다시피 하였고, 세조는 經筵의 制를 아예 폐지해 버렸다《世祖實錄》세조 2년 6월 甲辰條와 6년 5월 戊戌條). 그러므로 經筵官으로서 경연에서 하는 進言은 경연이 정지되거나 폐지되면 불가능하게 되는 것이다. 따라서 필요한 때면 언제이고 언론을 행사할 수 있어야 言官이라 할 수 있겠다.

56) 《世宗實錄》卷121, 세종 30년 7월 戊申條, "如今集賢殿學司罷去 而儒生亦且散去 臺省亦當從此逝去矣 予今已爲獨夫矣 人君有過 爲臣者 可棄而去之耶"

라고 하였다. 집현전관이 사직하고 떠나면 대간도 또한 이를 따라서 떠나 버릴 것이라는 우려를 나타내고 있는 대목이다. 이처럼 집현전의 언론과 거동은 큰 영향력이 있는 것이었다. 그리하여 세종은 다음날 집현전 부제학 鄭昌孫 등을 불러 간곡히 就職할 것을 권유하였는데 이에 정창손 등이 말하기를,

> 臣 등의 職은 錢穀을 出納하는 職任도 奔走하게 服役하는 것도 아니고 다만 (王의) 좌우에서 顧問에 응하고 진실로 可言之事가 있으면 숨김 없이 아뢰어 聖德을 보필하는 것입니다. 지금 殿下께서 臣 등의 言論을 허락하지 않으시니 이는 臣 등이 전하를 감동시킬 수 없음이니 (臣 등은) 그 職責을 다하지 못하고 官員으로 자리만 채우는 것입니다. 罷職하여 주십시오[57]

라고 하였다. 집현전관의 職任이 왕의 좌우에서 顧問에 응하고 可言之事가 있으면 숨기지 않고 개진하는 것이라면 이는 바로 언관의 구실이 아니겠는가! 더욱 "지금 전하께서 臣 등의 언론을 허락하지 않으시니 이는 신 등이 전하를 감동시킬 수 없음이니 (신 등은) 그 직책을 다하지 못하고 관원으로 자리만을 채우는 것입니다"고 한 것을 보면, 이 시기의 집현전관들은 그 직책의 중요한 하나를 언론이라고 생각한 것으로 볼 수 있다.

문종이 즉위하자 승하한 세종의 명복을 위해 造佛 · 建寺 · 寫經 등의 佛事를 일으키게 되었고, 대간과 집현전에서 이의 停罷를 언론하였다. 문종 즉위년 3월 집현전 부제학 정창손 등이 佛事를 정파할 것을 청하는 封章을 올린 다음, 문종과 집현전관 사이에 오고간 대화에서,

> 文宗 : 다른 것은 말할 것이 없다. 다만 上(세종)을 위한 것이니 너희의 말을 따

---

57) 《世宗實錄》 卷121, 세종 30년 7월 戊申條, "臣等之職 非錢穀出納之任 非奔走服役之勞 但備顧問 於左右 苟有可言之事 陳之無隱 以輔聖德 今殿下不聽臣等之言 是臣等不能感動殿下 未盡其職而 備員耳 乞罷職事"

를 수 없다. 또한 先王의 일을 어찌 글[上疏]로 올리는가?

鄭昌孫 등 : 말씀으로 다 아뢰지 못한 일은 글[書]로써 말할 수 있고, 글로써 다 아뢰지 못한 일은 말씀으로 아뢸 수 있습니다. 전에 이미 말씀으로 아뢰었으나 心懷를 다 펴지 못하였기 때문에 다시 疏를 지어 왔습니다.

文宗 : 이미 大臣과 의논하였으니 너희는 말하지 말라.

鄭昌孫 등 : 대신의 말이 만약 이치에 합당하지 않으면 어찌 대신이 이미 논의하였다 하여 말하지 않겠습니까? 비록 人君의 일이라도 부당함이 있으면 그 잘못을 極言해야 마땅한데 하물며 대신이 논의했다고 말하지 않겠습니까? 옛사람들이 이르기를 衆論이 모두 합치하면 성인의 말씀과 다른 것이 없다고 하였습니다. 지금 대간과 신 등(집현전관) 20여 명이 모두 옳지 않다고 아뢰나, 殿下께서는 다만 대신의 말만 들으시고 시비를 가리지 않으시니 신 등은 심히 애석하게 생각합니다.58)

고 하였다. 정창손 등 집현전관의 말에는 다음과 같은 뜻이 있다. 첫째, 집현전관은 상언(啓) 또는 상소(上書나 封章)의 방법으로 可言之事가 있으면 빠짐없이 언론하겠다. 둘째, 왕에게 과실이 있거나 대신에게 불합리함이 있으면 언론으로 바로잡겠다. 셋째, 지금 대간과 집현전관이 모두 언론을 행하나 허락지 않으니 애석하다는 것이다. 이처럼 정창손 등 집현전관은 그들이 대간과 같이 언관이라고 인식하고 있었던 것이다.

재위 31년 7월, 報供齋의 폐지를 상소하는 집현전관에 대하여 불만을 표하는 세종에게 좌의정 河演 등이 말하기를,

---

58) 《文宗實錄》 卷1, 문종 즉위년 3월 丁未條, "上曰 他無所言 但爲上之事 未得從汝等言也 且先王之事 何以成書來乎 昌孫等啓曰 以言未得盡陳之事 以書可言 以書未得盡陳之事 以言可言 前旣以陳之 未展心懷 故更作疏而來 上曰 已與大臣議之 汝等勿言 昌孫等啓曰 大臣之言 若未合理 則豈以大臣旣議而不言乎 雖人君之事 有不當 則當極言其非也 況大臣乎 古人云 衆論皆合 則與聖之言無異 今臺諫與臣等二十餘人 咸曰不可 而殿下徒以大臣之言 而不辨是非 臣等深惜之"

집현전관의 뜻은 正道를 지키는 데 있으니 언론이 비록 지나치더라도 책하는
것은 옳지 않습니다.[59]

고 하고 있다. 대신도 집현전관의 언관적인 면을 인정하고 있는 것이다. 造
寺·寫經 등 佛事를 반대하는 언관의 언론을 각기 위하여 문종은 즉위년 3
월에 승정원에 대간을 설득할 것을 명하였다. 이때 도승지 李季甸 등이 啓하
기를,

이는 대간으로 하여금 諫하지 못하게 하는 것이니 옳지 않은 것 같습니다. 臣
등은 大慈庵의 役事를 정지하시고 津寬寺를 협력하여 重修하는 것이 옳을 것
으로 생각합니다. 진관사는 太祖께옵서 祖先을 위하여 창건하였고 列聖이 이
를 이으셨습니다. 지금 훼손된 것을 改築하는 것은 義에 해됨이 없으니 누가 감
히 論說하겠습니까? 집현전과 대간도 또한 言論하지 않을 것입니다.[60]

고 하였다. 도승지도 집현전관은 대간과 함께 언관으로 인식하고 있고 더욱
이 집현전을 대간 앞에 둔 것은 집현전을 대간보다도 권위 있는 언론 기관이
라고 인정한 데서 온 것인지도 모르겠다.[61]
  재위 31년 6월에 집현전 직제학 辛碩祖 등은 監察 河淳敬이 興天寺 報供齋
에서 僧徒와 함께 예불을 드림으로써 風憲官의 체면을 크게 손상시켰다 하
여 하순경의 파직을 청하고 있는데[62] 이에 하순경이 상서사직하는 가운데,

---

59) 《世祖實錄》 卷124, 세종 31년 6월 戊申條, "集賢殿官志 在扶正道 言雖過中 不可責也"
60) 《文宗實錄》 卷1, 문종 즉위년 6월 戊申條, "是使之不諫也 似乎不可 臣等以謂停大慈庵之役 合力
　　津寬而爲之可也 津寬乃太祖爲祖先而創也 列聖因之 今以圮毀而改構 無害於義 誰敢論說 <u>集賢臺
　　諫亦且不言</u>"
61) 집현전은 당시 학문적으로나 정치적으로 중요한 기관이긴 하였으나, 정3품 衙門인 집현전을 종2품 衙門
　　인 사헌부와 정3품 衙門인 사간원, 즉 대간보다 앞에 놓은 데는 어떤 의미가 있을 것이다.
62) 《世宗實錄》 卷124, 세종 31년 6월 甲子條.

> 지금 집현전과 사간원이 臣의 罪를 모두 들추어 서로 교대하여 諫諍합
> 니다.63)

고 하고 있다. 司憲監察도 집현전은 대간과 같은 언론 기관으로 인식하였던
것으로 보겠다. 문종 즉위년 3월 臺省이 造佛·寫經 등의 佛事를 정지할 것
을 交章하여 청하였는데, 이에 대하여 문종이 답변하지 않자 獻納 黃孝源 등
이 啓하기를,

> 臣 등은 변변하지 못하고 어리석어 佛法의 시비를 알지 못하나 옛 聖人이 佛
> 氏의 그릇됨을 論하였습니다. 또한 집현전은 모두 옛 것에 博通한 儒者로서 말
> 씀과 疏로써 (佛事를 정지할 것을) 諫諍하였으나 허락하지 않으시고 大臣 간하
> 나 또한 모두 허락하지 않으셨습니다.64)

고 하였다. 대간 등도 집현전의 척불 언론을 대신의 그것보다 높게 둔 것은
물론이고, 내용에서도 집현전의 척불 언론이 대간과 그것보다 이론적인 근
거(권위)가 있는 것으로 인정하고 있는 것이다.
　세종 6년 3월에 집현전 부제학 尹淮 등이 척불 상소를 하였을 때, 왕은 이
를 기꺼이 받아들이면서 尹淮 등 집현전관에게 이르기를,

> 卿 등의 상소는 실로 이치에 합당하다. 단지 佛氏의 법은 그 유래가 이미 오
> 래므로 급히 모두 없애기는 어렵다. 卿 등은 날마다 좌우에 侍衛하니 다른 신하
> 와 견줄 수 없다. 무릇 時政의 득실을 숨기지 말고 직언하여 나의 뜻에 부응하
> 도록 하라.65)

---

63) 《世宗實錄》卷124, 세종 31년 6월 己巳條에, "今集賢殿·司諫院 具臣之罪 交相進諍"이라 하였다.
64) 《文宗實錄》卷1, 문종 즉위년 3월 戊申條, "臣等庸愚 未知佛法之是非 然古之聖人 論佛氏之非 且
　　集資殿 皆博古之儒 以言以疏 諫而不聽 大臣亦有諫止者 而亦皆不聽"
65) 《世宗實錄》卷23, 세종 6년 3월 甲申條, "卿等上疏 實當於理 但佛氏之法 其來已久 難遽盡革 卿等

고 하였다. 時政 득실을 논하는 것은 사헌부 직무 가운데 하나이기도 하지만 집현전 초기인 이때도 시정에 관한 집현전의 언론을 세종은 기대하고 있었던 것이다.

세종 28년 3월에 세종은 돌아간 왕비를 위하여 佛經을 金書하면서, 언관의 언론을 막기 위하여 사헌부·사간원·집현전에 傳旨[66]하고 있는 것을 보면 세종도 집현전이 대간과 더불어 중요한 언관이라고 인식하고 있었던 것으로 볼 수 있겠다. 문종도 집현전의 언론을 환영하여 이르기를,

> 나라에서 집현전을 설치한 것은 아침저녁으로 왕과 論思하고자 함이다. 너희가 무릇 국가의 일을 숨김없이 모두 개진하니 나는 매우 기쁘게 생각한다.[67]

고 하였다. 문종은 집현전관을 國家事 모두를 숨김없이 언론하는 중요한 언관으로 인식하고 있었던 것으로 볼 수 있겠다.

세종 30년에 내불당의 건축을 명했을 때 대간과 집현전, 의정부 등에서 내불당의 정파를 極諫한 것이 세종의 마음을 상하게 하여 禪位의 뜻을 비추었고, 또 臨瀛大君의 第宅으로 移御한다는 덩이 있어 군신들은 황공하여 언론을 못 하였으나 오직 집현전과 대간은 언론을 멈추지 않았다.[68] 뒤에 세종이 禪位하려 한다는 소식을 듣고는 집현전과 대간도 감히 척불 언론을 계속하지 못하였으나, 집현전과 대간은 언론의 대표적인 존재였던 것만은 분명하다. 다음 해에 報供齋를 設하자 대간과 집현전이 이를 반대하여 여러 차

日侍左右 非他外臣之比 凡時政得失 直言不諱 以副予懷"

66) 《世宗實錄》卷111, 세종 28년 3월 乙未條, "集賢殿啓 昨傳旨司憲府司諫院與本殿 諭以爲王妃成佛經之意 臣等聞命 不勝惶恐……請停是擧"

67) 《文宗實錄》卷10, 문종 1년 11월 己未條, "國家置集賢殿 欲其朝夕論思也 爾等凡國家事極諫無隱 予甚嘉之"

68) 《世宗實錄》卷121, 세종 30년 8월 丁巳條, "移御臨瀛大君第 初命佛堂之作也 上雖知必有言者 然謂例爲之而止 及臺諫·集賢殿·政府·六曹·大小文臣·國學諸生 以至樞府武臣 亦皆極諫 期於得請 上不悅 徹膳者屢矣 傳旨之時 微示禪位之意 又有移御之命 群臣惶恐 沮抑不敢言 唯集賢·臺諫 進言不已 後乃聞之 亦不復敢言"

례 諫한 것이 세종의 마음을 상하게 하여 세종은 內禪하고자 다시 臨瀛大君
第로 移御하고 東宮을 入內하도록 하였으니[69], 이와 같은 사태를 일으킨 요
인을 세자(문종)가 지적하기를,

> 上(세종)의 이 거동은 집현전의 極言諫諍의 所致가 아님이 없다.[70]

고 하였다. 세종이 內禪을 밝히게 된 원인을 집현전의 언론에 둘 정도로 집
현전의 언론은 대간의 그것보다도 강력하고 권위가 있었음을 알 수 있겠다.
이와 같이 집현전관 자신은 물론이고 왕·대신·승지·대간·감찰에 이르
기까지 집현전관을 대간과 함께 중요한 언관으로 인식하고 있었던 것이다.

五. 言論 활동의 내용 분석

집현전관의 언론 활동의 내용은 어떠하였으며 그 특수성은 무엇인가? 집
현전관은 경연을 거의 전담하였으므로, 筵席에서 經史를 강론하는 틈틈이
時政 문제를 비롯하여 論事할 기회가 많았고, 또 그들은 古制를 연구했기 때
문에 그 결과를 보고할 기회가 많았다. 세종 20년대부터는 정치적인 논의에
도 참여하였으므로[71], 그들은 그들의 의견을 펴나갈 수도 있었다. 경연에서
하는 논사나 고제 연구의 보고, 정치적 논의의 참여에 관한 것은 언론 활동
에서 제외하고, 上疏·上書·啓·上言 등의 방법으로 언론한 것을 《朝鮮王
朝實錄》에서 필요한 것들만 뽑아서 다음과 같이 정리하였다. 그러므로 집현
전관의 실제적인 언론 활동은 여기에 정리한 것보다 많았던 것으로 보아야

---

69) 《世宗實錄》 卷125, 세종 31년 7월 己卯條.
70) 《世宗實錄》 卷125, 세종 31년 7월 己丑條, “上之此擧 未必非集賢殿極言諫諍之所致”
71) 崔承熙(1967), 앞의 논문(下), 46~48쪽 참조.

옳을 것이다. 그러나 이것만으로도 집현전관의 언론의 성격을 살피기에는 충분한 것으로 본다. 먼저 집현전관의 언론 활동을 내용별로 분류하여 제시하면 다음과 같다.[72]

(가) 諫諍

① 세종 22년　9월　丙辰, 請赦諫臣言事失錯之罪　　　　　(上疏)
② 〃　24년　8월　癸丑, 請停詹事院設置　　　　　　　　(上疏)
③ 〃　25년　4월　甲辰, 請停世子南面受朝・攝政之命　　(上疏)
④ 〃　25년　4월　乙巳,　　　　　　〃　　　　　　　　(上疏)
⑤ 〃　26년　2월　庚子, 訓民正音創制反對　　　　　　　(上疏)
⑥ 〃　28년　10월　甲辰, 請赦臺諫言事不中之罪　　　　　(啓)
⑦ 〃　28년　12월　庚子, 請某等皆還職(減刑)　　　　　　(上書)
⑧ 〃　30년　1월　己酉, 請開言路(請愼言官人事)　　　　(啓)
⑨ 문종　1년　11월　己未, 講武場擴大로 말미암은 弊　　(啓)
⑩ 단종　1년　1월　乙丑, 論君臣交修之道　　　　　　　(上書)
⑪ 〃　2년　1월　戊午, 選士大夫講經史　　　　　　　　(上書)
⑫ 〃　　　　1월　乙亥, 請納妃　　　　　　　　　　　(啓)
⑬ 〃　　　　1월　丙子, 請優容臺諫言事(臺諫逮獄)　　　(啓)
⑭ 세조　1년　7월　戊寅, 論君道十二事　　　　　　　　(上疏)

(나) 彈劾

① 세종 20년　11월　壬午, 故李迹之罪　　　　　　　　(上疏)
② 문종　1년　6월　己卯, 小竪文仲善之罪　　　　　　　(啓)

---

72) 내용을 ‘諫諍’, ‘彈劾’, ‘時政’, ‘時務策’, ‘斥佛’의 다섯으로 분류하였다. ‘간쟁’은 왕의 言動이나 處事 등에 잘못이 있을 때 이의 是正을 위한 것을, ‘탄핵’은 官吏의 罪狀을 들어 罪를 청하는 것을, ‘시정’은 당시의 필요한 施策을 건의하거나 그 시비를 논하는 것을, ‘시무책’은 ‘시정’과 같은 내용이나 당시의 필요한 시책을 조목조목 들어 올리는 것을, ‘척불’은 불교를 배척하는 내용을 가진 언론을 뜻한다.

(다) 時政

① 세종	7년	6월	乙丑,	請罷守令六期之法	(上書)
② 〃	11년	3월	壬申,	書冊에 관한 件	(啓)
③ 〃		4월	壬寅,	興學・育材에 관한 件	(上言)
④ 〃	12년	5월	丙寅,	文臣勸學條件	(啓)
⑤ 〃		10월	辛未,	喪服制度	(啓)
⑥ 〃	13년	12월	乙未,	文武官考課之法	(啓)
⑦ 〃		7월	丙寅,	告訴規式	(啓)
⑧ 〃		8월	庚戌,	世子受冊寶・受群臣朝賀儀	(啓)
⑨ 〃	18년	6월	丁酉,	請革集賢殿冗員	(啓)
⑩ 〃	19년	7월	丁未,	辨正倭人所進硫黃價錯給	(上疏)
⑪ 〃	20년	6월	癸亥,	試取之法(進士試)	(上疏)
⑫ 〃		9월	甲午,	用信寶可否(於致祭文)	(啓)
⑬ 〃		12월	辛亥,	祭禮	(啓)
⑭ 〃	21년	윤2월	乙未,	督納稅之法(收糧違限)	(啓)
⑮ 〃	21년	5월	甲寅,	勸學成材之方	(上疏)
⑯ 〃	22년	8월	甲戌,	致仕之法	(上疏)
⑰ 〃	24년	8월	壬辰,	騷擾儒生治罪保留件	(啓)
⑱ 〃	25년	7월	庚午,	經筵書冊管理件	(啓)
⑲ 〃	26년	12월	丙寅,	宮城築城件(上疏)	
⑳ 〃	27년	7월	乙未,	論社倉・義倉便否	
㉑ 〃		8월	戊辰,	燔鹽便否(上東宮書)	(上書)
㉒ 〃		9월	乙亥,	義鹽法便否	(上書)
㉓ 〃		10월	壬子,	錢幣古制	(啓)
㉔ 〃		11월	庚寅,	行楮貨便否	(上書)
㉕ 〃	28년	3월	癸巳,	喪服制度	(啓)

㉖　　〃　　　　3월　癸巳,　　　〃　　　　　　　　　　　（上書）

㉗　　〃　　　　3월　乙未,　　　〃　　　　　　　　　　　（啓）

㉘　　〃　　　　8월　丙午,　喪服制度　　　　　　　　　　（啓）

㉙ 문종 즉위년 10년　庚辰,　田品・租稅에 관한 건　　　（上書）

㉚　　〃　　1년　2월　戊子,　請設恩賜科　　　　　　　　（啓）

㉛　　〃　　　　11월　乙巳,　請詳定冠禮　　　　　　　　（啓）

㉜　　〃　　　　11월　癸巳,　輪對에 관한 건　　　　　　（啓）

㉝ 단종 즉위년　6월　壬午,　條陳興學之事　　　　　　　（啓）

㉞　〃　　2년　9월　庚申,　請停報漏閣改構　　　　　　　（啓）

(라) 時務策

① 세종 28년　　5월　庚午,　義鹽・貢法 등　　　　　　　（上書）

②　　〃　　　　6월　甲寅,　貢法・陳田收稅 등　　　　　（上書）

③　〃　30년　5월　己亥,　社倉法　　　　　　　　　　　（論議）

④　〃　32년　1월　辛卯,　備邊十策　　　　　　　　　　（上書）

⑤ 문종 즉위년 10월　庚辰,　用人・糾察・敎育 등　　　（上書）

⑥ 세조　2년　3월　丁酉,　便宜二十四事　　　　　　　　（上疏）

(마) 斥佛

① 세종　6년　3월　甲申,　論斥佛法　　　　　　　　　　（上疏）

②　〃　7년　6월　辛酉,　請罷水陸齋等佛事　　　　　　　（陳言）

③　〃　14년　3월　甲子,　論佛氏之害 請禁水陸齋　　　（上書）

④　〃　16년　4월　己未,　論佛氏之害 請停檜巖重創　　（上書）

⑤　〃　17년　4월　辛酉,　論佛氏之害　　　　　　　　　（上言）

⑥　〃　18년　6월　乙巳,　請停興天寺舍利閣重修　　　　（上言）

⑦　〃　21년　4월　丙申,　論佛氏之害 斥興天寺佛事　　（上書）

⑧	〃	23년 윤11월	癸酉,	請停罷舍利閣慶讚會		(上疏)
⑨	〃	윤11월	丁丑,	請停舍利閣慶讚會		(上疏)
⑩	〃	윤11월	庚辰,	〃		(上疏)
⑪	〃	윤11월	乙酉,	〃		(上疏)
⑫	〃	28년 3월	乙未,	請停爲王妃成佛經之命		(啓)
⑬	〃	30년 7월	壬寅,	請停建內佛堂		(啓)
⑭	〃	7월	壬寅,	請停建內佛堂		(上疏)
⑮	〃	7월	壬寅,	〃		(上疏)
⑯	〃	7월	甲辰,	〃		(上疏)
⑰	〃	7월	乙巳,	〃		(上疏)
⑱	〃	7월	丙午,	〃		(上疏)
⑲	〃	7월	丁未,	〃		(上疏)
⑳	〃	7월	壬子,	〃		(啓)
㉑	〃	7월	癸丑,	〃		(上疏)
㉒	〃	8월	乙卯,	〃		(上疏)
㉓	〃	31년 6월	甲子,	請停佛事(報供齋)		(啓)
㉔	〃	6월	甲子,	請停佛事(報供齋)		(上書)
㉕	문종 즉위년 3월		己巳,	請停造佛寫經造寺 등		(啓)
㉖	〃	3월	丁未,	請停造佛寫經造寺 등		(封章)
㉗	〃	7월	丁巳,	僧信眉不可稱王師		(上書)
㉘	〃	8월	丁酉,	乞崇正學斥異端		(啓)
㉙	단종 2년 1월		乙卯,	請毁內佛堂		(上書)
㉚	〃	1월	丁巳,	請毁內佛堂		(啓)
㉛	〃	1월	庚申,	請毁內佛堂		(上疏)
㉜	〃	1월	辛酉,	請毁內佛堂		(啓)
㉝	〃	1월	癸亥,	請毁內佛堂		(啓)

‘諫諍’ 가운데 중요한 것은 첫째, 대간이 언론으로 말미암아 입은 죄를 관대하게 용서하여〔優容〕 언로를 열어 줄 것을 청하는 것(①, ⑥, ⑧, ⑬), 둘째로 세자의 섭정(詹事院·南面受朝 등)을 정지할 것을 청하는 것(②, ③, ④), 셋째로 君道에 관한 것(⑩, ⑪, ⑭)이었다. 특히 첫째의 것은 중요한 의미가 있다. 대간이 언론으로 말미암아 징계되면 정규적인 언론은 실제로 봉쇄된다. 이때 대간의 처지를 변호하고, 언관언론의 우용을 청하고, 대간을 대신하여 언론을 행사할 수 있는 제3의 언관이 요청되는 것이다. 대간언론의 위축을 막기 위하여 대간언론의 우용과 대간 인사의 신중을 청하는 집현전관의 처지는 제3의 언관임을 느끼게 한다. 君道에 관한 것은 단종과 세조에게 행한 것으로, 어린 나이로 즉위한 단종에게, 또 왕위를 찬탈한 세조에게 인군의 도리를 논하는 것은 뜻 있는 일이라 하겠다.

‘彈劾’ 관계로는 죽은 李迹의 罪를 논한 것과, 小竪 文仲善의 罪를 청한 것이 있다. 그러나 직접 탄핵한 것이 아니라 탄핵할 만한 일을 거론하여 攸司로 하여금 이를 탄핵하도록 한 것이다. 집현전관의 언론은 탄핵과는 관계 없는 것으로 보아도 좋겠다.

‘時政’ 관계로 중요한 것은 첫째, 관료체제의 확립을 위한 것, 둘째로 학문과 교육의 진흥을 위한 것, 셋째로 유교적인 의례·제도의 상정을 위한 것, 넷째로 재정제도의 확립을 위한 것으로 나눌 수 있다. ‘守令의 임기 문제’, ‘文·武官考課法’, ‘進士試取法’, ‘致仕之法’, ‘恩賜科의 設置 建議’ 등은 관료체제의 확립을 위한 언론이라 하겠고, ‘興學育材之方’, ‘文臣勸學條件’, ‘勸學成材之方’, ‘興學方案’ 등은 이상적인 유교국가를 지향하던 조선왕조의 불가결한 학문(유학)의 진흥과 인재 양성을 위한 언론이라 하겠다. ‘喪服制度’, ‘世子受冊寶 受群臣朝賀儀’, ‘祭禮’, ‘冠禮’ 등은 유교적인 의례나 제도의 상정을 위한 것이었다. 유교적인 의례·제도의 제정 또는 그 시정을 위한 집현전관의 언론은 주목할 만한 것은 못 되었다. 오히려 집현전관은 고제연구를 통하여 그 방면의 업적을 쌓았다고 하겠다.[73] ‘督納稅之方’, ‘社倉·義

倉便否’, ‘燔鹽便否’, ‘義鹽法便否’, ‘錢幣便否’, ‘行楮貨便否’, ‘田品·租稅에 관한 件’ 등은 재정제도에 관한 것이었다. 그 밖 書冊의 관리에 관한 것도 학자로서 집현전관이 할 수 있는 언론이라 하겠다.

‘時務策’에는 ‘義鹽·貢法 등’, ‘貢法·陳田收稅 등’의 재정제도에 관한 것과, ‘備邊十策’, ‘便宜二十四事’과 軍國重大事에 관한 것이 있다. 그런데 社倉·義倉·義鹽·錢幣·楮貨·貢法·備邊策·便宜二十四事 등과 같은 중대사에 집현전관의 언론이 활발하게 된 것은 세종 27년부터인데, 그것은 세자(문종)의 섭정이 적극적으로 이루어지면서 집현전관의 정치적인 영향력이 강화됨에 따라서 나타난 현상이라 하겠다.

‘斥佛’에 관한 집현전의 언론은 처음부터 끝까지 한결같은 것이었고, 또 중요한 분야였다. 조선왕조는 국초부터 숭유억불책을 내세웠기 때문에, 일반적으로 불교에 대하여 배척·억압으로 한결같았음은 널리 알려진 바이다. 앞서 말한 바와 같이 집현전은 유학자군으로 이루어져 있었고, 또 그들은 척불의 이론적인 밑바탕도 있었기 때문에 그들의 척불 언론은 가장 권위가 있는 것이었다. 그러므로 이상적인 유교국가를 지향하는 조선왕조에서 집현전관의 척불 언론은 중요한 의의가 있는 것이었다.

세종 6년 3월에 집현전 부제학 尹淮 등의 상소로 시작된 집현전의 척불 언론은 造佛·建寺와 佛事가 있을 때마다 나타났다. 그 가운데 집중적인 것은 ㉮ 세종 23년 윤11월, ㉯ 세종 30년 7월, ㉰ 문종 즉위년, ㉱ 단종 2년 1월의 것이었다. ㉮는 興天寺 舍利閣 慶讚會의 停罷를 위한 집현전 崔萬理 등의 척불 언론이었고, ㉯는 내불당의 건축을 정지시키기 위한 직제학 辛碩祖 등과 부제학 鄭昌孫 등의 언론이었으며, ㉰는 세종이 승하한 뒤에 일어난 造佛·寫經·建寺 등의 停罷와 세종 후궁의 剃髮을 금지시키기 위한 부제학 정창손 등의 언론이었고, ㉱는 내불당의 毁罷를 청하는 부제학 金鉤·河緯

---

73) 崔承熙(1966), 앞의 논문(上), 38~52쪽 참조.

地 등과 직제학 李石亨 등의 언론이었다. 굴론 집현전 외에도 의정부·6조·대간·성균관 등에서도 언론을 폈지만, 앞서 말한 바와 같이 집현전의 척불 언론은 대간의 그것보다 더욱 강력하고 권위가 있었다.

그러면 집현전관의 언론은 언제부터 활발해졌고, 그 언론의 주류를 이루고 있는 것은 무엇인가? 이 문제를 살피기 위하여 집현전관의 언론 활동 상황을 표르 만들면 〔표 1〕과 같다.

〔표 1〕 집현전관의 언론 활동 상황

연도 \ 분류	諫諍	彈劾	時政	時務策	斥佛	계
세종 6년					1	1
7년			1		1	2
11년			2			2
12년			3			3
13년			2			2
14년					1	1
16년					1	1
17년					1	1
18년					1	1
19년			1			1
20년		1	3			4
21년			2		1	3
22년	1		1			2
23년					4	4
24년	1		1			2
25년	2		1			3
26년	1		1			2
27년			5			5
28년	2		5	2	1	10
30년	1		1		10	12
31년					2	2
32년			1	2	4	7
문종 1년	1	1	3			5
2년			1			1
단종 1년	1					1
2년	3		1		5	9
세조 1년	1					1
2년				1		1
계	14	2	35	5	33	89

집현전이 설치되었던 기간은 세종 2년부터 세조 2년까지 37년 동안이었고, 이 기간에 집현전관은 89회에 걸쳐 언론을 행사하였다. 그 기간을 넷으

로 나누어 보면 세종 10년까지는 3회(전체의 3.4%)의 언론을 행사하였다. 이 시기에는 집현전의 활동이 활발치 못하였고, 다만 학자의 府로서 내실을 기한 시기였다 하겠다. 세종 11년부터 19년까지는 고제연구와 편찬사업이 가장 활발하던 시기였으나 언론의 횟수는 12회(13.5%)에 지나지 않았다. 그 전보다(10년 이전)는 많았으나 아직 활발치 못했던 것을 알 수 있다. 세종 20년부터 28년까지는 35회(39.3%)를, 세종 29년부터 세조 2년까지는 39회(43.9%)의 언론을 행사하고 있다. 이에 따르면 세종 20년대부터 집현전관의 언론 활동이 활발해졌다는 것을 알 수 있다. 이와 같은 현상은 앞에서 말한 바와 같이 세종 20년대부터 집현전관의 정치참여 의식이 고조되었고, 실제로 그들의 정치참여의 기회가 부여됨에 따라서 나타난 것이라 볼 수 있겠다.

집현전관의 언론에서 주류가 되는 것은 '諫諍', '時政', '斥佛'에 관한 것이었다.

'간쟁'에 관한 언론을 처음 한 것은 세종 22년이었으니, 집현전관의 언관화가 이 시기부터 본격화하였음을 보여 주는 것이라 하겠다. 그 횟수는 14회로 전체의 15.7%에 해당된다.

'시정'에 관계되는 것은 초기부터 계속된 것으로, 집현전 언론의 중요한 분야 가운데 하나였다. 그 횟수는 35회로 전체의 39.9%를 차지하였다.

'척불' 관계는 집현전 언론에서는 가장 중요한 분야로 초기부터 佛事가 있으면 언제나 있어 왔다. 그 횟수는 33회로 전체의 37%에 해당한다. 이와 같은 자료에 따르면 집현전관의 언론의 주류는 '척불'과 '시정' 관계라는 것을 쉽게 알 수 있다.

그러면 집현전관의 언론이 대간의 언론과 구별되는 것은 무엇인가? 이 의문을 풀기 위해 집현전이 설치되어 있던 시기의 대간과 집현전관의 언론 활동을 분류하여 [표 2-1]과 [표 2-2]를 작성하였다.74)

---

74) 《朝鮮王朝實錄》에서 사헌부·사간원·집현전의 언론 활동들 가운데 필요한 것들만 뽑아 정리하여 작성하였다. 분류 방법은 [표 1]에서와 같으나 이 표에는 '人事異議', '禁令', '風俗'의 3항이 더 있다. '인

[표 2-1] 대간과 집현전관의 언론 활동 대조 (세종2년~25년)

분류		세종2년	3년	4년	5년	6년	7년	8년	9년	10년	11년	12년	13년	14년	15년	16년	17년	18년	19년	20년	21년	22년	23년	24년	25년
諫諍	臺	1	1	2	1	3	-	1	5	6	1	4	4	4	1	5	7	-	4	-	2	3	1	16	4
	諫	-	1	3	2	1	2	3	7	13	1	4	3	5	5	2	4	2	4	-	2	5	1	12	6
	臺諫	-	-	2	-	2	-	-	16	41	-	2	-	-	2	4	3	-	2	6	1	7	-	6	7
	集賢殿	0	-	-	-	-	-	-	-	-	-	-	-	-	-	-	-	-	-	-	-	1	-	1	2
彈劾	臺	20	6	24	41	24	26	54	31	25	27	18	18	14	6	15	11	12	12	10	25	8	15	12	18
	諫	13	4	8	4	8	7	9	6	12	7	9	11	-	2	2	3	4	3	9	6	4	8	-	6
	臺諫	7	3	3	8	2	-	-	1	-	-	2	2	-	-	-	5	-	1	-	4	-	1	-	1
	集賢殿	0	-	-	-	-	-	-	-	-	-	-	-	-	-	-	-	-	-	1	-	-	-	-	-
時政	臺	3	-	-	3	4	10	9	3	6	4	7	-	5	3	2	4	1	5	3	6	2	5	3	13
	諫	-	-	-	3	1	5	3	6	3	7	7	4	5	1	1	4	-	2	4	4	3	2	4	8
	臺諫	-	-	-	-	-	-	-	-	-	-	-	-	-	-	1	-	-	-	-	-	-	-	-	-
	集賢殿	-	-	-	-	-	1	-	-	-	-	3	2	-	-	-	-	-	1	3	2	1	-	1	1
時務策	臺	-	-	-	-	-	-	3	-	-	-	1	-	1	-	-	2	1	1	1	-	-	-	-	-
	諫	-	-	1	1	1	-	2	1	-	1	1	-	-	-	-	1	1	1	1	-	-	-	-	2
	臺諫	-	-	-	-	-	-	-	-	-	-	-	-	-	-	-	-	-	-	-	-	-	-	-	-
	集賢殿	-	-	-	-	-	-	-	-	-	-	-	-	-	-	-	-	-	-	-	-	-	-	-	-
人事異議	臺	1	-	-	-	-	-	2	3	2	2	-	2	8	3	2	-	5	2	4	1	3	10	6	17
	諫	-	-	-	-	-	-	2	-	2	7	1	-	4	1	-	1	2	-	2	4	1	3	4	15
	臺諫	-	-	-	-	-	-	-	-	-	-	-	-	4	-	-	-	-	-	-	-	-	-	-	-
	集賢殿	-	-	-	-	-	-	-	-	-	-	-	-	-	-	-	-	-	-	-	-	-	-	-	-
斥佛	臺	-	-	-	-	1	-	1	-	-	1	-	1	-	-	1	2	-	2	5	1	1	3	-	-
	諫	-	1	-	-	-	-	1	-	-	1	-	-	1	-	-	-	-	-	2	8	5	6	2	-
	臺諫	-	-	-	-	-	-	-	-	-	-	-	-	-	-	-	-	-	-	-	-	1	-	11	-
	集賢殿	-	-	-	-	1	1	-	-	-	-	-	-	1	-	1	1	1	-	1	-	-	4	-	-
禁令	臺	-	2	1	-	1	2	-	-	2	5	3	-	-	1	-	4	1	4	2	1	1	-	2	-
	諫	-	-	-	-	-	-	1	1	-	1	-	-	-	-	-	-	-	-	-	-	-	-	-	-
	臺諫	-	-	-	-	-	-	-	-	-	-	-	-	-	-	-	-	-	-	-	-	-	-	-	-
	集賢殿	-	-	-	-	-	-	-	-	-	-	-	-	-	-	-	-	-	-	-	-	-	-	-	-
風俗	臺	-	-	-	-	-	-	-	-	-	-	-	-	-	4	-	1	2	-	4	-	13	2	1	1
	諫	-	-	-	-	-	-	-	4	-	-	1	-	-	-	2	1	-	-	-	-	4	2	-	-
	臺諫	-	-	-	-	-	-	-	-	-	-	-	-	-	-	-	-	-	-	-	2	-	-	-	-
	集賢殿	-	-	-	-	-	-	-	-	-	-	-	-	-	-	-	-	-	-	-	-	-	-	-	-
계	臺	23	9	27	45	33	38	67	45	41	40	32	30	31	6	27	28	25	30	26	50	20	35	41	53
	諫	13	6	12	10	11	15	20	15	31	24	23	19	14	1	6	12	9	12	24	21	21	16	22	37
	臺諫	7	3	5	8	4	-	-	17	41	-	4	2	4	2	4	9	-	3	6	8	7	12	6	8
	集賢殿	0	-	-	-	1	2	-	-	-	2	3	2	1	-	1	1	1	1	4	3	2	4	2	3
총 계		45	18	44	63	49	55	87	77	113	66	62	53	50	29	38	50	36	46	60	82	50	67	71	101

[표 2-1]과 [표 2-2]에서 먼저 볼 수 있는 것은 대간의 언론 횟수는 집현전관의 그것보다 견줄 수도 없을 정도로 많다는 것이다. 사헌부의 1천3백43회, 사간원의 6백91회, 대간 合司의 2백60회, 집현전의 89회를 합하면 모두

'異議'는 인사에 대한 이의를 제기하여 改差를 청하는 것을, '禁令'은 금령(예, 禁酒令)을 청하거나 금령에 관계된 언론을, '風俗'은 綱常과 美風·良俗을 지키기 위한 언론을 뜻한다.

〔표 2-2〕 대간과 집현전관의 언론 활동 대조 (세종26~32년, 문종, 단종, 세조)

분류	구분	26년	27년	28년	29년	30년	31년	32년	계	문종 즉위	1년	2년	계	단종 즉위	1년	2년	3년	計	세조 1년	2년	계	총계
諫諍	臺	-	2	3	1	1	1	-	84	12	4	1	17	2	12	3	3	20	1	1	2	123
	諫	1	-	2	1	1	-	-	83	4	3	-	7	1	14	5	4	24	3	1	4	118
	臺諫	-	-	-	1	-	2	-	104	-	-	-	-	-	3	2	-	5	-	6	6	115
	集賢殿	1	-	2	-	1	-	-	8	-	1	-	1	-	1	3	-	4	1	-	1	14
彈劾	臺	11	6	17	17	11	23	2	560	18	33	10	61	18	33	13	10	74	14	17	31	726
	諫	6	3	3	8	1	14	-	179	6	11	2	9	6	16	5	5	32	9	2	11	241
	臺諫	16	-	2	2	2	11	-	63	1	-	1	2	6	2	-	6	14	13	6	19	98
	集賢殿	-	-	-	-	-	-	-	1	-	1	-	1	-	-	-	-	-	-	-	-	2
時政	臺	6	1	3	3	1	2	3	120	16	18	1	35	5	9	7	-	21	3	3	6	182
	諫	2	3	2	3	2	4	-	93	5	5	1	11	2	5	8	2	17	-	1	1	122
	臺諫	2	-	-	-	-	-	-	3	-	-	-	-	-	1	-	-	1	-	1	1	5
	集賢殿	1	5	5	-	1	-	-	29	1	3	-	4	-	1	-	1	2	-	-	-	35
時務策	臺	-	-	-	-	-	-	-	10	1	-	-	1	-	1	-	-	1	-	1	1	13
	諫	-	-	1	-	-	1	-	16	-	-	-	-	-	1	-	-	1	-	-	-	17
	臺諫	-	-	-	-	-	-	-	-	-	-	-	-	-	-	-	-	-	-	-	-	-
	集賢殿	-	-	2	-	1	-	-	3	1	-	-	1	-	-	-	-	-	-	1	1	5
人事 異議	臺	6	4	2	4	3	8	1	100	8	12	3	23	7	3	6	1	17	5	1	6	146
	諫	2	3	1	2	2	9	2	70	7	7	7	21	10	15	5	1	31	2	4	6	128
	臺諫	1	-	-	1	-	-	-	4	-	-	-	-	1	2	-	-	3	1	-	1	8
	集賢殿	-	-	-	1	-	-	-	-	-	-	-	-	-	-	-	-	-	-	-	-	-
斥佛	臺	-	-	2	-	-	7	-	30	11	15	-	26	4	4	5	-	13	-	1	1	70
	諫	-	-	2	-	-	2	-	29	7	2	-	9	-	2	2	-	4	-	-	-	42
	臺諫	-	-	-	17	-	-	-	29	4	-	-	4	-	1	-	-	1	-	-	-	34
	集賢殿	-	-	1	10	-	-	-	24	4	-	-	4	-	-	5	-	5	-	-	-	33
禁令	臺	2	3	-	1	-	1	-	39	1	3	-	4	1	1	3	-	5	-	1	1	49
	諫	-	-	-	-	-	-	-	3	-	-	-	-	-	1	3	-	4	-	-	-	7
	臺諫	-	-	-	-	-	-	-	-	-	-	-	-	-	-	-	-	-	-	-	-	-
	集賢殿	-	-	-	-	-	-	-	-	-	-	-	-	-	-	-	-	-	-	-	-	-
風俗	臺	-	-	1	-	-	-	1	31	2	1	-	3	-	-	-	-	-	-	-	-	34
	諫	-	-	-	-	-	-	-	14	1	-	1	2	-	-	-	-	-	-	-	-	16
	臺諫	-	-	-	-	-	-	-	-	-	-	-	-	-	-	-	-	-	-	-	-	69
	集賢殿	-	-	-	-	-	-	-	-	-	-	-	-	-	-	-	-	-	-	-	-	-
계	臺	25	16	28	26	16	42	7	974	69	86	15	170	37	63	37	14	151	23	25	48	1,343
	諫	11	9	11	14	9	30	2	487	30	28	11	69	16	53	26	15	113	14	8	22	691
	臺諫	19	-	2	3	19	11	-	203	5	-	1	6	8	8	2	6	24	14	13	27	260
	集賢殿	2	5	10	-	12	2	1	65	6	5	-	11	1	-	9	-	11	1	1	2	89
총계		57	30	50	43	51	75	10	1722	110	119	28	256	65	125	74	35	299	52	47	99	2,383

(비고 : 분류란에 臺는 司憲府를, 諫은 司諫院을, 臺諫은 臺諫 合司를 뜻함.)

2천3백83회가 되는데, 집현전의 언론 횟수는 대간의 그것에 미칠 수 없음을 알 수 있다.

'간쟁'에서는 사헌부 1백23회, 사간원 1백18회, 대간 합사 1백15회, 집현전 14회로 그 횟수로는 견줄 수도 없을 정도이나, 집현전관의 간쟁은 君道를 논하는 등 중요한 문제를 다루고 있다.

'시정'에서는 사헌부 1백82회, 사간원 1백22회, 대간 습사 5회, 집현전 35회로 '간쟁'에 견주면 횟수에서 그 차이가 줄어든 것을 알 수 있겠다. 특히 세종 27년과 28년에는 집현전관의 시정에 관한 언론은 사헌부와 사간원보다 횟수도 많았고 내용도 더 알찬 것이었다.[75)

'척불'에 관한 것은 사헌부 70회, 사간원 40회, 대간 습사 34회, 집현전 33회로, 대간의 언론 횟수와 집현전의 그것의 차이가 가장 적은 분야이다. 세종 때는 사헌부 30회, 사간원 29회, 대간 습사 29회, 집현전 24회로 거의 비슷할 뿐 아니라, 내용에서도 대간의 척불 언론보다 더 강력하고 권위 있는 것이었음은 이미 언급한 바 있다.

반면 집현전에서는 전혀 관여하지 않은 분야는 '彈劾', '人事異議', '禁令', '風俗'에 관한 것이었다. '탄핵' 언론은 백관을 糾察하는 직책을 맡은 사헌부가 주가 되어 사간원도 이에 가담한 것이었으며, '인사이의'는 대간이 모두 署經權을 갖고 있었으므로 관리의 출신 성분을 파악하고 있어 인사의 적부·시비를 언론하게 된 것이며, '금령'·'풍속'에 관한 것은 風憲官인 사헌부가 주가 되어 행한 언론이었다. 특히 '탄핵' 언론은 1천67회로 전체 언론의 44.8%를 차지하고 있어 대간언론의 중심이 되어 있는 것을 볼 수 있다. 이 방면의 언론은 직무에서 볼 때도 대간의 소관이었고 그들의 언론으로 족한 것이었기 때문에 집현전관은 이 방면의 언론에 참여하지 않았다. 집현전관의 언론의 방향은 대간의 언론으로는 미치기 어려운 방면, 즉 학문의 진흥, 인재의 양성, 유교적 의례·제도의 상정, 관료체제의 확립, 재정제도의 수립, 유교국가의 확립(정치), 君道의 정립 등 국가의 백년대계를 위한 중요한 문제로 향하였던 것이다. 집현전관은 일반적으로 대간보다 높은 차원의 언론을 행사하였다고 해도 좋을 것이다.

---

75) 세종 27~28년 무렵의 집현전의 時政(時務策)에 관한 것은, 앞에서 보았듯이 燔鹽·義鹽·義倉·社倉·楮貨·貢法 등 국가의 중요한 財政政策에 관한 것이었으나, 臺諫의 시정에 관한 언론은 '用鼓吹與否(世子受朝時)', '請停石堡之築', '宴會規則', '請行臺分遣' 등의 내용이었다.

맺음말

홍문관과 사헌부·사간원을 합하여 언론 3사라고 하는 것은 널리 알려진 바나, 지금까지 우리나라나 중국에 없던 언론 3사가 어떻게 홍문관이 설치된 다음에 비로소 나타나게 되었는가는 밝혀진 바 없었다. 홍문관은 집현전 제도를 이어받은 것이었고, 그 제도의 기능으로 볼 때 언론 기관이라고 할 수 없었다. 그러한 홍문관이 언론 3사의 하나가 되었다면 그 연원은 집현전에서 찾지 않을 수 없다.

처음 집현전을 설치할 때부터 집현전관은 經과 史를 강론하는 經筵官職을 겸하였고 顧問에 응하였다. 따라서 그들은 일반 政事에 관해서도 논의와 진언할 기회가 있었으므로 언관화할 밑바탕이 충분하였다. 그러나 세종은 집현전관의 정치참여를 허락하지 않았을 뿐 아니라, 政·曹와 臺諫 등으로의 전직도 허용하지 않았으므로, 유학자군인 그들은 그들의 이상을 실제 정치에 구현할 기회를 얻지 못하였다. 세종 20년대에 들어서면서 세종은 身病으로 말미암아 세자의 섭정을 도모하게 되었고, 또 그것이 실현됨에 따라서 집현전관의 정치참여가 가능하게 되었다. 이 시기부터 집현전은 정치기관화하였고 집현전관은 언관화하였다.

대간이 언관으로 엄존하고 있는데 집현전관이 또 언관화한 데는 그 필요성이 있기 때문이었다. 대간의 언론은 지나치다고 할 정도로 횟수는 많으나 상투적인 것, 자질구레한 것, 風聞에 따른 것이 많았으므로 권위는 떨어질 수밖에 없었다. 그 위에 대간은 언론 이외에 업무량이 너무 많았는데, 간쟁과 탄핵은 물론 國家事 모두에 걸쳐 언론을 행사해야 했다. 그러나 모든 일에 전문적인 언론을 하기에는 대간의 능력이 미치기 어려운 것이었다. 특히 학술적인 것, 유교정치(정치이론)에 관한 것, 척불 이론에 관한 것 등은 국가의 중대한 문제이지만, 대간의 능력만으로는 만족할 만한 언론을 기대하기 어려운 분야였던 것이다. 또 대간은 언론으로 말미암아 被罪될 가능성이 많은 것인데, 대간이 모두 被罪되면 언로는 봉쇄될 수밖에 없는 것이었다. 이와 같은 대간언론의 취약성과 한계성을 보강하기 위하여 또 다른 언관을 필요로 했던 것인데, 그 제3의 언관의 소임을 집현전관이 감당하였던 것이다.

대간의 언론과 집현전관의 언론은 그 내용과 질에서 서로 다른 것이 많았다. 법의 집행을 위한 것, 인사의 적부·시비에 관한 것, 탄핵에 관한 것은 집현전관의 언론과는 관계없었다. 諫諍·時政·斥佛에 관한 언론은 집현전관이나 대간이 모두 행사한 것이었으나 내용이나 질적인 면에서 집현전관은 일반적으로 높은 차원의 언론을 편 것으로 볼 수 있겠다. 언론의 횟수로 볼 때, 집현전관의 언론은 대간의 그것에 미칠 수 없었으나, 반면 그와 같은 현상은 집현전관의 언론의 권위를 높여 주는 것일 수도 있는 것이다.

* 이 장은 《韓國史論》1(1973)에 〈集賢殿官의 言官化〉라는 제목으로 실렸다.

IV. 弘文館의 성립 경위

머리말

弘文館은 조선시대의 정치기관 가운데 가장 학술적인 기관이었고, 언론 3 司의 하나로서 언론을 담당하였음은 널리 알려진 바이다. 따라서 홍문관이 정치적으로나 문화적으로 끼친 영향은 아주 큰 것으로 추측되지만, 이 방면의 연구가 전혀 되어 있지 않았으므로, 현재로서는 《經國大典》이나 《弘文館志》 등을 통해 제도적인 측면을 이해할 뿐이다.

이 장은 홍문관 연구의 서론적인 소고로서 그 성립 경위를 밝히고자 한다. 홍문관은 일반적으로 집현전 제도를 이어 받은 것으로 보고 있다. 《弘文館志》를 비롯한 여러 문헌에서는,

> 홍문관은 옛 집현전이다.[1]
>
> 성종은 집현전(제도)에 따라서 殿 곁에 홍문관을 다시 설치했다.[2]
>
> 성종이 즉위하고 집현전(제도)에 따라서 다시 홍문관을 설치했다.[3]

---

1) 《弘文館志》建置第1, 沿革 참고.
2) 《燃藜室記述》別集 卷7, 官職典故, 弘文館條.

고 하여 집현전 제도를 바탕으로 설치된 것이 홍문관으로 되어 있다. 실제로 홍문관과 집현전의 관제를 견주어 보면4) 전자는 후자의 직제를 그대로 이 어받은 기관임을 알 수 있다.

홍문관이란 명칭은 唐初부터 있었으며, 그 직무는 圖書와 文籍을 收藏하 고 그것의 오류를 교정하는 일이었다.5)

우리나라에서 '弘文館'이라는 관서 이름은 고려 성종 14년에서 비롯하며, 그 직무는 여러 館殿과 마찬가지로 侍從에 대비하는 것이었다.6) 조선왕조 에서는 집현전이 혁파된 뒤, 세조 9년에 藏書閣을 홍문관이라 이름 짓고 장 서의 출납을 관장하게 함으로써 시작하였다.

지금까지 개설서에는 홍문관의 성립 경위는 애매하고 그 연대도 통일되 어 있지 않다.7) 여러 문헌에서도 그 설치 연대에 차이가 있다. 《弘文館志》 에서는,

① (세조) 9년(癸未)에 梁誠之의 건의로 藏書內閣을 이름하여 弘文館이라 하 였다.8)

② 성종대왕 원년(庚寅) 藝文館에 副提學 이하 修撰에 이르기까지 17명을 두 고 經筵을 겸하게 했다. 무릇 文翰·經筵·記注 등의 일은 모두 집현전 古

---

3) 《慵齋叢話》卷2, 集賢條.

4) 集賢殿의 職制(崔承熙, 〈集賢殿研究〉(상), 《歷史學報》32輯, 1966, 참고)와 弘文館의 職制(《經國大 典》)에서 상이한 것은, 直提學이 종3품에서 정3품 堂下로, 直殿(정4품)이 典翰(종3품)으로, 應敎는 종4 품에서 정4품으로 되었고, 集賢殿에는 없던 副應敎(從4品)가 加置되는 등 약간의 변화가 있을 뿐으로 실 제로는 집현전의 직제를 그대로 따르고 있다고 보아도 무방하다.

5) 《通志》卷52, 職官略, 門下省 弘文館條 참조.

6) 《高麗史》卷76, 志 30, 百官 1, 참조.

7) 《韓國史 近世前期篇》, 震檀學會 編, 1962에서는 "이리하여 王(成宗)은 卽位初에 集賢殿의 舊制에 따 라 弘文館을 두고 學士를 모아 更日로 經史를 進講케 하는 한편……"(104쪽)라 하였고, "그러나 (世祖) 9년에는 藏書內閣을 弘文館이라 하여 藝文館의 要員으로서 이를 兼務케 하다가 성종 원년에는 藝文館 의 규모를 확장하여 舊集賢殿의 일을 맡게 하고 성종 10년에는 다시 弘文館에 官職을 增置하고 ……"(170쪽)라고 하였는데 이것은 《弘文館志》나 野史類에 따른 것으로 보이며, 설치 과정과 연대에 오류가 있는 것으로 생각한다.

8) 《弘文館志》建置第1, 沿革 참조.

例와 같이 했다. 10년(己亥)에 弘文館이라 개칭했다.9)

이라 하였고,《慵齋叢話》에서는,

③ 성종 즉위년 집현전(제도)에 따라서 다시 홍문관을 설치했다.10)

고 하고 있다. 즉, 홍문관의 설치 연대가 ① 세조 9년, ② 성종 10년, ③ 성종 즉위년 등으로 차이가 나고 있다. 그러나 서조 9년에 설치한 홍문관은 장서 기관에 지나지 않았고, 실질적으로 집현전 제도를 이어받은 홍문관의 성립이 문제인데,《朝鮮王朝實錄》에 따르면 성종 9년으로 정하는 것이 타당한 것으로 보인다. 문헌이나 설서에서 보이는 그 성립 연대의 혼동은 홍문관의 성립 경위를 살피는 가운데 해결될 것으로 본다.

一. 世祖·成宗代 藝文館의 기능 확대

유교국가를 내세운 조선왕조에서 儒臣없는 정치는 생각할 수 없다. 안으로 유교적 문물제도의 확립, 밖으로 중국과 원만한 외교관계의 수립이 절실했던 조선 초기에서 그와 같은 과업을 수행할 인재[儒臣]는 꼭 필요했다. 집현전의 설치도 바로 그와 같은 필요에 따른 것이었다.

세조는 高論과 諫諍을 잘함으로써 왕권강화의 걸림돌로 위협을 주던 집현전관과 그 출신을 꺼려 사육신 사건을 계기로 집현전을 혁파하였다. 그 결과 집현전이 수행하던 중요한 직무는 폐기되었고, '인재의 양성'과 '文運의

---

9)《增補文獻備考》卷221, 職官考 8, 館閣 2, 弘文館條와《燃藜室記述》別集 7, 官職典故,〈弘文館條〉에도〈弘文館志〉와 같이 "世祖二年 命罷集賢殿, 九年 因梁誠之建言 命藏書內閣 曰弘文館……成宗元年 命置藝文館 副提學以下……十年改置弘文館"이라 하였다.
10)《慵齋叢話》卷2, 集賢條 참조.

진흥'을 위한 그 기관의 사명도 끝나고 말았다. 그러나 '인재 양성'과 '학문 진흥'은 어느 시대를 막론하고 게을리할 수 없는 과제였으므로, 이를 수행할 새로운 기관이 요청되었던 것이고, 그 구실을 藝文館이 맡게 되었다.

단종의 왕위를 무단으로 찬탈한 세조는 양심의 가책과 유신에 대한 심리적 불안을 사육신 사건 뒤에도 말끔히 없애지 못하여 文臣들의 言動에 대해 민감한 경계심을 보였다.[11] 그러나 인재 양성과 학문 진흥에 대한 세조의 관심은 긍정적인 것이었다.

세조는 3년 9월의 御書에서,

> 成均館의 人材養成은 一朝에 이룰 수는 없는 것이다. …… 내가 즉위한 뒤에 庶務가 분분하여 興學・育材할 틈이 없었다. 그러나 學官 가운데 한 사람도 陳言하는 자가 없으니 국가에서 학교를 세워 위임한 뜻과 어긋난다. 지금부터는 매월 말에 書生이 독서한 바를 기록하여 알리라. 내가 장차 親講할 것이다.[12]

고 하고 있다.

성균관은 일반적으로 관리를 양성하기 위한 교육기관이라고 한다면, 집

---

11) 세조의 功臣인 鄭麟趾가 佛經刊行을 반대한 것이 세조의 노여움을 크게 사서《世祖實錄》卷11, 세조 4년 2월 辛丑條) 마침내 鄭麟趾의 告身(任命狀)을 거두도록 한 일이 있고《世祖實錄》, 卷11, 세조 4년 2월 壬寅條) 세조 7년에는 成均大司成 徐岡이 進講時에 佛敎의 是非를 論하다가 세조의 비위를 건드려 "此物正是河緯地之類"라 하여 逆賊의 類로 몰렸다《世祖實錄》卷23, 세조 7년 정월 壬戌條). 세조가 功臣이나 儒臣을 面前에서 逆臣으로 만들기에 이른 것은 항상 심리적인 압박에서 벗어나지 못하여 신하들의 언행에 대하여 지나친 경계심을 가진 데서 말미암은 것으로 보인다. 세조 8년에는 領議政 鄭昌孫과 世子의 학문에 대하여 대화하다가 세자의 학문이 크게 이른 다음에 앞으로 國事를 맡겨야 하겠다는 세조의 말을 정창손은 마땅하다고 대답하였다《世祖實錄》卷28, 세조 8년 5월 壬寅條). 세조의 이 말은 禪位에 대한 신하들의 의견을 타진하려 하였던 것인데, 이를 반대하지 않고 긍정함으로써 그에게 큰 충격을 준 듯하다. 그리하여 바로 그날로 都承旨 洪應에게 傳旨하여 속히 禪位할 준비를 하라 하고, 정창손은 나(세조)의 선위를 바라고 있고, 朝廷은 모두 나를 미워하고 있으며《世祖實錄》卷28, 세조 8년 5월 壬寅條, "朝廷皆惡我"), 衆心과 조정의 여론은 나를 足하게 생각지 않는다《世祖實錄》卷28, 세조 8년 5월 癸卯條, "衆心朝廷輿論不以我爲足")고 하였다. 세조는 簒位에 대한 자책감을 말끔히 없앨 수 없었고 모든 朝臣이 그의 位를 불의로 생각하고 그를 증오한다고 생각하는 신경증 상태에 있었던 것 같다.

12)《世祖實錄》卷9, 세조 3년 9월 己卯條.

현전은 그 가운데 정수분자인 학자를 키우는 기관이었다고도 하겠다. 그런데 집현전을 혁파한 세조 초에서는 성균관에서 행해진 인재 양성에 관심을 가질 수밖에 없었던 것인데, 성균 유생들의 교육을 담당한 학관들이 열의가 없으므로, 세조가 직접 성균 유생의 교육에 관여할 뜻을 밝힌 것이다. 또한 승정원이 傳旨한 것을 보면 학관들의 무성의를 크게 염려하고 있으며, 유생들의 책을 구하는 데 어려움을 덜어 주기 위하여 예문관에 소장된 책들 가운데 필요한 것을 간행할 뜻을 밝히고 있다.[13] 이와 같은 사실들은 세조가 유생의 교육, 바꾸어 말하면 인재의 양성에 무관심하지는 않았다는 것을 전하고 있는 것이다. 그러나 인재 양성을 위한 적극적이고 효과적인 방안은 아직 나타나지 않고 있다.

재위 5년 3월에 세조는 신하들에게 下問하기를,

> 文風을 振作하고 人才를 많이 얻고자 하는데 어떻게 하는 것이 좋겠는가? 經史를 親講하거나 詩文을 짓게 하여 士習을 장려하는 것이 어떠하겠는가?[14]

라고 하였다. 문풍의 진작과 인재의 양성은 세조에게도 아주 중요한 문제였던 것이다. 그리하여 이 문제를 해결하기 위한 방안으로, 세조 5년 6월에는 文臣 10명을 선발하여 閑官으로 임명하고 독서(학문)할 수 있도록 조처하였고[15] 성균관과 4부학당 유생 가운데 講經·製述에 우수한 자에게는 會試에 直赴할 수 있는 자격을 주게 하였다.[16] 이와 같은 세조의 노력에도 師儒와 儒生의 교육과 학문에 대한 열의는 옛날과 같지 못하였다.[17] 뛰어난 인재(학자)를 얻으려면 새로운 시책이 요청되었다.

---

13) 《世祖實錄》卷9, 세조 3년 9월 己卯條.
14) 《世祖實錄》卷15, 세조 5년 3월 丙戌條.
15) 《世祖實錄》卷16, 세조 5년 6월 己卯條.
16) 《世祖實錄》卷22, 세조 6년 윤11월 辛亥條.
17) 《世祖實錄》卷28, 세조 8년 3월 庚戌條.

집현전 혁파 뒤에 가져온 문풍의 衰微와 인재의 漸減은 장래의 정치를 위해서 큰 위협이 아닐 수 없었다. 이와 같은 문제를 해결하기 위하여 세조가 채택한 것이 예문관에 兼官(職)을 두는 제도였다. '兼藝文館職'의 제도는 세조 5년 12월에 吏曹에서 제의하였고, 또 윤허되었다.[18] 세종은 집현전을 설치하고, 年少聰敏한 자를 뽑아 썼고, 집현전관이 職事에 얽매어 학문에 전념할 수 없음을 안타깝게 여겨 賜暇讀書의 제도를 마련한 바 있는데, 세조가 兼藝文館職을 설치한 것은 그것과 의도가 같다. 즉, 문신들이 직무에 얽매여서 학문에 전념하는 자가 적으므로 3품 이하의 문신 가운데 年少聰敏한 자 15명을 뽑아 예문관직을 겸하게 하여 이들로 하여금 예문관에서 학문을 닦게 하자는 것이었다. 이 제도는 곧 시행되지는 못하다가 세조 8년 5월에 실현되어 李坡·李永垠·李壽寧 등 文學之士 23명을 뽑아서 예문관직을 겸하게 하였고, 매달 초하룻날과 보름날의 朝會 뒤에 經書를 親講하고, 매월 2회 賦·詩를 짓게 하였지만, 여전히 本職에 구애되어 학문에 전념할 수는 없었다.[19] 겸예문관직에 있는 문신들이 학문에 오로지하게 하려면 그들이 본직에 구애되어서는 안 되었다. 그러므로 이 문제를 해결하기 위해 그들을 한직으로 전임하는 일이 가장 빠른 길이었다. 그리하여 재위 8년 6월에 세조가 문신을 권장할 방안을 下問하였을 때, 都承旨 洪應은 '文臣 가운데 유능한 자를 택하여 閑官으로 임명하고 예문직을 겸임하게 하여, 이들로 하여금 날마다 숙직하게 하고 서로 토론·강습하게 할 것'을 진언하였고, 왕은 이 진언을 타당한 것으로 인정하여 곧 李坡는 藝文直提學으로, 鄭蘭宗·李孟賢·金宗蓮·魚世恭·金宗直·柳文通 등은 한관으로 임명하여 예문관의 奉敎·檢閱을 겸하게 하였다.[20] 소장학자들이 예문관에 모여서 토론과 강습에 전념할 수 있게 된 것이었다. 이것은 세종이 집현전관을 육성·권장하던

---

18) 《世祖實錄》 卷18, 세조 5년 12월 甲戌條.
19) 《世祖實錄》 卷28, 세조 8년 5월 辛亥條.
20) 《世祖實錄》 卷28, 세조 8년 6월 癸酉條.

방법과 같다. 다른 점은 전임관이 아니고 겸관으로 대신했다는 것이다. 그러나 예문관도 겸예문관직을 통하여 집현전의 성격(학자 집결소, 학문의 전당)에 많이 접근하고 있는 것을 알 수 있다.

겸예문의 제도는 계속되어, 세조 10년 7월에는 李淑瑊·李睦 등 18명을 겸예문으로 加置하였고[21], 겸예문과 유생에 대한 親講은 계속되었으며[22] 詩·文에 우수한 자에게는 승진의 특전을 주기도 하였다.[23] 세조 때의 이와 같은 겸예문을 통한 興文·育材의 노력은 어느 정도 성과를 거둔 것으로 보인다.[24]

예종은 재위 1년 조금 지나 사망하여 그의 영향은 문제되지 않는다. 이 시기에는 겸예문에 대하여 매월 製述을 課하던 것도 폐지되어 문신으로서 학문에 전념하는 자가 줄어드는 형편이었다.[25]

성종은 13세에 즉위하여 그 7년까지는 世祖妃인 尹 대비가 垂簾聽政하는 시기였지만 예문관에는 큰 변혁이 있었다. 즉, 성종 원년 4월에 옛 집현전 직제에 따라서 15명의 전임관을 예문관에 增置함으로써[26] 겸예문관직은 필요 없게 되었고, 예문관은 그때까지의 예문관과 옛 집현전의 구실을 겸하게 되었다. 성종 초의 예문관은 학문의 전당이요 학자의 집결소로서, 겸예문 제도보다 한층 더 집현전에 가까워진 것을 알 수 있겠다. 그러나 질적인 면에서 볼 때, 옛 집현전과는 견줄 수 없음은 물론 자격이나 적성이 맞지 않는 자들도 끼어 있어서 예문관원의 자질이 문제 삼아지고 있다.[27] 예문관이 '인재 양성', '학문 진흥'의 사명을 다하기 위해서는 좀더 기다릴 수밖에 없

---

21) 《世祖實錄》卷33, 세조 10년 7월 丁巳條.
22) 《世祖實錄》卷30, 세조 9년 正月 乙巳條 ; 卷36, 세조 11년 8월 丙子條 ; 卷37, 세조 11년 11월 己未條 ; 卷39, 세조 12년 6월 庚子條 참조.
23) 《世祖實錄》卷33, 세조 10년 7월 甲戌條.
24) 《世祖實錄》卷37, 세조 11년 11월 庚子條에, "傳曰 曩者 兼藝文等 講經書 多有未通者 今卽皆能精於易理 是皆我勉勵之功也"라 하였다.
25) 《睿宗實錄》卷7, 예종 원년 8월 丁卯條.
26) 《成宗實錄》卷4, 성종 원년 4월 甲戌條.
27) 《成宗實錄》卷60, 성종 6년 10월 戊子條 ; 卷61, 성종 6년 11월 丙午條 참조.

었다.

예문관이 학문의 진흥과 인재 양성에서 만족할 만한 성과를 거두지 못하게 되자, 그 대책으로서 賜暇讀書의 제도가 마련되게 되었다. 성종 7년, 윤대비의 垂簾聽政도 끝났고, 親政을 시작하는 성종에게 대사헌 尹繼謙 등은 상소로 인재 양성의 필요성을 강조하고 있다. 그 내용은, 세종 때 賜暇讀書의 제도를 두어 배출된 인재들이 바로 성종 때의 대신·학자들인데 이들은 거의 늙었고, 인재를 양성하지 않으면 앞으로 함께 정치할 신하가 없게 될 것이므로, 세종 때의 집현전을 본받아 연소한 문신을 뽑아 한직을 제수하여 학문에 전념할 수 있도록 하자28)는 것이었다. 이 건의는 곧 받아들여져, 연소한 문신을 택하여 독서에 전념할 수 있도록 그 節目을 논의하여 啓하라는 傳敎29)가 내렸고, '賜暇讀書文臣勸獎事目'이 정하여졌다.30) 이리하여 세종 때 실시되었다가 집현전의 혁파와 함께 없어진 사가독서의 제도가 성종 7년에 다시 실시되었고 이 제도는 홍문관이 성립된 뒤에 讀書堂으로 오래 계속되었다.31)

세조 때는 예문관에 겸예문직을 둠으로써, 성종 초에는 예문관과 賜暇讀書의 제도를 통해 국가적인 과제인 '인재 양성', '학문 진흥'에 대비하였던 것이다.

二. 藝文館의 옛 集賢殿 직무 관장

집현전은 세조가 혁파하였다. 따라서 집현전의 모든 직무는 정파되었다. 그러나 당시 집현전의 대부분의 직무(활동)는, 제도적으로나 실제적으로 불

---

28) 《成宗實錄》卷67, 성종 7년 5월 丁巳條.
29) 《成宗實錄》卷68, 성종 7년 6월 乙亥條.
30) 《成宗實錄》卷68, 성종 7년 6월 戊戌條.
31) 金庠基, 〈讀書堂考〉, 《震檀學報》 17쪽, 1955.

가결한 것이었으므로 그 직무는 어떤 관서나 관료가 계속하지 않을 수 없는 것이었다. 집현전은 혁파되었으나 그 출신자들은 대부분 여러 관서에 전직되어 있었으므로 이들이 중요한 일들이 처리한 것은 물론이지만, 위에서 보았듯이 세조·성종 때 예문관이 옛 집현전과 같이 '인재 양성'과 '학문 진흥'의 중심이 됨으로써, 옛 집현전의 직무가 예문관으로 이관될 가능성을 보여 주고 있다.32) 세조가 집현전을 혁파하면서 그 장서를 예문관에 이관시켰는데, 이것은 앞으로 예문관이 옛 집현전의 직무를 이어받게 될 것임을 암시한 것이라고도 하겠다. 그러면 실제로 집현전에서 행하던 직무가 어떻게 계승되고 있는지 살펴보기로 한다.

1. 經筵官의 기능

집현전관은 모두 경연관의 자격을 갖고 있었고 실제로 이들이 경연을 전담하다시피 하였다. 그러나 세조는 집현전을 혁파하면서 함께 경연을 정파33)하였다. 경연을 거의 전담하였던 집현전의 혁파는 한때 경연을 불가능하게 하였으나, 세조가 경연에 뜻만 있었다면 자기 뜻에 맞는 文臣들을 동원하여 開筵할 수도 있는 것이었다. 그러나 세조는 재위 13년 동안 경연제도에 따른 경연을 한 번도 가져본 일이 없다. 추측컨대 왕위를 찬탈한 세조에게는 高論的인 儒臣이 모인 경연이 근본적으로 맞지 않았던 것으로 보인다. 세조가 집현전을 혁파하면서 경연도 함께 폐지한 것을 보면, 그가 꺼린 것은 경연과 더불어 집현전이었음을 알 수 있다. 세조의 정치풍토 아래서 경연의 복구가 불가능하다면 집현전의 복구도 기대할 수 없다.

그러나 세조는 경연의 필요성은 느끼고 있었다. 그리하여 경연을 혁파한 3개월 뒤인 세조 2년 9월에 承政院에 傳旨하기를,

---

32) 《世祖實錄》 卷4, 세조 2년 6월 甲辰條.
33) 《世祖實錄》 卷4, 세조 2년 6월 甲辰條.

> 經筵을 停罷한 뒤로 오래 講經을 아니하였다. 文臣과 더불어 講說하고자 하
> 니 禮曹로 하여금 講經할 文臣을 기록하여 啓하게 하라.[34]

고 하였다. 이 傳旨는 곧 시행되어 兼成均司成 金新民, 成均司成 李孫禮를 問難官으로, 藝文直提學 安知歸, 藝文應敎 徐居正 등 10명을 講說官으로 하고 思政殿에서 親講하였다.[35]

그뒤 때때로 문신·유생들과 講經을 하였으나 한 번도 경연이란 이름으로 講經한 일이 없고, '親講儒生'[36], '親講中庸'[37], '講某等經書'[38] 등의 표현을 쓰고 있다. 경서를 강론하는 것은 친강이나 경연이 같으나 강경에 참여하는 인적 구성은 뚜렷이 구별된다. 경연에서는 그 제도가 整然하여 이에 참여할 수 있는 자들은 경연관이라 일컬었고 품계에 따라서 직함도 서로 다르다. 그러나 세조의 강경(친강)은 이에 참여하는 자들이 경연관 또는 강경관의 칭호나 자격을 가진 것이 아니고, 그때그때 마음대로 유생·문신 또는 중신들을 소집하여 행해졌던 것이다.

그런데 한 가지 눈에 띄는 것은, 세조 8년 8월에 中樞院事 崔恒, 兵曹判書 金國光, 行上護軍 梁誠之, 刑曹判書 徐居正, 中樞院副使 韓繼禧, 刑曹參議 李芮를 불러 兵書를 강론하였는데,[39] 김국광을 뺀 전원이 집현전 출신이었다는 점이다. 집현전이 재생된 것처럼도 보이나 이때 그들은 집현전관의 특성인 好諫·高論的인 성격은 이미 잃어버리고 왕권에 아부하는 어용학자로 변해 있었던 것으로 보인다. 하여간 세조는 강경의 필요성은 충분히 인식하고 있었으나 그의 약점 때문에 고론적인 유신들의 경연에 얽매이는 것을 피

---

34) 《世祖實錄》 卷5, 세조 2년 9월 壬申條.
35) 《世祖實錄》 卷5, 세조 2년 9월 戊寅條.
36) 《世祖實錄》 卷10, 세조 3년 11월 壬戌條.
37) 《世祖實錄》 卷17, 세조 5년 7월 辛卯條.
38) 《世祖實錄》 卷28, 세조 8년 6월 甲子條 ; 卷28, 세조 8년 7월 己酉條 ; 卷30, 세조 9년 정월 乙巳條, 卷41, 세조 13년 3월 甲戌條 등 참조.
39) 《世祖實錄》 卷29, 세조 8년 8월 戊辰條.

하여, 문신이나 유생의 교육과 교양에 목적을 둔 친강(강경)을 행하였던 것이다. 그리하여 세조 일대에 경연제도는 정파되었던 것이다.

예종은 즉위하자 곧 경연을 위하여 유신을 뽑아 경연의 직을 맡게 하였으나, 여러 사정으로 開筵하지 못하다가40) 경연제도의 規式을 갖춘 것은 아니지만 右副承旨 鄭孝常을 불러 進講하게 하였다.41)

성종은 즉위하여 경연에 나아가려 할 때, 申叔舟가 '經筵事目'이 啓進되었고,42) 성종 원년 2월에는 경연을 시작하였다.43) 특히 그해 4월에 副提學(1명), 直提學(1명), 典翰(1명), 應敎(1명), 副應敎(1명), 校理(2명), 副校理(2명), 修撰(3명), 副應敎(3명) 등의 직제에 따라서 15명의 관원을 예문관에 增置하고 경연과 춘추직을 겸하게 함으로써44), 예문관은 옛 집현전의 기능의 하나였던 경연관으로서 직무를 맡게 되었다. 이리하여 경연에서 집현전이 맡던 그 소임은 성종 원년에 이르러 예문관으로 옮겨졌다.45)

2. 古制研究

세조 一代에는 특정 관서나 개인(관료)에게 고제를 연구하게 하였다는 기록은 거의 찾아볼 수 없다. 그것은 자신의 簒位가 유교의 명분에서 볼 때 불의이므로, 유교주의에 바탕한 제도인 고제를 연구케 한다는 일은 결국 자신의 약점을 들추어내는 것이기 때문이 아닌가 여겨진다.

예종이 즉위하자 곧 고제연구가 부활되고 있다. 예종은 즉위년 9월에 中樞府知事 韓繼禧에게 명하여 朝夕奠에 禮拜가 있는지 여부를 연구케 하였

---

40) 《睿宗實錄》卷4, 예종 원년 3월 丙戌條.
41) 《睿宗實錄》卷4, 예종 원년 3월 壬辰·甲午條 참조.
42) 《成宗實錄》卷1, 성종 즉위년 12월 戊午條.
43) 《成宗實錄》卷3, 성종 원년 2월 己巳條에, "始御夕講 承旨一員 經筵官二員 史官一員 入侍……經筵郎廳一員 始入直"이라 하였다.
44) 《成宗實錄》卷4, 성종 원년 4월 甲戌條.
45) 《成宗實錄》卷26, 성종 4년 정월 丁巳條.

고, 다시 대사헌 梁誠之로 하여금 예문관 유신들을 거느리고 그 고제를 연구
케 하였다.[46] 여기서 주목되는 것은 고제연구의 필요가 생겼을 때 거명되는
學徒들이 모두 집현전 출신이라는 사실이다. 그것은 그들이 당시 어떠한 관
서에 있든, 과거 집현전에서 고제연구의 경력을 통하여 그 부문에 정통하였
기 때문이다. 또한 주목되는 것은 집현전 출신 梁誠之의 지도로 예문관 유신
이 고제연구에 참여하게 된 것이니, 이로부터 과거 집현전에서 행하던 고제
연구를 예문관이 이어받은 것으로 보인다.

예종 원년 7월에는 예조와 예문관에 傳旨하여 祭文·祝文規式과 제례에
관한 고제를 연구하여 啓하게 하였다.[47] 물론 유교적 정치체제와 제도를 표
방하던 당시에는 거의 모든 제도와 의례는 중국 고제에 바탕한 것이었기 때
문에, 고제연구는 매우 중요한 것이었으나 특정한 기관이 독점한 것은 아니
었다. 집현전 당시에는 禮曹·儀禮詳定所 그리고 집현전이 그 중심이었으
며, 예종 때부터는 예조가 그 중심이었고 예문관도 차츰 참여하게 되었다.

성종 원년 4월에 집현전의 직제가 거의 그대로 예문관에 두어지면서 예
문관은 옛 집현전에서 하던 직무도 대개 맡게 되었고, 따라서 고제연구에서
도 중요한 구실을 하게 되었다. 성종 6년 3월에 '恭惠王后喪制'를 위하여 예
문관으로 하여금 고제를 연구하게 할 것을 예조에 啓請한 것과[48], '后妃親蠶
之禮'를 예문관이 연구하도록 한 사실은[49] 그것을 입증하는 것이라 하겠다.

집현전의 혁파는 그것이 맡고 있던 고제연구를 담당할 새로운 기관이 필
요했고, 그 새로운 기관은 예문관이 되었던 것이다.

---

46)《睿宗實錄》卷1, 예종 즉위년 9월 甲申條.
47)《睿宗實錄》卷6, 예종 원년 7월 庚寅條.
48)《成宗實錄》卷53, 성종 6년 3월 丙子條.
49)《成宗實錄》卷70, 성종 7년 8월 壬辰條.

3. 편찬사업

집현전이 주도적인 구실을 했던 편찬사업은 그것이 혁파된 뒤 어떻게 예문관으로 이관되었는가? 편찬의 실례를 통하여 살펴보자.

집현전을 혁파한 다음 해인 세조 3년 정월에 申叔舟 등에게 《國朝寶鑑》을 편찬하게 하였다.[50] 이때 그 편찬원의 구성을 보면, 전원 8명인데 그 가운데 申叔舟(右贊成), 權擥(判院事), 李克堪(吏曹參議), 韓繼禧(藝文直提學), 金之慶(直集賢殿), 金壽寧(藝文應敎) 등 6명이 집현전 출신이다.

세조 4년에 判書 崔恒과 參議 韓繼禧로 하여금 諺文註 《初學字會》를 편찬하게 하였는데, 두 사람 모두 親喪을 당하여 일이 중단되었을 때 中樞 金鉤, 參議 李承召, 右輔德 崔善復 등으로 그 일을 계속하게 하였다.[51] 그런데 이들은 소속 관서는 다르지만 모두 집현전 출신이다. 《經國大典》의 편찬자도 그들의 소속 관서는 다르나 대부분 집현전 출신으로 이루어져 있다.[52]

세조 6년에 《孫子註解》를 校正할 때도 金鉤, 崔恒, 鄭麟趾, 宋處寬, 李芮, 徐岡, 徐居正, 梁誠之, 洪應 등 대부분 집현전 출신이었고[53], 세조 7년에 《北征錄》을 교정할 때도,[54] 세조 9년 《吳越春秋》를 교정할 때도,[55] 세조 13년 《詩書口訣》을 교정할 때도 이에 참여한 것은 대부분 집현전 출신이었고,[56] 세조 9년에 《兵書口訣》을 정할 때도 이에 참가한 것은 申叔舟, 崔恒, 洪應, 宋處寬, 盧思愼 등 모두가 집현전 출신이었던 것이다.[57] 이와 같이 세조 때 편찬사업을 담당하던 사람들은 거의 모두 집현전 출신들이었는데, 이는 그

---

50) 《世祖實錄》 卷6, 세조 6년 정월 癸酉條.
51) 《世祖實錄》 卷14, 세조 4년 10월 己巳條.
52) 《經國大典序》에 따르면, 徐居正, 崔恒, 韓繼禧, 盧思愼, 洪應 등 집현전 출신들이 《經國大典》 편찬에 주도적인 몫을 한 것을 알 수 있다.
53) 《世祖實錄》 卷19, 세조 6년 2월 己未條 ; 卷19, 세조 6년 3월 丙午條 ; 卷20, 세조 5년 4월 辛酉條 참조.
54) 《世祖實錄》 卷23, 세조 7년 3월 丙寅條.
55) 《世祖實錄》 卷31, 세조 9년 윤7월 乙丑條.
56) 《世祖實錄》 卷44, 세조 13년 12월 丙申條.
57) 《世祖實錄》 卷31, 세조 9년 12월 癸卯條.

들이 집현전에서 그와 같은 활동에 숙련되어 있었기 때문이기도 하지만, 집현전의 소임을 이어받을 새로운 기관이 나타나지 않는 한 그들의 손을 빌리지 않을 수 없었기 때문이다.

그러나 세조 말기에는 예문관이 兼藝文館職의 제도를 통해 점차 학자의 집결소·학문의 전당으로서 그 성격이 확실해지면서 편찬에도 참여하게 되는 것을 볼 수 있다. 즉, 세조 12년에는 예문관에서 《東國通鑑》을 편찬하였던 것이다.58)

끝으로 《朝鮮王朝實錄》 편찬을 통하여 살펴보자. 《世宗實錄》과 《文宗實錄》의 편찬에서 중추적인 역할을 한 것은 집현전관과 예문관원이었다. 위의 두 기관에서 실록편찬에 참여한 상황을 보면 〔표 1〕과 같다.

〔표 1〕 **실록편찬에 참여한 집현전·예문관 관원** (단위 : 명)

編纂官職銜	世宗實錄		文宗實錄	
	集賢殿	藝文館	集賢殿	藝文館
編修官	2		1	
記注官	8	3	8	2
記事官	1	10		12

〔표 1〕에 따르면 집현전관은 주로 記注官으로서, 예문관원은 주로 記事官으로서 편찬에 참여한 것을 알 수 있다. 그러나 성종 2년(1471) 12월에 완성된 《世宗實錄》의 편찬에 참여한 예문관원은 修撰官 2명, 編修官 5명, 記注官 5명, 記事官 18명으로 되어 있다. 이와 같이 예문관원으로서 實錄纂修官이 대폭 증원된 것은 성종 원년 4월에 옛 집현전 직제에 따라서 부제학 이하 15명을 예문관에 증원함으로써 과거의 집현전과 예문관의 소임을 함께 가지게 되었기 때문이었다. 즉, 성종 원년 이후 《朝鮮王朝實錄》 편찬에서

---

58) 《世祖實錄》 卷38, 세조 12년 4월 壬戌條.

옛 집현전의 소임은 예문관으로 옮겨졌던 것이다.

성종 원년 4월 이후부터 예문관은 春秋職에서도[59] 編纂製述에서도[60] 경연에서도[61] 고제연구에서도[62] 집현전에서 맡았던 소임을 하게 되었으며, 집현전 후기의 기능과 같이 언론 기관으로서 그 구실도 하게 되었으니[63], 비록 그 활동은 집현전과 같이 활발하지 못하였으나 그것을 방불케 함을 볼 수 있다.

三. 藝文館에서 弘文館 분립

조선왕즈 때 홍문관이 처음 설치된 것은 세즈 9년 11월이었다. 즉, 同知中樞院事 梁誠之의 건의에 따라 홍문관을 설치하게 되었는데 그것은 藏書機關이었다.[64] 그 직제는 大提學(1명), 提學(1명), 直提學(1명), 直館(1명), 博士(1명), 著作郎(1명) 正字(2명)를 두었으며 모두 兼官이었다. 특히 博士 이하는 예문관의 奉教 이하가 겸임하였고, 그 직임은 秘書(도서)의 출납이었다.[65] 대제학·제학·직제학 등은 판서·승지 등의 중신들이 겸하였지만[66] 실무관인 博士 이하는 모두 예문관에서 겸하고 있었으므로 당시의 홍문관은 예문관이 운영했다고도 할 수 있겠다.

---

59) 《世祖實錄》 끝부분 ; 《世祖實錄》 纂修官 참조.

60) 《世祖實錄》 卷38, 세조 12년 4월 癸亥條에는, 藝文館으로 하여금 《東國通鑑》을 撰하게 하였고, 《成宗實錄》, 성종 6년 2월 己丑條와 성종 8년 7월 戊子條에는 樂章을 製進하게 하고 있다.

61) 《成宗實錄》 卷26, 성종 4년 丁巳條에, "但藝文館 經筵備顧問者也"라고 하였다.

62) 《成宗實錄》 卷53, 성종 6년 3월 丙子條 ; 卷70, 성종 7년 8월 壬辰條 참조

63) 《成宗實錄》 卷10 성종 2년 정월 癸巳·乙未條 ; 卷10 성종 2년 4월 辛酉·乙丑條 ; 卷44 성종 5년 윤6월 丙午·癸王條 ; 卷55 성종 6년 5월 庚申條 ; 卷59 성종 6년 8월 庚申條, 6년 9월 丁卯·乙巳條 ; 卷70 성종 7년 8월 甲午條 ; 卷84 성종 8년 9월 壬辰·戊子條 등에 보면 藝文館이 啓·上疏를 통하여 언론 활동을 펴고 있음을 볼 수 있다.

64) 《訥齋集》 卷2, 奏議, 請建弘文館 卷5, 雜著 ; 《弘文館序》와 《弘文館志》 建置第1, 沿革 참조.

65) 《世祖實錄》 卷31, 세조 9년 11월 辛未條 ; 《弘文館志》 職官第2, 差除 참조.

66) 《世祖實錄》 卷3, 세조 9년 11월 丁丑條 ; 卷42, 세조 13년 4월 平丑條.

홍문관은 중요한 장서기관으로 내려오다가 성종 원년 4월에 집현전 직제의 대개를 예문관에 증설할 때, 홍문관 장서도 예문관으로 이관시켰던 것이다.[67] 이리하여 세조 9년에 설치된 홍문관은 성종 원년부터는 유명무실한 기관이 되었다.

그러나 이 장에서 문제 삼는 것은 세조 9년에 설치된 장서기관으로서의 홍문관이 아니라 집현전 직제를 이어받은 집현전의 후신으로서 홍문관의 성립인 것이다.

앞서 우리는 집현전이 혁파된 다음 그 직무가 대개 예문관으로 옮겨졌음을 보았다. 그러면 어떠한 과정을 거쳐서 예문관이 집현전화해 갔으며, 집현전화한 예문관에서 홍문관(집현전의 후신)이 성립되었는가?

조선시대의 예문관은 태조 원년 7월에 문무백관의 제도를 정할 때 보이는 藝文春秋館(掌教命·國史)에서 비롯한다. 그뒤 태종 원년 7월에 예문춘추관은 예문관과 춘추관으로 분리되었는데, 이때 예문관의 직제가 결정되었다. 그 직제는, 大提學·提學·直提學·直館·奉教·待教·檢閱 등인데, 그 가운데 직관 이상은 辭命의 制撰을 맡은 知製教의 직임이 주된 것이었고, 봉교 이하는 모두 춘추관 記事官(史官)을 겸하였던 것이다. 그런데 예문관원의 지제교로서의 기능은 집현전이 있던 때는 집현전관이 모두 지제교로서 자격을 갖추었기 때문에 드러나지 않았다. 그리하여 예문관 직제학과 직관을 閑職이라 하였고[68] 예문관을 閑官이라고도 하였다.[69] 예문관도 학자가 모인 기관이었으나 집현전 당시에는 집현전의 학술적 활동이 너무 화려했기 때문에 나타날 수 없었을 뿐이다.

집현전이 혁파되자 사정은 달라졌다. 집현전이 혁파되면서 그 장서는 예문관으로 이관되었음은 이미 언급하였지만 여기에는 어떤 의미가 있다. 이

---

67) 《訥齋集》卷5, 雜著, 弘文館序와 《弘文館志》建置第1, 沿革 참조.
68) 《世宗實錄》卷66, 세종 16년 11월 戊寅條, "且藝文館直提學·直館二員 別無職事"라 하였다.
69) 《世宗實錄》卷83 세종 20년 10월 戊寅條, "藝文館閑官 卿雖有疾 可以調理 毋有辭職之意"라 하였다.

것은 단순히 집현전 장서가 예문관으로 이관됨을 뜻하는 것이 아니라, 집현
전의 중요한 기능이 앞으로 예문관으로 옮겨질 가능성을 암시하는 것이기
도 하다. 그와 같은 가능성은 실제로 나타나고 있다. 이미 언급했듯이, '인재
양성'과 '학문 진흥'을 위하여 세조 5년 6월에는 예문관에 兼藝文館職을 설
치하자는 건의가 채택되었고, 세조 8년 5월에는 그것이 실현되어 李坡·鄭
孝常·金宗直 등 23명을 '겸예문관직'으로 임명하였다. 집현전 당시에는 집
현전은 학자의 집결소요 학문의 전당이더니, 세조 8년부터는 예문관이 그
소임을 계속하게 되었음을 알 수 있다. 세조는 겸예문관원들이 학문에 전념
할 수 있도록 한직으로 전임 발령을 내렸고, 그들이 학문(講經·製述)에 정
진하도록 장려와 감독을 게을리하지 않았다.70) 그리하여 예문관은 옛 집현
전에 이어 학자의 집결소요 학문의 전당으로서 그 위치를 차츰 확고히 할 수
있었던 것이다.

　예문관의 이와 같은 상태를 뒷받침해서 제도적인 변혁을 불러오게 되었
다. 즉, 성종 원년 4월에는 예문관에 副提學(1명), 直提學(1명), 典翰(1명), 應
敎(1명), 副應敎(1명), 校理(2명), 副校理(2명), 修撰(3명), 副修撰(3명) 등 專任
官 15명을 증원하고, 이들이 知製敎·經筵·春秋館의 직임을 갖도록 하였
다. 집현전의 직제와 기능이 거의 그대로 예문관에 설치된 상태가 되었다.

　[표 2]에서 보듯이, 성종 원년 4월의 예문관은 태종 원년 7월부터 내려
온 예문관 직제에다 옛 집현전 직제(副提學~副修撰)를 합한 것이니, 이는
이때의 예문관이 그때까지의 예문관과 옛 집현전 기능을 아울러 갖게 된 것
을 뜻한다. 이와 같이 성종 원년 4월 이후의 예문관은 그때까지의 예문관과
옛 집현전의 복합적인 직제와 기능을 갖게 됨으로써 20여명이나 되는 많은
관원을 가진 큰 관서로 되었고, 예문관이라기보다는 집현전적인 성격이 더
우세하게 되었다. 그리하여 당시의 사람들은 예문관을 옛날의 집현전과 같

---

70) 《世祖實錄》 卷29, 세조 8년 8월 庚午條 ; 卷33, 세조 10년 7월 甲戌條.

〔표 2〕　　　　　　　　　　예문관과 집현전의 직제 대조

① 태종 원년 7월	② 성종 원년 4월	집현전
		領殿事(正1)
大提學		大提學(正2)
提 學		提 學(從2)
	副提學	副提學(正3)
直提學	直提學(正3)	直提學(從3)
直 館※	典 翰	直 殿(正4)
	應 敎(副應敎)	應 敎(從4)
	校 理	校 理(正5)
	副校理	副校理(從5)
	修 撰	修 撰(正6)
	副修撰	副修撰(從6)
奉 敎		博 士(正7)
待 敎		著 作(正8)
檢 閱		正 字(正9)

※ 예문관 直館은 세조 12년 정월 戊午에 典翰으로 개칭함.

다[71]고 하였으며 《弘文館志》에서도,

> 성종대왕 원년(1470)에 藝文館 副提學 이하 修撰에 이르는 17명에게 經筵을 겸하여 맡을 것을 명하였다. 무릇 文翰·經筵·記注 등의 일은 모두 집현전의 옛 規例와 같았다[72]

라고 하였으니 명칭만 예문관이지 과거 집현전의 직제와 기능을 거의 그대로 이어받게 되었음을 알 수 있다. 그러나 관원을 자주 교체함으로써 뜻한

---

71) 《成宗實錄》卷22, 성종 3년 9월 辛酉條에, "同知事鄭自英 啓曰 今之藝文館 猶昔之集賢殿"이라 하였다.

72) 《弘文館志》職官 第2, 差除 참조 ; 《訥齋集》卷5 雜著, 弘文館序 ; 《增補文獻備考》卷221, 職官考 8, 館閣 2 弘文館條에도 같다.

효과를 거둘 수 없게 되자, 성종 5년 4월에 디사헌 李芮가 세종 때 집현전의 예를 따라서 예문관원이 다른 官으로 전직하는 것을 허락하지 말고 때로 賜暇讀書케 하여 유능한 학자를 양성할 것을 啓進한 것[73]이 주효하여 특별한 예를 제의하고 다른 관으로 전직하는 것을 불허하였다.[74] 그러나 예문관원으로 임명된 사람 가운데는 예문관원으로서 적합한 자질을 갖추지 못한 자들이 섞이는 등 집현전과 같이 精選하지 못함으로써[75] 옛 집현전과 같은 화려한 업적을 기대할 수는 없었다. 그리하여 성종은 '인재 양성', '학문 진흥'을 위하여 賜暇讀書의 제도를 실시하기도 하였다.

또한 인재 양성을 위한 방안의 하나로 예문관에 인원을 늘리게 되었다. 즉, 성종 9년 정월, 새로 登科한 젊은이들로 하여금 학술적 기관에 근무할 기회를 넓혀 주기 위하여 옛 집현전 직제에 따라 예문관에 參下官을 병설하기로 결정하였고[76], 이에 따라 동년 2월에는 참하관으로 정7품 博士 1명, 정8품 著作 1명, 정9품 正字 2명을 젊고 學行 있는 자를 택하여 가설하기로 결정하였다.[77] 이리하여 副提學으로부터 正字에 이르는 옛 집현전 직제가 완전히 예문관에 병설되게 되었다. 성종 9년 2월의 예문관은 집현전의 직제와 그때까지의 예문관의 직제를 완전히 복합으로 갖게 되었다. 명칭은 예문관이나 그 소임은 예문관과 집현전의 완전한 복합체가 된 것이다.

한 관서 안에 두 기관의 직제와 직임이 복합적으로 있게 되면 자연히 불편과 불만이 없을 수 없다. 옛 집현전의 직제인 부제학 이하는 春秋職도 겸하지만, 經筵(侍講)과 論事를 주로 하였고, 그때까지의 예문관 참하관인 奉教 이하는 경연직을 겸하지 못하고[78] 君臣의 言事와 사건을 기록하는 史官의 직무가 주가 되었다. 같은 예문관 참하관이지만 집현전 직제에 따른 博士

---

73) 《成宗實錄》卷41, 성종 5년 4월 壬戌條.
74) 《成宗實錄》卷60, 성종 6년 10월 戊子條.
75) 《成宗實錄》卷60, 성종 6년 10월 戊子條 ; 《成宗實錄》卷61, 성종 6년 11월 丙午條 참조.
76) 《成宗實錄》卷88, 성종 9년 정월 癸巳條.
77) 《成宗實錄》卷89, 성종 9년 2월 辛酉條.
78) 《成宗實錄》卷80, 성종 9년 3월 丁卯條.

(정7품), 著作(정8품), 正字(정9품)와 종래의 예문관의 奉敎(정7품), 待敎(정8품), 檢閱(정9품)은 그 직함이 다를 뿐 아니라 그 직무도 완전히 구별되어 있다. 그리고 그때까지의 예문관원은 수적으로나 직품·직무에서 부제학 이하의 옛 집현전 직제에 압도되어, 예문관 참하관들은 그들의 직무가 경시 당하는 것같이 느끼게 되었고, 이제는 주객이 뒤바뀌어 다른 署에 붙어 있는 것같이 되어 버렸다. 事勢가 이에 이르자 예문관 봉교 崔乙斗 등은 종래의 예문관 참하관 8명에게 따로 독립된 기관을 설치하여 줄 것을 상소하기에 이르렀다.79)

이에 따라 예문관을 분관할 필요가 있는지를 둘러싸고 논란이 많았는데80), 드디어 同副承旨 李瓊仝의 논의를 지지·보충한 姜希孟 등의 논의가 채택되어 옛 집현전 직제인 副提學 이하 正字에 이르는 各員은 홍문관 實銜(實職)으로 전임·발령하고 종래의 예문관 참하관인 奉敎 이하 8명은 그대로 예문관에 남게 되었다.81) 이리하여 세조 9년에 장서기관으로 설치되었다가 성종 초에 이름뿐이던 홍문관은, 성종 9년에 이르러 예문관으로부터 옛 집현전의 직제와 기능을 넘겨받고 명실상부한 집현전의 후신으로 성립되었다.

---

79) 《成宗實錄》卷90, 성종 9년 3월 辛巳條.
80) 《成宗實錄》卷90, 성종 9년 3월 辛巳條에서 아래와 같이 논의가 분분하였다.
　　鄭麟趾 : 分官하면 人材를 充當하기 어려우니 고칠 필요 없다.
　　鄭昌孫 : 分官을 하거나 그렇지 않으면 새로 설치한 參下官(博士·著作·正字)를 없애자.
　　韓明澮 등 : 所任이 各異하니 分官하는 것이 옳다.
　　沈澮 등 : 所任이 各異하니 同館에 있기 어렵고 새로 設官하려면 官制를 고쳐야 되겠으니 翰林(從來의 藝文館 參下官) 8명을 春秋館 實銜으로 옮기자.
　　李瓊仝 : 經筵官은 弘文館으로 옮기고 奉敎 이하 8명은 그대로 藝文館에 두자.
81) 《成宗實錄》卷90, 성종 9년 3월 辛巳條에, "傳旨吏曹曰 藝文館副提學以下各員 移差弘文館實銜 奉敎以下八員 仍帶藝文館 弘文館應敎二員內一員 擇將爲主文者 兼差應敎 前此弘文館直提學 都承旨兼之 今宜移差藝文館"이라 하겠다.

맺음말

유교국가를 내세운 조선왕조에서 儒臣 없는 정치는 있을 수 없다. 세조는 무단으로 집현전을 혁파하였으나 곧 '인재 양성'과 '학문 진흥'은 절실한 문제로 떠올랐다. 이 문제의 해결을 위하여 세조는 노력하였고 그 가운데 주목되는 것이 예문관에 兼藝文館職을 두는 것이었다. 성종도 예문관을 중심으로, 그리고 賜暇讀書의 제도를 통하여 이 문제에 대비하였다. 그리하여 세조와 성종 때의 예문관은 옛 집현전과 같이 학자의 집결소요, 학문의 전당으로서 그 구실을 하게 되었다.

세조 2년, 집현전의 혁파로 그 직무는 모두 정파되었으나, 집현전의 직무는 제도로나 실제로 불가결한 것이었기 때문에, 어떠한 방법을 통해서든 계속되지 않을 수 없었다. 경연과 고제연구는 세조의 약점(왕위의 찬탈) 때문에 꺼리어 그 一代에는 행해지지 못하였다. 그러나 그 밖의 직무는 대개 집현전 출신이 처리하였고, 세조 8년에 예문관에다 兼藝文職을 둔 뒤로는 옛 집현전에서 하던 직무를 점차 예문관이 관장하게 되었다.

예문관은 집현전 당시에는 閑職으로 인정되었으나, 집현전이 혁파된 뒤 '兼藝文'을 둠으로써 학문의 마당[場], 학자의 집결소로서 그 성격을 갖게 되었고, 이와 같은 성격의 뒷받침으로 성종 원년 4월에는 집현전의 직제와 기능의 대거가 예문관에 그대로 설치되었다. 성종 9년 2월에는 옛 집현전의 직제가 완전히 예문관에 중첩되었다. 예문관이 종래의 예문관과 옛 집현전의 완전한 복합체가 됨으로써 예문관을 분관할 필요성이 대두되었고, 마침내 성종 9년 3월, 옛 집현전의 직제는 예문관에서 분리되어 당시 유명무실한 기관이었던 홍문관에 넘겨줌으로써 비로소 집현전의 후신으로서 홍문관이 성립하였다.

개설서나 여러 문헌에서 홍문관의 설치 연대가 서로 다른 것은 견해에 따라 있을 수 있는 문제이다. ① 세조 9년에 장서기관으로서 홍문관을 설치했는데 이를 설치연대로 볼 수도 있겠고, ② 성종 원년 예문관에 집현전 직제의 대개가 그대로 설치되었으니, 집현전의 후신을 홍문관이라 한다면 홍문관의 시초를 성종 원년으로 볼 수도 있을 것이다. 또한 ③ 《弘文館志》, 《燃黎室記述》, 《增補文獻備考》 등에서 홍문관의 설치를 성종 10년으로 한 것은 《弘文館志》에서 잘못 기록한 연대를 다른 문헌에서 고스란히 따른 것이다. 결국 집현전의 후신인 홍문관의 설치 연대는 성종 9년으로 보는 것이 가장 정확한 것이라 하겠다.

* 이 장은 《韓國史硏究(5)》(1970)에 〈弘文館의 成立經緯〉라는 제목으로 실렸다.

V. 弘文館의 言官化

머리말

조선시대 홍문관이 처음 나타나게 된 것은 세조 9년(1463) 梁誠之의 건의에 따라 설치된 藏書機關으로서였다. 그러나 우리가 흔히 일컫는 것은 사헌부·사간원과 더불어 言論 3司의 하나로서의 홍문관이다. 언론 3사의 하나로서의 홍문관은 성종 원년(1470) 4월에 藝文館에 그대로 설치했던 옛 집현전의 직제를 성종 9년 3월에 홍문관에 넘겨줌으로써 성립[1]된 것이었다.

성종 16년에 반포·시행된 《經國大典》에 따르면, 홍문관의 職掌은 궐 안의 經籍[도서]을 관리하고, 文翰을 다스리고, 왕의 顧問에 대비하는 것이었고 경연관이나 知製教를 겸하는 것으로 되어 있다. 즉, 홍문관에서 관장하는 일에는 사헌부(論執時政), 사간원(諫諍論駁)과 같이 언론에 관계되는 규정은 없다. 그러나 세종 2년(1420) 집현전을 처음 설치했을 때도 그 기능은 경연관으로서 經史를 講論하고 고문에 대비하는 것이었으나, 집현전은 경연관을 겸했을 뿐 아니라 史官, 科擧 試官, 知製教, 使星, 風水學官으로 그 기능이

---

1) 崔承熙, 〈弘文館의 成立經緯〉, 《韓國史研究》5, 1970, 102~110쪽 참고

확대되어 갔고, 고제연구, 편찬사업 등 학술적인 업무를 맡게 되었다. 그 뿐 아니라 세종 20년대에 이르면 정치기관, 언론 기관으로서 그 기능이 변화·발전해 간 것을 볼 수 있다.[2] 그리고 홍문관은 집현전의 직제를 거의 그대로 이어받은 기관이므로 집현전의 언관 기능을 이어받게 될 가능성이 많았던 것이다. 또한 홍문관의 직장 가운데 경연관을 겸하고 왕의 顧問에 응하는 기능은 집현전의 그것과 일치하는 것이었고, 그것은 왕에 대한 언론의 기회를 가질 수 있는 것이었음을 유의하면 홍문관이 언관화할 가능성을 쉽게 예견할 수 있다.

그러면 홍문관의 언관적 밑바탕과 언관화의 필요성, 그 언론 활동의 내용 등을 살펴보자.

一. 弘文館의 言官的 바탕

성종 9년 3월 집현전의 후신으로서 弘文館은 성종 원년 4월 藝文館에 副提學(1명), 直提學(1명), 典翰(1명), 應敎(1명), 副應敎(1명), 校理(2명), 副校理(2명), 修撰(3명), 副修撰(3명) 등 15명을 增置하고 이들로 하여금 경연과 춘추관직을 겸하게 한 데서 비롯한 것이다. 앞서 단종복위운동의 중심이 집현전 관원과 그 출신들이었기 때문에 세조는 집현전을 혁파하고 경연을 폐지한 바 있었다. 그 때문에 집현전이란 이름의 관서를 다시 둘 수는 없었으나, 집현전에서 수행하던 일들은 계속 유지할 필요가 있었고, 특히 경연은 불가결한 것이었다. 위의 부제학 이하의 관직은 옛날 집현전에 두어졌던 것으로, 성종의 경연을 위하여 예문관에 가설한 것이었다. 그리고 성종 9년 2월에는 집현전의 參下官인 博士(1명), 著作(1명), 正字(2명)를 가설함으로써 당시 예

---

2) 崔承熙, 〈集賢殿研究〉(上·下), 《歷史學報》32쪽·33쪽, 1966·1967 참조 ; 崔承熙, 〈朝鮮初期 言官에 관한 研究 : 集賢殿官의 言官化〉, 《韓國史論》1, 1973.

문관은 종래 예문관의 직제와 옛 집현전의 직제를 중첩하여 갖게 되었다. 마침내 성종 9년 3월 집현전의 직제에 해당하는 것은 홍문관에 넘겨줌으로써 집현전의 후신에 해당하는 홍문관이 탄생한 것이다.3)

즉위년 12월에 성종의 경연을 위하여 申叔舟는 經筵事目을 작성하여 올렸다. 이때 경연에 입시하는 관원은 朝講에는 當直 院相 2명, 經筵堂上 1명, 郎廳 2명, 承旨 1명, 臺諫 각 1명, 史官 1명이었고, 晝講에는 承旨 1명, 經筵郎廳 1명, 史官 1명이었다.4) 성종 원년 2월에는 夕講을 두고 承旨 1명, 經筵官 2명, 史官 1명이 입시하도록 하였다.5) 즉, 성종 원년 4월부터는 朝講에 入侍하는 經筵堂上 1명, 郎廳 2명, 晝講에 郎廳 1명, 夕講에 經筵官 2명은 예문관의 부제학 이하 副修撰이었다. 이들은 經筵 侍講官·侍讀官·檢討官으로 입시하여 經史의 講을 마치고 國政에 대하여 건의할 수 있었다. 그들은 또한 성종 2년부터 9년까지 예문관의 관원으로서 32회의 언론을 폈다.6) 이 정도의 언론 활동으로 성종 9년 3월 이전의 예문관의 관원을 언관으로 볼 수는 없으나, 언관화의 조짐(싹)은 이미 생겨난 것으로 볼 수 있다.

성종 9년 3월 이후 홍문관원은 경연에 입시하여 經史의 講을 마친 다음 국정에 대한 언론을 할 기회를 얻을 수 있었고, 그 가운데는 金宗直系의 士林 출신들이 꽤 많이 있었다. 그 예를 보면, 성종 10년 3월 夕講을 마친 뒤 侍讀官(校理) 金訢이 啓하기를,

전하께서 즉위 초에는 정치에 힘쓰시고, 諫諍을 따르심이 물 흐르는 것과 같으셨고, 鷹坊을 없애고 異端을 물리치시어 唐虞三代의 융성함을 기대했으나, 오늘에는 처음과 같지 아니한 것이 자못 많습니다. 奉先寺 寫經은 비록 전하의

---

3) 崔承熙(1970) 앞의 논문.
4) 《成宗實錄》卷1, 성종 즉위년 12월 戊午條.
5) 《成宗實錄》卷3, 성종 원년 2월 己巳條.
6) 崔承熙, 《朝鮮初期 言官·言論硏究》 서울대학교 한국문화연구소, 1976, 302~309쪽, 〔표 28〕 이하 참조.

명은 아니지만 밖에서 이를 들으면 반드시 '상감의 信佛함이 이와 같다'고 말하고 앞으로 널리 퍼지게 될 것이니 이단이 언제 그치겠습니까? …… 전날에 許琛이 持平으로서 申瀚을 不廉하다는 것으로써, 尹壕를 監司로서 마땅치 못하다는 것으로써 論駁하였으나, 얼마 되지 아니하여 신정은 工曹參判으로 삼았고 허침은 正郎으로 삼았으며, 다시 윤호는 감사로 삼았고 허침은 驪州判官으로 삼았으니 비록 마침 그렇게 되었다고 하나 이를 바라보고 두려워 움츠리는 자는 반드시 허침을 警戒로 삼을 것입니다. 또 듣건대 전하께서 諫官에 대하여 성난 목소리[厲聲]를 냈다고 하시니 즉위 초에 諫諍을 따르는 것을 어기지 아니한 것과 서로 다른 것을 두려워합니다.[7]

고 하였다. 金訢은 성종의 불교에 대한 미온적 태도, 인사의 불공정성, 언관 언론에 대한 수용태도 등에 문제가 있음을 날카롭게 간언을 하고 있다. 이러한 언론은 언관으로서도 하기 어려운 것임을 짐작하게 한다.

홍문관원은 경연에 경연관으로 입시하여 대신들과 한자리에서 정치에 대한 그들의 소견을 피력할 수 있었다. 성종 10년 5월 1일 경연에서 왕은 전날 梁誠之와 申瀚을 貪濁·不廉한 자로 탄핵한 사간원의 상소를 두고 領事 尹弼商의 의견을 물었는데, 윤필상은 그 탄핵의 타당성 여부는 분명히 말하지 못하였으나 司經(홍문관 博士, 정7품) 曹偉는 계하기를,

宋朝 때 한 諫臣의 言論으로 말미암아 大臣이 排斥된 일이 있게 되자 大臣들은 諫官을 注擬할 때 반드시 私好者로써 하여 羽翼으로 삼았고, 자기와 다른 자는 배격하였으므로 드디어 위태한 習俗을 이루었습니다. 진실로 外論을 한 쪽만 듣는 것은 옳지 않습니다. 그러나 이 일은 언론하는 자가 하나가 아니고, 諫諍하는 자가 하나가 아닙니다. 청컨대 臺諫의 말을 따르십시오.[8]

---

7) 《成宗實錄》 卷102, 성종 10년 3월 丁丑條.
8) 《成宗實錄》 卷104, 성종 10년 5월 丙辰條.

라고 하였고, 입시한 대간들도 양성지와 신정을 탄핵하였다. 맨 아래의 경연관이 왕과 대신(領事)이 있는 자리에서 언관다운 소리를 냈던 것이다.

홍문관원은 경연에 입시하여 국정을 건의하기도 하였다. 성종 11년 3월 晝講에서 檢討官 曹偉는 말하기를, "근래 臣이 永安道(함경도)에 왕명을 받들어 가보니 咸原·高山·南山 등의 驛은 폐단이 심합니다. 이 道는 비록 使命은 없으나 野人의 왕래가 끊이지 않습니다. 驛田을 加給할 것을 청합니다"고 하였고, 侍讀官 權健은 '碧憧城 안에 샘물이 없으니 不虞에 대비하여 우물을 팔 것'을 청하였고 허락을 받았다.9)

홍문관원들은 경연에서 척불 언론을 행하기도 하였다. 성종 11년 5월 대간들은 圓覺寺의 木佛이 돌아앉았다[回坐]고 妖言을 퍼트린 중[僧]을 推鞫할 것을 청하는 언론을 계속하였다. 경연에 入侍한 홍문관원들도 이에 가담하였다. 경연을 마친 뒤 侍講官 安琛과 檢討官 曹偉가 계하기를, "지금 듣건대 원각사 중이 목불이 돌아앉았다고 소리내 갈하여 愚民을 현혹하여 都會의 士女들이 거리를 메우고 앞을 다투어 施納하고 있습니다. 청컨대 말을 지어낸 중을 推鞫하십시오"라고 하였고, 왕은 "推鞫하는 것은 불가하다. 榜文을 붙여 깨갈도록 타일러 백성들이 거짓으로 속이는 것임을 알게 하는 것이 옳다"라고 하였다. 얼마 뒤에 홍문관 應敎 權健 등이 와서 啓하기를, "오늘 아침 경연에서 安琛과 曹偉가 妖言을 만든 원각사 중을 추국하기를 청했으나 禮曹에 명하여 榜文을 붙여 타일러 깨닫도록 했습니다. 그러나 都城의 士女들은 세차게 이는 파도처럼 다투어 布帛을 가지고 寺門을 채우고 넘쳐서 뒤에 온 자는 들어가지 못합니다. 어찌 방문을 붙인 것으로 막을 수 있겠습니까? 청컨대 妖言者를 추국하고 罪를 주어 백성들의 의혹을 풀어 주십시오"라고 하였으나 聽納되지 않았다.10) 물론 이에 관해서는 대간들이 강력하게 언론을 계속하고 있었지만 홍문관원도 경연에 입시하여 직접 왕에게 청

---

9) 《成宗實錄》卷115, 성종 11년 3월 己丑條.
10) 《成宗實錄》卷117, 성종 11년 5월 丙午條.

하기도 하였고, 啓·箚子·上疏를 통해서도 언론을 하고 있는 것을 볼 수 있다.11) 즉, 홍문관원은 경연관으로서 경연에 입시하여 經史를 講했을 뿐 아니라 국정에 관한 언론을 할 기회를 얻게 되었고, 경연 밖에서도 대간처럼 啓·箚子·上疏를 통하여 언론을 하고 있다. 홍문관의 직무가 왕의 顧問에 응하고, 경연을 겸하게 되었던 것이 홍문관이 언관으로 발전하게 한 바탕이 된 것으로 인정된다.

원각사 木佛 사건으로 어수선할 때 성균관 유생들이 원각사 중의 妖言과 興德寺 重修와 관련하여 척불 상소를 올린 것이 왕의 심사를 거슬리게 해 유생 4백여 명을 잡아 가둔 일이 있었는데, 경연을 마치고 侍講官 權健이 말하기를, "유생들의 뜻은 闢佛하는 데 있습니다. 어찌 임금을 속이려는 뜻이 있겠습니까? 원컨대 優容해 주십시오"라고 하였을 때 왕이 이르기를, "국가의 일을 말하는 자는 대간·홍문관이 있는데 저 유생들이 어찌 국가의 일에 참견하고 감히 비방하고 君上을 속이는가"라고 하고 있다. 여기서 왕은 국가의 일을 말하는 기관, 즉 언관으로서 대간과 홍문관을 들고 있는 것이다. 이즈음 홍문관은 왕으로부터 언관으로서 인정을 받게 된 것이 아닌가 한다.

二. 言官化의 필요

사헌부와 사간원의 직장은 다르다. 언론에서도 사헌부는 時政에 관한 것, 부정한 관료에 대한 탄핵, 부적합한 인사에 대한 이의 제기 등이고, 사간원은 왕에 대한 간쟁과 논박으로 되어 있다. 그러나 실제 언론 활동에서 보면 간쟁·탄핵·시정·인사·척불에 관한 언론을 함께 폈다. 성종 즉위년부터 9년 3월 홍문관이 성립되기 이전까지의 대간의 언론 활동 상황을 보면,

---

11) 《成宗實錄》卷117, 성종 11년 5월 戊申·己酉·庚戌條.

사헌부 8백41회, 사간원 5백23회, 대간 合司 1백82회, 모두 1천5백46회에 이르고 있고, 이 가운데 간쟁이 1백25회, 탄핵 8백22회, 시정 2백2회, 인사 3백23회, 척불 74회로 나타나고 있다. 그리고 사헌부 대 사간원의 언론의 비율을 보면, 간쟁은 49회 대 52회, 탄핵은 4백61회 대 2백44회, 시정은 1백22회 대 74회, 인사이의는 1백71회 대 1백25회, 척불은 38회 대 28회로 나타난다.[12] 즉, 간쟁은 사간원이 약간 우세하고 탄핵은 사헌부가 절대 우세하나 그 밖의 언론은 사헌부나 사간원이 내용에 관계없이 함께 언론하고 있는 것을 볼 수 있다. 그리고 이전 王代에 견주어 성종 때 대간의 언론은 많이 행하여진 것으로 볼 수 있다.[13] 대간들은 같은 일에 대하여 聽納될 때까지 반복해서 언론을 했고, 또한 자질구레한 일이라도 언론을 하지 않으면 책임을 면할 수 없었기 때문에 언론을 위한 언론이라는 것을 알면서도 하지 않을 수 없었고, 따라서 언론은 마구 행해지고 그 권위는 떨어질 수밖에 없었다.

또한 臺諫은 언론을 하다가 被罪되어 좌천이나 파직되는 경우가 있었다. 만약 대관이 被罪되면 간관이 대관을 너그러이 용서해 줄 것을 청했고, 간관이 被罪되면 대관이 간관을 우용할 것을 청했으나, 때로는 대간이 모두 파직되어 언론이 마비되는 경우도 있었다. 이러한 경우 대간의 언론을 우용하고 언로를 넓힐 것을 청할 수 있는 제3의 언론 기관이 필요했다. 제3의 언론 기관으로서 소임을 수행할 수 있었던 기관이 바로 홍문관이었다. 예를 들어 보면, 성종 10년 8월 대사헌 朴叔蔡와 獻納 金楯이 廢妃 尹氏와 관계된 말을 한 것이 왕의 뜻을 거슬렀다. 왕이 이들을 의금부에 하옥·추국할 것을 명하였을 때, 홍문관 직제학 崔敬止 등은 상소를 올려 박숙채 등을 석방하고 언로를 넓힐 것을 청[14]하였다. 또한 성종 11년 5월 성균관 유생 4백여 명이 斥佛

---

12) 崔承熙, 《朝鮮初期 言官·言論硏究》, 1976, 302~303쪽 〔표 28〕, 〔표 28-1〕, 〔표 28-2〕 참조.
13) 崔承熙, 위의 책, 242~243쪽, 〔표 1-1〕 참고 王代別 臺諫의 月平均 언론 횟수를 보면, 태조 때 1.6회, 정종 때 3.2회, 태종 때 4.2회, 세종 때 4.8회, 문종 때 9.5회, 단종 때 7.7회, 세조 때 2.7회, 예종 때 4.8회, 성종 때 13.8회로 나타난다.
14) 《成宗實錄》 卷107, 성종 10년 8월 庚子條.

疏(원각사 목불의 回坐 건과 興德寺 重修件)를 올린 것이 왕의 뜻을 거슬러 그들을 의금부 옥에 가두고 추국하라고 명하였을 때[15] 홍문관 부제학 崔淑精과 직제학 成俔 등은 유생들을 풀어줄 것을 上疏·箚子를 올려 청하였다.[16] 성종 24년 8월에 대간은 尹殷老를 京尹에, 李昌臣을 宗正에 임명한 인사를 강력히 반대하다가 왕의 뜻을 거슬러 대사헌 成俔은 경상도 監司로, 司諫 鄭錫堅은 김해 府使로 발령된 바 있는데, 이때 홍문관 부제학 金諶 등은 '대간이 언론으로 말미암아 外補되는 것은 언로를 막는 것'이므로 불가하다고 啓[17]하고 있다. 홍문관의 이러한 언론은 제3의 언론 기관으로서 그 구실을 하고 있음을 보여 주는 것이다.

또한 대간은 언론 이외에도 糾察, 署經, 推鞫, 決訟, 扈從, 入侍(經筵) 등 업무가 너무 많았다. 그러므로 대간들이 國家事 모두에 걸친 문제들을 세세하게 전문적인 깊이를 가지고 언론하기를 바라기는 어려웠다. 특히 조선은 유교정치를 내세웠으므로 유교의례에 관한 것, 학문과 학술에 관한 것, 불교배척에 관한 것 등은 대간의 언론만으로는 만족할 만한 내용을 기대하기 어렵다. 세종 때 집현전이 차츰 언관화한 것은 유교의례와 학술분야 및 불교배척을 위한 언론을 충족시키기 위한 것이었고,[18] 성종 때 홍문관의 언관화도 같은 맥락에서 찾을 수 있다고 본다. 즉, 홍문관은 집현전의 후신으로서 유자적 관료들이 모인 학술적인 기관이었으므로, 유교의례와 학술 및 불교배척과 관련된 언론은 대간의 그것보다 전문적이고 권위 있는 언론이 될 수 있었을 것으로 생각된다.

홍문관의 언론(上疏·箚子·啓) 가운데 척불 관계가 가장 많았던 것이 언론의 전문화와 무관하지 않다. 그 예를 들어 보면, 성종 10년 4월 倭使가 불상을 가져와 바쳤을 때 홍문관 직제학 崔敬止 등은 왕이 佛法을 불신한다는

---

15) 《成宗實錄》卷117, 성종 11년 5월 丙午條.
16) 《成宗實錄》卷117, 성종 11년 5월 丙午·戊申條.
17) 《成宗實錄》卷281, 성종 24년 8월 癸亥條.
18) 崔承熙(1973) 앞의 논문.

것을 보이기 위하여 불상을 받지 말 것을 箚子를 올려 청하고 있다.[19] 성종 15년 2월 홍문관 부제학 李命崇과 典翰 金訢 등은 度僧(度牒制)의 불가함을 上疏와 箚子를 올려 논하였다.[20] 성종 15년 6월 홍문관 부제학 安琛 등은 寺社田稅를 官收할 것을 上疏와 箚子를 올려 청하고 있다.[21] 성종 20년 6월 홍문관 부제학 許誠 등은 啓하여 繕工監으로 하여금 원각사를 수리하게 하는 일과 度僧과 選僧을 반대하였다.[22] 성종 23년 정월, 2월에 홍문관 직제학 金應箕, 부제학 安琛 등은 上疏와 箚子를 올려 이단(불교)을 억제하고 도승을 없앨 것을 청하였다.[23] 이와 같은 홍문관의 척불 언론은 전문적이고 권위가 있는 것으로 인정된다. 성종 14년 11월, 貞熹王后(世祖妃)의 服을 3년으로 하는 것은 불가하다고 한 홍문관 典翰 金訢 등의 상소도 의례에 밝은 학자적 관료라야 가능한 것이었다.[24] 이와 같이 전문적인 언론의 필요에 부응한 것이 홍문관의 언론이었다고 인정된다.

三. 言官化의 증거

집현전이 세종 20년대 이후 언관화되었으므로 집현전의 職制를 이어받은 홍문관의 언관화도 예견이 된다. 그러나 홍문관이 언관화된 확실한 증거를 제시하려면 홍문관의 上疏·箚子·啓 등을 통한 언론 활동이 대간의 언론에 못지않은 것으로 인정될 수 있어야 할 것이다.

성종 9년 4월 흙비[土雨]가 내려 왕은 이를 큰 하늘의 꾸짖음으로 보아 求言傳旨를 의정부에 내렸고,[25] 이에 따라 홍문관 부제학 兪鎭 등과 예문관

---

19) 《成宗實錄》卷103, 성종 10년 4월 乙巳條.
20) 《成宗實錄》卷163, 성종 15년 2월 己巳·辛未條.
21) 《成宗實錄》卷167, 성종 15년 6월 癸亥·甲子·己巳條.
22) 《成宗實錄》卷229, 성종 20년 6월 丁未條.
23) 《成宗實錄》卷261, 성종 23년 정월 丁亥條 ; 卷262, 성종 23년 2월 戊午條.
24) 《成宗實錄》卷160, 성종 14년 11월 辛卯條.

奉教 表沿沫 등은 合司하여 상서(소)를 올렸는데, 그 내용은 간사한 도승지 任士洪과 그 아버지 任元濬을 유배하여 하늘의 꾸짖음에 답하라는 것이었다.26) 임사홍을 탄핵하는 사유를 들어 보면, 흙비가 내린 지 얼마 되지 않아서 민가 수백 호가 불에 타는 등 災變이 계속되어 왕은 근심하고 있었고, 대간은 왕에게 修省의 뜻으로 禁酒할 것을 청했는데, 임사홍은 '이와 같은 하늘의 변화와 人災는 이상할 것도 두려울 것도 없으며, 왕이 수성하고 금주를 할 필요가 없다'고 속였으며, 또 그 즈음 왕이 활쏘기 행사에 참관하면서 宗親과 더불어 활쏘기를 하므로, 대간은 왕이 신하와 승부하는 것은 옳지 않다고 언론하자, 임사홍은 "전하가 詩를 지으면 대간은 이를 옳지 않다고 여기고 몸소 활을 쏘아도 옳지 않다고 여기니 文武의 도를 폐하여도 옳습니까?"라고 啓하여 왕을 격노하게 하여 대간의 언론을 배격하게 하려 했다는 것이며, 또 임사홍은 "요즘 들어 대간이 언론을 너무 쉽게 하므로 모두 따르면 안 됩니다. 만약 그 말이 맞지 않으면 마땅히 견책하는 뜻을 보이는 것이 옳습니다"고 하여 대간의 언론을 막고자 했다는 것이다.

다음날 왕은 대간과 두 館의 관원들을 引見하고 두 館에서 올린 상소의 내용을 가지고 논란을 벌였다. 왕은 임사홍을 감싸 주는 처지였고 대간과 두 관원들은 임사홍의 그 동안의 언행으로 보아 小人임에 틀림이 없다고 강력하게 성토하였다. 왕은 그 동안 임사홍이 小人임을 말하지 않다가 이제 와서 탄핵하는 것은 그 책임을 다하지 못한 것이라며 두 館의 관원 20여 명을 推鞫하라고 명하였고 吏曹에 傳旨하기를, "홍문관과 예문관원들은 임사홍은 小人이고, 任元濬은 간사하고 탐탁하다는 것을 알면서 (그들을) 都承旨와 左贊成으로 임명할 때는 (그들의) 위세가 두려워 論啓하지 않았으니 君德을 돕고 키우고자 하는 뜻이 없다. 모두 그 직을 파한다. 임사홍은 …… 언로에 방해함이 있으니 그 告身을 거둔다"27)고 하였다. 두 관의 관원들은 임사홍을

---

25) 《成宗實錄》卷91, 성종 9년 4월 壬辰條.
26) 《成宗實錄》卷91, 성종 9년 4월 戊午條.

탄핵하다가 모두 파직되었고 임사홍은 告身을 追奪당하였다. 다음날 朱溪副正 深源이 왕을 만나 임원준 부자는 소인임에 틀림없고, 두 館의 관원은 죄가 없다고 역설하였다.[28] 이날 曾經政丞과 의정부와 6조참판 이상, 대간들이 왕명을 받아 모였고, 이 자리에 홍문관·예문관원과 임원준·임사홍·朴孝源·深源을 불러 놓고 임사홍의 행태에 대하여 대질했다. 다음날에도 전날 모였던 여러 신하들을 부르고, 임사홍이 박효원을 몰래 시켜 玄碩圭를 공격한 일을 대질 진술하게 한 결과 임사홍을 추국하게 하였고, 결국 임사홍 등이 붕당을 만들어 조정을 어지럽힌 사실이 드러나게 되었으므로 홍문관·예문관원에게 복직을 명하였다.[29] 이 사건은 마침내 임사홍은 義州에, 柳子光은 東萊에, 박효원은 富寧에, 金彦辛은 江界에 귀양을 보내는 것으로 마무리되었다.[30]

위의 사건은 홍문관이 성립된 바로 다음 홍문관이 중심이 된 두 관(홍문관·예문관)의 상소에서 비롯한 것이었고, 당시 정계에 큰 파란을 일으켰다. 두 관이 합사하여 상소를 올리게 된 것은, 한 달 전 두 관의 관원들은 모두 예문관에서 근무하던 동료였으므로 뜻이 서로 통하였기 때문이라고 생각한다. 어쨌든 두 관의 상소는 求言에 응한 것이므로 이를 홍문관의 언관화의 확증으로 보기는 어렵지만, 앞으로 홍문관의 언론이 큰 영향력을 미치게 될 것임을 예고한 셈이다.

홍문관은 대간이 被罪되었을 때, 이의 관대·우용할 것을 청하였다. 성종 10년 8월 常參을 받고 視事하는 가운데 대사헌 朴叔蓁는 폐비 윤씨를 別殿에서 살도록 하는 것이 좋겠다고 啓한 것이 왕의 노여움을 사서 추국을 받게 되었고, 같이 논의한 獻納 金楯도 의금부에 가두어 두고 이들의 遞職을 명하였다.[31] 이에 홍문관 직제학 崔敬止 등은 疏를 올려 이르기를,

27) 《成宗實錄》卷91, 성종 9년 4월 己未條.
28) 《成宗實錄》卷91, 성종 9년 4월 庚申條.
29) 《成宗實錄》卷91, 성종 9년 4월 辛酉條.
30) 《成宗實錄》卷92, 성종 9년 5월 己巳條.

　　지금 大司憲 朴叔蔡와 獻納 金楯이 이달 15일에 언론한 것을 전하께서 거슬리게 생각하여 의금부에 가두고 推鞫하라고 명하였습니다. 臣 등이 생각하건대 국가의 일을 언론하는 것은 내 한 몸을 위한 것이 아닙니다. 비록 보통 사람이라도 용서해야 합니다. 하물며 대간은 본래 언론으로 직을 삼는 자들입니다. 朴叔蔡 등은 언론을 책임으로 삼으니 말이 비록 맞지 않아도 罪를 주어서는 안 되는 자입니다. 옥에 가두고 추국하는 것은 귀와 눈을 넓히고 사람들이 말하는 것을 열어 주는 까닭이 아님을 두려워합니다. …… 엎드려 바라건대 전하께서는 박숙채 등을 석방하시어 言路를 열고 聰明을 넓히십시오.[32]

라고 하였다. 이어서 사헌부 掌令 成健과 사간원 正言 柳仁濠가 箚子를 올렸고 드디어 박숙채와 김순을 복직시키라는 명이 내려지고 있다.

　　성종 13년 11월 홍문관원들은 경연에 참여하여 內需司長利를 復設하는 것은 불가하다고 대간 앞서 언론하였다. 晝講을 마치고 檢討官 安潤孫이 啓하기를, "앞서 內需司長利를 이미 혁파하셨는데 지금 또 復立하시니 臣 등은 그 이유를 모르겠습니다"라고 하자 왕은 "대왕대비의 下敎가 있었고, 또한 3殿(世祖妃·睿宗妃·德宗妃)의 需用을 위하여 復設했다"고 말했다. 이에 侍講官 金訢은, "……전하께서 이미 불가하다는 것을 알아서 혁파하시고 또 어찌 復設하십니까"라고 啓하였고, 또 안윤손은 "오늘의 재상들은 모두 재물을 늘립니다. 그 몸이 부정하니 누가 감히 전하를 위하여 그 옳지 않음을 바르게 말하겠습니까? 唐虞三代에 善治한 임금이 利로써 국가를 다스렸다고 듣지 못하였습니다"고 하였다. 또 金訢은, "……전하께서 이미 그 불가한 것을 아시면서 어찌 臣 등의 말을 듣지 않으십니까?"라고 말했다. 왕이 이르기를 "너의 말이 善하다. 나 또한 부득이한 것이다"라고 하였다.[33] 晝講

31) 《成宗實錄》卷107, 성종 10년 8월 己亥·庚子條.
32) 《成宗實錄》卷107, 성종 10년 8월 庚子條.
33) 《成宗實錄》卷148, 성종 13년 11월 丁巳條.

을 마치고 왕과 侍講한 홍문관원의 대화를 보면 이 이상의 언관이 있을 수 있을까 하는 생각이 든다. 그뒤 홍문관원은 경연에서 언론했고 또한 상소를 통하여 內需司長利의 불가함을 언론하였다.[34] 內需司長利 復設 불가의 언론은 홍문관원이 주도한 것이었다.

대간이 內需司長利에 관한 언론에 참여한 것은 홍문관에서 언론한 지 6일 뒤부터였다. 경연을 마친 다음 掌令 朴衡文, 正言 朴璟, 侍讀官 閔師騫, 檢討官 金應箕가 內需司長利를 復設하는 것은 편하지 않다고 언론하였다. 이에 왕이 말하기를 "홍문관에서 자주 언론하였다. 그러나 나 또한 부득이하다"고 하였다.[35] 그뒤로 대간의 內需司長利 復設반대 언론이 이어지고 있다. 성종 13년 12월 左承旨 李世佐에게 傳旨한 것을 보면, "전일 慈旨에 이르기를 '왕의 자녀가 많다. 復設하지 않을 수 없다'고 하였다. 나는 생각이 여기에 미치지 못하였다. 다만 3殿의 경비에 밑천으로 삼고자 했다. 지금 대간과 홍문관이 取利로써 언론하니 이를 3전에 여쭈어라"고 하였다.[36] 內需司長利 문제를 대간과 홍문관이 함께 언론하고 있으며, 홍문관이 이를 선도·주도하였던 것이다. 당시 內需司長利 문제는 민생에 큰 고통을 줄 수 있는 중대한 문제였던 것이다.

寺社田稅의 官收 여부는 당시 職田稅를 관수하는 것과 형평을 위해서도 중요한 문제로 떠올랐다. 성종 15년 5월 사헌부 대사헌 盧公弼 등은 여러 차례 箚子를 올려 寺社田稅의 官收를 청하였고,[37] 경연을 마친 뒤에도 대사간 柳允謙와 持平 鄭以僑는 寺社田의 그릇됨을 논하였으나 聽納되지 않았다.[38] 이에 弘文館에서 寺社田稅의 官收를 위한 언론에 나섰다. 성종 15년 6월 홍문관 副提學 安琛 등의 箚子를 보면,

---

34) 《成宗實錄》卷148, 성종 13년 11월 己未·庚申·辛酉·癸亥條 ; 卷149, 성종 12월 乙丑·丙寅條.
35) 《成宗實錄》卷148, 성종 13년 11월 癸亥條.
36) 《成宗實錄》卷149, 성종 13년 12월 戊辰條.
37) 《成宗實錄》卷166, 성종 15년 5월 辛酉·壬寅·甲辰條.
38) 《成宗實錄》卷166, 성종 15년 5월 乙巳條.

가만히 생각하건대 功臣은 나라에 功勳이 있으므로 백성에게서 먹고, 朝士
는 직무가 있으므로 백성에게서 먹습니다. 佛徒들은 놀면서 먹으니 나라의 좀
이고 백성을 해함이 심합니다. 그러나 또한 백성에게서 먹으니 진실로 옳지 않
습니다. 지금 흉년이 잇따라 國用이 넉넉하지 못하므로 官에서 職田의 稅는 모
두 거두고 功臣田의 稅는 그 반을 거두니 대개 부득이한 데서 나온 것입니다.
그러나 寺社田은 홀로 津寬·藏義·覺林寺에서 3분의 2를 거두는 것을 제외
하면 모두 미치지 못합니다. 臺諫이 말로써, 疏로써 올린 것이 한두 번이 아닌
데 아직 윤허하지 아니하시니 臣 등은 실망을 이길 수 없습니다. 엎드려 바라옵
건대 전하께서 결단을 내리시고 諫諍을 따르심이 물 흐르듯 하시어 寺社田을
모두 官收하게 하시면 다행이겠습니다.[39)]

고 하였다. 대간의 언론이 윤허되지 않자 홍문관에서 언론을 시작했던 것이
다. 그뒤 주로 홍문관에서 箚子·上疏를 올려 寺社田稅의 官收를 청하였고,
경연에서도 언론하였으나,[40)] 왕의 답변은 "寺社田은 先王이 내린 바이니 차
마 가볍게 고칠 수 없다"는 것이었다.[41)] 어쨌든 그 무렵 중요한 과제였던 寺
社田稅 官收를 위한 언론을 홍문관은 대간에 못지않게 열심히 행하였던 것
이다.

홍문관의 언론은 막중한 위력을 가졌다. 성종 16년 7월 가뭄 피해가 심하
자 왕은 이를 하늘의 꾸짖음으로 여겨, 御書를 홍문관에 내려 하늘의 꾸짖음
의 원인이 될 수 있는 일들을 마음속에 품고 있는 대로 모두 개진할 것을 명
한 바 있다. 이에 홍문관 부제학 安處良 등이 상소를 올렸는데 그 내용을 보
면, 傷和致旱의 원인으로 지적된 것이 公卿大夫로부터 百僚庶士에 이르기까
지 奉公하는 자는 적고 직무에 태만한 자[曠職者]가 많다는 것이다. 예를

---

39) 《成宗實錄》卷167, 성종 15년 6월 癸亥條.
40) 《成宗實錄》卷167, 성종 15년 6월 甲子·戊辰·己巳·癸酉條.
41) 《成宗實錄》卷167, 성종 15년 6월 戊辰·癸酉條.

들면, 漢城府·掌隷院(非其人 闇於事理 紊亂是非), 司諫院 諫官(含默不言者), 翊衛司(庸劣無識者), 遠方守令(非其人, 貪虐者), 監司(不適者, 不學無識人), 6曹(庸雜類), 議政府(廣營産業, 殖利致富) 등의 관원들에 부적자·직무태만자가 많다는 것이다. 왕은 이 상소를 의정부 및 領敦寧 이상에게 보이라고 명하였다.[42] 이 상소가 있은 다음날, 영의정 尹弼商, 좌의정 洪應, 우의정 李克培 등은 上狀辭職을 했으나 윤허되지 않았다.[43] 다음날에는 의정부 左贊成 徐居正도 상장사직했으나 불허되었다.[44] 그 다음날에는 의정부와 영돈령 이상을 불러 홍문관 상소의 일을 논의하라고 명하고, 왕은 韓明澮·洪應·李克培·盧思愼·尹壕·李坡·金謙光 등과 홍문관원을 인견하고 홍문관 상소 안의 抄錄人이 저지른 과실을 각기 진술하라고 하였다.[45] 홍문관의 상소는 정계에 일대 파란을 일으킨 것이었다. 이날 사헌부의 대사헌 李世佐 등이 啓하기를,

> 홍문관은 公論이 있는 곳입니다. 상감께서 그들을 매우 후하게 대하십니다. 그러므로 무릇 언론할 일이 있으면 반드시 마음을 다하여 商議하고 啓합니다. 지금 홍문관의 탄핵을 받은 사람 가운데 堂下官은 모두 改差되었으나 堂上官은 변함이 없으니 未便합니다. 의정부는 백관을 統察하고 영의정은 또 百僚의 首長입니다. 監司는 또 一方의 長官(伯)입니다. 비록 한 사람이 옳지 않아도 편안히 就職하는 것은 옳지 않습니다. 하물며 홍문관에서 같은 날로 駁論함에 있어서이겠습니까? 개차하기를 청합니다.[46]

고 하였다. 대사헌이 홍문관을 公論이 있는 곳이라 하였고, 홍문관 언론의

---

42) 《成宗實錄》 卷181, 성종 16년 7월 辛亥條.
43) 《成宗實錄》 卷181, 성종 16년 7월 壬子條.
44) 《成宗實錄》 卷181, 성종 16년 7월 癸丑條.
45) 《成宗實錄》 卷181, 성종 16년 7월 甲寅條.
46) 《成宗實錄》 卷181, 성종 16년 7월 甲寅條.

권위를 인정하고 있는 것이다. 홍문관의 專任官은 17명이나 되고 '홍문관 부제학 등'이 언론을 하면 홍문관원이 모두 함께 하는 언론이기 때문에 그 권위는 대간의 언론보다 위에 둘 수도 있는 것이다.

홍문관 상소로 말미암은 파동은 계속되고 있다. 성종 17년 3월 4일에 恭陵 丁字閣 서쪽 기둥에 벼락이 친 것을 하늘의 꾸짖음〔天譴〕으로 생각하고, 왕은 의정부에 求言 傳旨를 내렸다.47) 이에 따라 홍문관 직제학 金訢 등이 상소하였는데 그 내용은 ① 節嗜好, ② 重名器, ③ 謹刑法, ④ 納諫諍이었다. 이 가운데 또 문제가 된 것은 ② 重名器였다. 즉, 관직 인사를 신중히 하라는 것이었다. 그 내용 가운데 일부를 보면, "지금 庶官 가운데 3公의 論道와 6卿의 分職은 막중하며 政院은 樞機의 임무를 맡고, 監司는 黜陟의 권한을 오로지하므로, 하나라도 그 사이에 적임이 아닌 사람이 끼어들면 병들고 텅 비었다는 꾸짖음이 일어나고, 禍患의 징조가 나타납니다. 臣 등은 원컨대 전하께서 昇平을 믿지 마시고 마땅히 賢能한 사람을 신중히 뽑아 그 자리에 있게 하는 것이 옳습니다"고 하였고, 또 잘못된 예로 비천한 보모의 아들 姜碩卿을 內乘으로 임명한 것을 들고 있다.48)

이 상소가 있던 날 도승지 成健을 비롯한 6승지가 모두 면직을 청하였고, 호조판서 李德良, 참판 金升卿, 참의 林壽昌이 사직을 청하였으며, 영의정 尹弼商, 우의정 李克培, 좌찬성 李鐵堅, 좌참찬 金謙光, 우참찬 李崇元 등이 사직을 청하였다. 다음날 공조판서, 예조판서, 이조판서, 예조참의 등이 사직을 청하였다.49) 그 다음날 영의정 尹弼商, 우의정 李克培가 상장사직하였으나 辭狀을 돌려보냈다.50) 의정부, 6조, 승정원이 모두 사직을 청하는 소동이 벌어졌던 것이다. 홍문관 언론의 위력을 가히 짐작할만 하다. 홍문관은 대간과는 차별되는 언관으로서 그 지위를 확보했던 것으로 인정된다.

---

47) 《成宗實錄》 卷189, 성종 17년 3월 辛亥條.
48) 《成宗實錄》 卷189, 성종 17년 3월 乙卯條.
49) 《成宗實錄》 卷189, 성종 17년 3월 丁巳條.
50) 《成宗實錄》 卷189, 성종 17년 3월 戊子條.

四. 弘文館의 言論 활동 내용분석

성종 9년 3월 홍문관이 성립된 뒤로 그 언론 활동과 내용은 어떠하였는가? 성종은 즉위 초에는 날마다 朝講·晝講·夕講에 나아갔고 夜對까지 하였으나, 성종 8년~9년 뒤로는 경연[朝講]이 중심이 되었고, 주강·석강·야대는 차츰 그 횟수가 줄어들었으며, 경연도 즉위 초와 같지 못하여 결강하는 경우가 늘어 갔다.[51] 어쨌든 홍문관원은 경연관으로서 入侍하여 侍講하였고, 講을 마친 뒤에는 입시한 政丞(領事)·堂上·臺諫 등과 더불어 국정에 관한 논의에 참여하여 그들의 의견을 개진할 기회를 가졌다. 경연에서 발언을 가장 많이 한 이들은 대간들이지만 홍문관원들도 언론할 기회를 가질 수 있었고, 그 기회는 연륜이 쌓일수록 잦게 되었다. 그러므로 홍문관원의 언론 활동이라 하면, 경연에서 하는 언론도 중요하지만 이는 헤아릴 수 없이 많으므로 여기서는 제외하고, 주로 啓·箚子·上疏 등을 대상으로 언급하고자 한다. 그리고 여기서 제시된 것은 홍문관의 언론 활동 전체는 아니지만 그 활동의 성격을 살피는 데는 문제가 없을 것으로 생각한다. 먼저 성종 때 홍문관의 언론 활동을 내용별로 분류하여 제시하면 다음과 같다.

(가) 諫 諍

① 성종 10년 8월 庚子,　直提學 崔敬止 등 上疏, 請釋放臺諫言事者, 請開言路.

② 〃 　13년 2월 庚申,　副提學 權健 등 上疏, 請勿畜海靑(송골매).

③ 〃 　14년 7월 丙辰,　直提學 金宗直 등 啓, 聽臺諫言事, 臺諫所言皆公論.

④ 〃 　17년 2월 戊寅,　應敎 李昌臣 등 上箚子, 以春宮都監材木 賜奉

---

51) 南智大,〈朝鮮初期의 經筵制度〉,《韓國史論》6, 1980,〔부표 4〕, 164~169쪽 참조.

保夫人 不可.

⑤ 〃 21년 8월 甲午, 直提學 鄭淮 등 上箚子, 任士洪爲管押使 不可.

⑥ 〃 21년 9월 己巳, 副提學 李諿 등 上箚子, 與小人任士洪爲國婚
不可.

⑦ 〃 22년 6월 丁卯, 副提學 金諶 등 上箚子, 優容臺諫言事(崔灌以
言事 囚鞫不可).

⑧ 〃 24년 5월 乙未, 副提學 姜龜孫 등 上箚子, 以彈劾摠管事 遞職
臺官 不可.

⑨ 〃 24년 7월 丙午, 副提學 金諶 등 上疏, 請收尹殷老·湯老爵名
治尹壕慢上之罪.

⑩ 〃 24년 7월 丁未, 副提學 金諶 등 書啓, 尹殷老不可用 湯老不可
陞 尹壕不可恕.

⑪ 성종 24년 8월 癸亥, 副提學 金諶 등 啓, 臺諫 以言事補外職 不可(大
司憲 成 俔爲慶尙道監司, 司諫 鄭錫堅爲金海
府使).

(나) 彈 劾

① 〃　9년　4월 戊午, 副提學 兪鎭 등 上書, 彈劾都承旨任士洪.

② 〃 19년 11월 壬午, 副提學 申從濩 등 上箚子, 論劾任士洪事.

③ 〃 19년 11월 癸未, 副提學 申從濩 등 上疏, 任士洪敍用不可(陰
險·凶狡 小人).

(다) 時務時政

① 성종　9년 11월 丁亥, 副提學 成俔 등 上疏, 治道 8事

② 〃 12년　6월 甲子, 副提學 李孟賢 등 上疏, 時務條陳 5事.

③ 〃 13년 11월 庚申, 典翰 成健 등 上疏, 內需司長利 復設 不可.

④　　　〃　　　11월 辛酉, 副提學 柳允謙 등 上疏, 內需司長利 復設 不可.

⑤　　　〃　　　12월 丙寅, 副提學 柳允謙 등 上疏, 內需司長利 復設 不可.

⑥　　〃　14년 11월 庚寅, 副提學 成健 등 上疏, 貞熹王后(世祖妃) 3年喪
　　　　　　　　　　　不可.

⑦　　　〃　　　11월 辛酉, 典翰 金訢 등 上疏, 貞熹王后 3年喪 不可.

⑧　　〃　16년　7월 辛亥, 副提學 安處良 등 上疏, 公卿大夫 以至百僚 曠
　　　　　　　　　　　職者多.

⑨　　　〃　　　9월 己未, 副提學 柳允謙 등 啓, 百姓多有飢餓者 請勿廢
　　　　　　　　　　　禁酒.

⑩　　　〃　　　12월 己卯, 直提學 金訢 上疏, 旱魃滋甚, 遣賑恤使 不必要.

⑪　　〃　17년　3월 乙卯, 直提學 金訢 등 上疏, 時務條陳 4事,

⑫　　〃　21년　7월 丙寅, 直提學 李誼 등 上疏, (天譴:雷震 求言) 爵賞猥
　　　　　　　　　　　濫 戚里侵權外戚無識之徒 連秉政權 請擇公明
　　　　　　　　　　　正直人 以授政炳.

⑬　　〃　22년　4월 辛未, 副提學 金克儉 등 上疏, 勿擧北征.

⑭　　　〃　　　4월 甲戌, 副提學 金克儉 등 上疏, 北征 不可.

⑮　　　〃　　　5월 乙巳, 副提學 金諶 등 上疏, 北征 不可.

⑯　　　〃　　　6월 戊申, 副提學 金諶 등 上疏, 西賊方張 邊報屢至 請罷
　　　　　　　　　　　北征.

(라) 人事異議

①　〃　23년　8월 乙卯, 副提學 安琛 등 上箚子, 朴元宗爲承旨 不可(月
　　　　　　　　　　山大君妻男).

②　　　〃　　　8월 庚申, 副提學 安琛 등 上疏, 朴元宗爲承旨 不可(年少
　　　　　　　　　　不學武夫).

③　〃　25년　3월 己亥, 副提學 宋軼 등 上箚子, 醫官 宋欽・金興守,

宦寺 嚴用善·文仲善 除崇秩(1品) 不可.

(마) 斥 佛

① 〃 10년 4월 乙巳, 直提學 崔敬止 등 上箚子, 倭使所獻佛像 還付 倭使 爲可.

② 〃 13년 7월 庚辰, 直提學 李命崇 등 啓, 請停興天寺祈雨 (愚民以 佛力惑之).

③ 〃 15년 2월 癸亥, 副提學 李命崇 등 上疏, 役僧給度牒 不可.

④ 〃 2월 己巳, 副提學 李命崇 등 上疏, 役僧給度牒 不可.

⑤ 〃 2월 辛未, 典翰 金訢 등 上箚子, 役僧給度牒 不可.

⑥ 〃 6월 癸亥, 副提學 安琛 등 上箚子, 寺社田稅 盡令官收事.

⑦ 〃 6월 甲子, 副提學 安琛 등 上疏, 寺社田稅 倂收於官.

⑧ 〃 20년 6월 丁未·己酉·庚戌·壬子, 副提學 許誠 등·直提學 李世匡 등 啓·上疏, 令繕工監 修圓覺寺 不可.

⑨ 〃 23년 정월 丁亥, 直提學 金應箕 등 上疏, 大典 度僧條의 改革.

⑩ 〃 2월 戊午, 副提學 安琛 등 上箚子, 大典 度僧條의 改革

⑪ 〃 11월 庚寅, 副提學 安琛 등 上箚子, 禁僧之令 不可改.

⑫ 〃 11월 辛卯, 副提學 安琛 등 上疏, 禁僧之令 不可改.

⑬ 〃 11월 甲午, 副提學 安琛 등 上疏, 禁僧之法 不可改.

⑭ 〃 11월 丙申, 副提學 安琛 등 啓, 禁僧之法 不可改.

⑮ 〃 12월 戊戌, 副提學 安琛 등 啓, 禁僧之法 不可改.

'諫諍'에 해당하는 언론 가운데 가장 많은 것은 대간의 언론을 우용하고 언로를 열어 줄 것을 청하는 것이다. ①은 언론을 하다가 감옥에 갇히어 추국을 당하는 大司憲 朴叔蔡와 獻納 金楯을 석방하여 언로를 열어 주라는 것이었고, ③은 宋玹壽의 조카 宋瑛을 대관에 서용하는 것은 불가하다고 대간이 여러 차례 언론했으나 왕이 이를 청납하지 않고 굳이 대관으로 임명하므로, 직제학 金宗直은 대간의 언론은 모두 公論이니 이를 우용하라고 諫하고 있는 것이다. ⑦은 崔灌이 執義로 있을 때 北征과 관련된 언론이 맞지 않는다고 그를 잡아 가두고 拷訊하는 것은 대간의 언론을 우용하는 뜻에 어긋나므로 刑推를 그치라는 것이다. ⑧은 대관이 摠管들을 탄핵한 일로 그들을 遞職시키는 것은 불가하며, 그들의 언론을 우용하라는 것이다. ⑪은 대간이 尹殷老와 李昌臣을 탄핵한 일로 大司憲 成俔은 慶尙道監司로, 司諫 鄭錫堅은 金海府使로 外職 발령을 낸 것은 대간의 언톤을 우용하는 뜻에 어긋난다는 것이다. 즉, 홍문관에서는 대간의 언론을 우용하고 언로를 열어줄 것을 청하였던 것이다.

'諫諍'에 관한 언론 가운데 주목되는 것은 任士洪이나 尹壕와 관련된 언론이다. 임사홍은 예종과 성종의 公主와 翁主를 며느리로 들임으로써 權臣이 되었고, 윤호는 딸을 성종의 妃(貞顯王后)로 들임으로써 권신이 된 자이다. ⑤는 성종 9년 朝政을 문란시킨 죄로 귀양을 가, 오랫동안 정계에서 떨어져 있던 임사홍을 성종 21년 8월에 管押使로 임명하자, 奸邪·小人을 관압사로 明에 보내는 것을 반대하는 언론이었고, ⑤은 임사홍의 아들 崇載와 성종의 딸(徽淑翁主)의 議婚이 이루어지자 소인과 혼인을 맺는 것은 불가하다고 諫하는 언론이었다. ⑨와 ⑩은 윤호의 왕에게 방자한 죄와 그 아들 殷老와 湯老의 敍用·陞職을 반대하는 간언이었다.

그 밖에 ②는 왕이 海靑(송골매)을 키우는 것을 반대하는 간언으로서 앞으로 놀고 즐기는 데 빠지는 것을 미리 막기 위한 것이었고, ④는 春宮都監의 材木을 奉保夫人에게 내리는 것은, 뒷날 春宮을 지을 때 모자라는 재목을 충당하기 위하여 백성들이 고통을 당하게 됨으로 불가하다는 것이었다.

'彈劾' 언론에 해당하는 3건은 모두 任士洪에 대한 것이었다. ①은 성종 9년 4월 都承旨 임사홍이 대간의 언론을 방해하고 왕에게 방자하므로 홍문관 부제학 兪鎭 등과 예문관 奉教 表沿沫 등이 합사하여 임사홍을 탄핵한 것이었고, ②와 ③은 성종 19년 11월에 病中에 있던 仁粹王大妃(德宗妃, 成宗 生母)가 康寧해진 것을 축하하여 頒赦文을 내리고, 御書를 내려 유공자들에게 상을 내린바 있는데, 이때 任元濬에게 1資를 가하고 嫡長(任士洪)을 敍用한다고 하였고, 곧 이은 인사에서 임사홍을 折衝副護軍으로 삼았다.52) 그뒤 대간들은 啓·箚子·上疏로 또는 경연에서 임사홍의 敍用을 반대하고 탄핵하는 언론을 계속했다. 그러한 가운데 홍문관원들도 임사홍에 대한 탄핵 箚子와 上疏를 올린 것이다. 즉, 조정을 문란케 한 죄로 귀양을 간 뒤로 정계에서 떠난 지 10년이 지났지만 조금도 뉘우치고 두려워하는 마음이 없는 음험하고 凶狡한 소인을 서용하는 것은 불가하다는 것이었다. 탄핵 언론은 대간의 언론영역에 속하는 것이었으나, 홍문관은 임사홍의 행태를 용납할 수 없다고 인식하여 탄핵에 가담한 것으로 보인다.

‘時務·時政’ 관계 언론은 ‘時務條陳’과 ‘時政’에 대한 건의로 나누어 볼 수 있다. 시무조진에 해당하는 것은 ①, ②, ⑪, ⑫이다. ①은 성종 9년, 22세의 젊은 왕이 바른 정치를 위하여 힘써야 할 일 여덟 가지를 7천 자에 이르는 장문의 상소로 개진한 것으로, 그 내용은 勤學問(經筵), 納諫諍, 愼擇人·斥小人, 斥佛敎(異端), 斥淫祀·巫覡, 重禮義廉恥, 先經術·後文藝 등이다. ②는 재위 12년, 성종은 가뭄과 큰비, 우박 등을 하늘의 꾸짖음[天譴]으로 생각하고 이를 해소하기 위해 求言을 하였는데, 이 상소는 求言에 응한 것이다. 홍문관원은 天譴의 연유를 군신 상하 사이의 闕失에 있다고 보고, 왕이 힘써야 할 다섯 가지 일을 條陳하고 있다. 그 내용은 審用人, 愼刑賞, 正風俗, 戒崇飮, 謹幾微 등이다. ⑪은 성종 17년 3월 恭陵(睿宗妃 章順王后의 능) 丁字閣 서쪽 기둥에 벼락이 친 것을 天譴으로 생각하고 求言한 데 응한 상소로서, 왕이 힘써야 할 네 가지 일을 조진한 것인데 그 내용은 節嗜好, 重名器, 謹刑法, 納諫諍 등이다. ⑫는 성종 21년 7월, 궁궐에 벼락이 떨어진 것을 하

---

52) 《成宗實錄》卷222, 성종 19년 11월 甲戌條.

늘의 꾸짖음으로 생각하고 求言한 데 응한 상소로서, 하늘의 꾸짖음의 연유를 爵賞이 猥濫되고 戚里(成宗妃 貞顯王后의 아버지 尹壕와 그 동생 尹殷老 등)들이 정치에 간여하여 정치를 혼탁하게 한 데도 있다 하고, 공명정직한 사람을 책하여 政柄을 줄 것을 개진한 것이다.

'時政' 관계 언론으로서 ③, ④, ⑤는 모두 内需司長利를 復設하는 것을 반대하는 언론이다. 內需司長利의 復設은 大王大妃(世祖妃 貞熹王后)의 뜻에 따른 것인데, 이것은 백성들에게 큰 고통과 부담을 주게 되는 것이었으므로 홍문관원은 상소로, 또한 경연 講을 마치고 강력하게 반대를 하였던 것이다. 물론 대간들도 內需司長利의 復設을 반대하였지만 大臣과 宰相들은 거의 모두 長利로 재물을 늘리고 있었기 때문에 반대하지 않았다.

'時政' 관계 언론으로서 ⑬, ⑭, ⑮, ⑯은 모두 北征을 반대하는 것이었다. 성종 22년 정월 12일 밤에 永安[함경]北道 造山堡에 兀狄哈(野人) 1천여 명이 침입하여 군사를 살상하고 성 안의 인민과 마소를 노략질하였고, 그들을 추격하던 慶興府使 羅宗嗣는 화살에 맞아 죽고 군관과 군사 10여 명도 부상을 당한 일이 있었다.[53] 야인들의 이와 같은 침략행위는 조선에게는 큰 모욕이 아닐 수 없었다. 그해 4월 왕은 영안도 관찰사 許琮을 불러 야인의 정세를 묻고 10월 15일에 북정할 것을 결정하였다.[54] 그리고 곧바로 허종을 都元帥로 임명하고 북정의 개략적 계획이 세워졌다. 그런데 문제는 국가의 중대사인 북정을 중신들과 충분한 논의를 거치지 않고 왕이 거의 독단적으로 결정하고 추진한 것이다. 북정의 대강의 계획이 세워진 7일 뒤 홍문관 부제학 金克儉 등은 북정의 불가함을 상소하였다. 이때는 아직 대간들도 적극적으로 북정 반대의 언론을 펴기 이전이었다. 홍문관원들의 북정 반대 이유는 먼저 2만 명의 군사와 군수품의 운반자 및 하인을 더하면 6만 1천여 명이 적지에 들어가 싸우는 데 따른 위험과 고통, 둘째로 막중한 군량과 군비의 부

---

53) 《成宗實錄》 卷249, 성종 22년 정월 甲申條.
54) 《成宗實錄》 卷252, 성종 22년 4월 丙辰條.

담, 셋째로 서북지역 야인의 계속되는 도발 위협, 넷째로 島夷[倭]의 掠奪 威脅, 다섯째 許琮의 작전의 허점(야인의 술수에 넘어갈 가능성) 등을 들고 있다. 이후 대간과 홍문관원들은 경연에서 또는 상소로 북정을 반대하는 언론을 폈다.

그 밖의 ‘時政’ 관계 언론을 보면, ⑥과 ⑦은 貞熹王后(世祖妃)의 喪制에 관한 상소이다. 정희왕후는 성종 14년 3월 30일 溫陽 行宮에서 승하하였는데 처음에는 상제를 《禮經》에 따라서 期年으로 정하였으나, 그해 10월에 의정부·6조 당상·홍문관·대간 등을 불러 정희왕후의 상제를 논의하게 하였다.[55] 이때 韓明澮와 洪應 등은 3년상을 주장하였고, 왕은 “정희왕후의 공덕이 至重하므로 마땅히 韓明澮와 洪應 등의 논의에 따라 3년상을 행한다”라고 傳旨하였다. 이틀 뒤 홍문관 부제학 成健등은 상소로 3년상은 예제에 맞지 않으므로 불가하다고 언론하였고, 다음날 홍문관 典翰 金訢 등은 다시 3년상은 불가하다고 언론하였다. 그뒤에도 홍문관원들은 상소로, 또는 경연에서 3년상의 불가함을 언론하였다.[56] 홍문관의 상제에 관한 언론은 대간의 그것보다 권위가 있는 것임은 물론이다.

⑧은 가뭄 재해가 심해지자 왕은 이를 하늘의 꾸짖음[天譴]으로 생각하고 홍문관에 御書를 내려 求言하였는데 이 상소는 求言에 응한 것이다. 상소의 요점은 근무태만자[曠職者]가 많으므로 賢否를 살펴 進退시켜야 한다’는 것이다. 이 상소에서 曠職者가 있는 관서로 거론된 곳은 漢城府·掌隷院·翊衛司·司諫院·守令·監司·6曹·議政府 등이었고, 구체적으로 거명하지는 않았으나 대개 짐작은 할 수 있었다. 왕은 이 상소를 의정부와 領敦寧 이상에게 보였고, 다음날 3정승들이 上狀辭職을 하는 등 큰 파란을 일으켰다.[57] ⑨는 ‘아직 백성 가운데 굶주린[飢餓者]가 많으므로 禁酒令을 폐

---

55) 《成宗實錄》卷159, 성종 14년 10월 戊子條.
56) 《成宗實錄》卷160, 성종 14년 11월 辛丑·壬寅·戊申·丁未條 ; 卷161, 성종 12월 丁卯·癸酉·戊寅條.
57) 《成宗實錄》卷181, 성종 16년 7월 壬子條.

하지 말 것’을 청한 것이고, ⑩은 당시 가뭄이 심하여 賑恤使의 파견을 명하였는데, 직제학 金訢은 ‘진휼하는 일은 監司가 할 일이므로 감사가 현명하다면 따로 진휼사를 파견할 필요가 없다’고 진휼사의 파견을 반대하는 것이다. 이처럼 홍문관원들은 수시로 시정 관계의 언론을 하였던 것이다.

‘人事異議’에 관한 언론으로는 3건이 있는데, ①과 ②는 朴元宗을 承旨로 임명한 인사의 불가함을 언론한 것이다. 이에 앞서 박원종을 同副承旨로 임명58)하였는데 박원종은 月山大君 부인의 아우로서 무과 출신이었다. 이 인사는 왕의 私情에 따른 것이었으며, 대간의 반대언론이 청납하지 않으므로 홍문관에서 가담한 것이다. ③은 醫官 宋欽・金興守와 宦侍 嚴用善・文仲善 등을 崇祿大夫의 품계(1품)에 오르게 한 것을 반대하는 언론이다. 성종 25년 2월 세자빈 愼氏가 元孫을 낳자 이를 경축하기 위하여 在位者에게 1資를 가하도록 하였는데, 또 御書로 송흠・김흥수・염용선・문중선에게 각기 1資를 가함으로써 그들은 崇秩에 오르게 되었다.59) 이에 대간들은 의관과 환시가 숭질에 오르는 것은 불가하다고 계속 언론했으나, 청납되지 않으므로 홍문관에서도 이의 불가함을 언론했던 것이다. 원래 인사에 대하여 이의를 제기하는 일은 대간의 언론에 속하는 것이었으나, 왕의 인사가 매우 부당하다고 여겨지면 홍문관에서도 이에 가담한 것으로 보인다.

‘斥佛’ 관계 언론의 중심이 되는 것은 중〔僧〕이 되는 길을 억제하는 데 있었다. ③, ④, ⑤는 僧徒를 宮室營繕役에 동원하고 度牒을 발급하는 것을 반대하는 언론이다. 성종 14년에도 修理都監에서 宮室의 營繕에 승도 3천여 명을 使役하고 도첩을 발급한 바 있으며, 또 승도 5백여 명을 募役하므로 성종 15년 정월에 司憲持平 梁舜卿이 啓하여 반대한 바 있다.60) 부제학 李命崇과 典翰 金訢 등의 上疏와 箚子도 승도를 營繕에 동원하고 도첩을 발급하는

---

58) 《成宗實錄》卷268, 성종 23년 8월 乙巳條, “史臣曰 元宗月山大君夫人之弟也 月山無子 愛元宗如親弟 上悼月山早逝 擢用爲承旨”
59) 《成宗實錄》卷287, 성종 25년 壬子・癸未條.
60) 《成宗實錄》卷162, 성종 15년 정월 丙辰・丁巳條.

것을 반대한 것이었다. ⑨와 ⑩은 《經國大典》에 올라 있는 '度僧' 條를 개혁할 것을 청하는 것이다. '度僧' 條에는 중이 되고자 하는 자를 시험하여 뽑고, 丁錢을 받고 도첩을 발급하게 되어 있는데, 이는 정식으로 중이 되는 길을 제도적으로 열어 놓은 것이다. 그러므로 대간과 홍문관원들은 '度僧' 條의 개혁을 청하는 언론을 폈던 것이다.

⑪, ⑫, ⑬, ⑭, ⑮는 '禁僧之法(중이 되는 것을 금하는 법)'을 고치는 것은 불가하다는 언론이다. 앞서 왕은 승도가 번성하는 것을 매우 싫어하였고, 또 이를 언론하는 자들도 있어서 '禁僧之法'을 세운 바 있었는데, 두 大妃가 諺書(慈旨)를 내려 '禁僧之法'을 없애 줄 것을 청하므로 왕은 領敦寧 이상과 의정부·대간·홍문관을 賓廳에 모이게 하고, 承旨로 하여금 두 대비의 諺書를 번역하여 보이고, 이에 대하여 의견을 모으게 하였다. 尹弼商·李克培·盧思愼·尹壕·鄭文炯 등 대신들은 "母后의 傳敎가 이와 같으니 慈旨를 받드는 것이 어떠하겠습니까?"라고 하였고, 부제학 安琛 등은 이 법을 없애는 것을 반대하였다. 그러나 왕은 대비의 뜻과 대신들의 말을 받아들여 그 법을 없애기로 결정61)하였다. 다음날 부제학 安琛 등은 箚子를 올려 "禁僧之令은 실로 국가의 大計이며 朝政에 관계됩니다. ·上께서 이미 결정하신 것이니 반드시 異議에 저지되는 것은 부당합니다. …… 이미 대신들과 의논하여 新法을 세워 中外에 반포하시고 하루아침에 고치는 것이 옳습니까"라고 하면서 강력히 반대하였다.62) 그뒤에 부제학 安琛 등의 上疏와 啓는 모두 같은 취지의 언론이다.

'斥佛' 언론으로서 또 중요한 것은 ⑥과 ⑦에서 보인 것과 같이 성종 15년 6월의 寺社田稅의 官收를 위한 언론이었다. 이에 앞서 대간들은 사사전세를 관수할 것을 경연에서 또는 箚子로 언론하였다.63) 그러나 청납되지 않으므

---

61) 《成宗實錄》 卷271, 성종 23년 11월 戊子·己丑條.
62) 《成宗實錄》 卷271, 성종 23년 11월 庚寅條.
63) 《成宗實錄》 卷166, 성종 15년 5월 癸巳·壬寅·癸卯·甲辰條.

로 홍문관 부제학 안침 등이 箚子와 上疏로 언론[64]하였고, 또 경연 講을 마친 자리에서 언론[65]하였다. 그러나 왕은 祖宗朝부터 해 온 것이므로 관수할 수 없다고 청납하지 않았다. 이것도 척불과 관련된 중요한 언론이었다.

그 밖에 ①은 倭使가 進獻한 불상을 받으면 왕이 불교를 崇信하는 것으로 알고 계속 다투어 진헌할 것이니 불상을 倭使에게 돌려주는 것이 옳다고 한 언론이다. 그러나 끝내 불상을 받아들였다. 이에 史臣의 평론에 "홍문관의 언론은 옳은 것이었다. …… 그러나 끝내 홍문관의 언론을 따르지 않았으니 애석하다"라고 하였다.[66] ②는 興天寺에서 하고 있는 祈雨를 정지할 것을 청하는 언론이었다. 앞서 홍천사에서 기우한 뒤 비가 내려 賞을 내린 바 있는데, 또 다시 홍천사에서 기우하면 "무릇 백성들은 현혹되기는 쉬우나 깨닫도록 타이르기는 어려우니 이를 듣는 자는 반드시 佛力이 위대하다고 생각할 것이니 愚民의 의혹은 더욱 심하게 됩니다. 정지하시기를 청합니다"[67]고 하였다. 부제학 李命崇 등은 거듭 청했으나 청납되지 않았다. ⑧은 營繕監으로 하여금 圓覺寺를 수리하게 하는 것은 불가하다는 언론이다. 이보다 2일 앞서 사간원 司諫 金珽 등은 繕工監에 명하여 원각사를 수리하게 한 데 대하여 놀라움을 나타내면서 이를 정지시킬 것을 箚子로 청한 바 있다.[68] 부제학 許誠등이 啓한 내용을 보면,

臣 등은 繕工監으로 하여금 圓覺寺를 수리하게 한다고 들었습니다. 이는 公廨가 아닌데 이와 같은 일을 하십니다. 또한 度僧·選僧은 또한 좋은 法이 아닙니다. 비록 先后(貞熹王后)의 遺敎가 있으나 만약 그것이 道가 아니면 모두 따르는 것은 옳지 않습니다. …… 속히 이 役을 罷하시어 보고 듣는 것〔視聽〕

64) 《成宗實錄》卷167, 성종 15년 6월 癸亥·甲子·己巳條.
65) 《成宗實錄》卷167, 성종 15년 6월 戊辰·癸酉條.
66) 《成宗實錄》卷103, 성종 10년 4월 乙巳條.
67) 《成宗實錄》卷143, 성종 13년 7월 庚辰條.
68) 《成宗實錄》卷229, 성종 20년 6월 乙巳·丙午條.

을 시원하게 하시기를 바랍니다.69)

고 하였다. 그뒤 며칠 동안 계속된 홍문관의 척불 언론은 모두 관에서 원각사를 수리하는 일을 반대하는 언론이었다.

위에서 본 바와 같이 홍문관 언론(上疏・箚子)의 중심이 된 것은 간쟁 언론, 時務・時政 언론, 척불 언론 등이었고, 탄핵 언론과 인사이의는 대간의 언론 영역이므로 홍문관에서는 거의 하지 않았다. 그리고 그러한 홍문관의 언론은 전문성을 띠었으며, 당시 국정에 큰 영향력을 끼친 것으로 인정된다.

맺음말

대개 홍문관이라 하면 언론 3사의 하나로 보고 있다. 그러나 《經國大典》의 홍문관에 관한 규정에 그 職掌은 '掌內府經籍, 治文翰, 備顧問'으로 되어 있고, 그 관원은 모두 경연관을 겸하고, 부제학에서 副修撰에 이르는 관원들은 知製敎를 兼帶하는 것으로 되어 있다. 즉, 홍문관은 언관으로 규정되지 않았다. 그러나 홍문관이 언관이 될 수 있는 밑바탕은 '備顧問'과 경연관을 겸한다고 한 규정이다. 즉, 고문에 응하려면 말과 글로 하게 되고, 경연관은 經史를 강론할 뿐 아니라 왕에게 말을 할 기회가 있으므로 언관이 될 밑바탕이 되었던 것이다. 또한 집현전이 세종 20년대 이후로 언관화되었으므로, 집현전의 직제를 이어받은 홍문관의 언관화도 예견할 수 있는 것이었다.

성종의 경연이 시작된 것은 성종 원년 정월 7일부터였다. 그러나 경연관의 확보가 중요한 문제였으므로 성종 원년 4월에 예문관에 부제학 이하 副修撰에 이르는 15명을 增置하여 경연을 맡도록 하였다. 결국 성종 9년 3월

---

69) 《成宗實錄》卷229, 성종 20년 6월 丁未條.

이전에는 예문관원이 經筵 侍講官·侍讀官·檢討官이 되어 경연 講을 주관하였고, 32회에 걸쳐 언론을 펴기도 하였다. 이 시기의 예문관을 언관으로 부르기에는 아직 이르지만, 언관의 싹은 이미 생겨난 것으로 볼 수 있다.

성종 9년 3월 이후 홍문관원은 경연에 入侍하여 언론할 기회를 얻게 되었다. 경연관 가운데는 金宗直계의 사림 출신들도 있었다. 성종 10년 3월 夕講을 마치고 侍講官(校理) 金訢은 성종의 불교에 대한 미온적인 태도, 인사의 불공정성, 언론의 폐쇄성 등에 대하여 날카롭게 諫하고 있다. 성종 10년 5월 경연에서 司經(博士) 曹偉는 梁誠之와 申瀞을 탄핵한 사간원의 언론을 받아들일 것을 청하였다. 성종 11년 5월, 원각사의 木佛이 回坐했다고 妖言을 퍼트린 중[僧]을 추국할 것을 대간이 언론했을 때 경연에 입시한 홍문관원들도 이에 가담하여 언론하였다. 이처럼 홍문관원은 경연에 입시하여 언론할 기회를 얻을 수 있었고, 또한 上疏와 箚子 등을 통하여 언론할 수 있었다. 즉, 홍문관의 職掌이 顧問에 응하고 경연관을 겸하는 것으로 규정한 것이 홍문관이 언관으로 발전케 한 밑바탕으로 인정된다. 그즈음 왕도 홍문관을 대간과 더불어 언관으로 인정하고 있다.

홍문관의 언관화는 제3의 언관의 필요에 부응한 것으로 볼 수도 있다. 사헌부(論執時政)와 사간원(諫諍論駁)의 언론은 서로 약간의 차이는 있으나 내용에 관계없이 함께 언론하는 경우가 많았다. 그리고 성종 9년 3월까지의 대간의 언론은 앞선 王代들에 견주어 언론의 빈도가 높았다. 자질구레한 언론, 반복되는 언론은 그 권위를 떨어뜨릴 수 있다. 또한 대간은 언론으로 被罪되어 하옥·파직·좌천되는 경우가 있었다. 이러한 경우 대간의 언론을 우용하고 언로를 넓혀줄 것을 청하는 제3의 언관이 필요했다. 또한 대간은 언론말고도 糾察·署經·推鞫·決訟·扈從·入侍 등 업무가 너무 많았으므로 국가의 모든 일에 대해 세세하고 전문적인 언론을 펴기는 어려운 실정이었다. 특히 학술적인 것, 유교 의례에 관한 것, 불교 배척에 관한 문제 등은 대간이 전문적인 언론을 펴기 어려웠다. 즉, 대간의 언론과 차별성을 가질 수 있는 전문적이고 권위 있는 제3의 언관이 필요했던 것이다. 그 제3의 언관의 자리를 홍문관에서 차지한 것으로 인정된다.

홍문관은 성종 10년대에 이미 언관으로서 확고한 위치를 차지한 것으로 보인다. 홍문관의 언론(上疏와 箚子)은 대간에 견주면 그 빈도는 매우 낮지만 권위는 대간의 언론을 뛰어넘는 면이 있었다. 성종 9년 4월 홍문관 부제학 兪鎭과 예문관 應敎 表沿沫 등은 상서하여 도승지 任士洪을 '대간의 언론을 방해하고 왕에게 방자한 죄'로 탄핵한 것이 계기가 되어, 임사홍 등이 붕당을 만들어 朝政을 문란케 한 죄가 드러나 귀양을 보내기에 이르렀다. 성종 10년 8월 大司憲 朴叔蔡와 獻納 金楯이 폐비 윤씨에 관한 언론을 했다가 囚禁·推鞫을 당하게 되었을 때 직제학 崔敬止 등은 대간을 석방하고 언로를 열어 줄 것을 상소하여 그들의 복직이 이루어졌다. 성종 13년 11월 홍문관은 대간에 앞서 內需司長利의 復設을 반대하는 언론을 폈다. 성종 15년 5월 대간과 함께 寺社田稅의 官收를 위한 언론을 폈다. 성종 16년 7월 부제학 安處良 등의 상소는 3정승이 모두 상장사직하는 사태에 이르게 했고, 이때 대사헌 李世佐는 '홍문관은 公論이 있는 곳'이라 하면서 홍문관에서 언론한 바대로 부적합한 관원들을 改差할 것을 啓하기도 하였다. 성종 17년 3월 직제학 金訢 등의 상소는 의정부·6조·승정원이 모두 사직을 청하는 소동을 몰고 왔다. 이쯤 되면 홍문관 언론의 위력을 가히 짐작할 수 있으며, 홍문관은 언관으로서 위치를 확보하게 되었던 것으로 인정된다.

홍문관의 언론 활동이라면 上疏와 箚子 등을 통한 것도 중요하지만, 경연관으로 入侍하여 왕과 경연 당상관(領事·同知事 등) 및 대간 등과 한자리에 앉아 국정을 논의한 것이 더 중요할 수 있다. 홍문관원은 경연에서 하는 언론만으로도 언관이란 칭호를 줄 수 있다고 본다. 그러나 경연에서 홍문관원의 언론은 그 횟수가 너무 많으므로 편의상 上疏와 箚子를 중심으로 언론 활동의 내용을 살펴보면, 그 중심이 된 것은 간쟁·시정(시무)·척불 언론이었다. 탄핵 언론과 인사이의는 대간의 언론 영역인 까닭에 홍문관에서는 거의 하지 않았다. 홍문관의 언론은 그 빈도에서는 대간에 견주면 매우 낮았으나 그 내용은 대간에 견주어 깊이 있고 전문성을 띤 것이 많았다. 그리하여 그 언론은 대간의 언론보다 더 권위를 가지고 정치에 영향을 주었던 것으로 인정된다. 성종 이후 홍문관의 언론은 대간의 언론과 더불어 정치사와 언론사에 큰 영향을 미친 것은 널리 알려진 사실이다.

* 이 장은 《朝鮮時代史學報(18)》(2001)에 〈弘文館의 言官化〉라는 제목으로 실렸다.

Ⅵ. 弘文錄考

머리말

조선시대의 정치체제 안에서 弘文館이 차지하는 비중은 아주 높았지만, 현재 홍문관에 대한 우리의 이해는 《經國大典》이나 《弘文館志》 등의 문헌에 따른 법제적인 측면의 수준을 크게 넘지 못하고 있다. 즉, '집현전의 직제를 이어받았고, 정치기관 가운데 가장 학술적인 기관으로서 궁중의 經籍을 관장하고 文翰을 맡고, 왕의 顧問에 응하였다', '經筵官과 知製敎가 되었으며 言論 3司 가운데 하나이다.' 또는 '淸宦으로서 高官으로 진출하는 데 필요한 관문이다' 등이 그것이다.

그러나 홍문관이 조선시대에 정치적으로나 문화적으로 어떠한 구실을 하였는가는 아직 구체적으로 연구된 바 없다. 홍문관의 실제 기능이나 구실은 시대적 배경, 왕의 자질, 정치적 조건 등에 따라 변한 것으로 보이므로 그 내용을 일률적으로 단정하는 일은 바람직하지 못하나, 필자가 살핀 바에 따르면 지금 우리가 상식적으로 이해하고 있는 것보다 훨씬 더 정치기관 구실이 컸던 것이다. 특히 성종 때는 경연이 정치에서 차지하는 비중이 아주 높아져 경연정치라는 용어를 쓸 수 있는 상태에 이르게 되는데, 따라서 홍문관원의 구실이 크게 부각되고 아울러 언관의 기능이 급성장하여 홍문관원은 정치에서 중요성이 증대되어 가고 있었다. 따라서 홍문관원으로 진출하는 것이 젊은 관료들의 선망의 대상이 되었으므로 이의 진출을 둘러싸고 격심한 경쟁이 따랐던 것이다.

필자는 벌써부터 홍문관에 대한 연구에 유의하였으나 이 장에서는 사정으로 말미암아 핵심적인 문제는 다음으로 미루고, 그 지엽적인 문제의 하나인 弘文錄에 대하여 살펴보고자 한다.

현재 홍문록에 대한 지식은 朝鮮總督府中樞院 간행 《大典會通》의 頭註에 따른 것이다. 그런데 이 두주가 잘못되어 우리의 홍문록에 대한 지식을 그르쳐 왔다.[1]

홍문록은 홍문관원의 후보생 선발에 관한 것으로 '후보로 결정된 사람의 이름을 기록하는 것' 또는 '후보생으로 결정된 사람'을 뜻한다. 다시 말하면 홍문관원 인사에 관한 문제를 뜻한다고 하겠다.

다른 관서와 달리 홍문록에 당시의 관료들의 관심이 쏠렸던 것은 홍문관의 정치적 중요성 때문이다. 따라서 홍문관의 정치적 중요성을 밝히는 작업의 하나로, 나아가 홍문관 연구의 일환으로 이 글을 작성한다.

---

1) 李弘稙 編 《編國史大事典》, 이희승 편 《국어대사전》 등의 '弘文錄' 항은 中樞院刷 《大典會通》, 卷 1, 吏典, 京官職 안의 弘文錄에 대한 頭註에 따른 것이다. 이에 따르면 "弘文館의 校理·修撰을 選擧 任命하는 記錄이다. 校理·修撰의 選擧는 7품 이하 弘文館員의 榜目에 의하여 被選者를 騰出하고 弘文館副提學以下 應敎·校理·修撰 등이 이에 圈點을 친다. 圈點은 圓點 1을 1點으로 하고 이를 기록하는 것을 本官錄이라 한다. 즉, 弘文錄이다. 그리고 本館錄을 다시 議政·參贊·大提學·吏曹判書·吏曹參判·吏曹參議 등이 모여 圈點을 친다. 이를 都堂錄이라 한다. 이 圈點을 啓聞하면 次點 이상의 득점자를 校理 또는 修撰에 任命한다"고 하였다. 그러나 弘文錄은 校理·修撰을 선거·임명하는 기록이 아니라 '弘文館員의 후보로 결정된 사람의 이름을 기록하는 것, 또는 그 후보로 결정된 사람'을 뜻하는 것이다. 弘文館에 闕員이 있을 때 弘文錄 가운데서 校理·修撰뿐 아니라, 그 밖의 모든 관원을 注擬하여 敍用하게 된다.

一. 弘文錄의 유래

세종에서 세조 때의 집현전에는 그 관원의 후보를 미리 선발하는 제도는 없었다. 당시 집현전 관원은 일단 임명되면 다른 관서에 전출되는 일이 거의 없이 집현전에서 계속 근무하였고 차례대로 승진[2]하였으므로 결원이 되는 일이 적었고, 결원이 있을 때는 집현전 당상·이조 당상과 의정부가 논의하여 薦望하였다.[3] 따라서 집현전관의 후보를 미리 선발해 둘 필요는 없었고, 集賢錄의 제도는 없었다.

홍문록의 유래는 성종 초의 藝文錄에서 찾을 수 있다.

세조는 집현전을 혁파한 뒤 문풍의 衰微를 막고 문신을 권려하기 위하여 兼藝文의 제도를 실시하였다. 즉, 문신들이 직무에 얽매여 학문에 전념할 수 없으므로 젊고 총민한 문신을 뽑아 예문관 직을 겸하게 하여 예문관에서 학문을 연마케 하려는 의도였다. 세조는 초하루와 보름마다 朝會 뒤에 겸예문관들에게 경서를 親講하였고, 매월 2회 賦·詩를 짓게 하였으나, 그럼에도 본직에 구애되어 학문에 전념할 수가 없었다. 이에 세조는 유능한 소장학자를 閑官으로 임명하고 예문관직을 겸하게 하여, 그들로 하여금 토론과 강습에 전념할 수 있도록 하였다.[4] 세조로서는 집현전을 다시 설치할 수는 없는 일이었고, 겸예문의 제도로써 과거 집현전의 기능의 일부를 회복하려 하였으나, 예문관의 직제를 개편하지 않고서는 예문관으로 집현전의 효과를 발휘할 수는 없었던 것이다.

성종 원년 4월에 예문관의 관직을 대폭 증설한 일은 예문관으로 옛 집현전을 대신하기 위한 것이었다. 즉, 종래의 예문관 관직 위에 副提學·直提

---

2) 《成宗實錄》, 卷41, 성종 5년 4월 壬戌條, "依世宗朝集賢殿例 久於其任 毋授他官 以次陞叙"; 《成宗實錄》 卷60, 성종 6년 10월 戊子條, "世宗朝 於集賢殿 置博士·著作·正字之職 擇年少可學者 補之 次次遷轉 至於直提學·副題學 又慮其拘於一處 或出爲臺諫之任 不授他官"

3) 崔承熙, 〈集賢殿硏究(上)〉, 《歷史學報》 32, 1966, 13쪽 참조.

4) 崔承熙, 〈弘文館의 成立經緯〉, 《韓國史硏究 5》, 100쪽 참조.

學·典翰·應教·副應教·校理·副校理·修撰·副修撰 등 15명을 더 두고, 이들로 하여금 知製教·經筵·春秋館職 등의 직무를 행하게 함으로써 성종 원년 4월 이후의 예문관은 그 이전의 직제에다 옛 집현전의 직제를 거의 그대로 더한 상태가 되었고, 실제로 종래의 집현전과 예문관의 기능을 함께 갖게 되었으나 옛 집현전의 성격이 더 우세하여, 당시의 사람들도 예문관을 옛날의 집현전과 같다고 하였다.[5] 성종 9년 2월에는 옛 집현전의 參下官이 더 설치됨으로써, 예문관은 집현전과 완전한 복합체가 되었고, 성종 9년 3월에 옛 집현전 직제는 분리되어 홍문관으로 독립하였다. 따라서 성종 원년 4월부터 9년 3월 이내의 예문록은 실제로 뒤의 홍문록의 선구요, 시초라고 할 수 있다. 《朝鮮王朝實錄》에서 예문록에 관한 기록은 성종 2년 4월의 것이 최초인 것 같다. 즉,

> 曾經政丞 및 議政府·6曹·館閣堂上이 의정부에 모여 金訢등 15인을 藝文錄으로 뽑아 보고하였다.[6]

고 하였다. 曾經政丞과 의정부·6조·관각의 당상이 의정부에 모여 15명의 예문록을 揀選하고 있다. 성종 3년 9월에도 의정부와 관각 당상·6조참판 이상의 대신들이 忠勳府에 모여서 예문록이 될만한 사람 30명을 선발하여 啓하고 있다.[7] 그리하여 성종 3년 9월에 70여 명의 예문록을 선발[8]하였다.

성종 원년 4월에 15명의 예문관 관원을 增置할 때도 그 후보를 대신들이 간선[9]하였던 것이므로 '藝文錄'이라는 말은 없었어도 이때부터 예문록의

---

5) 《成宗實錄》卷22, 성종 3년 9월 辛酉條, "同知事鄭自英 啓曰 今之藝文館 猶昔之集賢殿"

6) 《成宗實錄》卷10, 성종 2년 4월 庚申條.

7) 《成宗實錄》卷22, 성종 3년 9월 丁巳條.

8) 《成宗實錄》卷22, 성종 3년 9월 己未條, "副提學 柳睆啓曰 藝文錄 前選四十餘人 今又選三十人 凡七十餘人 豈能盡合於選"

9) 《成宗實錄》卷60, 성종 6년 10월 戊子條에, "但初設藝文館時 令議政府·館閣堂上 及吏曹揀選 只取十五餘人 雖未盡得其人 皆有物望 故時無駁議"라 하였다.

제도가 있었다고 할 수 있다. 당시 예문관원은 經筵과 知製敎를 맡았던 명예로운 관직이었으므로 예문록에 대한 관료와 士類들의 관심은 아주 컸다. 따라서 대신의 자제 또는 인척으로서 혹은 청탁으로 많은 사람이 예문록에 추천되었그, 한 차례에 30명 또는 40명의 예문록이 양산되는 폐단을 낳기도 하였던 것이다.[10]

어떻든 예문록은 성종 원년 4월에 예문관에 옛 집현전 직제를 加設한 뒤에 두어졌고, 그것은 성종 9년 3월 홍문관이 집현전의 직제를 이어받은 뒤로 홍문록의 제도로서 발전하였다고 하겠다. 예문록은 홍문관이 설치된 뒤로도 계속되었으나[11] 홍문록의 제도는 언제부터 시작되었는지 기록의 미비로 확실하지 않으며, 성종 9년 이후 24년 이전 어느 때부터인가 실시되었을 것으로 추측된다. 즉, 성종 24년 10월 乙亥에 經筵을 마친 뒤 正言 柳崇祖의 啓에,

> 국가에 弘文錄과 師儒錄이 있어 반드시 사람을 택하여 뒀습니다. 하물며 세자의 補陽은 더욱 신중히 택해야 하나 오직 侍講院에는 錄이 없습니다.

고 하여 國家에 이미 홍문록이 있었음을 전해 주고, 같은 자리에서 同知事 柳洵이 顧問에 응하여 말하기를,

> 書筵官을 따로 뽑지 말고 弘文錄에 실린 자를 옮겨 쓰는 것이 어떻겠습니까?

라고 하여, 書筵官을 홍문록에 실린 자 가운데서 임명할 것을 건의하였다.[12]

---

10) 《成宗實錄》 卷60, 성종 6년 10월 戊子條에, "六曹參判以上 因他事 會忠勳府 仍令擇之 或以子弟 或以姻婭 或以請託 雖職經正三品者 皆得薦之"라 하였다. 아울러 주8) 참조.
11) 《成宗實錄》 卷106, 성종 10년 7월 乙卯條, "大司諫成俔啓曰 如藝文錄點馬錄者 皆可罷也 思愼曰 點馬錄則已廢矣"
12) 《成宗實錄》 卷283, 성종 24년 10월 乙亥條.

앞의 자료에 따르면 성종 24년 10월 이전부터인가 홍문록의 제도가 실시되었음을 확실히 알 수 있다.

二. 弘文錄의 揀選

1. 揀選 방법

성종 초의 예문록은 뒤의 홍문록과 같은 성격을 갖고 있음은 앞서 본 바와 같다. 그리고 예문록의 중요성은 이에 관계하는 사람들을 보아도 알 수 있다. 성종 2년에 예문록을 揀選할 때는 曾經政丞과 의정부·6조·관각의 당상들이 의정부에 모였고[13], 성종 3년에는 의정부·관각 당상과 6조 참판 이상이 忠勳府에 모여서 예문록이 될만한 자를 議選하고 있다.[14] 즉, 예문록은 증경정승과 의정부·육조·관각의 당상 등 국가 최고위들이 모인 가운데 간선되고 있다. 실직도 아닌 예문록에 간선이 얼마나 중시되었는가를 짐작할 수 있다.

이때의 간선 방법은 6조 참판 이상이 각기 예문록이 될 만한 사람을 추천하면 그 명단을 모두 쓰고 그 가운데 마땅한 사람의 이름 아래 圈點을 하게 되며, 그 점수의 많은 사람을 선발하는 것이었다.[15] 이 방법으로는 예문관원이 그 간선에 간여할 수 없었고, 고위관료들이 그들의 이해관계에 얽혀 부적격자를 추천하고 많은 예문록을 간선했기 때문에 간택의 不精함을 면하기 어려웠으며, 따라서 예문관원이 예문록의 개정을 강력하게 啓請하였던 것이다.[16] 또한 예문록의 수효도 15명, 30명, 40명 등 일정하지 않았으며, 성

---

13) 《成宗實錄》卷10, 성종 2년 4월 庚申條.
14) 《成宗實錄》卷22, 성종 3년 9월 丁巳條.
15) 《成宗實錄》卷22, 성종 3년 9월 戊午條, "藝文館副提學柳睆等來啓曰 昨日選藝文錄三十人 臣等以爲不精 六曹參判以上 各擧所知圈點 點多者取之"

종 3년 9월에는 전에 선발한 40여 명에 또 30명을 뽑아 70여 명이나 되고 있음을 보여 주고 있다.17)

그런데 성종 9년 이전의 '예문록'은 예문관원의 후보18)였으므로 그뒤의 홍문록과 같은 것이다. 그러나 홍문록의 간선은 예문록의 간선 방법보다 복잡해지고 신중해지고 있으며, 홍문관이 간선의 중요한 한 과정을 맡게 되었다. 즉, 홍문록을 간택할 때 本館(홍문관)에서 먼저 홍문록이 될 만한 사람을 논의하고 圈點하여 점수가 많은 자를 택하여 吏曹에 보고하고, 이조에서 이를 정리하여 정부에 보고하면 정부에서 이를 검토하여 빠진 것이 있으면 적절히 加錄하도록 했다.19) 중종 8년 4월 경우에는 홍문관에서 6명을 간택하고 이조에서 1명을 뽑고, 의정부에서 3명을 加錄하여 10명의 홍문록을 선발하였다.20) 이 경우에는 홍문관과 이조에서 뽑은 것이 그대로 인정되고 의정부에서는 빠진 것을 加錄한 것을 볼 수 있다. 그러나 의정부 대신의 독단이 작용하면 홍문관이나 이조의 選取는 무시되고 정부의 자의가 나타날 수도 있다. 중종 14년 4월의 경우도 홍문관의 간선이 의정부에 의하여 대다수가 選錄되지 못하였고,21) 선조 7년에도 홍문관에서 9명을 선택하였는데 2명만을 쓰고 7명은 쓰지 않고 있다.22)

어쨌든 홍문록을 뽑는 방법은, 홍문관이나 의정부에서 모두 대상 문관의 명단을 작성하고 권점을 하여 점수가 많은 자를 취하는 것이었다.23)

---

16) 《成宗實錄》卷22, 성종 3년 9월 戊午·己未·辛酉條 등 참조.
17) 《成宗實錄》卷22, 성종 3년 9월 己未條, "藝文錄 前選四十餘人 今又選三十人 凡七十餘人"
18) 《成宗實錄》卷22, 성종 3년 9월 壬戌條, "正言金俤臣啓曰 日者選藝文錄 臣以不才 濫與於選 古人云 君德成就 在經筵 藝文錄 誠國家重選 不可不精也"
19) 《中宗實錄》卷12, 중종 5년 11월 癸酉條, "弘文錄國家重選 則古之集賢殿 其選之也 本館磨鍊抄擇 移于吏曹 磨勘報政府 政府磨勘 始許入選 不其重乎" ; 《中宗實錄》卷12, 중종 5년 11월 甲戌條, "弘文錄揀擇時 本館合議 數其圈點 參以所聞 申之吏曹 移于政府 若有遺漏 量宜加錄"
20) 《中宗實錄》卷18, 중종 8년 4월 辛亥條, "頃者選錄之時 本館選六人 吏曹選一人 議政府加錄三人 幷十人"
21) 《中宗實錄》卷35, 중종 14년 4月 丁亥條, "上語參贊官趙光祖曰 昨見政府所擇弘文錄 凡十五人 未知弘文館初選幾人 無乃多不見錄也, 光祖對曰 臣等初選二十三人 到政府多不見錄"
22) 《宣祖實錄》卷8, 선조 7년 6월 壬申條, "頃日弘文錄 本館所薦九人 只用二人 不用七人"

홍문록은 本館錄과 吏曹錄이 의정부에 보고 되고, 여기에 합당치 않은 자
는 빼고 합당하나 빠진 자는 더 錄하여 최종 결정되는 것이다. 정부에서 홍
문록을 결정하는 것을 후기에는 都堂錄이라 하였다.24)

　본관록의 간선 방법을 꽤 분명하게 전해 주고 있는 선조 6년의 기록에 따
르면,

　　　弘文錄을 揀選하다. 부제학 柳希春, 직제학 具鳳齡, 교리 鄭彦智 …… 부수
　　　찬 洪性傳, 李誠中이 應錄人을 完議하여 인물을 泛論하고, 屛風과 床을 설치
　　　하고 차례로 圈點하여 6점 이상 9명을 뽑았다. 朴漸, 洪迪은 8점, 權擘·金宇
　　　宏·金誠一은 7점, 趙惟誠 …… 洪渾은 6점이다. 許箟 …… 李先覺은 5점으로
　　　錄에 들지 못했다.25)

고 하였다. 이 경우 홍문관의 長官〔副提學〕과 東壁〔直提學~應教〕과 西壁
〔校理~副修撰〕 8명이 본관록에 참여하여 홍문록이 될 만한 사람을 完議
하고, 그 인물을 泛論한 뒤에 屛床(圈點所)을 설치하고 차례로 권점하는 것
이었다. 권점자는 피권점자 가운데 마땅한 자에게 권점을 하게 되며, 여기서
는 권점자가 8명이므로 최고 8점을 얻게 되며, 6점을 얻은 사람까지 錄에 들
게 한 것을 알 수 있다. 매우 합리적이고 공정을 기하기 위한 제도로 보이며,
오늘날의 투표방법과 비슷하다.

　홍문록은 본관록이 대개 존중되고 이조록에서 약간 추가되어 정부록〔都
堂錄〕에서 약간의 가감·수정되어 결정되었다. 그러므로 대신들의 부정이
나 횡포가 없는 한 본관록이 가장 중요하며, 따라서 그 간선 방법과 절차가
신중을 기하게 됨은 물론이다.

---

23) 《中宗實錄》 卷23, 중종 5년 11월 甲戌條 ; 《中宗實錄》 卷79, 중종 30년 6월 乙卯條 ; 《宣祖實錄》
　　卷8, 선조 7년 6월 丙辰條 등 참조.
24) 《顯宗實錄》 卷5, 현종 3년 6월 辛亥條 ; 《顯宗實錄》 卷26, 현종 13년 6월 戊戌條 등 참조.
25) 《宣祖實錄》 卷7, 선조 6년 2월 乙未條.

본관록의 절차는 정조 8년에 편찬된 《弘文館志》(館規 第4 會圈)에 정리
되어 있다. 이것을 간추리면 다음과 같다.

본관록은 3년마다 한 차례씩 하는 것을 원칙으로 한다. 그러나 홍문관원
의 闕員이 많으면 보고하여 選錄할 수 있다. 상중이나 파직자는 錄이 되나
'奪告身' 이상의 죄인은 錄하지 못한다. 圈錄은 長官과 東壁 1명, 西壁에서
교리·수찬 각 1명 이상이면 행할 수 있다. 아무리 관원이 많아도 장관과 동
벽이 결석하면 거행할 수 없다. 그것은 동벽이 주장하고 장관이 결정하기 때
문이다.

새로 圈錄하기에 앞서 圈點冊을 正書한다. 名門家와 이름 없는 가문[冷
族] 할 것 없이 榜目에 따라서 문신의 성명을 列書하되 '許通'이라고 쓴다.
권점책을 교정한 뒤, 本館에 齊會하여 別紙에 錄할 수 있는 사람을 뽑아 쓰
고, 서로 의논하여 사람 수를 정하고 점수를 정한다. 점수는 권록에 참여[參
錄]하는 관원의 수에 따라 미리 정한다. 예를 들면, 5명이 參錄하면 4점까지
抄取하고, 10명이 참록하면 9점 이상에 한하여 초취하는 것을 '次點'이라 부
른다. 5명에 3점 이상, 10명에 8점 이상을 초취하는 것을 '之次點'이라 하며,
몇 점 이상을 抄取할 것인가는 미리 상의하도록 되어 있다.

권점하는 날에 장관 이하 參錄人이 정좌한 뒤, 冊吏로 하여금 권점책과 필
묵 등을 가져다 上番房에 두게 하고 방문을 닫는다. 관직이 낮은 관원부터 1
명씩 방에 들어가 권점한다.

권점이 끝난 다음 책리가 권점책을 가져다 長官(부제학) 앞에 놓으면, 下
位 한 사람이 붓을 가지고 장관 앞에 나아가 점수가 찬 사람의 성명 아래에
'몇 점'이라고 쓴다. 그리고 별지에 먼저 논의에 참여하는 여러 관원의 자리
의 목록[座目]을 쓴 다음에 정한 점수 이상을 받은 사람의 성명을 기록한다.
이를 正書한 뒤 권점책과 中草를 거두어 함께 봉하고, 장관 이하 錄에 참여
한 사람들이 서명[着署]하여 보관하며, (권점책은 都堂錄 뒤에 열어 본다.)
뽑힌 사람[被抄人]의 이름을 왕에게 보고[入啓]하고, 이조에도 뽑힌 사람

을 알린다.

위에서 보았듯이 홍문록의 본관록은 대단히 신중하게 이루어지고 있다. 또 이조록과 도당록의 어려운 관문을 거쳐야 되는 홍문록은 당시 모든 관료들의 관심이 쏠렸던 것이니, 홍문록과 홍문관원의 정치적 중요성을 엿볼 수 있다.

도당록에는 3公과 의정부 東·西壁 관각과 이조 당상이 도당에 함께 모여 본관록 가운데 합당치 못한 자는 빼고, 누락된 자는 加錄하였는데 그 방법은 본관록과 같이 권점으로 결정하는 것이다.[26]

2. 揀選의 목적과 수효

홍문록의 간선 목적은 두말할 필요도 없이 홍문관원의 결원에 대비하기 위한 것이다. 즉, 홍문관원에 결원이 있을 때 홍문록 가운데서 備望(3望)하여 그 가운데 가장 적격자를 뽑아 임용하게 된다.

간선은 홍문관에 결원이 없더라도 결원에 대비하여 3년마다 한 차례씩 정기적으로 하게 되나, 홍문관원의 擬望(3望)에 갖출 홍문록의 수효가 부족할 때 수시로 있을 수 있다.[27] 또한 홍문록은 꽤 많이 있더라도 결원이 생긴 직품에 적합한 후보가 없을 때 간선의 필요가 있다. 즉, 홍문관의 7품 이하의 관원에 결원이 있는데, 홍문록은 6품 이상에는 여유가 있고 7품 이하는 부족하면, 홍문록의 수효는 많더라도 備望과 충원이 어렵게 되므로 홍문록의 간선이 필요하게 되며[28], 그러한 경우 특히 7품 이하의 홍문록을 加抄하게 된다.[29] 물론 이와 반대의 경우도 마찬가지가 된다.

---

26) 《顯宗實錄》卷7, 현종 3년 6월 辛亥條.
27) 《宣祖實錄》卷8, 선조 7년 정월 癸未條에, "昨日 吏曹以玉堂擬望人員乏少 請爲弘文錄 上從之"라 하였다.
28) 《中宗實錄》卷85, 중종 32년 10월 乙亥條, "傳于兩相曰…弘文館七品以下俱闕 設使二人得錄 備望爲難 六品以上則有餘矣 七品以下不多錄 似難塡差 加擇可也"

홍문록의 간선의 수효는 일정한 것은 없고 필요에 따라 그 수효가 결정되었다. '次點'자를 뽑을 것인가, '之次點'자까지 뽑을 것인가의 결정도 그 수효를 조정하는 방법이 될 것이다. 그 수효가 많으면 간선이 정밀하지 못하게 되고, 적으면 관원의 결원에 備望이 어렵게 된다. 그러므로 홍문록이 필요보다 많은 게 따른 어려움과 정밀하지 못한 것, 그리고 그 수효의 부족이 항상 문제시되고 있다.30)

그러면 홍문록 揀選의 수효는 어느 정도였는가를 《朝鮮王朝實錄》에서 대개 초출하면 다음 〔표〕와 같다.

〔표〕　　　　　　　　　　　　弘文錄 간선

《朝鮮王朝實錄》年月日條	간선 수효	비고
성종 3년 9월 戊午條	30명	藝文錄
중종 14년 4월 丁亥條	23명	本館錄
〃	15명	政府錄
선조 6년 2월 己未條	9명	本館錄
〃 6년 6월 辛亥條	14명	政府錄
〃 7년 4월 丁巳條	13명	本館錄
〃 7년 6월 丙辰條	8명	政府錄
〃 8년 12월 丙戌條	14명	〃
〃 13년 10월 乙酉條	17명	〃
광해군 6년 8월 己未條	30명	〃
현종 3년 5월 庚寅條	10명	都堂錄
〃 13년 6월 辛亥條	19명	本館錄
〃	21명	都堂錄
숙종 원년 5월 甲子條	20명	本館錄
〃 원년 윤5월 戊戌條	5명	都堂錄
〃 원년 7월 乙巳條	16명	本館錄
〃 원년 10월 乙卯條	17명	都堂錄
〃 3년 2월 庚申條	10명	本館錄
〃 5년 6월 乙卯條	13명	都堂錄
〃 6년 5월 乙亥條	11명	本館錄
〃 6년 6월 戊辰條	12명	都堂錄

---

29) 《中宗實錄》卷85, 중종 32년 10월 乙亥條, "尹殷輔, 柳溥等僉議 逐條以啓 一,……一, 七品以下弘文錄可抄事 弘文館南行備望者數少果如上數"

30) 《成宗實錄》卷22, 성종 3년 9월 戊午·己未·辛酉條 ; 《中宗實錄》卷5, 중종 3년 3월 丙寅條 ; 《宣祖實錄》卷7, 선조 6년 2월 丙子條 등 참조.

앞에서 살핀 바와 같이 홍문록은 홍문관에서 먼저 간선하여(본관록) 이조를 거쳐 政府[都堂]에 보고되고 이를 참작하여 정부(도당)에서 간선함으로써 (정부록과 도당록이) 결정되었다. 위의 자료는 이 시대의 홍문록을 모두 아우르고 있지는 않지만 그 대강은 살필 수 있는 것으로 생각한다.

본관록과 정부록(도당록)은 평균하여 한 차례에 15명 정도였음을 알 수 있고, 때에 따라 약간의 가감이 있었음을 볼 수 있다.

본관록과 도당록의 수효가 비슷하다 하더라도 홍문관원과 대신(都堂錄 參錄者) 사이의 이해관계가 서로 어긋날 경우, 본관록은 거의 무시되고 홍문록이 결정될 수도 있었다. 중종 14년 4월 趙光祖가 부제학으로 있으면서 본관록 23명을 간선한 것이 정부에서 대부분 무시되고 15명을 뽑은 것이 그 한 예이다.[31] 선조 6년 2월에 본관록에서 9명이 간선되었는데[32] 선조 6년 6월의 정부록에서는 본관록 9명 가운데 5명만이 간선되고, 정부에서 새로이 9명을 加選하여 14명의 홍문록이 선택되고 있다.[33] 선조 7년 4월의 본관록 14명 가운데 정부록에 錄選된 사람은 2명밖에 없고, 정부에서 새로이 6명을 뽑아 8명이 홍문록으로 결정되고 있다.[34]

위와 같은 상황은 홍문록이 결국 정부 대신의 이해관계가 일치되는 사람이 간선되게 되며, 나아가서는 홍문관원이 대신과 이해관계가 일치되는 부류들로 충당될 가능성이 많았다. 이와 같은 경향을 없애려면 언관의 언론이나 왕권의 개입이 있어야 했다. 중종 14년에 본관록이 정부록에서 거의 채택되지 않았을 때, 정부에 다시 선택할 것을 명한 것은 그 한 예라고 하겠다.[35]

---

31) 《中宗實錄》 卷25, 중종 14년 4월 丁亥條.
32) 《宣祖實錄》 卷7, 선조 6년 2월 己未條.
33) 《宣祖實錄》 卷7, 선조 6년 6월 辛亥條.
34) 《宣祖實錄》 卷8, 선조 7년 4월 丁巳條 ; 《宣祖實錄》 卷8, 선조 7년 6월 丙辰條 참조.
35) 《中宗實錄》 卷25, 중종 14년 4월 丁亥條.

3. 揀選 대상

홍문록의 대상은 홍문관원으로서 자질을 갖춘 사람이어야 함은 의심할 바 없다. 홍문관원의 중요한 직책이 經筵과 知製教이므로 높은 문장력과 학문이 있어야 했음은 물론, 가문이 훌륭하고 자신에게도 허물이 없어야 했다. 그러므로 홍문록의 간선도 여기에 준한다고 할 수 있다. 중종 8년 4월에 홍문록으로 부적격자가 간선된 것이 문제되었을 때 正言 蘇世讓이 啓하기를,

> 弘文錄으로 합당치 않은 자인 延九齡은 廢朝(연산군) 때 預務官으로 출신이 不正하고 慶俶과 南世準은 학문이 없고, 崔山斗는 寒微해서 학문이 있더라도 옳지 않습니다(從之).[36]

고 하였다. 즉, '出身不正', '無學問', '起自寒微' 등이 홍문록으로서 결격사유가 되어 홍문록으로 간선되었다가 탈락되고 있음을 본다.

특히 홍문관원의 가장 중요한 직임이 경연관으로서의 그것이었으므로, 경연관으로서 적합한 사람은 홍문록의 첫 대상이 된다고 볼 수 있다.[37]

그러면 홍문록은 홍문관의 어떠한 관원의 결원을 충당하기 위한 것인가? 앞에서 지적했듯이 중추원에서 펴낸 《大典會通》의 홍문록에 대한 頭註와 그뒤에 나온 사전류에서는 홍문록을 '홍문관의 校理·修撰을 선거·임명하는 기록이다'라고 하였다. 그러나 간선의 대상은 교리와 수찬뿐 아니라 홍문관의 모든 직위에 해당되고 있음을 다음에서 분명히 알 수 있다.

중종 32년 10월에 왕이 좌의정 尹殷輔과 우의정 柳溥에게 전하기를,

---

36) 《中宗實錄》 卷18, 중종 8년 4월 辛亥條.
37) 《中宗實錄》 卷35, 중종 14년 4월 甲申條에, "御經筵 上曰 金湜正合經筵官 不可不錄弘文館"라고 하였다.

홍문관의 7품 이하는 모두 결원이다. 비록 2명이 得錄해도 備望이 어렵다. 6
품 이상은 여유가 있다. 7품 이하는 많이 錄하지 않으면 채우기 어려울 것 같다.
더 택하는 것이 옳다.38)

고 하였다. 즉, 홍문관의 7품 이하에 결원이 많은데 弘文錄은 7품 이하로서
간선된 자가 적어서 보충할 수 없으므로 7품 이하의 홍문록을 더 택하라는
것이었다.

명종 원년 4월에 吏曹에서 啓하기를, "홍문관의 南行에 결원이 많습니다.
弘文錄을 청합니다"39)고 하였다. 南行은 7품 이하인 博士(정7품), 著作(정8
품), 正字(정9품)를 가리키는 것으로, 남행에 결원이 많기 때문에 홍문록의
간선을 청하고 있는 것이다. 그 뿐만 아니라 부제학까지도 홍문록에서 뽑아
쓰고 있다.40)

그러므로 홍문록은 홍문관의 모든 관원의 후보가 되고 있음을 알 수 있다.
그리고 그 대상자는 일반 문신 가운데 적임자와 文科 급제자 가운데서, 중종
때는 薦擧科를 통한 인물 가운데서 간선하였다.41)

三. 弘文錄의 효과와 폐단

조선시대의 인사행정은 都目政事에 따라서 이루어졌으나 중요한 인사나
긴급한 인사는 銓曹(吏曹와 兵曹)의 注擬에 따랐다. 따라서 인사행정에서 전

---

38) 《中宗實錄》卷85, 중종 32년 10월 乙亥條.
39) 《明宗實錄》卷3, 명종 원년 4월 甲寅條.
40) 《中宗實錄》卷33, 중종 13년 5월 庚子·辛丑·癸卯·甲辰條 등에 따르면 大司成 朴壕가 弘文錄이 되
    었다가 오래지 않아 弘文館 副提學이 되었는데, 言官들은 박호가 부제학으로 적합하지 않다고 言論하
    고 있고, 결국 趙光祖로 改差하고 있다.
41) 《中宗實錄》卷35, 중종 14년 4월 庚辰條, "上曰 近日弘文館多闕員 式年及第與薦擧科得人必多 速
    選弘文錄可也" ; 《中宗實錄》卷12, 중종 5년 11월 乙亥條 참조.

조의 권한은 아주 큰 것이었고, 전조의 독단의 가능성을 일체 배제할 수 없었던 것이다.

그러나 정치기관 가운데 유독 홍문관에 홍문록 제도를 두어 이조의 전단을 막고 있다. 즉, 홍문관원과 정부 대신들이 간선한 홍문록 가운데서 備望을 하는 것이기 때문에 이조의 독단을 배제할 수 있었던 것이다. 이와 같이 인사에서 특수장치의 보호를 받게 됨은 경연관·언관·학자적 기능을 가진 홍문관의 특수성과 중요성에서 말미암은 것이라 하겠다.

중종은 인사문제는 銓曹에 오로지 맡기는 것이 마땅하다고 생각했고, 따라서 홍문록도 따로 간선할 필요가 없다고 보가 홍문록의 제도를 없애고 홍문관의 인사도 이조에 모두 위임한다고 하였다.42) 중종의 그와 같은 결정은 대신들의 동의를 얻은 것이었으나 곧 언관의 반대에 부닥치게 된다. 즉, 그 다음날에 대간이 啓하기를,

> 祖宗朝에 홍문관을 중히 여겼으므로 따로 弘文錄을 뽑았습니다. 지금은 다만 이조로 하여금 택하여 쓰게 하시니 홍문관을 중히 여기는 뜻이 없습니다. 이는 잘못된 일입니다. 대신이 祖宗朝의 오래된 예를 들어 이조에서 관장할 것을 청하였으니 대신 또한 잘못입니다. 청컨대 전의 예를 따라 뽑으십시오.43)

라고 하였다. 홍문록의 제도를 없애고 이조에서 택하여 임용하게 한 조처는 잘못된 일임을 강력히 언론하였다.

이 문제는 경연에서도 언관의 반대를 받게 되고 중종은 이에 동요하여 말하기를,

---

42) 《中宗實錄》 卷18, 중종 8년 4월 己酉條, "上曰 予初以爲用人事 當專委銓曹 不必別爲弘文錄 適大臣詣闕 問之以此 大臣答曰 當專委吏曹云 今後當委之該曹 若該曹用不合人 則臺諫自當論之"
43) 《中宗實錄》 卷18, 중종 8년 4월 庚戌條.

앞서 大臣의 말에 따라 이조로 하여금 관장하게 했다. 과연 祖宗朝부터 錄을 뽑은 것이 오래되었다. 어찌하는 것이 옳은가?

라고 하여 그 책임을 대신들에게 전가하고 대신들의 자문을 구하고 있다.[44) 이 논의는 계속되었고, 결국 '祖宗朝良法 不可輕廢'라는 衆意를 받아들여 홍문록 제도는 계속되었다.[45) 이처럼 중종의 홍문록 폐지 결정이 번복되고 조선 후기까지 이 제도는 계속되었다. 그리고 이 제도를 홍문관원이나 대신들이 사욕 없이 공정하게 활용했는가의 여부가 그 시대 홍문관원의 자질을 결정했다고 할 수 있다.

홍문록의 제도는 운용에 따라서 널리 훌륭한 학자를 홍문관원으로 채용할 수 있는 좋은 제도였으나 때로 폐단도 없을 수 없었다.

홍문록의 시작이라고 할 수 있는 성종 초의 예문록에서도 그 錄을 뽑은 것이 정밀하지 못하여 문제되고 있다. 성종 3년 9월에 예문관 부제학 柳睆 등이 合司하여 啓하기를,

> 어제 藝文錄 30명을 뽑았습니다. 臣 등은 아주 정밀하지 못하다고 생각합니다. …… 지금 뽑힌 자들은 관청에서 일을 하는 것은 괜찮으나 藝文의 임무에는 합당하지 않습니다.[46)

고 하였다. 예문록으로 뽑은 30명은 관청에서 治事하는 것은 괜찮으나 예문의 직임에는 적합하지 못하다는 것이다.

중종 3년 3월에 대간이 合司하여 啓하는 가운데도 홍문록이 아주 잡다하다며 14명의 이름을 들고, 모두 홍문록에 적합하지 않으니 개정할 것을 청

---

44) 《中宗實錄》卷18, 중종8년4월 辛亥條.
45) 《中宗實錄》卷18, 중종8년4월 辛酉條.
46) 《成宗實錄》卷22, 성종3년9월 戊午條.

하고 있다.[47] 이에 홍문관에서 啓하기를,

> 臺諫이 논박한 바 '弘文錄으로 합당하지 않은 사람들'은 尹俸을 제외하고 모두 本館에서 천거한 바가 아닙니다. 錄할 때 반드시 이조를 거치고 정승과 館閣堂上들이 모여 논의하여 정하였습니다. 그 사람의 합당 여부는 臣 등은 알지 못합니다.[48]

고 하였다. 홍문록을 정밀하게 간선하지 못한 책임을 정부 대신과 관각 당상에 돌리그 홍문관은 무관하다고 하였으나, 어쨌든 본관록이 거의 무시되고 대신들이 적합하지 못한 자들을 뽑을 여지가 있었다. 그러나 대신들의 독단이 대간들의 언론으로 시정될 수 있었으므로[49] 비관적인 것은 아니었다. 만약 대간이 대신에 사주될 때는 이를 개정할 도리가 없게 된다.

홍문록을 정밀하지 못하고 함부로 뽑은 것은 계속 문제되고 있다. 중종 10년에도 대간이 啓하기를,

> 弘文錄은 신중히 뽑는 것입니다. 그 가운데 金璇・崔山斗・林俊・曹漢弼은 모두 이 선발에 합당치 않습니다. 만약 이 무리들이 선발되면 弘文錄이 된 자들이 반드시 영예롭게 생각하지 않을 것입니다. 속히 뽑아 내는 것이 옳습니다.

고 하였으나, 왕은 이를 허락하지 않았다. 史臣의 평론에, "璇은 더럽고, 俊과 漢弼은 탐욕스러우니 논박을 받는 것이 마땅하다. 山斗는 비록 寒微하나 사람됨이 文行이 있으니 賢(錄)으로 세우는 것은 무방하다. 어찌 문제될 것이 있겠는가"라고 하였다.[50] 이를 보면 대간의 논박이 근거 있는 것임을 알

---

47) 《中宗實錄》 卷5, 중종 3년 3월 丙寅條.
48) 《中宗實錄》 卷5, 중종 3년 3월 丁卯條.
49) 《中宗實錄》 卷5, 중종 3년 3월 丁卯條 끝부분 참조. 그러나 중종은 成希顔의 말을 듣고 홍문록의 제도를 폐지할 것을 명하고 있다《中宗實錄》 卷5, 중종 3년 4월 戊辰條).

수 있다. 홍문록의 정밀하지 못함을 왕이 지적하는 경우도 볼 수 있다. 명종 14년에 왕이 승정원에 전하여 말하기를,

> 요즘 홍문록의 간택을 보니, 나는 정밀하지 못하다고 생각한다. 知製教는 임무가 중요한데 (홍문록에) 간선된 자가 9명이나 된다. 과연 모두 合當한 자들인가?

라고 하였다. 이에 史臣이 논하기를, "지금 홍문록으로 간선된 수효는 10여 명에 이르러 많다. 너절하고 잡다한 사람들이 모두 그 선발에 들었으니 名器를 더럽히고 욕되게 함이 심하다"고 하였다.[51] 이처럼 홍문록의 정밀하지 못하고 잡다한 폐단은 언관이나 왕, 史官도 인정하는 바인데, 그것은 그 제도를 운용하는 사람들의 사욕에서 말미암은 것으로 볼 수 있다.

정부록에서 대신들의 誤圈이나 사욕·사원으로 말미암은 물의가 폐단의 하나로 나타나고 있다. 중종 30년에 정부록에서, 유배자(以權奸被罪) 曹繼商의 아들인 개성부 都事 曹光遠의 이름 아래에 권점 두 개가 찍힌 것이 문제시되었다.[52] 그리하여 권점을 찍은 정승들이 대사헌 許沆과 대사간 柳世麟 등에게 탄핵을 받았다. 아울러 현감 羅湜의 이름 아래에도 3개의 권점이 찍힌 것이 문제가 되었다.[53] 조광원에게 권점을 찍은 것은 당시 여론으로 미루어 잘못 찍은 것이라고 인정되나, 나익에게 찍은 3개의 권점은 문제될 것이 아니었는데, 당시 좌의정 金安老의 羅氏에 대한 私怨에서 비롯된 것이었다. 즉, 나익은 羅湜의 아우인데, 나숙이 正言으로 있을 때 김안로의 간사함을 언론했고, 이로 말미암아 김안로의 배척을 받아 파직된 바 있었다. 나익이 登科하자 김안로는 나숙에 대한 분노를 나익에게 옮겨서 항상 어려움에

---

50) 《中宗實錄》卷22, 중종 10년 5월 癸卯條.
51) 《明宗實錄》卷25, 명종 14년 7월 壬午條.
52) 《中宗實錄》卷79, 중종 30년 6월 甲寅條.
53) 《中宗實錄》卷79, 중종 30년 6월 乙卯條.

빠뜨리려고 하였고, 김안로의 黨人들은 그의 뜻에 영합하여 나익의 단점을 얽어매서 사림들에게 퍼뜨려 公論으로 만들었던 것이다. 그런데 그러한 내용을 대부분 몰랐고, 알았다고 해도 김안로의 세력이 미칠 화가 두려워서 밝힐 수가 없었던 것이며, 홍문관과 대간도 입을 다물고 말할 수 없었던 것이다.[54]

이처럼 權臣의 이해관계에 따라 公論이 조작되고, 권점의 자유와 비밀이 보장되지 못하고 권점에 참여했던 정부 대신들이 곤욕을 치루는 폐단도 있었던 것이다. 이러한 상태에서 홍문록의 제도가 정상적으로 운영될 수 없음은 자명한 일이다.

홍문록을 간선할 때 私意의 개입은 정부록(도당록)뿐만 아니라 홍문관의 본관록에서도 나타나고 있다. 명종 원년 4월에 이조에서 홍문관 南行에 결원이 많으므로 홍문록의 간선을 청한 기록 뒤의 史臣의 論에서,

> 홍문관에서 (홍문)錄을 의논할 때, 長官(副提學)은 머리를 숙이고[低頭] 손을 움츠리고[縮手] 있고, 하위 관원들이 마음대로 錄하여 각기 사사롭게 잘 아는 자들을 취한다. 이는 중요한 선발인데 공정치 못함이 이와 같으니 애석하다.[55]

고 하였다. 권점에 참여하는 홍문관원들이 그 흑보자를 공정하게 선정하는 것이 아니라 각기 개인적으로 知面이 두터운 사람을 錄選하는 경향이 많았음을 알 수 있다.

---

54) 《中宗實錄》卷79, 중종 30년 6월 丙辰條에 보면, 臺諫들은 曹光遠과 羅漢에게 圈點을 한 정부 대신들을 들추어 彈劾하고 있는데, 이와 같은 상황 가운데 나익에 관하여 史臣은 다음과 같이 논하고 있다. "羅漢羅淑之弟 淑前爲正言時 欲論金安老奸邪 以此爲安老所排見罷 及漢登科 安老怒於淑者移於漢 常欲陷害 安老之黨 延合安老之意 媒薛其短 傳播士林 遂以爲公論 當時論者 或不察其所以然 或其知情 而畏安老之勢 不能辨明 指漢有物論 至駁其援進之人如此 而侍從臺諫 靡然噤不能言 吁可惜也"

55) 《明宗實錄》卷3, 명종 원년 4월 甲寅條.

비록 본관록에서 공정하게 간선하였다고 해도 문제는 남아 있었다. 조광
조가 經筵에서 啓하기를,

> 홍문록은 어제 이미 택하여 吏曹에 보냈으나 이조와 정부에서 가문이 좋은
> 사람으로, 또는 아는 사람으로 더하고 줄이고 하니 이것이 한스럽습니다.[56]

고 했듯이 이조와 정부에서 그들의 가문관계, 知面관계, 이해관계로 홍문록
의 수효를 증감·조작한다면 홍문록의 정선은 이루어질 수 없는 일이다. 그
러나 다행히 賢主를 만나거나 정상적인 언관의 언론이 있게 되면 홍문록을
둘러싼 여러 폐단들은 어느 정도 막을 수 있었던 것으로 보인다.

맺음말

홍문록은 홍문관원의 후보자를 간선하는 일 또는 후보자로 간선된 사람
을 뜻한다. 그러므로 홍문록에 관한 연구는 홍문관원의 인사에 관한 연구이
기도 하다.

홍문관의 전신이라 할 수 있는 집현전에는 그 후보자를 미리 선택하는 제
도는 없었고 결원이 있을 때마다 집현전과 이조의 당상과 의정부 대신이 의
논하여 薦望하였다. 홍문록의 시초는 성종 초부터라고 할 수 있다. 즉, 성종
원년 4월에 종래의 예문관에 옛 집현전의 6품 이상의 직제를 加設했기 때문
에 그때의 예문관은 그 전의 예문관과 옛 집현전을 합친 것과 같이 되었다.
따라서 이 시기의 예문관은 경연의 직을 맡게 되었다. 그리고 예문관원의
후보자를 간선하는 제도인 예문록이 성종 초부터 시작되었다.

---

56) 《中宗實錄》 卷35, 중종 14년 4월 壬午條.

성종 9년 3월 예문관에서 홍문관이 독립된 뒤 홍문록의 제도가 시작되었고, 그것은 예문록보다 더 까다롭고 복잡한 절차를 거치는 것이었다. 예문록은 曾經政丞 의정부·6조·관각의 당상들이 의정부나 충훈부에 모여서 그 후보자를 의논하여 뽑는 것이었으나, 홍문록에서는 홍문관에서 먼저 그 후보자를 간택하여(本館錄) 이조에 보고하고 이조에서 이를 조종하여 정부〔都堂〕에 보고하면, 정부에서 적절히 가감하여 간선(政府錄·都堂錄)함으로써 홍문록이 결정되었다.

홍문록은 3년에 한 번 정기적으로 간선하도록 되어 있으나, 그 목적이 홍문관의 결원에 대비한 것이었기 때문에, 홍문록의 수효가 부족하여 備望이 어려우면 수시로 이루어질 수 있었다. 홍문록의 수효는 일정한 것은 아니지만 대개 한 차례에 15명 전후였음을 알 수 있다.

홍문록의 간선 대상은, 그것이 홍문관원의 후보이므로 홍문관원이 될 만한 자질과 조건을 갖추어야 함은 물론이다. 즉, 知製敎가 될 만한 문장과 왕을 모시고 학문을 논할 만한 학문과 수행, 그리고 어디에 내놓아도 떳떳한 가문이 있어야 했다. 이러한 조건이 갖추어지지 못했을 때는 비록 홍문록에 간선되었다 해도 대간 등의 논박을 받아 제거될 수밖에 없었던 것이다.

홍문록의 제도는 홍문관원의 인사를 위한 특수 보호장치였다. 조선시대의 인사행정은 都目政事와 銓曹(이·병조)의 三擬에 따랐기 때문에 인사에서 전조의 권한은 아주 큰 것이었다. 그러나 홍문관의 인사는 홍문록의 제도를 통해 이조의 專斷에서 보호를 받게 했다. 즉, 홍문관의 長官(부제학)과 東壁(직제학~응교), 西壁(교리~수찬)이 모여서 신중한 절차를 거쳐서 본관록이 抄選되고, 이조록은 별로 영향을 줄 수는 없는 것이었고, 정부(도당)에서 대신들이 다시 본관록을 중심으로 遺漏와 誤錄을 검토하고 적절히 가감하여 홍문록이 결정되었다. 홍문관에 결원이 생기면 홍문록 가운데 3명을 이조에서 注擬(三望)하게 되고, 왕이 그 가운데 1명을 낙점하여 결정하므로 이조의 영향을 거의 받지 않고 홍문관의 인사가 이루어질 수 있었다. 이와 같은 홍문록의 제도는 홍문관이 정치적으로 중요했기 때문이라 하겠다.

그러나 이처럼 훌륭한 제도도 그 간선에 참여하는 홍문관원이나 정부 대신의 이해관계에 따라 정밀하지 못하고 잡다하며 바르지 못한 폐단이 없지 않았던 것은, 그 제도를 악용하는 사람들의 책임이지 그 제도의 모순 때문이 아니었다. 그러나 賢主나 言官이 홍문록을 둘러싼 부정이나 비리를 논박하고 개정하게 한 것은 이 시대 정치의 다행한 일면이다.

* 이 장은 《大丘史學(15·16)》(1978)에 〈弘文錄考〉라는 제목으로 실렸다.

Ⅶ. 言官言論과 王權의 상호관계

머리말

조선왕조 개창기의 정신적 지도자들은 유학자였고 따라서 그들의 이상은 유교정치의 실현에 있었다. 그들은 唐·虞·3代와 같이 언론이 막힘 없는 정치를 이상으로 삼았으나, 그것의 실현은 불가능한 것이었기 때문에 言官言論의 중요성을 강조하게 되었다. 즉, 언관의 언론을 통하여 군주의 과오나 전제를 막고, 官吏의 기강을 단속하여 바로잡으며, 정치의 시비를 가려 유교정치를 실현하는 것이 언관제도의 이상이었다.

일반적으로 조선시대는 언론이 자유로웠다고 보는 경향이 있으나, 조선초기 언론의 길은 매우 좁은 것이었다. 신문고 제도가 있었으나 그 실효를 거두지 못하였고, 유생들의 상소가 허용되기는 하였으나 상소의 방법과 절차가 까다롭고 또 권력으로부터 제재되어 수의·수시로 할 수 있는 것이 못되었고, 왕이 즉위하거나 천재지변 또는 정치 사회적으로 어려운 일이 있을 때, '求言'의 방식으로 中外의 대소 관료와 閑良·耆老·軍民 들에게 상소할 기회를 허락하였다. 그러나 이때도 대개 몇몇 관료의 상언으로 그쳤던 것이지, 진정한 백성의 소리는 들을 수 없었던 것이다. 조선시대(특히 초기)의 언론은 결국 언관의 언론이 중심이 될 수밖에 없었다.

그러나 언관의 언론이 어느 시기나 그 이상과 같이 이루어질 수는 없는 것이었다. 때로는 언관의 구성 여하에 따라서, 때로는 군주나 집권자의 언관에 대한 태도와 정치적 성향에 따라서 언관의 언론은 그 내용의 변화를 가져왔고, 활동의 消長을 가져왔다. 그러므로 언론 활동에 역사성을 부여하려면 언관의 언론과 왕권(또는 집권자)의 관계를 규명하는 일이 필요하다.

이 장에서는 주로 왕권(권력)이 언관의 언론에 어떻게 작용하였고, 언관의 언론은 이에 어떻게 대응했는가를 규명하려는 것이다. 이 작업을 통하여 당시 언론의 분위기와 정치 성격이 밝혀지게 될 것이다.

一. 태조朝의 王權强化와 言官言論

1. 臺諫의 성분 구성

조선왕조가 개창된 직후 정치권력의 중심은 합의체인 都評議使司였던 것은 널리 알려진 바이다. 그런데 도평의사사에 참여할 수 있는 자격은 門下府와 3司의 정2품 이상의 고관 13명과 중추원의 종2품 이상 16명에게 주어지고 있다.[1] 당시 문하부·삼사·중추원은 최고의 정치기관이었으므로 이성계 일파가 새 왕조를 개창하고 관직을 배정할 때 개국공신들이 이곳의 요직을 차지하였던 것은 자연스러운 현상이었다.[2] 언관도 정치적으로 중요한 존재였으나 문하부·3사·중추원·도평의사사와 같이 정치의 주체적 위치에 있었던 것은 아니었다. 또한 사헌부는 종2품 衙門이고 문하부 낭사(간

---

1) 《太祖實錄》卷1, 태조 원년 7월 丁未條의 定文武官之制에 따르면, "都評議使司 判事二侍中 同判事十一門下府三司正二品以上 使一判中樞院事 副使十五中樞使已下中樞學士已上"이라 하였다.
2) 《太祖實錄》卷1, 태조 원년 8월 己巳條의 '敎定開國功臣位次' 참조.

관)는 정3품 이하로 이루어져 있는 데 견주어, 문하부·삼사는 정1품 衙門이요, 중추원은 정2품 아문이다. 따라서 고려 때 이미 顯職을 지낸 바 있거나 老壯의 개국공신이 언관으로 임명될 가능성은 적은 것이었고, 또 기대하지도 않았을 것이다.

그렇다면 태조 때의 언관들은 과연 어떠한 성분을 가진 사람들로 이루어졌는가를 규명하는 일은 조선왕조 개창기의 언관의 성격과 구실을 규명하는 데 관건이 될 수 있을 것이다.

다음에 태조 때의 언관의 성분을 분석하기 위하여 〔표 1〕과 〔표 2〕를 작성하였다.[3]

〔표 1〕에 따르면 대사헌 직을 처음 맡은 사람은 閔開이다. 그는 고려시대의 典理判書 閔抃의 아들로 고려 말에 문과에 급제하여 언관 직을 거쳐 知申事와 大司憲(1391)이 되었으나, 이성계 추대에 반대하여 살해당할 뻔했지만 방원의 주선으로 살아난 바 있다. 그러므로 민개는 새 왕조의 대사헌으로서는 적격이라고는 할 수 없고, 다만 그가 고려의 대사헌을 지냈으므로 잠정적으로 대사헌 직을 맡았다고 보는 것이 타당하겠다. 따라서 새 왕조의 실질적인 초대 대사헌은 南在로 보는 것이 좋겠다.[4]

대관 가운데서도 정치적으로 더욱 영향력을 끼칠 수 있는 관원은 그 長인 대사헌(종2품)과 中丞·兼中丞(종3품)이라고 생각되므로 태조 때 이와 같은 고위 대관의 성분을 살피는 것은 필요한 일이다. 〔표 1〕에 따르면 南在(대사헌)·沈孝生(중승)·李墦(중승)·朴苞(겸중승)·李舒(대사헌)·權經(대사헌) 등이 사헌부의 고관인데, 이수와 권경을 제외하고 남재 이하 모두가 개국공신으로 채워지고 있음을 볼 수 있다. 사헌부에서는 하위관원인 侍史(정

---

3) 표 가운데서 연별과 직함은 언관으로 처음 赴任한 것을 뜻하는 것이 아니라 《朝鮮王朝實錄》에서 언관의 활동에서 나타난 것 가운데 하나를 택한 것이다. 《朝鮮王朝實錄》과 《高麗史》, 《朝鮮人名辭典》(朝鮮總督府中樞院), 《韓國人名大事典》(新丘文化社)을 참조하여 작성하였으나 기록에 나타나지 않은 것은 未詳으로 표시하였다.

4) 《太祖實錄》 卷2, 태조 원년 9월 己亥條에 보면, 南在는 大司憲으로서 上言을 하고 있다.

〔표 1〕 　　　　　　　　　　태조 때 臺官의 성분 분석

인 명	연별	직 함	가 　 문	출 신	前朝 중요 경력	비 고
閔開	1	大司憲	典理判書 抃의 子	文科	知申事·大司憲	
沈孝生	1	中丞	知錦州事 仁立의 子	〃	門下舍人·掌令	開國功臣 3등
南在	1	大司憲	檢校侍中 乙蕃 子	進士	代言·兼執義	開國功臣 1등
李原	2	侍史	侍中嵒의 子	文科	持平	
李嬬	2	中丞	鷄林君 達衷의 子	未詳	未詳	
朴苞	2	兼中丞	未詳	〃	〃	開國功臣 2등
秦瓊	2	〃	〃	〃	〃	
李致	2	〃	〃	文科	糾正·持平	
李舒	3	大司憲	提學 起宗의 子	〃	右諫議·右常侍	開國功臣 3등
朴信	3	中丞	未詳	〃	糾正·正郎	原從功臣
權文毅	3	侍史	〃	未詳	未詳	
尹彰	3	〃	〃	〃	〃	
權經	4	大司憲	侍中 誠의 後孫	蔭補	密直副使	
李潑	5	臺官	文烈公兆年의 曾孫	〃	糾正	
禹洪道	5	〃	未詳	未詳	未詳	
曹致	5	雜端	〃	〃	〃	
鄭節	5	侍史	〃	〃	〃	
權鼎	5	〃	〃	〃	〃	

4품)·雜端(정5품)의 구실도 무시할 수 없는 것이나, 개국공신이요 고위 대관의 위세에는 미칠 수 없는 것이었다.[5] 따라서 태조 때의 사헌부의 활동은 개국공신에 유리한 방향으로 펼쳐지게 될 것은 물론이다.

다음으로 이 시기의 대관의 가계와 출신 科를 보면, 이를 확인할 수 있는 사람들은 대개 대사헌과 중승 등 고위 대관들이고, 하위 대관들은 거의 확인할 수 없다. 그 이유는 고위 대관은 이미 현요의 직에 있고 또 개국공신이거나 대대로 벼슬을 한 가문에서 태어났기 때문에 기록이 많이 남아 있는 데 견주어, 하위 대관의 경우는 가문도 드러나지 못하고(신진사대부 출신)《高

---

5) 태조 2년 6월에 臺諫과 刑曹가 언론으로 禍를 입어 모두 유배된 일이 있는데, 이때도 功臣들은 유형을 면하고 있다(《太祖實錄》卷3, 태조 2년 6월 乙未·丁酉條 참조).

〔표 2〕 　　　　　　　　　　　　 태조 때 諫官의 성분 분석

인명	연별	직 함	가 문	출신	前朝 중요 경력	비 고
鄭擢	1	直門下	政堂文學 公權의 子	文科	糾正·正言	開國功臣 1등
安景儉	2	左散騎常侍	興寧府院君 宗源의 子	未詳	執義	
李滉	2	左諫議大夫	未詳	〃	門下舍人	
閔汝翼	2	〃	驪興君 玹의 子	文科	成均司藝	開國功臣 3등
李之剛	2	起居注	判典校寺事 集의 子	〃	未詳	
尹將	2	右補闕	未詳	未詳	〃	
王裨	2	右拾遺	〃	〃	右正言	
洪保	2	散騎常侍	〃	〃	掌令	
李居易	3	〃	〃	文科	未詳	
鄭龜晉	3	起居注	〃	登科	〃	
崔士剛	3	左拾遺	〃	未詳	〃	
張至和	4	諫官	〃	〃	經歷	開國功臣 3등
李文和	4	〃	平章事 之氏의 6代孫	文科	正言·應教·司議	
韓尚桓	4	〃	未詳	未詳	未詳	
李皐	4	〃	〃	〃	執義·直提學	
李廷堅	5	〃	〃	〃	右常侍	
全伯英	5	〃	〃	文科	執義·右司議	
黃喜	6	拾遺	判江陵府事 君端의 子	蔭補·文科	成均學官	

麗史》에 오를 만한 현직에 있지 못했으나, 왕조 교체의 시세를 타고 대관직을 차지했으나 현직에 오르지 못하고 중간에 禍를 당하거나 도태되어 기록에 오르지 못한 데 있는 것 같다. 朴苞와 李端는 중승의 직에 있었고, 특히 박포는 개국공신이었음에도 가계·출신·경력을 알 수 없는 것은 그가 2차 왕자의 난으로 참수당했기 때문인 것으로 보이고, 이단의 경우는 태조 2년에 언론으로 禍를 당해 유배된 뒤 다시 서용이 되지 않았기 때문인 것으로 보인다.

　개국공신의 경우는 대개 그 父代까지 확인할 수 있고 또 그들도 進士試나 文科를 통하여 出仕한 것으로 보아 이른바 고려 말의 신진사대부 출신인 것으로 보이는 데 견주어 이원(守門下侍中 李嵒의 孫), 이수(鷄林君 李達衷의 子), 권경(侍中 權誠의 後孫), 李潑(文烈公 李兆年의 曾孫) 등은 상당한 명문

출신이므로 권경과 이발은 蔭補되고 있다. 또 대관의 고려 때의 경력이 확인된 8명 가운데 7명이 언관의 경력을 갖고 있는 것을 볼 수 있다.

위에서 분석한 것을 종합해 보면, 태조 때의 대관은 개국공신과 이성계의 추대를 반대하지 않은 명문 출신의 관원으로 고위를 차지하였고, 하위는 개국의 공도 없고 가문도 드러나지 않은 이른바 신진사대부로서 이성계의 추대에 불만 없이 前朝에서 새 왕조의 관원으로 넘어온 사람들로 이루어져 있으나, 얼마 지나지 않아 대부분 정계에서 도태되고 있다. 그리고 대관은 대개 고려 말에 언관의 경력을 갖고 있었다. 그러한 성분을 가진 대관은 그 가운데 개국공신 세력이 선봉이 되어 그들의 권익과 일치되게 활동을 펼쳤음을 짐작할 수 있다.

태조 때의 간관은 앞에서 밝힌 바와 같이 문하부 낭사이다. 문하부 낭사는 문하부의 정3품 이하인 左右散騎常侍(정3), 左右諫議大夫(종3), 直門下(종3), 內史舍人(정4), 起居注(정5), 左右補闕(정5), 左右拾遺(정6) 등으로 이루어졌으므로 거물급의 관원이 배치될 수는 없는 일이고, 특히 개국공신이 탐을 낼 만한 자리는 못 되었다. 그러나 앞에서 살폈듯이 간관은 정치적으로 무시할 수 없는 중요한 존재임에는 틀림없다. 간관 가운데서도 특히 정치적으로 영향력이 큰 것은 산기상시·간의대부·직문하 등 고위의 간관이다. 〔표2〕에서 직함을 구체적으로 적지 않고 그대로 간관으로 표시된 경우를 볼 수 있는데, 그 가운데 고려 말에 이미 3품 이상의 관원으로 있던 자와 개국공신 張至和의 경우는 고위 간관으로 보는 것이 타당할 것 같다. 즉, 安景儉(左散騎常侍)·李滉(左諫議大夫)·閔汝翼(右諫議大夫)·鄭擢(直門下)·洪保(散騎常侍)·張至和·李文和·李皐·李廷堅·全伯英·朴信(左散騎常侍) 등은 3품의 상위 간관으로 있었던 것으로 보이고, 그 가운데 張至和는 개국공신이었지만 1차 왕자의 난 때 살해당하여 가계도 확인할 수 없다. 그러나 개국초에 개국공신 3명이 문하부 낭사(간관)에 배치된 것은 간관의 언론을 개국공신(이성계 일파)의 권익과 일치되게 이끌어 나가기 위한 것이라 하겠다.

상위 간관으로 가계를 확인할 수 있는 자는 안경검(父는 興寧府院君 宗源, 祖는 僉議贊成事 軸), 정탁(父는 政堂文學 公權, 祖는 左司議大夫 輔), 민여익(父는 驪興府院君 玹), 이문화(平章事 之氐의 6대손) 등으로 대개 祖·父 정도에서 가문을 일으킨 이른바 신진사대부 출신이 아닌가 생각한다. 가계를 확인할 수 없는 간관이 많은 것은 명문 출신이 아닌 이른바 신진사대부 출신이고 조선왕조에 出仕한 뒤로 현직에 오르지 못하고 정계에서 도태되었기 때문이 아닌가 한다.6) 출신 科도 확인된 것에 따르면 모두 문과 출신으로 되어 있다. 또한 태조 때의 간관은 대개 前朝에서 언관의 경력이 있는 자(경력이 확인된 12명 가운데 9명이 언관)들로 이루어졌음을 알 수 있다. 즉, 태조 때의 간관은 대개 고려 말에 언관의 경력이 있는 신진사대부 출신으로 이루어져 있고, 그 안에 개국공신들을 배치하여 간관의 언론을 개국공신의 권익과 일치하는 방향으로 이끌어 나가도록 되어 있음을 볼 수 있다. 간관도 대관의 경우와 같이 한때 태조 때 서용되었다가 대부분 정계에서 도태되었다. 이러한 현상은 당시 정치적으로나 사상적으로 불안한 시대였으므로 왕이나 개국공신들에게 인정을 받지 못하거나 언론으로 말미암아 被罪되면 아예 향리에 묻혀 버리는 경향 때문이 아닌가 생각한다.

위의 분석을 통하여 태조 때의 언관의 언론은 개국공신(이성계 일파)의 권익과 일치되게 이루어졌음을 짐작할 수 있다. 이러한 개국공신을 주축으로 한 언관의 구성은 주로 태조 때 현상이었으며 이 시기를 지나면 대간의 구성도 변하게 된다.

---

6) 태조 2년 6월에 內豎 李萬과 賢嬪 柳氏의 사건을 언론하다가 언관들은 禍를 입어 功臣을 제외한 洪保·尹將·王裨 등 諫官과 李竴·秦瓊 등 대관이 유배를 당하였는데, 그뒤 이들은 정계에 다시 진출하지 못한 것으로 보인다《太祖實錄》卷3, 태조 2년 6월 乙未·丁酉條 참조).

2. 王權强化와 言官言論

새 왕조를 세운 이성계와 그 일파에게 긴급한 과제는 정치적 안정을 도모하는 일이었다. 왕위는 이성계에게 넘어갔으나 고려의 王씨와 遺臣에 대한 처리는 새 왕조의 안위와 직결된 중요한 문제였다. 정치적인 안정은 이성계 자신뿐 아니라 모든 개국공신에게 공통된 과제였다. 언관은 이 과제를 위하여 선봉에서 활약하였다.

그 첫 언론은 사헌부가 이루었다. 즉, 태조 원년 7월 20일 이성계가 즉위한 지 3일 만에 사헌부에서는 前朝 王씨를 外方에 移置할 것을 청하였는데, 이에 따라서 태조는 順興君 王昇과 그 아들 康은 국가에 공이 있으므로, 정양군 왕우와 그 아들 珇과 瑄은 前朝의 제사를 받들기 위하여 제외하고 나머지는 모두 강화와 거제에 分置하도록 조처[7]하였다. 대관의 언론이 곧바로 청납된 것은 그 문제가 왕권의 안정을 위해서도, 정치적인 안정을 위해서도 필요한 것이었기 때문이었다. 그러나 옛 세력의 반발을 누그러뜨리기 위해 꽤 온건하게 조처하였던 것이다.

한편 사헌부에서는 과거 이성계와 그 일파에게 불리하게 행동했던 反李派 세력을 숙청하는 작업에 착수하였다. 그 예를 보면, 門下贊成事(종1품) 金湊가 고려 말에 대사헌으로 있으면서 옛 귀족의 편에 섰고, 정도전을 請罪한 사실을 들어 그를 外方에 유배할 것을 청하여 결국 파직시켰고,[8] 또 태조 2년 정월에는 고려 말에 예문춘추관 學士 李行이 공양왕의 知申事로서 史官의 직을 겸하면서 李穡과 鄭夢周 편이 되어 이성계가 禑王·昌王·邊安烈을 죽였다고 사초에 기록하였다 하여 숙청하였다.[9]

---

7) 《太祖實錄》 卷1, 태조 원년 7월 己亥條.
8) 《太祖實錄》 卷1, 태조 원년 7월 乙巳條, "司憲府上疏曰 門下贊成事金湊 在前朝爲大司憲 極論李穡禹玄寶等罪 及其會群臣擬議之際 反以爲無罪 前後異議 且以奉化君鄭道傳直言抗疏爲造釁生事 再三請罪 其貪冒時勢 顚倒是非 至於如此 請收其職牒 流于外方 上只令罷職"
9) 《太祖實錄》 卷3, 태조 2년 정월 戊午年, "司憲府上言 前藝文春秋館學士李行 嘗爲恭讓知申事 職

그 뿐만 아니라 새 왕조에 대한 유언비어도 철저히 단속하고 있다. 태조 원년 9월에 대간은 李扶와 許晐 등이 이성계에게 불리한 妖言을 퍼뜨려 衆心을 의혹케 하였다 하여 탄핵하였고, 태조는 곧 이부와 허해를 외지로 유배케 하였다.[10] 이처럼 새 왕조의 정치적 안정에 걸림돌이 되는 언동에는 곧바로 처벌이 가해졌던 것이다.

그러나 아직도 정치적으로 불안한 요소는 말끔히 없어지지 않았다. 특히 온건하게 처리한 고려의 王씨와 遺臣들은 매우 불안한 존재로 남아 있었고, 왕권과 정치적 안정을 위해서 언젠가는 해결해야 할 문제였다. 그 기회는 태조 3년에 왔다. 즉, 東萊縣監 金可行과 鹽場官 朴仲質 등이 새 왕조의 안위와 왕씨의 운명을 밀양에 사는 맹인 李興茂에게 점을 친 사실이 드러났고, 여기에 參贊門下府事 朴葳가 관련된 사건이 일어났다.[11] 이 사건은 당시의 민심이 새 왕조의 장래에 대하여 의심할 정도로 정치적으로나 사회적으로 불안한 상태였음을 나타내고 있다. 이 사건이 일어나자 李興茂를 압송하여 신문할 때 臺諫·刑曹·巡軍萬戶府가 맡았고,[12] 곧 대간과 형조는 이 사건에 관여한 金可行·朴仲質·이홍무와 박위의 罪를 청하여, 박위를 제외한 세 사람은 모두 변군에 杖流[13]되었다. 그런데 이 사건은 역모의 혐의가 분명치 않으므로 박위의 건만 해결되면 일단락되는 셈인데 대간은 바로 그날 상서로써 왕씨의 제거를 청하고 있다.[14] 왕은 대간의 언론에 대하여 '不允'하였으나 그것은 왕씨 세력을 완전히 제거하기 위한 준비이기도 하였다. 대간의 왕씨 제거를 위한 언론은 정월부터 4월까지 계속되었다. 이제 그 분위기를

兼史官修撰 乃阿李穡鄭夢周 誣書我主上殿下殺辛禑辛昌及邊安烈 請收職牒 鞫問論罪 上允之"

10) 《太祖實錄》卷2, 태조 원년 9월 甲午條, "司憲府上疏曰……今李扶許晐等 不思殿下再造之恩 鼓扇妖言 以惑衆心 宣令臺省法官同巡軍 鞫問坐罪 上笑曰……乃流李扶于外 罷許晐職 諫官又上疏 以謂……今扶與晐 旣無心疾而敢爲妖言 以惑衆心 不可處之京城 乃流許晐"

11) 《太祖實錄》卷5, 태조 3년 정월 丙辰條.

12) 《太祖實錄》卷5, 태조 3년 정월 丙辰條 참조.

13) 《太祖實錄》卷5, 태조 3년 정월 庚申條.

14) 《太祖實錄》卷5, 태조 3년 정월 庚申條 참조.

살피기 위하여 그 내용을 필요한 것들만 뽑아 정리하면 다음과 같다.

① 태조 3년 정월 辛酉 臺諫刑曹同章上請 :
　李興茂·金可行·朴仲質 등을 鞠問하니 사건이 중대하므로 辭連人
　(朴葳) 등도 그 罪를 밝힐 것을 청하다(上은 朴葳는 復職케 하고, 仲
　質·可行·興茂는 邊郡에 杖流하다).

② 태조 3년 정월 乙丑 臺諫刑曹同章 :
　王康·王承寶·王承貴·朴葳의 罪를 논하고 그들을 서울에 거하게
　할 수 없다고 하다(不允).

③ 태조 3년 정월 己巳 臺諫刑曹同章 :
　왕강·왕승보·왕승귀·王鬲을 海島에 徙[流刑]할 것을 청하다
　(不允).

④ 태조 3년 2월 辛未 臺諫刑曹又同章 :
　왕강 등을 유배할 것을 청하다. (不允).

⑤ 태조 3년 2월 丙子 臺諫刑曹同章 :
　王和·王琚·僧 釋能도 金可行 등의 사건과 마찬가지로 不軌를 潛
　謀한 혐의가 있으니 臺諫과 法官으로 하여금 이들을 잡아 鞠問케 하
　여 그 罪狀을 밝히고 그 黨與도 뿌리를 뽑아 버릴 것을 청하다[臺
　諫·刑曹는 封章이 不允되매 모두 不仕하다. 왕은 이들을 불러 "'不
　允'한 것은 다만 深思하고자 함이니 視事(執務)하라"라고 말하다].

⑥ 태조 3년 2월 辛巳 臺諫刑曹狀啓 :
　왕화·왕거·석능·興茂·可行·仲質 등을 잡아 한 곳에서 對問
　[대질]할 것을 청하다(上께서는 대간·형조·巡軍 각 1명이 楊廣
　道觀察使와 함께 水原府에서 대문할 것을 명하다).

⑦ 태조 3년 2월 辛卯 臺諫刑曹上言 :
　왕강·왕격·왕승보·왕승귀 등과 그들의 妻孥弟姪을 海島에 徙할

것을 청하다(不允).

⑧ 태조 3년 2월 壬辰 臺諫刑曹同狀啓 :

恭讓君과 여러 王氏를 海島에 유배할 것을 청하다(不允).

⑨ 태조 3년 2월 癸巳 臺諫刑曹同章論 :

王氏와 朴葳의 罪를 논하다.

⑩ 태조 3년 2월 乙未 臺諫刑曹同章請 :

朴葳의 죄상을 밝힐 것을 청하다(不允).

⑪ 태조 3년 2월 丙申 臺諫刑曹同章上言 :

臺諫·法官으로 하여금 恭讓三父子를 잡아 법으로 처치하고, 왕강·왕격·승보·승귀는 그들의 同姓弟姪과 아울러 海島에 유배를 보내고, 江華에 付處한 왕씨도 해도에 유배하여 우환을 방지할 것을 청하다(不允) 〔대간과 형조는 모두 視事〔執務〕하지 아니하다. 왕은 康 등을 불러 이르기를, "卿 등은 국가에 공이 있어 貶例에 두지 않았으나 지금 대간의 疏를 不允하였더니 대간이 모두 視事하지 않으므로 부득이 따른다. 卿 등은 각기 貶所에 돌아가라. 나도 卿 등의 功을 잊지 않겠다"고 하고 곧 康은 公州에, 鬲은 安邊에, 承寶는 永興에, 承貴는 合浦에 유배하였다. 대간·형조는 이에 視事하다〕.

⑫ 태조 3년 2월 己亥 臺諫刑曹同狀上言 :

參贊門下府事 朴葳의 죄는 용서할 수 없다고 上言하다(不允).

⑬ 태조 3년 3월 庚子 臺諫刑曹偕進 :

朴葳는 용서할 수 없다고 하다(왕은 박위를 불러 이르기를, "예와 같이 執務하고 疑惑하지 말라. 비록 千萬人이 말하더라도 나는 의심하지 않으리라" 하다).

⑭ 태조 3년 3월 辛酉 諫官劾 :

박위를 탄핵하다(왕은 掌務를 불러 꾸짖고, 박위에게 視事를 명하다). 乙丑에 박위를 파직하다.

⑮ 태조3년4월 庚午 臺諫刑曹同狀 :

왕씨의 제거를 청하다(왕이 이르기를, "王瑀는 麻田에서 선조의 祭를 받들게 하였으니 아울러 논하지 말라"고 하다).

⑯ 태조3년4월 己卯 臺諫刑曹上疏 :

有司로 하여금 恭讓君 父子와 여러 王氏를 잡아서 모두 사형시킬 것을 청하다(疏留中).

⑰ 태조3년4월 癸未 臺諫刑曹進 :

전날의 請을 允許할 것을 청하다(왕은 都評議使司에 敎하여 王氏 제거에 관한 各司·閑良·耆老의 의견을 묻게 하다. 兩府·各司·耆老 등은 모두 왕씨를 盡去하여 후환을 없애야 한다고 하다. 오직 書雲·典醫·料物庫의 官員 등 10여 명이 海島에 유배함이 마땅하다 하므로 使司로 하여금 다시 논의하게 하였고, 사사에서는 衆議를 따르는 것이 마땅하다고 하다. 왕은 이에 따라서 傳旨하기를, "王氏의 처리는 各司의 實封에 따른다. 王瑀 3父子는 선조의 奉祀를 위하여 특별히 용서한다"고 中樞院 副使 鄭南晋과 刑曹 議郎 咸傅霖은 三陟에, 刑曹典書 尹邦慶과 大將軍 吳蒙乙은 江華에, 형조 전서 孫興宗과 僉節制使 沈孝生은 巨濟에 보내다. 4월 丙戌에 정남진 등은 삼척에 이르러 恭讓君과 그 두 아들을 絞殺하다. 4월 己丑에 손흥종 등은 왕씨를 거제 바다에 던졌고, 중앙과 지방에서 왕씨의 망한 자손을 찾아내 모두 죽이게 하다).

위에서 번거롭게 열거한 언관의 언론과 이에 대한 태조의 태도로써 그들의 의도를 가히 짐작할 수 있다. 이제 그 언론의 단계를 정리해 보면, 첫째 김가행 등이 왕씨의 운명을 점친 사소한 사건을 계기로, 왕씨(王族)들을 海島에 격리할 것을 주장하였다(① ~④).

둘째, 王和와 釋能 등의 사건을 김가행과 이홍무 등의 사건과 연결시켜 사건을 확대, 사태의 위험성을 강조하여 恭讓君과 왕씨들을 海島에 격리할 것을 주장, 드디어 王康 등을 유배시키는 데 성공하였다(⑤~⑧, ⑪).

셋째, 朴葳를 계속 탄핵하여 겨우 파직시키는 데 성공하였다(⑨~⑩, ⑬~⑭).

넷째, 공양군과 여러 왕씨를 완전히 제거[殺害]할 것을 주장하였다(⑮~⑯).

다섯째, 都評議使司로 하여금 各司·閑良·耆老 등의 興論을 묻게 하여 衆議를 따르는 체하며 공양왕 부자와 여러 왕씨들을 살해하는 데 성공하였다(⑰).

대간과 형조는 김가행·이흥무 등의 사건을 왕씨 세력과 결부시켜 왕씨 세력을 제거하는 데 구실[15]로 삼았고, 계속적인 언론을 통해 사건을 확대하여 왕씨 제거가 불가피하다는 여론을 환기·고조시킨 다음 왕씨 세력을 완전히 숙청했던 것이다. 왕씨 제거는 집권층 공동의 과제였으나 여론의 반발을 피하기 의하여 언관의 언론을 통하여 여론을 환기시킬 필요가 있었던 것이었다. 왕의 계속적인 不允도 실은 여론을 고조시키기 위한 의도에서 비롯된 것이었다. 계속적인 不允으로 언관이 모두 집무를 거부하면 이에 마지 못하는 듯이 왕씨들을 유배 보냈고, 언관의 계속되는 언론에 마지 못하는 듯이 都評議使司르 하여금 여론을 조사하게 하고, 여론이 그러하기 때문에 마지 못하는 듯이 왕씨들을 제거해 버린 것이다. 언관의 왕씨 제거를 위한 언론이 태조의 의지와 일치된 것이었음은, 內竪 李萬과 世子賢嬪 柳氏의 사건을 규명할 것을 언론한 대간과 형관을 모두 유배 보낸 바 있는 태조로서,[16] 왕씨

---

15) 만약 金可行·朴仲質·李與茂 등의 사건이 언관들이 주장하듯이 大逆에 관계되는 것이라면 그들을 邊郡에 유배하는 것으로 그칠 것이 아니라 극형에 처했을 것이고, 이 사건에 관련된 朴葳가 아무리 훌륭한 인물이라 해도 大逆에 관계되었다면 태조가 그처럼 옹호했을 리 없다. 결국 계속되는 탄핵으로 파직은 되었으나 다른 罰責이 없었던 것을 보면 비록 박위가 김가행 등을 보내서 占을 친 것이 사실이라 해도 그것이 곧 왕씨 세력과 결탁한 것이라고는 말하기 어렵다. 생각하건대 김가행 등의 사건은 왕씨 세력을 제거하는 구실로 이용한 것이었고, 김가행과 박위 등은 왕씨 세력을 제거하는 과정에서 희생된 것으로 볼 수 있겠다.

제거를 위한 언관의 언론이 시작되어 왕씨가 완전히 숙청되기까지 태조는 한 번도 언관에 대하여 좌천이나 유배시킨 일이 없다는 사실로 명확해진다. 태조 때의 언관은 집권자들 공동의 과제인 왕권의 확립과 정치적 안정을 위한 언론에 종사하였음을 볼 수 있다.

그러나 태조 말에 이르면 왕과 개국공신의 이해 관계는 일치하지 않게 되고 따라서 서로 알력이 일어나게 되었다. 왕권을 강화하려면 비대해진 개국공신의 세력을 꺾는 것이 필요하게 되었다. 그리하여 방원이 이른바 1차 왕자의 난을 일으켰고, 그 결과 鄭道傳·南誾·沈孝生·張至和·吳蒙乙 등 개국공신들이 살해되었다. 그러면 이와 같은 상황 아래서 과거 왕권과 개국공신의 이익을 대변하던 언관의 움직임은 어떠하였는가?

태조 7년 1차 왕자의 난이 일어난 당시는 언관 가운데 개국공신은 거의 교체된 상태였고, 언관 출신의 張至和와 沈孝生도 피살되었다. 그러므로 개국공신과 언관의 이해 관계는 일치하지 않게 되었으며, 언관의 구성도 그 전과 다르게 되었다. 이제 언관은 개국공신을 위하여 언론하기보다는, 왕권의 안정을 위한 언론을 택하게 되었다. 그리하여 언관들은 정도전·남은·심효생 등의 家産을 籍沒할 것을 청하였고,[17] 오몽을을 極刑에 처할 것을 청하였으며,[18] 남은 등의 黨與를 뿌리 뽑을 것을 청하는[19] 등의 언론을 하고 있다. 그러나 이 시기의 언관의 권위가 자유로운 언론을 보장받을 수 있는 정도로 확립되어 있지는 못하였다. 대간의 정치적 지위는 都評議使司에는 견줄 수 없는 것이었으며, 왕권을 제재할 만큼 그 권위가 강대한 것은 못 되었다. 그리하여 정치적 안정에 도움이 되고 국가의 이익에 일치되며, 왕권에 영합하는 언론은 대개 용납되고 있으나, 왕권에 손상이 되거나 왕의 의지에 반하는 언론에 대해서는 강력한 압력이 가해지고 있는 것을 볼 수 있다.

---

16) 《太祖實錄》卷3, 태조 2년 6월 癸巳·乙未·丙申·丁酉條.
17) 《太祖實錄》卷15, 정종 즉위년 9월 庚寅條.
18) 《太祖實錄》卷15, 정종 즉위년 10월 壬子條.
19) 《太祖實錄》卷15, 정종 즉위년 10월 乙巳條.

개국 이후 언관들이 가장 크게 화를 입게 된 것은 태조 2년 6월의 사건이었다. 즉, 6월 癸巳에 內竪 李萬을 伏誅되고 世子嬪 柳氏를 私第로 내쫓아 돌려보낸 사건20)이 일어났는데 이에 대하여 3省(臺諫·刑曹)에서는, 國人들이 의혹함이 없도록 이 사건을 철저히 규명할 것을 상언하자, 태조는 노하여 右散騎常侍 洪保, 左拾遺 李愷, 司憲中丞 李堣, 侍史 李原, 刑曹正郎 盧湘을 巡軍에 하옥시켰고,21) 다음날 또 左諫議 李湜, 右諫議 閔汝翼, 直門下 鄭擢, 起居注 李之剛, 右補闕 尹將, 右拾遺 王褘, 刑曹典書 李舒, 議郎 趙思義, 崔士儀, 左郎 閔思正, 兼司憲中丞 朴苞, 雜端 秦瓊, 李致, 參臺監察 柳善 등을 순군에 하옥시키고 鄭熙啓와 南誾 등에게 鞫問할 것을 명하였고,22) 다음날 홍보·이수·윤장·진경·이치·최사의·조사의·왕비는 그들의 고향으로 유배되었고, 이원은 竹林으로, 노상은 全羅軍營으로, 이조는 角山으로 유배되었으며, 이서·박포·민여익·정탁·이황·이지강 등은 공신이므로 私第로 돌아가게 하였다.23) 태조는 外人이 알 바 아닌 왕실의 私事를 대간과 형조가 妄論한 것이라고 말하고 있으나,24) 군주의 사생활까지도 언론하는 것이 임무인 언관으로서는 마땅히 들추어내서 밝혀야 될 문제였다.

그러나 그와 같이 강경한 조처를 하기에 이른 것은 초창기에 왕실의 권위, 왕권의 확립을 의식한 때문이라 하겠다. 6명의 공신(개국공신 4명, 原從功臣 2명)은 유형은 받지 않았으나 이들에게도 상당한 충격을 입힌 것이었고, 유배된 11명 가운데 李原과 李致를 제외한 사람들 거의가 다시는 정계에 서용되지 못하고 사라진 것을 보면 이 言論被禍 사건은 개국 초 최대 언론피화 사건이며, 또한 왕권강화를 위한 언론[言官] 탄압이란 혐의를 면하기 어렵다. 그것은 왕씨 세력을 제거하기 위한 언론을 계속하던 언관에게 한 번도

20) 《太祖實錄》卷3, 태조 2년 6월 癸巳條.
21) 《太祖實錄》卷3, 태조 2년 6월 乙未條.
22) 《太祖實錄》卷3, 태조 2년 6월 丙申條.
23) 《太祖實錄》卷3, 태조 2년 6월 丁酉條.
24) 《太祖實錄》卷3, 태조 2년 6월 丙申條, "先時 上謂左侍中趙浚 右侍中金士衡曰 宮中小竪嬪媵黜罰 我家私事 非外人所得知也 今臺諫刑曹妄論是事 必外人妄自生疑 傳相聚議 非獨此輩之意也"

노하거나 좌천·유배시킨 일 없이 왕씨 세력만이 완전히 제거된 사건과 너무나 대조가 된다. 왕권의 강화를 위하여 태조는 언관의 협력을 받았으나 왕권을 손상시키는 언론에 대해서 강력한 압력을 가했던 것이다.

태조 때의 언관의 언론은 왕권의 압력을 받아 활발하지 못하였다. 그 한 예를 보면, 태조 5년 7월 丙寅에 諫官들은 築城의 役을 정지할 것을 상서로 청하였는데, 이에 대하여 태조는 이를 책하여 이르기를,

> 都邑에 城이 없을 수 없는데 굳이 諫하는 것은 어찌된 것인가? 너희는 집에 돌아가 명을 기다리라.[25]

고 하고, 간관에게 모두 정직을 명하였다. 그 10일 뒤에 태조는 都評議使司로 하여금 각 도의 군인을 징발하여 築城을 마칠 것을 명령하면서 그 가부를 물으니, 贊成事 이하가 모두 흉년을 이유로 반대하였으나 이에 구애되지 않고 감행[26]하여 같은 해 9월 己卯에 築城役을 마쳤다.[27] 그 동안에 언관들은 待命 상태에 있었고 약 반년이 지난 12월에야 대간의 집무를 명하였던 것이다.[28]

이와 같은 조치는 언관의 언론을 크게 위축시키는 결과를 가져올 수밖에 없었다. 언관은 신분을 보장받지 못하고 대수롭지 않은 일로도 정직되기 일쑤였다.[29] 이러한 상황에서 언관의 언론이 활기를 띤다는 것은 기대할 수

---

25) 《太祖實錄》卷10, 태조 5년 7월 丙寅條.

26) 《太祖實錄》卷10, 태조 5년 7월 丙子條, "上命都評議使司 徵發各道軍人 畢築都城 問其可否 贊成事以下 皆曰否 上召問之曰 予移都城郭幾成矣 其於畢築之役 皆曰否 何哉 如此則予豈移都於此乎 三司右僕射禹仁烈 對曰 臣等之曰否 非謂其永不築城 姑待豊年矣……上曰 予已命各道觀察使 給築城赴役之糧 參贊門下府事安翊 對曰 臣等未知已 有給糧之令以爲否 臣等皆有罪焉 上聞翊言 怒稍弛 命賜酒遣之"

27) 《太祖實錄》卷10, 태조 5년 9월 乙卯條.

28) 《太祖實錄》卷10, 태조 5년 12월 乙巳條.

29) 태조 6년 11월에 諫官이 繕工監 鄭蘭의 起復依貼을 不署한 일이 있다. 이에 태조는 해당 署經의 掌務였던 拾遺 黃喜를 불러 不署한 까닭을 물으니, 황희는 선공감의 職이 要務가 아니기 때문이라고 대답하였다. 그러나 왕은 그 처사가 不公한 것이라고 황희를 停職시키고 있다《太祖實錄》卷12, 태조 6년 11월

없는 일이었다. 그리하여 태조 7년 5월에 知中樞院事 李至는 간쟁을 받아들이고 언로를 열어 줄 것을 청하는 상서에서 당시의 언론 상황을 말하기를,

> 지금 諫臣은 소외되어 殿下의 得失과 民情의 편안함과 조심을 上達할 수 없습니다.[30]

라고 하였다. 당시 언관들은 원만한 언론 활동을 할 수 없었다는 것을 짐작할 수 있다.

二. 定宗朝의 言官言論과 王權

정종은 재위 2년 2개월에 그쳤고, 또 방원의 영향이 큰 시기였다. 비록 왕위는 정종이 이어받았으나 두 차례의 '왕자의 난'을 통하여 개국공신의 세력을 꺾고 태종(방원) 중심의 왕권을 준비하는 시기였다. 정종 때는 언관 안의 개국공신의 세력은 자취를 감추었고, 따라서 언관과 개국공신과는 그 이해가 일치하지 않았다. 이 시기에 언관은 개국공신을 위해서가 아니라 왕권의 강화를 위하여 언론을 행사하고 있는 것이다. 이제 그 실례를 찾아 검토해 보도록 한다.

정종 2년 4월에 단행한 私兵革罷는 공신과 종실 세력을 약화시키고 왕권

丁丑條). 황희의 태도는 정직을 당할 정도로 부당한 것은 아니었고, 비록 잘못되었다 하더라도 이의 시정을 종용할 수드 있었을 것인데 즉석에서 '汝勿視事'라 命하였던 것이다. 또 태조 7년 4월에 兼書雲注簿 金恕가 月蝕을 추산하면서 실수한 일이 있었는데 김서에 대한 탄핵이 늦어졌다 하여 관계되는 간관의 정직을 명하고 있다〔辛卯에 月蝕이 있다고 추산하였는데 不蝕하였고, 그 2일 뒤인 癸巳에 탄핵하고 있다 《太祖實錄》卷13, 태조 7년 4월 辛卯·癸巳條). 당시 사헌부는 有故로 집무를 하지 않았고 간관이 2일 늦게 탄핵을 하였는데, 즉각 탄핵하지 않았다고 정직을 명한 것은 언관에 대한 지나친 처사였다.

30) 《太祖實錄》卷14, 태조 7년 5월 丙戌條, "上閱兩府上書……一, 納諫諍開言路 書曰 木從繩則聖 后從諫則聖 古先哲王聖不自聖 置諫臣於左右 一動一靜 莫不規諫 而從之也如流 今也諫臣疏外 殿下之得失 民情之休戚 無自而得達 願使諫臣 輪番日侍 言無不聽 則下情上達 無雍蔽之患矣"

을 강화하기 위한 조처였다. 당시 대간은 京外의 사병과 軍器를 삼군부에 귀속·접수하는 과정에서 이 일을 주관하는 위치에 있던 參判三軍府事 趙英茂(개국공신 3등), 參贊門下府事 趙溫(개국공신 등), 知三軍事 李天祐(佐命功臣 2등) 등이 그 사무를 충실히 이행하지 않았을 뿐 아니라, 왕명[私兵革罷令]을 따르지 않고 사병을 기르고 不惻을 꾀하였다고 하여 조영무, 조온, 이천우 등을 여러 차례 탄핵하였다.31) 그러나 정종이 윤허하지 않으므로 대간들은 언관의 책임을 다할 수 없다고 모두 辭表를 올리자 정종은 당황하여 곧 세자(방원)를 불러 그 대책을 물으니, 세자는 간관의 언론은 따르지 않을 수 없다고 답변하였다. 이에 따라 정종은 대간에게 환직을 명하였고 조영무는 유배, 李天祐와 趙溫은 파직하기에 이르렀다.32) 즉, 사병혁파에 비협조적인 공신세력을 제거하는 데 언관이 선봉이 되었고, 언관의 언론은 방원의 지지를 받았던 것이다. 즉, 이때 언관의 언론은 왕권강화를 위하여 이루어지고 있음을 볼 수 있다. 따라서 대간은 한 명도 징계되지 않았고 모두 환직되었다. 그러나 한편 대간의 이와 같은 언론은 왕권(특히 방원)의 압력 또는 조종을 받았을 가능성도 배제할 수 없다. 어쨌든 위의 경우는 왕권강화를 위하여 언관의 언론이 제공되고 있는 것은 분명한 사실이다.

정종 2년 7월 太上王(태조)은 參贊門下府事 趙溫, 東北面都巡問使永興尹 李茂, 西北面都巡問使平壤尹 趙英茂가 '1차 왕자의 난' 때 率軍內應함으로써 자기(태조)에 대하여 배은망덕·불충하였다 하여 왕(정종)에게 이들을 처벌하도록 압력을 가하였고, 이에 따라 이들은 完山·江陵·谷山 등지로 유배되었다.33) 이때 대간과 형조에서는 이무·조영무 등을 조정으로 소환할 것을 거듭 청하였으나 왕이 받아들이지 않으므로 낭사(간관)와 형조는 모두 상서사직하기에 이르렀다.34) 태상왕(태조)의 압력으로 1차 왕자의 난

---

31) 《定宗實錄》 卷4, 정종 2년 4월 癸丑條.
32) 《定宗實錄》 卷4, 정종 2년 4월 癸丑條 참조.
33) 《定宗實錄》 卷5, 정종 2년 7월 乙丑條.
34) 《定宗實錄》 卷5, 정종 2년 7월 乙丑條 참조.

을 성공시키는 데 크게 이바지한 조영무·조온 등을 유배시킨다는 것은 그
난으로 말미암아 왕위와 세자위에 오른 정종과 방원의 의지와는 반대되는
것이었으며, 또 태상왕의 그와 같은 압력은 왕권강화에 역행하는 것이었다.
대간이 조영무 등을 소환할 것을 요청한 것은 결국 왕권의 강화를 위한 것이
었지만 정종은 부왕의 命을 거역할 수 없어 대간 등의 요청을 따르지 않았을
뿐이었고, 따라서 그들이 상서사직하는 데 이르러서는 환직할 것을 명했던
것이다. 대간이 앞서 4월에 사병혁파와 관련하여 조영무 등을 탄핵한 일과,
7월에 조영무 등의 還朝를 요청한 것 등은 현상적으로는 정반대의 상황이지
만 결과적으로는 모두 왕권강화를 위한 언론 활동이라고 하겠다.

　언관의 언론이 왕권에 약간 저촉되더라도 징계를 당하지 않은 경우도 있
다. 그 한 예는, 정종 원년 5월에 문하부(낭사)에서 올린 時務 10事에 '擊毬之
戱'를 정지할 것을 건의하면서, 그 건전하지 못한 격구를 태조가 받아들였
다고 그 허물을 태조에게까지 돌리게 되자 정종은 심히 노하여 掌務인 起居
注 朴竪基에게 정직을 명하였다.[35] 그러나 대사헌 趙璞이 '낭사(간관)의 極
諫은 그 직무'라고 상언하자, 정종은 박수기에게 視事[집무]를 명하고 있
다.[36] 이와 같은 사례는 언관의 언론이 어느 정도 용납되고 있는 것을 보여
주고 있다. 그러나 일반적으로 왕의 의지에 반하는 언론은 징계를 받았던 것
이다.[37] 정종 때도 언관은 활발히 언론을 할 수 있는 분위기를 얻지 못하였다.

---

35) 《定宗實錄》卷1, 정종 원년 5월(庚午～乙酉條) 참조.
36) 《定宗實錄》卷1, 정종 원년 5월(庚午～乙酉條) 참조.
37) 《定宗實錄》卷2, 정종 원년 9월 辛未條에 보면, 芳幹의 妻男인 司憲雜端 閔公生이 公務遺棄로 郎舍
　　(諫官)의 탄핵을 받았는데, 방간이 왕에게 부탁하여 再執務를 하게 하자 간관들은 다시 탄핵을 하였다. 왕
　　은 다시 公生을 불러 本職에 돌아갈 것을 명하였으나, 낭사는 다시 공생을 탄핵함으로써 왕을 노하게 하
　　였고, 결국 掌務인 右拾遺 卓愼을 巡軍當直員에게 명하여 그의 집으로 押送하고 정직을 시켰고, 門下
　　府郎舍(간관)들은 모두 좌천시키고 있다(그 6일 뒤인 정종 원년 9월 丁丑條에도 관계기사가 있다).

三. 太宗朝의 言官言論과 王權

태종은 그가 즉위하기 전에 ① 1·2차 왕자의 난, ② 都評議使司의 혁파, ③ 私兵의 혁파 등을 통하여 개국공신의 기세를 꺾었고 왕권강화를 위한 정지작업을 거의 완성시켰으며, 즉위한 뒤에는 議政府署事 제도에서 6曹直啓制로 개혁하여 왕권강화를 위한 제도적 뒷받침을 굳게 하였다. 이와 아울러 언관에 대해서도 强硬·彈壓으로 일관하여 그의 전제적 성격을 드러내었다. 문하부 낭사로부터 사간원의 독립도 결코 언관 기능의 강화를 위한 것이 아니라 약화를 뜻하는 것이라 하겠다.38)

1. 言官(言論) 탄압

태종은 그의 施政 말년인 재위 18년 정월에 신하들과 말하는 가운데,

> 政權이 모두 臺諫에게 돌아가는 것은 마땅치 않으나 대간이 권력이 없는 것은 또한 마땅치 않다. 지금 이와 같은 세상을 당하여 대간이 권력이 없으면 貪暴한 者들을 制御할 수 없다.39)

고 하고 있다. 대간의 권력이 왕권을 압도하는 것은 옳지 않으나 부정한 관리, 왕권을 위협하는 세력을 제거·억제하기 위하여 대간에게 상당한 권한을 부여하는 것은 필요한 것으로 보고 있다. 즉, 정치 안정과 왕권의 확립을 위하여 대간은 필요한 것으로 태종은 인식하고 있다. 그러나 태종은 그의 재

---

38) 門下府는 1품 衙門인데 사간원은 3품 아문으로 아문의 格이 떨어졌고, 문하부 낭사는 11명이었는데, 사간원의 관원을 7명으로 간관의 수도 줄어들었으며, 더욱이 언관의 언론을 탄압하던 태종 초에 이루어진 것이니 간관 기능의 강화를 위한 것이라고는 볼 수 없다.

39) 《太宗實錄》 卷35, 태종 18년 정월 己巳條, "申禁風聞彈劾……上曰不然 政權不當盡歸臺諫 臺諫亦不當無權 今當此世 臺諫無權 不能制貪暴"

위 기간 동안 언관의 언론 활동에 대하여 탄압으로 일관한 것을 볼 수 있다.

언관은 그들의 직책인 언론으로 말미암아 被罪되는 경우를 많이 볼 수 있다.[40] 언관의 언론은 때로 착오가 있을 수 있고, 왕의 의지에 반대되는 경우도 있을 수 있다. 만약 언론이 공정성을 잃었다면 被罪되는 것도 당연하지만, 언관의 언론이 지나치더라도 우용하는 것이 군주의 미덕으로 삼는 유교 정치 아래서 지나친 징계는 언론 탄압이라 하겠다. 그 실례를 들어 살펴보면, ① 태종 17년 6월에 전직(3년 전)과 현직의 3省(臺諫·刑曹) 관원에게 모두 '贖杖 80'에 처하고 職牒을 거둔 일이 있다. 그 사유는 전·현직의 3성이 黃丹儒 자손과 朴松庇 자손 사이의 奴婢爭訟을 辨正함에 공정하지 못하였다는 데 있었다.[41] 이때 3성이 모두 被罪·懲戒된 것은 그들의 변정이 공정을 잃었기 때문이므로, 비록 과격한 징계라도 언관에 대한 탄압이라고 비난할 수만은 없다. 그러나 ② 태종 15년 5월에 대관 전원에 대하여 '杖徒'시킨 일은 경우가 다르다. 그 사유를 보면 불충한 발언을 한 閔無悔와 廉致庸에 대하여 6조·의금부·승정원·사간원에서는 법률에 따라 처벌할 것을 청하였으나, 風憲官인 사헌부에서는 그 사건을 미리 探知하지 못하여 請罪할 시기를 놓쳐 뒤에 상언하면서 변명을 하였다는 것이며, 또 奴婢相訟事는 일의 실상을 조사하지 않고 戶曹佐郎 河之溟의 죄만을 청하는 등 憲官으로서 그 직무를 충실히 다하지 못했다는 것이다.[42] 그리하여 대사헌 李垠은 '杖 80'에 '徒 2년', 執義 李有善과 掌令 姜宗德·鄭之廉, 持平 金益濂은 '杖 70'에 '徒 1년 반', 琴柔는 '贖杖 60에' 처벌되었다.[43] 대관들이 비록 임무를 충실히 이행하지 못한 것은 인정되나 이 경우에 그와 같은 징계는 언론 탄압의 혐의를 면할 수 없는 것이다. 그러면 태종은 언관을 어떻게 탄압하였는가? 이제 그 실례를 통하여 그 당시의 분위기를 살펴보도록 하겠다.

---

40) 이 책의 〈Ⅲ. 集賢殿官의 言官化〉 가운데 '三. 언관화의 필요성' 참조.
41) 《太宗實錄》 卷33, 태종 17년 6월 癸巳·丙申條.
42) 《太宗實錄》 卷29, 태조 15년 5월 庚子條.
43) 《太宗實錄》 卷29, 태종 15년 5월 癸卯條.

태종 원년 7월 사간원에서 토목공사를 정지할 것을 疏請하였다가 태종의
노여움을 사서 左司諫 尹思修 등이 巡軍에 하옥된 일이 있다.[44] 이때의 토목
공사가 궁실의 영건이었으므로 왕과 직접 관계되는 일이기는 하지만 간관
으로서는 언론할 수 있는 내용이었다. 비록 功臣과 大臣 등의 泣涕懇請으로
용서를 받기는 하였으나 언관으로서 당연히 할 수 있는 언론에 대하여 곧바
로 압력을 가한 것은 언론[言官]에 대한 강경·강압의 조짐이 태종 원년부
터 보이고 있는 것이다.

태종 3년 11월에 사간원에서 府·州·郡·縣의 號를 정할 것을 소청하였
는데, 사헌부에서는 사간원의 그와 같은 소청은 사간원의 직임(간쟁과 논박)
에 어긋나는 것이라 하여 간관들을 탄핵하였다. 태종은 이 일을 3府에 내려
논의하여 보고하게 한 결과, 3府에서는 간관의 언론이 비록 직분에 벗어난
것이라 하여도 그들에 대하여 收職·鞫問을 청한 것은 지나친 論罪이고, 관
계되는 간관에 그치지 않고 그들 모두를 탄핵한 것은 마땅하지 못한 처사라
는 결론을 내렸다. 이에 태종은 사헌부의 탄핵이 지나친 것이라 하여 憲官을
모두 파직하고 간관도 부당한 소청을 하였다 하여 아울러 外官으로 좌천을
시키고 있다.[45]

앞에서 보았듯이[46] 사헌부와 사간원의 직무는 제도에서는 엄연히 구별
되어 있으나, 실제에서 특히 언론 활동에서는 구별할 수 없는 것이었다. 즉,
간관은 간쟁만을 한 것이 아니라 탄핵과 시정에 관한 언론을 폈던 것이고,
대관은 탄핵만을 행한 것이 아니라 간쟁·시정 관계의 언론을 하고 있었던

---

44) 《太宗實錄》卷2, 태종 원년 7월 庚戌條, 諫院에서 土木之役을 정지할 것을 請하는 상소를 보고 태종
이 이르기를, "宮室을 헐[毁] 때 卿 등은 말이 없다가 지금은 工役을 중지시키고자 하니 卿 등은 나를 露
宿시키고자 하는가? 나는 당장 漢都로 돌아가겠으니 書雲觀으로 하여금 출발일을 택하여 아뢰라"고 하
였다. 大臣들이 왕의 노여움을 풀고자 했으나 왕은 도리어 간관들을 巡軍獄에 가두었다. 河崙(領司平)·
金士衡(左政丞)·李茂(右政丞) 등은 간관들을 하옥하는 것은 古道가 아니라고 석방을 청했으나 허락하
지 않더니 功臣과 대신들의 泣諫에 못 이겨 간관들을 용서하게 되었다.
45) 《太宗實錄》卷6, 태종 3년 11월 壬戌條.
46) 이 책의 〈Ⅰ. 臺諫制度의 성립과 그 기능의 분석〉 참조.

것이다. 위에서 사헌부의 간관에 대한 탄핵은 비록 지나친 것이긴 하지만 법제로 보면 간관의 직무가 간쟁·논박인데, 이에 벗어난 언론을 하였으므로 대관은 간관의 언론을 越職으로 보고 탄핵할 수도 있는 일이요, 간관의 직분은 법제로는 '간쟁'과 '논박'이나 실제로 어떠한 언론이든 펼 수 있었으므로 간관이 부·주·군·현의 이름을 정할 것을 소청한 것은 월직으로 보지 않을 수도 있다. 만약 태종이 언관의 언론을 너그러이 대하는 처지에 섰다면 대관의 파직도, 간관의 좌천도 없이 이 사건을 넘길 수 있었을 것이나, 결국 간관 두 편에 모두 징계를 가하고 있는 것이다.

그 뿐만 아니라 언관은 문제되지 않을 언른에도 유형을 당하기도 하였다. 태종 8년 12월 巡禁司에서 모반의 죄로 체포된 睦仁海가 凌遲處死로 단죄되었고, 市街에서 형을 집행하라는 명이 내려졌으나, 처형에 임박해서 대간은 처형을 연기할 것을 청하였다. 태종은 그 獄事의 鞫問에 함께한 대간이 그 처형을 늦출 것을 청하였다 하여 대사헌 孟思誠을 비롯하여 대간을 巡禁司에 하옥하였고,[47] 곧이어 대사헌 孟思誠은 '杖 100'하고 鄕校의 종으로 삼았고, 右正言 朴安臣은 盈德에 유형하였으며, 그 나머지 대간들은 모두 석방하였으나[48] 대간에 대한 전면적인 인사(교체)가 이루어지고 있다.[49] 대간은 탄핵도 할 수 있을 뿐 아니라 형의 신중을 기하기 위하여 형의 집행을 늦출 것을 언론할 수도 있는 것인데, 그와 같은 언론이 못마땅하다 하여 대간을 유배·개차하는 태종의 처사는 언관의 활동에 대한 지나친 압력이 아닐 수 없다.

태종 8년 12월 司憲執義 卓愼 등은 睦仁海 사건과 관련하여 趙大臨의 罪를 청하였다가 태종의 노여움을 입어 대관이 모두 巡禁司에 하옥되었고,[50] 탁신은 '杖60 羅州付處'의 형을 받았다.[51]

---

47) 《太宗實錄》 卷6, 태종 8년 12월 辛巳條.
48) 《太宗實錄》 卷16, 태종 8년 12월 乙酉·戊子條 참조.
49) 《太宗實錄》 卷16, 태종 8년 12월 乙酉·戊子條 참조.
50) 《太宗實錄》 卷16, 태종 8년 12월 戊戌條.

태종 9년 4월에도 대관은 趙大臨(태종의 사위)의 군사권을 박탈할 것을 언론하였다가 執義 柳思訥은 安岳에, 掌令 金士文은 晉州에, 持平 趙瑞老는 昌原에, 持平 林仁山은 陽城에 유형되었다.[52]

태종 3년 11월에 判中樞府事 趙英茂를 탄핵하다가 掌令 金汝知는 巡禁司에 하옥되었고, 대사헌을 비롯한 모든 대관들이 집에서 待罪[53]한 일이 있다. 또 태종 7년 7월에 3성(대간과 형조)에서 閔無咎·閔無疾(太宗妃의 동생) 등과 관련 있다 하여 趙璞 이하 5명에 대하여 請罪하다가 도리어 태종의 노여움을 사서 3성의 관원이 모두 巡禁司에 하옥되었다가 귀가 조처를 받았으며,[54] 곧이어 대간·형조는 모두 파직되었다.[55] 태종은 대신이나 왕친(또는 姻戚)에 관한 언론을 강력하게 막았을 뿐 아니라, 언관에 대하여 심한 징계를 내렸던 것이다.

위에서 열거한 예를 기억하면서 당시의 언론의 분위기를 더듬어 보자. 태종 8년 11월에 司憲執義 鄭守弘 등은 河崙이 閔無疾의 黨이라 하여 탄핵하다가 대관이 모든 外方에 유형되었다.[56] 이때 의정부에서 대관의 유형을 풀어 줄 것을 청하였고, 이에 힘입어 左司諫大夫 柳伯淳 등이 대관을 석방할 것을 소청하는 가운데,

전날에 간관은 言事가 違忤하다고 하여 遐方에 竄謫되었고, 지금 憲司는 또

---

51) 《太宗實錄》卷17, 태종 9년 정월 乙巳條.

52) 《太宗實錄》卷17, 태종 9년 4월 甲戌條.

53) 《太宗實錄》卷6, 태종 3년 11월 乙亥條에 보면, 이날 새벽에 왕의 幸次를 위하여 司憲府는 각 司의 앞에서 도로 왼쪽에 侍立하고 있었는데, 趙英茂가 騎馬하고 지나가므로 憲司에서는 趙를 탄핵하였다. 태종은 趙를 불러 下馬하지 않은 연유를 물으니, 趙가 대답하기를 날이 아직 밝지 않아 憲司가 시립한 것을 몰랐다고 하였다. 어쨌든 대간의 탄핵은 당연한 것이었는데 오히려 왕은 노하여 大臣을 경솔하게 탄핵하였다 하여 대간들을 징계하였고, 조영무에 대해서는 시사를 명하고 있다. 이는 개국공신이요, 대신인 趙에 대한 특별한 대우인 반면, 대간에 대한 壓力으로 볼 수 있다.

54) 《太宗實錄》卷14, 태종 7년 7월 庚辰條.

55) 《太宗實錄》卷14, 태종 7년 8월 甲申條.

56) 《太宗實錄》卷16, 태종 8년 11월 乙巳條, “流司憲執義鄭守弘于羅州 掌令許謨于樂安 持平鄭欽之于長興 李有善于順天”

한 언사로써 東西에 유배되어 몇 旬 안에 대간의 竄逐이 길을 이었으니 평화로
운 때의 좋은 일이 아님을 두려워합니다.[57]

고 하였다. 위에서 든 諫官의 竄謫은 같은 하 10월에 대사헌 朴블 등이 직책
을 다하지 못하였다(閔無疾의 罪를 緘默한 일)고 사간원에서 대관을 탄핵하
다가 태종의 노여움을 사서 간관이 모두 金海·興海·盈德·東萊·泗川 등
海郡으로 유배된 일을 가리키는 것이다.[58] 이처럼 태종은 언관의 언론에 대
하여 강경하게 탄압하여 언관들은 두려워 감히 언론을 펴지 못하다가 의정
부의 간청으로 태종의 노여움이 풀어진 뒤에 비로소 상소를 올렸던 것이다.
史官은 이때의 분위기를,

　　처음 상께서 노하여 臺員을 下獄하고 채찍질[箠楚]을 하였다. 간관은 두려
　　워 감히 언론하지 못하였다.[59]

고 하였다. 대관에게 채찍질을 가하고 유배를 흔한 일로 시키는 분위기에서
공정한 언른이 이루어지기는 기대할 수 없는 것이었다. 河崙도 그를 彈劾하
다 被罪된 대관을 방면해 줄 것을 청하면서,

　　국가(朝鮮)가 창업한 이래 刑을 받지 않은 言官이 없습니다. 지금 臣의 일로
　　대원을 杖問하니 신의 놀랍고 두려움이 어찌 말로 다할 수 있겠습니까?[60]

---

57) 《太宗實錄》卷16, 태종8년 11월 乙巳條, "……臣等以謂 前日諫官 以言事違忤 竄謫遠方 今憲司
　　亦以言事 分配東西 數旬之內 臺諫竄逐 絡繹于道 恐非明時之美事"
58) 《太宗實錄》卷16, 태종8년 10월 丙戌條.
59) 《太宗實錄》卷16, 태종8년 11월 乙巳條, "初上怒 下臺員于獄 加以箠楚 諫官懼不敢言 及聞政府申
　　救切至 上怒頗解 乃上疏"
60) 《太宗實錄》卷16, 태종8년 11월 乙巳條, "國家創業以來 言官無受刑者 今以臣之故 乃杖問臺員 臣
　　之驚恐 何可勝言"

라고 하고 있다. 개국 이래 형을 받지 않은 언관이 없을 정도로 언관은 계속 탄압을 받았던 것이다. 태종이 啓事에 入參한 左司諫 柳伯淳에게 언론을 삼가서 하라고 이르는 가운데,

> 재위 8년 동안 대간이 진실로 義로써 나에게 언론[陳]한 것은 드물다. 宮室·土木·車馬·服玩之類로써 言論하면 이를 따르지만, 사냥과 酒色 관계로 언론하는 것은 사람의 부추김을 받는 것이니 나는 옳게 생각지 않는다.[61]

고 하고 있다. 宮室과 土木 관계의 언론은 따른다고 했지만 이미 보았듯이 그러한 언론에도 탄압을 가했던 것이니, 그 밖의 언론에 대해서는 가히 짐작할 수 있다. 그러한 분위기였으므로 그의 재위 18년 동안 언론다운 언론이 없었다는 것은 오히려 당연한 일이었다. 그러한 언론 탄압 속에서 언관들은 스스로를 보전할 수 없었고, 따라서 언관의·전면적인 인사이동이 거듭되었다.[62] 태종 때 자주 볼 수 있는 언관에 대한 좌천·파직·유형 등은 언관[言論] 탄압의 명백한 증거라고 하겠다. 또한 그것은 그러한 언론 탄압을 무릅쓰고 언관들은 언관으로서 자기 임무에 충실하려 노력하였음을 전해 주는 것이다.

2. 言論 封鎖

유교정치를 내세운 당시에 언관에 대한 가혹한 탄압은 군주의 미덕이 될 수 없었다. 따라서 왕권에 크게 거슬리지 않는 언론이면 언관을 크게 징계하지 않고, 다만 그 언론을 봉쇄하는 방법을 쓰기도 하였다. 태종은 여러 가지 방법을 동원하였다. 이제 그가 어떠한 방법으로 언론을 봉쇄하였는지 살펴

---

61) 《太宗實錄》卷16, 태종 8년 11월 辛亥條.
62) 《太宗實錄》卷17, 태종 9년 4월 甲戌條, "南在 對曰 近日臺省無有保全 臣竊惜之……在曰近者除拜臺諫屢矣"

보기로 한다.

첫째, 中官(內官)으로 하여금 언론을 上達하지 못하게 하는 방법이다. 그 예를 들어 보면, 태종 6년 윤7월에 대간이 여러 차례 李居易의 아들인 李伫의 告身을 발급하지 말 것을 청하였을 때, 태종은 代言(承旨)의 啓事를 금지시킴으로써 언론을 봉쇄하였고,[63] 태종 12년 3월에도 대간은 田獵에 扈從케 할 것을 청하여 여러 차례 입궐했으나 중관이 차단하여 뜻을 상달할 수 없었으며,[64] 태종 13년 2월에도 대간이 溫井行幸에 호종할 것을 계속 청하자 태종은 중관에게 入啓하지 말 것을 명함으로써 대간은 해가 기울도록 立庭하였으나 끝내 상달을 못 하였다. 그리하여 執義 金孝孫은, "대간의 언론이 이와 같이 상달되지 못하니 上德에 累가 될까 두렵다"면서 물러갔던 것이다.[65]

둘째, 언관이 辭表를 올리면 곧바로 받아들이고 복직을 시키지 않는 방법이다. 대개 언관들은 그 언론이 여러 차례 청납되지 않으면 呈辭하게 마련이다. 이제 그 예를 보면, 태종 12년 3월에 대간은 朴蔓 등의 罪를 거듭 청하였으나 不允하므로 사직을 청하니 태종은 이를 받아들였다.[66] 이에 의정부에서도 박만 등의 罪를 청하고 또 대간을 복직시킬 것을 청하였으나 태종은 이를 받아들이지 않았을 뿐 아니라,

　　　이 시기에 臺諫이 있을 필요가 없다[67]

---

63)《太宗實錄》卷12, 태종 6년 7월 己巳·甲戌·丁丑·乙卯·庚辰條 참조.
64)《太宗實錄》卷23, 태종 12년 2월 甲戌條, "臺諫欲請扈從 詣闕不得上達 上嘗命中官尹興阜 今後毋將臺諫之言以聞"; 태종 12년 3월 己丑條 司諫院 상소에, "且等請欲侍從 累次詣闕 一不得達"이라 하였다.
65)《太宗實錄》卷25, 태종 13년 2월 庚戌條.
66)《太宗實錄》卷23, 태종 12년 3월 乙未條, "臺諫皆辭職 臺諫復請朴蔓等罪 亦未蒙允 辭曰臣等以不才 承乏臺諫 言不中理 誠未回天 乞罷臣等之職 代以賢者 上納之"
67)《太宗實錄》卷23, 태종 12년 3월 戊戌條.

라며 강경한 태도를 보였다. 그 뿐만 아니라 의정부에서 대간이 사직한 뒤에 일어난 여러 문제(朝士告身多滯 且無糾理者 百職稍緩)를 들어 대간의 환직을 청하였을 때 태종이 이르기를,

朴蔓 등의 죄가 죽여 마땅하면 비록 한 번 청하더라도 나는 반드시 좇았을 것이다. 나는 그가 실로 무죄함을 알고 있으므로 따르지 않는 것이다. 지난 번 정부는 대간에 이끌려 또한 請罪하였고 지금도 힘써 환직을 청하니 이는 뒤에 대간의 언론이 두려워서이다. 무릇 마음대로 부리는 권한은 나에게 있는데 정부는 어찌 간여하는가? 지금부터 대간의 職을 없애는 것이 마땅하다. 나는 전날에 대간의 자리를 모두 채우지 아니하였으니 이와 같이 번거롭고 요란한 것을 싫어하였기 때문이다.[68]

고 하여 左右가 모두 실색하였고, 知申事 李天祐를 불러 이르는 가운데에도, "나는 대간을 복직시키지 않겠다"[69]고 강경한 태도를 보였다. 위의 자료에 따르면 태종은 대간의 언론이 번거롭고 시끄러운 것을 싫어하여 대간의 사표를 받아들이고 충원을 하지 않은 것을 알 수 있고, 대간의 職을 없애버리려고까지 한 것을 볼 수 있다. 의정부의 청으로 다음달에 대간은 환직하게 되었으나 朴蔓에 관한 언론은 봉쇄되었다.[70] 한편 문제가 해결될 때까지 대

---

68) 《太宗實錄》卷23, 태종 12년 3월 庚子條, "議政府請令臺諫就職 啓曰 臺諫辭職後 朝士告身多滯 且無糾理者 百職稍緩 請還就職 上曰 朴蔓等罪 當誅則雖一請 予必從之 予知其實無罪也 故不從 向者 政府牽於臺諫 亦請罪 今又惓惓請還就職 是畏其臺諫之議其後也 大抵操縱之權在予 政府何與焉 自今革除臺諫之職 予於前日 不備差臺諫之位 惡如此煩聒也 左右聞者 皆失色"

69) 《太宗實錄》卷23, 태종 12년 3월 庚子條, "召知申事完山君李天祐曰……予當不令臺諫復就職矣"

70) 左政丞 成石璘은 臺諫을 오래 폐하는 것은 옳지 않다고 대간의 복직을 청하자 태종은, "卿 등이 만약 다시 朴蔓 등의 罪를 청하지 않으면 복직을 명하겠노라" 하고 그 대책을 知議政府事 朴信에게 의정부에서 논의하여 아뢰라고 하였다(《太宗實錄》卷23, 태종 12년 3월 乙巳條). 그 다음달인 4월 丙辰에 政府의 간청으로 대간의 복직은 이루어졌으나, 朴蔓에 관한 언론은 절대로 허락하지 않겠다고 다짐하고 있다. 그와 같은 결정이 나기 전 태종은 "當今之時 不復出臺諫矣"라고 강경한 태도를 보이기도 하였다(《太宗實錄》卷23, 태종 12년 3월 乙巳條).

간의 복직을 연기시키기도 하였다. 태종 8년 9월에 閔無咎 등의 罪를 청하였으나 不允하므로 대간이 모두 사직하였다. 이에 의정부에서 대간의 복직을 청했으나 태종은 민무구 형제의 일을 처리한 뒤에 대간을 出仕토록 하겠다고 하고 있다.[71]

셋째, 언론이 잠잠할 때까지 政事(視事)를 연기하는 방법이다. 태종 12년 9월에 사간원에서 박만 등의 罪를 청하였는데, 태종이 그 상소를 보고 승정원에 이르기를,

> 나는 진실로 朴蔓·任純禮가 무죄하다는 것을 알고 있는데 어찌 이와 같이 분분한가. 지금 나는 視事하고자 하나 대간이 들면 반드시 나의 뜻을 번거롭게 할 것이니 대간의 이 청이 잠잠[寢]한 것을 기다려 視事하겠다.[72]

고 하여 대간의 언론을 봉쇄하는 방법으로 정사까지 연기하였던 것이다.

넷째, 대간의 朝參 또는 朝啓에의 참석을 거절하는 방법을 쓰기도 하였다. 朝參은 정기적으로 朝臣이 正殿에 나온 왕을 뵙고 정사를 논의하는 모임이고, 朝啓는 왕이 날마다 大臣과 近臣을 접견하고 정치에 대한 의견을 듣고 또 諮問하기 위한 모임으로,[73] 언관에게는 面諫할 수 있는 가장 좋은 기회이다. 대간의 朝啓入參은 태종 6년 8월에 시작되었으나, 재위 14년 3월에 태종이 대간에게, "언론할 것이 있으면 朝啓에서 '말'로 하고 이를 不聽하면 상소로 하라"고 명하였는데, 대간이 朝啓에서 말로 하지 않고, 상소로 함으로써 태종의 분노를 사서 대간의 朝啓入參이 거절되고 대간의 언론은 상소로만 하도록 한 일이 있다.[74] 어쨌든 대간이 朝啓에서 배제된 일은 언관의 언

---

71) 《太宗實錄》 卷16, 태종 8년 9월 丙辰·壬戌·癸亥條 참조.
72) 《太宗實錄》 卷24, 태종 12년 9월 丁亥條, "上覽之 謂承政院曰 予固知朴蔓任純禮之無罪 何紛紛若此乎 今予欲視事 臺諫入則必煩予意 待臺諫寢此請 乃視事"
73) 《太宗實錄》 卷10, 태종 5년 12월 庚辰條.
74) 이 책의 〈Ⅰ. 臺諫制度의 成立과 그 機能의 分析〉 가운데 '2 臺諫의 言論活動 이외의 기능' ①朝啓·

론을 약화시키는 결과를 가져오게 된다.[75] 또한 태종은 대간의 언론을 막기 위하여 만약 언론을 계속하면 朝參의 참여를 정지시키겠다고 위협하였던 것이다.[76]

다섯째, 언론의 방법을 규제하였다. 언론에 章疏를 쓰지 못하게 하고 승정원을 통하여 말로만 하게 하는 방법이다. 재위 15년 정월에 태종은 대간의 언론은 승정원에 나아가 陳達하되 章疏를 쓰지 못하게 하였다. 章疏를 쓰더라도 세세한 것은 상달할 수 없는데, "말"로만 하면 깊은 뜻을 다 표현하기 어려울 뿐 아니라 중관이 말을 전할 때 의도를 잃을 수도 있으므로, 이 방법은 언론을 약화시키게 된다. 특히 面陳의 기회(朝啓·朝參·經筵 등)가 정지된 시기에는 대간언론의 약화 또는 봉쇄의 효과[77]를 내는 것이다. 태종은 이와 같이 여러 가지 방법을 통하여 언관의 언론을 봉쇄 또는 약화시켰던 것이다.

태종이 언관의 언론을 봉쇄하는 데 사용한 고등 수법은 중국 고전에 나오는 '三諫不聽則去'[78]이다. 즉, 간신이 3諫하여 왕이 불청하면 버리고 떠난다는 것이다. 이 방법을 사용한 예를 보면 태종 11년 7월에 3공신(開國·定社·佐命)과 대간은, 河崙과 權近이 지은 行狀과 碑文에 태조에게 불경한 문구가 있다고 이 둘의 罪를 여러 차례 청하였다.[79] 이에 태종은 노하여 이르기를,

---

朝參에의 참여 참조.

75) 《太宗實錄》卷30, 태종 15년 11월 丙申條, "上語及臺諫言事瑣碎曰……(刑曹判書)鄭易曰 近者臺諫 未參朝啓 不知政令 未知所言"

76) 《太宗實錄》卷24, 태종 12년 10월 己巳條, "臺諫復請朴蔓等罪……上曰昨卿請朴蔓之罪……今請之不已 則不令臺諫朝參……臺諫將謂我無義也 然再言則不令朝參矣"

77) 《太宗實錄》卷29, 태종 15년 정월 辛酉條, "是朝 司憲持平琴柔 詣闕啓曰 近日有旨 臺諫言事 當進代言司陳達 毋用章流 誠爲美法 然雖用章疏 猶恐其不能細達 豈可以口舌 曲盡其奧 又恐傳語之際 或失指趣 況自去年不入朝啓 今又不用章疏 恐下情無以上達"

78) 《禮記》典禮下, "爲人臣之禮 不顯諫 三諫而不聽則逃之"；《史記》日者傳, "賢之行也 直道以正諫 三諫不聽則退"；《公羊》莊 24, "三諫不從遂去之"

79) 《太宗實錄》卷22, 태종 11년 7월 庚申·辛酉條.

功臣은 대간이 諫하다 不聽하면 떠나는 것과 같지 않다. 어찌 그리 침착하지 못하고 번거로운가?

라고 3功臣의 태도를 책하였고, 대간이 또 請罪하니 태종은 "세 번 간쟁했으나 不聽하면 떠나는 것이 또한 옛 법이다"며 대간에게 그 이상의 언론을 하지 말 것을 경계하였다.80)

태종 14년 7월에 李良祐와 懷安大君(芳幹)이 상통하였다고 李良祐의 罪를 청한 대간을 모두 外方付處(自願安置)하고81), 이를 계기로 승정원과 '三諫不聽則去'에 관해서 문답한 것을 보면82),

> **태 종** : 옛날에 '諫臣三諫不聽則去'에 '去'라는 것은 그 나라를 떠나는 것인가, 그 관직을 버리는 것인가?
>
> **승정원** : 중국은 列國의 경계가 연이어 있기 때문에 言不聽하고 計不行이면 나라를 버리고 다른 나라로 갔습니다. 本朝는 갈 수 있는 땅이 없으므로 단지 그 관직을 버리는 것입니다.
>
> **태 종** : 三諫不聽하여 떠났으면 君臣의 義는 이미 끊어졌다. 지금 臣僚로서 누가 田舍가 없어 恬然히 떠나지 않겠는가? 지금부터 言論이 만약 들지 않아 문득 田舍로 돌아가면 終身토록 돌아오지 않는 것이 마땅하다.

고 하였다. '去'는 우리나라에서는 관직에서 떠나는 것을 뜻할 수밖에 없으

---

80) 《太宗實錄》卷22, 태종 11년 7월 辛酉條, "功臣南在李叔蕃等及臺諫 復請嵩近之罪 上怒曰 功臣等 非若臺諫之臣 諫不聽則去 何其屑屑也……臺諫又請之 上曰罪疑惟輕 古之訓也 三諫不聽則去 亦 古之法也 云云"
81) 《太宗實錄》卷28, 태종 14년 7월 己卯條.
82) 《太宗實錄》卷28, 태종 14년 7월 甲申條, "上問承政院曰 古者 諫臣三諫不聽則去 所謂去者 去其國 乎 去其官乎 對曰 中原則列國連境 故言不聽計不行 則去國之他 若本朝則無可往之地 但去其官耳 此古者所謂去 非以小事 若百里奚去虞之秦是也 上曰 三諫不聽而去 則君臣之義已絶矣 今臣僚孰 無田舍而恬然不去乎 今後 言若不入 便歸田舍 終身不還宜也"

나, 당시 관료들은 대개 지방에 경제적 터전을 갖추고 있어 관직을 버리고 田舍로 돌아가는 것을 두려워하지 않았으므로, 태종은 田舍로 돌아가면 종신토록 관에 진출하지 못하도록 하겠다는 강경한 태도를 보였던 것이다.

태종 14년 11월, 3성(대간·형조)에서 2차 왕자의 난에 관계된 吳用權을 극형에 처할 것을 여러 차례 청하였으나 허락하지 않으므로 모두 呈辭하였다. 이때 태종이 승정원에 傳旨하기를,

> 3諫하여 不聽하면 떠나는 것이 옛 법이다. 지금 3省이 이미 呈辭하였으니 京城에 머물지 말고 각각 鄕曲으로 돌아가라

고 하였고, 승정원에서 上旨를 전하니 3성은 모두 두려워하였던 것이다.[83] 河崙과 6조판서 등의 간청으로 3성은 복직되었으나 吳用權에 대한 언론[請罪]은 봉쇄된 것이다. 3성이 被罪되지 않은 것은 3성의 언론이 그의 왕권에 손상을 주지 않는 것이었기 때문이다.

태종 15년 7월, 3성은 閔無恤과 無悔 등의 罪를 여러 차례 청하였으나 不允하므로 모두 사직하였다.[84] 李叔蕃의 進言으로[85] 3성의 관원은 복직되었으나 태종은 이들을 불러 책하기를,

> 言論의 책임이 있는 자가 그 언론이 용납되지 않으면 떠나는 것이다. 이는 魯에서, 齊에서, 楚에서 떠나가는 것을 이르는 것이다. 지금의 呈辭는 寡人을 두렵게 하고자 한 것이다. 지금부터 呈辭하고자 하면 제주도는 비록 해외에 있으나 나의 땅이니 마땅히 일본이나 요동으로 달아나는 것이 옳다[86].

---

83) 《太宗實錄》卷28, 태종 14년 22월 壬子條.
84) 《太宗實錄》卷30, 태종 15년 7월 丁未條.
85) 《太宗實錄》卷30, 태종 15년 7월 癸丑條, “叔蕃曰……且三省國家綱紀 不可暫無 若皆不當 宜改置之 如有無罪 宜命出仕 上曰 三省之出 吾豈不欲特命之 出仕則又復如前 雖易以他人 必且繼踵而請 故不卽命還就職耳”
86) 《太宗實錄》卷30, 태종 15년 7월 癸丑條, “召刑曹臺諫員就職 仍責之曰 有言責者 不得其言則去 是

고 하였다. 일본이나 요동으로 떠나갈 자신이 없으면 잠잠히 있으라는 것이다. 태종의 언관에 대한 이와 같은 태도는 계속되고 있다.[87] 그리하여 태종 16년 6월에는 다음과 같은 敎旨가 내려지게 되었다.

> '三諫不聽'이면 떠나는 것은 옛 법이다. 지금 大小 신료와 대간, 형조가 간언과 상소를 3번 이상 난잡하게 하는 것은 옛 법에 어긋난다. 또 衆人이 알게 되니 또한 편치 않다. 지금부터 이와 같은 관원이 있으면 '敎旨不從'의 법으로써 論罪하겠노라.[88]

위의 敎旨에서 三諫 이후에 다시 언론을 하면 論罪하겠다고 언론에 대하여 강한 압력을 가했던 것이다. 이에 대간들은 위의 敎書의 부당함을 논하였으나 반응이 없었다.[89] 이와 같은 방법으로 태종은 언론에 대하여 제재와 압력을 가하였던 것이다.

위에서 본 바와 같이 언관의 언론은 탄압과 봉쇄를 당하였으나 언관들은 굴하지 않고 언론을 계속하였으며 따라서 언관에 대한 좌천·파직·유배가 끊이지 않았다. 탄압에도 아랑곳없이 언관들은 그들의 사명을 충실히 수행하려 노력하였던 것이다. 물론 태종도 모든 언론에 대하여 탄압·봉쇄를 가했던 것은 아니다. 건설적인 언론은 문제되지 않았던 것이고 왕권에 저촉되지 않는 언론이면 呈辭를 해도 곧 視事를 명하였던 것이다. 태종의 언관(언

去魯去齊去楚之謂也 今之呈辭 欲使寡人畏之耳 自今若欲呈辭 濟州雖在海外 乃我土也 當走日本與遼東可矣 執義安望之對曰 所謂去者去其職之謂也"

87) 《太宗實錄》卷31, 태종 16년 4월 戊辰條에, 大司憲 金汝知 등은 柳思訥과 權緩이 國用을 盜用했다고 탄핵하자, 태종은 그들에 대한 처벌은 '杖百 付處'한 것으로 족히 징계한 것이라면서, "大抵臺諫 務爲守法 而不得其言 必辭其職 古人曰 有言責者 不得其言則去 若日本與遼東則可也 辭職而在家 甚不可 毋得如此"라 하였다. 또 태종 16년 6월 壬申條에, "刑曹臺諫 請李叔蕃之罪 不允 皆乞辭 命趙末生 傳旨曰 若不去他國 則可笑也"라 하였다.

88) 《太宗實錄》卷31, 태종 16년 6월 甲子條, "下敎曰 三諫不聽則去 古之法也 今大小臣僚及臺諫刑曹 凡諫言上疏 三度外 亂雜申請 有違古制 且於衆所見聞 亦甚未便 自今有如此人員 則以敎旨不從論罪"

89) 《太宗實錄》卷31, 태종 16년 6월 庚午條.

론)에 대한 탄압은 그의 왕권강화책과 밀접한 관계가 있는 것으로 이해해야 할 것이다.

四. 世宗朝의 言官言論과 王權

대개 세종 때를 우리 역사에서 가장 훌륭한 정치, 가장 찬란한 문화가 이루어진 시대로 보고 있다. 실제로 세종 때는 많은 학자[儒臣]가 배양되었고, 유교적인 의례와 제도가 정비되었으며, 많은 문화사업을 이루어 유교정치를 할 수 있는 확고한 터전을 마련한 시기이기도 하다. 그렇다면 이 시기의 언관의 언론은 왕권과 어떠한 관계에 있었는가, 언론의 분위기는 어떠하였는지 살펴보도록 하겠다.

세종 때는 세종 18년을 앞뒤로 하여 전반기와 후반기의 정치적 분위기 또는 언론의 분위기가 뚜렷이 나누어지는 것으로 보인다.

세종은 그의 재위 전반기에는 언관의 언론에 대하여 꽤 강경한 태도를 보였다. 그것은 上王(태종)의 언관에 대한 강경책의 영향이 큰 것으로 보인다. 또 상왕이 승하하기 이전에는 세종은 상왕의 영향 아래 있었다. 그 예를 하나 들어 본다. 세종 2년 4월에 상왕이 군사 1백 명을 거느리고 3~4일 예정으로 講武[田獵]를 떠나고자 할 때, 대관 등이 세종에게 告하여 상왕의 行幸을 금지시키려 하였다. 이 일은 상왕의 노여움을 사서 상왕은 대사헌 洪汝方, 掌令 宋仁山, 持平 許稠를 의금부에 하옥하여 鞫問하도록 명[90]하였고, 그 3일 뒤 홍여방은 長鬐에, 朴瑞生은 尙州에, 송인산은 益山에 鄭淵은 珍山에, 허조는 永川에 유배되었다.[91] 세종 초 상왕은 그의 재위 때나 마찬가지로 언관에 대하여 강경한 태도를 버리지 않았다. 그러나 이 경우는 세종의

---

90) 《世宗實錄》卷8, 세종 2년 4월 辛酉條.
91) 《世宗實錄》卷8, 세종 2년 4월 甲子條.

의지에 따른 언관 탄압이 아니라 상왕의 영향 아래서 이루어진 것이지만, 세종이 상왕의 영향을 크게 받았을 것이라는 추측을 가능하게 하고 있다. 그러면 전반기의 언론의 분위기를 실례를 통하여 살펴보자.

세종 8년 9월에 特旨로 韓有紋을 吏曹參議로 제수하였는데, 그 인사가 잘못되었다고 간관이 吏曹文選司郞을 탄핵하자, 세종은 간관들을 의금부에 하옥시키라고 명하였다.[92] 다음날 李稷·黃喜 등 대신들은 언관이 비록 과실이 있더라도 너그럽게 용서하는 것이 마땅하다면서, 만약 좌천하고자 하면 일단 복직시킨 뒤에 改除하는 것이 옳다고 啓하였으나[93] 결국 간관의 전면 인사가 이루어지고 있다.[94] 이 경우는 特旨에 따른 인사에 간관이 이의를 제기한 것이었고, 왕권에 손상을 입혔다고 여겨 이와 같은 조처가 취해진 것으로 보인다.

세종 9년 6월에 대관 등은 掌令 梁活이 승정원에 가서 언론〔啓達〕하고자 하였으나, 承旨가 접견하지 않아 말할 바를 上達하지 못하였다고 하여 승정원을 탄핵[95]한 일이 있는데, 이를 계기로 사헌부와 승정원이 서로 비난하는 사태가 벌어졌다. 결국 사헌부에서 6승지를 탄핵한 것은 경솔한 처사라고 세종은 판단하여 6代言〔승지〕에게는 취직을 명하였고, 掌令 梁活은 파직시켰으며 그 나머지 대관은 모두 좌천시켰다.[96] 이 경우는 언관은 과실이 있어도 너그럽게 용서해야 한다는 태도와는 달리 언관에 대한 일방적인 징계가 가해졌던 것이다.

세종 13년 7월에 正言 金漬가 右參贊 金國光을 탄핵하다가 간관이 의금부에 하옥되었고,[97] 세종 20년 4월 간관이 영의정 黃喜를 탄핵하다가 좌천되었고,[98] 세종 24년에 대간이 大臣 河演을 탄핵하다가 파직당한 일이 있다.[99]

---

92)《世宗實錄》卷33, 세종 8년 9월 戊戌條.
93)《世宗實錄》卷33, 세종 8년 9월 己亥條.
94)《世宗實錄》卷33, 세종 8년 9월 壬寅條.
95)《世宗實錄》卷36, 세종 9년 6월 己未條.
96)《世宗實錄》卷36, 세종 9년 6월 辛酉條.
97)《世宗實錄》卷43, 세종 13년 7월 甲戌條.

그러나 이러한 경우는 대신들이 탄핵을 받을 만한 大過가 있었던 것이 아니었으므로, 도리어 언관에게 가벼운 징계가 가해진 것이라고 하겠다.

어쨌든 세종 전반기에 대간들의 감옥 출입이 잦았던 것은 사실이었으니 대간에 임명되면 의금부 옥졸들이 말하기를,

> 비록 오늘 憲司에 앉아 있으나 내일은 반드시 하옥되어 나의 제어를 받을 것이다.100)

고 하였고, 또 세종 15년 윤8월에 세종이 黃喜·孟思誠·許稠 등 대신을 불러 의논하는 가운데,

> 내가 듣건대 대관은 겨우 除書〔임명장〕가 내려가면 義禁府胥徒가 서로 이르기를 "저 사람이 비록 오늘 除官되었으나 내일은 반드시 獄囚가 될 것이다"고 한다 하며, 族親에 이르러도 또한 "祥瑞롭지 못한 職에 除授되었군" 하며 서로 위로한다고 한다. 그러하니 대간의 일은 큰 잘못이 없으면 특별히 優容하여 加罪할 필요가 없다101).

고 하고 있다. 즉, 전반기에서 대간들은 옥문 출입이 무상하여 대간의 직을 상서롭지 못하게 생각할 정도였으므로, 언관에 대하여 너그러웠다고 할 수 없다. 재위 24년에 사헌부에서 사간원을 탄핵했을 때 세종이,

---

98) 《世宗實錄》卷81, 세종 20년 4월 己巳條.

99) 《世宗實錄》卷95, 세종 24년 정월 戊寅條와 2월 癸亥條에서, 세종이 승정원에 이르는 가운데 "又聞 本國官吏 除憲司 則義禁府獄卒等言曰 今日雖坐憲司 明日必說獄 而爲我所制 予甚惡之"라 하였다.

100) 《世宗實錄》卷61, 세종 15년 윤8월 戊辰條에, "又聞 本國官吏 除憲司 則義禁府獄卒等言曰 今日 雖坐憲司 明日必就獄 而爲我所制 予甚惡之"라 하였다.

101) 《世宗實錄》卷61, 세종 15년 윤8월 癸巳條, "召黃喜孟思誠許稠安純盧閈申商議事……其五曰 予 聞 臺諫之官 纔下除書 義禁府胥徒相謂曰 彼雖今日除官 明日必爲獄囚 至於族親 亦曰汝拜不祥之 職 相與吊之 故臺諫之事 不至於大錯 則特垂優容 不要加罪"

나는 初에 언관이 비록 小過를 저질렀어도 반드시 抵罪하였다. 이로써 대간
은 모두 오래지 않아 遞任되었으니 이 어찌 옳은 것이겠는가? 근년 이래로는
小過는 용서하였다.102)

고 한 것은 이를 뒷받침해 준다. 즉, 세종은 전반기에는 언관의 직무에 따른
과실에 대해서도 강경하여 대간에 대한 징계가 잦았으나 차츰 관대하게 대
하였음을 전해 준다.

세종은 언관의 언론을 聽納할 수 없는 경우라도 그들의 언론이 이유가 있
다고 인정되면 탄압은 가하지 않았다. 그리하여 언관들은 그들의 언론이 청
납되지 않아 呈辭할 경우 왕은 대개 환직을 명하고 있다.103)

그러나 전반기에서도 언관의 언론이 그의 의지와 상반되더라도 명분이
있는 언론이라면 징계는 하지 않았다. 그 대표적인 예가 양녕대군에 관한 언
론이다.

양녕은 태종에게 被罪되어 利川에 流謫되었는데, 세종 6년 당시에는 清州
에 있는 것을 세종이 사람을 보내어 利川으로 돌아오게 하였다. 이때 대간들
은 양녕을 利川으로 돌아오지 말게 할 것을 청하였으나 끝끝내 허락하지 않
았다.104) 이에 언관 등은 언론을 계속하므로 세종이 이르기를,

卿 등은 古今을 識通하고 있으나 어찌 이치를 알지 못하는가? 무릇 신하의 諫
諍之道는 3諫해도 不聽하면 그치는 것이다. 지금 10여 차례나 請하니 너무 잦

---

102) 《世宗實錄》卷98, 세종 24년 20월 辛亥條.
103) 세종 2년에 大司憲 金自知와 知可諫 韓惠 등은 李從茂와 金陽俊 등의 罪를 재삼 청하였으나 不允하
　　므로 上狀辭職하였고, 왕은 곧 還職을 명하였다《世宗實錄》卷7, 세종 2년 閏正月 甲戌·乙亥條). 세종
　　9년에 大司憲 崔士康과 左司諫 朴安臣 등은 讓寧의 아들을 遠方에 放置할 것을 여러 차례 請하였으나
　　不允하므로 合司辭職하였고, 다음날 왕은 대간을 불러 환직을 명하였다《世宗實錄》卷35, 세종 9년 정
　　월 乙卯·丙辰條). 세종 14년에 대간은 趙末生의 再敍用을 재삼 청하였으나 聽納치 않으므로 대간은 合
　　司辭職하였고 세종은 환직을 명하고 있다《世宗實錄》卷58, 세종 14년 12월 壬寅·癸巳條). 이 밖에도
　　세종 10년 정월 辛丑·壬寅條, 세종 16년 2월 癸丑條 등 그 예는 무수히 많다.
104) 《世宗實錄》卷23, 세종 6년 2월 庚申條.

은 것이 아닌가?

라고 하므로, 대간들은 모두 물러나 사직하였다. 이에 세종이 말하기를,

> 옛날에 신하가 3諫하여도 不聽하면 떠나가는 것은 이와 다르다. 人君이 혹
> 부정을 행하였거나 혹시 宦官이나 宮妾의 말을 들어 일을 그르쳤는데 3諫하여
> 도 不聽한즉 떠나는 것이 마땅하나, 지금 讓寧이 利川에 돌아오는 것은 비록
> 편치 않은 것이 조금은 있으나 大事에는 害가 없는데 어찌 사직하는가? 卿 등
> 은 就職하는 것이 마땅하도다.[105]

고 하였다. 세종이 양녕을 가까운 곳으로 불러들이려는 것은 세종의 사사로
운 의사이나 국가에는 크게 해로운 것은 아니며, 이에 반하여 세종의 의지를
포기시키려는 대간의 언론도 명분이 있는 것이기 때문에, 세종은 대간의 언
론에 징계를 가하지 않았을 뿐 아니라 사의를 밝힌 언관들에게 복직을 명하
였던 것이다.

재위 10년 정월에 세종이 양녕을 召見하였을 때 대간은 이를 반대하는 언
론을 폈고, 불청하므로 모두 사직하였다.[106] 이에 세종은 대간을 불러 취직
케 하였다. 대간의 固請은 13회에 이르렀으나 세종은 이들을 징계하지 않고
다만 승정원에 傳旨하여 다시 啓하지 못하게 했을 뿐이다.[107] 12년 정월에
도 세종이 양녕을 소견하자, 언관은 이의 불가함을 언론하였고, 세종은 불
청하였다.[108] 그뒤에도 세종이 양녕을 가까이하는 일이 있을 때마다 언관의

---

105) 《世宗實錄》卷23, 세종 6년 2월 壬戌條, "上曰 卿等識通古今 豈不知理 大抵人臣諫諍之道 三諫不
　　聽則已矣 今以十餘次入請 無乃數乎…… 上曰 古之人臣 三諫不聽則去 異於是 人君或行不正 或聽
　　宦官宮妾之言 以致謬事 三諫不聽則去 宜矣 今讓寧還于利川 雖小有未便 非害大事 何以辭職 卿等
　　宜各就職"
106) 《世宗實錄》卷39, 세종 10년 정월 丁亥·辛丑條.
107) 《世宗實錄》卷39, 세종 10년 정월 壬寅條.
108) 《世宗實錄》卷47, 세종 12년 정월 壬戌條.

반대언론이 그치지 않았으나, 세종은 자기 의지대로 추진했고 언관에 대한 징계는 없었다.109)

세종 후반기에 언론이 가장 폭주한 것은 세자섭정과 불교 문제였다. 이 문제를 중심으로 언관의 언론 활동을 살펴보면, 세종의 언관에 대한 태도와 언론의 븐위기를 알아볼 수 있을 것이다.

세종은 일찍이 여러 질환이 있어서 세종 19년에 벌써 세자로 하여금 庶務를 처결케 하려 했으나 이루지 못하였다. 그러나 그의 집념으로 마침내 세종 24년 詹事院의 설치를 보게 되었다.110) 첨사원은 세자로 하여금 서무를 재결케 하기 위한 기관이었다. 대간은 8월 한 달에 16차례에 걸쳐서 첨사원의 설치를 철회할 것을 언론하였다.111) 첨사원 설치를 반대하는 근거는 여러 가지가 있으나 그 가운데 가장 중요한 명분은 정권이 양분되는 의혹을 주게 된다는 것이었다.112) 대간의 완강한 반대에도 아랑곳없이 세종 24년 9월 庚申에는 첨사원의 제도가 개정되고 그 官인 詹事와 同詹事가 임명되었던 것이다. 그러나 한 달 남짓에 걸친 대간의 완강한 언론에도 세종은 한 번도 언관에게 어떠한 징계도 가하지 않고 관대하게 대하고 있다.

이어 세종 25년 4월에 세종은 身病을 구실로 3大朝賀와 초1일·16일의 朝參을 제외한 다른 朝參을 세자로 하여금 '南面受朝'케 하고, 1품 이하는 庭下

---

109) 언관들은 세종 12년 10월에도 讓寧을 소견하는 데 대한 반대언론을 폈고《世宗實錄》卷50, 세종 12년 10월 戊寅條), 그뒤에도 讓寧을 소견할 때마다 언론은 계속되었으나 언관에 대한 징계는 없었다《世宗實錄》卷57, 세종 14년 8월 壬寅條 ; 卷62 세종 15년 12월 丙子條). 세종 16년에는 講武行幸에 讓寧을 隨駕시켰고, 이예 대하여 언관의 언론이 재삼 있었으나 승정원을 통하여 봉쇄하였으며《世宗實錄》卷66 세종 16년 11월 乙酉·辛未條), 그뒤에도 讓寧에 관한 일은 啓達할 수 없게 하였다《世宗實錄》卷66 세종 16년 11월 乙酉·丙戌條와 12월 丁未·戊辰·己巳·辛未條 ; 卷70 17년 12월 甲辰條 ; 卷88 세종 22년 2월 丙子條. 세종은 자기 의지대로 讓寧을 京師에 돌아와 살게 하는 데 성공하였고, 대간은 수십 번의 언론을 하였으나 결국 실패하였다. 그러나 세종은 讓寧에 관한 언톤으로 언관을 징계한 일이 없었으니 이는 언관의 명분 있는 언론에 대해서는 왕의 의지에 반하더라도 優容하였다는 증거이다.

110) 崔承熙, 〈集賢殿硏究〉(下)《歷史學報》33, 1967, 40쪽 참조.

111)《世宗實錄》卷97, 세종 24년 8월 己丑·庚寅·辛卯·壬辰·癸巳·丙申·戊戌·甲辰·丁未·戊申·辛亥·壬子·乙卯·丙辰條 및 9월 癸亥條 참조. 臺諫의 言論에 뒤이어 議政府와 6曹에서 각각 2회, 集賢殿에서 1회의 詹事院 설치를 반대하는 언론을 하고 있으나 그 중심은 臺諫의 언론이었다.

112) 崔承熙, 앞의 논문, 1966, 40~41쪽 참조.

에 拜하여 '稱臣'케 하며, 국가 중대사를 제외한 서무는 모두 세자의 재결을 받으라는 敎旨를 내렸다.[113] 이때도 세자의 '南面受朝', '稱臣', '攝政'을 반대하는 언론이 비슷하였으나[114] 언관의 언론에 대하여 不允만 했을 뿐 어떠한 징계도 없었던 것이다. 자기의지에 상반되는 언론이라도 탄압은 하지 않고 의지대로 강행했을 따름이다.

척불 언론은 세종 때 계속 있어 온 것이나, 그 가운데 가장 집약적이었던 것은 ① 세종 23년 윤11월과 12월의 興天寺 舍利閣 慶讚會의 停罷를 위한 것과, ② 세종 30년 7월과 8월의 내불당 건축을 정지시키기 위한 것이었다. ①의 경우에 사헌부에서 3회, 사간원에서 2회, 대간 합사가 11회, 집현전에서 4회에 걸쳐 언론을 폈으나[115] 세종은 계속 不允하였고, 이에 대간은 모두 사직하였으나[116] 다음날 대간에게 취직[還職]을 명하였다.[117] 언관의 언론이 끈질기게 계속되자 세종은 말하기를,

> 卿 등이 守闕進諫하는 것이 오래되었다. 나는 拒諫하는 人君이다. 옛사람이 이르기를 三諫不聽則去라 하였는데 卿 등은 어찌 떠나가지 않는가?[118]

라며 그의 뜻대로 밀고 나가려 했으나 언관에 대해서는 아무런 징계도 하지 않았다.

세종 30년 7월 세종은 宮域 안에 불당을 건축할 것을 결정하였다.[119] 이에 곧바로 의정부·6조·승정원·대간·집현전·성균관 등에서 내불당의

---

113) 《世宗實錄》卷100, 세종 25년 4월 壬寅條.
114) 《世宗實錄》卷100, 세종 25년 4월 癸卯·甲辰·乙巳·丁未·戊辰·己酉條 참조. 臺諫·議政府·6曹·集賢殿에서 세자 섭정을 반대하는 언론을 간곡하게 하고 있다.
115) 《世宗實錄》卷94, 세종 23년 윤11월 壬申條와 12월 丙申條 참조.
116) 《世宗實錄》卷94, 세종 23년 윤11월 辛巳條, "臺諫以諫止慶讚會 未得蒙允 俱辭職 不允"
117) 《世宗實錄》卷94, 세종 23년 윤11월 壬午條 참조.
118) 《世宗實錄》卷94, 세종 23년 12월 乙未條, "上曰 卿等守闕進諫久矣 予拒諫之主也 古人云 三諫不聽則去 卿等何不去乎"
119) 《世宗實錄》卷121, 세종 30년 7월 辛丑條.

건축을 정지할 것을 청하였다.120) 특히 언관인 대간과 집현전의 언론은 대단히 치열하여 대간 습司가 16회, 집현전에서 10회에 이르고 있다. 이와 같은 언관들의 거센 언론 공세를 받은 세종은 마음이 편치 않아 撤膳을 여러 차례 하였고, 禪位할 뜻을 비치기에 이르렀으나,121) 언관에 대한 징계나 탄압은 없었다.122)

세종은 그 전반기까지는 언관에게 꽤 날카롭게 대하여123) 언관들은 언론으로 말미암아 被罪되는 경우를 자주 볼 수 있었다. 그러나 언관언론에 대한 압력은 태종 때와 견주어 꽤 누그러진 감이 있고, 명분 있는 언론일 경우는 왕의 의지에 어긋나더라도 징계는 하지 않았음을 알 수 있었다.

세종 20년대에 들어와서 언관의 언론 활동은 더욱 자유로워지고 있다. 그러면 그 원인은 어디에 있는 것일까? 그 원인을 유교정치의 진전에 둘 수도 있겠다. 그 전반기에는 집현전을 통하여 많은 유학자가 양성되었고, 그 학자들을 동원하여 유교적인 의례·제도의 정리와 많은 편찬사업이 이루어지게 되어 유교정치의 터전이 거의 완성된 시기이다. 그러므로 여기에 그 원인을 둘 수도 있겠다. 즉, 유교정치의 진전으로 해석할 수도 있겠다. 세종 18년에 6曹直啓制가 議政府署事의 제도로 개혁된 것도 유교정치의 진전으로 볼 수 있겠다. 그러나 필자는 세종의 건강 문제가 오히려 직접적인 원인이 아닌가 생각한다. 이미 언급한 바와 같이, 세종은 그의 건강을 이유로 재위 19년에 이미 세자로 하여금 서무를 재결시키려 하고 있었다. 그는 그 이전부터 건강이 나빴으며 세종 19년 앞뒤에 더욱 악화된 것으로 보인다. 6조직계제

---

120) 《世宗實錄》卷121, 세종 30년 7월 壬寅條와 8월 戊午條 참조.

121) 《世宗實錄》卷121, 세종 30년 8월 丁巳條.

122) 集賢殿官 등은 內佛堂 建築의 停罷를 여러 차례 언론하였으나, 不聽하므로 모두 사직하였다《世宗實錄》卷121, 세종 30년 7월 丁未條). 그러나 다음달 세종은 집현전관의 취직을 명하고 있으며《世宗實錄》卷121, 세종 30년 7월 戊申條), 대간의 언론에 대해서도 징계함을 볼 수 없다. 결국 불당은 같은 해 12월에 완성되어 慶讚會를 베풀기에 이르렀다《世宗實錄》卷122, 세종 30년 12월 丁巳條).

123) 세종 14년 12월에 執義 李堅基와 獻納 崔士柔 등이 趙末生의 罪를 청하였을 때, 세종은 "爾等以法言之 予以權行之"라 하여 언관의 언론에 왕권으로 압력을 넣기도 하였다《世宗實錄》卷58, 세종 14년 12월 壬寅條).

를 의정부서사제로 개혁한 것도 政事가 왕에게 폭주하는 6조직계제를 그의 건강 상태로는 도저히 감당할 수 없어서가 아니었나 생각한다.

이와 같은 생각을 더욱 뒷받침해 주는 것은 세종 24년에 첨사원을 설치하여 세자의 섭정을 제도적으로 확정해 놓았고, 그뒤로 세자의 섭정이 이루어지고 있는 사실이다. 즉, 세종의 건강 악화와 이에 따른 정치에 대한 정열과 적극성의 약화, 그리고 그의 유교정치에 대한 깊은 이해가 세종 후반기의 정치적 성격, 언론의 분위기를 아주 달라지게 한 가장 중요한 원인이 아니었나 생각한다. 어쨌든 세종 20년대 이후에는 언관에 대한 탄압이나 징계를 거의 볼 수 없고, 왕의 의지에 상반되는 언론이라도 청납하지 않았을 뿐 언관에 대해서는 압력을 가하지 않고 있다. 언관은 신변의 위협을 느끼지 않고 자유롭게 언론 활동을 펼 수 있었던 것이다. 이때는 왕권이 확립되어 있었으므로 왕권의 강화를 위하여 언론을 탄압할 필요는 없었던 시기로 볼 수 있겠다.

五. 文宗朝의 言官言論과 王權

문종은 세종 20년대 후반부터 세자로 있으면서 섭정을 했으므로 즉위 전에 이미 정치의 경험이 많았다. 그러므로 문종의 정치 방법은 세종 말기의 그것과 큰 변함이 없어 세종 때 정치의 연장이라는 인상을 다분히 주고 있지만, 재위 2년 4개월에 지나지 않았기 때문에 주목할 만한 것은 별로 없다고 하겠다. 문종이 세자로서 섭정하던 세종 말기에는 비록 세종이 身病으로 정치에 온 힘을 쏟지는 못하였으나 왕권은 依然한 상태였다. 그러나 세종이 승하하고 문종이 즉위하면서 왕권은 약간 위축당한 감을 금할 수 없다. 수양대군과 안평대군 등 宗室 세력의 대두도 그러한 분위기를 짙게 하고 있다. 수양·안평과 언관이 불화하게 되는 것도 언관이 宗室 세력을 견제하려는 데서 비롯한 것으로 보겠다.

문종 즉위년 3월에 수양과 안평은 문종에게 상서하기를,

臣이 듣건대 獻納 黃孝源이 어제 佛事를 諫하러 왔으나 不允하시매, 사사로이 承旨 鄭而漢에게 이르기를, "우리들의 뜻은 今昔에 만든 佛像·經·寺를 모두 불사르고자 하는 것이다"고 했다 합니다. 臣은 지금 不言之日(世宗喪中)에 있으나 이와 같은 不忠한 말을 듣고 痛憤함을 이길 수 없어 面陳하여 請罪하고자 하나 殿下께서 바야흐로 憂戚 중에 계시고, 臣이 비록 날마다 進見하오나 長言할 틈이 없으므로 감히 上書로써 所懷를 아룁니다. 孝源은 先君之朝에 出仕하여 이미 諫官이 되었으나 일찍이 이에 언급함이 없었다가 지금 昇遐하신 初에 公然히 言論함이 忌憚하는 바가 없으니 이는 先君을 拒諫하는 王으로 만드는 것이요, …… 新君을 두렵게 생각지 않고, 반드시 자기를 죄 주지 않을 것이라 생각하는 것이니, 이는 先君을 지나치게(그릇되게) 보고 新君을 우롱하는 것이니 어찌 人臣의 道이겠습니까. 이는 바로 謀反大逆이니 하지 못할 바가 없는 자입니다.[124]

고 하였다. 세종이 승하한 직후에 세종을 위한 造佛·建寺·寫經 등의 佛事가 있었는데, 이에 대하여 언관 등은 20여 회에 이르는 강력한 반대 언론을 폈다.[125]

黃孝源이 佛事를 諫한 것은 그 가운데 하나였던 것이고, 그가 불상·불경·사찰을 毀罷할 것을 청한 것은 儒者的 언관으로서는 있을 수 있는 일이

---

124) 《文宗實錄》卷1, 문종 즉위년 3월 丁未條, "上出示首陽大君·安平大君瑢上書于承政院曰 此意善 下議政府議之 其辭曰 臣聞 獻納臣黃孝源昨日因諫佛事而來 不允 私謂承旨臣鄭而漢曰 吾等之意 欲盡焚今昔所造佛像經寺 臣今在不言之日 而聞如此不忠之詭 不勝痛憤 欲面陳請罪 而殿下方居 憂戚 臣雖日日進見 而未暇長言 敢昧死上書 具陳所懷 孝源仕先君之朝 已爲諫官 曾無一言及之 而 今乘昇遐之初 乃公然說之 無所忌憚 是以先君爲必拒諫……以新君無足畏也 必不罪我矣 是過先 君也 弄新君也 豈人臣之道耶 此正謀反大逆 靡所不爲者也"
125) 王朝實錄에 따르면 문종 즉위년에 斥佛言論이 司憲府에서 11회, 司諫院에서 7회, 臺諫合司가 4회, 集賢殿에서 4회 등 26회에 이르고 있다. 이 책 끝부분의 부표 〔표24〕참조.

었다. 그런데 이것을 두고 세종을 拒諫하는 왕으로 만들었다느니, 신군(문종)을 두려워하지 않느니, 신군을 우롱하는 것이라느니, 謀反大逆이라느니 한 것은, 왕권을 비호하는 듯하면서도 오히려 왕권을 손상시키는 말이었고, 언관에 대한 상당한 위압이었다. 그러나 언관은 이에 구애되지 않고 수양대군과 안평대군의 방자한 거동을 거침없이 탄핵하였다.[126] 즉, 문종 원년 10월에 사헌부에서 犯禁한 중[僧]을 잡아 着枷하여 元籍으로 發還하는 것을 수양대군이 길 위에서 보고 자의로 목에 씌우는 칼을 풀어 주고 자기[수양] 집으로 데리고 간 사실이 있었고, 이를 左正言 洪應이 탄핵하였다. 右獻納 趙元禧는 안평대군이 추종을 다수 거느리고 충청도 보은현 福泉寺에 가서 作弊를 많이 한 사실과, 수양의 앞의 일을 들어 "宗室의 불법이 작을 때 제어하지 않으면 장차 큰 것을 제어할 수 없으며, 오늘에 禁하지 않으면 뒷날에 반드시 큰 불법에 이르게 될 것"이라고 언론하였다.[127]

언관들의 이와 같은 언론은 문종의 아우들에 관한 문제로서 왕권에도 저촉되는 것이었지만 문종은 趙元禧를 징계하지 않았다.[128] 조원희의 언론은 왕권을 약화시키기 위한 것이 아니라, 왕권에 위협이 될 수 있는 종실 세력을 견제하기 위한 것이었다.

또한 언관은 정부 대신을 공격하여 그들이 모두 사직하기에 이를 정도로 떳떳한 언론을 행사하였다.[129] 즉, 문종 때의 언관들은 종실 세력과 정부 대신에 대하여 탄핵 언론을 거침없이 폈으니, 그것은 왕권의 보호를 위한 것이기도 하였다. 한편 언관도 법을 어기면 파직 또는 좌천을 당하였던 것이다.[130]

---

126) 《文宗實錄》卷10, 문종 원년 10월 丙寅條.
127) 《文宗實錄》卷10, 문종 원년 10월 癸酉條.
128) 《文宗實錄》卷10, 문종 원년 10월 乙亥條 참조.
129) 《文宗實錄》卷4, 문종 즉위년 10월 己亥條.
130) 《文宗實錄》卷1, 문종 즉위년 4월 庚寅條, "罷右司諫金新民 知司諫申自守 獻納崔悌男 右正言柳孝潭等職 義禁府啓 以諫院 國喪禁刑內擅掌甲士 侵虐 律當杖八十私罪 上欲論以公罪 更議政府 政府議啓 諫院當罷 憲府亦宜左遷從之"

六. 端宗朝의 言官言論과 王權

　단종이 12세의 어린 나이로 즉위하자 중신들의 책임은 무거워졌고, 卽位敎書에 따라 의정부의 권한은 더욱 커졌다.131) 정치적 실권은 영의정 皇甫仁과 우의정 金宗瑞 등에게 돌아갔고, 따라서 모든 政事는 의정부에 자문하여 시행되게 되었다.132) 그러나 皇甫仁과 金宗瑞 등의 실권은 단종 원년 10월에 수양대군에게 박탈당하였고, 그뒤 수양대군이 실권을 장악했던 것을 알고 있다. 따라서 집권자의 변동에 따라서 언론의 분위기와 성격이 달라지고 있다.

　먼저 의정부에 실권이 있던 때의 언론의 예를 보자. 단종 즉위년 12월에 의정부에서는 犯贓者인 郭保民의 告身을 환급할 것을 議啓하였고 단종은 이에 따랐다.133) 그러나 언관은 계속 반대를 하였고, 승정원도 언관과 같은 의견이었으나, 결국 단종은 의정부의 주장에 따르고 있다.134) 언관의 언론은 정당한 것이었고, 승정원의 지지도 받았으나 어린 단종은 自斷을 못 하고 결국 의정부의 결정에 따르고 있다. 이 시기의 언론은 형식적으로는 왕에 대한 것이었지만, 실제로는 의정부 대신의 의지에 따라서 용납되기도 하였고 거절당하기도 하였다.

　단종 원년 정월 의정부의 의견을 따라 前典醫 金循義를 典醫監廳直의 役을 방면해 주었는데, 언관은 이 처사의 부당함을 언론하였으나 聽納되지 않으므로135) 언관들은 다시,

---

131) 末松保和, 〈朝鮮議政府考〉, 《朝鮮學報》9輯, 1956.

132) 《魯山君日記》卷5, 단종 원년 3월 乙酉條, "大司憲奇虔等上疏曰……況今主上殿下 幼冲謙抑 庶政萬機 悉咨政府" ; 《魯山君日記》卷5, 단종 원년 3월 丙寅條, "時魯山幼冲 庶政皆由政府 而私相議約"

133) 《魯山君日記》卷4, 단종 즉위년 12월 丁丑條.

134) 《魯山君日記》卷4, 단종 즉위년 12월 辛巳條 ; 《魯山君日記》卷4, 단종 즉위년 12월 戊子條, "議政府啓曰 臺諫論駁柳閭郭保民事當矣 然業已與之 而復奪則 國家大體未便 請勿收 又議于承政院 政院啓曰 政府以臺諫之言爲是 而不從 不可也 在世宗時 臺諫之言 是則未嘗不從 魯山重違政府之言 召掌令元孝然獻納鄭臣碩 傳曰 旣以可與而與之 不可還奪"

> 金循義 등은 죄가 무거우니 大臣이 쉽게 논의하여 결정하는 것은 옳지 않으니 청컨대 방면치 마십시오.136)

라고 啓하였다. 이에 김종서 등 의정부 대신들은 언관이 자신들을 가리켜 경박하다고 했다 해서 避嫌을 표시하였으나, 단종은 이를 만류하였고 언관에 대해서도 징계하지 않았다. 이에 김종서는 "간관은 신 등을 輕薄하다고 지적하였고, 평시에도 신 등을 輕하게 보고 있다"며 다시 避嫌을 표함으로써 간관을 위압하려 하였던 것이다.137) 이와 같은 김종서의 橫恣함을 史臣이 평하기를,

> 諫官의 職은 비록 君上의 과실이라도 直斥敢言하는 것인데 항차 대신이라고 어찌 (언론을) 피하겠는가, 지금 宗瑞가 일찍이 스스로 반성하지 아니하고 君前에서 "간관의 언론이 狂簡한 것이니 개의치 않는다"고 지적하고 있으니 그의 專擅自恣함이 심하다.138)

고 하고 있다. 김종서의 언관에 대한 횡포는 더욱 심해지고 있다. 단종 원년 7월에 사헌부에서는 김종서의 妾이 時坐所의 內門을 함부로 들어간 일과 김종서가 金允富의 말[馬]을 수취한 일을 탄핵하려 하니, 김종서가 이를 듣고 말하기를,

> 나는 議政으로 한 나라의 柄을 잡고 있는데 무슨 일을 할 수 있어 반드시 관인과 交結하겠는가. 또 내가 允富의 말을 받은 것을 누가 보았는가. 이 사람들

---

135) 《魯山君日記》卷5, 단종 원년 정월 壬戌·癸亥條 참조.
136) 《魯山君日記》卷5, 단종 원년 정월 丁卯條 참조.
137) 《魯山君日記》卷5, 단종 원년 정월 己巳條.
138) 《魯山君日記》卷5, 단종 원년 정월 己巳條, "史臣曰 諫官之職 雖君上過失 尙且直斥敢言 況於大臣何避 今宗瑞 曾不自反 乃於君前 指諫官之言爲狂簡 固不介意 其專擅恣甚矣"

〔대관〕이 대신을 해하고자 꾀하니 斬하는 것이 可하다.139)

라고 하였고, 이로부터 김종서는 매번 경연에서 啓하기를,

옛사람들의 말씀에 정권이 臺閣에 돌아가면 천하가 어지럽다고 하였습니다. 청컨대 上께서는 新進臺諫의 高論을 듣지 마십시오.140)

라고 하였다. 김종서는 실력자인 자기에게 거리낌 없이 탄핵하려는 언관에 대하여 적의를 품었고, 언관의 언론을 누르는 데 고민했음을 알 수 있다. 그리하여 계유정난 직후의 의정부의 啓에 보면,

執義 河緯地가 여러 차례 면대를 請하므로 上께서 引見하고자 하였으나 皇甫仁과 金宗瑞 등이 억눌러 언로를 막았으며, 또 持平 柳誠源은 經筵에서 보인과 종서의 專權不法之事를 아뢰었고 上께서 고두 인정을 하시었습니다. 보인과 종서 등은 …… 誠源의 직언을 꺼리어 그를 他職에 改除하였고, 유약한 자와 자기편인 자를 끌어 대간에 布列하고 방자한 행동을 꺼리지 않았습니다.141)

라고 하고 있다. 이 啓는 황보인과 김종서 두 사람에 대하여 악평을 늘어놓고 있는 것이긴 하지만, 그들은 언관의 언론을 봉쇄하는 데 힘썼고, 또 그들에게 향하는 날카로운 언론을 막기 위하여 예리한 언론을 펴는 언관은 전직을 시키는 등 언관에 대한 인사를 조작한 것으로 보인다.142)

---

139) 《魯山君日記》卷7, 단종 원년 7월 庚午條, "我爲議政 執一國之柄 何事不能謂 而必交結宮人乎 且我受允富馬 誰兒之者 此人等 謀害大臣 可斬也"
140) 《魯山君日記》卷7, 단종 원년 7월 庚午條, "古人言 政歸臺閣天下亂 請上勿聽新進臺諫高論"
141) 《魯山君日記》卷8, 단종 원년 10월 戊申條, "執義河緯地屢請面對 上欲引見 皇甫仁金宗瑞等抑塞 以杜言路 又持平柳誠源 於經筵極陳仁宗瑞等專權不法之事 上皆依允 仁宗瑞等 不避親子加職 欺罔天聰 並皆仍舊 忌誠源直言 改除他職 汲引柔懦者黨己者 布列臺諫 肆行無忌"
142) 단종 원년에 集賢殿官에서 臺諫으로 진출한 사람으로 金禮蒙·成三問·申叔舟·柳誠源·尹起畎·李

이처럼 계유정난 이전에는 왕권은 극도로 약화되었고, 반면 황보인과 김종서 등 의정부 대신들의 권한이 비대해짐에 따라 이들이 언관의 언론을 봉쇄하거나 위협하였으나, 언관들의 이들에 대한 언론 또한 예리한 것이었다.

계유정난 이후에는 왕권은 더욱 약화되었고, 모든 권력이 수양대군에게 집중된 상황에서 언관의 언론은 억압당하였다. 그 몇 가지 예를 보면 掌令 金之慶과 柳誠源 등은 時政에 관하여 여러 건을 언론하였으나 하나도 윤허받지 못하여 상서사직하기에 이르렀고,[143] 단종 2년에 사간원에서는 평안도에 都體察使를 파견하는 시기를 늦출 것을 청하였으나 '今諫官不知 而以姑息之計啓之 不可聽也'라고 의정부(수양)가 무시하였고,[144] 간관이 昭陵 屭駕 때 隨駕官吏를 풀어 먹이는 데 함께 참석하지 않았다는 죄로 鞫問을 당할 때[145] 사헌부에서 간관의 罪를 관대히 대할 것을 청하였으나 "憲府의 말도 또한 취할 것이 없다"고 경시하고 있다.[146]

그 뿐만 아니라 수양대군의 집권에서 언관의 언론은 억압당하였고, 언관들은 하옥·추국·좌천을 당하기 일쑤였다. 여기에 그 예를 들어 보면, 단종 2년 정월 納妃에 관한 일에 朝議가 정해지기 전에 대간이 啓請한 것은 大體에 어긋난 것이라 하여 수양대군은 대간을 鞫問할 것을 啓請하였고, 드디어 대간은 의금부에 하옥되었으며, 이 일과 관련하여 成三問도 告身을 빼앗기고 鞫問을 당하였다.[147] 집현전 부제학 金鉤와 河緯地 등의 啓請[148]으로 대간은 석방되고 성삼문의 告身은 다시 반환되었지만[149] 언관에 대한 탄압의 혐의는 벗을 수 없다.

墤·趙峿·河緯地 등이 있다. 이들은 諫諍과 高論的인 언론을 잘 하였다. 이들은 대개 轉職되고 皇甫仁·金宗瑞 등에게 유리한 자들로 충당되었던 것으로 보인다.
143) 《魯山君日記》 卷9, 단종 원년 11월 癸酉條.
144) 《魯山君日記》 卷10, 단종 2년 3월 辛酉條.
145) 《魯山君日記》 卷12, 단종 2년 10월 壬辰條.
146) 《魯山君日記》 卷12, 단종 2년 10월 乙未條.
147) 《魯山君日記》 卷10, 단종 2년 정월 乙亥條.
148) 《魯山君日記》 卷10, 단종 2년 정월 丙子條 참조.
149) 《魯山君日記》 卷10, 단종 2년 정월 丁丑條 참조.

단종 2년 5월에 掌令 田稼生과 獻納 曹孝門은 의금부에서 鞫問하고 있는 仁川郡事 柳孝聯의 일은 公事로 말미암은 것이므로 논하지 말 것을 啓하였다.[150] 이에 대하여 의정부에서는 대간의 언론이 심히 불가하다 하고 의금부에 내려 鞫問할 것을 청하였고[151] 다음날 의금부에 傳旨하여 전가생과 조효문을 囚禁하여 鞫問하게 하였다. 이에 大司憲 權蹲, 執義 愼詮, 掌令 庾智, 持平 韓繼禧 등은 이 일을 함께 논의하였기 때문에 모두 의금부에 나아가 待罪하였다.[152] 결국 의정부 당상의 의견에 따라 늘 대간들은 좌천되었다.[153] 의정부(수양대군)는 대단치도 않은 일로 대간을 압박하였고 마침내는 좌천시키기에 이르렀던 것이다.

단종 2년 8월에 사간원에서는 全州府尹 등 지방관에 대한 인사에 이의를 제기하고 改差를 요구하다가 推鞫을 당하였다.[154] 의금부에서는 사간원 관원의 죄는 '制書有違'에 해당한다고 보고하였고, 다시 '嘱托公事 誣告之律'에 적용하여 正言 崔復은 '杖 70, 徒 1년 반'에, 知司諫 金之慶은 '杖 60, 徒 1년'에, 左司諫 尹士昀과 右司諫 金禮孫은 '杖 100'에 해당한다고 啓하였다.[155] 의정부의 건의에 따라 사간원 관원에 대한 징계는 논하지 않기로 하였으나[156] 곧 간관에 대한 전면적인 인사를 단행하여[157] 문제시되었던 간관들을 모두 사간원에서 몰아냈던 것이다. 수양대군은 그의 인사방침에 이의를 제기하는 간관을 법을 어긴 자로 몰아넣고 법을 적용해 이들을 위협하고 짐짓 용서하는 체하면서 그 간관들을 사간원에서 몰아냈던 것이다. 수양

---

150) 《魯山君日記》卷11, 단종 2년 5월 丁卯條.
151) 《魯山君日記》卷11, 단종 2년 5월 戊辰條 참조.
152) 《魯山君日記》卷11, 단종 2년 5월 己巳條 참조.
153) 《魯山君日記》卷11, 단종 2년 5월 己丑條 참조.
154) 《魯山君日記》卷12, 단종 2년 8월 辛卯·壬辰條, 지방관 인사는 大臣(首陽)의 意思(大臣稟旨事也)였던 것인데 계속 論執하므로 결국 推鞫을 당하게 되었다.
155) 《魯山君日記》卷12, 단종 2년 8월 己亥條, 義禁府鞫啓 이하 참조.
156) 《魯山君日記》卷12, 단종 2년 8월 庚子條, "舍人黃孝源 將堂上議啓曰 司諫院官吏 請皆勿論 從之"
157) 《魯山君日記》卷12, 단종 2년 8월 乙巳條에, 元孝然은 司諫院左司諫, 李永肩은 右司諫, 徐岡은 右獻納, 李崇元은 左正言, 朴仁年은 守右正言에 임명되었다.

대군은 교묘하게 언관을 탄압하고 봉쇄하였던 것이다.

七. 世祖朝의 言官言論과 王權

세조가 즉위한 뒤 급선무는 단종 때 실추된 왕권을 회복·강화하는 일이었다. 그 첫 작업이 議政府署事制를 6曹直啓制로 개혁한 것이었다. 왕권을 강화하기 위하여 또 필요한 작업은 그의 즉위를 부당한 것으로 보는 많은 유신들의 세력을 꺾고 그들의 高論을 봉쇄하는 것이었다. 그 가운데서 가장 두려운 세력이 학문[儒學]에 조예가 깊은 집현전관과 그 출신이었다. 세조가 6조직계제로 고칠 때 가장 강력하게 반대한 사람들이 이들이었다. 그는 사육신 사건을 계기로 그에게 날카로운 언론을 펴던 많은 유신(집현전관과 그 출신)을 숙청하였으며 집현전을 혁파하고 아울러 경연의 제도를 폐하였던 것이니, 이는 간쟁과 고론을 잘 하는 유신과 자리를 같이 하기를 원하지 않았기 때문이다. 그러한 그였기 때문에 언관의 언론도 優容되기를 기대하기는 어려웠다. 그러면 세조는 어떠한 자세로 언관을 대하였고, 언관들은 어떻게 이에 대응했는지 살펴본다.

세조 6년 5월 吏曹에서는 왕명에 따라서 감원할 수 있는 관원의 수와 폐지해도 좋은 관서를 조사하여 啓하는 가운데 司憲府兼監察 5명과, 사간원의 司諫 1명, 獻納 2명, 正言 1명 등 간관 4명을 감원토록 했고, 또 세조는 그대로 결정하였다.[158] 이에 사헌부에서 간관 4명, 감찰 5명을 파하는 것은 옳지 않다고 언론하였으나, 傳旨에 "이는 너희가 알 바가 아니니 다시 말하지 말라"고 하였다.[159] 같은 날 左司諫 崔漢卿 등도 언관의 감원을 불가하다고 상소하였다.[160] 세조는 이 문제를 가지고 대사헌 權攀과 좌사간 崔漢卿 등과

---

158) 《世祖實錄》 卷20, 세조 6년 5월 丁酉條.
159) 《世祖實錄》 卷20, 세조 6년 5월 戊戌條.

대담을 하는 가운데,

    上이 말하기를, 간관은 어찌하여 감원(汰)하는 것이 옳지 않은가?

    漢卿이 답하여 말하기를, 君上의 득실을 規諫하는 것은 그 임무가 중요합니다.

    上이 말하기를, 만약 반드시 간관이 된 뒤라야 간쟁한다면 너를 다른 관서로 옮기면 간쟁하고자 하지 않겠는가?

    이에 漢卿이 답하여 말하기를, 옛날에 工人은 藝事를 잡고 諫하였으니 누가 간쟁하고자 하지 않겠습니까? 그러나 언론의 책임이 있는 자가 언론하는 것과 같이 쉽지 않습니다.[161]

라고 하고 있다. 위의 대담에 따르면 세조는 언관(간관)의 필요를 별로 인정하지 않기 때문에 언관에 대한 대폭적인 감원이 이루어진 것으로 생각한다. "언관이 아니더라도 언론할 수 있지 않은가" 하는 세조의 태도에는 언관의 언론을 약화·봉쇄하려는 의도가 담겨 있는 것으로 보인다. 언관을 경시하는 상황에서 언관 아닌 다른 관원의 언론을 기대한다는 것은 더욱 어려운 일이라 하겠다.

    이러한 분위기에서 언관의 언론이 활발하기를 기대할 수 없는 것이다. 세조 3년 7월에 사헌부와 사간원에 보낸 傳旨를 보면 당시의 분위기를 더욱 명확히 알 수 있다. 그 傳旨에,

    내가 즉위한 이후 언관은 盡言할 수 있는 분위기〔勢〕를 얻지 못하였다. 하나는 나는 艱難과 재앙을 모두 경험하였으므로 백성의 疾苦를 언론하여도 개의

---

160) 《世祖實錄》卷20, 세조 6년 5월 戊戌條, 左司諫 崔漢卿 등 상소 참조.
161) 《世祖實錄》卷20, 세조 6년 5월 戊戌條, "上曰 諫官何爲不可汰 漢卿對曰 規諫君上之得失 其任重矣 上曰若必諫官而後諫之則汝遷他官 不欲諫乎 漢卿對曰 古者 工執藝事以諫 孰不欲諫 然不若有言責者之易言也"

치 않는 것이요, 하나는 내가 불교를 좋아하므로 (불교에 대하여) 언론하면 반
드시 怒하는 것이요, 하나는 작은 일로 언론하면 반드시 거절하여 자질구레하
다고 하는 것이요, 하나는 내가 嚴威가 있어 언론하면 得罪할까 두려워하는 것
이니, 이로써 언관들은 진퇴하며 商量하나 의논이 일치되든 안 되든 職任을 수
행하지 못하니, 내가 그 폐단을 알고 있는 것이 오래 되었다.162)

세조 자신이 이와 같이 말하고 있으니 당시 언관으로서는 어떠한 형태의
언론이든 자유롭게 할 수 없는 분위기였음을 알 수 있다. 그리하여 세조는
재위 14년 3월에 執義 李克墩과 獻納 曹幹 등이 大臣 洪允成의 不法한 일을
들어 請罪하는 상소를 보고 이들 대간에게 이르기를,

> 나는 너희의 언론을 가상히 생각한다. 대간의 이름은 다만 옛날에 들었고 그
> 사람을 보지 못하였으나 내가 너희에게서 보게 되었다.163)

고 하였다. 이 말은 좀 과장된 감이 없진 않으나 대간다운 대간을 그의 일대
에 보지 못했다는 뜻이 되겠고, 그것은 결국 스스로 불러온 분위기였다.
이와 같은 상황에서 언관의 언론은 경시되거나 거절당하기 일쑤였다. 그
몇 가지 예를 들어 보면, 세조 6년 사간원에서는 金礪(史官)와 金升卿(刑曹左
郎)에 대한 인사에 대하여 그들이 범죄자의 孫女壻·女壻라는 이유로 이의
를 제기하였는데 傳旨에 이르기를,

> 너희는 輕重을 알지 못하고 언론하고 있다. 물러가라.164)

---

162) 《世祖實錄》 卷8, 세조 3년 7월 壬申條, "傳旨司憲府司諫院曰 予卽位以後 言官有不得盡言之勢
　　一則以予備嘗難厄 民之疾苦 雖言之不介意 一則以予好佛 言之必怒 一則小事言之 必拒却曰瑣瑣
　　一則以予有嚴威 言之恐得罪 以此進退商量 議論合否 不能展職 予知其弊久矣"
163) 《世祖實錄》 卷45, 세조 14년 3월 癸亥條, "謂克墩·幹曰 予嘉汝等之言 臺諫之名 徒聞於古 未見
　　其人 予於汝等見之"
164) 《世祖實錄》 卷21, 세조 6년 8월 庚申·癸亥條 참조.

고 간단히 언론을 물리치고 있고, 세조 6년 9월에 사간원에서는 趙得仁을 知刑曹事로 除授한 데 대하여 그의 祖瑠이 坐贓한 것을 들어 이의를 제기한 데 대하여 세조는 이 언론을 받아들이지 않았을 뿐 아니라 다시 말하지 말라고 명하였고, 同副承旨 洪應에게 말하는 가운데 "近來 言官은 매번 世系를 論하고 있으니 그 不通함이 심하도다"[165]고 하여 언관의 언론에 대해 불만을 드러내고 있다. 또 세조 7년 12월에 사헌부에서는 左贊成 黃守身이 牙山田園을 濫占하였다 하여 여러 차례 탄핵하였으나, 세조는 묵인하였으며 황수신이 避嫌하고자 하니 세조가 이르기를,

> 小人의 妄言을 어찌 족히 믿겠는가. 卿은 피하지 말라.[166]

고 하였다. 언관을 소인으로, 언관의 언론을 망언으로 다루는 세조에게 그 언론이 용납되기는 어려운 것이었다. 세조는 언관이 그가 거절[拒諫]하지 않을 만한 일을 가려서 언론하기를 바랐던 것이니[167] 그렇지 않은 언론은 용납될 수 없었던 것이다. 그러한 분위기에서 세조는 언관의 언론에 압력을 넣었다. 이제 그 몇몇 사례를 보도록 한다.

세조 원년 12월에 사헌부에서는 인사(除授之事) 관계 문제를 조사할 때, 만약 郎官이 관계되면 祖宗古事에 따라서 (낭관을) 先問後啓할 것을 청하였을 때, 세조는 노하여 대관을 불러들여 말하기를,

---

165) 《世祖實錄》 卷21, 세조 6년 9월 庚寅條.
166) 《世祖實錄》 卷26, 세조 7년 12월 乙亥條, "上曰 小人妄言 何足取信 卿勿避"
167) 《世祖實錄》 卷27, 세조 8년 정월 壬寅條, "召都承旨金從舜于兩儀殿曰 臺諫擇其可言之事而言之 則人主聽用 得納諫之名 而臺諫亦得 獻替之譽若不顧大體 偶思輒言 則人主不聽而得拒諫之名 臺諫聲聞 亦從以卑 且臺諫言焉 而予不聽焉 則心常未安 臺諫不見納 亦豈自安 此則兩未安也 日者憲府請黃守身冒濫之罪 又請奉石柱贓污之罪 其言善矣 予皆聽之 然則不可謂不納諫也 司諫院言沈湄殿最居下 不宜仍職 予曰此特旨耳 諫院更言曰 雖特旨亦爲未可 如此之事 予豈可以臺諫之言而必聽乎"

> 내가 즉위한 뒤로 朝政(人事)을 親攬하여 進退用捨(人事)를 내가 실제로 하였는데, 郎官을 문초할 것을 청하는 것은 실로 나를 弄하는 것이다. 이와 같은 迂闊한 언론을 한 자가 누구인가? 대간에 둘 수 없다.[168]

고 하였고, 이 논의를 주장한 執義 李芮을 파직시켰다. 세조는 왕권에 조금이라도 어긋나 언론을 펴는 언관은 용납할 수 없다는 위압적인 태도를 보이고 있다.

세조 6년 6월에 사헌부에서는 大小人民의 射侯擊鼓와 巫祀에 쓰는 杖鼓를 모두 금할 것을 청하였는데, 세조는 趙安貞에게 擊鼓를 금해야 될 근거가 있는 것인지 따져 물었고 傳旨에 이르기를,

> 요즈음 대간은 자주 견책을 당하였다. …… 앞으로는 妄說을 다시 하지 말라.[169]

고 하였다. 대간의 언론을 妄說이라 하여 위압하고 있다.

세조 12년 8월에 대간은 죄인 양정의 처자를 법률에 따라서 처벌할 것을 청하였을 때 傳旨에 이르기를, "朝廷의 처치(처리)는 너희들은 알 바 아니다"[170]고 하고 있다. 언관의 존재가치는 조정의 처치에 잘못이 있을 때 이를 바로잡는 것이다. 그러나 세조는 조정에서 하는 일은 너희 무리〔汝輩〕가 알바 아니라고 언관의 존재와 언관의 언론을 무시하고 있다.

세조 13년 7월에 正言 金漬는 右參贊 金國光이 일찍이 병조판서로 있을

---

168) 《世祖實錄》卷2, 세조 원년 12월 壬子條, "上引見重厚曰 予自卽位以來 親攬朝政 進退用捨 予實爲之 請問郎官 實弄我也 爲此迂闊之言者誰歟 不可處臺諫"
169) 《世祖實錄》卷20, 세조 6년 6월 癸卯條, "傳曰 近者臺諫 數被譴責 汝等來啓 祇愧衙前耳 今後勿復妄說"
170) 《世祖實錄》卷39, 세조 12년 8월 甲辰條, "臺諫啓曰 楊汀之罪 死有餘辜 法所不赦 其妻子 請並依律施行 傳曰 汝等之請則可 於法有不可 朝廷處置 非汝輩所知 竟不允"

때 受賂하여 제직하였고, 代納謀利가 많았다고 탄핵하였다. 세조는 김국광
의 범법 사실은 추궁해 보지도 않고 일방적으로 김국광만을 두둔하였고, 이
언론이 金潰 한 사람으로 말미암은 것이 아니라 사간원의 共議인 것을 알아
내고, 都承旨 尹弼商에 명하여 金潰의 帽를 벗겨 끌고 나가게 하였고, 사간
원 관원들을 의금부 옥에 가두었다.171) 언관이 대신을 탄핵하는 일은 있을
수 있는 일이다. 그러나 세조는 대신에게 과연 죄가 있는가를 알아볼 생각은
않고 언관을 끌어내어 하옥시킨 일은 언관에 대한 탄압이라 하지 않을 수 없
다. 이와 같은 상황에서 몸 둘 바를 모르는 김국광에게 세조가 말하기를, "경
은 竪儒의 언론으로써 개의하는가? 宰相의 그릇[量]이 아니도다"172)라고
하고 있다. 언관은 竪儒[쓸모없는 학자]로 몰리고, 그들의 언론은 개의할
필요가 없는 것으로 여겨졌다.

이와 같이 언관의 정당한 언론이 잘 받아들이지 못하고 경시되거나 위압
당하는 분위기에서나마 언관은 언론을 계속 폈고 그 결과는 좌천이나 파직
이었다. 이제 그 몇몇 예를 살펴본다.

세조 7년 5월 行僉知中樞院事 黃致身이 함길도에 사는 婢의 소생을 官에
들이고, 충청도 태안에 사는 公賤을 바꿔 차지한 일이 있었다. 사헌부에서는
이를 들어 황치신의 罪를 청하려 하였는데, 황치신은 이를 알고 먼저 詐飾하
여 상언하였고, 세조는 그의 말을 믿었다. 이와 같은 때 掌令 具達忠이 黃의
罪를 啓請하였으나 세조는 오히려 사헌부가 사정을 분변하지 못한다 하여
대관을 모두 좌천시키고 있다.173) 대관은 정당한 탄핵을 하였으나 오히려
그 대가는 좌천이었다.

세조 9년 4월에 사헌부에서는 工曹正郎 鄭崇祖(鄭麟趾의 아들)와 世子參
軍 沈貞源이 처를 버린[棄] 일을 추핵할 것을 청하였고,174) 이를 조사하니

---

171) 《世祖實錄》卷43, 세조 13년 7월 甲戌條.
172) 《世祖實錄》卷43, 세조 13년 7월 甲戌條, "上曰 卿以竪儒之言介意乎 殊非宰相量也"
173) 《世祖實錄》卷24, 세조 7년 5월 己未條.
174) 《世祖實錄》卷30, 세조 9년 4월 丁丑條.

그들의 父인 鄭麟趾와 沈決이 쫓아냈다고 하므로, 綱常에 관계되는 이 일을
바로잡을 것을 재삼 청하였으나 받아들이지 않았다.[175] 이에 사헌부에서 이
일을 固請하자 세조는 憲府 관원을 의금부에 가두고 국문하게 하였고[176],
이틀 뒤에 사헌부 관원을 모두 파직시켰다.[177] 이 일은 강상에 관계되므로
憲官으로서는 추궁할 수 있는 일이었다. 그러나 결국 이를 추궁하던 대관은
모두 징계되었던 것이다.

　이처럼 세조는 언관이 언론할 수 없는 분위기를 만들어 언관을 탄압하고
언론을 봉쇄하였으며, 이에도 아랑곳하지 않고 언론하는 언관에게는 파
직·좌천 등의 징계가 기다릴 뿐이었다. 그가 얼마나 언론을 탄압하고 봉쇄
하였는가는, 언론을 심하게 탄압·봉쇄하였던 태종 때 월 평균 4.2회의 언
론이 있었는 데 견주어 세조 때 2.9회에 지나지 않은 것을 보아도 짐작할 수
있다. 세조 때는 왕권강화책으로서 언론을 탄압하였고, 또 강화된 왕권에
눌려 언론이 위축된 시기였다.

八. 睿宗·成宗 초의 言官言論과 權臣

　예종은 19세에 즉위하였으나 1년 2개월 만에 승하하였고, 申叔舟와 具致
寬 등이 院相으로 庶政을 의결하였으므로 왕권이 약화된 시기였다. 그러나
예종은 세자 때 세조 12년부터 承命代理로 정무를 보았으므로 세조 때 언관
에 대한 시책을 익히 보아 와서 그 영향을 받았음인지 언관에 대해서 강경한
태도를 보이고 있다. 즉, 예종 원년 윤2월에 사헌부에서는 충청도 관찰사 安
哲孫이 國喪 중에 기생을 奸하여 部民에게 욕을 보았다고 탄핵을 하였던

---

175) 《世祖實錄》卷30, 세조 9년 4월 戊寅·己卯條 참조.
176) 《世祖實錄》卷30, 세조 9년 4월 庚辰條 참조.
177) 《世祖實錄》卷30, 세조 9년 4월 壬午條 참조《世祖實錄》에는 壬申으로 되어 있으나 壬午의 錯
　　誤임).

바178) 예종은 언론한 대관을 불러 그 근거를 캐묻고, 그 말이 사간원에서 나온 것을 알아낸 뒤179) 간관들을 불러 그 말의 출처를 따져 물었고, 마침내 대간 7명에 대하여 좌천과 파직을 시키고 있다.180)

이 언론은 風聞彈劾〔풍문에 따른 탄핵〕에 해당한다. 풍문탄핵은 역대로 금해 왔고, 이를 어기는 언관에 대하여 징계를 가하기도 하였다.181) 그러나 세조도 강상에 관계되는 일, 풍속을 오염시키는 일, 관리들의 貪汚·虐民·不法 등의 일은 풍문탄핵을 하라고 傳旨한 일이 있다.182) 국상 중에 奸한 일은 강상·풍속에 관한 일로 풍문탄핵할 수 있는 것인데, 안철손을 추국하기 전에 대간을 징계한 것은 언관에 대한 탄압으로 보지 않을 수 없다. 또 예종 원년 3월에 사헌부에서 상벌을 신중히 할 것을 상소하였을 때, 상소 가운데 "紀綱이 펼쳐지지 않고 상벌이 맞지 않은 것이 있어 전하의 훌륭한 법이 빛남이 처음 같지 않습니다"183)고 한 것이 예종의 비위를 건드려 대관을 불러 疏文을 일일이 캐물었고 마침내 관계되는 대관을 파직시켰다.184) 예종은 비록 재위 기간은 짧았으나 언관의 언론은 너그러이 대하지 못한 것으로 보인다.

성종은 13세에 즉위하여 그 7년까지는 尹大妃(世祖妃)가 垂簾聽政을 하였

---

178) 《睿宗實錄》卷4, 예종 원년 윤2월 甲子條.

179) 《睿宗實錄》卷4, 예종 원년 윤2월 乙丑條.

180) 《睿宗實錄》卷4, 예종 원년 윤2월 丙寅條, "命召司諫院大司諫丙承錫·獻納鄭徽·正言崔漢公等 問憲府所言安哲孫奸妓事……傳曰臺諫等細知此事 而予之初問也 不以實對 今窮詰而後 乃吐之 臣子之義果如是歟 予欲左遷之 僉曰允當……傳之吏曹 左遷承錫·(掌令)鄭侑及執義金益齡 掌令 孫舜孝 持平尹惠等 罷徽·漢公職"

181) 《定宗實錄》卷4, 정종 2년 4월 초 大司憲 權近啓 ; 《太宗實錄》卷8, 태종 4년 10월 癸巳條 ; 卷23, 태종 12년 정월 丁亥條 ; 《世宗實錄》卷104, 세종 26년 6월 乙巳條 등 참조.

182) 《睿宗實錄》卷4, 예종 원년 윤2월 丙寅條, "司憲府上流曰 舊例 本府風聞公事 如大臣不法 守令貪 汚虐民 婦女失行 子不孝 疎薄正妻一應關係綱常風俗等事 隨所聞見 卽加推劾……況世祖大王傳 旨內 凡關係綱常 汚染風俗 京外官吏 貪汚虐民不法等事 風聞擧劾"

183) 《睿宗實錄》卷4, 예종 원년 3월 乙未條.

184) 《睿宗實錄》卷4, 예종 원년 3월 乙未條, "上問訖曰 予若杖問 則人謂予拒諫 故不爲耳 其罷憲府官 吏職 終身不敍 云云" ; 《睿宗實錄》卷4, 예종 원년 3월 丙申條에, "俄而傳曰 若罪汝等則言路塞矣 故從寬典 只罷其職 仍命於功臣 籍削益貞名" 이라 하였다.

고, 또 院相들이 政事를 보좌하였기 때문에 정치는 이들의 영향을 크게 받을
수밖에 없었다. 따라서 성종 초기에는 왕권이 강화될 수 없었고 院相의 정치
적 권력이 비대해졌다. 대간은 원상 등에게 관계된 언론은 피하려는 경우도
있었으나[185] 좌의정이며 원상을 겸한 김국광을 貪汚의 명목으로 탄핵하기
도 하였다.[186]

성종 3년 6월 持平 朴時衡은 院相의 제도를 폐지할 것을 청하였는데[187]
이 언론이 문제가 되어 사헌부 관원이 모두 전직[左遷]되고 있다.[188] 여기
서 언관은 원상의 세력을 견제하려는 언론을 행사하려 힘썼고, 원상 등은 幼
沖한 왕을 업고 언관에게 압력을 가하고 있음을 볼 수 있다.

성종 3년 3월에 지평 崔淑精은 시녀 簡非가 유부녀를 시녀로 추천하고자
했다며 추국할 것을 청하였다.[189] 이 언론을 위요하고 영의정 申叔舟는 성
종에게 대관을 추국할 것을 청하자, 왕은 이 일로 언관을 추핵할 수 없다며
거절하였다. 신숙주는 다시 강력하게 주장하여 마침내 왕으로 하여금 사헌
부 掌務를 추국하라는 명령을 내리게 하고 있고,[190] 그 결과 장무 崔淑精은
좌천되었다.[191] 영의정이며 원상인 신숙주의 주장에 따라서 언관은 언론으
로 말미암아 징계를 당하였던 것이다.

성종 3년 12월 대사헌 權珹 등 대관은 院相인 韓明澮의 罪를 청하였을 때

---

185) 《成宗實錄》卷19, 성종 3년 6월 辛卯條, "之慶(大司憲)等聞時衡(持平)等請罷院相 相顧失色 齊揖
　　面責 卽令避嫌 阿悅大臣 恐觸其怒 其心陋矣"
186) 《成宗實錄》 2년 7월 癸巳·丙申·戊戌·己亥條와 8월 辛丑·辛亥條, 그리고 11월 丙午·丁未·辛
　　亥·乙卯·丙辰·己未·辛酉條 등 참조.
187) 《成宗實錄》卷19, 성종 3년 6월 甲申條.
188) 《成宗實錄》卷19, 성종 3년 6월 甲申·乙酉·丙戌·丁亥條 참조.
189) 《成宗實錄》卷16, 성종 3년 3월 乙巳條.
190) 《成宗實錄》卷16, 성종 3년 3월 丁未條, "領議政申叔舟啓曰 上以簡非無罪 命勿劾 而憲府固請不
　　已 簡非有罪則可 無罪而敢請 甚不可 請鞫之 傳曰不可 豈可以一事之失 遽劾所司乎 叔舟更啓曰 凡
　　朝臣之失 所司皆糾正 而今自有失 何以正人之失 若以直言而罪言官 則不可 至於此事 不可不劾 傳
　　曰推鞫憲府掌務員可也"
191) 《成宗實錄》卷16, 성종 3년 3월 丁未條, "大司憲金之慶等啓曰 簡非之事 臣等同議 而使淑精啓之
　　非獨淑精之罪也 臣等請就獄 傳曰 推鞫與否 在予所命 其勿言"

성종은 원상에게 傳旨하기를,

> 臺諫이 小事로써 政丞의 罪를 청하면 여러 정승은 어찌 안심할 수 있겠소? 범사를 정승으로 하여금 말할 수 없게 하면 내가 심궁에 있으면서 어떻게 下情을 들을 수 있겠소? 또한 대간은 나의 귀와 눈이니 일이 大體에 관계되면 言論하는 것이 옳으나 이와 같이 작은 일을 번거롭게 청하는 것이 옳겠소? 大司憲이 이미 먼저 발언하였으니 좌천시키는 것이 어떠하겠소?[192]

라고 하였다. 원상 김국광과 成奉祖 등은 왕의 말씀대로 하는 것이 좋으며 대간의 언론은 잘못이라고 啓하였고, 이로써 憲府 관원은 모두 좌천되었다.[193] 어린 성종은 대신(원상)만을 중하게 여기고 대신의 말만을 옳게 들어 언관을 징계하고 있다.[194] 그리하여 예문관 브제학 李克基 등이 時務10條를 상소하는 가운데 언로를 넓혀 줄 것을 청하고 있는데,

> 近來 臺諫은 大臣의 일을 논함으로써 좌천된 자가 있고 사람의 과실을 탄핵하다 징계된 자가 있습니다. 臣 등은 언로가 이로부터 좁아질까 두렵습니다.[195]

라고 하였다.[196]

---

192) 《成宗實錄》卷25, 성종 3년 12월 庚午條, "傳于院相曰 臺諫以小事 請政丞之罪 則諸政丞豈得安心乎 凡事使政丞不得言 則予在深宮 何以得聞下情乎 且臺諫爲予耳目 事關大體則言之可也 如此小事 煩請不已可乎 大司憲旣發言 左遷何如"

193) 《成宗實錄》卷25, 성종 3년 12월 庚午條 계속 부분 참조.

194) 《成宗實錄》卷25, 성종 3년 12월 庚午條, "史臣曰 上幼年繼統 方與大臣 日講治道 惟大臣是聽 而今韓明澮爲臺諫所論 上欲遞先發言者 盖亦重元老大臣之意也"

195) 《成宗實錄》卷32, 성종 4년 7월 己未條, "近來臺諫 有以論大臣之事而遷之者 有劾人之過而與及之者 臣等窃恐言路自此不廣矣"

196) 大司憲 鄭佸 등의 上疏(時務9條)에서도 언론의 길을 넓혀 줄 것을 청하는 가운데, "然頃者 言官或以言事左遷 或因見劾者所訟而落職"이라고 하고 있다.

이와 같이 院相(大臣)의 세력이 비대해진 성종 초에 언관의 언론도 대신들에게 압력을 받지 않을 수 없었다. 그러나 성종 초의 언관들은 이에 구애되지 않고 언론을 활발히 폈고, 원상이나 대신 등에 대한 탄핵도 거침없이 하였던 것이니, 조선이 개국된 뒤로 언론이 가장 폭주한 시기이기도 하다. 이 시기부터 정계에는 勳舊大臣의 세력이 비대해졌고, 한편 차츰 신진세력(士林)이 진출하여 정치적 분위기가 일변하는 시기로 접어들게 되었다.

맺음말

유교정치를 앞세운 조선왕조에서 언론은 정치적으로 큰 의의를 갖는 것이다. 언론의 열리고 막히는 것은 유교정치의 성쇠와 직결되는 것으로서 당시 儒臣들은 언론의 창달을 위해 그들의 모든 노력을 기울였던 것이다. 어떤 사람은 조선시대의 언론은 매우 자유로웠고 개방된 것으로 이해하고 있으나 조선 초기(《經國大典》 완성 때까지)의 사정은 그렇지 않았다. 결국 언관의 언론이 중심이 될 수밖에 없었다. 그러나 언관의 언론도 군주의 정치성향, 그 시대의 정치적 분위기, 언관의 성분구성, 왕권·집권자·언관 서로의 이해관계 등에 따라서 내용에서나 활동에서 변화를 가져왔다.

태조 때 언관은 대개 고려 말에 언관의 경력을 가졌던 신진사대부 출신들로 이루어졌고, 여기에 개국공신을 배치하여 언관의 언론을 주도하게 하였다. 당시 왕과 개국공신의 당면 과제는 정치적 안정의 수립이었다. 이 문제는 개국공신 일부를 선봉으로 삼고 있던 언관에게 이해가 일치되는 것이었다. 그리하여 언관은 정치적 안정에 위협을 주는 왕씨 세력을 숙청하는 데 선봉이 되었고, 고려 말의 反이성계파의 숙청과 유언비어의 철저한 단속에 앞장섰던 것이다. 그리고 그것은 집권층의 공동의 권익을 위한 것이었기 때문에 성공하였던 것이다. 그러나 태조 때의 언관에게 자유로운 언론이 허용된 것은 아니었다. 건설적이고 왕권에 영합하는 親王的 언론은 용납되었으나, 왕권에 손상을 입히거나 왕의 의지에 상반되는 언론은 강력한 탄압을 받았던 것이다.

정종 때는 방원의 영향이 컸던 시기였다. 즉, 1·2차 왕자의 난을 거쳐 정도전 등 일부 개국공신의 세력을 제거하고, 방원 중심의 왕권을 준비하는 시기였다. 이때는 언관 안의 개국공신은 사라졌고, 따라서 언관과 개국공신의 이해관계는 일치하는 것이 아니었다. 그리하여 언관은 사병혁파에 비협조적인 공신 세력을 제거하는 데 선봉이 되고 있다. 즉, 언론은 왕권강화를 위해 이루어졌고 그것은 방원(세자)의 지지를 받았던 것이다. 그러나 왕권에 저촉되는 언론에 대해서는 강력한 압력과 징계를 가했던 것이다.

태종은 즉위 초부터 왕권강화책으로 일관하였고, 언관의 언론에 대하여도 탄압을 계속하였다. 언관의 성분도 달라져 태조 때와 같이 개국공신의 이익을 대변하던 언관이 아니라 강력한 왕권 아래의 관료 가운데서 뽑힌 언관이었다. 당시 언관들은 유교정치 아래의 언관으로서 그 임무를 다하려 했으나 무단적인 왕권으로 말미암아 억압되었고, 좌천·파직·유배 등 징계를 당하였다. 그 뿐만 아니라 태종은 다양한 방법으로 언관의 언론을 봉쇄하였던 것이다. 물론 왕권에 저촉되지 않고 건설적인 언론까지 탄압했던 것은 아니었다. 태종 때의 언관에 대한 탄압은 왕권강화책과 밀접한 관계가 있었던 것으로 이해해야 되겠다.

세종도 그 전반기에는 언관에 대하여 꽤 강경하여 언관들은 언론으로 말미암아 징계되는 경우가 자주 있었다. 그러나 태종 때와 견주어 보면 많이 완화되었고, 특히 구별되는 것은 비록 왕의 의지에 반하는 언론이라도 명분이 있으면 징계를 하지 않았다는 점이다. 그러나 후반기에는 언론에 대하여 관대해진 것을 볼 수 있으니, 세종의 의지에 반하는 언론이라도 청납을 하지 않았을 뿐, 일체 징계하지 않았던 것이다. 세종 후반기에 언론의 분위기가 호전된 원인을 전반기에 이루어 놓은 유교정치의 밑바탕에서 찾을 수도 있겠으나, 그보다는 세종의 건강악화로 말미암은 정치에 대한 열의의 약화가 더 직접적인 것 같다. 이 시기는 왕권이 안정되어 있었으므로 왕권강화를 위하여 언론을 억압할 필요는 없었던 것이며, 따라서 언관들은 신변에 위협을 느끼지 않고 자유롭게 언론을 펼 수 있었던 것이다.

문종 때의 정치적 분위기는 세종 때의 연장과 같았으나 왕권은 약간 흔들리게 된다. 즉, 수양대군과 안평대군 등 종친 세력과 황보인과 김종단 등 대신 세력이 머리를 들기 시작했고, 장차 왕권에 위협이 될 수 있는 그러한 세력에 대하여 언관은 탄핵 등 날카로운 언론을 행사하였다. 그것은 왕권의 보호를 위한 것이기도 하였다.

단종 때는 왕권이 극도로 약화되었다. 계유정난 이전에는 대신 세력이 정치를 좌우하였고 그뒤로 대신 세력을 숙청한 수양대군이 정권을 오로지하였다. 이 시기의 언관의 언론은 계유정난 이전은 대신 세력에게, 그뒤로는 수양대군에게 억압을 당하였으나, 언관들은 왕권을 위협하는 그러한 세력에 대하여 날카로운 언론을 행사하였던 것이다. 언관은 대신이나 종친 세력에 사주되지 않고 언관으로서 그 임무에 충실하였던 것이다.

세조는 즉위 초부터 왕권강화를 위하여 국정운영체제를 (의정부서사제에서 6조직계제로) 개편하였고 그가 꺼리던 儒臣 세력을 꺾고 언론을 봉쇄하였다. 언관과 언론을 경시·탄압하여 언관은 언론을 제대로 펼 수 없었다. 세조 때는 왕권강화책으로서 언론을 탄압하였고 또 강화된 왕권에 눌려 언론이 위축된 시기였다.

예종과 성종 초에는 이른바 훈구 세력이 강대한 정치 세력으로 등장하여 세조 때와 견주어 왕권이 약화되었다. 이 시기에 원상 등 대신 세력들은 언관에 압력을 넣었고, 언관들은 원상의 권력을 견제하기 위한 언론을 폈다. 성종 초에 오면 언관의 언론은 개국 이래 가장 활발해지고 있다.

끝으로 덧붙이면 조선 초기는 일반적으로 왕권이 강화 또는 안정된 시기였으나, 언론의 분위기는 자유롭지만은 않았다. 특히 무단적인 왕권을 이룬 태종과 세조 때 언관과 언론이 가장 많은 탄압을 받았다. 왕권을 강화하는 과정에서 언관과 언론은 탄압과 봉쇄를 당하였음을 알 수 있다. 그러나 조선 초기의 언관들은 왕권이나 권력의 위압에도 언관의 임무를 충실히 이행해 왔다. 이와 같은 언관의 언론이 있었기 때문에 조선 초기의 정치는 비교적 건전하게 이루어질 수 있었던 것으로 생각한다.

* 이 장은 《朝鮮初期 言官·言論硏究》(1976)에 〈言官言論과 王權의 相互關係〉라는 제목으로 실렸다.

Ⅷ. 朝鮮 初期 言官言論 內容 分析

머리말

필자는 앞에서 조선 초기의 言官은 臺諫과 集賢殿으로 보아야 한다고 주장했다. 그리고 언관들은 대개 어떠한 종류의 언론을 하였는가를 밝힌 바 있고 언관의 언론 활동은 군주의 성향, 시대, 정치적 분위기, 언관의 성향에 따라서 그 내용이나 빈도에 크게 영향을 받고 있음을 밝혔다. 그러나 언관의 언론 활동에 역사성을 부여하려면 어떤 구체적인 시기에 어떤 언관들이 어떤 내용의 언론을 했으며, 그것이 그 시대의 정치에 어떤 영향을 주었는가를 규명하는 일이 필요하다. 즉, 언관의 언론 활동을 그 시대와 밀착시켜 분석해야만 그것의 정치적 의의와 역사성을 찾을 수 있게 된다.

이 장에서는 1392년(태조 원년)부터 1478년(성종 9년)까지의 언관의 언론 활동의 내용을 분석 대상으로 삼았다. 성종 9년(3월)까지를 잡은 이유는, 이때는 실제로 《經國大典》이 완성된 시기이기도 하지만, 집현전의 후신인 弘文館이 설치된 시기이기 때문이다. 홍문관이 설치되기 이전 대간과 집현전관(또는 성종 초의 藝文館員)이 언관의 할 일을 하던 시기는 성종 9년 3월 홍문관이 설치된 뒤 대간과 홍문관이 言論 3司로서 언론을 맡고 있던 시기와 분명히 나눌 수 있는 시기라고 볼 수 있기 때문이다.

이 시기 언관의 언론 활동 내용을 《朝鮮王朝實錄》에서 추출해 보니 5천5백99회에 이르렀다. 간혹 누락된 것이 있다 하여도 언론 활동의 대세를 파악하는 데는 큰 문제가 없을 것이다.

이 장에서는 언론 활동의 내용을 분석하여 언론 활동의 전반적인 경향과 각 시대의 특성을 추출하고, 언론 활동과 왕권, 언론 활동이 정치에 미친 영향 등을 밝히려는 것이다.

一. 言論 내용의 분류와 표 작성 과정과 방법

1. 言論 내용의 분류

언관의 언론 내용은 그 언관의 職掌과 밀접한 관계를 갖는다. 즉, 해당 언관의 직장을 보면 그 언관이 어떤 내용의 언론을 주로 펴게 될는지 짐작할 수 있다.

필자는 앞에서 司憲府와 司諫院의 제도와 기능을 분석해 보았다. 즉, 태조 원년의 사헌부의 직장은, ①論執時政, ②矯正風俗, ③考察功過 褒擧彈劾이었다. ①은 '시정'에 관한 언론이 되겠고, ②는 풍속을 교정하기 위한 법제의 제정을 건의하는 내용도 되겠고, 풍속을 문란하게 한 자를 탄핵하는 일도 있겠다. 즉, '시정'에 관한 것과 탄핵에 관한 언론이 될 수 있겠다. ③은 功을 褒擧하는 일보다는 과실을 탄핵하는 것이 주가 될 것이니 '탄핵' 언론이 될 수 있겠다. 《經國大典》의 사헌부의 직장은 ㉮論執時政, ㉯糾察百官, ㉰正風俗, ㉱伸冤抑, ㉲禁濫僞로 정리되었다. ①과 ㉮, ②와 ㉰는 같은 것이고, ③과 ㉯도 같은 내용이라 할 수 있으니, '糾察百官'은 백관의 공과를 규찰하여 포거·탄핵한다는 뜻이 함축된 것으로 볼 수 있기 때문이다. ㉱는 決訟에 관한 기능을 뜻한다. ㉰는 濫僞를 금하기 위한 금령을 건의하는 경우와 濫僞를 저지른 자를 탄핵하는 경우가 있겠는데, 전자는 '시정'에 관한 언론, 후자는 '탄핵'에 관한 언론이 되겠다. 그 밖에 사헌부는 署經權이 있으므로, 특히 관리의 인사를 심사하다가 부적격자에 대해서는 인사에 대한 이의를 제기하는 경우가 있게 된다. 즉, '인사'에 관한 언론을 하게 된다. 그러므로 사헌부는 법제적으로 볼 때 '시정', '탄핵', '인사'에 관한 언론을 할 수 있음을 볼 수 있다.

태조 원년 7월의 관제에서 사간원의 전신인 문하부 낭사의 직장은 ① 獻納諫諍, ② 駁正差除, ③ 受發敎旨, ④ 通進啓牋으로 되어 있었으나 태종 원년에 사간원으로 독립되면서 ③과 ④의 기능은 승정원으로 이전된 것으로 보인다. 그리고 ①은 諫諍에 관한 언론을, ②는 인사에 관한 언론을 편다는 것을 뜻한다. 그리고 사간원의 직장은 《經國大典》에서 ㉮ 간쟁, ㉯ 논박으로 규정되는데, ①과 ㉮는 같으나, ②와 ㉯는 차이가 있다고 하겠다. 즉, ②는 인사에 관한 언론에 한정되지만 ㉯는 인사에 관한 언론뿐 아니라 시정에 관한 언론 등 광범위한 언론을 뜻한다고 하겠다. 즉, 사간원은 법제적으로 볼 때 '간쟁', '人事', '시정'에 관한 언론을 할 수 있도록 되어 있었다.

법제적으로 볼 때 '간쟁'은 사간원에서, '탄핵'은 사헌부에서 하는 것으로 분명히 구별되어 있으나, 이미 살핀 바와 같이 언관의 언론 활동의 실제에서는 '탄핵' 언론은 사헌부가 주도적이기는 하였으나 사간원에서도 행사하였고, '간쟁' 언론은 사헌부에서도 하였던 것이다. 그리하여 대간은 크게 구분하여 '간쟁', '탄핵', '시정', '인사'에 관한 언론을 하였다고 하겠다.

그런데 앞서 〈Ⅲ. 集賢殿官의 言官化〉에서 살핀 바와 같이 집현전관의 언론의 주류를 이루는 특징적인 것은 불교에 관한 언론이었다. 또한 조선왕조는 정치이념에서나 학문과 사상에서 유교주의를 내세우고 불교를 억압하고 배척하는 정책으로 일관하였으므로, 불교에 관한 문제는 항상 관심의 대상이 되었다. 그러므로 불교에 관한 문제는 국가의 정치·정책에 중요한 한 부분이 되는 것이므로 '시정'에 관한 언론에 편입시킬 수 있는 것이지만, 그 중 요성을 감안하여 별개의 것으로 나누는 것이 마땅하다고 본다. 그런데 불교 에 관한 언론은 대개 그것을 배척하는 언론이었으므로 '척불' 언론으로 분 류하기로 한다.

그리하여 언관의 언론 활동의 내용을 크게 '간쟁', '탄핵', '시정', '인사', '척불'에 관한 언론으로 분류하기로 한다. 분류하면서, 때로 어디에 편입시 켜야 옳을지 애매한 것이 있을 때는 필자의 주관적인 판단에 따랐으므로 간 혹 오판이 있을 수 있겠으나, 그것이 언관언론의 추이를 개관하는 데 큰 변 동을 줄 수는 없을 것이다.

2. 표 작성 과정과 방법

필자는 태조 원년부터 성종 9년 3월까지의 《朝鮮王朝實錄》을 철저히 조 사하여 그 내용을 일일이 摘記하였다. 기록한 내용은 典據, 연월일, 언론 기 관명, 언관명, 언론방법(上疏·上書·啓·上言 등), 언론내용〔摘記〕 등이었 다. 실례를 들면,

> ○ 《世宗實錄》 卷87, 세종 21년 10월 丁丑, 司憲府上疏, 義倉運營法
> ○ 《文宗實錄》 卷12, 문종 2년 2월 丙寅, 司憲府持平李孟英啓, 請停 開城築城且齋陵行幸待秋
> ○ 《成宗實錄》 卷11, 성종 2년 8월 壬寅, 司諫院大司諫金壽寧等上 疏, 金國光不宜在相位 請罷職

이라 하였다. 물론 전거나 연월일, 언론 기관·언관명 등은 약호를 썼다. 時 務條陳의 경우는 그 내용을 일일이 적기하였다. 이와 같은 방법으로 기록한 것이 언론 활동의 내용을 분석하기 위한 기초 자료가 되었고, 그 횟수는 5천

5백99회에 이르는 것이었다.

다음 작업은 수집된 기초 자료를 내용에 따라 분류하는 것이다. 앞에서 보았듯이 언론의 내용을 크게 '간쟁', '탄핵', '시정', '인사이의', '척불'로 나누었는데, 그 내용이 위 구분의 어디에 해당하는가를 판정하여 적기한 내용 뒤에 기록하는 일이다. 이와 같이 내용을 판정·분류한 뒤에 '언론 내용별·언른 기관별·월별 언론 횟수표'를 작성하고(모두 1천32개월) 이 '월별 언론 횟수표'를 바탕으로 '언론 내용별·언른 기관별·연도별 언론 횟수표'를 작성하였다. 이 '연도별 언론 횟수표'를 바탕로 조선 초기의 '王代別 언론 활동 개황표'가 작성되었다. 이것이 〔표 1〕인 것이다.

〔표 1〕은 조선 초기 언관의 언론 활동의 개괄적 분석을 위한 기본표가 된다. 〔표 1〕에 바탕을 두어 각 왕대별·언관별 언론 활동 횟수, 비율·연평균 횟수를 나타내는 〔표 1-1〕이 이루어졌고, 각 왕대별·언론 내용별 언론 횟수, 비율·연평균 횟수를 나타내는 〔표 1-2〕가 이루어졌고, 언관별 '간쟁' 언론의 비율·빈도를 나타내는 〔표 1-3〕이 작성되었고, 언관별 '탄핵' 언론은 〔표 1-4〕, 언관별 '인사이의'는 〔표 1-6〕, 언관별 '척불' 언론은 〔표 1-7〕에 표시하였다. 즉, 〔표 1〕과 〔표 1-1〕~〔표 1-7〕을 통해 조선 초기 언관의 언론 활동을 개괄적으로 분석하게 된다.

그러나 개괄적 분석만으로는 언관언론의 구체적인 내용이 어떠했으며, 그것이 그 시대의 정치에 어떻게 영향을 주었는가를 알 수 없다. 따라서 각 왕대별로 구체적으로 언론 내용을 분석할 필요가 있게 된다. 이 목적을 위하여 각 王代別 언론 활동 분석표를 작성해야 된다.

먼저 이미 작성된 '연도별 언론 횟수표'를 이용하여 각 王代의 '언론 활동 개황표'를 만들게 된다(예 ; 〔표 2〕). 이 개황표는 각 왕대의 개황을 보기 위한 기본표가 된다. 이 기본표를 바탕으로 언관별 언론 활동 상황표가 작성되고(예 ; 〔표 2-1〕) 언론 내용별 언론 활동 상황표가 작성된다(예 ; 〔표 2-2〕). 개황표와 그것을 근거로 작성된 2개의 표(예 ; 〔표 2-1〕와 〔표 2-2〕)는 그 왕대의 언론 활동의 개황을 보기 위한 자료가 된다.

그 다음 단계는 그 왕대의 언론 내용을 구체적으로 분석하는 일이다. 이 작업을 위하여 해당 왕대의 언관별 언론 내용표를 작성하게 된다. 즉, '간쟁' 언론, '탄핵' 언론, '시정' 언론, '인사' 언론, '척불' 언론 등의 5종류의 언론 내용표를 작성하게 된다. 예를 들면, 세종 때 언관 기관별 시정 언론 내용표 [표 16]는 각 연도에 언관이 언론한 구체적인 내용을 이미 적기해 놓은 기초 자료에서 뽑아서 표로 작성한 것이다. 이 표를 보면 어떤 언론 기관에서 어떠한 내용의 시정 언론을 어느 연도에 몇 건을 하였는지 알게 된다. 그러나 위의 표는 언론 내용이 분야별로 분류·정리되지 못하였고, 여러 언론 기관의 해당 분야에 대한 언론 활동 상황을 보기에 불편하다. 그 불편을 덜기 위하여 작성한 것이 예를 들면 [표 16]에 대한 [표 16-1]이 된다. 이 표에 따라서 각 언론 기관의 언론 활동의 내용이 분류·정리되어 제시된다. 이와 같은 과정과 방법을 통하여 작성된 '간쟁'·'탄핵'·'시정'·'인사'·'척불' 등 5분야에 대한 언론 내용표(예; [표 16])와 언론 내용 분석표(예; [표 16-1])가 각 왕대의 언론 내용을 분석하는 기본 자료표가 된다.

위와 같은 과정과 방법으로 작성된 각종 표와 적기한 5천5백99건의 기초 자료가 언론 활동 내용을 분석하는 자료로서 이용되게 된다.

二. 言論 내용의 분석

1. 개괄적 분석

[표 1]은 조선 초기의 '언론 활동 개황표이다. 그러나 [표 1]만으로는 만족스러운 분석을 기할 수 없으므로 이 표를 바탕으로 7개의 표를 작성하였다.

［표 1-1］은 각 왕별·언관별 언론 활동 상황표이다. ［표 1-1］에 따르면, 총 언론 5천5백99회 가운데 사헌부에서 2천9백79회로 53.2%, 사간원에서 1천7백13회로 30.6%, 대간 승사가 6백88회르 12.3%, 기타 3성·집현전·예문관(성종 초)이 2백19회로 3.9%를 차지하고 있다. 즉, 언관의 언론 가운데 사헌부의 언론이 53.2%로 단연 수위를 차지하고 있고, 사간원도 30.6%를 차지하고 있다. 또한 대간 합사와 3성의 언론도 결국은 사헌부와 사간원의 언론이므로 그 비율은 더 올라갈 수 있다. 집현전과 예문관(성종 초에 집현전의 직제를 아울러 갖고 있었던 예문관)의 언론의 비율이 낮게 나타나는 것은 언른 기관으로서 기능을 갖게 된 기간이 짧았다는 점과 대간과 같이 언론을 濫發하지 않고 그 기관에서 할 수 있은 언론만을 했기 때문이다.1) 전체적으로 볼 때 사헌부는 월평균 2.9회, 사간원은 1.7회, 대간 합사가 0.7회, 집현전 등이 0.2회로 언관의 월평균 언론 횟수는 5.4회에 이르렀다.

사헌부와 사간원의 언론의 비율은 태조 때는 37.4% 대 43.9%로서 간관의 언론이 많았으나, 정종 때는 35.6% 대 34.5%르 사헌부의 언론이 약간 앞서게 되었고, 태종 때는 46.3% 대 33.1%, 세종 때는 54.7% 대 28.1%로 계속 폭이 넓어졌다. 문종 때는 66.4% 대 30%로 2배 이상을 차지하게 되었고, 세조 때는 60.4% 대 22.6%로 폭이 더욱 넓어졌고, 예종 때는 사헌부의 언론이 사간원의 언론보다 약 5배나 되었던 것이다. 즉, 사헌부의 언론 횟수는 사간원에 견주어 계속 늘어나는 추세를 보이고 있음을 알 수 있다.

언관의 월평균 언론 횟수도 계속 증가하는 추세를 보이고 있다. 즉, 태조 1.6회, 정종 3.2회, 태종 4.2회, 세종 4.8회, 문종 9.5회, 단종 7.7회, 세조 2.7회, 예종 4.8회, 성종 13.2회로 나타나고 있다. 언관을 억압하고 언론을 봉쇄하는 데 힘을 썼던 태종 때도 그 추세를 벗어나지 않았으나, 세조 때 와서 그 추세는 무너져 2.7회라는 아주 낮은 기록을 보이고 있다. 이 기록은 세조 때

---

1) 이 책 〈Ⅲ. 集賢殿官의 言官化〉 가운데서 '언론활동의 내용 분석' 참조.

언론이 얼마나 위축되었는가를 단적으로 보여주고 있다. 예종은 재위 15개 월로서 가장 단기였고 또 세조 때의 영향을 받아 4.7회로 약간의 회복을 보 였으나, 성종 때 들면서 언론은 대단히 활발해져 13.2회라는 기록을 내고 있 다. 사간원의 월평균 언론 0.6회의 기록을 낸 세조 때를 제외하고 조선 초기 의 언관의 언론은 계속 증가 추세임을 알 수 있다.

[표 1-2]는 언론 내용별 언론 활동 상황표이다. 이 표에 따르면, 조선 초 기 언론 활동의 내용은 '탄핵'이 2천9백65회로 전체 언론의 53%, 시정이 9 백77회로 17.4%, '인사'가 7백2회로 12.5%, '간쟁'이 6백88회로 12.3%, '척 불'이 2백67회로 4.8%의 순으로 되어 있다. 월평균 횟수는 '탄핵'이 2.9회, '시정'이 0.9회, '인사'가 0.7회, '간쟁'이 0.7회, '척불'이 0.3회로 나타나고 있다. '탄핵' 언론이 전체 언론의 과반인 53%를 차지하고 월평균 2.9회라는 빈도를 나타내고 있음은 이 시기의 언관언론이 '탄핵'에 집중되어 있음을 뜻한다. 즉, 정치적 안정과 왕권의 강화, 관리의 기강을 바로잡기 위해 탄핵 은 필요하였고, 건전한 정치풍토의 조성도 건실한 탠핵 언론의 운영으로 말 미암은 것이었다. '시정'에 관한 언론(17.4%, 월평균 0.9회)도 꽤 높은 빈도 를 보이는 것은 언관의 언론이 일반적인 정치와 정책에도 크게 영향을 끼칠 수 있었음을 뜻한다. '인사'에 관한 언론도 12.5%로 월평균 0.7회를 차지하 고 있는데, 인사이의는 왕권이나 신권의 자의적인 인사를 막고 적재를 적소 에 임용하게 함으로써 정치와 행정의 능률을 올리고, 관료체제를 확립하는 데 이바지할 수 있는 것이었다. 왕과 직접적인 관련을 가진 '간쟁'도 전체 언 론의 12.3%로서 월평균 0.7회의 빈도를 나타내고 있다. 이러한 '간쟁'을 통 하여 왕의 과실이나 전제를 상당히 교정·견제할 수 있었던 것이었다. '척 불' 언론은 전체 언론의 4.8%로 월평균 0.3회로 가장 낮은 비율을 나타내고 있다. 표에서 보듯이 '척불' 언론은 언제나 계속된 것이 아니라 언론을 할 필 요가 있을 때만 하였기 때문이다. 즉, 군주나 왕실에서 好佛的, 容佛的 태도 를 보인다든지 佛事를 행한다든지 할 경우에 대개 행하였기 때문이다.

‘간쟁’ 언론은 왕의 언행이나 이해와 직접 관계 있는 언론이므로 월평균 0.7회는 결코 적은 횟수가 아니었다. ‘간쟁’ 언론이 각 王代의 언론에서 차지하는 비율을 높은 순서대로 보면 ① 정종 19.5%, ② 단종 17.7%, ③ 세종 16.2%, ④ 태조 13.0%, ⑤ 태종 11.2%, ⑥ 문종 9.8%, ⑦ 성종 8.7%, ⑧ 예종 8.3%, ⑨ 세조 8.0%의 순으로 되어 있다. 월평균 횟수 순으로 보면, ① 단종 1.4회, ② 성종 1.2회, ③ 문종 0.9회, ④ 세종 0.8회, ⑤ 정종 0.6회, ⑥ 태종 0.5회, ⑦ 예종 0.4회, ⑧ 세조 0.2회, ⑨ 태조 0.2회로 되어 있다. 백분율에서나 월평균에서 함께 높은 것은 단종과 세종 때로 나타나고 있고, 정종 때는 비율은 높았으나 원래 언론 횟수가 적었기 때문에 ‘간쟁’ 언론도 월평균이 적을 수밖에 없다. 특히 주목되는 것은 세조 때는 비율 면에서도 8%로 최하위였고, 월평균에서도 0.2회로 최하위를 차지하고 있다는 사실이다. 세조 때는 다른 언론도 저조하였으나 특히 ‘간쟁’ 언론이 이와 같이 적었던 것은 세조에게는 감히 ‘간쟁’을 할 수도 없었고, 한다 하여도 받아들여지지 않았기 때문이라고 짐작할 수 있다. 세조 때의 무단적·전제적 정치 분위기를 가히 짐작할 수 있다.

‘탄핵’ 언론의 월평균 순위는 ① 성종(7.2회), ② 단종(3.1회), ③ 문종(3.1회), ④ 태종(2.8회), ⑤ 예종(2.6회), ⑥ 세종(2.4회), ⑦ 세조(1.7회), ⑧ 정종(1.4회), ⑨ 태조(0.9회)로 나타나고 있는데, 이것만으로는 그 특성을 추출할 수 없다. 즉, 언론의 횟수가 많은 성종·문종·단종 때가 탄핵의 월평균도 높은 것으로 나타나고 있다. 그러나 그 특징을 추출하려면 각 王代의 전체 언론에서 차지하는 ‘탄핵’ 언론의 비율을 봐야 한다. 그 비율이 높은 순으로 보면, ① 태종 66.4%, ② 세조 62.0%, ③ 태조 59.3%, ④ 예종 54.2%, ⑤ 성종 52.1%, ⑥ 세종 50.0%, ⑦ 정종 43.7%, ⑧ 단종 40.1%, ⑨ 문종 32.4%로 나타난다. 월평균 전체 언론 횟수가 낮은 것부터 순위를 매기면 ① 태조(1.6회), ② 세조(2.7회), ③ 정종(3.2회), ④ 태종(4.2회) 순인데, 정종 때는 방원(태종)의 영향을 크게 받은 특수한 시대였음을 감안하여 제외한다면, 월평균 언론

횟수가 가장 낮은 태조·세조·태종 때가 상대적으로 '탄핵' 언론의 비율이 높은 것으로 나타나는 현상은 주목할 만하다. 특히 언론이 극도로 탄압·봉쇄되었던 태종·세조 때 '탄핵' 언론의 비율이 가장 높게 나타나는 것은 재미있는 현상이다. 그 내용이나 이유는 각 왕대별 분석에서 밝혀지겠으나 왕권강화에 힘을 쏟던 태종·세조 때는 왕권강화에 걸림돌이 되는 세력의 숙청이나 관리의 기강을 엄히 하기 위한 '탄핵' 언론은 왕권이 이를 조장 또는 용납하였기 때문이 아닌가 한다.

'시정'에 관한 언론의 월평균 횟수 순위는 ① 문종 2.6회, ② 성종 1.9회, ③ 단종 1.3회, ④ 정종 1.1회, ⑤ 태종 0.9회, ⑥ 세종 0.9회, ⑦ 예종 0.7회, ⑧ 태조 0.4회, ⑨ 세조 0.3회로 되어 있다. 여기서도 전체 월평균 횟수가 많은 성종(13.8회)·문종(9.5회)·단종(7.7회) 때가 상위에 있을 수밖에 없다. 다음으로 각 왕대에서 '시정' 언론이 차지하는 비율을 보면, ① 정종 35.6%, ② 태조 26.8%, ③ 문종 23.8%, ④ 태종 21.0%, ⑤ 세종 18.1%, ⑥ 단종 17.4%, ⑦ 예종 15.3%, ⑧ 성종 13.4%, ⑨ 세조 12.8%의 순으로 되어 있다. 그런데 전체 '시정' 언론의 월평균 횟수가 0.9회이므로 6위인 세종 때까지는 평균에 이르고 있고, 전체 언론에서 '시정' 언론이 차지하는 비율은 17.4%이므로 6위인 단종 때까지가 평균 수준에 이르고 있다. 문종 때는 월평균이 1위이고 비율도 23.8%로 3위의 높은 위치에 있다. 문종 때는 세종 때 미결된 정치 문제를 정리하기 위해서 많은 '시정'에 관한 언론이 필요하였음을 짐작할 수 있고, 정종·태조·태종 때의 '시정' 언론의 비율이 상위에 있음은 이 시기에 '시정' 언론의 비중이 다른 언론의 그것보다 컸음을 뜻한다. 재위 기간이 가장 길었던 세종 때의 시정 언론이 월평균에서나 비율에서 함께 5위로서 중위를 차지하고 있음은 이 시기의 시정에 관한 언론이 견실하게 계속되었음을 뜻한다. 특히 재미있는 현상은 세조 때의 '시정' 언론은 월평균에서도 0.3회로 9위(최하위)를 차지하였고, 비율에서도 12.8%로서 9위를 나타내고 있는 사실이다. 세조 때의 무단적 정치 분위기에서 시정에 관한 언론도 크게 위축당할 수밖에 없었던 것으로 해석될 수 있다.

'인사'에 관한 언론은 세종 때부터 본격적으로 문제 삼게 되었다고 하겠다. 태종 때까지는 아직 양반계층이 固形化되지 못하였고, 고려와 조선의 교체라는 정치적 격동을 겪은 지 오래 되지 않았으므로 인사에서 가문이나 개인의 허물[痕咎]을 까다롭게 물을 수 없었건 것으로 해석할 수 있다. 또 인사제도가 확정되지 못하였고,[2] 따라서 왕권은 확립되었다고 하더라도 아직 관료체제가 완성된 것은 아니었다. 그러나 세종 때부터는 유교정치를 할 수 있는 문물제도가 정비되어 갔고, 양반의 계층화도 상당히 진전되어 양반을 중심으로 한 관료체제가 차츰 이루어져 가그 있었으므로, 가문(內外4祖)과 受職者에게 허물이 있는지, 인사가 적재적소에 이뤄졌는지를 따지도록 되었고, 따라서 인사에 이의를 제기하는 언론이 활발하게 촉진되었다고 하겠다. '인사'에 관한 언론이 각 왕대의 언론에서 차지하는 비율은 세종 9.5%, 문종 17.2%, 단종 17.1%, 세조 16.3%, 예종 22.2%, 성종 21.0%로 일반적으로 계속 증가하는 추세였다.

인사에 관한 언론을 공정하게 운영한다면 관리를 적재적소에 배치하여 행정의 효율화를 기대할 수 있고, 왕권이나 권신으로 말미암은 부당(부정)한 인사를 견제하여 충실한 관료체제를 이루는 데 이바지할 수 있는 것이라 하겠다.

'척불' 언론도 세종 때부터 본격화한다. 그것은 태조·정종·태종 때는 유신들의 숭유억불의 자세가 분명하였고, 왕고 왕실에서도 억불에 동조하였으므로 '척불' 언론의 필요성이 절실하지 않았던 것으로 보인다. 세종 10년대까지도 그와 같은 경향은 변함이 없었으나 세종 20년대부터 왕실의 佛事設行이 자주 있었고, 이에 따라 이를 반대하는 언론이 폭주하게 되었다.

---

2) 인사 제도가 아직 확립되지 못하였음은 인사 제도와 직접 관련이 있는 臺諫의 署經權이 《經國大典》이 완성될 때까지 여러 차례 변동이 있었던 것만 보아도 짐작할 수 있다(이 책, 〈Ⅰ. 臺諫制度의 성립과 그 기능 분석〉 가은데 '署經기관으로서의 기능' 참조).

문종 때는 승하한 세종을 위한 불사와 이에 대한 반대 언론이 폭주하였다. 그러나 세조 때에 와서는 세조의 강한 호불적 경향에도 그의 무단적 언론 억압책으로 말미암아 척불 언론은 13년 동안에 4회로 거의 전무한 상태를 나타내고 있다. 그러나 성종 때는 다시 '척불'이 연평균 8~9회로 계속되고 있다. 즉, '척불' 언론은 조선이 유교정치국가임을 확인시키고 유교주의를 지속케 하는 각성제 구실을 한 것이다.

[표 1-3]은 각 왕대별·언관별 간쟁 언론 상황표이다. 이 표에 따르면, 총 6백88회(연평균 7.9회)의 간쟁 언론 가운데 사간원이 2백72회로 39.5%(연평균 3.1회), 사헌부가 2백17회로 31.5%(연평균 2.5회), 대간 합사가 1백67회로 24.3%(연평균 1.9회), 3성·집현전·예문관에서 32회로 4.7%(연평균 0.4회)의 순으로 되어 있다. 즉, '간쟁'은 사간원이 중심이 되나 사헌부도 이에 크게 뒤지지 않을 정도로 많은 간쟁을 하였음을 볼 수 있다. 특히 주목되는 것은 '간쟁'의 경우 대간 합사가 전체 언론의 24.3%라는 높은 비율을 차지하고 있는 일이다. 왕 자신과 직접 관계되는 일을 바로잡기 위해서는 대간이 합사하여 설득하는 것이 필요했던 것으로 볼 수 있겠다. 집현전에서는 극히 드물게 간쟁에 관한 언론을 한 것으로 나타나고 있다. 언관별 '간쟁' 언론의 비율과 빈도의 순위가 사간원, 사헌부, 대간 합사, 집현전 순으로 되어 있는 것은 짧은 기간 재위한 정종·문종·예종 때를 제외하면 모든 왕대에서 공통적으로 나타나는 현상이다.

특히 눈에 띄는 것은 태조 때와 세조 때의 간쟁의 연평균 횟수가 각각 2.3회와 2.8회라는 사실이다. 물론 두 시기가 월평균 언론 1.6회와 2.7회로 최하위이긴 하지만, 간쟁 언론을 1년에 3회 미만으로 했다면 이는 거의 간쟁이 없었다는 말과 다름없다. 그 가운데 태조 때의 간쟁 언론은 75%(12회)가 사간원에서 한 것으로 되어 있으나 널리 알려진 바와 같이 이 시기는 문하부 낭사의 간쟁 언론이었고, 문하부라는 최고의 정치기관을 배경으로 꽤 활발하고 강력한 간쟁 언론을 할 수 있었던 것으로 보인다. 세조 때는 간쟁 언론의 비율과 빈도를 보면, 사헌부·사간원·대간 합사가 모두 30% 이상으로 비슷하나 모두 연평균 1회 미만의 저조하게 간쟁하였음을 볼 수 있으니 세조 때는 어떠한 언관의 '간쟁'도 거의 용납되지 않았고, 또 할 수 없었던 시대로 인식될 수 있다.

[표 1-4]는 각 왕대별·언관별 탄핵 언론 상황표이다. 이 표에 따르면, 사헌부가 총 탄핵 언론 2천9백65회 가운데 1천7백47회를 차지하여 전체의 58.9%, 연평균 20.1회로 단연 '탄핵' 언론을 이끌었음을 볼 수 있다. 그 다음이 사간원으로 7백13회(24%), 연평균 8.2회였고, 대간 합사가 4백11회(13.9%), 연평균 4.7회였으며, 3성(대간·형조) 등이 94회(3.2%), 연평균 1.1회로 되어 있다. 집현전에서는 탄핵 언론은 하지 않았다고 보는 것이 타당하겠다. 3성의 탄핵 언론은 태조 때에서 태종 때까지 전체 탄핵 언론의 10% 이상을 차지하고 있었음을 볼 수 있다.[3]

탄핵 언론의 비율과 빈도가 사헌부와 사간원의 순서로 되어 있음은 모든 왕대의 공통적인 현상이다. 그런데 태조·정종 때는 사헌부와 사간원의 '탄핵' 언론의 비율과 빈도의 차가 별로 크지 않았으나 태종 이후로는 2 대 1 또는 3 대 1의 비율로 사헌부의 탄핵 언론이 사간원의 그것보다 우세하였음을 볼 수 있다. 즉, 탄핵 언론은 차츰 사헌부 중심으로 되어 갔음을 보여 주는 것이다. 탄핵 언론에서 대간 합사는 평균 13.9%이므로 '간쟁'에서 24.3%에 견주면 크게 낮은 것을 볼 수 있다. 따라서 탄핵 언론은 양사 합사에 크게 의지하지 않았음을 볼 수 있다. 탄핵 언론의 연평균 순위를 보면, ① 성종 91.3회, ② 문종 41.5회, ③ 단종 40회, ④ 예종 39회, ⑤ 태종 32.3회, ⑥ 세종 29.1회, ⑦ 세조 21.3회, ⑧ 정종 19회, ⑨ 태조 10.4회로 나타나고 있다. 이 순위는 각

---

3) 태조~ 태종 때의 중요한 탄핵에는 3省(臺諫·刑曹合司)의 언론이 반드시 따랐다. 그러나 3성의 언론에 따른 폐단을 없애기 위하여 태종 7년 10월에 刑曹는 臺諫의 彈劾之例에 참여하지 못하게 하였으니《太宗實錄》卷14, 태종 7년 10월 癸卯條와 이 책 〈Ⅰ. 臺諫制度의 성립과 그 기능 분석〉'二. 臺諫의 실제 기능' 가운데 '彈劾에 관한 言論' 참조) 3성의 언론은 세종 2년까지 계속되고 있다. 세종 3년 이후에는 3성의 언론은 찾아 볼 수 없다.

왕대의 언론 활동의 연평균 순위와 비슷하지만, 성종~예종 때와 같이 탄핵 언론이 폭주하는 현상은 관리의 기강이 차츰 문란해져 간다는 증거이기도 하며, 탄핵 언론이 어떠한 정치세력에게 사주될 가능성을 내포하고 있다고 하겠다.

[표 1-5]는 언관별 시정 언론 상황표 이다. 이 표에 따르면 '시정' 관계 언론은 총 9백77회로 연평균 11.2회로 되어 있다. 그 가운데 사헌부는 5백41회로 전체의 55.4%(연평균 6.2회)를, 사간원은 3백64회로 37.3%(연평균 4.2회)를, 대간 합사는 23회로 2.4%(연평균 0.3회), 3성 등은 49회로 5%(연평균 0.6회)를 차지하고 있다. 여기서 주목되는 것은 대간 합사가 '간쟁'에서는 24.3%, '탄핵'에서는 13.9%인 데 반하여 '시정'에서는 2.4%로 그 비율이 크게 낮아졌다는 점이다. 즉, 시정에 관한 언론에는 대간 합사가 거의 없고, 사헌부나 사간원에서 단독으로 행하였음을 알 수 있다. 집현전의 시정 언론이 아주 낮은 것으로 나타나고 있으나, 세종 때 32회에 이르는 시정 언론은 거의가 세종 20년대에 이루어진 것임을 감안할 때, 세종 20년대의 집현전의 시정 언론은 사헌부나 사간원에 못지않게 활발하였음을 알 수 있다. 그리고 태조~태종 때까지는 사간원이 사헌부보다 시정에 관련된 언론이 많았으나, 세종 때부터는 사헌부가 주도적인 위치를 차지하게 되었음을 알 수 있다. 시정 언론의 연평균 순위를 보면, ① 문종 30.5회, ② 성종 23.4회, ③ 단종 17.3회, ④ 정종 15.5회, ⑤ 예종 11회, ⑥ 세종 10.5회, ⑦ 태종 10.2회, ⑧ 태조 4.7회, ⑨ 세조 4.4회의 순으로 되어 있다. 문종 때와 성종 때는 시정 언론이 대단히 활발한 시대였음을 알 수 있다. 그러나 세조 때는 연평균 4.4회라는 최하위를 기록하고 있으니, 언관들은 시정에 관한 언론도 거의 하지 못하고 있음을 알 수 있다.

[표 1-6]은 언관별 인사 언론 상황표이다. 이 표에 따르면, 언관들은 총 7백2회의 '인사' 관계의 언론을 하여 연평균 8.1회를 나타내고 있다. 전반적인 경향은 사헌부가 총 3백61회 51.4%(연평균 4.1회)로 수위를 차지하고, 다

음이 사간원으로 2백89회 41.2%(연평균 3.3회), 대간 합사가 44회 6.3%(연평균 0.5회), 예문관이 8회 1.1%(연평균 0.1회)로 나타나고 있다. 대개 인사에 이의를 제기하는 것으로 되어 있는 이 언론은, 사헌부에서 가장 많이 행사하였으나 사간원도 이에 크게 뒤지지 않고 있음을 볼 수 있다. 그러나 대간 합사는 매우 드문 것이었고, 집현전에서는 전혀 하지 않았으며, 성종 초기의 예문관에서 8회 정도 했을 뿐이다. 인사 언론의 연평균 순위를 보면, ① 성종 36.8회, ② 문종 22.0회, ③ 단종 17.0회, ④ 예종 16회, ⑤ 세조 5.6회, ⑥ 세종 5.5회의 순으로 되어 있다. 항상 최하위를 면치 못하던 세조 때가 연평균 5.6회로 5위에 오른 것은 인사행정을 바로잡기 위해 언관이 보인 노력의 일단이라 하겠다. 그러나 성종 때 연평균 36.8회였다는 것은 이 시대에 '탄핵' 언론이 연평균 91.3회였다는 것을 아울러 생각한다면, 이와 같이 폭주하는 탄핵 언론과 인사이의의 원인은 관료체제의 정비를 위한 것이라기보다는 관리의 기강 해이, 인사행정의 문란에서 찾아질 수 있는 것이 아닌가 한다. 성종 초기의 이와 같은 현상은, 조선의 정치가 모든 문물제도를 유교적인 것으로 마련하고 정리하여 정치적으로나 문화적으로 건강하던 시기를 벗어나 다음 단계로 넘어가기 위한 과도기적인 것이 아니었나 생각한다.

[표 1-7]은 언관별 척불 언론 상황표이다. 이 표에 따르면, 언관들은 총 2백67회의 '척불' 언론을 행사하여 연평균 3.1회를 나타내고 있다. 언관별 활동 상황은 사헌부에서 1백14회로 42.7%(연평균 1.3회), 사간원에서 75회로 28.1%(연평균 0.8회), 대간 합사가 42회로 15.7%(연평균 0.5회), 집현전 등에서 36회로 13.5%(연평균 0.4회)의 순으로 되어 있다. 그러나 표에서 보듯이 태조·정종·태종·세조·예종 때는 거의 척불 언론이 없었던 시대였다. 척불 언론의 연평균 횟수를 보면, 문종 21.5회, 성종 8.6회, 단종 7.7회, 세종 3.6회의 순으로 되어 있다. 문종 때 척불 언론이 가장 활발하였고, 성종 때 다시 활발해졌음을 볼 수 있다. 그리고 문종·단종 때는 사헌부의 척불 언론이 다른 언론 기관보다 압도적으로 많았으나, 세종 때는 사헌부 30회, 사간

원 33회, 대간 합사 29회, 집현전 24회로 거의 비슷하게 언론을 행사하였다. 특히 세종 때는 집현전의 척불 언론이 그 언론의 20.7%를 차지하고 있는 것은 주목되는 현상이다. 집현전 언론의 특징이 여기에서도 드러나고 있다.

위에서 조선 초기의 언관언론 활동의 개괄적 분석을 하였다. 다음에서 각 왕대별로 언관의 언론 활동 내용을 구체적으로 분석하고 그것이 당시의 정치에 어떠한 의의를 갖는 것인가를 살펴보도록 한다.

2. 각 王代別 言官의 言論 활동 분석

1) 太祖代

태조 때는 조선왕조의 초창기요 정치적 격변기로서, 언관언론은 왕권 또는 집권층의 정치적 목적으로 행사되는 경우가 많았다. 따라서 언관은 언관 본연의 자세를 가지기가 어려웠으며, 언론의 분위기도 자유롭지 못하고 제약을 받아 언론 활동은 저조할 수밖에 없었다.

(1) 개략적 분석

〔표 2〕는 태조 때의 언관언론 활동 개황표이다. '간쟁' 언론의 경우, 사헌부에서는 태조 원년에 1회가 있었을 뿐이므로 거의 없었다고 하겠고, 대간 합사도 3회뿐이었으므로 12회의 '간쟁'을 한 문하부 낭사(간관)가 주도적이었음을 알 수 있다. '탄핵' 언론은 사헌부와 문하부 낭사가 모두 행하였으나 사헌부가 약간 우세하였음을 볼 수 있고, 특히 태조 3년에 3성(대간과 형조)이 집중적인 언론을 한 것은 주목된다(뒤에 말하겠지만 王氏를 제거하기 위한 언론임). '시정'에 관한 언론은 사헌부와 문하부 낭사가 각각 16회와 17회로 비슷하였음을 볼 수 있다. '인사'에 관한 언론은 태조 원년에 사간원에서 1회를 했을 뿐이고, '척불'에 관한 언론은 없었던 것을 알 수 있다.

〔표 2-1〕은 태조 때의 언관별 언론 활동 상황표이다. 이에 따르면 태조

때의 언관언론 1백23회 가운데 문하부 낭사(간관)가 54회로 43.9%를 차지
하여 수위를 차지하고, 사헌부가 46회로 37.4%, 3省이 19회로 15.4%, 대간
합사가 4회 3.3%를 차지하고 있다. 즉, 태조 때는 문하부 낭사가 언론에서
사헌부보다 활발하였음을 볼 수 있고, 대간 합사는 거의 없었으나 '탄핵'에
서는 특수한 경우 3성이 행하고 있었음을 볼 수 있다. 그리고 사헌부의 언론
이 낭사(간관)보다 많았던 때는 태조 2년과 3년뿐이었고, 그뒤에는 낭사의
언론이 그 횟수에서 앞서고 있었음을 알 수 있다.

　[표 2-2]는 태조 때의 언론 내용별 상황표이다. 이 표에 따르면 총 언론 1
백23회 가운데 '탄핵' 언론이 73회로 59.3%를 차지하고, '시정'이 33회로
26.8%, '간쟁'이 16회로 13%, '인사'가 1회로 0.8%를 차지하고 있다. 태조
원년에는 탄핵이 2회뿐으로 가장 낮은 비율을 나타내고 있으나, 2년과 3년
에는 각각 80%와 78%로 압도적인 비율을 나타내고, 4년과 5년에는 상대적
으로 낮아졌다가 6년과 7년에는 68.4%와 64.7%의 높은 비율을 나타내고 있
다. 즉, 태조 때의 언론 가운데 중심이 된 것은 '탄핵'에 관한 것이었음을 알
수 있다.

(2) 구체적 분석

　[표 3]은 태조 때의 언관별 간쟁 언론 내용표이다. 이 표에 따르면 사헌
부는 왕의 行幸에 대간의 扈從을 청하는 1회의 언론을 하였을 뿐이다.[4] 그
러나 당시 간관인 문하부 낭사에서는 간관다운 간쟁을 하고 있음을 볼 수 있
다. 유교정치에서 중요한 의의를 가진 언로를 널리 열어 줄 것을 청한 일(3
회), 왕의 유교적 교양을 위한 경연에 나아갈 것을 청한 일(2회), 민폐가 되는
왕의 溫泉行을 정지할 것(2회), 거동을 신중히 할 것(2회), 朝會를 거르지 말
고 받을 것, 그 밖에 세자의 교육을 위한 진언 등을 하고 있다. 대간 합사는

---

4) 《太祖實錄》卷1, 태조 원년 8월 戊辰條.

韓尙敬 등 7명에 대한 공신 책봉을 반대하는 언론,5) 왕의 史草閱覽을 막기 위한 언론,6) 왕의 온천행을 정지시키기 위한 언론 등을 하였다. 태조 때의 '간쟁'의 중심은 간관이었음은 이미 본 바와 같지만, 언관들은 태조가 유교 정치의 길에서 벗어나지 않게 하기 위하여 언론을 행사하였음을 볼 수 있다.

[표 4]는 태조 때의 탄핵 언론 내용표이다. 이미 앞 장에서 말한 바와 같이 개창기인 태조 때 가장 중요한 일은 정치적인 안정과 왕권의 확립이었다. 따라서 당시 언관의 중요한 사명은 정치적 안정을 위협하는 요소를 제거하는 것이었다. 따라서 [표 4]에서 보는 바와 같이 언관들은 反이성계파의 제거, 妖言者·流言蜚語를 퍼뜨리는 자의 징계, 더 나아가 前朝 王氏를 제거하는 일에 집중하여 태조 3년까지 마무리를 짓고 있다. 특히 왕씨를 제거하는 중요한 작업에는 대간에 형조를 더한 3성이 도맡았던 것이다.7) 그 밖에 언관의 '탄핵' 언론은 明使에 의탁하여 作弊하는 자, 직무태만자, 불법(부정)한 자 등에게 행하였으며, 초창기의 官紀를 바로잡는 일에 동원되었던 것이다.

[표 5]는 태조 때의 시정 언론 내용표이다. 태조 때는 초창기이므로 정치적으로 중요한 문제가 많았던 시대라 하겠다. 그러나 이 시기에는 언관의 활동이 활발하지 못하였으므로 언론의 내용만으로는 그 시대의 정치적인 문제를 모두 파악할 수는 없다. 일단 언관들이 거론한 문제는 그 시대의 긴요한 문제였던 것만은 인정할 수 있다.

[표 5]에 따르면, 노비문제·토목공사·재정·상벌(인사) 등의 문제는 사헌부와 대간이 모두 언론한 것이었다. 당시의 옛 귀족과 寺社奴婢의 귀속 문제와 노비소유권 분쟁은 정치적으로나 사회적으로 중대한 문제였던 것이며, 초창기의 營建과 築城 등 폭주하는 營繕·土木工事는 자칫하면 민원의 근거가 되는 것이었다. 재정 문제, 즉 관료에 대한 給田이나 祿俸 또는 조세

---

5) 《太祖實錄》 卷2, 태조 원년 10월 辛亥條.
6) 《太祖實錄》 卷7, 태조 4년 6월 辛未條.
7) 이 책의 〈Ⅶ. 言官言論과 王權의 相互關係〉 가운데 '1. 太祖朝의 王權强化와 言官言論' 참조.

수입은 당시 국가정치에 중대한 것이었음은 재론할 필요가 없었으며, 상벌과 인사 문제 또한 초창기에 신중히 하지 않을 수 없는 것이었다. 이러한 문제가 정치적으로 관심의 대상이 되었음은 언관의 언론 횟수에서도 반영이 되고 있다. 그 밖에 사헌부에서는 공신 급전에 관한 것, 考功法과 喪葬제도에 관한 것, 사치와 낭비를 막기 위한 금령(金銀·綵緞·酒)과 檢校의 혁파를 위한 언론 등을 하였고, 간관들은 宮闕宿衛 문제와 署經·起復 등 인사제도에 관한 언론을 하고 있다.

또 사헌부와 간관은 각각 1회와 2회의 ‘時務條陳’을 하고 있다. 태조 원년의 사헌부의 시무조진의 내용은, 西北防衛·억불·왕씨제거·근검·중관〔宦官〕·淫祀·군사 등에 관한 것이었고,[8] 태조 3년의 간관의 시무조진은 토목공사·군역·노비·경연·인사·언로 등에 관한 것이었고,[9] 6년에는 朝會(入啓)·토목공사·汰冗官·억불·군사·재정·山場·水梁 등에 관한 것이었다.[10] 즉, 시무조진에서는 ‘간쟁’의 성격을 띤 것과 ‘시정’의 중요한 문제들이 제기되고 있다. 군사·군역·국방 등 군사에 관한 것, 억불·除淫祀를 위한 것, 왕씨 제거, 토목공사의 정지, 노비 문제, 재정과 인사 문제 등이 중요하게 다루어지고 있음을 엿볼 수 있다.

위에서 언관의 ‘시정’ 관계의 언론의 내용을 분석하여 보았지만, 그러한 언론이 모두 그대로 청납되어 시행된 것은 아니었다. 그러나 언관들은 그러한 문제들을 당시 중요한 문제로서 제기하였던 것이며, 그 가운데 많은 문제들이 반영되었고 또 언관들은 그 문제의 해결을 위하여 노력하였다.

태조 때 1건 있는 인사이의는 문하부 낭사의 상서로, 商議中樞院事 李仁壽가 才德도 없이 樞府에 올랐다고 그의 파직을 청한 것이었다.[11]

---

8) 《太祖實錄》卷2, 태조 원년 9월 己亥條, 司憲府大司憲南在等上言 참조.
9) 《太祖實錄》卷6, 태조 3년 3월 己巳條, 諫官全伯英等上疏 참조.
10) 《太祖實錄》卷9, 태조 6년 4월 丁未條, 諫官上書言事(上諭允施行) 참조.
11) 《太祖實錄》卷1, 태조 원년 8월 戊辰條.

2) 定宗代

(1) 개략적 분석

정종 때는 2년 남짓의 단기였고, 또한 방원이 앞으로 주어질 왕권을 준비한 시기로서 태조에서 태종으로 넘어가는 과도기였다고 하겠다. 언론도 방원의 영향을 받지 않을 수 없었고 언론 활동도 활발하지 못하였다.

[표 6]은 정종 때의 언론 활동 개황표이다. 이 표에 따르면 즉위년과 원년에는 언론 횟수가 저조하다가 2년에 꽤 활발해졌음을 알 수 있다. '간쟁'에서는 사헌부가 오히려 문하부 낭사(간관)보다 횟수가 앞서고 있고, 대간 합사와 3성에서도 각각 2회의 '간쟁'을 하고 있음을 볼 수 있다. '탄핵' 언론에서도 사헌부(12회)가 간관(9회)보다 언론 횟수가 많으며 대간 합사는 13회로 가장 많은 것은 특이한 현상이다. '시정' 언론에서는 간관이 15회로 가장 많고 사헌부가 11회, 대간 합사가 5회로 되어 있다.

[표 6-1]은 정종 때의 언관별 언론 활동 상황표이다. 이 표에 따르면 사헌부 35.6%(31회), 간관 34.5%(30회), 대간 23%(20회), 3성 6.9%(6회)의 순으로 되어 있다. 일반적으로 정종 때는 사헌부와 간관의 언론 활동의 비율이 비슷하였음을 볼 수 있다.

[표 6-2]는 정종 때의 언론 내용별 상황표이다. 전체적으로 보면 탄핵 38회(43.7%), 시정 31회(35.6%), 간쟁 17회(19.5%), 인사이의 1회(1.2%)의 순으로 되어 있다. '탄핵' 언론이 비록 수위에 있기는 하나 조선 초기 전체 평균 53%에 견주면 낮은 편에 속하며, 반면 '시정'에 관한 언론은 전체 평균 17.4%보다 훨씬 높은 것을 알 수 있다. 즉, 정종 때는 다른 시기에 견주어 시정에 관한 언론이 높은 비율을 차지하고 있음을 볼 수 있다. 연도별로 보면 정종 원년에는 시정 언론이 11회(42.3%)였고, 탄핵은 6회(23.1%)로 그 반에 지나지 않았으나, 2년에는 탄핵 언론이 31회(52.5%)를 나타냄으로써 시정 언론 19회(32.2%)를 뛰어넘고 조선 초기 탄핵 언론의 평균율(53%)에 가까

워지고 있다. 그러나 일반적으로 정종 때는 다른 시기에 견주어 탄핵 언론은 약세였고 시정 언론이 높은 비율을 차지한 시기였음을 알 수 있다.

(2) 구체적 분석

[표 7]은 정종 때의 언관별 간쟁 언론 내용을 보이고 있다. 그 내용을 보면 사헌부는 狩獵(4회), 言路(2회), 擊毬(1회), 賞罰(1회)에 관하여, 간관은 수렵(4회)과 온천(1회)에 관하여, 대간 합사는 온천(1회)과 복식(1회)에 관하여, 3성은 인사(2회)에 관하여 간쟁하였다. 수렵은 왕이 수렵을 함으로써 백성들이 입는 피해(고통)를 들어 이를 정지시키기 위한 것이었고, 온천은 왕의 온천행으로 말미암은 한길가의 백성들의 고통을 들어 이를 막기 위한 것이었다. 왕의 사적인 기호를 위하여 백성들이 당하는 고통을 덜기 위한 언론이 가장 횟수가 많은 것을 볼 수 있다. '상벌'과 '인사'에 관한 간쟁은 이를 신중히 하기 위한 것이었고, 언로는 언론을 너그러이 대할 것을 청한 것이었다. '擊毬'는 이를 과도하게 하지 말 것을 진언한 것이었고,12) 복식은 왕의 복장에 관한 간언이었다.13) 비록 간쟁의 내용은 다양하지 못한 것이었으나 그것은 모두 왕의 행동을 제재하는 내용임을 알 수 있다. 이와 같은 '간쟁' 언론은 청납되지 않은 경우라도 그것은 王에게 정신적인 부담을 주게 되는 것이었고[拒諫], 이미 그것은 왕의 행동에 견제의 소임을 다한 것이었다 하겠다.

[표 8]은 정종 때의 언론별 탄핵 언론의 내용을 나타내는 표이다. 이 표에 따르면 당시의 탄핵 언론의 내용은 크게 보아 불법·부정한 관료를 탄핵하는 것과, 2차 왕자의 난에 관련된 자들을 탄핵하는 두 가지 부류로 볼 수 있다. 芳幹과 朴苞 등에 관한 탄핵은 2차 왕자의 난에 관련된 것이었고,14) 그것은 방원이 앞으로의 왕권을 준비하기 위한 것이기도 하였다.

---

12) 《定宗實錄》卷1, 정종 원년 丁月 庚寅條 참조.
13) 《定宗實錄》卷6, 정종 2년 12월 己酉條 참조.
14) 《定宗實錄》卷3, 정종 2년 2월 丙申·己亥·庚辰條 참조.

　[표 9]는 정종 때의 시정 언론의 내용을 보이고 있다. 이 표에 따르면 언관들의 관심은 田制·관제·군제·인사제도 등에 있었던 것을 볼 수 있다. 그 내용은 대개 시의에 부응하는 제도로 개선·개혁하기 위한, 정상적인 운영을 위한, 관료체제를 유지하기 위한 것들이었다. 인사제도 관계는 署經權에 관한 것이 주가 되었는데,[15] 그것은 인사권이 왕에게 집중되는 것을 막고 관료적인 체제를 유지하기 위한 노력이었다. 특히 私兵 관계는 이의 혁파를 위한 언론[16]으로서 군권을 집중시키고 왕권을 강화하는 데 큰 구실을 했음은 널리 알려진 바이다. 또 간관은 2회의 시무조진을 한 바 있는데[17] 그 내용 가운데 중요한 것을 추려 보면, 告身署經에 관한 것이 2건으로 1품 이하 모든 관료에 대한 서경권을 주장하고 있고, 억불책을 쓸 것, 典醫와 書雲 등의 기술직을 세습시키고, 譯官을 양성하고, 授職할 수 없는 閑良官은 귀향시킬 것, 坐而食祿하는 궁중의 婦人職과 檢校職을 폐하고 70세 미만이라도 직무수행이 불가능한 자는 致仕시킬 것, 別鞍色과 支應庫의 혁파, 守令의 殿最에 관한 내용이 들어 있고, 그 밖에 太上王의 봉양에 관한 것, 정사의 방법에 관한 것, 언로를 넓히기 위한 것 등 간쟁의 성격을 띤 것이 있다. 이러한 내용을 볼 때 왕의 인사권 전단을 막기 위한 서경권 확대 문제, 기술관과 한량관에 대한 문제, 재정을 좀먹는 부인직과 검교직 등에 관한 문제 등은 정치적으로 중요한 문제로 떠올랐던 것으로 생각한다. 그리고 언관의 그러한 언론 가운데 상당한 부분이 청납되고 있다.

3) 太宗代

　앞 장에서 보았듯이 태종 때는 언관과 언론이 탄압과 봉쇄를 심하게 받은 시기였다. 그것은 태종의 왕권강화책과 직접적인 관계를 갖는 것이었다. 그

---

15) 《定宗實錄》 卷3, 정종 2년 정월 己酉·己丑條
16) 《定宗實錄》 卷4, 정종 2년 4월 辛丑·癸丑條
17) 《定宗實錄》 卷1, 정종 원년 5월 門下府上疏陳時務十事 ; 卷2, 정종 원년 8월 丙辰 門下府上疏陳時務 ; 《太祖實錄》 卷15, 정종 즉위년 11월 癸未 諫官陳時務四條 참조.

러나 언관들은 왕권의 억압을 무릅쓰고 언관으로서 자기 사명을 다하려고 노력한 시기였다.

(1) 개략적 분석

　［표 10］은 태종 때의 언론 활동 개황표이다. 언론의 횟수를 보면, 6년까지는 저조하다가 7~8년 무렵부터 꽤 활발해졌음을 볼 수 있다. 이와 같은 현상은 태종의 언관에 대한 압력이 후반기에는 전반에 견주어 약화되었음을 뜻할 수도 있겠다.

　태종 때의 간쟁 언론은 사간원이 61회(62.2%), 사헌부 21회(21.4%), 대간 합사 15회(15.3%), 3성 1회(1.0%)로 단연 사간원이 중심이 되고 있고, 언관의 간쟁은 해마다 끊이지 않고 계속되고 있음을 볼 수 있다.

　탄핵 언론은 사헌부가 2백88회(49.6%), 사간원 1백36회(23.4%), 대간 합사 96회(16.5%), 3성 61회(10.5%)의 순으로 사헌부가 탄핵 언론의 중심이 되었음을 알겠다. 특히 주목되는 것은 8년을 중심으로 그 이전은 사헌부와 사간원의 탄핵 언론의 비율은 62회 대 53회로 크게 차이가 없으나, 그뒤로는 2백17회 대 70회로 3 대 1이 넘게 사헌부의 탄핵이 압도적으로 많아진 것을 알 수 있다. 또한 대간 합사와 3성의 탄핵 언론도 무시할 수 없게 많은 것을 알 수 있다.

　시정 언론은 사헌부 88회(47.8%), 사간원 89회(48.4%), 대간 합사 7회(3.8%)로, 사헌부와 사간원이 비슷하였음을 알 수 있다. 시정에 관한 언론은 총 1백84회로 연평균 10회 정도가 되며, 그것은 집중되어 있지 않고 대개 해마다 10회 남짓의 언론이 고루 분포되고 있음을 볼 수 있다.

　인사에 관한 언론은 사헌부 5회, 사간원 3회로, 주로 후반기부터 나타나는 것을 볼 수 있다. 인사기관 또는 왕의 인사조처에 대하여 적임(공정한 인사)이 아니라고 이의를 제기하게 되었다는 것은 이제 관료체제가 잡혀 간다는 것을 뜻하기도 한다.

척불에 관한 언론은 4회에 지나지 않고, 시정 가운데 時務條陳 5∼6건이 보이므로 모두 10회 정도의 척불 언론이 있는 셈이다. 이는 앞에서도 말한 바와 같이 태종 때는 억불정책이 원만히 시행되었으므로 언관의 척불 언론이 절실히 요청되지 않았기 때문이라 하겠다.

[표 10-1]은 태종 때의 언관별 언론 활동 상황표이다. 이 표에 따르면 태종 때의 언관언론은 8백75회로, 사헌부 4백5회(46.3%), 사간원 2백90회(33.1%), 대간 합사 1백18회(13.5%), 3성 62회(7.1%)로 되어 있다. 태조 때는 간관의 언론이 사헌부를 앞섰고, 정종 때는 비슷하였다가 태종 때 이르러 비로소 사헌부의 언론 횟수가 사간원을 뛰어넘게 되었다. 그뒤 이와 같은 추세는 계속되었다. 그런데 흥미로운 것은 태종 8년과 9년을 경계로 하여 8년 이전은 대개 사간원의 언론 횟수가 사헌부보다 많으나, 9년 이후부터는 사헌부가 사간원을 압도하고 있음을 볼 수 있다. 즉, 태종 8년과 9년이 조선 초기의 사헌부와 사간원의 언론 활동의 빈도에서 사헌부가 우위에 서게 되는 전환기가 되고 있음을 볼 수 있다.

이와 같은 현상은 조선 초기의 언관 활동에서 사헌부가 주도를 잡는 전기로서, 정치적으로도 어떠한 의의를 부여할 수 있으리라고 생각한다. 즉, 전반기는 태종의 왕권강화책으로 말미암아 언관은 억압을 당하였으나, 후반기에는 상당히 왕권의 강화[安定]가 이루어졌기 때문에 언관에 대해서도 지나친 탄압은 하지 않았고, 다만 왕권에 저촉이 되거나 귀찮은 언론을 봉쇄하는 쪽으로 전환하게 된 것이라 보며, 따라서 후반기의 언관언론이 전반기에 견주어 훨씬 활발해진 것이라 생각한다. 태종이 학문의 진흥과 학자[人才]의 양성에 관심을 기울이게 되는 것도 태종 10년부터이다.[18] 즉 태종 후반기부터는 정치적으로 안정기에 들어섰다고 할 수 있겠다.

[표 10-2]는 태종 때의 언론 내용별 언론 활동 상황표이다. 이 표에 따라

---

18) 崔承熙, 〈集賢殿硏究〉, 《歷史學報》 32, 6쪽 참조.

언론 횟수 순위로 보면, '탄핵' 5백81회(66.4%), '시정' 1백84회(21%), '간쟁' 98회(11.2%), '인사' 8회(0.9%), '척불' 4회(0.5%)로 되어 있다. 즉, 탄핵 언론이 전체의 66.4%를 차지하여 단연 압도적인 비율을 나타내고 있고, 이와 같은 비율은 조선 초기 아홉 왕대 가운데 가장 높은 것이었다. 구체적으로 보면 태종 7년 이후로는 태종 13년을 제외하면, 모두 탄핵 언론이 전체 언론의 70% 이상을 차지하고 있으며, 특히 8년·9년·18년은 80% 이상의 높은 비율을 차지하고 있다. 즉, 태종 후반기는 언론의 70~80%가 탄핵 언론이었음을 알 수 있다.

시정 언론은 초기에는 30~40%의 높은 비율을 차지하였으나, 후기에는 15% 전후로 그 비율이 떨어지고 있다. 간쟁도 해마다 10% 전후를 유지하면서 계속된 것을 볼 수 있다. 그러나 인사 관계, 척불 관계의 언론은 무시해도 좋을 정도로 미미한 것이었음을 알 수 있다.

(2) 구체적 분석

[표 11]은 태종 때의 간쟁 언론의 내용을 보여 주고 있고, [표 11-1]은 이 내용을 분석한 표이다. 이들에 따르면, '世子·書筵'(臺 4, 諫 7) 문제는 사헌부와 사간원에서 11회나 되는 많은 간쟁을 하였고, 태종 5년부터 13년까지 거의 해마다 볼 수 있다. 그 내용은 세자를 세우는 일, 세자의 입학, 서연 등에 관한 것이었다. 그러나 널리 알려진 바와 같이 세자였던 양녕대군은 태종 18년에 廢世子되었다.

'講武(止)'(臺 2, 諫 8, 臺諫 5, 3省 1, 계 16), '講武(從)'(臺 2, 諫 3, 臺諫 3, 計 8), '講武所(定)'(諫 1) 등은 모두 태종의 강무와 관계되는 간쟁으로 모두 25회에 이르고 있어 태종의 치세에서 가장 많은 간쟁에 속한다. 특히 사간원의 언론이 많았던 것도 눈에 띈다. 강무는 군사훈련이라기보다는 이를 구실로 하여 왕이 장수와 군사를 거느리고 수렵을 하는 것이다. 그런데 강무는 민폐가 심한 것이었다. 위의 강무 관계 언론은 강무의 정지를 청한 것이었고, 이

것이 청납되지 않을 경우 대간의 隨從을 청한 것이었고, 민폐를 줄이기 위하여 講武常所를 정할 것을 청한 간쟁이었던 것이다. 무인 기질의 태종에게 강무는 빼놓을 수 없는 것이었으나, 백성들에게는 고통스러운 것이었으며, 따라서 언관의 언론은 불가피한 것이었다.

'視事(勤)'(臺 1, 諫 9) 관계는 10회에 이르는 간쟁이었고 특히 사간원에서 많은 언론을 하고 있다. 이 간쟁은 태종 14년까지 계속된 것으로, 그 내용은 태종이 講武나 行幸, 그 밖의 사유로 朝會나 聽政을 하지 않으므로 이를 바로잡아 줄 것을 촉구하는 언론이었다.

'言路(開)'(臺 4, 諫 8) 관계도 태종 초부터 계속되는 언론이었다. 그 내용은 언론의 길을 넓혀 줄 것과, 언론으로 被罪된 언관을 관대하게 용서할 것을 청한 것이었다. 언관과 언론에 억압을 가하는 태종에게 언론의 창달을 강조하였던 것이며, 이와 같은 언론이 많았던 것은 태종의 언론 탄압의 증거이기도 하다.

'朝啓·入侍'(臺 4, 諫 4)는 史官의 入侍와 대간의 朝啓入參을 청한 것인데, 이와 같은 언론은 왕의 전제를 견제하고 유교정치를 실현하는 데 필요한 것이었다.

'行幸(止)'(臺 1, 諫 9), '溫井行(止)'(諫 2, 臺諫 2) 등은 초기부터 계속된 언론으로, 그 내용은 왕의 行幸에 따른 민폐를 방지하고 행행을 못하게 막았던 것이다.

'經筵(開)'(諫 3)은 왕이 경연을 열 것을 청한 언론이었다. 경연이란 왕의 유교적 교양과 유교정치의 실천을 위하여 중요한 제도였다. 그러나 무인적인 태종은 경연을 거의 갖지 않았고 따라서 사간원에서는 왕이 경연에 나갈 것을 촉구하는 언론을 한 것이다.

그 밖에 '田獵(上王)'(臺 1)은 上王의 田獵을 저지하기 위한 것이었고, '愼刑'(諫 2)은 형벌의 신중을, '服式(佩弓矢)'(諫 1, 臺諫 1)은 왕이 弓矢를 차는 것의 불가함을, '儀衛(上王)'(諫 2)는 상왕의 儀衛 문제를, '移御(止)'(諫 1)는

왕의 이어를 반대하는, '親試(止)'는 왕이 친시하는 것을 반대하는, '宗廟 (移)'(臺諫 1)는 종묘 이전에 관한, '傳位'(臺諫 3)는 태종이 禪位하려는 데 반대하는 언론이었다.

위의 간쟁의 내용을 통하여 태종의 다음과 같은 성향을 엿볼 수 있을 것이다. 즉, 그는 무인 기질을 타고나 사냥[講武]을 즐겼고, 行幸을 자주 하였으며, 다라서 정사[朝會·聽政]에는 진력하지 않았고 경연도 거의 폐하다시피 하였다. 그러나 왕권의 강화와 안정을 위한 노력은 계속하였고 따라서 왕권에 거슬리는 언관과 언론은 억압·봉쇄하였다. 그러나 언관들은 그와 같은 태종의 독단을 견제하고 유교정치의 실현을 위하여 그들의 사명을 다하려고 노력하였던 것이다.

다음은 5백81회에 이르는 탄핵 언론의 내용을 분석할 차례이다. 그러나 이같이 많은 탄핵을 범죄 유형으로 분류한다면, 지극히 번거로운 작업이 될 뿐 아니라 그 성과도 기대할 만한 것이 못 된다. 즉, '탄핵'이란 크게 보면 관료들의 부정과 불법을 없애기 위한 것으로, 그 내용을 세분하지 않아도 당시의 분위기를 짐작할 수 있다. 그리하여 탄핵에 관해서는 앞의 개괄적 분석으로 갈음하며, 세종 이후에도 그렇게 할 수밖에 없다. 참고로 탄핵의 사유(내용)를 구븐한다면 反逆·謀叛·不忠·不敬·不正·不法·過失·越職·姦通·敗常·犯贓·收賄·殺傷人·亂言·奔競·僞造 등을 들 수 있겠다.

[표 12]와 [표 12-1]은 태종 때의 시정 언론의 내용과 그것을 분석하기 위한 표이다. '중앙정치' 관계로는 ① '朋比之風(戢)'(臺 1), ② '公文移牒式'(臺 1), ③ '上達之規'(諫 1), ④ '朝啓入參'(臺諫 1), ⑤ '書筵'(諫 1) 등이 있다. ①은 관리들 사이의 朋比의 풍조를을 막기 위한 것이었고,[19] ②는 공문 이첩의 規式에 관한 것이었고,[20] ③은 대간의 상소 방식에 관한 것이었고,[21]

---

19) 《太宗實錄》卷17, 태종 9년 정월 甲子條.
20) 《太宗實錄》卷28, 태종 14년 8월 己巳條.
21) 《太宗實錄》卷17, 태종 9년 3월 己巳條.

④는 대간의 朝啓入參을 청한 것이었고,22) ⑤는 元子의 교육 방법에 관한 것이었다.23) 특히 관리들 사이의 붕비의 풍조를 없애기 위하여 三館 외의 대소 관리가 서로 오가면서 붕비의 풍조를 조성할 경우에는, 奔競을 금하는 법령에 따라 현직관은 파직하고 散官은 付處시킬 것을 언론하였던 것이니, 비록 이 언론이 청납은 되지 않았으나 당시의 그러나 기풍을 억제하는 데 유효하였다고 보겠다.

'지방정치' 관계로는 ① '敬差官'(臺 1, 諫 2)과 ② '地方行政'(諫 1)이 있다. ①은 경차관으로 말미암은 민폐를 덜기 위하여 이를 파할 것을 청한 것이었고, ②는 관찰사를 여러 道에 다시 파견할 것을 언론한 것이었다.24)

'인사제도' 관계로는, ① '인사제도'(臺 5, 諫 3), ② '서경제도'(臺 2, 諫 3, 臺諫 1)가 있다. ①은 올바른 인사제도와 인사행정의 수립을 위한 것이었고,25) ②는 대간의 告身署經權의 확대를 위한 것이었다.26) 왕의 인사권의 전횡을 막고 공정한 인사행정을 수립하는 것은 유교정치의 기본조건이라고 보겠다.

'官制' 관계로는 '관제개혁'(臺 4, 諫 4)이 있는 대개 태종 전반기에서 볼 수 있다. 그 내용은 기존의 관서의 혁파,27) 관제의 개정,28) 冗官의 汰法29) 등이다. 태종 때는 아직 관제개혁의 필요가 많았던 것이고 따라서 이 관계 언론이 8회나 있었음을 볼 수 있다.

'財政·經濟' 관계로는, ① '화폐'(臺 2, 諫 3, 臺諫 3), ② '세제'(臺 2, 諫 3), ③ '田制'(臺 4, 諫 3), ④ '녹봉'(諫 2) 등이 있다. ①은 대개 화폐 유통 관계로

---

22) 《太宗實錄》卷12, 태종 6년 8월 丁酉條.
23) 《太宗實錄》卷7, 태종 4년 5월 己酉條.
24) 《太宗實錄》卷2, 태종 원년 11월 辛卯條.
25) 《太宗實錄》卷10, 태종 5년 7월 己酉條 ; 卷1, 태종 원년 6월 癸酉條 참조.
26) 《太宗實錄》卷26, 태종 13년 11월 庚辰·丁亥條 ; 이 책 〈Ⅰ. 臺諫制度의 성립과 그 기능 분석〉 가운데 '署經기관으로서의 기능' 참조.
27) 《太宗實錄》卷1, 태종 원년 10월 丙午條.
28) 《太宗實錄》卷8, 태종 4년 11월 庚戌條.
29) 《太宗實錄》卷11, 태종 6년 2월 丙辰條.

서, 布幣의 시행,30) 楮貨의 유통31)을 위한 언론이었고, 언관의 저화유통에 관한 언론은 정책에 반영이 되고 있다.32) ②는 세제의 新定,33) 또는 損實踏驗法34) 등에 관한 언론이었다. 세제 관계의 언론은 국가의 재정과 민생 문제가 직결된 중요한 것이었음은 다시 말할 필요도 없다. ③은 給田法35)과 田制의 문제를 언론한 것이었다.36) ④는 職事가 없는 여러 君과 大小檢校에게 常祿을 주지 말 것을 언론한 것이었다.37)

'科擧·敎育·儀禮' 관계로는, ① '贈諡法'(臺 1), ② '과거제'(臺 1), ③ '실록간행'(臺 1), ④ '興學'(諫 1), ⑤ '喪禮(追薦)'(諫 1) 등이 있다. ①은 禮葬贈諡의 법에 관한 언론이었고,38) ②는 과거와 관련된 것이었고39) ③은 이미 修撰한 《高麗史》를 펴낼 것을 청한 것이었다.40) ④는 학문을 진흥시킬 것을 언론한 것이었다.41) 학문 진흥, 인재 양성에 관심을 기울이지 않던 태종도 재위 10년 무렵에 들어서면서 이의 필요성을 절실하게 느끼게 된다.42) ⑤는 士庶의 추천에 관한 법을 정할 것을 언론한 것이었다.43)

'군사' 관계로는 ① '軍制'(諫 3), ② '北伐'(諫 2)이 있다. ①은 병조판서가 三軍摠制를 겸할 것을 청한 것44)과, 良賤을 가리지 않고 보충군에 속하게 한

---

30) 《太宗實錄》卷1, 태종 원년 4월 丁丑條.
31) 《太宗實錄》卷20, 태종 10년 9월 壬辰條 ; 卷20 10월 丁巳·庚申條 ; 卷6, 태종 3년 8월 乙亥條, 9월 庚辰條 등 참조.
32) 《太宗實錄》卷4, 태종 2년 9월 甲辰條 ; 卷20, 태종 10년 9월 壬辰條 ; 卷20 10월 丁巳·庚申條 ; 卷6, 태종 3년 8월 乙亥條와 9월 庚辰條 참조.
33) 《太宗實錄》卷2, 태종 원년 12월 癸酉條 ; 卷3, 태종 2년 2월 戊午條 참조.
34) 《太宗實錄》卷10, 태종 5년 9월 己亥條.
35) 《太宗實錄》卷12, 태종 6년 12월 丙戌條.
36) 《太宗實錄》卷4, 태종 2년 9월 丙戌條 ; 卷5, 태종 3년 6월 乙亥條
37) 《太宗實錄》卷12, 태종 6년 7월 癸丑條.
38) 《太宗實錄》卷10, 태종 5년 12월 癸未條.
39) 《太宗實錄》卷25, 태종 13년 5월 辛卯條.
40) 《太宗實錄》卷25, 태종 13년 3월 壬寅條.
41) 《太宗實錄》卷22, 태종 11년 11월 戊午條.
42) 崔承熙, 〈集賢殿研究(上)〉, 《歷史學報》 32, 1966, 6쪽 참조.
43) 《太宗實錄》卷25, 태종 13년 丁月 辛丑條 참조.
44) 《太宗實錄》卷9, 태종 5년 5월 癸丑條.

제도의 불가함을 언론한 것이었다.45) ②는 북벌의 정지를 청한 것이었다.46)

'司法' 관계로는, ① '禁令(酒·樂·淫祀)'(臺 9, 諫 1), ② '刑政(決罪)'(臺 5, 諫 1), ③ '推劾法'(臺 3) 등이 있다. 사법 관계의 언론은 19건 가운데 2건을 제외하고 모두 사헌부의 언론이었으니, 법사로서 사헌부의 특징을 그대로 나타내고 있다. 금령 관계로는 금주령 관계가 가장 많았고, 淫祀나 樂을 금하는 관계도 보이고 있다. ②에는 誤決한 中外관리나 貪汚者를 推劾하는 법,47) 죄를 저지른 관리에 대한 처분 문제 등이 있다.48) ③은 風聞推劾法의 復行 등에 관한 것이다.49)

'土木·營繕' 관계는 '土木(停)'(臺 2, 諫 4)이 있는데, 그 내용은 민생의 고통을 덜어 주기 위한 것으로 농사철이나 흉년에 일으킨 토목공사의 정지를 청한 언론이었다.

'風俗' 관계는 棺槨·收贖·婚姻 등에 관한 풍속을 바로잡기 위한 것이었다.50)

'사회·민생' 관계로는 ① '노비 문제'(臺 15, 諫 4, 臺諫 1), ② '妻妾名分'(臺 2, 諫 1), ③ '赴役(勿徵)'(諫 1), ④ '便民(足食)'(諫 1), ⑤ '救荒'(諫 1), ⑥ '恤政(大悲院)'(諫 1), ⑦ '放役民'(臺諫 1) 등이 있다. 특히 노비 문제는 태종 초 이후 끝까지 지속되었고 언론 횟수도 많았다. 寺社 노비의 屬公 문제, 사대부들 사이의 노비소유권 분쟁, 籍沒者 소유 노비의 처분 문제 등은 당시 정치적으로나 사회적으로 중대한 문제였음을 알 수 있다. '처첩명분'은 처첩의 신분을 분명히 하기 위한 것으로51) 유교적 신분질서를 확립하기 위한 의도와 재산 상속 문제가 결부된 것이라 하겠다. 그 밖의 언론은 부역으로 시

---

45) 《太宗實錄》 卷34, 태종 17년 10월 戊寅·甲辰條.
46) 《太宗實錄》 卷19, 태종 10년 2월 壬子條.
47) 《太宗實錄》 卷6, 태종 3년 11월 壬申條.
48) 《太宗實錄》 卷36, 태종 18년 7월 庚戌條.
49) 《太宗實錄》 卷10, 태종 5년 7월 庚戌條.
50) 《太宗實錄》 卷24, 태종 12년 11월 乙未條.
51) 《太宗實錄》 卷5, 태종 3년 11월 壬辰條 ; 卷25, 태종 13년 3월 己丑條 ; 卷27, 태종 14년 6월 辛酉條.

달리는 민생, 굶주리는 백성들을 그러한 고통에서 구제한다는 의식에서 나온 것이라고 보겠다.

[표 13]과 [표 13-1]은 태종 때의 '시정' 언론 가운데 時務條陳만을 뽑아서 그 내용을 분석하기 위한 것이다. [표 12]에서 보이듯이 태종 때의 언관의 시무조진은 사헌부에서 18건, 사간원에서 28건, 모두 46건에 이르고 있다. 그러나 그 내용은 시정 언론을 분석하는 가운데 대부분 말한 것들이고, 표에 뽑아 기록한 것으로도 어떠한 내용인가를 추측할 수 있으므로 번거로운 설명은 생략한다.

'중앙정치' 관계로는 '言路(開)'(臺 2), '立紀綱'(臺 2, 諫 1), '節用'(臺 3), '節儉'(臺 2), '入對(使臣・守令)'(臺 1), '宮闕(嚴)'(諫 1), '依牒(立法)'(諫 1), '言論之規'(諫 1) 등이 있다. 그 일반적인 경향은 검소하고 건실한 정치 풍토의 조성에 있었던 것이다.

'지방정치' 관계로는 '守令(重)'(臺 5, 諫 9), '留鄕所(革)'(臺 1), '地方區劃'(臺 1), '鄕吏役'(諫 1) 등이 있다. 특히 지방행정에서 수령의 소임의 중요성을 강조하고 수령의 제수를 신중히 하라는 언론이 많은 것을 볼 수 있다. 그리고 그 대개의 경향은 지방 세력의 성장을 억제하고, 중앙에서 파견한 지방관을 통하여 지방의 모든 것을 지배할 수 있는 중앙집권적인 정치체제의 확립에 있었다고 보겠다.

'인사제도' 관계로는 '人事制度'(臺 3, 諫 8), '限品授職'(臺 1), '署經'(諫 1) 등에 관한 것이 있다. 그 내용은 왕이 인사권을 전단하는 것을 막고 인사제도를 확립하여 공정한 인사행정을 수립하기 위한 것이었다. 또한 限品授職 문제가 대두되는 것은 차츰 양반을 중심으로 한 정치가 이루어져 감을 나타낸다고 하겠다.

'관제' 관계는 '관제개혁'(臺 3, 諫 3)이 있다. 그 내용은 대개 관제의 개혁을 위한 것이었다. 태조 때는 항상 관제개혁의 필요가 있던 시대였음을 보여준다.

‘재정・경제’ 관계로는 ‘貢物’(臺 1), ‘稅制(收稅)’(臺 2, 諫 5), ‘度量衡’(臺 1), ‘市場’(臺 1), ‘蠶桑’(臺 1, 諫 1), ‘貨幣流通’(臺 2, 諫 2), ‘漕運’(臺 1, 諫 1), ‘田制’(臺 2, 諫 3), ‘物品稅’(臺 1), ‘商人稅’(諫 1), ‘鹽政’(諫 1), ‘進上’(諫 1) 등이 있다. 그 대개의 내용은, 국가재정에 직결된 수취의 여러 문제를 제기하여 이를 원만히 운영할 것을 건의한 것과, 상업 및 蠶桑에 관한 것이었다. 특히 주목되는 것은 도량형・시장・화폐유통・물품세・상인세 등 상업과 관련된 언론이 보인다는 점이다. 그러나 그것은 상업의 진흥을 위한 적극적인 의미의 것이 못 되었고, 소극적인 태도에서 현상 유지를 위한 상업질서의 수립을 목적으로 한 것이었고, 물품세니 상인세니 하는 문제는 抑末策의 하나로 오히려 상업의 발전을 억제하기 위한 것이었음을 알 수 있다.

‘과거・교육・의례’ 관계로는 ‘科擧’(諫 3), ‘興學’(諫 7), ‘譯官養成’(臺 1), ‘家廟’(臺 2), ‘文廟配享’(臺 1), ‘家禮’(臺 2), ‘婦道’(臺 1, 諫 1), ‘喪服制’(諫 1), ‘官服制度’(諫 1), ‘女服制度’(臺 3) 등이 있다. 앞에서 보았듯이 학문과 교육의 진흥은 인재 양성과 직결된 문제로서, 그 언론의 횟수를 보아도 태종 10년대에 와서 절실해졌음을 짐작할 수 있다. 가묘・문묘배향・가례・부도・상복제 등 일련의 언론은 유교사회의 수립을 위한 언관들의 노력의 일단이었던 것이다. 여복제도 관계는 여자의 복장이 일정한 제도가 없이 혼란스러워서 이를 정제화하기 위한 것이었다.

‘軍事’ 관계로는 ‘軍事’(臺 3, 諫 6), ‘侍衛’(諫 2), ‘宿衛’(諫 2), ‘屯田(煙戶罷)’(諫 5), ‘驛站關津’(臺 1) 등이 있다. 군사 관계는 계속 중요한 언론으로 나타나고 있고, 둔전 관계는 煙戶에 따른 둔전의 폐단이 크므로 이를 혁파하기 위한 것이었다.

‘司法’ 관계로는 ‘刑政’(臺 2, 諫 3), ‘決訟’(臺 1), ‘禁令(酒)’(臺 1, 諫 1) 등이 있다. 그 내용은 시정 언론에서 본 것과 비슷한 것이다.

‘土木・營繕’ 관계로 ‘土木(停)’(臺 2, 諫 4)도 토목공사로 말미암은 백성들의 고통을 덜어 주기 위한 것이었다.

시 기	언론 기관	내 용		
		대 상 인 물	사 유	처 분
태종 8년 3월 辛未	司諫院	謝恩使 金漢老	人品不適	擇他人代之
태종 13년 4월 甲子	〃	吏曹判書 李天祐	祖母桓王妾	告身不可署
태종 13년 6월 戊午	〃	江原觀察使 安省	非其人	他人代之
태종 13년 6월 庚午	司憲府	柳廷顯 등	家世行實不正	告身不可署
태종 15년 6월 辛酉	〃	獻納 張晋	心行不廉	告身不可署
태종 15년 11월 己亥	〃	松禾縣監 柳洽	未滿其考越次授佐郎	不署
태종 17년 7월 庚午	〃	柳思訥	曩者詐傳旨	不宜叙用
태종 18년 5월 壬申	〃	江原觀察使 南琴	性行殘酷	請代循良之人

'풍속' 관계는 풍속을 바로잡기 위한 언론이었다.

'사회·민생' 관계로는 '奴婢 문제'(臺 4, 諫 1), '恤政'(臺 1, 諫 1), '賑恤'(諫 2), '防納(禁)'(臺 1), '豪家占奪'(臺 1), '妻妾名分'(諫 1), '禾尺同化策'(臺 2), '號牌去'(臺 1), '其人'(諫 1), '倭奴婢(禁)'(諫 1) 등이 있다. 시정 언론 분석에서도 보았듯이 노비 문제는 당시 중요한 사회 문제였던 것이며, '휼정'과 '진휼'은 백성을 기아에서 구제하기 위한 것이었고, '방납'은 방납으로 말미암은 백성들의 고통을 덜어 주기 위한 것이었다. '호가점탈'은 이로 말미암은 백성들의 피해를 막기 위한 것이었다. '화척동화책'은 당시 사회적으로 큰 문제였던 禾尺을 동화하여 백성으로 정착시키기 위한 것이었다.[52] 그 밖에 호패법·기인·왜노비 문제 등도 당시 사회적으로 중요한 문제였음을 알 수 있다.

'척불' 관계로는 '度牒'(臺 1), '僧科'(臺 1), '斥佛'(諫 4) 등이 있는데, 그 내용은 불교를 배척·억압하기 위한 것이었다.

'간쟁' 관계로는 '講武'(臺 2), '經筵'(諫 3), '宗親 문제'(諫 1), '勤聽政'(諫 1), '元子入學 문제'(諫 3) 등이 있는데, 이 관계는 이미 간쟁 언론을 분석하는 가운데 말한 것이다.

---

52) 《太宗實錄》 卷22, 태종 11년 10월 乙巳條 司憲府上疏 참조.

‘인사’에 관한 언론은 8회에 지나지 않으므로 분석할 여지가 없다. 여기서 그 내용을 필요한 부분만 뽑아 정리하면 앞의 표와 같다.

즉 ‘인사’에 관한 언론은 당사자나 그 가문에 허물[痕咎]이 있거나, 인품이나 능력 또는 적성이 해당 직책에 맞지 않을 때, 해당 인사를 바로잡아 줄 것을 요구하는 것이었다. 이와 같은 언론의 정상적인 운영은 관료체제를 확립하는 데 불가결한 것이라 하겠다.

‘척불’ 관계 언론은 4회뿐이므로 간단히 그 내용을 소개하면, 僧徒의 수를 줄이고 五敎兩宗을 파할 것,[53] 良家處女爲尼者를 환속할 것,[54] 度牒을 엄히 할 것,[55] 그 밖의 다른 척불 언론으로 되어 있다.[56]

4) 世宗代

앞 장에서 보았듯이 세종 때는 태종 때와 견주어 언관의 언론은 활발하였다. 재위 20년 이전에서 세종은 언관에 대하여 날카로웠으나, 그뒤에는 관용으로 대하였다. 즉, 그 이전에는 언관의 과실에 대하여 엄격하게 다스렸으나, 그뒤에는 왕의 의사에 반하는 언론이라도 청납하지 않았을 뿐 언관에 대한 징계는 거의 없었다. 그러나 세종 때 전반을 통하여 명분 있는 언론, 이유 있는 언론에 대해서는 관용을 베풀었다. 그러한 언론의 분위기 속에서 언관들은 어떠한 내용의 언론을 하였고, 그것은 정치적으로 어떠한 의의를 갖게 되는 것인가 다음에서 분석하도록 한다.

(1) 개략적 분석

[표 14]는 언관의 언론 활동의 개황을 살피기 위한 것이다. 이 표에 따르면 언론 활동의 횟수는 세종 때의 연평균 횟수인 58회를 중심으로 물결 모

---

53) 《太宗實錄》 卷1, 태종 원년 윤3월 辛亥條.
54) 《太宗實錄》 卷25, 태종 13년 6월 丙子條.
55) 《太宗實錄》 卷32, 태종 16년 12월 乙亥條.
56) 《太宗實錄》 卷25, 태종 13년 5월 丁酉條.

양을 이루고 있고, 그 모양은 오히려 중반(11~20년)에 가장 폭이 넓고 깊게 되는 것을 볼 수 있다. 또 초반기(즉위~10년)에 6백65회(37.5%), 종반기(21~32년)에 7백8회(38.0%)인가 하면, 중반기에 4백89회(26.3%)로 낮은 횟수(비율)를 나타내는 것으로 볼 때, 중반에 언론 활동(횟수)이 오히려 약간 저조했음을 알 수 있다.

세종 때의 간쟁 언론은 대간 합사 1백6회(35.3%), 사간원 97회(32.3%), 사헌부 86회(28.7%), 집현전 및 3성 11회(3.7%)의 순으로 되어 있다. 대간 합사가 간쟁 언론(횟수)의 수위를 차지한 것은 조선 초기에서 세종 때만 볼 수 있는 특수한 현상으로서 그 내용은 다음에 밝혀지게 되겠다. 또 사헌부와 사간원의 간쟁 언론 횟수의 차이도 태종 때와 견주면 크게 줄어든 것을 볼 수 있다. 특히 간쟁이 폭주한 것은 9년 28회, 10년 59회, 24년 35회, 25년 19회로, 이 4년 동안에 전체 간쟁 언론 3백 회 가운데 47%인 1백41회를 차지하고 있음을 알 수 있고, 세종 10년 한 해 동안에 대간 합사가 41회나 된 것은 조선 초기의 어느 왕조에서도 볼 수 없는 집중적인 간쟁으로 세조의 14년 동안의 전체 간장 언론 횟수(36회)보다 많은 것이다.

탄핵 언론은 사헌부 6백17회(66.2%), 사간원 2백7회(22.2%), 대간 합사 99회(10.6%), 3성·집현전 9회(0.96%)의 순으로 되어 있다. 3성은 세종 초기에 8회, 집현전은 1회의 탄핵 관계의 언론을 행사하였을 뿐이고, 대간 합사도 10% 정도로 낮았고, 결국 사간원의 탄핵 언론에 3배나 되는 횟수를 나타내고 있는 사헌부가 세종 때의 탄핵 언론의 중심이 되었음을 알 수 있다. 연별로 보더라도 사간원의 탄핵 언론이 사헌부보다 많았던 예는 한 번도 없었을 뿐 아니라, 14년과 24년은 완전히 사헌부에서단 탄핵 언론을 하였고, 5년에는 41회 대 4회, 8년에는 54회 대 9회의 비율로 사헌부가 탄핵 언론은 거의 독점하다시피 하였음을 알 수 있다.

시정 언론은 사헌부 1백85회(54.9%), 사간원 1백17회(34.7%), 집현전 32회(9.5%), 대간 합사 3회(0.9%)의 순으로 되어 있다. 시정 언론에서는 대간 합사의 필요가 없었다고 한다. 탄핵 언론에 견주면 사헌부와 사간원의 시정 언론의 빈도는 그 차가 크게 줄어든 것을 볼 수 있고, 집현전의 32회의 시정 언론도 결코 적은 횟수(%)가 아닌 것을 알 수 있다. 특히 세종 27년과 28년 에는 집현전의 시정 언론이 사헌부나 사간원을 뛰어넘었다는 것은 주목할 만 하고, 이 같은 현상은 세종 20년대의 집현전을 언관으로 단정할 수 있게 하는 실증적 자료가 된다.

'인사' 관계 언론이 언론의 한 종류로서 본격적으로 나타나게 되는 것은 세종 때부터이다. 그 내용과 의의는 다음에서 논하고, 여기서는 그 개황을 보면, 사헌부 1백1회(57.1%), 사간원 70회(39.5%), 대간 합사 6회(3.4%)의 순 으로 되어 있다. 여기서도 대간 합사는 극히 드문 일이며, 사헌부와 사간원 에서 각각 행사하였고 사헌부가 약간 우세하였음을 볼 수 있다. 이 언론은 세종 초기에는 없다가 중반기부터 계속하여 나타나고 있음을 볼 수 있다.

조선 초기 언관의 불교 관계의 언론은 세종 때부터 활발해지고 있다. 척 불 언론은 사간원 33회(28.4%), 사헌부 30회(25.9%), 대간 합사 29회(25.0%), 집현전 24회(20.7%)의 순으로 나타나고 있다. 사간원이 수위를 차지하지만 모든 언론 기관에 거의 비슷하게 분포되어 있다. 특히 집현전이 20% 이상의 높은 비율을 차지하고 있는 것은 주목되는 바이다. 그리고 척불 언론은 세종 20년 이후가 전체(116회)의 81.9%(95회)를 차지하고 있으며, 특히 세종 23년 (20회)과 30년(27회)에 집중적으로 이루어졌음을 알 수 있다.

앞서 살핀 바에 따라 세종 때의 언관 활동의 양상을 보면, 사헌부의 언론 은 탄핵, 시정, 인사에 관한 분야에서 우세를 보였으나, 사간원은 간쟁과 척 불에 관한 언론에서 사헌부를 능가하였음을 알 수 있다. 또한 대간 합사는 간쟁과 척불 언론에 집중되었고, 집현전에서는 시정과 척불 언론이 중심이 되었음을 알 수 있다. 이와 같은 경향은 각 언론 기관의 언론의 특성을 나타 내는 것이라고 하겠다.

[표 14-1]은 세종 때의 언관별 언론 활동 상황표이다. 이 표에 따르면 사

헌부는 전체 언론(1천8백62회)의 54.7%(1천18회), 사간원은 28.1%(5백24회), 대간 합사는 13.1%(244회), 집현전(3성 11회 포함)은 4.1%(76회)를 차지하고 있음을 알 수 있다. 단독 언론은 사헌부가 사간원보다 2배나 많았으며 대간 합사도 상당히 많이 이루어졌으나, 집현전은 그 비율로 보면 극히 낮았던 것을 알 수 있다.[57] 세종 때 사헌부의 언론 활동(횟수)이 사간원보다 우세한 경향은, 세종 22년(사헌부 40%, 사간원 42%)을 제외하면 세종 32년 동안 일치되는 것이었다. 사헌부의 언론 활동이 사간원에 견주어 특히 우세하였던 것은 즉위년(21회 : 4회), 5년(45회 : 10회), 6년(33회 : 11회), 8년(67회 : 20회), 16년(27회 : 6회)으로 세종 20년 이전의 상황이었고, 그뒤로는 격차가 없이 평균 비율(54.7% : 28.1%)을 약간씩 오르내리는 안정된 언론 활동을 계속하고 있음을 볼 수 있다. 그리고 세종 20년 이후에는 집현전의 언론 활동이 뚜렷하게 늘어나고 있으니, 27년에는 그해 전체 언론의 16.7%를, 28년에는 19.6%를, 30년에는 22.6%를 차지하고 있다. 그리하여 28년에는 사간원(21.6%)에 육박하였고, 30년에는 사간원(11.3%)의 2배에 이르는 언론을 폄으로써 언론 횟수에서도 당당한 언관의 면모를 보이고 있다.

[표 14-2]는 세종 때의 언론 내용별 언론 활동 상황표이다. 이 표에 따르면 언론 내용은 '탄핵' 50.0%(9백32회), '시정' 18.1%(3백37회), '간쟁' 16.2%(3백 회), '인사' 9.5%(1백77회), '척불' 6.2%(1백16회)의 순으로 되어 있다. 즉, 언론의 절반을 탄핵이 차지하고 절반은 그 밖의 언론으로 되어 있는데, 시정 언론이 18.1%로 간쟁 언론 16.2%보다 약간 웃돌지만 간쟁 언론의 비율이 매우 높았던 것을 알 수 있다.

간쟁 언론은 해마다 큰 진폭이 없이 계속되었으나 9년(28회, 32.2%), 10년(59회, 52.2%), 24년(35회, 49.3%)은 높은 비율을 나타내고 있고, 특히 10년과 24년은 그해 전체 언론의 반을 차지하여 '간쟁'의 사태를 이루고 있음을

---

57) 이 책, 〈Ⅲ. 集賢殿官의 言官化〉 가운데 '언론활동의 내용 분석' 참조.

볼 수 있다.

탄핵 언론은 세종 8년 이전인 세종 초기에 높은 비율을 나타내고, 그뒤로는 전체 평균 비율인 50% 선을 약간씩 오르내리면서 계속되고 있다. 세종 초기를 보면, 원년(51회, 81%), 2년(46회, 85.2%), 3년(13회, 72.5%), 4년(35회, 79.5%), 5년(53회, 84.1%), 8년(63회, 72.4%) 등은 그해 전체 언론의 80% 전후를 탄핵 언론이 차지하여, 마치 이 시기의 언론은 '탄핵'을 뜻하는 것과 같은 양상을 나타내고 있다.

시정 언론은 해마다 큰 차이 없이 계속되고 있어, 비율에서 진폭이 좁다. 꽤 높은 비율을 나타내고 있는 7년, 11년, 12년, 19년, 27년 등도 그해 전체 언론이 30% 정도를 차지하고 있음을 볼 수 있다.

인사에 관한 언론은 세종 8년대부터 시작되어 20년대에 더욱 활발해진 것을 볼 수 있다. 14년(16회, 32.0%), 23년(14회, 20.6%), 25년(32회, 31.7%), 27년(7회, 23.3%), 31년(17회, 19.5%) 등은 그해 전체 언론이 20~30%를 차지함으로써 이제 인사(異議) 관계의 언론이 언론의 한 종류를 차지하는 데 충분한 자격을 갖게 되었음을 보이고 있다.

척불 언론은 세종 19년까지는 간헐적으로 나타나고 있으나, 세종 20년 이후 특히 20년(13회, 21.7%), 23년(20회, 29.4%), 30년(27회, 50.9%) 등에 집중적으로 행사되었다. 세종 30년의 경우는 언관들은 온통 척불 언론에 매달려 그 밖의 언론은 부수적인 문제가 되어 버린 감이 있다.

(2) 구체적 분석

[표 15]와 [표 15-1]은 세종 때의 간쟁 언론의 내용을 분석하기 위한 것이다. 이 표를 보면 세종 때 어떠한 문제가 세종을 위요한 중대한 문제였는지를 짐작하게 된다.

언관의 간쟁 언론 가운데 중요한 문제는 '양녕대군 문제', '講武', '언로', '첨사원', '세자섭정' 등이었음을 알 수 있다. 그 가운데 '양녕대군 문제'(讓

45, 諫 47, 臺諫 89, 集 3)는 양녕대군에 관한 일로서 즉위 초부터 세종 20년 대까지 계속되었으며, 세종 때 간쟁 언론의 61.3%(184회)를 차지하여 간쟁의 역사에서 보기 드문 기록을 세웠다. 양녕[兄] 대신 갑자기 세자에 책봉되고, 그 3개월 뒤에 왕위에 오른 세종으로서는 양녕대군에 대한 문제는 자신의 문제나 마찬가지로 중요한 것이었다. 세종으로서는 태종[父王]에게 방축된 양녕대군을 한성으로 귀환시켜 평안히 살도록 해 주는 것이 최대의 과제였건 것이다. 그러나 초기부터 언관들은 양녕대군의 罪를 청하였다. 세종은 언관의 완강한 언론에도 때때로 양녕을 召見하였으며, 점진적인 방법으로 20여 년 만에 양녕대군으로 하여금 한양에 第宅을 짓고 안주하게 하였고, 講武에도 대동하기까지 하였다.58) 표에서 보이는 양녕에 관한 언론은 그와 같은 과정에서 집요하게 계속되었다. 그러나 세종의 의지를 꺾을 수는 없었다.

'講武' 관계 간쟁(臺 8, 諫 16, 臺諫 1)도 계속적으로 이루어졌으나, 세종 20년을 앞뒤로 하여 그 내용이 달라지고 있다. 즉, 세종 20년 이전에는 세종의 親行講武에 관한 것으로, 한발·흉년·농시 등의 이유로 이를 정지 또는 연기할 것을 청하는 것이었으나, 세종 24년에 집중된 '강무' 관계의 언론은 동궁(세자)으로 하여금 강무를 대행하도록 한 처사를 정지·철회시키기 위한 것이었다.59) 강무 대행을 반대하는 언론은 '첨사원'이나 '세자섭정'에 관한 언론과 직결된다. 표에서 보이는 바와 같이 첨사원(17회)과 세자섭정(17회)에 관한 언론은 24년과 25년에 집중되었고, 그뒤로도 계속되었다.60)

세종은 身病(持病)을 이유로 재위 19년부터 세자로 하여금 서무를 결재하게 하려 하였으나 신하들의 반대로 뜻을 이루지 못하다가, 24년에 첨사원이란 기관을 설치하여 세자로 하여금 섭정을 행하게 하였을 뿐 아니라, 南面受

---

58) 이 책, 〈Ⅶ. 言官言論과 王權의 相互關係〉 가운데 '四. 世宗代의 言官言論과 王權'에서 讓寧大君 관계 내용 참조.
59) 《世宗實錄》 卷97, 세종 24년 9월 辛酉·壬戌·乙丑·庚午·辛巳條 등 참조.
60) 《世宗實錄》 卷97, 세종 24년 8월 己丑~9월 癸亥條 ; 卷100, 세종 25년 4월 壬寅~己酉條 참조.

朝케 하고 모든 신하로 하여금 稱臣케 하였다.[61] 표에서 '첨사원'은 그것의
설치를 반대하는 언론이었고, '세자섭정'은 세자의 남면수조, 칭신 문제와
섭정을 반대하는 언론이었다. 그와 같은 언론은 모든 언관이 행한 매우 강력
한 것이었으나 언관들은 세종의 의지를 꺾지 못하였다. 그러나 세종은 언관
의 언론을 청납하지는 않았으나 탄압(징계)도 하지 않았던 것은 주목할 만
하다.

'언로'에 관한 언론도 사헌부(5회), 사간원(5회), 집현전(4회)에서 계속되
고 있는데, 그 내용은 언론의 창달을 위한 것으로 언론을 우용할 것과 언론
으로 被罪된 언관을 너그러이 용서할 것을 청하는 언론이었다.[62]

'行幸'(臺 2, 諫 5)은 왕의 행행을, '溫井'(臺 5, 臺諫 1)은 왕의 온천행을 정
지시키거나 또는 侍衛를 청하기 위한 것으로[63] 정지시키려는 이유는 민폐
를 들고 있다. 세종은 身病으로 온천행을 자주 하였던 것이다.

'習射'(臺 1, 諫 1)는 궁 안에서 습사를 정지할 것을,[64] '賞罰'(臺 3, 諫 1)은
상벌과 인사를 신중히 할 것을 청하는 것이었다. '世子'(諫 2)는 세자의 교육
등에 관한 것이었고,[65] '後宮營建'(臺 2, 諫 4, 臺諫 1)은 세종 25년에 후궁〔離
宮〕의 영건을 반대하는 것이었다.[66] '經筵'(諫 1)이나 '輪對'(諫 1)에 관한 것
은 세종이 경연과 윤대를 부지런히 행하였으므로, 다만 대간과 사관을 入侍
케 할 것을 청한 것이었다.[67] '훈민정음'(集 1)은 그 창제를 반대하는 언론이
었고,[68] '移御'(諫 1)는 세종이 양녕대군의 第宅으로 移御하려 하므로 이를

---

61) 崔承熙, 〈集賢殿硏究(下)〉, 《歷史學報》 33, 40~42쪽 ; 이 책의 〈Ⅱ. 集賢殿硏究〉 가운데 '詹
 事院의 設置와 集賢殿官' 참조.
62) 《世宗實錄》 卷13, 세종 3년 9월 庚午條 ; 卷50, 세종 12년 11월 戊辰·己巳條 등 참조.
63) 《世宗實錄》 卷3, 세종 원년 2월 壬午·庚申條 ; 卷95, 세종 24년 2월 癸丑·甲寅條, 3월 壬午條 등
 참조.
64) 《世宗實錄》 卷23, 세종 6년 2월 己未條와 3월 壬辰條 참조.
65) 《世宗實錄》 卷46, 세종 11년 10월 辛丑條
66) 《世宗實錄》 卷99, 세종 25년 정월 己巳·庚午·壬申·庚申·己卯條와 2월 辛丑·乙卯條 등 참조.
67) 《世宗實錄》 卷2, 세종 즉위년 11월 癸丑條 ; 卷29, 세종 7년 8월 丁亥條 참조.
68) 《世宗實錄》 卷103, 세종 26년 2월 庚子條.

반대하는 것이었다.69) 그러나 세종은 다음날 移御70)하였다.

위에서 세종 때 언관이 한 간쟁의 내용을 살펴보았지만 세종이 군주로서 失行을 했기 때문에 당한 간쟁은 거의 볼 수 없다. 간쟁이 빗발치던 양녕대군 문제는 그의 형제의 의를 위한 것이었고, 세자섭정은 身病으로 고통을 당하던 왕으로서는 당연한 것이었으며, 객관적으로 보더라도 세종이 신병으로 정치에 진력할 수 없어 정치를 그르치는 것보다 훌륭한 조처라고 할 수 있다. 세종이 때로 언관의 언론을 聽納하지 않은 점을 들어 그를 거간의 군주로 평가할 수는 없는 것이다.

[표 16]과 [표 16-1]은 세종 때의 시정 언론 내용을 분석하기 위한 것이다. 이 표에 따르면 '중앙정치'에 관한 것으로는, ① '朝會·朝參'(臺 1, 諫 1), ②'行政規式'(臺 2) 등이 있다. ①은 대간의 朝會·朝參의 入參을 위한 것이었고, ②는 행정절차에 관한 것이었다.71)

'지방정치' 관계로는, ① '地方行政·守令'(臺 5, 諫 4, 集 1), ② '鄕吏(役)'(臺 1), ③ '敬差官'(臺 8, 諫 15) 등이 있다. ①은 지방관의 행정에 관한 시비 또는 지방관의 부정고발에 관한 것,72) 土官에 관한 문제,73) 守令6期法에 관한 시비74) 등에 관한 문제였다. ②는 鄕吏免役之法에 관한 것이었다.75) ③은 대개 작황[農況]을 조사하기 위한 경차관의 파견을 정지 또는 연기시키기 위한 언론이었다. 즉, 흉년이나 가뭄이 심할 때 경차관을 파견하게 되면, 지방 관아에서는 이들을 영접하기 위하여 소란하게 되고, 농민들은 고통을 당하게 되므로 민생을 위하여 이의 파견을 중지 또는 연기할 것을 언론한 것

---

69) 《世宗實錄》卷112, 세종 28년 4월 乙巳條.
70) 《世宗實錄》卷112, 세종 28년 4월 丙午條 참조.
71) 《世宗實錄》卷8, 세종 2년 5월 戊寅條, "司憲府啓……請自今事雖親稟 必更啓受敎 然後行移從之"
72) 《世宗實錄》卷44, 세종 11년 6월 甲申條 ; 卷27, 세종 7년 2월 壬寅條.
73) 《世宗實錄》卷47, 세종 11년 12월 甲戌條.
74) 《世宗實錄》卷28, 세종 7년 6월 更子條 ; 卷101, 세종 25년 7월 壬寅條.
75) 《世宗實錄》卷7, 세종 2년 윤정월 庚辰條.

이었다.76) 이러한 언론은 전후 23회나 있었던 중요한 언론이었으며, 유교적인 민본을 내세운 것이었다. 비록 그러한 언론이 백성들에게 직접적으로 큰 혜택을 끼친 것은 못 된다 하더라도 백성을 국가의 근본으로 생각하는 정치, 유교정치의 방향을 위정자에게 다짐하고 상기시켜 주는 효과를 갖는 것이라고 하겠다.

'관제'에 관한 언론은 사헌부(2회)와 사간원(3회)을 합하여 5회에 지나지 않았고, 그 내용도 중요한 것은 못 되었다. 세종 때는 관제(관직)의 개혁은 거의 없이 태종 때의 체제를 계속하였던 것이다.

'인사' 관계의 언론으로는, ① '署經制度'(臺 6, 諫 4), ② '除授之法'(臺 9, 諫 14), ③ '限品叙用'(臺 4, 諫 3), ④ '相避法'(諫 1), ⑤ '考課法'(集 1), ⑥ '致仕法'(集 1), ⑦ '起復'(諫 9) 등이 있다. ①은 모두 세종 전반기에 이루어지고 있고, 그 목적은 대간의 告身署經權의 확대를 위한 것이었다.77) 대간은 문무 1품 이하 모든 관원의 서경권을 주장하였으나 결국 그 목적은 이루지 못하고 5품 이하의 서경권만을 유지하게 되었던 것이다.78) '서경제도'에 관한 언론은 왕의 인사 전단을 앞서 막으려는 데 목적이 있었고, 5품 이하에 제한한 서경권의 인정은 왕권(인사권)의 위축을 방지하는 데 목적이 있었던 것이다. 대간의 언론은 목적을 이루지 못하였으나 서경권 확대를 위한 그들의 노력이 무의미한 것은 아니었다. ② '除授之法(인사)'에 관한 언론은 26회에 이르고 있으며 세종 7년 이후 꾸준히 계속되고 있다. 그 내용은 대개 승진규칙·임기·除授之法 등에 관한 것이었고, 특히 守令의 임기(6기)에 관한 시비가 많았다. ③ '限品叙用'은 庶孽 출신 또는 賤出의 진출을 억제하기 위한 언론으로서79) 양반관료체제를 확립하기 위한 것이었다. ④는 相避法의 개

---

76) 《世宗實錄》卷19, 세종 5년 정월 庚戌條 ; 卷38, 세종 9년 10월 辛未條 ; 卷76, 세종 19년 정월 戊午條 등 참조.
77) 《世宗實錄》卷20, 세종 5년 5월 丙申條 ; 卷31, 세종 8년 정월 辛酉條 ; 卷33, 세종 8년 9월 丁酉條 ; 卷57, 세종 14년 8월 戊申·辛卯·丁未條 등 참조.
78) 이 책의 〈Ⅰ. 臺諫制度의 성립과 그 기능의 분석〉 가운데 '署經기관으로서의 기능' 참조.

정을 청한 언론이었다.[80] ⑤는 文武官考課之法을 언론한 것이었고[81], ⑥은 집현전 부제학 金鑌 등이 致仕之法을 상소하였으나 윤허되지 못하였다.[82] ⑦은 대개 세종 10년대 초반에 있었던 언론으로 그 내용은 喪을 당한 관원이 喪期를 마치기 전에 관직에 나아가는 것[起復]은 옳지 않으므로 기복을 반드시 해야 할 중직에 있지 않은 자에 대한 기복의 명을 환수할 것을 언론한 것으로[83], 인사제도와도 관계가 있으나 유교적 상제를 지키기 위한, 유교정치를 강조하기 위한 것이기도 하다. 위에서 보았듯이 인사 관계의 언론은 55회에 이르며 중요한 언론이었다. 관료체제의 확립을 위하여 인사제도의 확립과 공정한 운영은 필요한 것이었다.

  '재정'에 관한 것으로는 '租稅'(臺 1, 諫 1, 集 1), '進上'(臺 2), '漕運'(臺 1), '鹽政'(臺 1, 集 2), '貢物'(諫 2, 集 1), '量田'(諫 4), '貢法'(諫 3, 臺諫 2), '經費'(臺 1) 등으로 언론 횟수는 많지 않으나 그 내용은 백성의 생활과 직결되는 중요한 것이었다. 그리고 이 방면의 언관의 언론은 대개 백성들의 부담이나 고통을 덜어 주어야 한다는 관점에서 이루어지고 있다. '量田'에 관한 언론은 토지제도에 관계되는 것이나 결국 국가의 수입과 관련되는 것이다. 이 관계의 언론의 내용은 '量田' 사업으로 말미암은 백성들의 고통을 덜어 주기 위하여 흉년에는 정지하고 풍년을 기다려 행하자는 것이었다.[84] 특히 '공법'에 관한 언론은 새로 개정하여 실시하려는 공법에 대한 시비, 또는 旱荒을 이유로 공법의 실시를 정지시키기 위한 것으로[85], 언관의 목적은 새로운

---

79) 《世宗實錄》卷47, 세종 12년 2월 甲申·乙酉·戊子·己丑條.
80) 《世宗實錄》卷90, 세종 22년 9월 癸亥條.
81) 《世宗實錄》卷50, 세종 12년 12월 乙未條.
82) 《世宗實錄》卷90, 세종 22년 8월 甲戌條.
83) 《世宗實錄》卷43, 세종 11년 2월 壬辰條 ; 卷46, 세종 11년 11월 癸卯條 ; 卷49, 세종 12년 8월 戊寅條 등 참조.
84) 《世宗實錄》卷41, 세종 10년 9월 癸丑條 ; 卷57, 세종 14년 9월 丁丑條 ; 卷102, 세종 25년 12월 丁酉條.
85) 《世宗實錄》卷86, 세종 21년 7월 丁卯條 ; 卷101, 세종 25년 8월 丁亥條 ; 卷104, 세종 26년 5월 丁亥條 ; 卷105, 세종 26년 閏7월 甲辰條 등 참조.

조세제도로 말미암아 백성들이 당하는 고통(또는 부담)을 덜어 주는 데 있었다. 어쨌든 언관들의 이와 같은 언론은 위정자들의 시정에 직접 또는 간접으로 영향을 준 것으로 보이며, 세종 때의 건전한 정치(유교정치)를 이루는 데 도움을 준 것으로 생각한다.

'경제' 관계로는 '화폐'(諫 1, 集 2)가 있다. 그 내용은 저화 또는 전폐의 유통책에 관한 것이며,[86] 세종 때 화폐정책에 영향을 끼친 것으로 보겠다.

'교육·과거·의례' 관계로는 '과거'(臺 3, 臺諫 1, 集 1), '의례'(臺 1, 集 1), '교육'(臺 3, 集 3), '文廟(從祀)'(諫 1), '도서'(集 2), '복제(喪制)'(集 5), '제례'(集 2) 등의 언론이 있다. 이와 같은 언론은 학문 진흥, 인재 양성, 유교적인 의례와 제도의 제정 또는 시정을 위한 것으로, 그 궁극적인 목적은 이상적인 유교정치의 실현에 있었던 것이라 하겠다. 이 방면의 언론에서 주목되는 것은 전체 24회 언론 가운데 집현전이 15회(62.5%)로 대간 전체 9회(37.5%)보다 압도적으로 많다는 사실이다. 이와 같은 현상은, 이 방면[文敎]의 언론의 중심은 집현전이었음을 나타내는 것으로, 집현전 언론의 특성을 보여 주고 있다.[87] 또한 집현전의 유교적 의례와 제도의 상정에 관한 업적은 언론 방면에서가 아니라 고제 연구에서였음을 상기할 필요가 있다.[88]

'군사' 관계의 언론은 사간원에서 3회 행사하고 있을 뿐인데, 뒤에서 분석할 時務條陳에서도 군사 관계는 주로 사간원에서 언론하고 있음을 볼 수 있다. 이 방면의 내용은 보충군에 관한 것이었다.[89]

'사법' 관계로는 '刑法(立法)'(臺 12, 諫 1), '裁判法'(臺 7), '推劾法'(臺 5), '陳告法'(集 1), '行臺·糾察'(臺 15), '禁令'(臺 39) 등으로 되어 있다. 사법제도의 확립 또는 정리는 그 사회의 질서를 유지하기 위하여 절대로 필요한 것

---

86) 《世宗實錄》卷30, 세종 7년 10월 癸酉條 ; 卷110, 세종 27년 11월 庚寅條 ; 卷110, 세종 27년 11월 壬子條 참조.
87) 이 책의 〈Ⅲ. 集賢殿官의 言官化〉 가운데 '언론활동의 내용 분석' 참조.
88) 崔承熙, 〈集賢殿研究(上)〉, 《歷史學報》, 38～52쪽 참조.
89) 《世宗實錄》卷42, 세종 10년 10월 丙申·戊申條.

이었다. 사법 관계의 언론에서 주목되는 현상은 이 방면 언론 80회 가운데 78회(97.5%)가 사헌부에서 이루어졌다는 사실이다. 즉, 3法司의 하나인 사헌부는 그 직무와 관련하여 사법 관계 언론을 전담하였음을 볼 수 있다. 형법을 바로잡고90), 법을 어긴 자와 冤抑者를 '추핵'하고 '재판'하여, 범법자는 형률[刑法]에 따라 처벌하고 억울한 자는 伸冤해 주는 일[司法]은 국가(정치)의 가장 중요한 기능의 하나로서, 이로 말미암아 사회의 질서와 정치 기강이 설 수 있는 것이다. 또 '行臺·糾察'은 중앙과 지방의 관원들의 행정 실태와 부정·불법 여부를 조사하기 위한 것으로91), 이 방면의 언론은 관리의 기강을 위해서만이 아니고 民政을 위해서도 큰 영향을 줄 수 있는 것이었다. '금령'에 관한 것은 濫僞를 단속[禁]하기 위한 것으로 세종 초부터 거의 해마다 그 언론이 행하여지고 있음을 본다. 그 내용은 飮酒·奔競·使行謀利·奢侈·僞造·金銀首飾 등을 금하기 위한 것이었다. 즉, 奢侈·浪費·虛僞·過分·謀利 등의 풍조를 단속하기 위한 것이었다. 그 가운데 가장 잦게 나타나는 것은 금주에 관한 것으로, 흉년이 될 때마다 양곡의 절약을 위하여 사헌부의 건의로 금주령이 떨어지고, 이에 따라 사헌부에서는 금령을 어긴 자를 색출·단속하였던 것이다. 금령에 관한 언론은 39회나 되는 것으로 그 사회의 건전한 기풍을 지키기 위한 중요한 언론이었다.

'토목·영선'에 관한 언론은 사헌부 10회, 사간원 14회, 집현전 1회로 합계 25회에 이른다. 사헌부는 세종 20년부터, 사간원은 세종 9년부터 이 방면의 언론을 꾸준히 행하였다. 그 내용은 토토·영선·축성 등의 공사를 가뭄·흉년 등의 이유로, 이를 정지 또는 연기시키기 위한 것이었다.92) 이 언

---

90) 《世宗實錄》卷21, 세종 5년 7월 辛卯條 ; 卷25, 세종 6년 7월 丁亥條 ; 卷30, 세종 7년 12월 乙亥條 등 참조.
91) 《世宗實錄》卷7, 세종 2년 閏正月 壬申條 ; 卷27, 세종 7년 정월 乙酉條 ; 卷104, 세종 26년 4월 己丑·更子條 등 참조.
92) 《世宗實錄》卷38, 세종 9년 12월 庚辰條 ; 卷61, 세종 15년 7월 丁丑條 ; 卷100, 세종 25년 6월 甲辰·癸丑條 등 참조.

론의 목적은 가뭄이나 흉년으로 생활이 어려운 백성들이 그러한 공사(赴役)
에 동원됨으로써 당하는 고통을 덜어 주기 위한 것이었고, 그것은 유교정치
에서 내세우는 민본정치에 바탕을 둔 것이었다. 비록 언관들의 언론이 모두
관철되지는 못하였다고 하여도 필요하지도 급하지도 않는 공사는 억제할
수 있는 것이었고 그 혜택은 민생에 돌아갈 수 있는 것이었다.

　‘풍속’ 관계로는‘풍속ㆍ강상’에 관한 것이 17회로 모두 사헌부에서 이루
어졌고, ‘淫祀ㆍ巫覡’에 관한 것은 사간원(2회)이 행하였다. 풍속을 바로잡
는 일〔正風俗〕은 사헌부의 직무 가운데 중요한 하나였으며, 따라서 사헌부
에서는 풍속을 바로잡는 일(주로 淫風)과 강상을 바로 세우기 위하여, 필요
한 때(문제되는 때)마다 언론을 하고 있으며,[93] 그것은 유교적인 윤리, 유교
사회를 확립 또는 유지하기 위한 노력의 하나였다. 사간원에서 행한 ‘淫
祀ㆍ巫覡’에 관한 언론은 세종 8년과 9년에 있었는데, 그 목적은 음사와 무
격을 폐지 또는 금하기 위한 것이었고,[94] 그것은 유교사회의 확립을 위한
노력의 일단이라고 하겠다.

　‘사회ㆍ민생’ 관계로는, ‘義倉ㆍ社倉’(臺 1, 諫 1, 集 2), ‘流亡(禁)’(諫 1), ‘赴
役’(諫 3), ‘橫斂(防止)’(臺 1), ‘奴婢(紛爭)’(臺 3), ‘身分’(諫 1) 등이 있다. 언론
횟수는 많지 않으나 이 방면의 언론은 사회적으로나 민생에게 중요한 영향
을 줄 수 있는 것이었다. 특히 ‘의창’ 또는 ‘사창’에 관한 것은 세종 20년대에
보이는 것으로 민생에 직결되는 중요한 문제였으며,[95] ‘赴役’에 관한 언론
은 부역을 정지시키거나 부역 일수를 정하기 위한 것으로[96] 이것도 민생의
고통을 덜어 주기 위한 것이었다. ‘流亡’에 관한 것은 비록 1회에 지나지 않
으나 사회적 안정을 위하여 유망을 금지하고, 유망이 없도록 하는 것은 정치

---

93) 《世宗實錄》卷3, 세종 원년 2월 丙午條 ; 卷53, 세종 13년 7월 癸未ㆍ甲申條 등 참조.
94) 《世宗實錄》卷34, 세종 8년 11월 丙申條.
95) 《世宗實錄》卷87, 세종 21년 10월 丁丑ㆍ乙酉條 ; 卷119, 세종 30년 5월 己亥條 참조.
96) 《世宗實錄》卷35, 세종 9년 정월 丙申條 ; 卷54, 세종 13년 10월 甲申條 ; 卷69, 세종 17년 7월 丁酉條
　　등 참조.

적으로 중요한 문제였던 것이다.97) '노비(紛爭)' 관계는 사헌부에 따른 3회의 언론이 있으나, 태종 때와 견주면 격감한 것을 볼 수 있다. 노비 분쟁은 대개 태종 때 해결된 것으로 보겠다.

다음은 위의 '시정' 언론의 분석에서 제외한 '時務條陳'의 내용을 분석할 차례이다. [표 17]과 [표 17-1]은 세종 때의 '時務條陳'의 내용을 분석하기 위한 표이다.98)

'지방정치' 관계는 ① '地方行政(규찰)'(10회 : 臺 3, 諫 6, 集 1), ② '敬差官'(2회 : 諫 1, 集 1), ③ '愿惡鄕吏(징치)'(臺 1), ④ '鄕愿土豪貪暴'(諫 1) 등이 있다. ①과 ②는 시정 언론의 분석과 같은 내용이며, 여기서도 중요하게 다루고 있음을 볼 수 있다. 지방행정(정치)에 대한 관심이 컸다는 것은 백성에 대한 관심이 컸음을 뜻하는 것이며, 민본을 내세운 유교정치에서 필요한 것이었다. 특히 시정 언론 분석에서는 볼 수 없었던 '愿惡鄕吏'의 懲治에 관한 것과 '鄕愿土豪貪暴'를 제거하기 위한 언론은 그 횟수는 비록 적지만 중요한 뜻을 갖는 것이다. 즉, 악질적인 향리와 토호들의 횡포가 세종 20년부터 차츰 나타남을 보여 주는 것이며, 이러한 지방 세력에게 백성들이 당하는 피해를 막기 위하여 언관의 언론이 이루어지고 있음을 볼 수 있다.

'인사' 관계로는 '人事法'(臺 7, 諫 9), '起復'(臺 2)이 있다. 특히 여기서는 守令의 일기(守令6期)에 관한 문제가 많은 것을 볼 때 지방행정과 더불어 지방관에 대한 인사 문제가 당시 정치적으로 중요한 문제였음을 알 수 있다.

'재정'에 관한 것은 대개 시정 언론의 분석과 그 내용이 같다는 것을 볼 수 있다. '租稅'·'貢物'·'歲貢'·'貢法'·'義鹽' 등에 관한 일은 국가재정은 물론 백성들의 생활과 직결된 것이었다. 그 가운데 공법(諫 4, 集 2) 관계는 세종 26년 공법의 실시를 앞뒤로 하여 이루어진 것이었으며, 이 관계의 언론은 이 제도를 실시함으로써 당하는 백성들의 고통을 덜기 위한 것이었다.

---

97) 《世宗實錄》卷33, 세종 8년 8월 戊子條.
98) 세종 때의 언관의 '時務條陳'은 사헌부 10회, 사간원 17회, 집현전 3회, 모두 30회이다.

그리하여 언관들은 치밀하게 공법의 모순과 폐단을 지적하고 이의 시정을 요구99)하였다. 공평·공정한 稅政은 정치의 가장 중요한 것임은 두말할 필요가 없는 것이다.

‘토지’ 관계로는 ‘科田法’의 운영에 관한 것과 ‘量田’에 관한 것이 있는데, 언론의 방향은 科田主의 과중한 수취를 막기 위하여, 양전 사업에 따른 백성(農民)들의 고통을 덜기 위해서 이루어진 것이었다.

‘경제’ 관계로는 화폐유통(저화)에 관한 것으로 사간원에서 2회 언론을 하고 있다.

‘교육·과거’ 분야에서, ‘과거’(臺 1, 諫 1), ‘敎育·興學’(諫 2)은 앞(시정 언론)에서도 볼 수 있었는데, 그 목적은 과거제도의 시비를 위한, 교육과 학문의 진흥을 위한 것이었다. ‘廣記錄’(臺 1), ‘史庫’(臺 1)에 관한 것은 사관으로 하여금 널리 기록할 것과, 史書와 文籍을 史庫에 分置할 것을 건의한 언론이었다.

그런데 ‘史庫’에 관한 건의는 대단히 중요한 의의를 갖는 것이다. 오늘날 우리가 《朝鮮王朝實錄》을 볼 수 있게 된 것이 이 건의에서 비롯된 것이라 해도 좋을 것이다. 구체적으로 살펴보면, 세종 21년 6월에 사헌부에서 상소한 時務의 여러 條 가운데,

> 史籍의 備藏은 널리 하지 않으면 안 됩니다. …… 고려의 史籍도 闕失됨이 많으니 이는 이를 備藏함이 넓지 못하였고 兵火의 所致로써, 진실로 한탄을 금할 수 없습니다. 또한 지금 史庫는 단지 충주에 있으나 閭閻에 섞여 있으니 실로 염려됩니다. 청컨대 《祖宗實錄》·《前朝史籍》과 經書·諸子·經濟條章을 여러 本을 써서〔謄寫〕 각 도 명산에 分藏하고 輪歲 曝曬하여 不虞에 대비하십시오

---

99) 《世宗實錄》 卷112, 세종 28년 6월 甲寅條, 集賢殿 直提學 李季甸 등 上書 참조.

라고 하였고, 세종은 여러 條 가운데 다만 위의 史籍分藏之策만을 청납하고
춘추관에 명하여 대책을 세워 보고하게 하였다.[100] 그 7일 뒤에 춘추관에서
는 경상도 성주와 전라도 전주에 史庫를 지을 것을 청하였고 왕은 이를 받아
들였다.[101] 그뒤 일이 진척되어 세종 27년 11월에는 태조·정종·태종의 3
대 실록을 춘추관 實錄閣과 충주·전주·성주 사고에 나누어 보관하게 되
었다.[132] 널리 알려진 바와 같이 임진왜란 때 전주사고를 제외한 모든 사고
가 불타 버렸던 까닭에, 만약 언관의 건의가 아니었다면, 또 만약 이 건의를
즉각 받아들여 조처케 한 세종의 위대한 판단력이 없었다면《朝鮮王朝實
錄》(조선 전기)은 있을 수 없었을 것이다. 여기서 약간 범위를 벗어나 번거롭
게 설명한 의도는 언관의 언론이 정치적으로나 문화적(역사적)으로 얼마나
중요한 의의를 가졌는가를 보이려 한 것이다.

'군사' 관계의 언론은 시정보다 시무조진에서 더욱 잦았고 구체적으로 거
론되었음을 볼 수 있다. 그 내용을 보면 '國防'·'宿衛'·'軍制'·'關津' 등 9
회의 언론을 하고 있는데, 사헌부와 집현전에서는 국방 관계 언론 각 1회씩
만 하였고, 군사 관계의 내용은 사간원에서 주로 건의하고 있음을 볼 수 있
다. 집현전의 것은 梁誠之의 備邊10策으로서 국방 관계의 중요한 언론이었
다.[103]

'사법'은 법을 어긴 자를 엄정히 다스리고, 원통하고 억울한 자를 伸寃해
주는 것을 위하여 있는 것이며, 그와 같은 기능을 신속·공정하게 처리하는

---

100)《世宗實錄》卷85, 세종 21년 6월 壬寅條, "司憲府上疏曰……一. 史籍之藏不可不廣(古昔司馬遷
　　作史記 乃曰藏之名山 副在京師 吾東方檀君之朝鮮 始於唐堯 箕子之朝鮮 封於周武 君臣上下 禮樂
　　文物 維持相傳者久矣 而文籍之傳盖寡) 高麗之史 闕失亦多 此必藏之不廣 而兵火之所致也 誠可歎
　　已 且今史庫 只在忠州 而雜於閭閻 實爲可慮 乞將祖宗實錄前朝史籍 與夫經書諸子經濟條章 書爲
　　數本 分藏于各道名山 輪歲曝曬 以備不虞 一.……上只從史籍分藏之策 命下春秋館 磨勘以啓"
101)《世宗實錄》卷86, 세종 21년 7월 己酉條, "春秋館啓 請於慶尙道星州 全羅道全州 構史庫 以藏典
　　籍 從之"
102)《世宗實錄》卷110, 세종 27년 11월 庚寅條, "春秋館啓 太祖實錄十五卷 恭靖王實錄六卷 太宗實
　　錄三十六卷 今已各書四本 一本藏于本館實錄閣 三本分藏于忠州全州星州史庫 從之"
103)《世宗實錄》卷127, 세종 32년 정월 辛卯條.

일이 올바른 정치를 위하여 바람직한 것이다. 여기의 '刑政'(臺 3, 諫 2, 集 1), '訴訟·決訟'(臺 2, 諫 3), '贓吏'(諫 3) 등은 모두 사법의 올바른 운영을 위하여 이루어진 언론이었다. 그런데 시정 언론의 분석에서는 사법에 관한 것은 사헌부에서 독점하였는데, 條進에서는 오히려 사간원에서 이 방면의 언론을 더 많이 하고 있음을 볼 수 있다. 그와 같은 현상은 이렇게 해석할 수 있겠다. 즉, 그때그때 사법에서 일어나는 문제는 사헌부에서 때때로 언론하여 해결하였던 관계로 시정 언론의 사법 관계 언론은 사헌부에서 전담한 것으로 나타나지만, 시무조진에서는 당시의 정치에서 문제 삼는 것은 모두 조진의 대상이 되었으므로, 사간원의 조진에도 사법 문제가 거론되지 않을 수 없었기 때문이라고 하겠다.

'토목' 관계는 土木·營繕·築城 등에 관한 내용이며 사헌부 4회, 사간원 7회, 집현전 1회로 되어 있다. 시무조진 가운데 토목 관계 내용이 포함되어 있는 비율은 40%에 이르고 있다(시무조진 30회, 토목 관계 12회). 이 언론의 목적은 시정 언론 분석에서 본 바와 같다.

'풍속' 관계로는, '正風俗'(臺 2, 諫 2)은 시정 언론 관계에서 살핀 바와 같은 내용이었고, '혼인'(臺 1, 諫 1)은 혼인의 적령기를 정하기 위한 것으로, 조혼이나 만혼에서 오는 폐단을 막기 위한 것이었다. 세종 21년의 사헌부의 조진에서는 남자 16세 이상, 여자 14세 이상을 혼령으로 정할 것을 건의하고 있으며[104], 세종 25년의 사간원의 조진에서는 30~40세가 되어도 혼인하지 못한 남녀는 성혼시키도록 조처할 것을 청하고 있다.[105] 이와 같은 언론은 건전한 혼인풍속을 위하여 바람직한 것이었다고 하겠다. '國巫·神稅布'(諫 2)에 관한 것은 國巫를 파하고 神稅布의 징수와 淫祀를 없애기 위한 것이었다.[106] 巫覡이나 음사를 배격하는 것은 유교정치 아래의 유자로서는

---

104) 《世宗實錄》卷85, 세종 21년 6월 壬寅條. 이 婚齡은 《朱子家禮》에 바탕을 두고 있다.
105) 《世宗實錄》卷100, 세종 25년 5월 庚午條.
106) 《世宗實錄》卷32, 세종 8년, 4월 乙亥條에 보면, 강원·함길도에서 巫覡이 事神을 위하여 백성에게서 神稅布를 거두던 것을 당시 관아에서 이를 거두어 官用에 충당하였다. 언관의 언론은 이와 같은 신세

당연한 일이었다.

'사회·민생'에 관한 것은 사간원에서 많이 거론하고 있음을 볼 수 있다. 民情·民瘼을 살피기 위한 건의, 流亡과 奸僞를 방지하기 위한 號牌法, 義倉의 시비, 각 사 노비 문제, 가옥의 瓦家 통일안, 신분제도의 확립, 물가 안정책, 도적의 방제, 徙民策의 시비 등은 비록 언론의 횟수는 많지 않으나, 당시 사회적으로나 민생에 중요한 문제였음을 알 수 있다. 언관의 이러한 언론은 대개 '民'을 동정하는 관점에서 이루어지고 있음을 볼 수 있다.

시무조진 가운데는 시정에 대한 건의와 시비가 있을 뿐 아니라 간쟁의 성격을 띤 것도 있음을 볼 수 있다. 그 내용을 보면, 입법을 신중히 할 것('愼立法', 臺 1, 諫 1), 백성들의 피해를 막기 위하여 講武場을 일정한 곳에 설치할 것('講武場定置', 諫 1), 언로를 넓혀 줄 것('廣言路', 諫 1, 集 1), 대간의 '經筵入侍'를 허할 것(諫 1), 서연 때 세자의 서연관에 대한 예우를 돈독하게 하고 서연에 힘쓰게 할 것(世子敎育, 諫 1) 등으로 되어 있다.

'척불'에 관한 언론은 시무조진에서도 볼 수 있다. 그 내용은 '革寺田·合禪敎'(臺 1), '度牒制(강화)'(諫 1), '尼僧還俗'(諫 1) 등 모두 불교를 억압하기 위한 것이었다. 그런데 '척불' 언론이 과다하였던 세종 때에 30회에 이르는 언관의 시무조진 가운데 세 번의 척불 관계가 들어 있어서, '시무조진'에서 척불 언론이 오르는 비율이 10%로 낮은 것을 볼 수 있다. 즉, 척불 관계 언론은 대개 문제가 있을 때마다 수시로 이루어졌고, '조진'의 방법을 쓰지 않고 있음을 알 수 있다.

위에서 세종 때 언관이 행한 시무조진의 내용을 분석하여 보았다. 그런데 그 가운데 상당수의 내용이 백성들의 고통을 덜어 주기 위한 목적에서, 또는 백성들의 생활을 동정하는 관점에서 이루어지고 있다. 그러한 언론은 민본을 내세운 유교정치의 내용을 충실하게 하는 요소라 할 수 있겠다.

포 징수와 무격의 사신 행위를 금할 것을 청하고 있다.

[표 18]과 [표 18-1]은 세종 때의 척불 언론을 분석하기 위한 것이다. 앞서 개관에서 보았듯이 세종 전반기에는 척불 언론은 활발하지 못하였다. 이는 당시 불교에 대한 시책이 유신들이 볼 때 큰 문제 없이 수행되었음을 뜻하겠다. 이에 견주어 세종 19년 이후로 척불 언론이 집중적으로 나타나고 있다. 이는 왕과 왕실의 庇護 아래 佛事의 設行과 사찰의 건축이 이루어지는 데 대한 반발이었던 것이다. 구체적으로 보면, ① 세종 19년, 20년, 21년의 언론은 興天寺의 重修와 佛事設行에 대한 반대였고, ② 세종 23년의 집중적인 척불 언론은 興天寺舍利閣慶讚會의 停罷를 위한 것이었으며, ③ 세종 30년은 內佛堂 건축을 정파시키기 위한 것이었다. ①에는 사헌부(7회)와 사간원(14회)에서, ②는 대간 합사(11회)가 중심이 되었고, 집현전(4회)·사헌부(3회)·사간원(2회)에서, ③은 대간 합사(17회)와 집현전(10회)이 중심이 된 척불 언론이었다. 세종 때 대부분의 척불 언론이 여기에 집중되어 있다 해도 지나치지 않으며, 또한 언관의 언론은 격렬한 것이었으나 결국 세종의 의지는 꺾지 못하였던 것이다.

불교의 정비 작업은 세종 초기부터 착수되어 세종 6년에는 禪·敎, 이렇게 두 종교로 대정비가 이루어지고 있다.107) 그 가운데 중요한 문제가 寺社와 寺社田의 혁거, 그리고 僧徒의 정리[汰去]였다. 그리하여 '革除寺宇·寺田'(臺 2)에 관한 언론과 '度牒'(臺 1, 諫 1)에 관한 언론이 세종 초기의 언관 언론에 보이고 있는 것이다.

水陸齋·報供齋·慶讚會 등 佛事의 設行을 반대하기 위한 '佛事(齋·會)停罷'(臺 11, 諫 16, 臺諫 12, 集 10)는 49회로 전체 척불 언론의 42.2%를 차지하고 있다. 이 방면의 언론은 이미 세종 7년에 집현전에서 이루어지고 있고108), 세종 23년에 興天寺舍利閣慶讚會 반대에서 절정을 이루고 있다.109)

---

107) 韓沽劤, 〈世宗朝에 있어서의 對佛敎施策〉, 《震檀學報》25·26·27 合倂號, 93쪽 참조.
108) 《世宗實錄》卷13, 세종 7년 6월 辛酉條.
109) 《世宗實錄》卷94, 세종 23년 윤11월 癸酉條~12월 丙申條 참조.

불교의 억압을 위하여 절대로 필요한 '寺宇補修·建寺(停罷)'(臺 8, 諫 9, 臺諫 17, 集 11)는 45회에 이르러 전체 척불 언론의 38.8%를 차지하고 있다. 이에 관한 언론은 세종 16년에 사헌부에서 檜巖寺 修葺의 반대 언론이 행해지고 있고110), 세종 20년 興天寺 重修와 세종 30년 내불당 건축의 반대를 위요하여 절정에 이르고 있음을 알 수 있다.111)

'論斥佛'은 불교를 이론적으로 논척하는 언론으로 세종 초기 또는 전반기에 집현전에서 행사하고 있으며, 사헌부에서도 하고 있다. '喪制不作佛事'는 세종 7년과 13년 두 차례에 걸쳐 사간원에서 언론하고 있는데, 그 목적은 당시 士庶 사이에 喪制는 의연히 불교 의식에 따라서 이루어지고 있으므로 이를 유교화하기 위한 것이었다.112) 불교의 잔재를 몰아내고 유교사회를 건설하려는 유신〔言官〕들의 노력의 일단이었다. 그 밖에 私設佛宇의 철훼(臺 4), 燃燈行事의 제한(諫 1), 승과·승직의 혁파(諫 1), 불화의 소훼(諫 1), 佛經移藏의 금지(諫 2), 佛經造成의 정지(集 1) 등의 내용을 가진 언관들의 척불 언론은 모두 불교사회를 청산하고 유교사회를 건설하기 위한 노력이었으며, 이는 당시 유자적 관료들의 공동 관심사이기도 하였다. 이와 같은 유신들의 노력이 조선 사회를 유교화한 원동력이 된 것이라 하겠다.

5) 文宗·端宗代

문종은 세종 20년대 후반에는 세자로서 섭정을 하였으므로 정치에 풍부한 경험을 갖고 즉위하였다. 따라서 문종 때의 정치 내용이나 경향은 세종 때의 계속적인 것으로 보이나 왕권은 세종 때에 견주어 약화된 감을 준다. 그러한 분위기에서 언관들은 세종 때보다 더 자유롭고 활발하게 언론 활동을 할 수 있었다.

---

110) 《世宗實錄》卷64, 세종 16년 4월 癸亥條.
111) 《世宗實錄》卷80, 세종 20년 2월 己卯條, 3월 己酉條, 5월 辛卯條 ; 卷121, 세종 30년 7월 壬寅條~8월 丙辰條 참조.
112) 《世宗實錄》卷27, 세종 7년 정월 丙申條 ; 卷54, 세종 13년 12월 丙辰條 참조.

단종은 어린 나이로 즉위하였으므로 金宗瑞 등 대신의 영향력을 많이 받았으며, 계유정란 이후로는 수양대군의 영향력이 절대적이었다. 따라서 정치는 대신과 수양대군이 좌우하였고, 왕권은 극도로 약화될 수밖에 없었다. 이 시기 언관의 언론은 자연히 대신 또는 수양대군의 압력을 받지 않을 수 없었고, 특히 계유정란 이후에는 이전에 견주어 더욱 위축당하고 있다.

문종 때는 27개월에 지나지 않았고, 단종 때도 39개월의 단기로 끝났다. 그리고 정치적 분위기로 보면 문종·단종 때는 세종에서 세조로 옮아가는 과도기적인 것으로 이해된다. 그리하여 이 시기를 하나로 묶어 살펴보도록 한다.

(1) 개략적 분석

[표 20]은 문종·단종 때의 언론 활동 개황표이다. 이 표에 따르면 문종 때는 일반적으로 언론 활동이 활발하였음을 나타내고 있고, 단종 때는 원년까지는 활발하였으나 2년부터는 크게 위축당하고 있음을 볼 수 있다. 즉, 일반적으로 활발하던 언론이 수양대군의 집권과 관련되어 위압을 당하고 있음을 나타내 주고 있다. 이 시기의 연간 언론 횟수를 보면, 문종 즉위년 1백10회, 원년 1백19회, 2년(단종 즉위) 92회, 단종 원년 1백25회, 2년 74회, 3년 35회로 나타나고 있어 단종 2년부터 뚜렷하게 줄어들고 있음을 짐작할 수 있다.

'간쟁'은 일반적으로 사간원이 주가 되었는데, 문종 때는 사헌부의 간쟁 횟수가 사간원보다 많은 것이 눈에 띈다. '탄핵'은 문종 때나 단종 때가 별차이 없이 이루어지고 있고, '시정'에 관한 언론은 문종 때가 단종 때보다 활발하였으며, 특히 문종 때 사헌부의 시정 언론은 단종 때보다 곱절이나 활발하였음을 알 수 있다. '인사이의'는 문종 때 일반적인 경향과 같이 사헌부가 약간 우세했으나, 단종 때 와서 반대로 사간원의 언론이 사헌부의 그것보다 거의 곱절이나 우세했다. '척불' 언론은 문종 때 특히 활발하였고, 단종 때는 많이 줄어들었으나 집현전의 척불 언론이 다른 언관에 견주어 활발해진 것을 볼 수 있다.

[표 20-1]의 문종·단종 때의 언관별 언론 활동 상황을 보면, 문종 때는 사헌부 1백70회(66.4%), 사간원 69회(27.0%), 집현전 11회(4.3%), 대간 합사 6회(2.3%)의 순으로 사헌부의 언론이 가장 활발하였음을 볼 수 있고, 특히 문종 원년에 사헌부는 사간원보다 3배 이상의 활발한 언론을 하고 있음을 볼 수 있다. 단종 때는 사헌부 1백51회(50.5%), 사간원 1백13회(37.8%), 대간 합사 24회(8.0%), 집현전 11회(3.7%)의 순으로 언론을 하고 있어 사헌부와 사간원의 언론 활동의 비율이 큰 차이가 없음을 볼 수 있다. 특히 단종 3년에는 사간원이 사헌부보다 앞서고 있다. 그리고 이 시기의 집현전의 언론은 대개 전체 언관언론의 약 4% 정도를 차지하고 있음을 알 수 있다.

[표 20-2]에 따라 문종·단종 때의 언론 내용을 살펴보면 문종 때는 '탄핵' 83회(32.4%), '시정' 61회(23.8%), '인사' 44회(17.2%), '척불' 43회(16.8%), '간쟁' 25회(9.8%)의 순으로 나타나고, 단종 때는 '탄핵' 1백20회(40.1%), '간쟁' 53회(17.7%), '시정' 52회(17.4%), '인사' 51회(17.1%), '척불' 23회(7.7%)의 순으로 되어 있다. 특히 눈에 띄는 것은 문종 때는 '척불'이 16.8%로 상당히 높게 나타나는 데 견주어 단종 때는 7.7%의 낮은 것으로 되어 있고, 문종 때는 '탄핵'과 '시정'의 비율 차가 적은 데 견주어 단종 때는 그 차가 심하게 나타나고 있는 점이다. 즉, 문종 때는 시정과 척불 언론이 다른 시대보다 많았음을 알 수 있다. 단종 2년의 '시정'은 27%, '척불'은 16.2%의 높은 비율을 나타내고 있으나, 그것은 일시적인 현상이었다.

(2) 구체적 분석

[표 21]과 [표 21-1]은 문종·단종 때의 간쟁 언론의 내용을 분석하기 위한 것이다. 이 표에 따르면 이 시기의 간쟁 언론은 문종 즉위년(16회)과 단종 원년(29회)에 집중되어 있음을 알 수 있다. 또한 문종과 단종 때 왕을 위

요한 심각한 문제가 무엇이었는지를 알 수 있다. 즉, 양녕대군에 관한 일이 그때까지도 미해결의 문제로 계속되고 있음을 알 수 있고, '首陽·安平 관계'(문종 3회, 단종 7회)와 '濫賞(首陽 隨從者)'(단종 7회)이 매우 잦게 나타나고 있음을 볼 수 있다. 즉, 宗親 문제가 왕권을 위협하는 심각한 문제로서 나타나고 있음을 보여 주고 있으며, 그것은 수양대군의 집권의 조짐이기도 한 것이었다.

단종 원년의 '內侍封君'에 관한 간쟁은 내시로서 靖難功臣의 대열에 들어간 嚴自治와 田畇 등에 대한 封君을 반대한 것으로 사간원 左司諫 成三問, 사헌부 執義 李塏 등의 언론이었다.113) 또한 계유정난 이후의 '濫賞'과 '인사(加資)' 등에 관한 언론도 집현전 출신이며 대간직에 있던 성삼문과 이개 등이 행하고 있다. 이와 같은 현상은 수양대군의 威權을 위요하고 인사 행정이 문란해지고 있음을 보여 주는 것이며, 성삼문 등 언관의 언론은 수양대군 체제에 대한 규제 또는 반동의 성격을 띤 것이라 하겠다. 언관의 날카로운 언론은 계속되었고, 결국에 언관들은 언론으로 逮獄되었고114) 성삼문과 尹起畝 등은 좌천되었으며115), 언관의 上書辭職과 인사 조처가 자주 있었다.116) 그러나 유자적 언관정신은 사육신 사건을 불러왔고, 그 사건 뒤의 언관정신은 세조의 무단에 눌려 질식 상태에서 벗어나지 못하였다.

또 이 시기의 '간쟁' 언론으로 큰 비중을 차지하는 것은 '언로'를 넓히기 위한 것이었다. 유교정치를 원만히 수행하기 위하여 언론의 창달은 필요한 것이었고, 특히 새로 즉위한 왕에게 언론의 중요성을 강조하는 일이나 종친의 영향 아래서 언론의 위축을 방지하기 위한 노력은 필요한 일이었다. 그 밖에 '觀獵'을 삼가고, 政事에 힘쓰며, '거동'을 신중히 하고, '경연'에 힘쓰고, '군신의 도'를 지킬 것을 간쟁한 것은 어린 나이로 즉위하여 왕도를 익히

---

113) 《端宗實錄》 卷9, 단종 원년 11월 庚午·辛未·庚辰條 등 참조.
114) 《端宗實錄》 卷10, 단종 2년 정월 丙子條.
115) 《端宗實錄》 卷10, 단종 2년 庚辰條.
116) 《端宗實錄》 卷10, 단종 2년 辛巳·壬午·癸未·乙酉·丁酉條 참조.

알지 못한 단종에게는 필요한 언론이었음을 알 수 있다.

[표 22]와 [표 22-1]은 문종·단종 때의 시정 언론의 내용을 분석하기 위한 것이다. 이 표에 따르면 문종 때가 단종 때보다 시정 언론이 활발했음을 알 수 있다. 그와 같은 경향은 세종 때 집현전관이 대간으로 전직하는 것이 매우 억제되었는데, 문종이 즉위한 뒤 자유롭게 되어 대간으로 진출한 집현전 출신들의 활발하고 날카로운 언론이 폭주했기 때문이다. 이러한 상황은 수양대군이 문·무의 전권을 장악한 계유정난 이후에도 계속되었던 것이다.

시정 언론의 내용을 보면, '지방행정' 관계로는 ① '地方官糾察'(문종 5회, 단종 4회), ② '巫稅徵收'(문종 1), ③ '行臺派遣'(문종 1, 단종 2), ④ '派使外方'(문종 1, 단종 4), ⑤ '敬差官'(문종 1, 단종 2) 등 21회에 이른다. 특히 ①은 牧民의 책임을 맡은 지방관들이 잘못이 있을 때 바로잡도록 하기 위한 것이었고, ③도 ①과 거의 같은 목적에서 이루어졌던 것이다. ④는 변방의 築城을 독려하기 위하여, 또는 農況을 살피기 위하여, 군사훈련 상황을 살피기 위하여 관원을 파견하는 것을 반대하는 것이었고, ⑤는 농황[損實]을 조사하기 위한 敬差官의 파견을 반대하는 내용의 언론이었다. 이러한 내용은 지방관들이 올바른 정치를 하도록 유도하고, 중앙에서 파견하는 使者로 말미암아 받게 되는 지방민들의 피해를 방지하기 위한 것이었다. 언관의 이러한 언론은 백성을 위한 언론이었다.

'관제' 관계로 ① '官職制度'(문종 7, 단종 2)는 대개 관제 또는 관직의 개혁(혁파)에 관한 내용으로 되어 있다. 관제와 관직에는 개혁의 필요성이 항상 있음을 볼 수 있다.

'인사' 관계로는 ① '人事制度'(문종 4, 단종 4), ② '署經法'(단종 3)에 관한 것이 있다. ①은 監司의 兼牧의 便否, 守令6期之法의 시비, 監司의 임기 문제 등 주로 지방관의 인사제도에 관한 것으로, 이러한 언론이 빈번하였다는 사실은 아직 지방관의 인사제도에는 문제가 많았음을 보여 주는 것이다. ②에는 土官(兩界)·守令·敎導·萬戶·敎諭·檢律 등에 관한 서경법을 상정117)하기 위한 것이었다.

‘재정’, ‘교육·과거·의례’, ‘군사’ 관계로는 주목할 만한 것은 보이지 않는다. 다만 ‘교육·과거·의례’에 관한 것은 집현전에서 가장 많이 다루고 있음을 볼 수 있다.118)

‘사법’에 관한 것으로 ① ‘禁令’(문종 4, 단종 10), ② ‘推劾法’(문종 1, 단종 2), ③ ‘刑法’(문종 2) 등이 있다. 사헌부와 사간원은 법사로서 그 기능이 있으므로 마땅히 이 방면의 언론을 행사하고 있음을 볼 수 있다. ①의 내용으로 가장 빈번한 것은 금주령에 관한 것이었다.

‘토목·건축’(문종 7, 단종 7) 관계는 이 시기의 시정 언론 가운데 가장 빈번한 언론의 하나로서 불요불급한 건축 또는 흉년이나 농번기의 토목공사(축성)를 정지 또는 연기(待豊 또는 待秋)시키기 위한 것이었다. 이 언론의 명분은 백성들이 당하는 고통을 덜어 주기 위한 것으로, 유교적 민본의 표현이라고도 하겠다.

그 밖에 ‘風俗’은 풍속을 바로잡기 위한 언론이었고, ‘사회·민생’ 관계로서 ① ‘嫡庶名分’(문종 4, 단종 1)은 대개 嫡庶의 명분과 재산상속에 관한 것으로 당시 사회적으로 중요한 문제였음을 볼 수 있다. ② ‘工匠’(문종 1)은 궐 안에 軍器製造를 위한 工匠이 너무 많으므로 이를 감소시킬 것을 청한 것이었고,119) ③ ‘賑恤’(단종 3)은 기근을 구제하기 위한 것이었다.

[표 23]에 따라 문종·단종 때의 時務條陳의 내용을 살펴보면, 조진 횟수는 모두 7회에 지나지 않으며 내용을 보더라도 ‘謹政’·‘辨邪正’·‘廣言路’·‘愼人事’·‘愼賞罰’·‘經筵’·‘近正人’ 등 간쟁의 내용이 과반을 차지하고 있으며, 그 밖의 시정에 관한 것은 시정 언론의 내용과 비슷하다. 그 가

---

117) 《端宗實錄》卷1, 단종 즉위년 6월 壬戌條 ; 卷6, 단종 원년 5월 丁卯條.
118) 《文宗實錄》卷6, 문종 원년 2월 戊子條 ; 卷10, 문종 원년 11월 乙巳·癸巳條 ; 《端宗實錄》卷1, 단종 즉위년 6월 壬午條.
119) 《文宗實錄》卷8, 문종 원년 6월 丙子條.

운데 몇 가지 주목되는 내용은 宰相의 권한을 제한하기 위한 것, 冊房의 혁파를 위한 것, 군사·군비에 관한 것, 공물대납의 금지를 위한 것, 中官에게 出納을 위임하지 말 것, 保擧法에 관한 것 등으로, 이 시기의 시정에서 중요한 문제가 어떠한 것이었는가를 추측하게 한다.

[표 24]와 [표 24-1]은 문종·단종 때의 척불 언론의 내용을 보여 주고 있다. 이 표에 따르면 이 시기에서 가장 척불 언론이 활발했던 때는 문종 즉위년(26회)과 문종 원년(17회)이었고 단종 2년(12회)도 상당히 많은 편이다. 문종 즉위년 초에는 승하한 세종을 위한 造佛·印經과, 세종 후궁들의 체발 등을 막기 위한 것과, 승려 信眉에 대한 王師稱號의 철회를 위한 것이 중심이 되었다. 문종 원년에는 報供齋와 水陸齋 등 각종 佛事의 정지를 위한 것이 주가 되었고, 단종 2년에는 내불당을 철훼하기 위한 것이었다.

문종이 즉위한 뒤 척불 언론의 격화는 서종 말년 세종의 호불 경향에 대한 반발로 해석할 수 있겠다. 재위 말기 세종과 왕실이 행한 각종 불교 행사와 내불당의 건축 등 호불적 경향을 방지하는 데 실패한 유자적 언관들은 세종이 승하하자 왕실의 불교적 경향을 말끔히 없애고 유교적 분위기를 만들려고 노력하였다. 이 시기의 언관들의 노력은 세종 말에 형성된 왕과 왕실의 불교적 경향을 말끔히 없애고 유교적 분위기를 마련하는 데 기울인 것이었다. '造佛·印經'은 세종 승하 직후에 세종을 위한 것이었는데, 언관들은 11회에 이르는 집중적인 언론을 행사하여 이 일을 막는 데 힘을 기울이고 있다.[120] '王師(反對)'는 문종 즉위년 7월에 승려 信眉에게 王師의 칭호를 준 데 대한 반대 언론으로 10여 일 동안에 12회의 언론을 기록하고 있다.[121] '佛事'에 대한 반대는 10회에 이르고 있는데, 이는 각종 佛事의 정지를 위한 것이었다. '毀內佛堂'은 세종 말에 건설한 내불당을 철훼하기 위한 언론으로 이 시기의 척불 언론 가운데 가장 많은 횟수를 기록하고 있다. 이 언론은

---

120) 《文宗實錄》卷1, 문종 즉위년 2월 癸卯條~3월 己酉條 참조.
121) 《文宗實錄》卷2, 문종 즉위년 7월 庚戌·辛亥條~己未條.

단종 즉위년에 시작되어 단종 원년에 5회, 단종 2년에 12회에 이르고 있다.[122] 궁궐 안의 불당은 유교정치를 내세운 조선왕조로서는 모순되는 것으로, 유자적 언관으로서는 마땅히 펴야 할 언론이었다. 그 밖의 '懲僧徒', '抑僧徒', '停建寺', '婦女上寺(禁)', '黜內佛堂僧徒', '停鑄鐘', '論斥佛', ,'埋沒佛像' 등은 모두 유교사회를 건설하려는 유자적 언관이 편 척불 언론이었다.

6) 世祖代

조선 초기에 언관언론이 가장 심하게 억압당한 시기는 세조 때라고 할 수 있다. 언관은 세조의 위세에 눌려 언관으로서 사명을 다할 수 없었고, 언론은 질식을 면할 수 없었다. 언론의 창달 여부를 유교정치의 충실 여부를 재는 척도라고 한다면, 세조 때는 유교정치에 충실하지 못한 시기였다고도 할 수 있겠다.

(1) 개략적 분석

[표 25]는 세조 때의 언관언론 활동의 개황을 보여 주고 있다. 이 표에 따르면 세조 전반기(원년~7년)보다 후반기(8~14년)에 들어서 언론 활동이 더욱 부진했음을 나타내고 있다. 전체 언론 횟수 4백47회 가운데 전반기에는 2백84회로 전체의 63.5%를 차지하는 데 견주어 후반기는 1백63회로 36.5%의 낮은 비율을 나타내고 있다. 간쟁 언론은 사헌부 11회, 사간원 12회, 臺諫 12회, 집현전 1회로 사헌부와 사간원이 비슷하게 활동을 하고 있으며, 그 대부분의 '간쟁'이 세조 전반기에 편재하여 있는 것은 매우 흥미 있는 현상이다. '간쟁'이란 왕과 직접 관계 있는 문제에 대한 언론으로 왕권에 대한 견제의 성격을 띤 것이므로 전제적 군주로서는 용납되지 않는 언론이다. 세조 때의 간쟁은 36회로 전체 언론 4백47회의 8%를 차지하고 월평균 0.2

---

122) 《端宗實錄》卷1, 단종 즉위년 6월 癸酉條 ; 卷8, 단종 원년 10월 丁亥·乙未·丙申條 ; 卷10, 단종 2년 정월 乙卯條~癸亥條.

회로 조선 초기 각 王代와 견주어볼 때 가장 낮은 것을 볼 수 있다([표 1-2] 참조). 이는 세조 때가 가장 전제적인 시기였음을 방증하는 것이기도 하다.

'탄핵' 언론은 사헌부 1백79회(64.6%), 사간원 42회(15.2%), 대간 56회(20.2%)로, 사헌부의 탄핵 언론이 그 중심이 되고 있음을 볼 수 있다.

'시정' 언론은 사헌부 41회(73.2%), 사간원 14회(25.0%), 대간 1회(1.8%), 집현전 1회(1.8%)로, 사헌부에서 전체 시정 언론의 73.2%를 차지하고 있고, 사간원에서 25%를 차지하고 있으며, 대간 합사는 거의 이루어지지 않고 있음을 볼 수 있다.

'인사이의'는 사헌부 35회(47.9%), 사간원 33회(45.2%), 대간 5회(6.8%)로 사헌부와 사간원이 거의 비슷한 비율을 차지하고 있으며, 극히 드물게 대간 합사가 이루어지고 있음을 볼 수 있다.

'척불' 언론은 세조 2년(1회)과 4년(3회)에 걸쳐 모두 4회에 지나지 않는 언론을 사헌부만이 행사하고 있다. 호불적인 세조에게 척불 언론은 용납되지 않았고, 언관들도 감히 세조의 위압을 무릅쓰고 척불 언론을 행사하지 못하였음을 볼 수 있다. 세조의 전제적 왕권이 얼마나 강한 것이었나를 짐작하게 한다.

[표 25-1]을 통하여 세조 때의 언관별 언론 활동 상황을 보면, 전체 언론 4백47호 가운데 사헌부는 2백 70회(60.4%), 사간원은 1백1회(22.6%), 대간 합사 74회(16.6%), 집현전 2회(0.4%)를 차지하고 있다. 대간 합사는 전체의 16.6%를 차지하고 있으나, 개별 활동으로 보면 사헌부가 사간원보다 2.7배나 많은 언론을 폈음을 알 수 있다. 그리고 어느 해를 막론하고 사헌부는 사간원보다 압도적으로 활발한 언론을 하였으며, 특히 전반기보다 후반기는 더욱 사헌부의 언론이 사간원보다 높은 비율을 나타내고 있음을 볼 수 있다. 세조 7년 이후 14년까지 사헌부는 1백47회(80.8%)의 언론을 편 데 견주어 사간원은 35회(19.2%)를 차지하여, 사헌부는 사간원보다 4.2배나 많은 횟수의 언론을 하였음을 볼 수 있다. 다시 말하면 세조 전반기보다 후반기에 언

론이 크게 위축당하였으며, 특히 사간원의 언론은 연평균 4.4회 정도였으니 언관으로서 유명무실한 상태였음을 알 수 있고, 무단적이고 전제적인 세조 때의 정치적 분위기를 짐작할 수 있다.

[표 25-2]에 따라 세조 때 언론의 내용별 활동 상황을 살펴보면, '탄핵' 2백27회(62.0%), '人事異議' 73회(16.3%), '시정' 57회(12.8%), '간쟁' 36회(8.1%), '척불' 4회(0.9%)의 순위로 되어 있다. 탄핵 언론이 전체의 62.0%를 차지하여 조선 초기에 태종 때(66.4%)와 더불어 가장 높은 비율을 나타내고 있으니, 언론이 억압을 당하는 시기에 상대적으로 탄핵 언론이 높은 비율을 차지하게 됨을 알아볼 수 있다. 즉, 왕권에 저촉되는 언론은 용납하지 않더라도 왕권과 관계없이 관리의 부정이나 과실을 탄핵하는 일은 억압을 당할 까닭이 없기 때문이다. 탄핵 언론의 비율이 높았던 것은 세조 7년(71.4%), 8년(82.5%), 9년(90%)으로서 그해에 이루어진 언론의 대부분이 탄핵 언론이었음을 볼 때, 언관들이 얼마나 그들의 사명을 다하지 못하고 있었는가를 짐작하게 한다. '인사이의'는 전체의 16.3%라는 상당히 높은 비율을 차지하고 있다. 특히 세조 13년(12회, 38.7%), 14년(6회, 40%)에는 그해의 탄핵 언론과 비슷한 인사이의에 관한 언론을 펴고 있다. 언론이 일반적으로 위축당한 당시에도 왕권에 저촉되지 않는 범위에서 관료제도의 올바른 운영을 위한 이러한 언론은 계속될 수 있었고, 따라서 정치적 질서는 유지될 수 있었다.

'시정' 언론은 전체 언론의 12.8%를 차지하여 조선 초기에서 가장 낮은 비율을 나타낸 시기였고, 월평균 0.3회(연평균 4회)라는 유례없는 저조를 보이고 있다. 언관이 언관으로서 뜻을 지니려면 '탄핵'이나 '인사' 관계의 언론보다는 '간쟁'과 '시정'을 위한 언론이 중요하다고 생각할 때, 연평균 4회의 시정 언론이란 없는 것과 별 차이가 없으며, 세조 때의 언관의 소임이 얼마나 허무한 것이었는가를 말해 준다. 그와 같은 상황은 세조 자신이 불러온 것이었으며, 언관의 이름을 차지하고 언관의 구실을 하지 못한 언관에게도 책임이 있다. 어떠한 왕권의 위압에도 꿋꿋하게 그 사명을 다해야 할 언관의 정신과 언관의 자질도 쇠퇴하였다고 할 수 있겠다. 특히 세조 9년의 경우는 탄핵 언론 9회에 시정 언론 1회를 행사하여 그해의 언관언론이 총 10회에 지나지 않았고, 그해에 사간원의 언론은 1회의 시정 언론뿐이었으며, 세조 12년에 사간원에서는 단 한 건의 언론도 없었으니 세조 때의 언관, 특히 사간원은 전혀 언관의 구실을 하지 못하였다고 해도 지나친 말이 아니다.

간쟁 언론은 전체의 8.1%로 앞서 보았듯이 조선 초기의 각 왕대의 '간쟁' 비율 가운데 가장 낮다. 특히 세조 7년 이후에는 12년의 2회를 제하면 전혀 '간쟁'이 없는 시기였다. 언관이 감히 간쟁도 할 수 없는, 하지 못한 세조 때는 철저한 전제왕권의 시대요, 언관언론 부재의 시대였다고 하겠다. 그것은 척불 언론이 세조 일대에 4회밖에 없었다는 사실이 웅변하듯이 증명하고 있다. 즉위 초부터 호불적이었고 刊經都監을 설치하고 불경을 펴내는 것을 보고도 유자적 언관조차 이를 반대하는 언론을 펴지 못한 것만 봐도 대개 당시의 정치적 분위기와 언관의 양상을 짐작할 수 있을 것이다.

(2) 구체적 분석

[표 26]과 [표 26-1]은 세조 때의 언관별 간쟁 언론의 내용을 분석하기 위한 것이다. 이 두 개의 표를 통하여 그 내용을 살펴보도록 한다.

이미 말한 바와 같이 세조 7년부터 14년까지 8년 동안 언관들은 단 2회의 간쟁을 하고 있다. 즉, 세조 12년 사헌부에서 '賞爵'을 濫授하는 것은 불가하다는 내용의 언론을 하고 있을 뿐이다. 언관 부재의 시대라 해도 마땅한 시대였다. 그러면 세조 6년까지 있었던 언관의 간쟁 내용을 살펴보도록 한다. '視朝'는 재위 원년에 세조가 시조를 게을리하므로 사헌부에서 옛날과 같이 시조할 것을 청한 것이었다.[123] '停巡狩'는 세조 2년(2회)과 3년(6회)에 사헌부(3회), 사간원(3회), 대간 합사(2회)에서 간쟁한 것으로, 간쟁 언론 가운데

---

123) 《世祖實錄》 卷1, 세조 즉위년 7월 壬辰條.

가장 많은 횟수를 기록하고 있다. 무인 기질을 타고난 세조는 巡狩를 좋아하였고, 언관들은 장마와 가뭄으로 기근이 심하다는 이유로 이를 정지할 것을 간쟁한 것이었으나 세조의 의사는 꺾을 수 없었던 것이다. 또한 간쟁 가운데 많은 횟수를 차지하고 있는 것이 '請上王出外'(8회)였다. 이것은 사육신 사건 뒤인 세조 2년 12월(5회)과 다음해 정월(3회)에 이루어진 대간 합사로 그 내용은 상왕(단종)을 外方으로 내보낼 것을 청하는 것이었다.124) 세조에게는 오히려 환영할 만한 언론이었고, 명분과 절의를 숭상하는 유자적 언관으로서는 왕권에 아부하는 언론이었음을 알 수 있다.

다음으로 많은 횟수를 차지하는 것은 '宗親作弊'(臺 4, 諫 1)로 세조 4년, 5년, 6년에 보이고 있다. 이것은 양녕대군과 효령대군 등 종친들이 溫井이나 수렵을 위하여 지방에 왕래가 잦은 데 따른 민폐와 작폐를 막기 위한 것이었다.125) '言官減員(不可)'(臺 1, 諫 1)은 재위 6년에 세조가 간관 4명과 감찰 5명을 감원시킨 데 대하여 이에 불가함을 언론한 것이었는데,126) 결국 세조는 언관(간관)의 수를 감원시켰으며, 세조 7년 이후 사간원의 간쟁이 하나도 없고, 간관의 언론이 크게 위축된 것도 이에 크게 영향을 받은 것이라 하겠다. '原從功臣'(諫 2)에 관한 간쟁은 세조 원년에 원종공신 가운데 공이 없는 자들이 있으므로 이를 파할 것을 요망한 것이었다.127) '停巡幸'(臺諫 2)은 재위 5년에 세조가 황해도와 평안도 지방을 순행하려 할 때, 그 지방이 흉년이라는 이유로 만류한 것이었으나 세조는 이를 용납하지 않고 있다.128)

그 밖에 '經筵(入參)'(諫 1), '科擧(待秋)'(諫 1), '祈雨(請)'(諫 1), '愼政事'(諫 1), '世子(教育)'(諫 1), '論君道'(集 1) 등의 간쟁 언론이 있었으나 대개의 경우 세조의 의사를 돌릴 수는 없었고, '간쟁을 위한 간쟁'으로 끝난 것이었다.

---

124) 《世祖實錄》卷5, 세조 2년 12월 庚戌·乙卯~乙丑條 ; 卷6, 세조 3년 정월 庚午·甲申·辛卯條.
125) 《世祖實錄》卷13, 세조 4년 7월 辛丑條 ; 卷17, 세조 5년 8월 癸酉條 ; 卷18, 10월 乙亥條 등 참조.
126) 《世祖實錄》卷20, 세조 6년 5월 戊戌條 ; 이 책의 〈Ⅷ. 朝鮮 初期 言官言論의 내용 분석〉 가운데, 각 王代別 언관의 언론 활동 분석의 '世祖代' 참조.
127) 《世祖實錄》卷2, 세조 원년 10월 戊午·己未條.
128) 《世祖實錄》卷18, 세조 5년 11월 庚辰·癸未條.

이렇게 볼 때 세조 때는 간쟁이 없는, 언관이 없는 시기였다고 해도 지나친 말이 아니며, 그것은 세조의 무단이 불러온 것이었다.

다음으로 [표 27]과 [표 27-1]을 통하여 時政 언론의 내용을 분석하도록 한다. 이미 개관했듯이 세조 때의 시정 언론은 전체가 57회에 지나지 않는데, 연평균으로는 4회, 월평균 0.3회로 매우 부진하였음을 알 수 있다. 그리고 2~3건 정도가 여러 차례 문제가 되었을 뿐 대개 1회로 끝나 버리는, 따라서 정책 반영도 기대하기 어려운 상태였음을 짐작할 수 있다. '중앙행정' 관계로는 세조 원년에 사헌부에서 司憲府官規에 대한 건의가 있었을 뿐이다. '지방행정' 관계로는 지방의 農況과 지방행정을 살피기 위한 '遣使外方'(臺 4, 諫 2), '分臺派遣'(臺 1), '敬差官(派遣)'(臺諫 1) 등이 있는데, 그 내용은 대개 지방에 사신을 파견함으로써 일어나는 여러 폐단을 염려하여(農月 또는 장마와 가뭄), 사신의 파견을 정지하거나 시기를 연기할 것을 건의한 것이었다. 언론의 성과는 별 수 없는 것이었으나 시정 언론 가운데서는 횟수도 많았고, 의도는 민폐를 줄이고자 한 것이었으므로 언관이 그 사명을 다하지 못하던 시기에 그래도 그 殘命을 보존하고 있음을 보여 주는 것이라 하겠다. '지방관제'(臺 1)는 여러 道節制使와 都事를 復立하는 것은 불가하다는 내용의 언론이었다.129)

'인사' 관계로는 '인사제도'(臺 1, 諫 2), '署經法'(臺 1), '起復(不可)'(諫 2) 등이 있다. '인사제도'는 인사제도의 시비에 관한 것이었고 '起復'은 기복의 불가함을 언론한 것으로 일반적인 문제에 속한다. 다만 '서경법'은 세조 12년 7월에 대간의 서경권이 박탈당하게 되자130) 이를 복구하기 위한 것이었다.131) 그러나 그뒤에 세조 때 와서도 대간의 서경권이 회복되지 못하였던 것을 보면, 대간의 권위가 언론에서뿐 아니라 그 밖의 기능 면에서도 얼마나

---

129) 《世祖實錄》卷6, 세조 3년 2월 庚申條.
130) 《世祖實錄》卷39, 세조 12년 7월 戊寅條 ; 이 책의 〈 I . 臺諫制度의 성립과 그 기능의 분석〉 가운데 '署經기관으로서의 기능' 참조.
131) 《世祖實錄》卷39, 세조 12년 8월 壬子條.

위축되었는가를 짐작할 수 있다.

'교육·문화' 관계로는 '도서출판'(臺 1), '기록보관'(臺 1), '도서비치'(諫 1) 등이 있다. 앞의 두 항목은 세조 12년 11월에 사헌부 대사헌 梁誠之의 상서로서 각 분야의 서적을 輯錄·刊行할 것과 《祖宗實錄》, 《時政記》, 《書冊》 등 각종 기록 등을 소중히 보관할 것을 건의한 것이었다.132) 세조 9년에 양성지의 건의에 따라서 장서각을 홍문관이라 하고 도서의 보관에 힘쓰게 한 바 있는데, 이와 관련 있는 건의였음을 알 수 있다. '도서비치'는 사간원에서 건의한 것으로, 사간원의 직무 참고용으로 籍沒家(사육신 사건 관련자)의 서적을 비치하도록 해 줄 것을 건의한 것이었다.133) 참고용 서적이 부족하다 하여 하필이면 사육신 사건으로 적몰된 집안의 서적을 청하였는지 당시 간관의 정신 자세에도 문제가 있는 것 같다.

'군사' 관계로는 '국방'(臺 2)이 있는데, 그 내용은 세조 13년에 대사헌 양성지의 상서로서 北邊의 방비를 위한 건의였다.134) 양성지는 널리 알려진 바와 같이 당시의 군사와 지리에 밝은 정략가였으며, 그의 건의는 당시의 정치에 영향력을 끼칠 수 있었던 것이다.

'사법' 관계의 언론은 모두 사헌부에서 이루어졌음을 볼 수 있으며, 그 내용은 ① '推劾規'(1회), ② '禁令'(9), ③ '刑法'(1), ④ '獄訟'(3) 등이었다. ①은 세조 원년에 대간의 추핵규식을 위한 것이었고, ②는 시정 언론으로서는 계속적이었고 횟수도 가장 많았는데, 그 내용은 禁酒·禁松·禁宰殺·禁婦女上寺·禁擊鼓 등을 위한 것이었다. 특히 금주령을 위한 건의가 가장 많았다. ③은 공신의 조부모·부모·처·자손으로서 죄를 저지른 자는 律文에 따라서 면죄케 하자는 건의였고 이는 허락되었다.135) ④는 소송 관계의 언론이었다.

---

132) 《世祖實錄》 卷40, 세조 12년 11월 壬申·乙酉條.
133) 《世祖實錄》 卷5, 세조 2년 11월 庚午條.
134) 《世祖實錄》 卷42, 세조 13년 5월 辛卯條 ; 卷43, 세조 13년 7월 辛未條.
135) 《世祖實錄》 卷7, 세조 3년 4월 癸丑條.

‘사희·민생’ 관계도 모두 사헌부의 언론으로 되어 있으며, 그 내용은 ①
‘向化人政策’(1회), ② ‘救荒’(1), ③ ‘嫡妾名分’(2), ④ ‘財産相續’(1), ⑤ ‘徙
民’(1) 등이었다. ①은 향화인정책에 대한 시비로서 향화인에게 노비와 田土
를 주는 것은 불가하다는 내용이었고[136], ②는 강원·충청·경기·황해 등
4도의 救荒을 위한 언론이었고[137], ③은 嫡妾의 명분론으로 적첩의 명분을
엄히 할 것을 언론한 것이었다.[138] 처첩 문제, 신분 문제가 사회적으로 문제
가 되어 있었음을 전하여 준다. ④는 ③과 관련 있는 것으로 妾子에 대한 재
산상속의 문제였다.[139] ⑤는 죄를 저지른 자와 그 가족의 徙民(변방)에 관한
문제였다.[140] 이처럼 ‘사회·민생’ 관계는 당시 사회적으로 매우 중요한 문
제였음을 인정하게 되지만, 그러한 언론이 계속되지 못하고 1, 2회로 그친
것은 당시 언관이 유명무실하였음을 나타내는 것이라 하겠다.

그 밖에 ‘明使作弊’(臺 1), ‘奔競’(諫 1), ‘犯罪者子孫赴試’(諫 1) 등에 관한
언론이 있어 당시 이러한 것들이 또한 문제가 되었음을 알려 준다.

다음으로 시정 언론 가운데 時務條陳이 10건이 있는데(사헌부 6, 사간원
3, 집현전 1), 그 건수는 비록 많지 않으나, 당시 정치적으로나 사회적으로
어떠한 문제가 중요시되었는가를 보여 주는 자료가 된다. 특히 주목되는 것
은 10건 가운데 5건이 양성지가 행한 것으로 모든 언론이 위축당한 세조 때
였지만, 그의 뛰어난 정치적 식견은 그래도 빛을 발할 수 있었던 것이다. 시
무조진의 내용을 시대순으로 소개하면 다음과 같다.[141]

◎ 세조 2년 3월 丁酉 : 집현전 직제학 梁誠之 상소(便宜 二十四事)

　　春秋大射·增置五京·嶽鎭海瀆·設蕃部樂·議行冠禮·定服

---

136) 《世祖實錄》卷1, 세조 원년 7월 己丑條.
137) 《世祖實錄》卷34, 세조 10년 10월 乙未條.
138) 《世祖實錄》卷35, 세조 11년 정월 丁丑條와 2월 丁未條.
139) 《世祖實錄》卷39, 세조 12년 6월 己未條.
140) 《世祖實錄》卷45, 세조 14년 정월 己巳條.
141) 《世祖實錄》과 《訥齋集》 참조.

色・禁服妖・祭前代君相・護前代陵墓・文廟從祀・武成入廟・
配享功臣・文崔立祠・侍臣蔭子・文武科法・遣子入學・革其人
法・議罷分臺・州郡奴婢・區處白丁・諸州判官・諸鎭置尉・京
都四輔・諸道置鎭

◎ 세조 2년 9월 庚午 : 사헌부 大司憲 辛碩祖 등 상소
愼用人・崇節儉・停講武・開經筵

◎ 세조 4년 5월 庚寅 : 사간원 우사간 徐居正 등 상소
請行祈雨・請禁酒令・停罷佛經刊行・六典修撰

◎ 세조 11년 7월 辛未 : 사헌부 상소
請執政大臣相避・禁防納・愼授官爵・停不緊使命(外方)・屯田還
給附近民

◎ 세조 11년 7월 辛未 : 사간원 지사간 趙安貞 등 상소
振興敎育・停不緊使命・減京畿租稅

◎ 세조 11년 11월 己未 : 사헌부 대사헌 梁誠之 상소(軍國便宜十條)
議巡將・遣宗親于六邑・置直隷・叙用兩界及濟州子弟・三丁爲
保・承旨留本院啓公事・置倉豆毛浦・用女樂及用雜伎・代納徵
價之法・論良人及公私賤口藏匿之罪

◎ 세조 12년 11월 庚午 : 사헌부 대사헌 梁誠之 상소(軍國便宜十事)
議防納之罪・議停職田・請禁告訐・請奏罷開州等處建衛・兩界
監司兵使勿率眷赴任・通婚野人・兵皆試才・三丁爲保・咸興迤
北・宗親賜鄕・功臣賜平安道州郡食邑

◎ 세조 13년 8월 己亥 : 사헌부 대사헌 梁誠之 상서(北方備禦三疏四策)
論賤隷應券(賤隷從軍不可)・預爲兵制・給賜琉球過多・聞奏中國
(以遏賊謀)

◎ 세조 14년 6월 丙午 : 사헌부 대사헌 梁誠之 등 상소(應旨 上時弊六事)
除代納法・復義倉制・嚴律令(禁濫刑)・敦敎化・立奴婢券・革貢

弓法

◎ 세조 14년 6월 戊申 : 사간원 대사간 芮承錫 등 상소(上時弊)
愼將帥任命・明賞罰・興學校・革罷任內鄕吏(權任屬縣者)・愼賞
爵(濫賞爵不可)

위의 내용은 다음과 같이 분류할 수 있을 것이다.

'중앙행정' 관계로는 '承旨留本院啓公事'가 있는데, 그 내용은 常參이나 觀射로 말미암아 6승지가 모두 어전에 나가 승정원에는 한 사람의 승지도 없는 경우가 있기 때문에 한 명이라도 승정원에 남아 있어서 公事를 처리하게 하기 위한 것이었다.

'지방행정' 관계로는 '罷分臺', '停不緊使命'(2회), '兩界監司兵使勿率眷赴任', '功臣賜平安道州郡食邑', '諸州判官', '革罷任內鄕吏'(權任屬縣者), '諸鎭置尉', '州郡奴婢' 등이 있다. 分臺와 不緊한 使命(敬差官이나 分臺 등)으로 말미암은 폐단을 없애고 兩界의 감사나 병사가 率眷함으로써 일으키는 폐단(민폐 또는 지방 세력화)을 없애며 공신들에게 평안도의 州郡을 食邑으로 내려 변방에 대한 견제의 효과를 얻고, 여러 州에 판관을 두어 지방행정을 도우며, 任內鄕吏를 없애 중앙집권을 더욱 튼튼히 하고, 여러 鎭에도 尉를 두어 군사를 맡게 하며, 주군의 노비를 均置하여 모든 관아를 均實하게 하는 일이 당시의 지방행정에서 중요한 과제였음을 말해 준다.

'인사' 관계로는, ① '侍臣蔭子', ② '執政大臣相避', ③ '叙用兩界及濟州子弟' 등이 있다. ①은 4품 이하 6품 이상의 館閣의 侍從諸臣之子에게 承蔭을 허락할 것을 청한 것으로 집현전 직제학 양성지가 자기 부류의 관료의 자식에게 승음의 특전을 청한 것이었다. ③은 변방의 세력을 위무하고 그 자제들을 중앙의 관료로 등용함으로써 지방세력을 견제하고 중앙집권을 확고히 하기 위한 것이었다. ②는 일가의 정치 세력의 비대화를 방지하기 위하여 일찍이 법제화된 것이었으며, 이때도 세조 공신 세력의 비대를 막기 위하여 相

避의 필요성이 제기된 것이었다.

'재정' 관계로는 ① '禁防納', ② '代納徵價之法', ③ '議防納之罪', ④ '除代納之法', ⑤ '議定職田', ⑥ '減京畿租稅', ⑦ '屯田還給附近民', ⑧ '革其人法' 등이 있다. ①, ②, ③, ④는 모두 防納의 폐단을 들어 이를 없앨 것을 논한 것으로, 방납의 폐단이 세조 때 벌써 크게 문제되었음을 볼 수 있다. 職田法을 의정하는 일이나 其人制度를 혁파하는 문제도 당시의 사회·경제적으로 매우 중요한 것이었음을 알 수 있다. ⑥은 경기 지방의 백성들이 조세액이 많아 고통을 당하므로 이를 바로잡기 위한 것이었고, ⑦은 屯田의 폐단을 없애고 수확량을 올리기 위하여 둔전을 그 부근의 백성들에게 환급하여 경작케 하자는 건의였다. 즉, 당시 재정적으로나 사회·경제적으로 중요한 문제가 방납·직전제·조세액·둔전·기인제 등이 있었음을 알 수 있다.

'教育·科擧·儀禮·祭享' 등 이른바 예전 관계로는, ① '振興教育', ② '興學校', ③ '遣子入學', ④ '敦教化', ⑤ '文武科法', ⑥ '文廟從祀', ⑦ '配享功臣', ⑧ '武成入廟', ⑨ '嶽鎭海瀆', ⑩ '祭前代君相', ⑪ '文崔立祠', ⑫ '護前代陵墓', ⑬ '請行祈雨', ⑭ '議行冠禮', ⑮ '設蕃部樂', ⑯ '用女樂及用雜伎', ⑰ '定服色', ⑱ '禁服妖' 등이 있다. ①~④는 학교와 교육의 진흥, 민심 교화의 필요성과 중국 유학의 유리함을 강조하고 있다. ⑤는 문·무 과거법의 시비로 과거법에서 불합리함을 혁신하기 위한 것이었다. ⑥~⑬은 名賢·功臣·名將·前代君相 등에 대한 제향과 嶽鎭海瀆에 대한 제사에 관한 것으로 앞의 것은 우리 역사에서 큰 영향을 끼친 인물에 대한 재평가, 역사와 문화의 재평가에 해당하며, 후자는 國土에 대한 재인식, 국가 의식에 바탕한 것이라 하겠다. ⑭는 관례를 행할 것을 건의한 것이었고, ⑮와 ⑯은 중국·일본·여진의 사신이 왔을 때의 연주하는 음악과 雜伎를 다양하게 하기 위한 것이었다. ⑰은 국민의 복색을 신분에 따라 구별하거나 일색으로 통일할 것을 건의한 것이었고, ⑱은 여자의 복장이 남복과 비슷하게 바뀌어 유행하므로 이를 定限禁止할 것을 청한 것이었다.

‘외교’ 관계로는 ‘給賜琉球過多’와 ‘聞奏中國’ 등이 있다. 앞의 것은 琉球에 木棉 1만 필, 綿紬 5천 匹을 給賜하기로 결정한 데 대하여 불가함을 논하고 그 10분의 1을 보낼 것을 건의한 것이었고, 뒤의 것은 亂臣이 중국에 叛附하는 것을 막기 위하여 중국에 國贐을 보내어 信義를 통해 놓을 것을 건의한 것이었다. 특히 뒤의 것은 함경도에서 李澄玉·李施愛의 난 등이 일어남으로써 이에 대비하기 위한 것이었다.

‘군사’ 관계로는 ① ‘春秋大射’, ② ‘增置五京’, ③ ‘京都四輔’, ④ ‘諸道置鎭’, ⑤ ‘預爲兵制’, ⑥ ‘議巡將’, ⑦ ‘三丁爲保(2회)’, ⑧ ‘兵皆試才’, ⑨ ‘論賤隸應券’ 등이 있다. ①은 왕이 春秋로 郊外에 行幸하여 大射禮를 행하여 무인의 사기를 높여줄 것을 건의한 것이니, 국가의 건전한 발전은 문·무의 균형 위에서 이루어질 수 있기 때문이었다. ②, ③, ④는 국방과 지리에 속하는 것으로 이 방면에 탁월한 식견이 있는 양성지의 건의였던 것이다. ⑤번 이하는 모두 군사제도에 관한 양성지의 의견이었다. 즉, ‘三丁爲一保’를 바탕으로 군대를 편성하고, 병사는 재주를 시험하여 배치하며, 賤隸를 從軍시키는 것은 불가하고, 군사 점검을 위한 巡將의 파견은 신중히 할 것을 건의한 것이었다.

‘사법’ 관계로는 ‘請禁酒令’·‘論良人及公私賤口藏匿之罪’·‘禁告訐’·‘嚴律令’ 등이 있었다.

‘사회·민생’ 관계로는 ① ‘區處白丁’, ② ‘通婚野人’, ③ ‘復義倉制’, ④ ‘入奴婢券’, ⑤ ‘革貢弓法’ 등이 있다. ①은 당시 사회적으로 문제시되어 있던 白丁을 歸農·編戶할 것을 건의한 것이었고, ②는 野人을 회유·동화하기 위한 방법으로 投化한 야인과의 통혼을 건의한 것이었다. ③은 義倉의 제도를 복립할 것을, ④는 사회적으로 큰 문제가 되고 있는 노비 관계의 소송을 원만히 해결하기 위하여 노비문권을 만들고 관에 등록할 것을 건의한 것이었다. ⑤는 세조가 군비를 위하여 貢弓을 늘림으로써 백성들이 크게 고통을 당하므로 이를 없앨 것을 건의한 것이었다.

‘간쟁’ 관계로는 ‘崇節儉’·‘停講武’·‘開經筵’·‘愼用人’·‘愼授官爵’·‘愼將帥任命’·‘明賞罰’·‘愼賞爵’ 등이 있다. 세조는 경연을 폐하고 講武를 즐겼으며, 독단적인 인사와 賞爵을 濫授하는 경향이 있어 이를 견제하기 위한 언론이라 하겠다.

‘척불’ 관계로는 ‘停罷佛經刊行’이 있는데 이는 가뭄을 이유로 불경 간행을 막고자 한 것이었다.

위에서 보았듯이 시정 언론의 일부인 ‘시무조진’의 내용은 매우 다양한 것이었음을 알 수 있고, 이를 통해 당시의 시대적 성격과 문제성을 미루어 짐작할 수 있을 것이다.

끝으로 세조 때의 척불 언론을 보도록 하자. 이미 개관에서 살펴보았듯이 척불 언론에 해당하는 것은 4회에 지나지 않는다. 그 내용을 소개하면 다음과 같다.

◎ 세조 2년 9월 甲戌 : 사헌부의 啓
　　給開菴寺創造材瓦 龍門寺每春秋例給食鹽不可(不允)
◎ 세조 4년 7월 辛丑 : 사헌부의 啓
　　僧徒托以招魂 聚都會人婦女於街衢 請加禁斷
◎ 세조 4년 7월 癸丑 : 사헌부의 啓
　　(辛丑條와 同一內容) 請自今如有犯令者重論 幷罪僧徒及家長及其坊管領(從之)
◎ 세조 4년 8월 庚午 : 사헌부의 啓
　　都城近地 創寺社 請禁之(傳曰汝言是矣 予當禁之)

위에서 제시했듯이 사원을 재정적으로 보조하는 일, 僧徒가 街衢나 川邊에서 부녀를 모아 놓고 招魂을 하는 행위, 도성 부근에 寺社를 창건하는 일 등을 금지할 것을 언론한 것이었다. 이처럼 세조 때 유난히 척불 언론이 부진했던 것은 세조의 호불적 경향, 척불 언론을 용납하지 않는 경향 때문에 언관들은 감히 척불 언론을 펼 수 없었던 것이다.

어쨌든 세조 때는 언관언론이 가장 위압을 당한 시기였고, 언관 부재의 시대였다고 할 수 있겠다. 이는 무단적 전제정치의 단적인 현상이었으며, 그러한 상황에서는 왕권을 견제할 수 있는 어떠한 정치 세력도 존재할 수 없었다. 세조 공신 세력이라 하더라도 세조 때는 왕권의 시녀에 지나지 않았던 것이다.

7) 睿宗·成宗 초기

예종 때는 申叔舟와 具致寬 등 院相이 庶政을 의결한 시기였으므로 왕권은 약화될 수밖에 없었다. 게다가 15개월에 지나지 않는 단기로 끝났기에 이 시기는 세조에서 성종으로 넘어가는 과도적인 성격을 띠고 있다. 따라서 성종 초기와 함께 다루도록 한다. 성종 초기도 성종 7년까지는 尹大妃(世祖妃)의 수렴청정이 이루어졌고 院相 세력이 매우 커진 시기로 왕권은 강화될 수 없었다. 세조의 강력한 왕권 아래서 세력을 크게 펼 수 없었던 세조 공신 세력(훈구 세력)은 세조가 승하하면서 강력한 정치 세력으로 등장하게 되었고, 이 세력으로 말미암아 왕권은 크게 견제당하는 시기로 들어가게 된다.

(1) 개략적 분석

[표 28]은 예종·성종 초기 언관언론의 개황을 보여 주고 있다. 예종 때는 단기였고 언론 활동도 72회의 부진한 것을 볼 수 있다. '간쟁'은 사헌부 4회, 사간원 2회로 사헌부가 오히려 많았고, '탄핵'은 사헌부 26회, 대간 합사 13회로 사간원의 단독 탄핵은 전혀 없었던 것이 주목된다. 시정 언론도 사헌부 8회, 사간원 3회로 사헌부가 많았고, 인사이의는 사헌부 9회, 사간원 4회, 대간 합사 3회로 사헌부가 많았음을 볼 수 있다. 모든 언론에서 사헌부는 사간원보다 압도적으로 많았음을 알 수 있다.

성종 초기는 언론이 대단히 활기를 띤 시기였다. 성종 9년 3월까지 1천5백78회의 언론을 행사하여 월평균 13.8회의 기록을 보이고 있다. 언론은 성종 5년 이후에 더욱 폭주하였으니, 즉위년에서 4년까지 5백40회로 전체의 34.2%인 데 견주어 5년에서 9년 3월까지는 1천38회로 65.8%를 차지하고 있다. 특히 성종 7년은 3백32회로 월평균 27.7회를 기록하고 있으니, 거의 날마다 1회의 언론을 행사한 셈이 된다.

'간쟁'은 사간원 52회(38.0%), 사헌부 49회(35.8%), 대간 합사 24회(17.5%), 예문관 12회(8.8%)의 순으로 되어 있다. 사간원의 간쟁 언론이 사헌부보다 많았다는 사실은 세조 후반에 거의 언론을 하지 못하던 사간원이 이제 그 기능을 다시 찾았음을 뜻하는 것이라고 하겠다.

'탄핵' 언론은 사헌부 4백61회(56.1%), 사간원 2백44회(29.7%), 대간 합사 1백17회(14.2%)의 순으로 되어 있다. 탄핵 언론은 사헌부가 주도적이었음을 볼 수 있다. 특히 성종 7년의 사헌부의 탄핵 활동은 2백2회(사헌부 1백30회, 대간 합사 72회)로 월평균 16.8회에 이르고 있다. 그런데 성종 때의 탄핵에서 주목되는 것은 그 이전에 견주어 綱常罪人에 대한 것이 많다는 것이다. 유교 윤리를 어긴 자, 풍속을 문란하게 한 자 등이 눈에 띄게 늘어나고 있고, 특히 犯姦·近親姦 등의 간음 사건과 상복제 위반 등이 크게 문제되고 있다. 이와 같은 현상은 사회의 기강이 문란해져 가고 있음을 보여 주는 것일 수도 있으나, 유교 윤리가 사회에 널리 퍼져감을 나타내는 것일 수도 있다. 유교 윤리, 유교적 가치관이 정립되어 가는 현상으로 이해할 수도 있겠다.

'시정' 언론은 사헌부 1백22회(57.8%), 사간원 74회(35.1%), 예문관 9회(4.3%), 대간 합사 6회(2.8%)의 순으로 되어 있다. 시정 언론에서도 사헌부의 활동이 사간원보다 활발하였음을 볼 수 있다.

'인사이의'는 사헌부 1백71회(51.7%), 사간원 1백25회(37.8%), 대간 합사 27회(8.2%), 예문관 8회(2.4%)의 순으로 되어 있다. 탄핵 언론보다 그 횟수는 많이 줄어들었으나, 3백31회의 언론은 월평균 2.8회의 높은 빈도를 보이고 있다. 특히 성종 5년에는 사헌부 40회, 사간원 28회, 대간 합사 7회로 사헌부에서만 월평균 3.3회의 높은 빈도를 보이고 있고, 5년 전체로 보면 월평균 6.3회의 '인사이의'를 위한 언론이 있었음을 볼 수 있다. 이와 같은 현상은 인사행정의 문란에도 그 원인을 찾을 수 있겠으나, 관료로서 그 직을 해낼 수 없는 자를 도태시키고 적재를 적소에 활용하기 위한, 유교정치를 실천하기 위한 노력의 일단으로 볼 수도 있겠다. 아울러 양반관료정치가 본궤도에 올랐다는 신호로도 볼 수 있다.

'척불' 언론은 사헌부 38회(49.4%), 사간원 28회(36.4%), 대간 합사 8회(10.4%), 예문관 3회(3.9%)의 순으로 되어 있다. 척불 언론도 대개 사헌부가 사간원보다 활발하였음을 볼 수 있다. 세조 이후 잠잠하던 척불 언론이 성종 때 들어오면서 매우 활기를 띠고 있음을 볼 수 있는데, 언관들이 척불 언론을 자유롭게 행사할 수 있는 유교정치의 분위기를 다시 찾았다고 볼 수 있겠다.

[표 28-1]은 예종·성종 초기의 언관별 언론 활동 상황을 보여 주고 있다. 예종 때는 사헌부 47회(65.3%), 대간 합사 16회(22.2%), 사간원 9회(12.5%)로 사헌부의 활동 비율이 사간원의 그것에 견주어 5배 이상이나 되는 것을 볼 수 있다. 즉, 예종 때는 사헌부의 언론이 주도적이었음을 알 수 있다. 그러나 대간 합사는 다른 시대보다 높은 비율을 보여 주고 있다.

성종 초기에는 사헌부 8백41회(53.3%), 사간원 5백23회(33.1%), 대간 합사 1백82회(11.5%), 예문관 32회(2.0%)의 순으로 되어 있다. 이 비율은 조선 초기의 사헌부·사간원·대간 합사의 언론 활동 비율과 비슷한 것으로 언관언론 활동의 안정된 상태라고 할 수 있겠다. 한편 예문관의 언론이 나타나고 있음을 볼 수 있다. 특히 성종 7년은 사헌부 1백77회(53.3%), 사간원 1백5회(31.6%), 대간 합사 42회(12.7%), 예문관 8회(2.4%)로 모든 언론 기관이 조선 초기 언론 활동의 최고의 기록을 보여 주고 있다. 사헌부의 1백77회의 언론은 세조 때 사헌부의 전체 언론 2백70회의 65.6%에 해당하며, 사간원의 1

백5회는 세조 14년 동안의 사간원의 언론 1백1회보다도 많다. 이 기록을 볼 때 세조 때의 언론이 얼마나 위축당하였으며, 상대적으로 성종 때는 언관언론이 얼마나 활발하였는가를 짐작할 수 있다.

[표 28-2]는 예종·성종 초기의 언론 내용별 상황을 보이고 있다. 예종 때는 '탄핵' 39회(54.2%), '인사이의' 16회(22.2%), '시정' 11회(15.3%), '간쟁' 6회(8.3%)로 탄핵은 시정이나 간쟁에 견주어 압도적으로 많았음을 볼 수 있다. 또 주목할 만한 것은 당대 언론에서 차지하는 인사이의의 비율이 높아졌다는 것이다. 그와 같은 경향은 성종 때도 찾아볼 수 있다.

성종 초기에는 '탄핵' 8백22회(52.1%), '인사' 3백31회(21.0%), '시정' 2백11회(13.4%), '간쟁' 1백37회(8.7%), '척불' 77회(4.9%)로 시정 언론이 비율로 보면 다른 왕대에 견주어 낮아졌고, 인사이의의 비율이 높아진 것을 볼 수 있다. 그러나 언론 횟수로 볼 때 모든 종류의 언론이 다른 왕대에 견주어 활발해졌음을 알 수 있다. 간쟁 횟수가 가장 많았던 것은 성종 8년의 31회였으며, 간쟁의 비율이 가장 높았던 것은 성종 6년으로 그해 전체 언론의 21.3%를 차지하고 있다. 탄핵 언론이 횟수나 비율에서 가장 높았던 것은 성종 7년으로 탄핵 2백41회, 그해 전체 언론의 72.6%를 기록하고 있다. 성종 7년의 언관언론은 탄핵과 인사이의의 선풍이 세차게 몰아친 해였고, 따라서 그 밖의 언론은 상대적으로 감축될 수밖에 없었다.

이와 같이 탄핵 언론과 인사이의가 異常的으로 폭주한 것은 정치적 불안정을 나타내는 것이라 하겠다. 이와 같은 현상은 성종 7년 尹大妃의 수렴이 걷히고 친정이 시작되었으며 院相의 제도가 없어지는 등의 정치적인 변화와 관련지어 생각할 수 있겠다. 시정 언론이 가장 많았던 것은 성종 5년의 42회였고, 그해 언론에서 시정이 가장 높은 비율을 차지한 것은 성종 6년의 22.8%였다. 성종 때 언관언론에서 차지하는 시정 언론의 비율은 비록 높은 것은 되지 못하였으나 실제의 시정 언론 횟수(월평균 1.9회)는 문종 때를 제외한 모든 왕대보다 많았으며, 조선 초기 전체(월평균 0.9회)보다 2배나 많

은 것이었음을 알 수 있다. 즉, 성종 때의 시정 언론은 부진하였던 것은 아니
고 상대적으로 탄핵 언론과 인사이의가 폭발적으로 증가했음을 알 수 있다.
인사이의가 많았던 것은 성종 3년 47회, 4년 53회, 5년 75회, 7년 51회로 성
종 5년에 최고에 이르렀음을 볼 수 있다. 즉, 성종 5년의 경우는 월평균 6.3
회의 인사이의가 이루어지고 있었음을 볼 수 있다.

　이와 같은 현상은 인사행정의 문란을 바로잡으려는 노력의 표출이라고
볼 수 있겠고, 양반관료제의 원만한 운영을 위한 노력의 일단이라고도 하겠
다. 척불 언론은 연평균 8.6회로 꾸준히 계속되었고, 성종 2년 14회, 3년 15
회, 8년 15회 등의 높은 횟수를 보이고 있다. 성종 초기의 이와 같은 척불 언
론은 유교정치와 유교사회를 확립하기 위한 노력의 하나였다고 보겠다.

(2) 구체적 분석

　[표 29]와 [표 29-1]은 예종 · 성종 초기의 간쟁 언론 내용을 분석하기
위한 것이다. '愼賞罰'(臺 25 · 諫 12 · 臺諫 5 · 藝 2, 計 44)과 '愼論功'(臺 1 ·
諫 12 · 臺諫 9, 計 22)은 거의 같은 내용으로 해마다 이 관계의 간쟁이 꽤 차
지하고 있음을 알 수 있다. 즉, 9년 동안에 언관은 이 방면의 간쟁을 66회 행
하고 있으니, 연평균 7.4회나 되는 것을 알 수 있다. 이것은 당시 논공이나
상벌이 공정하게 베풀어지지 못했음을 보여 주는 것이니, 논공과 상벌이 엄
정치 못하고서 정치가 올바로 이루어질 수는 없는 것이다. 이러한 언론이 집
중된 해는 성종 2년(12회), 6년(15회), 7년(10희) 등이었다. 특히 성종 2년에
는 대간 합사가 9회나 있었으니, 이는 분명한 공도 없이 70여 명을 佐理功臣
으로 봉한 데 대한 시정142)을 위한 것이었다.

　'開言路'(臺 6 · 諫 2 · 臺諫 3 · 藝 1, 計 12)는 언로를 넓혀줄 것을 청한 간
쟁으로, 간쟁 언론 가운데 큰 비중을 차지하고 있음을 볼 수 있다. 언론의 창

---

142) 《成宗實錄》卷9, 성종 2년 3월 更子 · 辛丑 · 壬寅條와 4월 癸卯 ~ 丁未條 참조.

달 없는 유교정치(왕도정치)는 기대할 수 없는 것이며, 따라서 유자적 언관
들은 유교정치의 기틀이 언로를 넓히는 데 있음을 강조하고 수시로 군주를
일깨웠던 것을 볼 수 있다. 그리고 그러한 것은 언관이 언론으로 罪를 입게
되었을 경우에 이를 너그럽게 용서할 것을 청하는 언론에서 흔히 볼 수 있
다.[143]

'停行幸'(臺 2, 諫 4, 藝 1), '田獵(止)'(臺 2, 諫 5, 臺諫 1), '觀戱'(臺 4)는 왕
의 거동과 오락이 백성에게 끼치는 영향을 들어서 이를 견제하기 위한 것이
었다. 성종 때는 이러한 거동이 많았던 것은 아니었으나 언관으로서는 언론
의 책임이 있었던 것이다. '停營繕'(諫 5, 臺諫 1, 藝 2)은 경복궁의 근정전과
광화문 등 주요 건물에 靑瓦를 덮는 일,[144] 경회루의 건립[145] 등 궁 안의 영
선에 대하여, 이로 말미암은 백성이 당하는 고통과 군왕의 덕[儉德]을 들어
이를 정지할 것을 청하는 언론이었다. 비록 이러한 언론이 효과를 바로 보지
못하였다 하더라도 유교정치의 내용을 충실케 하기 위해서는 보탬이 되는
언론이었다고 하겠다. '開經筵'(臺 1, 臺諫 1), '經筵入參'(諫 3)은 경연에 나
아갈 것과 간관을 경연에 참석시킬 것을 청한 언론이었다. 세조는 경연을 완
전히 폐하였으나, 성종은 경연에 나가는 것을 게을리하지 않았기 때문에 이
시대에는 큰 문제는 아니었다. 그러나 때로 경연을 정지할 때,[146] 언관의 이
러한 언론은 유교정치를 위하여 필요한 것이었다.

'愼祔廟'(諫 3, 臺諫 1), '德宗追諡'(藝 3)는 성종 6년에 세조의 장자이며 성
종의 부친인 暲(追上, 德宗)을 追諡하는 일과 祔廟하는 것을 신중히 할 것을
청한 언론이었다.[147] 그러나 이 간쟁은 청납되지 않았다.

'宦官贈諡'(臺 1, 臺諫 1)는 성종 원년 환관 田畇에게 贈諡하는 것은 불가

---

143) 《成宗實錄》卷25, 성종 3년 12월 庚午條.
144) 《成宗實錄》卷40, 성종 5년 3월 戊子條.
145) 《成宗實錄》卷48, 성종 5년 10월 庚戌·辛亥條.
146) 《成宗實錄》卷38, 성종 5년 정월 丁未條.
147) 《成宗實錄》卷59, 성종 6년 9월 丁卯·己巳·庚午條.

하다고 간쟁한 것이었다.148) ‘史草(不署名)’(諫 1)는, 예종 원년 사초를 收取할 때 사초에 작성자 이름을 써넣도록 하므로, 이 때문에 사관들이 사초를 직필하지 않을까 염려된다는 이유로 사초에 서명하지 말 것을 언론한 것이었으나 허락되지 않았다.149) 만약 사초에 서명하지 않는다면 직필할 수도 있겠으나, 곡필할 가능성도 더욱 많아진다고 볼 수 있기 때문이다. 그 밖에 ‘赦免(冤抑者)’(臺 1), ‘愼人事’(臺 2), ‘請夜對’(諫 1), ‘請史官入侍’(藝 1) 등의 간쟁 언론이 있었음을 볼 수 있다.

　〔표 30〕과 〔표 30-1〕은 예종·성종 초기의 시정 언론을 분석하기 위한 것이다. ‘지방행정’ 관계로는 ① ‘지방관제·행정’(臺 3, 諫 3)과 ② ‘大臣出外(停)’(臺 3, 諫 5)가 있다. ①은 民瘼을 제거하기 위하여 삼도절도사를 監司가 兼掌하도록 건의하는 문제150) 또는 外邑의 敎官을 사표가 될 만한 사람으로 선택할 것을 청하는151) 등의 지방행정에 관한 것이었고, ②는 지방행정이나 민정을 살피기 위하여 宰相152)이나 堤堰體察使153)나 賑恤使154) 등의 대신을 파견할 때 이로 말미암아 민폐가 더욱 심해질 것을 들어 정지시키거나 소환할 것을 청하는 언론이었다.

　‘官制’ 관계로는 ‘관제’(臺 2, 諫 5, 藝 1)가 있다. 그 내용 가운데 몇 개의 예를 보면, 諫官官制155)·宗學官制156)·承政院職制157)·修理都監革罷158) 등이 있다. 대개 관직제도의 지엽적인 문제들이 건의되고 있음을 알 수 있다.

　‘法制’ 관계로는 ① ‘糾察之規’(臺 3), ② ‘法制’(臺 16, 諫 12)가 있다. ①은

---

148) 《成宗實錄》 卷5, 성종 원년 5월 乙酉·丙戌條.
149) 《睿宗實錄》 卷5, 예종 원년 4월 甲子條.
150) 《睿宗實錄》 卷3, 예종 원년 2월 壬寅條.
151) 《成宗實錄》 卷12, 성종 2년 11월 癸丑條.
152) 《成宗實錄》 卷12, 성종 2년 10월 癸巳條.
153) 《成宗實錄》 卷15, 성종 3년 2월 戊辰條
154) 《成宗實錄》 卷21, 성종 3년 8월 癸丑條.
155) 《睿宗實錄》 卷3, 예종 원년 2월 丁酉條.
156) 《睿宗實錄》 卷5, 예종 원년 7월 乙酉條.
157) 《成宗實錄》 卷16, 성종 3년 3월 癸卯條.
158) 《成宗實錄》 卷40, 성종 5년 3월 丙申條.

朝官糾察規則,[159] ②는 각종 법제[160]와 관련된 언론이었다.

'인사' 관계로는 ① '人事制度'(臺 9, 諫 6, 臺諫 1), ② '起復'(臺 1), ③ '相避法'(臺 1), ④ '署經'(諫 1) 등이 있다. ①의 예를 보면, 이·병조에서 동의한 除授之法의 불가함을 논하였고,[161] 인사·승진규칙의 시비를 논하는 등의 것이었다.[162] ②는 醫員 李有芬의 기복을 반대한 것이었고[163], ③은 상피법을 법전에 규정할 것을 청한 것이었다.[164] 세조 이후 대간의 서경권이 거의 박탈되고 告身考准으로 대신하게 했는데,[165] ④는 고신고준의 문제점을 해결하기 위한 것이었다.[166] 이와 같은 인사 관계의 언론이 많았다는 사실은 아직 인사제도에 문제가 많았음을 뜻하는 것이며, 이러한 언론은 인사제도의 법제화에 유용한 것이었음을 알게 된다.

'재정' 관계로는 ① '貢物'(臺 2), ② '量田'(臺 2, 諫 2) 등이 있다. ①은 貢物 詳定堂上官의 加定과[167] 그 지방에서 생산이 어려운 공물의 양을 줄여줄 것을 청한 것이었다.[168] ②는 풍상의 재해를 이유로 강원도의 量田을 풍년을 기다려 할 것을 건의한 것이었다.[169] 이러한 언론은 재정시책과 관련된 것이었다.

'경제' 관계로는 ① '內需司長利'(臺 1), ② '使行貿易'(諫 2)이 있다. ①은 內需司長利로 말미암은 폐단을 들어 그 구제책을 건의한 것이었고[170] ②는 使行私貿易과 관련하여 貿易請囑人에 대한 科罪를 위한 것이었다.[171]

---

159) 《成宗實錄》 卷18, 성종 원년 12월 己巳條 ; 卷62, 성종 6년 12월 戊子條.
160) 《成宗實錄》 卷44, 성종 5년 윤6월 更子·甲辰條 등.
161) 《成宗實錄》 卷1, 성종 즉위년 12월 庚午條.
162) 《成宗實錄》 卷16, 성종 3년 3월 癸卯條.
163) 《睿宗實錄》 卷4, 예종 원년 3월 癸丑條.
164) 《成宗實錄》 卷22, 성종 3년 9월 甲寅條.
165) 이 책의 〈Ⅰ. 臺諫制度의 성립과 그 기능의 분석〉 가운데 '署經기관으로서의 기능' 참조.
166) 《睿宗實錄》 卷5, 예종 원년 4월 甲子條.
167) 《成宗實錄》 卷21, 성종 3년 8월 丙戌條.
168) 《成宗實錄》 卷47, 성종 5년 9월 癸亥條.
169) 《成宗實錄》 卷59, 성종 6년 9월 庚戌·辛亥條.
170) 《成宗實錄》 卷83, 성종 8년 8월 壬子條.
171) 《成宗實錄》 卷79, 성종 8년 4월 辛酉條.

‘교육·과거·의례’ 관계로는 ① ‘科擧制度’(臺 2, 諫 5), ② ‘輪對’(諫 1), ③ ‘承旨獨啓’, ④ ‘興學’(諫 1, 藝 1), ⑤ ‘喪制’(臺諫 2), ⑥ ‘祭禮’(藝 2) 등이 있다. ①은 가문이 寒賤한 자나 첩의 자식에게 과거에 응할 기회를 허락하지 말 것을 건의한 것이었고, 그것은 청납되었다.[172] 배타적인 양반 신분 계층이 형성되면서 양반을 중심으로 한 과거제도의 확립을 위한 것이었다. ②는 輪對를 정지시킨 데 대하여 이의 불가함을 언론한 것이었다.[173] ③은 承旨獨啓에 따르는 정치적인 폐단을 들어 이의 불가함을 논한 것이었다.[174] ②와 ③도 유교정치의 구현을 위하여 중요한 언론이었다. ④는 興學節目을 啓한 것으로,[175] 유교정치의 기초가 되는 학문의 진흥을 위한 것이었다. ⑤는 예종의 喪期를 단기로 함은 불가하다는 것을 논한 것이었고[176], ⑥은 종묘와 文宣王의 제사에 관한 것을 언론한 것이었다.[177] 위의 언론의 내용들은 대개 禮典에 해당하는 것으로, 사간원과 예문관에서 주로 언론한 것이었고, 그것은 유교정치의 내용을 충실히 하기 위한 노력의 일단이었다고 할 수 있겠다.

‘군사’ 관계로는 사헌부(8회)와 사간원(1회)에서 9회의 언론이 있었다. 그 내용은 군사의 징발·군비·군량 등에 관한 것이었으나 군사정책의 핵심적인 문제가 아니라 대개 민생의 고통을 덜어 준다는 생각에서 나온 것이었다.[178]

‘사법’ 관계로는 ① ‘推劾法’(臺 1), ② ‘禁令’(臺 13, 諫 3), ③ ‘雜訟’(臺 1), ④ ‘刑法’(臺 3), ⑤ ‘訟事管掌規’(臺 1) 등이 있다. ①은 대간에게 風聞擧劾(彈劾)을 청한 것이었고,[179] ②는 飮酒·奔競·淫祀·巫覡·宰殺 등을 금지하

---

172) 《成宗實錄》卷10, 성종 2년 4월 癸亥·甲子條.
173) 《成宗實錄》卷26, 성종 4년 정월 甲寅條.
174) 《成宗實錄》卷64, 성종 7년 2월 壬午條.
175) 《成宗實錄》卷15, 성종 3년 2월 甲申條.
176) 《成宗實錄》卷7, 성종 원년 8월 庚申·辛酉條.
177) 《成宗實錄》卷69, 성종 7년 4월 丁丑條.
178) 《成宗實錄》卷38, 성종 5년 정월 戊戌條.

기 위한 금령을 시행할 것을 건의한 것으로 그 가운데 금주령 시행을 가장 많이 건의했다. ③은 雜訟을 정지시키기 위한 것이었고[180] ④는 重罪人處罰規定[181]·犯罪官員照律規定[182] 등 형법에 관한 것이었다. ⑤는 訟事移送 관계로서 각 사법 기관에 제기된 송사가 사헌부로 이송되는 것은 불가함을 언론한 것이었다.[183] '사법' 관계의 언론은 사헌부에서 거의 독점하다시피 했다.

'土木·營繕' 관계로는 '토목·영선'(臺 17, 諫 9)이 있다. 그 몇 개의 예를 보면, 장마와 가뭄을 이유로 황해도 築城役을 정지할 것을 청한 것과[184], 民冤을 풀어 주기 위하여 강릉의 堤堰을 복구할 것을 청한 것 등이 있고[185], 영선 관계로는 숭례문 안의 민가를 허물고 大倉을 세우는 일을 정지할 것을 청한 것[186], 公私의 영선을 정지할 것[187], 궁궐의 重修를 정지할 것[188] 등이 있었다. 그런데 이러한 언론의 특징은 장마와 가뭄 또는 흉년을 이유로 들어 백성들의 고통을 덜어 준다는 데 있다. 비록 이러한 언론이 모두 청납되지는 못하였으나 백성이 나라의 근본이라는 유교정치사상에 바탕을 둔 것이며, 언관들은 이에 충실하려 노력하였음을 볼 수 있다.

'풍속' 관계의 언론은 사헌부 10회, 대간 합사 2회로 사헌부의 독점적인 언론에 해당된다. 이 관계 언론은 대개 강상·풍속을 바로잡기 위한 것으로 상례를 범하는 것[189], 사대부들의 飮宴과 낭비의 악풍을 바로 잡기 위한 것[190], 양반의 처와 그 婢夫와의 私通[191], 근친 사이의 상간[192], 有妻聚妾[193]

---

179) 《睿宗實錄》卷4, 예종 원년 윤2월 丙寅條.
180) 《成宗實錄》卷17, 성종 3년 4월 丙申條.
181) 《成宗實錄》卷17, 성종 3년 5월 甲辰條.
182) 《成宗實錄》卷31, 성종 4년 6월 甲子條.
183) 《成宗實錄》卷29, 성종 4년 4월 庚辰條.
184) 《成宗實錄》卷69, 성종 7년 7월 乙卯條.
185) 《成宗實錄》卷88, 성종 9년 정월 戊辰條.
186) 《成宗實錄》卷10, 성종 2년 5월 己亥·庚子條와 6월 壬寅條 참조.
187) 《成宗實錄》卷17, 성종 3년 4월 丁巳條.
188) 《成宗實錄》卷33, 성종 4년 7월 丙午·戊申條.
189) 《成宗實錄》卷12, 성종 2년 11월 乙卯條.

등 그 내용도 다양한 것이었고, 유교윤리가 가치관의 기준으로 지배되고 강요되던 당시 사회에서는 문제되지 않을 수 없는 것이었다. 그리고 풍속을 바로잡는 일, 즉 유교적 가치관을 어지럽힌 자를 다스리는 일은 사헌부의 중요한 직두 가운데 하나였다.

'사회·민생' 관계로는 ① '奴婢(推刷)'(臺 2, 諫 2), ② '妻妾名分'(臺 3), ③ '身分制度'(臺 1), ④ '救荒'(臺 3, 諫 1), ⑤ '私債(禁)'(藝 2) 등이 있다. ①은 노비의 推刷194) 관계와 選上奴使役195)에 관한 것으로, 조선시대에 계속 논란이 되었던 중요한 사회 문제였다. ②는 처첩의 신분을 분명히 하기 위한 것으로196), 재산상속 문제와 신분제도에 직접 관계되는 것이었고, 당시 사회적으로 중요한 문제였던 것이다. ③은 壓良爲賤하는 일이 있을 때 이를 조사하여 처벌하기 위한 것이었다.197) ④는 救荒策의 건의198), 또는 荒政의 규찰을 청하는 등의 언론이었다.199) 救荒政策은 백성을 위한 중요한 사회정책의 하나이다. ⑤는 당시 심각한 사회 문제였던 私債를 일체 금지시킬 것을 청한 언론이었다.200) 당시 백성들은 대신들의 長利·殖貨에 의하여 막대한 私債를 지게 되었고, 大臣 집안의 노비를 징채할 때의 횡포로 말미암아 敗家·流離에 이른 자들이 증가함으로써 사회적으로 심각한 문제로 떠올랐다.201) 대신들의 대토지 소유(數次의 功臣田 등)에 따른 부의 편재, 그 부의 殖貨 과정에서 나타나는 횡포와 백성들이 당하는 고통, 이러한 현상은 성종 때부터 심

---

190) 《成宗實錄》 卷12, 성종 2년 12월 庚辰條.
191) 《成宗實錄》 卷15, 성종 3년 2월 戊寅條.
192) 《成宗實錄》 卷29, 성종 4년 4월 乙酉條.
193) 《成宗實錄》 卷30, 성종 4년 5월 戊戌條.
194) 《睿宗實錄》 卷3, 예종 원년 정월 壬午條.
195) 《成宗實錄》 卷9, 성종 2년 정월 庚戌條.
196) 《睿宗實錄》 卷8, 예종 원년 10월 丙子條 ; 《成宗實錄》 卷63, 성종 7년 정월 丙戌條.
197) 《成宗實錄》 卷22, 성종 3년 9월 甲寅條.
198) 《成宗實錄》 卷6, 성종 원년 6월 丁巳條.
199) 《成宗實錄》 卷39, 성종 5년 2월 丙子條.
200) 《成宗實錄》 卷45, 성종 5년 7월 己巳條.
201) 《成宗實錄》 卷45, 성종 5년 7월 己巳條 참조.

각한 사회 문제로 등장하게 되었고, 민본을 내건 유교정치의 내용을 무실하게 하는 요소였던 것이다. 이러한 사회적 부조리는 이후에 더욱 심해진 것으로 보이며 그것은 지배계층과 민중의 간격을 더욱 넓히는 결과를 불러왔다고 하겠다.

다음으로 성종 때의 시정 언론 가운데 위의 분석에서 제외한 '시무조진'에 대해서 살펴보도록 한다. 성종 때의 시무조진은 성종 9년 3월까지 14건을 찾아볼 수 있었다. 우선 그 내용을 자료로서 제시하면 다음과 같다.

◎ 성종 원년 2월 癸亥 : 사간원 대사간 金壽寧 등 상소(便宜八事條進)
開經筵夕講 · 復署經法 · 愼用人 · 減京畿民貢賦 · 妾子勿用東班 · 倭野之類勿令密近侍衛 · 罷刊經都監 且汰僧尼 · 重諫官

◎ 성종 원년 2월 辛未 : 사헌부 대사헌 李克墩 등 상소(時宜十二條)
勤經筵 · 興學 · 愼賞爵 · 勸獎忠孝貞節 · 重守令 · 選人材 · 除冗官 · 減京畿進上數 · 革漕運時弊端 · 除貢金 · 懲官吏誤決之罪

◎ 성종 원년 4월 壬戌 : 사간원 대사간 金壽寧 등 상소
復署經法 · 兩界萬戶家給月支米 · 選用教授 · 禁婚時濫費之風 · 罷刊經之役 · 禁新營寺社 · 預講荒政

◎ 성종 원년 5월 乙酉 : 사헌부 대사헌 韓致亨 등 상소
還俗後所生屬賤不可 · 改正除授之法 · 不堪任事者沙汰 · 愼封爵 · 屯田停罷 · 停雜訟

◎ 성종 원년 6월 己酉 : 사간원 대사간 金壽寧 등 상소
愼賞罰 · 荒政必先

◎ 성종 2년 5월 壬辰 : 사간원 대사간 金壽寧 등 상소
喪制依古典 · 婚姻制度 · 婦人外出抑制 · 勿許宗親赴擧

◎ 성종 2년 6월 己酉 : 사헌부 대사헌 韓致亨 등 상소(時宜十七條)
禁避役爲僧 · 禁非僧非俗之類(社長 등) · 家屋制度(踰分過制之家

撤去)・宦官封君不可・三公之任不可例授・愼人事・勿輕用緣坐
之人・重守令・巫覡驅出城外・宗親勿任事　遵限品叙用之法・嚴
守任官年齡・正民風正士習・停大倉之役・禁奴婢陳告・從諫

◎ 성종 3년 정월 壬子 : 사간원 대사간 成俊 등 상소

沿海諸郡設鎭・諸浦萬戶選用・監司兼節度使・評事不可革・赴
京使臣賚物限量

◎ 성종 4년 정월 癸卯 : 사간원 대사간 成俊 등 상소

廣言路・愼賞罰・汰冗官・節國用・丘史賜功臣者一切刷出・減
京外奴婢之役

◎ 성종 4년 7월 己未 : 예문관 부제학 李克基 등 상소

謹天戒・正風俗・革內需司・復科田・重政柄・公選用・愼賞
罰・省浮費・廣言路・嚴法禁

◎ 성종 4년 8월 癸亥 : 사헌부 대사헌 徐居正 등 상소

用箚子勿使中官傳奏・革都摠府・堂上官授行職者勿授參外職・
宗親不任以事・宦官從二品而止・部民告訴守令(覈實)・決訟官相
避・免賤爲良者勿許屬甲士・勿矢婚期・永安平安兩道居諸司奴
婢身貢以米穀收納・別賜漁箭屬公・省浮費・尊曾經政丞・兩界
監司兵使不得挈家・守令除授之規・儒生犯罪學官以敎刑論・三
館去官法・禁士族婦女爲尼

◎ 성종 4년 10월 庚申 : 사간원 대사간 鄭佸 등 상소

論斥佛・愼賞爵・制法典(大典所無之條　通用元續二典)・改正兵
制・省不急之工役・除義倉穀督紉之弊・革田制別監・楮貨改作
通用・開言路

◎ 성종 7년 5월 丁巳 : 사헌부 대사헌 尹繼謙 등 상소

勤政・復政府署事之制・罷院相・養人材・復風聞擧劾之法・節
經費・養通事・重選監司

◎ 성종 8년 丁月 壬子 : 사간원 대사간 崔漢禎 등 상소

　　重諫官・勿用女樂(正殿及客人)・橫看貢案所載供佛飯僧之物一切
　　蠲減・復科田・革內需司及寺社長利・禁勢家利債(高利貸)

　위에 제시한 '시무조진'은 성종 원년에 5건, 4년에 4건이고, 2년・3년・7
년・8년에 각각 1건이 있다. 또한 시기도 성종 원년부터 8년에 이르는 짧은
기간이므로 동시대적인 것으로 여기고 또한 언관의 구별 없이 내용을 분류
하면 다음과 같이 정리할 수 있겠다.

　　中央政治에 관한 것 : '經筵' 관계(2회)・重諫官(2회)・愼人事(4회)・
愼賞爵(3회)・愼賞罰(3회)・開言路(3회)・從諫(1회)・汰冗官(2회)・謹
天戒(1회)・重政柄・勤政・宗親勿任以事・宦官封君不可・宦官從二
品而止・尊曾經政丞・復政府署事之制・罷院相・用箚子勿使中官
傳奏

　　地方行政에 관한 것 : 重守令(2회)・重選監司・宜監司兼節度使・評
事革去不可・部民告訴守令(覈實)・兩界監司兵使不得挈家

　　官制改革에 관한 것 : 革內需司・革都摠府・革田制別監

　　法政에 관한 것 : 家屋制度(踰分過制之家撤去)・制法典(大典所無之
條 通用元續二典)

　　人事制度에 관한 것 : 復署經法(2회)・改正除授之法・不堪任事者沙
汰・三公之任不可例授・勿輕用緣坐之人・嚴守任官年齡・堂上官授
行職者勿授參外職・守令除授之規・三館去官法

　　財政經濟에 관한 것 : 省浮費(2회)・節經費・復科田(2회)・減京畿民
貢賦・減京畿進上・革漕運之弊・除貢金・永安平安兩道居諸司奴婢
身貢以米穀收納・別賜魚箭屬公・楮貨改作通用・革內需司及寺社長
利又禁勢家利債(高利貸)

科擧·敎育·禮儀에 관한 것 : 勿許宗親赴試·興學·選用敎授·養人材·養通事·勸獎忠孝貞節·喪制依古典·婚姻制度·勿用女樂(於正殿·客人)

斥佛에 관한 것 : 論斥佛·乞罷刊經都監且汰僧尼·罷刊經之役·禁新營寺社·禁士族婦女爲尼·橫看貢案所載供佛飯僧之物一切蠲減

軍事에 관한 것 : 改正兵制·倭野之類勿令密近侍衛·兩界萬戶給月支米·屯田停罷·沿海諸道設鎭·諸浦萬戶選用

司法에 관한 것 : 嚴法禁·嚴懲官吏誤決之罪·停雜訟(農時)·禁漏落奴婢陳告·決訟官相避·儒生犯罪學官以敎刑論·復風聞擧劾之法

營繕에 관한 것 : 停大倉之役

風俗에 관한 것 : 禁婚事浪費之風·停民風正士習(2회)·婦人外出抑制·使民勿失婚期

社會·民生에 관한 것 : 預講荒政·荒政必先·禁避役爲僧·禁非僧非俗之類(社長 등)·巫覡驅出城外·減京外奴婢之役·省不急之工(匠)役·除義倉穀督納之弊

身分制度에 관한 것 : 妾子勿用東班·遵限品叙用之法·還俗後所生屬賤不可·免賤爲良者勿許屬甲士

위의 시무조진의 내용은 당시의 정치·사회에서 어떠한 것들이 절실한 문제였는가를 보여 주고 있다. 모두가 당시에는 중요한 문제였으나, 그 가운데 더욱 중요한 것들을 뽑아 보면 다음과 같다.

○인사와 상벌을 신중히 할 것, 언관과 언론을 너그럽게 용서할 것 ○종친의 정치 참여를 금할 것 ○의정부 署事의 제도로 복귀할 것 ○院相을 파할 것 ○箚子를 쓰고 中官의 傳奏를 금할 것 ○守令과 監司를 중히 할 것 ○감사로 절도사를 겸하게 할 것 ○部民이 수령을 고소하면 철저히 내용을 조사하여 처리할 것 ○서경법을 회복할 것 ○인사제도를 개정하고 신중히 운영할

것 ○낭비를 줄일 것 ○과전법으로 돌아갈 것 ○경기 지방의 貢賦와 進上을 줄일 것 ○ 別賜한 魚箭을 屬公할 것 ○內需司·寺社·勢家 등의 고리대 행위를 금지할 것 ○교육과 인재 양성에 힘쓰고 유교윤리를 보편화할 것 ○불교를 억압할 것(革刊經都監·汰僧尼·罷刊經之役·禁寺社營建·禁士族婦女爲尼 등) ○혼사에 낭비하는 풍조를 금할 것 ○民風과 士習을 바로잡을 것 ○荒政에 힘쓸 것 ○義倉穀을 督納하는 데서 생기는 폐단을 없앨 것 ○신분 제도를 엄수할 것.

그런데 이러한 언론은 언론으로서 끝난 것이 아니라 그것이 채택되어 정치에 반영되었다는 점에서 그 중요성을 찾을 수 있겠다. 그 몇 개의 예를 찾아본다면, 성종 원년 4월에 대사간 金壽寧 등의 상소를 본 성종은 '當與大臣議而行之'라 傳旨하였고202), 성종 4년 8월에 대사헌 徐居正 등이 상소했을 때도 여러 院相에게 논의케 하여 8조목을 채용하였으며203), 성종 8년 정월에 대사간 崔漢禎 등의 상소에 대하여도 鄭麟趾·韓明澮·鄭昌孫·曹錫文 등 정승과 대신들의 의견을 묻고 이를 참작하여 시행 여부를 전하고 있다.204) 이처럼 언관들의 언론은 정치에 직접적으로 영향을 끼치고 있었음을 볼 수 있다. 비록 정치에 직접 반영이 안 됐다 하더라도 문제점을 제기하여 위정자들로 하여금 다시 한 번 심사숙고할 수 있는 기회가 될 수 있게 하였던 것이고, 그것은 건전한 정치를 위하여 유익한 것이었다고 하겠다.

[표 31]과 [표 31-1]은 성종 초기의 척불 언론 내용을 분석한 것이다. 이 표에 따라 그 내용을 살펴본다. '內佛堂之役(停)'(臺 1, 諫 1, 臺諫 4)은 성종 원년에 내불당의 役을 정지시키기 위한 언론이었고, 대간이 4회나 합사하였으나 청납되지 못하였다.205)

'購佛經(不可)'(臺 1, 諫 2, 臺諫 1, 藝 2)은 성종 2년에 모든 언관이 이룬 척

---

202) 《成宗實錄》卷4, 성종 원년 4월 壬戌條.
203) 《成宗實錄》卷33, 성종 4년 8월 癸亥條.
204) 《成宗實錄》卷75, 성종 8년 정월 壬子條.
205) 《成宗實錄》卷4, 성종 원년 4월 甲寅·丁巳條 ; 卷7, 성종 원년 8월 庚戌·辛亥條.

불 언론으로 謝恩使에게 불경을 구입해 오라고 명한 데 대한 반대 언론이었다.[206]

'佛事'(臺 8, 諫 4, 臺諫 2)는 성종 초기 척불 언론 가운데 가장 많은 횟수를 차지한 언론이었다. 그 가운데 12회는 성종 3년의 것으로 方好蓮과 德原君·昌原君 등 왕자와 이를 따른 사람(隨人) 등 3천여 명이 檜巖寺에 가서 불공을 들인 바 있는데, 언관들은 불공에 참여한 사람들(왕자 등도 포함)에게 罪를 줄 것을 청하는 언론이었다.[207] 유교정치 아래서 왕자 등을 비롯하여 3천여 명이 하나의 사찰에 모여 불공을 드렸다면, 유자적 언관으로서는 도저히 지나칠 수 없는 사태였음을 알 수 있다. 따라서 언관들은 언론을 계속하였고 관련자에 대한 治罪를 강력하게 요구하였던 것이다. 세조 때 조성된 궁궐 안의 호불적 경향은 성종 초에 와서 이와 같은 사태를 낳게 하였으니, 유신들이 볼 때 유교정치의 위기로서 인식되었을 것이며, 언관들은 이를 극복하기 위하여 노력을 다하였다고 하겠다.

'施納田民(禁)'(臺 3, 諫 3)은 토지와 노비를 사찰에 시납하는 것을 반대한 언론으로서 그 가운데 5회는 성종 2년에 이르어졌다. 그 내용을 보면 廣平大君의 부인 신씨가 노비 1천여 명과 밭 70여 結을 사찰에 시납한 데 대하여 이의 불가함을 언론한 것이었다.[208] 왕실에서 이처럼 막대한 재산[田民]을 사찰에 시납한다는 것은 종래(태조·태종·세종 초)의 억불시책에 거스르는 처사였고, 더구나 유교정치의 충실을 다짐한 성종 초기에 이 같은 사태가 벌어진다는 것은 언관에게 묵과될 수 없는 일이었다.

'婦女上寺'(臺 6, 諫 2)는 성종 4년 7월에 있었던 언론으로, 그 내용은 淨業院尼僧과 함께 上寺한 士族婦女에 대하여 治罪할 것을 청한 것이었다.[209] 유

---

206) 《成宗實錄》卷9, 성종 2년 정월 癸巳·甲午·乙未條.
207) 《成宗實錄》卷19, 성종 3년 6월 壬申~丁亥條 ; 卷20, 성종 3년 7월 丙申~庚戌條.
208) 《成宗實錄》卷11, 성종 2년 8월 壬子·甲寅·丙辰條와 9월 癸未條 ; 卷13, 성종 2년 11월 庚申條 등 참조.
209) 《成宗實錄》卷32, 성종 4년 7월 戊戌·己巳·丁未·己酉·庚戌·辛亥·壬子條 참조.

교정치·유교사회를 지키기 위하여 유자적 언관들은 부녀들의 上寺를 징계하는 언론을 행사하여야만 하였던 것이다.

'禁作佛宇重修'(臺 4, 諫 8, 臺諫 1)는 언론 횟수도 많고 계속 문제된 것이었다.[210] 억불을 하려면 정책적으로 佛宇의 건축이나 修葺을 금하는 일이 효과적인 것임에 틀림없다. 아울러 '出家(禁)'(臺 4), '城內留宿出入(禁)'(臺 3), '無度牒僧(단속)'(臺 1), '還俗'(臺 1, 諫 3)은 중요한 억불책이 되었다. 즉, 출가를 금하고[211], 僧徒의 성내 출입과 유숙을 엄금하여,[212] 度牒이 없는 승려를 단속하고[213], 40세 이하의 승도들을 환속시킬 것을 언론하였던 것이니[214], 언관들은 불교의 여러 폐단들을 들어 철저하게 척불 언론을 폈음을 볼 수 있다.

그 밖에 ① '寫經'(臺 3, 藝 1), ② '刊經都監(罷)'(諫 1) 등의 언론이 있었는데 ①은 사경을 금하기 위한 것[215], ②는 간경도감의 혁파를 위한 것이었다.[216]

성종 때의 척불 언론은 유교정치·유교사회를 확립하기 위해 언관이 기울인 노력의 일단이었고, 그것은 효과적이었다고 인정된다.

맺음말

위에서 5천5백99건에 이르는 조선 초기 언관언론의 내용을 분석하였다.

---

210) 《成宗實錄》卷10, 성종 2년 5월 丁亥條 ; 卷20, 성종 3년 7월 辛亥·丙辰條 ; 卷53, 성종 6년 3월 乙卯·丙辰條 ; 卷78, 성종 8년 3월 乙亥·壬辰條 등 참조.
211) 《成宗實錄》卷42, 성종 5년 5월 辛丑條 ; 卷90, 성종 9년 3월 壬申條.
212) 《成宗實錄》卷57, 성종 6년 7월 甲寅條 ; 卷64, 성종 7년 2월 丁亥條.
213) 《成宗實錄》卷70, 성종 7년 8월 丙申條.
214) 《成宗實錄》卷55, 성종 6년 5월 戊午·乙亥條 ; 卷68, 성종 7년 6월 丁酉條.
215) 《成宗實錄》卷78, 성종 8년 3월 壬申·癸酉條.
216) 《成宗實錄》卷9, 성종 2년 정월 更子條.

이 작업은 벅찬 일이었고, 억측과 억단도 꽤 끼어들었을 것으로 생각한다. 그러나 조선 초기의 언관언론의 대개는 파악할 수 있었던 것으로 본다. 이제 앞의 분석에서 규명된 사실 가운데 몇 가지를 정리함으로써 맺음말을 갈음하고자 한다.

조선 초기에서 언론 활동이 가장 많았던 언론 기관은 사헌부로서 전체 언론의 53.2%를 행사하였고, 사간원이 30.6%, 대간 합사가 12.3% 그 밖에 3성·집현전·예문관(성종 초기)이 3.9%를 차지하고 있다.

언관언론의 월평균 횟수는 계속 증가하는 추세를 보였으나, 세조 때는 격감하였다(정종 1.6, 태조 3.2, 태종 4.2, 세종 4.8, 문종 9.5, 단종 7.7, 세조 2.7, 예종 4.8, 성종 13.8). 무단적 왕권을 행사하던 세조 때 언론은 크게 위축당하였던 것이다. 태종 때도 언론이 억압당하였으나 세조 때보다는 심하지 않았음을 알 수 있다. 전제적인 왕권 아래서는 언론이 위축당할 수밖에 없었던 것이다.

언론 내용의 분포는 '탄핵'이 53.0%로 가장 많았고, '시정'(17.4%)·'인사 이의'(12.5%)·'간쟁'(12.3%)·'척불'(4.8%)의 순으로 되어 있다. 간쟁 언론은 사간원이 가장 많았으나 그 밖의 언론에서는 사헌부가 단연 많은 횟수를 차지하였다.

'간쟁'은 왕의 생활 주변의 부조리한 요소를 제거하고 왕이 유교국가의 군주로서 지녀야 할 덕으로 정치를 하도록 하기 위한 언론이었다. 그것은 군주의 자의적 행위를 견제하는 효과를 갖는 것이었다. 따라서 전제적인 군주에게는 용납되기 어려운 언론이었으니, 태종 때(연평균 5.4회)와 세조 때(연평균 2.8회)는 간쟁이 매우 드물었다는 사실이 이를 입증하고 있다. 이것을 보면 조선 초기의 철저한 전제군주는 세조였고, 태종은 그에 버금간다고 할 수 있겠다.

'탄핵' 언론은 정치적 안정을 위협하는 세력 또는 불법·부정한 관리들을 징계하여 정치질서와 관리의 기강을 바로잡기 위한 언론으로서 어느 왕대할 것 없이 가장 많은 횟수를 차지하는 언론이었다. 탄핵의 대상은 모든 관리에게 미치는 것으로 정승도 탄핵을 당하면 일단 呈辭 또는 避嫌해야 되며, 왕에게서 취직하라는 명을 받아야 집무하게 된다. 따라서 탄핵의 위력은 대단한 것이었다. 그런데 조선 초기에는 언관들이 특정한 정치세력에게 사주되어 탄핵 언론에 동원된 예는 거의 없으며, 따라서 이 시기의 탄핵 언론은 정치질서와 관기를 바로잡는 데 이바지하였다. 또 한 가지 주목되는 경향은, 언론이 억압당한 시대에 탄핵 언론은 다른 언론에 견주어 상대적으로 높은 비율을 보이고 있다는 점이다. 태종 때는 전체 언론의 66.4%를, 세조 때는 62.0%를 탄핵 언론이 차지하였다. 왕권에 저촉되지 않는 범위 안에서 정치질서와 관기를 바로잡기 위한 '탄핵'은 전제군주로서도 용인되는 것이었음을 알 수 있다.

'시정' 언론은 그 시대에 문제시된 정치에 관한 언론으로서 그 언론 내용을 보면, 그 시대에 정치적으로 중요한 문제가 무엇이었는가를 알 수 있다. 그러므로 그 시대의 정치 내용이 충실할수록 시정 언론의 내용과 빈도는 충실하고 높은 것을 볼 수 있다. 즉, 시정 언론의 내용 여하는 그 시대의 정치의 폭과 수준을 잴 수 있는 척도라고도 할 수 있다. 이러한 시정 언론의 궁극적인 목표는 유교정치·유교사회의 수립에 있었다고 하겠다. 특히 주목되는 것은 '지방정치', '재정', '토목·영선', '사회·민생' 등에 관한 시정 언론의 대부분은 과도한 수취, 흉년 동안의 토목·영선(부역)·기근 등으로 말미암아 백성들이 당하는 고통을 덜어 주는 데 그 목적이 있는 것으로, 그것은 '民惟邦本'이라는 유교정치사상에 바탕을 둔 것이라 하겠다. 언관의 관심이 '民'에서 떠나지 않았던 당시의 정치는 건강할 수 있었다고 보겠다. 그리고 더욱 중요한 사실은 건설적인 시정 언론은 대개 청납되어 곧 그것이 정치에 반영될 수 있었다는 점이다. 따라서 정치에서 언관언론의 중요성은 대단히 큰 것이었음을 알 수 있다.

'인사이의'에 관한 언론은 대개 세종 때부터 본격적으로 나타나는 언론으로, 이 언론의 건전한 행사는 인사행정의 효율화와 양반관료체제의 확립을 위해 필요한 것이었다. 그러나 성종 때와 같이 탄핵 언론(월평균 7.2회)과 인사이의(월평균 2.9회)의 폭주는 오히려 정치적 불안정, 정치 질서의 문란의 조짐으로 파악될 수 있다.

'척불' 언론은 세종·문종·단종·성종 때 활발하였다. 태조~태종 때는 척불정책이 원만히 진행되었으므로 언관이 편 이 방면의 언론이 꼭 절실한 것은 아니었다. 그러나 세종 20년대 이후 왕과 왕실의 호불적인 경향은 척불 언론을 불러왔고, 문종·단종 때는 그 여파라고 보겠다. 세조 때는 세조의 호불적 경향에도 그의 무단적 언론 탄압의 결과 언관들은 척불 언론을 펴지 못하였다. 이와 같은 현상은 언관정신의 상실을 뜻하는 것이라 하겠다. 성종 때 다시 일어난 척불 언론은 그 이전에 조성된 불교적 분위기를 말끔히 없애고 유교정치·유교사회의 수립을 위한 노력의 일단이었다.

한 시대의 언관언론의 내용이나 성과를 획일적으로 어떠하였다고 단정짓는 것은 옳지 못하다. 언론 활동의 내용이나 성과는 그 시대의 정치적 안정 여부, 왕권의 강약 여부, 언관의 자질과 그 사명감의 충실 여부에 따라서 크게 달라진다. 조선 초기에서도 왕에 따라서, 정치적 분위기에 따라서 언론의 빈도·내용·성과가 각각 다르게 나타나고 있으며, 같은 왕대에서도 정치적 분위기에 따라서 차이가 생기는 것을 볼 수 있다.

그러나 조선 초기의 언관언론 활동에는 공통적인 경향도 찾아볼 수 있다. 그것은 어떠한 왕권 아래서도 언관으로서 사명을 다하려는 노력이 있었다는 사실이다. 그들이 편 언론은 정치 질서의 확립, 유교정치·유교사회의 수립을 지향했고, '民惟邦本'의 유교정치사상에 충실하고자 노력하였던 것이다. 그리하여 조선 초기의 언관언론은 그 시대의 정치를 건강하게 유지시키는 원동력이었다고 하겠다.

* 이 장은 《朝鮮初期 言官·言論硏究》(1976)에 〈言官言論 內容分析〉이라는 제목으로 실렸다.

【부표】 조선 초기 言官言論 내용 분석표

〔표 1〕   조선 초기 言論活動 개황

언론내용	언론기관	태조	정종	태종	세종	문종	단종	세조	예종	성종	계
諫諍	司憲府	1	8	21	86	17	20	11	4	49	217
	司諫院	12	5	61	97	7	24	12	2	52	272
	臺諫	3	2	15	106		5	12		24	167
	三·集·藝		〈2〉	〈1〉	〈3〉(8)	(1)	(4)	(1)		[12]	32
彈劾	司憲府	29	12	288	617	61	74	179	26	461	1,747
	司諫院	24	9	136	207	19	32	42		244	713
	臺諫	1	13	96	99	2	14	56	13	117	411
	三·集·藝	〈19〉	〈4〉	〈61〉	〈8〉(1)	(1)					94
時政	司憲府	16	11	88	185	43	27	41	8	122	541
	司諫院	17	15	89	117	13	22	14	3	74	364
	臺諫		5	7	3		1	1		6	23
	三·集·藝				(32)	(5)	(2)	(1)		[9]	49
人事異議	司憲府			5	101	23	17	35	9	171	361
	司諫院	1	1	3	70	21	31	33	4	125	289
	臺諫				6		3	5	3	27	44
	三·集·藝									[8]	8
斥佛	司憲府			3	30	26	13	4		38	114
	司諫院			1	33	9	4			28	75
	臺諫				29	4	1			8	42
	三·集·藝				(24)	(4)	(5)			[3]	36
계	司憲府	46	31	405	1,018	170	151	270	47	841	2,979
	司諫院	54	30	290	524	69	113	101	9	523	1,713
	臺諫	4	20	118	244	6	24	74	16	182	688
	三·集·藝	〈19〉	6	62	〈11〉(65)	(11)	(11)	(2)		[32]	219
합 계		123	87	875	1,862	256	299	447	72	1,578	5,599
비 고		단, 숫자에 〈 〉는 3성, ( )는 집현전, 〔 〕는 예문관의 언론 횟수이다.									

[표 1-1]　　각 王別 言官別 言論活動 상황

왕별 / 언론 / 언론기관	태조 언론횟수	%	월평균	정종 언론횟수	%	월평균	태종 언론횟수	%	월평균	세종 언론횟수	%	월평균	문종 언론횟수	%	월평균
司憲府	46	37.4	0.6	31	35.6	1.2	405	46.3	2.0	1,018	54.7	2.6	170	66.4	6.3
司諫院	54	43.9	0.7	30	34.5	1.1	290	33.1	1.4	524	28.1	1.3	69	30.0	2.6
臺諫	4	3.3	0.05	20	23.0	0.7	118	13.5	0.6	244	13.1	0.6	6	2.3	0.2
三·集·藝	<19>	15.4	0.25	<6>	6.9	0.2	<62>	7.1	0.3	<11>(65)	4.1	0.2	(11)	4.3	0.4
계	123	100	1.6	87	100	3.2	875	100	4.2	1,862	100	4.8	256	100	9.5
재위월수	77			27			207			390			27		

왕별 / 언론 / 언론기관	단종 언론횟수	%	월평균	세조 언론횟수	%	월평균	예종 언론횟수	%	월평균	성종 언론횟수	%	월평균	계 언론횟수	%	월평균
司憲府	151	50.5	3.9	270	60.4	1.7	47	65.3	3.1	841	53.3	7.4	2,979	53.2	2.9
司諫院	113	37.8	2.9	101	22.6	0.6	9	12.5	0.6	523	33.1	4.6	1,713	30.6	1.7
臺諫	24	8.0	0.6	74	16.6	0.5	16	22.2	1.1	182	11.5	1.6	688	12.3	0.7
三·集·藝	(11)	3.7	0.3	(2)	0.4	0.01	0	0	0	[32]	2.0	0.3	<98>(89)[32]	3.9	0.2
계	299	100	7.7	447	100	2.7	72	100	4.8	1,578	100	13.8	5,599	100	5.4
재위월수	39			163			15			114			1,032		

[표 1-2]　　言論 內容別 言論活動 상황

왕별 / 언론 / 언론내용	태조 언론횟수	%	월평균	정종 언론횟수	%	월평균	태종 언론횟수	%	월평균	세종 언론횟수	%	월평균	문종 언론횟수	%	월평균
諫諍	16	13.0	0.2	17	19.5	0.6	98	11.2	0.5	300	16.2	0.8	25	9.8	0.9
彈劾	73	59.3	0.9	38	43.7	1.4	581	66.4	2.8	932	50.0	2.4	83	32.4	3.1
時政	33	26.8	0.4	31	35.6	1.1	184	21.0	0.9	337	18.1	0.9	61	23.8	2.6
人事異議	1	0.8	0.01	1	1.2	0.04	8	0.9	0.04	177	9.5	0.5	44	17.2	1.6
斥佛	0	0	0	0	0	0	4	0.5	0.02	116	6.2	0.3	43	16.8	1.6
계	123	100	1.6	87	100	3.2	875	100	4.2	1,862	100	4.8	256	100	9.5
재위월수	77			27			207			390			27		

왕별 / 언론 / 언론내용	단종 언론횟수	%	월평균	세조 언론횟수	%	월평균	예종 언론횟수	%	월평균	성종 언론횟수	%	월평균	계 언론횟수	%	월평균
諫諍	53	17.7	1.4	36	8.0	0.2	6	8.3	0.4	137	8.7	1.2	688	12.3	0.7
彈劾	120	40.1	3.1	277	62.0	1.7	39	54.2	2.6	822	52.1	7.2	2,965	53.0	2.9
時政	52	17.4	1.3	57	12.8	0.3	11	15.3	0.7	211	13.4	1.9	977	17.4	0.9
人事異議	51	17.1	1.3	73	16.3	0.4	16	22.2	1.1	331	21.0	2.9	702	12.5	0.7
斥佛	23	7.7	0.6	4	0.9	0.02	0	0	0	77	4.9	0.7	267	4.8	0.3
계	299	100	7.7	447	100	2.7	72	100	4.8	1,578	100	13.8	5,599	100	5.4
재위월수	39			163			15			114			1,032		

[표 1-3] **각 王代別·言官別 諫諍言論 상황**

언론기관 \ 왕별	태조 언론횟수	%	연평균	정종 언론횟수	%	연평균	태종 언론횟수	%	연평균	세종 언론횟수	%	연평균	문종 언론횟수	%	연평균
司憲府	1	6.3	0.1	8	47.1	4.0	21	21.4	1.2	86	28.7	2.7	17	68.0	8.5
司諫院	12	75.0	1.7	5	29.4	2.5	61	62.2	3.4	97	32.3	3.0	7	28.0	3.5
臺諫	3	18.7	0.4	2	11.8	1.0	15	15.3	0.8	106	35.3	3.3	0	0	0
三·集·藝	0	0	0	<2>	11.8	1.0	<1>	1.0	0.1	<3> (8)	3.7	0.3	(1)	4.0	0.5
계	16	100	2.3	17	100	8.5	98	100	5.4	300	100	9.3	25	100	12.5
비고 (재위 연수)	7			2			18			32			2		

언론기관 \ 왕별	단종 언론횟수	%	연평균	세조 언론횟수	%	연평균	예종 언론횟수	%	연평균	성종 언론횟수	%	연평균	계 언론횟수	%	연평균
司憲府	20	37.7	6.7	11	30.6	0.8	4	66.7	4	49	35.8	5.4	217	31.5	2.5
司諫院	24	45.3	8.0	12	33.3	0.9	2	33.3	2	52	38.0	5.8	272	39.5	3.1
臺諫	5	9.4	1.7	12	33.3	0.9	0	0	0	24	17.5	2.7	167	24.3	1.9
三·集·藝	(4)	7.6	1.3	(1)	2.8	0.1	0	0	0	[12]	8.8	1.3	32	4.7	0.4
계	53	100	17.7	36	100	2.8	6	100	6	137	100	15.2	688	100	7.9
비고 (재위 연수)	3			13			1			9			87		

[표 1-4] **각 王代別·言官別 彈劾言論 상황**

언론기관 \ 왕별	태조 언론횟수	%	연평균	정종 언론횟수	%	연평균	태종 언론횟수	%	연평균	세종 언론횟수	%	연평균	문종 언론횟수	%	연평균
司憲府	29	39.7	4.1	12	31.6	6.0	288	49.6	16.0	617	66.2	19.3	61	73.5	30.5
司諫院	24	32.9	3.4	9	23.7	4.5	136	23.4	7.6	207	22.2	6.5	19	22.9	9.5
臺諫	1	1.4	0.1	13	34.2	6.5	96	16.5	5.3	99	10.6	3.1	2	2.4	1.0
三·集·藝	<19>	26.0	2.7	<4>	10.5	2.0	<61>	10.5	3.4	<8> (1)	1.0	0.3	(1)	1.2	0.5
계	73	100	10.4	38	100	19.0	581	100	32.3	932	100	29.1	83	100	41.5
비고 (재위 연수)	7			2			18			32			2		

언론기관 \ 왕별	단종 언론횟수	%	연평균	세조 언론횟수	%	연평균	예종 언론횟수	%	연평균	성종 언론횟수	%	연평균	계 언론횟수	%	연평균
司憲府	74	61.7	24.7	109	64.6	13.8	26	66.7	26	461	56.1	51.2	1,747	58.9	20.1
司諫院	32	26.7	10.7	42	15.2	3.2	0	0	0	244	29.7	27.1	713	24.0	8.2
臺諫	14	11.7	4.7	56	20.2	4.3	13	33.3	13	117	14.2	13.0	411	13.9	4.7
三·集·藝	0	0	0	0	0	0	0	0	0	0	0	0	94	3.2	1.1
계	120	100	40	277	100	21.3	39	100	39	822	100	91.3	2,965	100	34.1
비고 (재위 연수)	3			13			1			9			87		

[표 1-5] 言官別 時政言論 상황

왕별 / 언론 / 언론기관	태조 언론횟수	태조 %	태조 연평균	정종 언론횟수	정종 %	정종 연평균	태종 언론횟수	태종 %	태종 연평균	세종 언론횟수	세종 %	세종 연평균	문종 언론횟수	문종 %	문종 연평균
司憲府	16	48.5	2.3	11	35.5	5.5	88	47.8	4.9	185	54.9	5.8	43	70.5	21.5
司諫院	17	51.5	2.4	15	48.4	7.5	89	48.4	4.9	117	34.7	3.7	13	21.3	6.5
臺諫	0	0	0	5	16.1	2.5	7	3.8	0.4	3	0.9	0.1	0	0	0
三·集·藝	0	0	0	0	0	0	0	0	0	(32)	9.5	1.0	(5)	8.2	2.5
계	33	100	4.7	31	100	15.5	184	100	10.2	337	100	10.5	61	100	30.5
비고 (재위 연수)	7			2			18			32			2		

왕별 / 언론 / 언론기관	단종 언론횟수	단종 %	단종 연평균	세조 언론횟수	세조 %	세조 연평균	예종 언론횟수	예종 %	예종 연평균	성종 언론횟수	성종 %	성종 연평균	계 언론횟수	계 %	계 연평균
司憲府	27	51.9	9.0	41	71.9	3.2	8	72.7	8	122	57.8	13.6	541	55.4	6.2
司諫院	22	42.3	7.3	14	24.6	1.1	3	27.3	3	74	35.1	8.2	364	37.3	4.2
臺諫	1	1.9	0.3	1	1.8	0.1	0	0	0	6	2.8	0.7	23	2.4	0.3
三·集·藝	(2)	3.8	0.7	(1)	1.8	0.1	0	0	0	[9]	4.3	1.0	49	5.0	0.6
계	52	100	17.3	57	100	4.4	11	100	11	211	100	23.4	977	100	11.2
비고 (재위 연수)	3			13			1			9			87		

[표 1-6] 言官別 人事言論 상황

왕별 / 언론 / 언론기관	태조 언론횟수	태조 %	태조 연평균	정종 언론횟수	정종 %	정종 연평균	태종 언론횟수	태종 %	태종 연평균	세종 언론횟수	세종 %	세종 연평균	文宗 언론횟수	文宗 %	文宗 연평균
司憲府	0	0	0	0	0	0	5	62.5	0.3	101	57.1	3.2	23	52.3	11.5
司諫院	1	100	0.1	1	100	0.5	3	37.5	0.2	70	39.5	2.2	21	42.7	10.5
臺諫	0	0	0	0	0	0	0	0	0	6	3.4	0.2	0	0	0
三·集·藝	0	0	0	0	0	0	0	0	0	0	0	0	0	0	0
계	1	100	0.1	1	100	0.5	8	100	0.4	177	100	5.5	44	100	22.0
비고 (재위 연수)	7			2			18			32			2		

왕별 / 언론 / 언론기관	단종 언론횟수	단종 %	단종 연평균	세조 언론횟수	세조 %	세조 연평균	예종 언론횟수	예종 %	예종 연평균	성종 언론횟수	성종 %	성종 연평균	계 언론횟수	계 %	계 연평균
司憲府	17	33.3	5.7	35	47.9	2.7	9	56.3	9	171	51.7	19.0	361	51.4	4.1
司諫院	31	60.8	10.3	33	45.2	2.5	4	25.0	4	125	37.8	13.9	289	41.2	3.3
臺諫	3	5.9	1.0	5	6.9	0.4	3	18.7	3	27	8.2	3.0	44	6.3	0.5
三·集·藝	0	0	0	0	0	0	0	0	0	[8]	2.4	0.9	8	1.1	0.1
계	51	100	17.0	73	100	5.6	16	100	15	331	100	36.8	702	100	8.1
비고 (재위 연수)	3			13			1			9			87		

[표 1-7]　言官別 斥佛言論 상황

언론기관	태조 언론횟수	%	연평균	정종 언론횟수	%	연평균	태종 언론횟수	%	연평균	세종 언론횟수	%	연평균	문종 언론횟수	%	연평균
司憲府	0	0	0	0	0	0	3	75.0	0.2	30	25.9	0.9	21	60.5	13.0
司諫院	0	0	0	0	0	0	1	25.0	0.1	33	28.4	1.0	9	21.0	4.5
臺諫	0	0	0	0	0	0	0	0	0	29	25.0	0.9	4	9.3	2.0
三·集·藝	0	0	0	0	0	0	0	0	0	(24)	20.7	0.8	(4)	9.3	2.0
계	0	0	0	0	0	0	4	100	0.2	116	100	3.6	43	100	21.5
비고 (재위 연수)	7			2			18			32			2		

언론기관	단종 언론횟수	%	연평균	세조 언론횟수	%	연평균	예종 언론횟수	%	연평균	성종 언론횟수	%	연평균	계 언론횟수	%	연평균
司憲府	13	56.5	4.3	4	100	0.3	0	0	0	38	49.4	4.2	114	42.7	1.3
司諫院	4	17.4	1.3	0	0	0	0	0	0	28	36.4	3.1	75	28.1	0.8
臺諫	1	4.3	0.3	0	0	0	0	0	0	8	10.4	0.9	42	15.7	0.5
三·集·藝	5	21.7	1.7	0	0	0	0	0	0	3	3.9	0.3	36	13.5	0.4
계	23	100	7.7	4	100	0.3	0	0	0	77	100	8.6	267	100	3.1
비고 (재위 연수)	3			13			1			9			87		

[표 2]　太祖代 言官言論活動 개황

언론내용	언론기관	원년	2년	3년	4년	5년	6년	7년	계
諫諍	司憲府	1							1
	司諫院	4	1	1	3	1	1	1	12
	臺諫	1			1	1			3
	三省								
彈劾	司憲府	1	5	5	3	2	7	6	29
	司諫院	1	1	2	8	1	6	5	24
	臺諫		1						1
	三省		1	18					19
時政	司憲府	5		6	3		1	1	16
	司諫院	1	1		5	2	4	4	17
	臺諫								
	三省								
人事異議	司憲府								
	司諫院	1							1
	臺諫								
	三省								
계	司憲府	7	5	11	6	2	8	7	46
	司諫院	7	3	3	16	4	11	10	54
	臺諫	1	1		1	1			4
	三省		1	18					19
합계		15	10	32	23	7	19	17	123
비고		단, 표 안의 司諫院은 門下府 郎舍임.							

[표 2-1]　太祖代 言官別 言論活動 상황

언론기관＼연도	원년		2년		3년		4년		5년		6년		7년		계	
	언론횟수	%	언론횟수	%	언론횟수	%	언론횟수	%	언론횟수	%	언론횟수	%	언론횟수	%	언론횟수	%
司憲府	7	46.7	5	50.0	11	34.4	6	26.1	2	28.6	8	42.1	7	41.2	46	37.4
司諫院	7	46.7	3	30.0	3	9.4	16	69.6	4	57.1	11	57.9	10	58.8	54	43.9
臺 諫	1	6.7	1	10.0	0	0.0	1	4.3	1	14.3	0	0.0	0	0.0	4	3.3
三 省	0	0.0	1	10.0	18	56.2	0	0.0	0	0.0	0	0.0	0	0.0	19	15.4
계	15	100	10	100	32	100	23	100	7	100	19	100	17	100	123	100

[표 2-2]　太祖代 言論 內容別 言論活動 상황

언론내용＼연도	원년		2년		3년		4년		5년		6년		7년		계	
	언론횟수	%	언론횟수	%	언론횟수	%	언론횟수	%	언론횟수	%	언론횟수	%	언론횟수	%	언론횟수	%
諫 諍	6	40.0	1	10.0	1	3.1	4	17.4	2	28.6	1	5.3	1	5.9	16	13.0
彈 劾	2	13.3	8	80.0	25	78.1	11	47.8	3	42.8	13	68.4	11	64.7	73	59.3
時 政	6	40.0	1	10.0	6	18.8	8	34.8	2	28.6	5	26.3	5	29.4	33	26.8
人 事	1	6.7	0	0.0	0	0.0	0	0.0	0	0.0	0	0.0	0	0.0	1	0.8
斥 佛	0	0.0	0	0.0	0	0.0	0	0.0	0	0.0	0	0.0	0	0.0	0	0.0
계	15	100	10	100	32	100	23	100	7	100	19	100	17	100	123	100

[표 3]　太祖代 言官別 諫諍言論 내용

언론기관	내용＼연도	원년	2년	3년	4년	5년	6년	7년	계
司憲府	屈 從	1	1						1
司諫院 (門下府 郎舍)	開 言 路	2		1					3
	經 筵	2							2
	隨 駕		1						1
	溫 泉 行(止)				1	1			2
	書 筵				1				1
	擧 動(愼)						2		2
	受 朝							1	1
臺 諫	功 臣(除)	1							1
	史草閱覽(止)				1				1
	溫 泉 行(止)					1			1
계		6	1	1	3	2	2	1	16

〔표 4〕　　　　　　　　　　太祖代 言官別 彈劾言論 내용

언론기관	내용＼연도	원년	2년	3년	4년	5년	6년	7년	계
司憲府	王氏除法	1							1
	反李氏派除法	1	3	1					5
	妖言者除法	1							1
	依托使臣作弊			2					2
	不法(不正)		3	2	3	2	7	6	23
司諫院 (門下府 郎舍)	職務怠慢					1		1	2
	妖言者除法	1							1
	王氏除法			1	2				3
	不法(不正)			1	6		6	4	17
臺諫	過失		1						1
三省	王氏除法			18					18
	奸嬪事件		1						1
계		4	8	25	11	3	13	11	75

〔표 5〕　　　　　　　　　　太祖代 言官別 時政言論 내용

언론기관	내용＼연도	원년	2년	3년	4년	5년	6년	7년	계
司憲府	奴婢問題	2					1		3
	土木工事(停)			1	1				2
	田制(功臣)				2				2
	喪葬制度				1				1
	財政			1					1
	考功(法制)				1				1
	禁令(禁酒)			2	1				3
	汰官(檢校)							2	2
	賞罰(人事)	1		1					2
	時務條進	1							1
司諫院 (門下府 郎舍)	土木工事(停)	1	1			2		1	5
	賞罰(人事)				1		1		2
	敬差官(停)				1				1
	財政(祿・租)				1		1	1	3
	宿衛				1	1			2
	奴婢問題						1		1
	法制(署經・起復)	1						1	2
	時務條進			1			1		2
臺諫									
三省									
계		6	1	6	10	3	5	5	36

〔표 6〕 定宗代 言論活動 개황

언론내용	언론기관 \ 연도	즉위년	원년	2년	계
諫諍	司憲府		5	3	8
	司諫院		3	2	5
	臺諫			2	2
	三省			2	2
彈劾	司憲府		2	10	12
	司諫院	1	3	5	9
	臺諫			13	13
	三省		1	3	4
時政	司憲府		5	6	11
	司諫院	1	5	9	15
	臺諫		1	4	5
	三省				
人事異議	司憲府				
	司諫院				
	臺諫		1		1
	三省				
斥佛	司憲府				
	司諫院				
	臺諫				
	三省				
계	司憲府		12	19	31
	司諫院	2	12	16	30
	臺諫		1	19	20
	三省		1	5	6
합 계		2	26	59	87
비 고		단, 표 안의 司諫院은 門下府 郎舍임.			

[표 6-1] 　　　　　　定宗代 言官別 言論活動 상황

연도 언론 언론기관	즉위년		원년		2년		계	
	언론 횟수	%	언론 횟수	%	언론 횟수	%	언론 횟수	%
司憲府			12	46.2	19	32.2	31	35.6
司諫院	2	100	12	46.2	16	27.1	30	34.5
臺 諫			1	3.8	19	32.2	20	23.0
三 省			1	3.8	5	8.5	6	6.9
계	2	100	26	100	59	100	87	100

[표 6-2] 　　　　　　定宗代 言論 內容別 言論活動 상황

연도 언론 언론내용	즉위년		원년		2년		계	
	언론 횟수	%	언론 횟수	%	언론 횟수	%	언론 횟수	%
諫 諍			8	30.8	9	15.3	17	19.5
彈 劾	1	50.0	6	23.1	31	52.5	38	43.7
時 政	1	50.0	11	42.3	19	32.2	31	35.6
人 事			1	3.8			1	1.2
斥 佛								
계	2	100	26	100	59	100	87	100

〔표 7〕 定宗代 言官別 諫諍言論 내용

언론기관 \ 내용 \ 연도	즉위년	원년	2년	계
司憲府 擊毬(止)		1		1
司憲府 狩獵(止)		2	2	4
司憲府 賞罰(愼)		1		1
司憲府 言路(廣)		1	1	2
諫官 狩獵(止)		3	1	4
諫官 溫泉(止)			1	1
臺諫 溫泉(止)			1	1
臺諫 服裝			1	1
三省 人事(愼)			2	2
계		8	9	17

〔표 8〕 定宗代 言官別 彈劾言論 내용

언론기관 \ 내용 \ 연도	즉위년	원년	2년	계
司憲府 不法		2	6	8
司憲府 芳幹·朴苞등			3	3
司憲府 怠職			1	1
諫官 鄭道傳등	1			1
諫官 不法(不正)		3	3	6
諫官 芳幹·朴苞등			2	2
臺諫 朴苞등			1	1
臺諫 不法(不正)			12	12
三省 朴苞등			3	3
三省 不法(不正)		1		1
계	1	6	31	38

[표 9]　　　　　　　　定宗代 言官別 時政言論 내용

언론기관 \ 내용 \ 연도	즉위년	원 년	2년	계
司憲府　田制(別賜 등)		2	1	3
司憲府　官　制		3		3
司憲府　禁　令(酒)			1	1
司憲府　奴婢辨定都監			1	1
司憲府　人 事 制 度			1	1
司憲府　畜　産			1	1
司憲府　風聞彈劾法			1	1
諫官　人 事 制 度		1	2	3
諫官　軍制(朝士巡軍)			2	2
諫官　官　制		1	2	3
諫官　田制(別賜 등)		1		1
諫官　禁令(酒・騎馬)			2	2
諫官　放　牧(廢)		1		1
諫官　時務條進	1	1	1	3
臺諫　軍　制		1		1
臺諫　私　兵(罷)			2	2
臺諫　宗親封君(不可)			2	2
계	1	11	19	31

[표 10] 太宗代 言論活動 개황

언론내용	언론기관	즉위년	원년	2년	3년	4년	5년	6년	7년	8년	9년	10년	11년	12년	13년	14년	15년	16년	17년	18년	계
諫諍	司憲府		1		1			1	1	1	1	1	3	2	2	4	1	1		1	21
	司諫院		7	5		1	5	3	4	7	3	2	3	5	5	7	1	1	1	1	61
	臺諫	1			1			4	1		1	1			1	1		3		1	15
	三省								1												1
彈劾	司憲府	2	7	12	8	2	14	11	6	13	28	17	26	29	20	35	16	14	16	12	288
	司諫院	1	10	5	6	15	6	1	9	13	11	12	10	4	4	5	7	5	6	6	136
	臺諫			3	2		1	3	11	10	9	7	14	7	1	2	14	5	4	3	96
	三省					1	2		11						2	3	8	13	10	11	61
時政	司憲府		10	2	3	2	6	6	4		2	6	5	5	17	7	4	5	2	2	88
	司諫院	1	7	7	14	7	5	4	1		3	5	7	4	9	3	3	2	6	1	89
	臺諫			3				1							2		1				7
	三省																				
人事異議	司憲府														1		2		1	1	5
	司諫院								1						2						3
	臺諫																				
	三省																				
斥佛	司憲府		1												1			1			3
	司諫院														1						1
	臺諫																				
	三省																				
계	司憲府	2	19	14	12	4	20	18	11	14	31	24	34	36	41	46	23	21	19	16	405
	司諫院	2	24	17	20	23	16	8	14	21	17	19	20	13	21	15	11	8	13	8	290
	臺諫	1		6	3		1	8	12	10	10	8	14	8	4	2	18	5	4	4	118
	三省					1	2		12						2	3	8	13	10	11	62
합계		5	43	37	35	28	39	34	49	45	58	51	68	57	68	66	60	47	46	39	875

[표 10-1] 太宗代 言官別 言論活動 상황

연도 언론기관	즉위년 언론횟수	%	원년 언론횟수	%	2년 언론횟수	%	3년 언론횟수	%	4년 언론횟수	%	5년 언론횟수	%	6년 언론횟수	%	7년 언론횟수	%	8년 언론횟수	%	9년 언론횟수	%
司憲府	2	40.0	19	44.2	14	37.8	12	34.3	4	14.3	20	51.3	18	52.9	11	22.4	14	31.1	31	53.4
司諫院	2	40.0	24	55.8	17	45.9	20	51.1	23	82.1	16	41.0	8	23.5	14	28.6	21	46.7	17	29.3
臺諫	1	20.0	0	0	6	16.2	3	8.6	0	0	1	2.6	8	23.5	12	24.5	10	22.2	10	17.2
三省	0	0	0	0	0	0	0	0	1	3.6	2	5.1	0	0	12	24.5	0	0.0	0	0.0
계	5	100	43	100	37	100	35	100	28	100	39	100	34	100	49	100	45	100	58	100

연도 언론기관	10년 언론횟수	%	11년 언론횟수	%	12년 언론횟수	%	13년 언론횟수	%	14년 언론횟수	%	15년 언론횟수	%	16년 언론횟수	%	17년 언론횟수	%	18년 언론횟수	%	계 언론횟수	%
司憲府	24	47.1	34	50.0	36	63.2	41	60.3	46	69.7	23	38.3	21	44.7	19	41.3	16	41.0	405	46.3
司諫院	19	37.3	20	29.4	13	22.8	21	30.9	15	22.7	11	18.3	8	17.0	13	28.3	8	20.5	290	33.1
臺諫	8	15.7	14	20.6	8	14.0	4	5.9	2	3.0	18	30.0	5	10.6	4	8.7	4	10.3	118	13.5
三省	0	0	0	0	0	0	2	2.9	3	4.5	8	13.3	13	27.7	10	21.7	11	28.2	62	7.1
계	51	100	68	100	57	100	68	100	66	100	60	100	47	100	46	100	39	100	875	100

[표 10-2] 太宗代 言論 內容別 言論活動 상황

연도 언론내용	즉위년 언론횟수	%	원년 언론횟수	%	2년 언론횟수	%	3년 언론횟수	%	4년 언론횟수	%	5년 언론횟수	%	6년 언론횟수	%	7년 언론횟수	%	8년 언론횟수	%	9년 언론횟수	%
諫諍	1	20.0	8	18.6	5	13.5	2	5.7	1	3.6	5	12.8	8	23.5	7	14.3	8	17.8	5	8.6
彈劾	3	60.0	17	39.5	20	54.1	16	45.7	18	64.3	23	59.0	15	44.1	37	75.5	36	80.0	48	82.8
時政	1	20.0	17	39.5	12	32.4	17	48.6	9	32.1	11	28.2	11	32.4	5	10.2	0	0	5	8.6
人事	0	0	0	0	0	0	0	0	0	0	0	0	0	0	0	0	1	2.2	0	0
斥佛	0	0	1	2.3	0	0	0	0	0	0	0	0	0	0	0	0	0	0	0	0
계	5	100	43	100	37	100	35	100	28	100	39	100	34	100	49	100	45	100	58	100

연도 언론내용	10년 언론횟수	%	11년 언론횟수	%	12년 언론횟수	%	13년 언론횟수	%	14년 언론횟수	%	15년 언론횟수	%	16년 언론횟수	%	17년 언론횟수	%	18년 언론횟수	%	계 언론횟수	%
諫諍	4	7.8	6	8.8	8	14.0	8	11.8	11	16.7	5	8.3	2	4.3	1	2.2	3	7.7	98	11.2
彈劾	36	70.6	50	73.5	40	70.2	27	39.7	45	68.2	45	75.0	37	78.7	36	78.3	32	82.1	581	66.4
時政	11	21.6	12	17.6	9	15.8	28	41.2	10	15.1	8	13.3	7	14.9	8	17.4	3	7.7	184	21.0
人事	0	0	0	0	0	0	3	4.4	0	0	2	3.3	0	0	1	2.2	1	2.6	8	0.9
斥佛	0	0	0	0	0	0	2	2.9	0	0	0	0	1	2.1	0	0	0	0	4	0.5
계	51	100	68	100	57	100	68	100	66	100	60	100	47	100	46	100	39	100	875	100

[표 1·1]　　　　　　　　　太宗代 言官別 諫諍言論 내용

언론기관	내용	즉위년	원년	2년	3년	4년	5년	6년	7년	8년	9년	10년	11년	12년	13년	14년	15년	16년	17년	18년	계
司憲府	世　子		1									1	1	1							4
	講　武(止)				1											1					2
	講　武(從)								1									1			2
	視　事									1											1
	言　路(廣)							1			1		1			1					4
	田　獵(上王)												1								1
	朝　啓入侍													1	1	1	1				4
	扈　從															1					1
	行　幸(止)																			1	1
	其　他														1						1
司諫院	講　武(止)		1				1	2							2		1	1			8
	講武所(定)															1					1
	講　武(從)											1		1		1					3
	言路(有言官)			1			1			4	1					1					8
	愼　刑		1							1											2
	經　筵(開)		1								1			1							3
	服式(佩弓衣)		1																		1
	入侍·朝啓		1											1	1	1					4
	儀　衛(上王)		1													1					2
	溫泉行(止)			1											1						2
	視事(朝會政)			1		1		1	1	1	1	1	1			1					9
	世子·書筵						2		1			1	1	2							7
	移　御(止)						1														1
	親　試(止)							1													1
	行　幸(止)		1	2					1	1				1	1				1	1	9
臺諫	服　式	1																			1
	宗　廟(移)				1																1
	講　武(止)							2	1								2				5
	講　武(從)								1				1				1				3
	傳　位(止)							1			1									1	3
	溫井行(止)														1	1					2
三省	講　武(止)								1												1
	계	1	8	5	2	1	5	8	7	8	5	4	6	8	8	11	5	2	1	3	98

[표 11-1]　　　　　太宗代 言官別 諫諍言論內容 분석

내용 ＼ 기관	司憲府	司諫院	臺　諫	三　省	계
世子·書筵	4	7			11
講　　武(止)	2	8	5	1	16
講　　武(從)	2	3	3		8
視　　事(勤)	1	9			10
言　　路(開)	4	8			12
田　獵(上王)	1				1
朝啓·入侍	4	4			8
扈　　從(請)	1				1
行　　幸(止)	1	9			10
講武所(定할 것)		1			1
愼　　刑		2			2
經　　筵(開)		3			3
服 式(佩弓衣)		1	1		2
儀　衛(上王)		2			2
溫 井 行(止)		2	2		4
移　　御(止)		1			1
親　　試(止)		1			1
宗　　廟(移)			1		1
傳　　位(止)			3		3
其　　他	1				
계	21	61	15	1	98

[표 12]　太宗代 時政言論 내용

언론기관	내용	즉위년	원년	2년	3년	4년	5년	6년	7년	8년	9년	10년	11년	12년	13년	14년	15년	16년	17년	18년	계
司憲府	奴　　婢	2				1		1	1			1			4	3			2		15
	貨　幣(流通)	1										1									2
	禁　令(酒·樂)	2			1	1		1	1			1	1	1							9
	官　制　改　革	1		1					1							1					4
	稅　　　　制	1					1														2
	人　事　制　度	1					1	1					1				1				5
	田　　　　制			1				1							2						4
	土　　木(停)				1				1												2
	刑　政(決罪)				1												1	1		2	5
	推　劾　法						2								1						3
	贈　諡　法						1														1
	朋比之風(戢)										1										1
	敬　差　官												1								1
	風　　　俗													1	1						2
	科　擧　制														1						1
	名　分(妻妾)														1	1					2
	署　經　制　度														2						2
	高　麗　史　刊　行														1						1
	公　文　移　牒　式															1					1
	上達之規(言論)																	1			1
	時　務　條　進		2			1	1	1			1	3	1	3	2	1	1	1			18
	其　　他								1				1		2		1	2			7
司諫院	官　　制	1				2	1														4
	人　事(選汰)	1													1				1		3
	地　方　行　政	1																			1
司諫院	稅　　　　制		1	1	1																3
	直　宿　之　法			1																	1
	田　　制(正)			1	2																3
	貨　　幣(楮)			1	1								1								3
	土　　木(停)				1			2					1								4
	嫡　妻　名　分				1																1
	書　　筵					1															1
	敬　差　官(罷)					1			1												2
	軍　　　　制						1												2		3
	赴　役(勿徵)						1														1
	祿　　　俸							1							1						2
	上　疏　規　則							1													1
	便　民　事(足食)										1										1
	軍　事(停北伐)						1						1								2
	救　　荒												1								1
	恤　政(大悲院)												1								1
	興　　學												1								1
	禁　令(佛事)													1							1
	喪　禮(追薦)														1						1
	奴　　婢														1	3					4
	署　經　制　度														2		1				3
	刑　　政																			1	1
	時　務　條　進	1	2	3	5	2			1		1	2	3	2	1		1	1	3		28
	其　　他		1		3	1						1		1	2		1	1			11
臺諫	貨　幣(楮布)			3																	3
	朝　啓　入　參						1														1
	署　經　制　度														1						1
	役　　役(放)															1					1
	奴　　婢　事																	1			1
	계	1	17	12	17	9	11	11	5	0	5	11	12	9	28	10	8	7	8	3	184

언론기관	내용	즉위년	원년	2년	3년	4년	5년	6년	7년	8년	9년	10년	11년	12년	13년	14년	15년	16년	17년	18년	계

[표 12-1]　　　　　　　　　太宗代 時政言論 內容 분석

분류	내용	司憲府	司諫院	臺諫	계
中央政治	朋比之風(戒)	1			1
	公文移牒式	1			1
	上達之規	1	1		2
	書筵		1		1
	朝啓入參			1	1
地方政治	敬差官(罷)	1	2		3
	地方行政		1		1
人事制度	人事制度	5	3		8
	署經制度	2	3	1	6
官制	官制改革	4	4		8
財政·經濟	貨幣(流通)	2	3	3	8
	稅制	2	3		5
	田制	4	3		7
	祿俸		2		2
科擧·敎育·儀禮	贈諡法	1			1
	科擧制	1			1
	高麗史刊行	1			1
	興學		1		1
	喪禮(追薦)		1		1
軍事	軍制		3		3
	北伐(停)		2		2
司法	禁令(酒·樂·淫祀)	9	1		10
	刑政(決罪)	5	1		6
	推劾法	3			3
土木·營繕	土木(停)	2	4		6
風俗	風俗	2			2
社會·民生	奴婢問題	15	4	1	20
	妻妾名分	2	1		3
	赴役(勿徵)		1		1
	便民(足食)		1		1
	救荒		1		1
	恤政(大悲院)		1		1
	放役民			1	1
계		64	48	7	119

[표 13]　　太宗代 言官別 時務條進 주요 내용(사헌부)

언론기관	내용	즉위년	원년	2년	3년	4년	5년	6년	7년	8년	9년	10년	11년	12년	13년	14년	15년	16년	17년	18년	계
司憲府	言　　路		1														1				2
	紀　　綱		1														1				2
	節　　用		1												1			1			3
	遊畋(講武)		1															1			2
	節　　儉		1														1				2
	守　　令		2			1					1						1				5
	刑　　政		2																		2
	家　　廟		1					1													2
	決　　訟					1															1
	貢　　物					1															1
	譯官養成					1															1
	家　　禮					1					1										2
	土木(停役)						1				1										2
	豪强占奪						1														1
	人事(賞罰)		1					1			1										3
	婦　　道							1													1
	奴婢(推考屬公)							1						1				2			4
	留鄉所(革)							1													1
	高官橫暴							1													1
	稅制(收稅)										1				1						2
	文廟配享										1										1
	女服制度										1			2							3
	恤　　政										1										1
	禁放納										1										1
	驛站關津											1									1
	度量衡											1									1
	市場制度											1									1
	僧度牒											1									1
	蠶　　桑											1									1
	貨　　幣											1		1							2
	禁　　酒												1								1
	入對(使臣·守令)												1								1
	禾尺同化策												1				1				2
	漕　　運													1							1
	官制改革												1	2							3
	號牌法													1							1
	田　　制													2							2
	金　　銀													1							1
	物品稅														1						1
	地方行政(區劃)															1	1				2
	僧　　科																1	1			2
	限品授職																	1			1
	軍　　事		1								1								1		3

(사간원)

언론기관 / 내용 \ 연도

언론기관	내용	즉위년	원년	2년	3년	4년	5년	6년	7년	8년	9년	10년	11년	12년	13년	14년	15년	16년	17년	18년	계
司諫院	經筵	1		1	1																3
	人事法(取人)	1	2	1		1					1							2			8
	宗親(擧動)	1																			1
	侍衛	1															1				2
	宮闕(嚴)	1																			1
	服式		1																		1
	紀綱		1																		1
	官制(改革)		1	1	1																3
	其人		1																		1
	軍事		1								2							2	1		6
	屯田(烟戶)		1										1	1	1						5
	斥佛		1		1	1							1								4
	宿衛		2																		2
	勤聽政		1																		1
	元子入學		1		1								1								3
	興學(敎育)				1	1						2	1	1				1			7
	喪制				1																1
	依牒				1																1
	刑政(毋輕赦)				1	2															3
	守令(地方行政)		3		3	2							2	1				1			9
	漕運·陸輸				1																1
	財政(定貢額)		1											1							2
	田制		2																1		3
	奴婢		1																		1
	使行路弊		1																		1
	恤政						1														1
	土木之役(停)							1							1				2		4
	告身署經						1														1
	稅制		1									1	1	1	1						5
	風俗(正)												1								1
	禁倭奴婢												1								1
	賑恤												1	1							2
	貨幣流通(楮)												1			1					2
	柳末策													1							1
	植楮													1							1
	科擧												1					2			3
	鹽政												1								1
	進上													1							1
	禁酒														1						1
	言論節次																1				1
	婦道(外出禁止)																	1			1
	鄕吏(役)																		1		1
	蠶桑																		1		1
	妻妾名分																		1		1
합　계		5	22	7	17	14	2	6	2	0	9	18	14	18	7	2	7	12	11	0	173

〔표 13-1〕 　　　　　　　　太宗代 時務條進 내용 분석

분　류	내용　　기관	司憲府	司諫院	계
中央政治	言　路(開)	2		2
	立　紀　綱	2	1	3
	節　　用	3		3
	節　　儉	2		2
	入對(使臣·守令)	1		1
	宮　闕(嚴)		1	1
	依　牒(立法)		1	1
	言　論　之　規		1	1
地方政治	守　令(重)	5	9	14
	留鄕所(革)	1		1
	地　方　區　劃	1		1
	鄕　吏　役		1	1
人事制度	人　事　制　度	3	8	11
	限　品　授　職	1		1
	署　　經		1	1
官　　制	官　制　改　革	3	3	6
財政·經濟	貢　　物	1		1
	稅　制(收稅)	2	5	7
	度　量　衡	1		1
	市　　場	1		1
	蠶　　桑	1	1	2
	貨　幣(流通)	2	2	4
	漕　　運	1	1	2
	田　　制	2	3	5
	金　　銀	1		1
	物　品　稅	1		1
	商　人　稅		1	1
	鹽　　政		1	1
	進　　上		1	1
科擧·敎育·儀禮	家　　廟	2		2
	譯　官　養　成	1		1
	家　　禮	2		2
	婦　　道	1	1	2
	文　廟　配　亭	1		1
	女　服　制　度	3		3
	官　服　制　度		1	1

	興　學		7	7
	喪　服　制		1	1
	科　擧		3	3
	驛　站　關　津	1		1
	軍　事	3	6	9
軍　　事	侍　衛		2	2
	屯田(煙戶)罷		5	5
	宿　衛		2	2
	刑　政	2	3	5
司　　法	決　訟	1		1
	禁　令(酒)	1	1	2
土木·營繕	土　木(停)	2	4	6
風　　俗	正　風　俗		1	1
	豪　家　占　奪	1		1
	奴婢問題(紛爭)	4	1	5
	恤　政	1	1	2
	防　納(禁)	1		1
	禾尺同化策	2		2
社會·民生	號　牌　法	1		1
	其　人		1	1
	倭奴婢(禁)		1	1
	賑　恤		2	2
	妻　妾　名　分		1	1
	度　牒	1		1
斥　　佛	僧　科	1		1
	斥　佛		4	4
	講　武	2		2
	經　筵		3	3
諫　　諍	宗　親　問　題		1	1
	勤　聽　政		1	1
	元子入學問題		3	3
其　　他		1	4	5
계		72	101	173

[표 14] 世宗代 言論活動 개황 (즉위년~16년)

언론내용	언론기관	즉위년	원년	2년	3년	4년	5년	6년	7년	8년	9년	10년	11년	12년	13년	14년	15년	16년
諫諍	司憲府	1	2	1	1	2	1	3		1	5	6	1	4	4	4	1	5
	司諫院	1	4		1	3	2	1	2	3	7	12	1	4	3	5	5	2
	臺諫	1	1			2		2			16	41		2			2	4
	集賢殿			<3>														
彈劾	司憲府	13	18	20	6	24	41	24	26	54	31	25	27	18	18	14	7	17
	司諫院	2	12	13	4	8	4	8	7	5	10	12	7	9	11		4	3
	臺諫	4	21	7	3	3	8	2			1			2	2			
	集賢殿	<2>		<6>														
時政	司憲府	7	3	3	2	1	3	5	12	9	6	8	9	10	5	5	5	2
	司諫院	1	2				4	2	5	6	8	4	9	9	4	5	1	1
	臺諫																	
	集賢殿								1				2	3	2			
人事異議	司憲府			1						2	3	2	2		2	8	3	2
	司諫院									2		2	7	1		4	1	
	臺諫															4		
	集賢殿																	
斥佛	司憲府							1		1			1		1			1
	司諫院				1				1				1		1			
	臺諫																	
	集賢殿							1	1							1		1
계	司憲府	21	23	25	9	27	45	33	38	67	45	41	40	32	30	31	16	27
	司諫院	4	18	13	6	12	10	11	15	20	25	31	24	23	19	14	11	6
	臺諫	5	22	7	3	5	8	4			17	41		4	2	4	2	4
	集賢殿	<2>		<9>				1	2				2	3	2	1		1
합계		32	63	54	18	44	63	49	55	87	87	113	66	62	53	50	29	38

484

(17년~32년)

언론내용	언론기관	17년	18년	19년	20년	21년	22년	23년	24년	25년	26년	27년	28년	29년	30년	31년	32년	계
諫諍	司憲府	7		4		2	2	1	16	4		2	3	1	1	1		86
	司諫院	4	2	4		2	5	1	12	6	1		2	1	1			97
	臺諫	3		2	6	1	7		6	7				1		2		106
	集賢殿						1		1	2	1		2		1			11
彈劾	司憲府	11	16	12	11	38	11	16	12	19	11	6	17	17	11	23	3	617
	司諫院	3	4	3	9	10	6	8		6	6	3	3	8	1	14		207
	臺諫	5		1		6		1		1	16		2	2	2	11		99
	集賢殿				1													9
時政	司憲府	8	4	10	6	8	3	5	5	13	8	4	4	4	1	3	3	185
	司諫院	4	1	3	5	5	3	2	4	10	2	3	3	3	2	5		117
	臺諫	1									2							3
	集賢殿			1	3	2	1		1	1	1	5	7		1		1	32
人事異議	司憲府		5	2	4	1	3	10	6	17	6	4	2	4	3	8	1	101
	司諫院	1	2		2	4	1	3	4	15	2	3	1	2	2	9	2	70
	臺諫							1			1							6
	集賢殿																	
斥佛	司憲府	2		2	5	1	1	3	2				2			7		30
	司諫院			2	8	5	6	2	2				2			2		33
	臺諫					1		11							17			29
	集賢殿	1	1			1		4					1		10	2		24
계	司憲府	28	25	30	26	50	20	35	41	53	25	16	28	26	16	42	7	1,018
	司諫院	12	9	12	24	26	21	16	22	37	11	9	11	14	6	30	2	524
	臺諫	9		3	6	8	7	13	6	8	19		2	3	19	13		544
	集賢殿	1	1	1	4	3	2	4	2	3	2	5	10		12	2	1	76
합 계		50	35	46	60	87	50	68	71	101	57	30	51	43	53	87	10	1,862

[표 14-1] 世宗代 言官別 言論活動 상황

연도 / 기관	즉위년 횟수	%	원년 횟수	%	2년 횟수	%	3년 횟수	%	4년 횟수	%	5년 횟수	%	6년 횟수	%	7년 횟수	%	8년 횟수	%	9년 횟수	%	10년 횟수	%
司憲府	21	65.6	23	36.5	25	46.3	9	50.0	27	61.4	45	71.4	33	67.3	38	69.1	67	77.0	45	51.7	41	36.3
司諫院	4	12.5	18	28.6	13	24.1	6	33.3	12	27.3	10	15.9	11	22.4	15	27.3	20	23.0	25	28.7	31	27.4
臺諫	5	15.6	22	34.9	7	13.0	3	16.7	5	11.4	8	12.7	4	8.2					17	19.5	41	36.3
集賢殿	<2>	6.3			<9>	16.7									1	2.0	2	3.6				
계	32	100	63	100	54	100	18	100	44	100	63	100	49	100	55	100	87	100	87	100	113	100

연도 / 기관	11년 횟수	%	12년 횟수	%	13년 횟수	%	14년 횟수	%	15년 횟수	%	16년 횟수	%	17년 횟수	%	18년 횟수	%	19년 횟수	%	20년 횟수	%	21년 횟수	%
司憲府	40	60.6	32	51.6	30	56.6	31	62.0	16	55.2	27	71.1	28	56.0	25	71.4	30	65.2	26	43.3	50	57.5
司諫院	24	36.4	23	37.1	19	35.8	14	28.0	11	37.9	6	15.8	12	24.0	9	25.7	12	26.1	24	40.0	26	29.9
臺諫			4	6.5	2	3.8	4	8.0	2	6.9	4	10.5	9	18.0			3	6.5	6	10.0	8	9.2
集賢殿	2	3.0	3	4.8	2	3.8	1	2.0			1	2.6	1	2.0	1	2.9	1	2.2	4	6.7	3	3.4
계	66	100	62	100	53	100	50	100	29	100	38	100	50	100	35	100	46	100	60	100	87	100

연도 / 기관	22년 횟수	%	23년 횟수	%	24년 횟수	%	25년 횟수	%	26년 횟수	%	27년 횟수	%	28년 횟수	%	29년 횟수	%	30년 횟수	%	31년 횟수	%	32년 횟수	%	계 횟수	%
司憲府	20	40.0	35	51.5	41	57.7	53	52.5	25	43.9	16	53.3	28	54.9	26	60.5	16	30.2	42	48.3	7	70.0	1,018	54.7
司諫院	21	42.0	16	23.5	22	31.0	37	36.6	11	19.3	9	30.0	11	21.6	14	32.6	6	11.3	30	34.5	2	20.0	524	28.1
臺諫	7	14.0	13	19.1	6	8.5	8	7.9	19	33.3			2	3.9	3	7.0	19	35.8	13	14.9			244	13.1
集賢殿	2	4.0	4	5.9	2	2.8	3	3.0	2	3.5	5	16.7	10	19.6			12	22.6	2	2.3	1	10.0	76	4.1
계	50	100	68	100	71	100	101	100	57	100	30	100	51	100	43	100	53	100	87	100	10	100	1,862	100

〔표 14-2〕 世宗代 言論 內容別 言論活動 상황

기관 \ 연도	즉위년		원년		2년		3년		4년		5년		6년		7년		8년		9년		10년	
언론	횟수	%	횟수	%	횟수	%	횟수	%	횟수	%	횟수	%	횟수	%	횟수	%	횟수	%	횟수	%	횟수	%
諫 諍	3	9.4	7	11.1	4	7.4	2	11.1	7	15.9	3	4.8	6	12.2	2	3.6	4	4.6	28	32.2	59	52.2
彈 劾	21	65.6	51	81.0	46	85.2	13	72.2	35	79.5	53	84.1	34	69.4	33	60.0	63	72.4	42	48.3	37	32.7
時 政	8	25.0	5	7.9	3	5.6	2	7.1	2	4.5	7	11.1	7	14.3	18	32.7	15	17.2	14	16.1	12	10.6
人 事					1	1.9											4	4.6	3	3.4	4	3.5
斥 佛							1	5.6					2	4.1	2	3.6	1	1.1			1	0.9
계	32	100	63	100	54	100	18	100	44	100	63	100	49	100	55	100	87	100	87	100	113	100

기관 \ 연도	11년		12년		13년		14년		15년		16년		17년		18년		19년		20년		21년	
언론	횟수	%	횟수	%	횟수	%	횟수	%	횟수	%	횟수	%	횟수	%	횟수	%	횟수	%	횟수	%	횟수	%
諫 諍	2	3.0	10	16.1	7	13.2	9	18.0	8	27.6	11	28.9	14	28.0	2	5.7	10	21.7	6	10.0	5	5.7
彈 劾	34	51.5	29	46.8	31	58.5	14	28.0	11	37.9	20	52.6	19	38.0	20	57.1	16	34.8	21	35.0	54	62.1
時 政	20	30.3	22	35.5	11	20.8	10	20.0	6	20.7	3	7.9	13	26.0	5	14.3	14	30.4	14	23.3	15	17.2
人 事	9	13.6	1	1.6	2	3.8	16	32.0	4	13.8	2	2.3	1	2.0	7	20.0	2	4.3	6	10.0	5	5.7
斥 佛	1	1.5			2	3.8	1	2.0			2	2.3	3	6.0	1	2.9	4	8.7	13	21.7	8	9.2
계	66	100	62	100	53	100	50	100	29	100	38	100	50	100	35	100	46	100	60	100	87	100

기관 \ 연도	22년		23년		24년		25년		26년		27년		28년		29년		30년		31년		32년		계	
언론	횟수	%	횟수	%	횟수	%	횟수	%	횟수	%	횟수	%	횟수	%	횟수	%	횟수	%	횟수	%	횟수	%	횟수	%
諫 諍	15	30.0	2	2.9	35	49.3	19	18.8	2	3.5	2	6.7	7	13.7	3	7.0	3	5.7	3	3.4			300	16.2
彈 劾	17	34.0	25	36.8	12	16.9	26	25.7	35	57.9	9	30.0	22	43.1	27	62.8	14	26.4	48	55.2	3	30.0	932	50.0
時 政	7	14.0	7	10.3	10	14.1	24	23.8	13	22.8	12	40.0	14	27.5	7	16.3	4	7.5	8	9.2	4	40.0	337	18.1
人 事	4	8.0	14	20.6	10	14.1	32	31.7	9	15.8	7	23.3	3	5.9	6	14.0	5	9.4	17	19.5	3	30.0	177	9.5
斥 佛	7	14.0	20	29.4	4	5.6							5	9.8			27	50.9	11	12.6			116	6.2
계	50	100	68	100	71	100	101	100	57	100	30	100	51	100	43	100	53	100	87	100	10	100	1,862	100

[표 15]　世宗代 言官別 諫諍言論 내용 (즉위년~16년)

언론기관	내용	즉위년	원년	2년	3년	4년	5년	6년	7년	8년	9년	10년	11년	12년	13년	14년	15년	16년
司憲府	讓寧문제	1	1			2	1	2			5	6		2	2	4		4
	行　幸(止)		1	1														
	言路(言官優容)				1					1				2				
	習　射(宮內)							1										
	賞　罰(人事)												1					
	講武(世子代行)													2				1
	溫井(停・侍衛)																1	
	詹　事　院																	
	世　子　攝　政																	
	後　宮　營　建																	
	其　　　他																	
司諫院	經筵(臺諫入侍)	1																
	行　幸(止)		3				1			1								
	講武(停・延)		1						1	2	1					2	1	1
	言路(臺諫優容)				1											1	1	
	讓寧문제					3	1				6	12		4	2	2	3	1
	習　　射							1										
	輪對(史官入侍)									1								
	世　　子												1		1			
	詹　事　院																	
	賞　罰(人事)																	
	後　宮　營　建																	
	世　子　攝　政																	
	移御(讓寧第)																	
	其　　　他																	
臺諫	讓寧문제	1				2		2			16	41		2			2	4
	講　　武		1															
	溫　泉(侍衛)																	
	詹　事　院																	
	後　宮　營　建																	
	世子攝政(稱臣)																	
	其　　　他																	
集賢殿	讓寧문제			3														
	言　　路																	
	詹　事　院																	
	世子攝政(受朝)																	
	諺文創制反對																	
합　계		3	7	4	2	7	3	6	2	4	28	59	2	10	7	9	8	11

(17년~32년)

언론기관	내용	17년	18년	19년	20년	21년	22년	23년	24년	25년	26년	27년	28년	29년	30년	31년	32년	계
司憲府	讓寧문제	7		3		1	2		2									45
	行幸(止)																	2
	言路(言官優容)			1														5
	習射(宮內)																	1
	賞罰(人事)								2									3
	講武(世子代行)								4				1					8
	溫井(停·侍衛)							1	3									5
	詹事院								5			1						6
	世子攝政									2		1		1	1			5
	後宮營建									2								2
	其他					1							2			1		4
司諫院	經筵(臺諫入侍)																	1
	行幸(止)																	5
	講武(停·延)		1	1			1		4									16
	言路(臺諫優容)						2											5
	讓寧문제	4	1	2		1	2		2		1							47
	習射																	1
	輪對(史官入侍)																	1
	世子																	2
	詹事院																	5
	賞罰(人事)																	1
	後宮營建																	4
	世子攝政																	4
	移脚(讓寧第)																	1
	其他			1		1		1										4
臺諫	讓寧문제	3		2	6	1	7											89
	講武																	1
	溫泉(侍衛)								1									1
	詹事院								5									5
	後宮營建									1								1
	世子攝政(稱臣)									5					1			6
	其他									1						2		3
集賢殿	讓寧문제																	3
	言路						1							2	1			4
	詹事院								1									1
	世子攝政(受朝)									2								2
	諺文創制反對										1							1
合　計		14	2	10	6	5	15	2	35	19	2	2	7	3	3	3	0	300

〔표 15-1〕　　　　　　　　　世宗代 諫諍言論 내용 분석

내용 ＼ 기관	司憲府	司諫院	臺 諫	集賢殿	계
讓寧大君 문제	45	47	89	3	184
行 幸(止)	2	5			7
講 武(止)	8	16	1		25
溫井行(止)	5		1		6
言 路(開)	5	5		4	14
習 射(止)	1	1			2
賞 罰(愼)	3	1			4
世子 문제		2			2
詹 事 院	6	5	5	1	17
世 子 攝 政	5	4	6	2	17
後 宮 營 建	2	4	1		7
經筵(臺諫入侍)		1			1
輪對(史官入侍)		1			1
訓 民 正 音				1	1
移 御		1			1
其 他	4	4	3		11
계	86	97	106	11	300

490

[표 16] 世宗代 言論機關別 時政言論 내용 (즉위년~16년)

언론기관	내용	즉위년	원년	2년	3년	4년	5년	6년	7년	8년	9년	10년	11년	12년	13년	14년	15년	16년
司憲府	刑法(連坐法)	1					1	1	3	1			1					
	租稅(收稅)	1																
	裁判法	1						2			1						1	1
	進上	1									1							
	禁令(酒·金銀)	1	1		2	1		1	2	1		2	5	2			1	
	行臺監察			1					1		1	1		1				
	鄉吏(免役)			1														
	行政規式			1						1								
	署經制度						1			1						3		
	奴婢						1							1				
	科擧法								1									
	官制(職制)								1								1	
	地方行政 (守令·察訪)								1	1			1					
	除授之法								1	1		1	1					
	儀章服式之節									1								
	推劾法									1						1		
	横斂防止											1						
	教育·學校											2				1		
	限品叙用(身分)													2				
	敬差官(損實)													2				1
	漕運																	
	煮鹽																	
	各司濫費防止																	
	朝會																	
	土木·營繕·築城																	
	義倉																	
	船稅(收渡津稅)																	
	綱常·風俗	1	1										1	1	1			
	其他	1	1					1	2	1		1		1			1	
	時務條進										3				1		1	
司諫院	地方行政 (守令·察訪)		1						1		1		1					
	文廟從祀		1															
	敬差官 (損失·地方官勤慢)						2				1		1	1		1		1
	租稅(減)						1											
	署經制度							1	1	1						1		
	貨幣流通								1									
	刑法(立法)								1									
	貢物(減)								1	1								
	流亡(禁)										1							

		1	2	3	4	5	6	7	8	9	10	11	12	13	14	15	16	17
	禁巫覡·淫祀·奢侈									1	1							
	赴役(停)										1						1	1
	人事(土官授職·外官)										1				1	2	1	
	營繕·土木·築城(停)										2			1				1
	官　制											1						
	量　田(停)											1					1	
	軍　制(軍事)											2						
	名分·身分制(嚴)													1				
	起　復												1	1	1	2	1	
	限 品 敍 用												3	3	3			
	貢　法(弊)																	
	義　倉																	
	相避之法(改定)																	
	朝 參 制 度																	
	其　他													1			1	
	時 務 條 進	1				1	1	1		2	1		1	1			1	
臺諫	武　科(更試)																	
	貢法(早荒請停)																	
集賢殿	守令(六期之法)													1				
	圖　書														1			
	育 材 · 勸 學														1	1		
	服　制															1	1	
	考 課 之 法															1		
	陳 告 之 法																1	
	貢　物(倭人)																	
	科　擧																	
	祭文用信寶(不)																	
	祭　禮																	
	租稅(督納稅法)																	
	致 仕 之 法																	
	築　城(宮)																	
	義　鹽																	
	貨　幣																	
	社 倉 · 義 倉																	
	喪　制																	
	世子受冊寶儀																1	
	時 務 條 進																	
	其　他																	
합　계		8	5	3	2	2	7	7	18	15	14	12	20	22	11	10	6	3

(17년~32년)

언론기관	내용	17년	18년	19년	20년	21년	22년	23년	24년	25년	26년	27년	28년	29년	30년	31년	32년	계
司憲府	刑法(連坐法)			1	1					1					1			12
	租 稅(收稅)																	1
	裁 判 法													1				7
	進 上																	2
	禁令(酒·金銀)	3		1	1	1	1		2	3	2	3		1		1	1	39
	行 臺 監 察	1							1	1	4		3					15
	鄕 吏(免役)																	1
	行 政 規 式																	2
	署 經 制 度	1																6
	奴 婢															1		3
	科 擧 法																	3
	官 制(職制)																	2
	地 方 行 政 (守令·察訪)					1				1								5
	除 授 之 法			1				1		3								9
	儀章服式之節																	1
	推 劾 法			1			1									1		5
	橫 斂 防 止																	1
	敎 育·學 敎																	3
	限品叙用(身分)	1				1												4
	敬 差 官(損實)		1			1		1		1								8
	漕 運	1																1
	煮 鹽			1														1
	各司濫費防止			1														1
	朝 會				1													1
	土木·營繕·築城				1			2		2	2			1			2	10
	義 倉					1												1
	船稅(收渡津稅)									1								1
	綱 常·風 俗	1	1	3	1	2							1					17
	其 他						1	1				1						12
	時 務 條 進		2	1	1	1												10
司諫院	地 方 行 政 (守令·察訪)																	4
	文 廟 從 祀																	1
	敬 差 官 (損失·地方官勤慢)	2		1	1								1	1		2		15
	租 稅(減)																	1
	署 經 制 度																	4
	貨 幣(流通)																	1
	刑 法(立法)																	1
	貢 物(減)																	2
	流 亡(禁)																	1
	禁巫覡·淫祀·奢侈																	2
	赴 役(停)	1																3

機關	內容																	合計
	人事(土官授職·外官)			1	2	1	2	1		2				1	2			17
	雪繕·土木·築城(停)	1				1		1		1	1	2	1			1		14
	官　制				1					2								3
	量　田(停)				1					2								4
	軍　制(軍事)									2							1	3
	名分·身分制(嚴)								1									1
	起　復								2									9
	限　品　敍　用																	3
	貢　法(弊)					1				1	1							3
	義　倉					1												1
	相避之法(改定)						1											1
	朝　參　制　度															1		1
	其　他									2						1		5
	時　務　條　進		1	1	1	1				2			1				1	17
臺諫	武　科(更試)	1																1
	貢法(旱荒請停)										2							2
集賢殿	守令(六期之法)																	1
	圖　書									1								2
	育材·勸學					1												3
	服　制																	1
	考　課　之　法																	1
	陳　告　之　法																	1
	貢　物(倭人)			1														1
	科　擧				1				1									2
	祭文用信寶(不)				1													1
	祭　禮				1													1
	租稅(督納稅法)					1												1
	致　仕　之　法						1											1
	築　城(宮)										1							1
	義　鹽											2						2
	貨　幣											2						2
	社倉·義倉											1			4			2
	喪　制												4					4
	世子受冊寶儀																	1
	時　務　條　進												2			1		3
	其　他												1					1
합　계		13	5	14	14	15	7	7	10	24	13	12	14	7	4	8	4	337

494

[표 16-1]　世宗代 時政言論 내용 분석

분류	내용 ＼ 기관	司憲府	司諫院	臺諫	集賢殿	계
中央政治	朝會·朝參	1	1			2
	行政規式	2				2
地方政治	地方行政·守令	5	4		1	10
	鄕吏(役)	1				1
	敬差官	8	15			23
官制	官制·官職	2	3			5
人事	署經制度	6	4			10
	除授之法	9	17			26
	限品敍用	4	3			7
	相避法		1			1
	考課法				1	1
	致仕法				1	1
	起復		9			9
財政	租稅	1	1		1	3
	進上	2				2
	漕運	1				1
	鹽政	1			2	3
	貢物		2		1	3
	量田		4			4
	貢法		3	2		5
	經費(濫費)	1				1
經濟	貨幣(流通)		1		2	3
教育·科學·儀禮	科擧	3		1	2	6
	儀禮	1			1	2
	教育	3			3	6
	文廟(從祀)		1			1
	圖書				2	2
	服制(喪制)				5	5
	祭禮				2	2
軍事	軍制(軍事)		3			3
司法	刑法(立法)	12	1			13
	裁判法	7				7
	推劾法	5				5
	陳告法				1	1
	行臺監察	15				15
	禁令	39				39
土木	土木·營繕	10	14		1	25
風俗	風俗·綱常	17				17
	淫祀·巫覡			2		2
社會·民生	義倉·社會	1	1		2	4
	流亡(禁)		1			1
	赴役		3			3
	橫斂(방지)	1				1
	奴婢(분쟁)	3				3
	身分		1			1
합　계		161	95	3	28	287

[표 17] 世宗代 言論機關別 時務條進 내용 (즉위년~16년)

언론기관	내용	즉위년	원년	2년	3년	4년	5년	6년	7년	8년	9년	10년	11년	12년	13년	14년	15년	16년
司憲府	人事制度(守令六期)										2				2			
	土木·營繕										3						1	
	愼立法										1							
	刑政										1				1			
	租稅										2							
	國防										1							
	起復(喪制)										1				1			
	史官(廣記錄)														1			
	察民情																1	
	地方行政(糾察)																1	
	地理設(斥)																1	
	斥佛(革寺田·合禪敎)																	
	巫覡																	
	正風俗(贓·淫女)																	
	號牌法																	
	科學制度																	
	訴訟法																	
	愿惡鄕吏懲治																	
	史庫(分置史籍)																	
	婚姻(定期)																	
司諫院	租稅	1																
	國防	1																
	科田重斂	1																
	貨幣(楮貨)	1					1											
	貢物					1												
	敬差官(損實)					1												
	土木·營繕(停)					1				1	1		1	1				
	教育·興學						1						1					
	義倉						1											
	地方行政(六期·糾察)						1											
	人事制度							1		2	1			1				
	宿衛							1		1								
	置講武場(更民生)									1								
	神稅之布(巫覡)									1								
	軍制(補充軍)·軍事									1								
	歲貢(採金弊)									1								
	各司奴婢											1						
	刑政									1	1							
	國巫(罷)												1					
	度牒(强化)												1					
	家屋(瓦家策)												1					
	正風俗												1					

區分	項目																	
	科田(陳告之法)												1					
	言　路													1				
	量　田													1				
	身分制度(身賤·嚴)													1				
	物　價(앙등)													1				
	盜賊(嚴懲,弭盜)													1				
	獄訟(速·正)													1				
	臟　吏(嚴懲)																	
	經　筵　入　侍																	
	世　子　敎　育																	
	鄕愿·土豪貪暴																	
	關　　津																	
	貢　　法																	
	財　政·出　納																	
	愼　立　法																	
	婚　姻(定期)																	
	尼　僧　還　俗																	
	徙　民　策																	
	義　　鹽																	
	正婦道(擧動行實)																	
	科　擧　制　度																	
集賢殿	築　城(兩界)																	
	徙　　民																	
	義　　鹽																	
	敬　差　官																	
	貢　　法																	
	言　路(廣)																	
	守令·地方行政																	
	刑　　政																	
	使　　行																	
	國防(備邊十策)																	
합　계		4	0	0	0	3	4	2	0	9	15	0	7	8	5	0	4	0

(17년~32년)

언론기관	내용	17년	18년	19년	20년	21년	22년	23년	24년	25년	26년	27년	28년	29년	30년	31년	32년	계
司憲府	人事制度(守令六期)					3												7
	土木·營繕																	4
	愼立法																	1
	刑政				1													3
	租稅																	2
	國防																	1
	起復(喪制)																	2
	史官(廣記錄)																	1
	察民情																	1
	地方行政(糾察)		1	1														3
	地理設(斥)																	1
	斥佛(革寺田·合禪敎)		1															1
	巫覡		1															1
	正風俗(贓·淫女)		2															2
	號牌法		1															1
	科擧制度			1														1
	訴訟法			1	1													2
	愿惡鄉吏懲治				1													1
	兒庫(分置史籍)					1												1
	婚姻(定期)					1												1
司諫院	租稅																	1
	國防																	1
	斗田重斂																	1
	貨幣(楮貨)																	2
	貢物																	1
	敬差官(損實)																	1
	土木·營繕(停)									1			1					7
	敎育·興學																	2
	義倉																	1
	地方行政(六期·糾察)			1	1						1					2		6
	人事制度			1	2	1												9
	宿衛																	2
	置講武場(更民生)																	1
	神稅之布(巫覡)																	1
	軍制(補充軍)·軍事					1							1					3
	歲貢(採金弊)																	1
	各司奴婢					1												2
	刑政																	2
	國巫(罷)																	1
	度牒(强化)																	1
	家屋(瓦家策)																	1
	正風俗																	1

		1	2	3	4	5	6	7	8	9	10	11	12	13	14	15	16	計
	科田(陳告之法)																	1
	言　路																	1
	量　田									1								2
	身分制度(身賤·嚴)		1															2
	物　價(앙등)																	1
	盜賊(嚴懲,弭盜)									1							1	2
	獄　訟(速·正)			2		1												3
	臧　吏(嚴懲)				1													1
	經　筵　入　侍				1													1
	世　子　教　育				1													1
	鄉愿·土豪貪暴				1													1
	關　　津																	1
	貢　　法					1				2			1					4
	財　政·出　納					1												1
	慎　立　法															1		1
	婚　姻(定期)									1								1
	尼　僧　還　俗									1								1
	徙　民　策												1					1
	義　　鹽												1					1
	正婦道(擧動行實)															1		1
	科　擧　制　度															1		1
集賢殿	築　城(兩界)														1			1
	徙　　民														1			1
	義　　鹽														1			1
	敬　差　官														1			1
	貢　　法														2			2
	言　路(廣)														1			1
	守令·地方行政														1			1
	刑　　政														1			1
	使　　行														1			1
	國防(備邊十策)																1	1
合　計		0	7	7	10	11	0	0	0	8	0	0	5	0	10	6	1	129

〔표 17-1〕　　　　　　　　　世宗代 時務條進 주요 내용 분석

분류	내용	司憲府	司諫院	集賢殿	계
地方政治	地方行政(규찰)	3	6	1	10
	愿惡鄕吏(징치)	1			1
	敬 差 官		1	1	2
	鄕愿土豪貪暴		1		1
人事	人事法(守令·六期)	7	9		16
	起 復	2			2
財政	租 稅		1		1
	貢 物		1		1
	歲 貢(採金)		1		1
	貢 法		4	2	6
	出 納(財政)		1		1
	義 鹽		1	1	2
土地	科 田(重斂)		1		1
	科 田(陳告法)		1		1
	量 田		2		2
經濟	貨 幣		2		2
敎育·科擧	廣記錄(史官)	1			1
	科 擧	1	1		2
	史 庫(史籍)	1			1
	敎育·興學		2		2
軍事	國 防	1	1	1	3
	宿 衛		2		2
	軍 制		3		3
	關 津		1		1
司法	刑 政	3	2	1	6
	訴訟·決訟	2	3		5
	贓 吏(징치)		3		3
土木	土木·營繕·築城	4	7	1	12
風俗	正 風 俗	2	2		4
	婚 姻(定適齡)	1	1		2
	國巫·神稅布		2		2
社會·民生	民 情(察)	1			1
	號 牌 法	1			1
	義 倉		1		1
	奴 婢(各司)		2		2
	家屋(瓦家統一)		1		1
	身 分 制 度		2		2
	物 價(安定)		1		1
	盜 賊(弭盜)		2		2
	徙 民 策		1	1	2
諫諍	愼 立 法	1	1		2
	講武場定置		1		1
	廣 言 路		1	1	2
	經 筵 入 侍		1		1
	世 子 敎 育		1		1
斥佛	革寺田·合禪敎	1			1
	度牒制(강화)		1		1
	尼 僧 還 俗		1		1
합　　　계		33	79	10	122
비고(시무조진 橫수)		10	17	3	30

[표 18] 世宗代 斥佛言論 內容

언론기관	내용	3년	6년	7년	8년	10년	11년	13년	14년	16년	17년	18년	19년	20년	21년	22년	23년	24년	28년	30년	31년	계
司憲府	革除寺宇·田土		1		1																	2
	度牒						1											1				2
	佛事(齊·會停罷)							1			2			1		1	3		2		1	11
	寺宇補修·建寺									1			2	4							1	8
	收兩寺取旨推劾之旨														1							1
	論斥佛																	1				1
	慶讚寺結契(禁)																				1	1
	毁佛宇(私設)																				4	4
司諫院	度牒	1																				1
	喪制不作佛事			1				1														2
	燃燈(制限)					1																1
	寺宇補修·建閤(罷)												2	7								9
	罷僧科·昇職													1								1
	佛事(齋·會停罷)														5	3	2	2	2		2	16
	佛畫燒毀															1						1
	佛經移置(止)															2						2
臺諫	佛事停罷														1		11					12
	建寺(內佛堂停罷)																			17		17
集賢殿	論斥佛		1								1											2
	佛事(齋·會停罷)			1					1	1						1	4				2	10
	寺宇補修建寺(停罷)											1								10		11
	成佛經(止)																	1				1
합계		1	2	2	1	1	1	2	1	2	3	1	4	13	8	7	20	4	5	27	11	116

[표 19] 　　世宗代 斥佛言論 내용 분석

내용 ＼ 기관	司憲府	司諫院	臺諫	集賢殿	계
革除寺宇·寺田	2				2
度牒	2	1			3
佛事(齋·會停罷)	11	16	12	10	49
寺宇補修·建寺(罷)	8	9	17	11	45
論斥佛	1			2	3
結契(禁)	1				1
毁佛宇(私設)	4				4
喪制不作佛事		2			2
燃燈(制限)		1			1
僧科·昇職(罷)		1			1
佛畫燒毁		1			1
佛經移置(禁)		2			2
成佛經(止)				1	1
其他	1				1
계	30	33	29	24	116

[표 20] 　　文宗·端宗代 言論活動 개황

내용	기관	문종 즉위년	문종 원년	문종 2년	문종 계	단종 즉위년	단종 원년	단종 2년	단종 3년	단종 계
諫諍	司憲府	12	4	1	17	2	12	3	3	20
	司諫院	4	3		7	1	14	5	4	24
	臺諫						3	2		5
	集賢殿		1		1		1	3		4
彈劾	司憲府	18	33	10	61	18	33	13	10	74
	司諫院	6	11	2	19	6	16	5	5	32
	臺諫	1		1	2	6	2		6	14
	集賢殿		1		1					
時政	司憲府	20	22	1	43	6	11	10		27
	司諫院	6	5	2	13	2	6	9	5	22
	臺諫					1				1
	集賢殿	2	3		5	1		1		2
人事異議	司憲府	8	12	3	23	7	3	6	1	17
	司諫院	7	7	7	21	10	15	5	1	31
	臺諫					1	2			3
	集賢殿									
斥佛	司憲府	11	15		26	4	4	5		13
	司諫院	7	2		9		2	2		4
	臺諫	4			4		1			1
	集賢殿	4			4			5		5
계	司憲府	69	86	15	170	37	63	37	14	151
	司諫院	30	28	11	69	19	53	26	15	113
	臺諫	5		1	6	8	8	2	6	24
	集賢殿	6	5		11	1	1	9		11
합계		110	119	27	256	65	125	74	35	299

502

[표 20-1] 　　　　　　　　　　文宗·端宗代 言官別 言論活動 상황

연도　　언론기관	문종 즉위년		원년		2년		계	
	횟수	%	횟수	%	횟수	%	횟수	%
司憲府	69	62.7	86	72.3	15	55.6	170	66.4
司諫院	36	27.3	28	23.5	11	40.7	69	27.0
臺　諫	5	4.5			1	3.7	6	2.3
集賢殿	6	5.5	5	4.2			11	4.3
계	110	100	119	100	27	100	256	100

연도　　언론기관	단종 즉위년		원년		2년		3년		계	
	횟수	%	횟수	%	횟수	%	횟수	%	횟수	%
司憲府	37	56.9	63	50.4	37	50.0	14	40.0	151	5C.5
司諫院	19	29.2	53	42.4	26	35.1	15	42.9	113	37.8
臺　諫	8	12.3	8	6.4	2	2.7	6	17.1	24	8.0
集賢殿	1	1.5	1	0.8	9	12.2			11	3.7
계	65	100	125	100	74	100	35	100		100

[표 20-2] 　　　　　　　　　　文宗·端宗代 言論 內容別 言論活動 상황

연도　　언론기관	문종 즉위년		원년		2년		계	
	횟수	%	횟수	%	횟수	%	횟수	%
諫　諍	16	14.5	8	6.7	1	3.7	25	9.8
彈　劾	25	22.7	45	37.8	13	48.1	83	32.4
時　政	28	25.5	30	25.2	3	11.1	61	23.8
人　事	15	13.6	19	16.0	10	37.0	44	17.2
斥　佛	26	23.6	17	14.3			43	16.8
계	110	100	119	100	27	100	256	100

연도　　언론기관	단종 즉위년		원년		2년		3년		계	
	횟수	%	횟수	%	횟수	%	횟수	%	횟수	%
諫　諍	3	4.6	30	24.0	13	17.6	7	20.0	53	17.7
彈　劾	30	46.2	51	40.8	18	24.3	21	60.0	120	40.1
時　政	10	15.4	17	13.6	20	27.0	5	14.3	52	17.4
人　事	18	27.7	20	16.0	11	14.9	2	5.7	51	17.1
斥　佛	4	6.2	7	5.6	12	16.2			23	7.7
계	65	100	125	100	74	100	35	100	299	100

[표 21]   文宗·端宗代 言官別 諫諍言論 내용 분석

언론기관	내용	문종			단종				계
		즉위년	원년	2년	즉위년	원년	2년	3년	
司憲府	讓寧·宗親 문제	5					2		7
	世子	2							2
	上食(英陵)	1		1					2
	言路	2				1	1		4
	使臣接待	2							2
	惠嬪居處建築		3						3
	侍衛		1						1
	移御				1				1
	首陽·安平 관계				1	1			2
	濫賞(首陽隨從者)					4			4
	山陵監役					1			1
	人事(加資)					2			2
	內侍封君					3			3
	觀獵							1	1
	宮人(出)							1	1
	勤政事							1	1
司諫院	言路(優容)	1				2			3
	觀射(不可)	1							1
	人事(加資)	1				2			3
	使臣接待	1							1
	首陽·安平 관계		3		1	3			7
	濫賞(首陽隨從)					3			3
	內侍封君					3			3
	納妃					1	1		2
	讓寧·宗親 관계						1		1
	愼擧動						1		1
	入侍(史官)						1		1
	觀獵(停)						1	2	3
	移御							1	1
	勤政事							1	1
臺諫	首陽·安平 관계					1			1
	內侍封君					1			1
	讓寧·宗親 관계						1		1
	請寬宥						1		1
集賢殿	講武場擴張		1						1
	君臣之道					1			1
	經筵						1		1
	納妃						1		1
	言路						1		1
합계		16	8	1	3	29	13	7	77

504

[표 21-1] 　文宗·端宗代 言官別 諫諍言論 내용 분석

내용	司憲府 문종	司憲府 단종	司諫院 문종	司諫院 단종	臺諫 문종	臺諫 단종	集賢殿 문종	集賢殿 단종	계 문종	계 단종
讓寧關係	5	2		1		1			5	4
世子	2								2	
陵行幸(英陵)	2								2	
言路	2	2	1	2				1	3	5
使臣接待관계	2		1						3	
惠嬪居處建築	3								3	
侍衛	1								1	
移御		1		1						2
首陽·安平關係		2	3	4		1			3	7
濫賞(首陽隨從)		4		3						7
山陵監役		1								1
人事(加資)		2	1	2					1	4
內侍封君		3		3		1				7
觀獵		1		3						4
宮人관계		1								1
勤政事		1		1						2
觀射(喪中)			1						1	
納妃				2				1		3
愼擧動				1						1
入侍(史官)				1						1
請寬宥						1				1
講武場擴張							1		1	
君臣之道								1		1
經筵								1		1
계	17	20	7	24		4	1	4	25	52

[표 22] 文宗·端宗代 言官別 時政言論 내용

언론기관	내용	문종			단종				계
		즉위년	원년	2년	즉위년	원년	2년	3년	
司憲府	土木·營繕	4	1		2	1	1		9
	禁令(酒·肉)	1	3		1	1	4		10
	儀禮(冊封)	1							1
	風俗	2	1						3
	人事制度	3	1				1		5
	地方官糾察	2	1		1		2		6
	官職制度	3	3			2			8
	名分(嫡·庶)	1	2	1		1			5
	巫稅(徵收)		1						1
	推刻法		1				2		3
	工匠		1						1
	貢賦(蠲免)		1						1
	進獻		1						1
	行臺派遣·糾察		1		1	1			3
	賑恤				1	2			3
	科擧					2			2
	其他	2	4			1			7
	時務條進	1				2			3
司諫院	土木·營繕	2			1		1		4
	風俗	1							1
	地方官糾察	1	1				1		3
	官職制度	1							1
	軍制		1						1
	派使外方		1			2	1	1	5
	敬差官(損實)		1				2		3
	刑法(禁錮)			2					2
	署經法				1	1	1		3
	人事制度					2	1		3
	禁令(酒)						1	3	4
	其他		1				1		2
	時務條進	1				1		1	3
臺諫	大臣輔弼幼王								1
集賢殿	租稅	1							1
	恩賜科設置		1						1
	冠禮		1						1
	輪對		1						1
	興學				1				1
	報漏閣改築						1		1
	時務條進	1							1
계		28	30	3	10	19	20	5	115

[표 22-1]　　　　　文宗·端宗代 言官別 時政言論 분석

분류	내용	司憲府		司諫院		臺諫		集賢殿		계	
		문종	단종	문종	단종	문종	단종	문종	단종	문종	단종
地方行政	地方官糾察	3	3	2	1					5	4
	巫稅徵收	1								1	
	行臺派遣	1	2							1	2
	派使外方			1	4					1	4
	敬差官(損實)			1	2					1	2
官制	官職制度	6	2	1						7	2
人事	人事制度	4	1		3					4	4
	署經法				3						3
財政	貢賦(蠲免)	1								1	
	進獻	1								1	
	租稅								1		1
教育·科擧·儀禮	儀禮(冊封)	1								1	
	科擧		2								2
	恩賜科							1		1	
	冠禮							1		1	
	輪對							1		1	
	興學							1		1	
軍事	軍制			1						1	
司法	禁令(禁酒 등)	4	6		4					4	10
	推劾法	1	2							1	2
	刑法				2						2
土木建築	土木·營繕	5	4	2	2				1	7	7
風俗	風俗	3		1						4	
社會·民生	嫡庶名分	4	1							4	1
	工匠	1								1	
	賑恤		3								3
기　타		7	3	2	3		1	1		10	7
계		43	29	13	22	0	1	6	1	62	53

[표 23]　　　　　　　　文宗·端宗代 言官別 時務條進 내용

언론기관	내용	문종 즉위년	단종 원년	단종 3년	계
司憲府	謹政	1			1
	辨邪正	1			1
	廣言路	1	1		2
	愼人事	1			1
	宰相權限		1		1
	土木·營繕		2		2
	喪制		1		1
	愼賞罰		1		1
	冊房(罷)		1		1
司諫院	軍事·軍備	3			3
	獄訟(正)	1			1
	貢物代納(禁)	1			1
	馬政	1			1
	地方行政糾察	2			2
	刑政	1	1		2
	風俗	1			1
	安平大君黨與		1		1
	近正人			1	1
	經筵			1	1
	中官(勿委出納)			1	1
	愼賞爵			1	1
	廣言路			1	1
集賢殿	保擧法	1			1
	地方行政糾察	1			1
	興學·敎育	1			1
합　계		17	9	5	31

[표 24]　　　　　　　　**文宗·端宗代 言官別 斥佛言論 내용**

언론기관	내용	문종			단종				계
		즉위년	원년	2년	즉위년	원년	2년	3년	
司憲府	造佛印經	2							2
	王師(反)	8							8
	佛事(佛供)	1	8						9
	僧徒		1						1
	懲僧徒		1						1
	毀內佛堂		1		1	2	5		9
	停建寺		3			2			5
	婦女上寺		1						1
	黜僧徒(內佛堂)				1				1
	鑄鐘(孝寧)				2				2
司諫院	造佛印經	3							3
	王師(反)	3							3
	論斥佛	1							1
	佛事		1						1
	埋沒佛像		1						1
	毀內佛堂					2	2		4
臺諫	造佛印經	4							4
	毀內佛堂					1			1
集賢殿	造佛印經	2							2
	王師(反)	1							1
	論斥佛	1							1
	毀內佛堂						5		5
합　계		26	17	0	4	7	12	0	66

〔표 24-1〕　　　　　　　　　　文宗·端宗代 斥佛言論 내용 분석

내용 \ 기관·왕별	司憲府		司諫院		臺　諫		集賢殿		계	
	문종	단종	문종	단종	문종	단종	문종	단종	문종	단종
造佛印經(反對)	2		3		4		2		11	
王師(反對)	8		3				1		12	
佛事(反對)	9		1						10	
抑僧徒	1								1	
懲僧徒	1								1	
毁內佛堂	1	8		4		1		5	1	18
停建寺	3	2							3	2
婦女上寺(禁)	1								1	
黜內佛堂僧徒		1								1
停鑄鐘		2								2
論斥佛			1					1	2	
埋沒佛像			1						1	
계	26	13	9	4	4	1	4	5	43	23

[표 25] 世祖代 言官言論活動 개황

언론내용	언론기관	원년	2년	3년	4년	5년	6년	7년	8년	9년	10년	11년	12년	13년	14년	계
諫諍	司憲府	1		3	1	2	2						2			11
	司諫院	3	1	4	1	1	2									12
	臺諫		6	4		2										12
	集賢殿	1														1
彈劾	司憲府	14	18	21	10	10	6	23	24	8	9	20	4	8	4	179
	司諫院	9	2	7	7	3		2	6		2	2		2		42
	臺諫	13	6	11	5	7			3	1		1	2	5	2	56
	集賢殿															
時政	司憲府	3	5	3	2	2	3	4			3	5	5	4	2	41
	司諫院		1	3	1	1	1		3	1	1	1			1	14
	臺諫		1													1
	集賢殿		1													1
人事異議	司憲府	5	1	2	3	1	1	3	2		1	2	2	7	5	35
	司諫院	2	4	2	3	4	4	3	2		1	4		3	1	33
	臺諫	1		2										2		5
	集賢殿															
斥佛	司憲府		1		3											4
	司諫院															
	臺諫															
	集賢殿															
계	司憲府	23	25	29	19	15	12	30	26	8	13	27	13	19	11	270
	司諫院	14	8	16	12	9	7	5	11	1	4	7		5	2	101
	臺諫	14	13	17	5	9			3	1		1	2	7	2	74
	集賢殿	1	1													2
합 계		52	47	62	36	33	19	35	40	10	17	35	15	31	15	447

〔표 25-1〕　世祖代 言官別 言論活動 상황

기관＼언론＼연도	원년		2년		3년		4년		5년		6년		7년	
	횟수	%	횟수	%	횟수	%	횟수	%	횟수	%	횟수	%	횟수	%
司憲府	23	44.2	25	53.2	29	46.8	19	52.8	15	45.5	12	63.2	30	85.7
司諫院	14	26.9	8	17.0	16	25.8	12	33.3	9	27.3	7	36.8	5	14.3
臺諫	14	26.9	13	27.7	17	27.4	5	13.9	9	27.3				
集賢殿	1	1.9	1	2.1										
계	52	100	47	100	62	100	36	100	33	100	19	100	35	100

기관＼언론＼연도	8년		9년		10년		11년		12년		13년		14년		계	
	횟수	%	횟수	%	횟수	%	횟수	%	횟수	%	횟수	%	횟수	%	횟수	%
司憲府	26	65.0	8	80.0	13	76.5	27	77.1	13	86.7	19	61.3	11	73.3	270	60.4
司諫院	11	27.5	1	10.0	4	23.5	7	20.1			5	16.1	2	13.3	101	22.6
臺諫	3	7.5	1	10.0			1	2.9	2	13.3	7	22.6	2	13.3	74	16.6
集賢殿															2	0.4
계	40	100	10	100	17	100	35	100	15	100	31	100	15	100	447	100

〔표 25-2〕　世祖代 言論 內容別 言論活動 상황

기관＼언론＼연도	원년		2년		3년		4년		5년		6년		7년	
	횟수	%	횟수	%	횟수	%	횟수	%	횟수	%	횟수	%	횟수	%
諫諍	5	9.6	7	14.9	11	17.7	2	5.6	5	15.2	4	21.1		
彈劾	36	69.2	26	55.3	39	62.9	22	61.1	20	60.6	6	31.6	25	71.4
時政	3	5.8	8	17.2	6	9.7	3	8.3	3	9.1	4	21.1	4	11.4
人事	8	15.4	5	10.6	6	9.7	6	16.7	5	15.2	5	26.3	6	17.1
斥佛			1	2.1			3	8.3						
계	52	100	47	100	62	100	36	100	33	100	19	100	35	100

기관＼언론＼연도	8년		9년		10년		11년		12년		13년		14년		계	
	횟수	%	횟수	%	횟수	%	횟수	%	횟수	%	횟수	%	횟수	%	횟수	%
諫諍									2	13.3					36	8.1
彈劾	33	82.5	9	90.0	11	64.7	23	65.7	6	40.0	15	48.4	6	40.0	277	62.0
時政	3	7.5	1	10.0	4	23.5	6	17.1	5	33.3	4	12.9	3	20.0	57	12.8
人事	4	10.0			2	11.8	6	17.1	2	13.3	12	38.7	6	40.0	73	16.3
斥佛															4	0.9
계	40	100	10	100	17	100	35	100	15	100	31	100	15	100	447	100

512

[표 26]　　世祖代 言官別 諫諍言論 내용

기관	내용	원년	2년	3년	4년	5년	6년	12년	계
司憲府	視朝	1							1
	停巡狩			3					3
	讓寧·孝寧				1	2	1		4
	減言官(不可)						1		1
	濫賞爵(不可)							2	2
司諫院	經筵(入參)	1							1
	原從功臣(無功)	2							2
	科擧(取人)			1					1
	祈雨			1					1
	愼政事				1				1
	宗親作弊(讓寧)					1			1
	世子(教育)						1		1
	減言官(不可)						1		1
	停巡狩		1	2					3
臺諫	停巡狩		1	1					2
	上王出外(避宮)		5	3					8
	巡幸(凶)					2			2
集賢殿	論君道	1							1
계		5	7	11	2	5	4	2	36

[표 26-1]　　世祖代 言官別 諫諍 내용 분석

내용	司憲府	司諫院	臺諫	集賢殿	계
視朝	1				1
停巡狩	3	3	2		8
宗親作弊(讓寧 등)	4	1			5
言官減員(不可)	1	1			2
濫賞爵(不可)	2				2
經筵(入參)		1			1
原從功臣(無功者)		2			2
科擧(待秋)		1			1
祈雨		1			1
愼政事		1			1
世子(教育)		1			1
請上王出外			8		8
停巡幸(凶)			2		2
論君道				1	1
계	11	12	12	1	36

〔표 27〕 世祖代 言官別 時政言論 내용

언론기관	내용	원년	2년	3년	4년	5년	6년	7년	8년	9년	10년	11년	12년	13년	14년	계
司憲府	向化人政策	1														1
	人事制度	1														1
	推劾規	1														1
	司憲府官規		1													1
	禁令(酒)		1	1	2	1	2				1			1		9
	遣使外方(停)		2	1		1										4
	刑法			1												1
	明使作弊						1									1
	獄訟							2				1				3
	分臺派遣							1								1
	救荒										1					1
	嫡妾名分(嚴)											2				2
	財産相續												1			1
	署經法												1			1
	圖書出版												1			1
	記錄保管												1			1
	國防													2		2
	徙民														1	1
	其他							1			1					2
	時務條進		1									2	1	1	1	6
司諫院	圖書備置		1													1
	地方官制			1												1
	遣使外方						1		1							2
	起復(不可)			1		1										2
	人事制度(是非)								2							2
	奔競									1						1
	犯罪者子孫赴試										1					1
	其他			1												1
	時務條進				1							1			1	3
臺諫	敬差官(損實)		1													1
集賢殿	時務條進		1													1
합계		3	8	6	3	3	4	4	3	1	4	6	5	4	3	57

514

〔표 27-1〕　世祖代 言官別 時政言論 내용 분석

분류	내용＼언론기관	司憲府	司諫院	臺諫	계
中央行政	司憲府官規	1			1
地方行政	遣使外方(停)	4	2		6
	分臺派遣	1			1
	地方官制		1		1
	敬差官			1	1
人　事	人事制度	1	2		3
	署經法	1			1
	起復(不可)		2		2
敎育·文化	圖書出版	1			1
	記錄保管	1			1
	圖書備置		1		1
軍　事	國防	2			2
司　法	推刻規	1			1
	禁令(酒)	9			9
	刑法	1			1
	獄訟	3			3
社會·民生	向化人政策	1			1
	救荒	1			1
	嫡妾名分	2			2
	財産相續	1			1
	徙民	1			1
기　타	明使作弊	1			1
	奔競		1		1
	犯罪者子孫赴試		1		1
계		33	10	1	44

[표 28] 睿宗·成宗 初 言官言論 개황

내용	언론기관	예종 즉위	원년	계	성종 즉위	원년	2년	3년	4년	5년	6년	7년	8년	9년	계
諫諍	司憲府		4	4		3	1	2	2	6	12	4	19		49
	司諫院		2	2		1	2	4	4	14	11	11	5		52
	臺諫					1	9	1	3	1	2	2	5		24
	藝文館									4	4	2	2		12
彈劾	司憲府	2	24	26	3	26	39	30	35	54	37	130	85	22	461
	司諫院					10	15	10	23	37	13	72	56	8	244
	臺諫	7	6	13	1	13	8	25	4	4	7	39	12	4	117
	藝文館														
時政	司憲府		8	8	1	4	12	13	9	22	16	13	24	8	122
	司諫院		3	3	1	7	4	9	6	17	14	4	12		74
	臺諫				1	2	1	1	1						6
	藝文館							1	1	3	1	1	1	1	9
人事 異議	司憲府	3	6	9	2	15	5	23	24	40	7	27	19	9	171
	司諫院	1	3	4	1	14	3	15	27	28	4	18	13	2	125
	臺諫		3	3		4	1	7	2	7		1	5		27
	藝文館							1	2			5			8
斥佛	司憲府					1	5	6	7	1	2	3	10	3	38
	司諫院					1	6	7	3	1	5		4	1	28
	臺諫					4	1	2			1				8
	藝文館						2						1		3
계	司憲府	5	42	47	6	49	62	74	77	123	74	177	157	42	841
	司諫院	1	8	9	2	33	30	45	63	97	47	105	90	11	523
	臺諫	7	9	16	2	24	20	36	10	12	10	42	22	4	182
	藝文館						3	3	1	7	5	8	4	1	32
합 계		13	59	72	10	106	115	158	151	239	136	332	273	58	1,578

[표 28-1] 睿宗·成宗 初 言官別 言論活動 상황

연도\언론\언론기관	예종 즉위		원년		계		성종 즉위		원년		2년		3년	
	횟수	%	횟수	%	횟수	%	횟수	%	횟수	%	횟수	%	횟수	%
司憲府	5	38.5	42	71.2	47	65.3	6	60.0	49	46.2	62	53.9	74	46.8
司諫院	1	7.7	8	13.6	9	12.5	2	20.0	33	31.1	30	26.1	45	28.5
臺諫	7	53.8	9	15.2	16	22.2	2	20.0	24	22.6	20	17.4	36	22.8
藝文館											3	2.6	3	1.9
계	13	100	59	100	72	100	10	100	106	100	115	100	158	100

연도\언론\언론기관	4년		5년		6년		7년		8년		9년		계	
	횟수	%	횟수	%	횟수	%	횟수	%	횟수	%	횟수	%	횟수	%
司憲府	77	51.0	123	51.5	74	54.4	177	53.3	157	57.5	42	72.4	841	53.3
司諫院	63	41.7	97	40.6	47	34.6	105	31.6	90	33.0	11	19.0	523	33.1
臺諫	10	6.6	12	5.0	10	7.4	42	12.7	22	8.1	4	7.0	182	11.5
藝文館	1	0.7	7	2.9	5	3.7	8	2.4	4	1.5	1	1.7	32	2.0
계	151	100	239	100	136	100	332	100	273	100	58	100	1,578	100

〔표 28-2〕 睿宗·成宗 初 言論 內容別 言論活動 상황

내용 / 연도	예종 즉위 횟수	%	원년 횟수	%	계 횟수	%	성종 즉위 횟수	%	원년 횟수	%	2년 횟수	%	3년 횟수	%
諫諍			6	10.2	6	8.3			5	4.7	12	10.4	7	4.4
彈劾	9	69.2	30	50.8	39	54.2	4	40.0	49	46.2	62	53.9	65	41.1
時政			11	18.6	11	15.3	3	30.0	13	12.3	17	14.8	24	15.2
人事	4	30.8	12	20.3	16	22.2	3	30.0	33	31.1	10	8.7	47	29.7
斥佛									6	5.7	14	12.2	15	9.5
계	13	100	59	100	72	100	10	100	106	100	115	100	158	100

내용 / 연도	4년 횟수	%	5년 횟수	%	6년 횟수	%	7년 횟수	%	8년 횟수	%	9년 횟수	%	계 횟수	%
諫諍	9	6.0	25	10.5	29	21.3	19	5.7	31	11.4			137	8.7
彈劾	62	41.1	95	39.7	57	41.9	241	72.6	153	56.0	34	58.6	822	52.1
時政	17	11.3	42	17.6	31	22.8	18	5.4	37	13.6	9	15.5	211	13.4
人事	53	35.1	75	31.4	11	8.1	51	15.4	37	13.6	11	19.0	331	21.0
斥佛	10	6.6	2	0.8	8	5.9	3	0.9	15	5.5	4	6.9	77	4.9
계	151	100	239	100	136	100	332	100	273	100	58	100	1,578	100

〔표 29〕　　　　　　　　　　**睿宗·成宗 初 諫諍言論 내용**

언론기관	내용	예종 즉위	원년	성종 즉위	원년	2년	3년	4년	5년	6년	7년	8년	9년	계
司憲府	愼賞罰		3		1		1	2	2	8	3	5		25
	開經筵		1											1
	宦官贈諡				1									1
	愼論功					1								1
	赦免(寃抑囚徒)						1							1
	開言路								2	1		3		6
	停行幸								2					2
	愼人事											2		2
	田獵											2		2
	觀戲											4		4
	其他				1					3	1	3		8
司諫院	愼賞罰		1		1			2	2	2	4			12
	史草(不署名)		1											1
	愼論功					2			3	4	1	2		12
	開言路						2							2
	經筵(入侍)						1	1	1					3
	夜對(請)							1						1
	田獵(止)								2			3		5
	停行幸								1		3			4
	停營繕								5					5
	愼祔廟									3				3
	其他						1			2	3			6
臺諫	宦官贈諡				1									1
	愼論功					9								9
	經筵						1							1
	愼賞罰							2		1	1	1		5
	營繕								1					1
	愼祔廟									1				1
	田獵(止)											1		1
	開言路											3		3
	其他							1			1			2
藝文館	德宗追諡(深思)									1	2			3
	愼賞罰									1		1		2
	停行幸									1				1
	史官入侍									1				1
	停營繕										2			2
	開言路											1		1
	其他										2			2
합　계		0	6	0	5	12	7	9	25	29	19	31	0	143

〔표 29-1〕 **睿宗 · 成宗 初 言官別 諫諍 내용 분석**

내용 ＼ 언론기관	司憲府	司諫院	臺 諫	藝文館	계
愼賞罰	25	12	5	2	44
開經筵	1		1		2
宦官贈諡	1		1		2
愼論功	1	12	9		22
赦免(冤抑者)	1				1
開言路	6	2	3	1	12
停行幸	2	4		1	7
愼人事	2				2
田獵(止)	2	5	1		8
觀 戲	4				4
史責(不可署名)		1			1
經筵入侍		3			3
夜對(請)		1			1
停營繕		5	1	2	8
愼祔廟		3	1		4
德宗追諡(深思)				3	3
史官入侍				1	1
其 他	8	6	2	2	18
계	53	54	24	12	143

〔표 30〕 **睿宗 · 成宗 初 時政言論 내용**

언론기관	내용	예종 즉위	원년	성종 즉위	원년	2년	3년	4년	5년	6년	7년	8년	9년	계
司憲府	人事制度(行政)		1	1					1		3	3		9
	地方官制 · 行政		1			1			1					3
	推劾法(風聞)		1											1
	起復		1											1
	奴婢(辨正 · 推刷)		1			1								2
	妻妾名分		1			1					1			3
	禁令(奔競 · 酒 · 淫祀)				1	1	3	1	1	3	1	2		13
	糾察之規(考功)				1					2				3
	科擧制度					2								2
	營繕 · 土木					3	2	1	3	2	4			15
	大臣出外(停)					1	2							3
	風俗					1	1	2		1		5		10
	雜訟(停)						1							1
	刑法						1	1	1					3
	貢物(詳定)						1		1		1			3
	相避法						1							1
	身分制度						1							1
	訴訟法							1						1
	相續法							1						1
	軍事 · 軍備 · 軍防								2			5	1	8

구분	항목													計
	使行(費用)								1	3				4
	救荒								2			1		3
	官制								2					2
	法制								5	3	1	5	2	16
	量田									2				2
	內需司長利(愼)											1		1
	賦役(愼)											1	3	4
	養老												1	1
	治堤堰												1	1
	時務條進			2	1			1			1			5
	其他		2					1		2	1	1		7
司諫院	官制・官職		2			1		1				1		5
	署經		1											1
	人事(除授之法)制度			1		1		1	1			2		6
	救荒								1					1
	科學(別試請停)				1				3			1		5
	營繕・土木						2		2	2		2	1	9
	大臣出外(敬差官)						1		3	1		1		5
	經筵制度									1				1
	墾田(장려)									1				1
	輪對										1			1
	禁令(婦女上寺)										1	2		3
	法制								8		1	3		12
	奴婢(屬司)								1		1			2
	軍事								1					1
	使行(貿易)											1	1	2
	量田											2		2
	承旨獨啓(禁)										2			2
	地方行政											3		3
	興學											1		1
	賦役(正)											1		1
	時務條陳				3	1	2					1	1	8
	其他					1			2		1	1		5
臺諫	人事制度(除授法)			1										1
	喪制				2									2
	風俗				1	1								2
	其他						1							1
藝文館	興學						1							1
	賞罰(愼)								1					1
	私債(禁)								2					2
	儀禮・祭禮										1			1
	官制(設藝文館)												1	1
	其他								1			1		2
	時務條陳						1							1
합　　계		0	11	3	13	17	24	17	42	31	18	37	9	211

[표 30-1] 睿宗·成宗 初 言官別 時政言論 내용 분석

분 류	내용	司憲府	司諫院	臺 諫	藝文館	계
地方行政	地方官制·行政	3	3			6
	大臣出外(停)	3	5			8
官制	官制	2	5		1	8
法制	糾察之規(考功)	3				3
	法制	16	12			28
人事	人事制度	9	6	1		16
	起復	1				1
	相避法	1				1
	署經		1			1
財政	貢物	2				2
	量田	2	2			4
經濟	內需司長利	1				1
	使行貿易		2			2
教育·科擧·儀禮	科擧制度	2	5			7
	輪對		1			1
	承旨獨啓(禁)		2			2
	興學		1		1	2
	喪制			2		2
	儀禮·祭禮				2	2
軍事	軍事·軍備	8	1			9
司法	推劾法	1				1
	禁令(酒·奔競등)	13	3			16
	雜訟(停)	1				1
	刑法	3				3
	訟事管掌規	1				1
土木·營繕	土木·營繕	17	9			26
風俗	風俗	10		2		12
社會·民生	奴婢(推刷)	2	2			4
	妻妾名分	3				3
	身分制度	1				1
	救荒	3	1			4
	私債(禁)				2	2
時務條陳		5	8		1	14
其他		17	8	1	2	28
계		130	77	6	9	222

[표 31] 成宗 初 斥佛言論 내용

언론기관	내용 (연도)	성종원년	2년	3년	4년	5년	6년	7년	8년	9년	계
司憲府	內佛堂(請廢)	1									1
	購佛經(不可)		1								1
	佛事(禁)		1	6					1		8
	施納田民(禁)		3								3
	婦女上寺尼僧罪				6						6
	出家(禁)					1	1		1	1	4
	城內留宿出人(禁)						1	1	1		3
	無度牒僧(禁)							1			1
	還俗							1			1
	禁作佛寺·重修								3	1	4
	向化倭人								1		1
	寫經(禁)								3		3
	其他				1					1	2
司諫院	內佛堂(請廢)	1									1
	購佛經(不可)		2								2
	刊經都監(罷)		1								1
	禁作佛寺毁佛宇		1	2			2		3		8
	施納田民(禁)		2			1					3
	佛事(禁)			4							4
	僧乘驛馬(禁)				1						1
	婦女上寺尼僧罪				2						2
	還俗·減數						3				3
	堤堰還民									1	1
	其他			1					1		2
臺諫	內佛堂之役(罷)	4									4
	購佛經(不可)		1								1
	佛事(禁)			2							2
	作佛事·重修(停)						1				1
藝文館	購佛經(不可)	2									2
	寫經(禁)									1	1
합계		6	14	15	10	2	8	3	15	4	77

〔표 31-1〕 **成宗 初 斥佛言論 내용 분석**

내용 \ 언론기관	司憲府	司諫院	臺 諫	藝文館	계
內佛堂之役(停)	1	1	4		6
購佛經(不可)	1	2	1	2	6
佛事(止)	8	4	2		14
施納田民(禁)	3	3			6
婦女上寺(尼僧抵罪)	6	2			8
出家(禁)	4				4
僧徒城內留宿出人(禁)	3				3
無度牒僧(단속)	1				1
還俗(장려)	1	3			4
作佛事·重修(禁)	4	8	1		13
寫 經	3			1	4
刊經都監(罷)		1			1
其 他	3	4			7
계	38	28	8	3	77

* 이 부표 모음은 《朝鮮初期 言官·言論硏究》(1976)에 〈言官言論 內容分析 附表〉라는 이름
으로 실렸다.

*

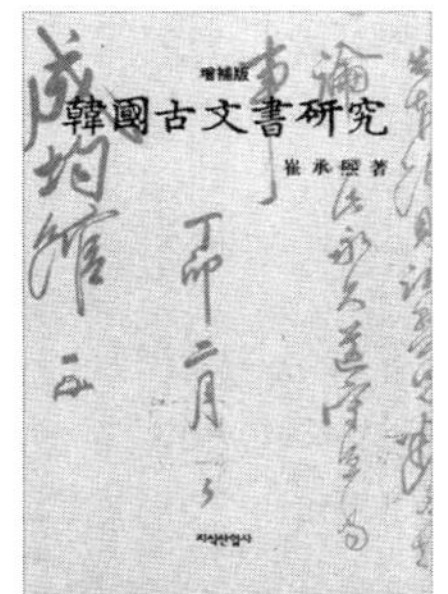

증보판 韓國古文書研究

최승희 지음/크라운판/양장 522쪽/책값 30,000원

이 책은 고문서를 사료로 이해하는 데 도움을 주고자 집필된 책으로, 현재 우리가 볼 수 있는 고문서에는 어떠한 것이 있고, 그 문서의 구성과 해독방법, 사료로서의 가치 및 같은 類의 문서는 시대순으로 여러 예를 들어서 서식과 용어가 어떻게 변동했는가를 알 수 있도록 했다. 그리고 열거한 문서의 소장처도 밝힘으로써 우리 고문서에 대한 이해와 활용에 크게 도움이 되도록 엮은 책이다.

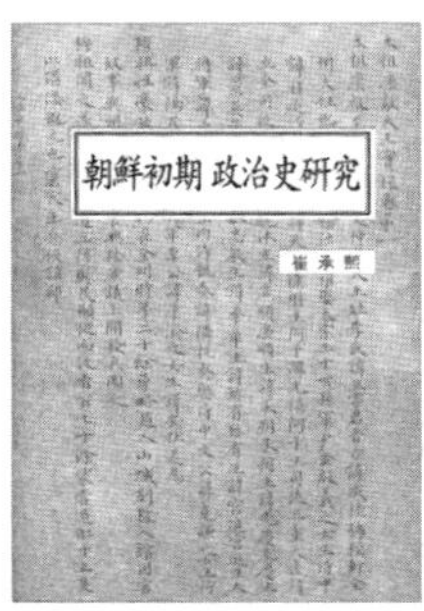

朝鮮初期 政治史研究

최승희 지음/신국판/양장 512쪽/책값 27,000원

조선초기의 정치사를 보면, 각 王代마다 정치체제에 차이가 있었고, 왕의 명분·정통성의 유무, 왕의 자질·통치력(왕권)의 여하, 그리고 그 王代 관료들의 자질과 충직성 여부에 따라서 국정의 내용이 좌우된 것을 알 수 있다. 조선초기에는 정치이념과 경제적 이해관계를 둘러싸고 대립한 정치세력은 크게 드러나지 않았으므로 저자는 왕권을 둘러싼 문제, 그 시대 정치의 틀인 정치체제, 국왕과 관료들의 화합으로 이루어지는 국정운영의 실제 등을 이 책의 대상으로 삼았다.

古文書를 통해 본 朝鮮後期 社會身分史研究

최승희 지음/신국판/양장 360쪽/책값 20,000원

한국 고문서의 정리와 활용에 독자적인 영역을 개척한 서울대학교 국사학과 최승희 명예교수가 그동안 연구하여 발표한 조선후기 사회신분사와 관련된 논문 9편을 묶어 한 권으로 만든 책으로, 고문서 자체가 갖는 한계와 그 고문서를 기계적으로 통계처리하는 데서 오는 오류에서 벗어나 조선후기 사회신분사 연구의 새로운 바탕을 다진 연구 성과물이다. 아직도 논의가 계속되고 있는 조선시대 신분제도에 대해 1차 사료인 고문서를 분석하여 조선후기 더 나아가서는 조선시대의 사회상(社會像)을 그려내고 연구해 나가는 데 이 책이 밑거름이 될 것이다.

연세국학총서 32

朝鮮後期 政治思想史 研究

김준석 지음/신국판/양장 672쪽/책값 33,000원

고 김준석 선생의 사상사 연구는 조선후기 사회변동에 대응하는 보수개량과 진보개혁의 논리를 밝혀, 이 시기 사상사의 역사적 성격을 거시적으로 살필 수 있게 하였고, 개항 이후 식민지와 분단에 이르는 한국근현대사의 역사적 흐름을 정치사상사적 관점에서 폭넓게 조망할 수 있는 방법론적·인식론적 틀을 세웠다. 이 책은 세 권으로 기획된 김준석 선생의 유고집 가운데 제1권으로, 선생의 박사학위논문과 이를 보완한 글 몇 편을 묶은 것이다.